THE MAPS OF
CHINA BUSINESS
INVESTMENT

중국 업계지도

초판 1쇄 발행 | 2014년 2월 10일
초판 4쇄 발행 | 2015년 5월 20일

지은이 | 김상민, 김원, 황세원, 강보경, 천이(陈怡), 조우이(周夷)
펴낸이 | 이원범
기획·편집 | 김은숙
마케팅 | 안오영
표지디자인 | 강선욱
본문디자인 | 김수미

펴낸곳 | 어바웃어북 about a book
출판등록 | 2010년 12월 24일 제313-2010-377호
주소 | 서울시 마포구 서교동 394-25 동양한강트레벨 1507호
전화 | (편집팀) 070-4232-6071 (영업팀) 070-4233-6070
팩스 | 02-335-6078

ⓒ 김상민·김원·황세원·강보경, 2014

ISBN | 978-89-97382-24-8   13320

| 김상민, 김원, 황세원, 강보경 外 지음 |

어바웃어북

CONTENTS

Chapter 1 부동산·건설·중공업

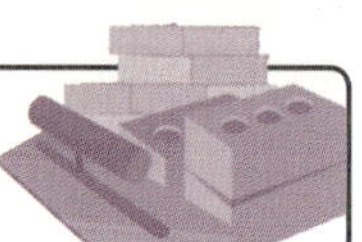

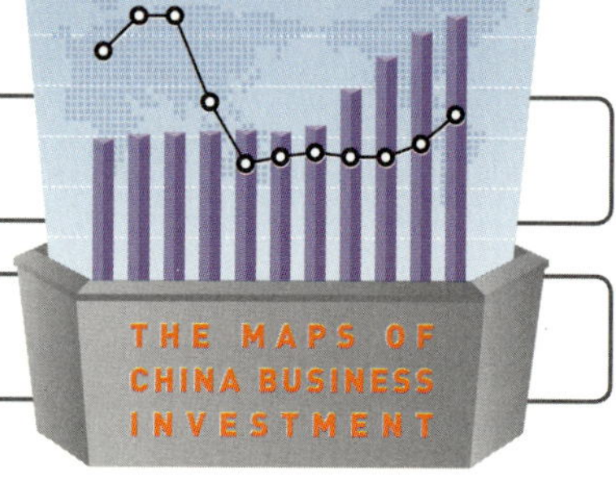

THE MAPS OF
CHINA BUSINESS
INVESTMENT

- 각 사의 경영 실적은 공시와 IR북 등을 참고하였으며, 2012년 실적을 싣는 것을 원칙으로 하였다.
- 매출, 시장점유율, 점포 수 등의 수치는 반올림하여 표기하였다.
- 기업명은 중국어 발음으로 표기하는 것을 원칙으로 삼되, 국내에서 영문명이나 한자 독음 표기가 더 익숙한 경우에는 익숙한 표기법을 따랐다.
  예) 샨이중공(중국어 발음으로 표기), 공상은행(한자 독음으로 표기), BOE(영문으로 표기), 차이나모바일(영문 발음으로 표기)
- 대표 기업은 한글, 중국어, 영어를 병기해 표기하였다.
  예) 쑤닝윈샹(Suning Commerce Group Co. Ltd, 苏宁云商集团股份有限公司)
- 인명은 한글과 중국어를 병행 표기하였다.
  예) 마윈(马云)
- 지명은 중국식 표기를 따랐다.
  예) 북경(北京) → 베이징, 사천(四川) → 쓰촨
- 일부 국가명은 외래어표기법을 따르지 않고, 간략하고 익숙한 표기법을 따랐다.
  예) 타이완 → 대만, 오스트레일리아 → 호주, 타일랜드 → 태국
- 다음 표기는 아이콘으로 대신한다.

🇨🇳	중국 국무원 또는 지방 국자위 소속	国	국유기업
SH	상하이 증권거래소에 상장된 기업	HK	홍콩 증권거래소에 상장된 기업
SZ	선전 증권거래소에 상장된 기업	NY	뉴욕 증권거래소에 상장된 기업
NASQ	NASDAQ OMX에 상장된 기업	LD	런던 증권거래소에 상장된 기업
SG	싱가포르 증권거래소에 상장된 기업	TW	대만 증권거래소에 상장된 기업

그래픽으로 읽는 중국 경제 史

인구	13억 4,735만 명 (중국통계연감, 2011년)
민족	56개 민족 (한족 92%)
면적	960만 km²
인구 밀도	139만/km²
행정 구역	성 23개, 직할시 4개 (상하이, 베이징, 톈진, 충칭), 소수민족 자치구 5개 (네이멍구, 시짱, 신장, 닝샤, 광시), 특별 행정 구역 2개 (홍콩, 마카오)
GDP	8조 2,502억 달러 (IMF, 2012년)
1인당 GDP	6,091달러 (2012년)

1978년
- **중국 개혁·개방**
  1978년 개최된 11기 3중전회에서 개혁·개방 노선 발표.

- **한 자녀 정책 실시**

▌ 중국의 개혁·개방 정책

1978년 개최된 11기 3중전회(중국공산당 제11기 중앙위원회 제3차 전체 회의)는 마오쩌둥(毛澤東) 시대의 폐막과 덩샤오핑(鄧小平) 시대의 개막을 알리는 무대였으며, 중국 현대사의 가장 중요한 기점으로 꼽힌다. 중국은 11기 3중전회에서 덩샤오핑의 개혁·개방 노선을 발표했다. 중국의 개혁·개방 정책은, 중국이 과거 폐쇄적인 구조에서 벗어나 세계 경제의 일원으로 다시 태어났다는데 의미가 크다. 중국은 1978년 개혁·개방 정책으로 시장경제의 초석을 마련했다.

- 집단 노동 방식을 철폐하고 농민에게 토지 경작권을 부여하는 '가정책임경영제' 실시.
- 국영·집체(집단소유제) 기업이 주종을 이루던 경제 구조에서 민영기업 허용.
- 연해 도시 개방, 경제특구 지정 등 대외 개방을 통해 외국 자본 및 기술 도입.
- 기업의 진입과 퇴출을 규율하는 「회사법」 제정.
- 국유기업 노동자에 대한 고용계약제 도입.

중국 개혁·개방의 총설계자로 불리는 덩샤오핑.

· 미중 수교
1979년 1월 1일 중국과 미국이 정식으로 외교 관계 수립. 미중 수교를 통해 중화인민공화국이 중국 내 유일한 합법 정부임을 인정받고, 중국은 대만과 외교 관계를 단절함.

· 경제특구 지정
(선전, 주하이, 산터우, 샤먼).

▨ 중국의 경제 성장률 추이

▨ 중국의 GDP 추이

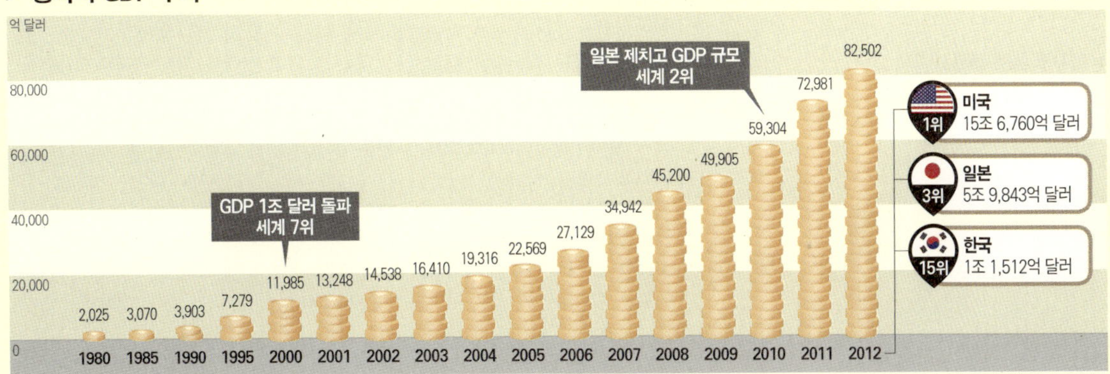

▬ 중국의 토지 제도

사회주의 국가인 중국은 토지의 소유, 매매, 증여 등이 원천적으로 불가능하다. 대신 국가로부터 '토지 사용권'을 무상으로 배분 받거나 임대해 사용할 수 있다. 중국은 1983년 농촌 토지 도급제를 시행함으로써 농업 생산성을 크게 향상시켰다. 1978~1984년까지 중국의 농업 생산은 연평균 7.7% 성장했다. 토지 도급제를 시행한 이듬해인 1984년, 중국의 농업 총생산액은 1978년보다 42.2% 증가했다.

▬ 중국의 연안 개방 도시

▬ 중국의 도시 분류

중국은 도시의 규모(인구, 면적 등), 경제력, 등급, 영향력, 지명도 등을 토대로 도시를 1, 2, 3, 4선으로 분류한다. 이 도시 분류는 부동산시장에서 사용하기 시작한 것으로, 도시의 종합 경쟁력을 나타내는 지표로 사용되기도 한다. 하지만 명확한 분류 기준이 존재하는 것은 아니다.

구분	도시명
1선 도시(5곳)	베이징, 상하이, 광저우, 선전. 톈진
2선 도시 (22곳)	난징, 우한, 선양, 시안, 청두, 충칭, 항저우, 칭다오, 다롄, 닝보, 지난, 하얼빈, 창춘, 샤먼, 정저우, 창샤, 푸저우, 우루무치, 쿤밍, 란저우, 쑤저우, 우시
3선 도시 (120곳)	난창, 구이양, 난닝, 허페이, 타이웬, 스좌장, 후허하오터, 포샨, 동관, 탕샨, 옌타이, 취엔저우, 바오터우, 인촨, 시닝, 하이코우, 뤄양, 난퉁, 창저우, 쉬저우, 웨이팡, 쯔보, 샤오싱, 원저우, 타이저우, 다칭, 안산, 중산, 주하이, 샨터우, 지린, 류저우, 라사, 바오딩, 한단, 친황다오, 창저우, 어얼둬쓰, 동잉, 웨이하이, 지닝, 린이, 더저우, 빈저우, 타이안, 후저우, 쟈싱, 진화, 타이저우, 전장, 옌청, 창저우, 구이린, 후이저우, 잔장, 쟝먼, 마오밍, 주저우, 위에양, 헝양, 바오지, 이창, 씨앙판, 카이펑, 쉬창, 핑딩샨, 간저우, 쥬쟝, 우후, 미엔양, 치치하얼, 무단장, 푸슌, 번시, 단동, 랴오양, 진저우, 잉커우, 청더, 랑팡, 싱타이, 다통, 위린, 옌안, 텐수이, 커라마이, 카스, 스허즈, 난양, 푸양, 안양, 쟈오줘, 신샹, 르쟈오, 랴오청, 자오좡, 벙부, 화이난, 마안산, 롄윈강, 화이안, 리수이, 취저우, 징저우, 안칭, 징더전, 신위, 샹탄, 창더, 천저우, 장저우, 칭위안, 지에양, 메이저우, 자오칭, 위린, 베이하이, 더양, 이빈, 준이, 다리
4선 도시	1, 2, 3선 외 도시

자료: 상공회의소

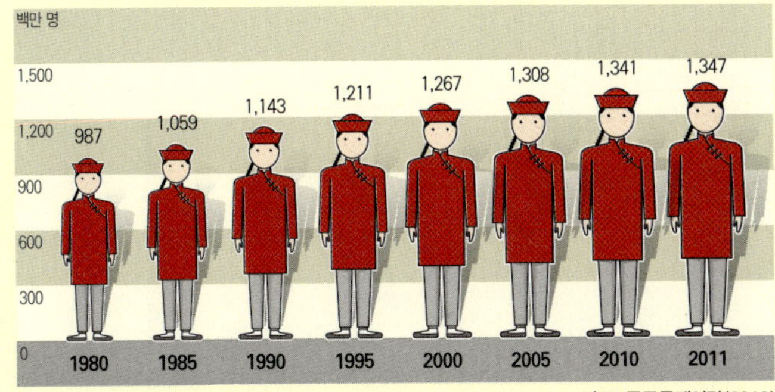

자료: 중국통계연감(2012)

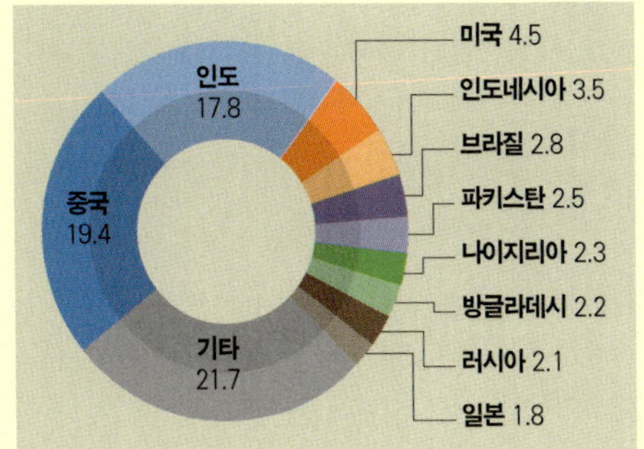

자료: World Bank, 2010년 기준

▶ 톈안먼 사태(天安門事件)

1989년 6월 4일 베이징 톈안먼 광장 등지에서 발생한 중국인들의 민주화 요구를 덩샤오핑을 중심으로 한 당 지도부가 무력으로 진압한 사건이다. 당시 중국 경제는 개혁·개방 이후 경제 성장률이 10%가 넘어서며 초고속 성장을 지속했다. 하지만 급속한 개혁·개방 정책의 부작용으로 실업률이 높아지고 인플레이션 압박이 심했다. 톈안먼 사태로 1978년부터 계속된 시장 개혁 흐름이 한동안 휴지를 맞이했으나, 1992년 덩샤오핑의 남순강화를 계기로 개혁·개방 정책을 지속했다.

톈안먼 광장

▶ 중국의 1인당 소비 지출 금액 비중 (2011년 기준, %)

자료: 중국통계연감(2012)

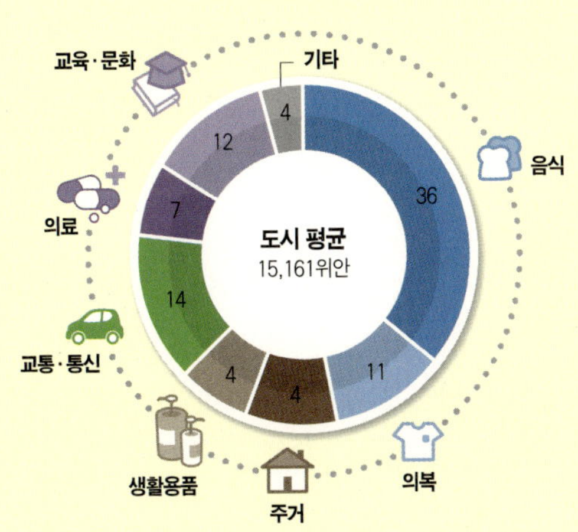

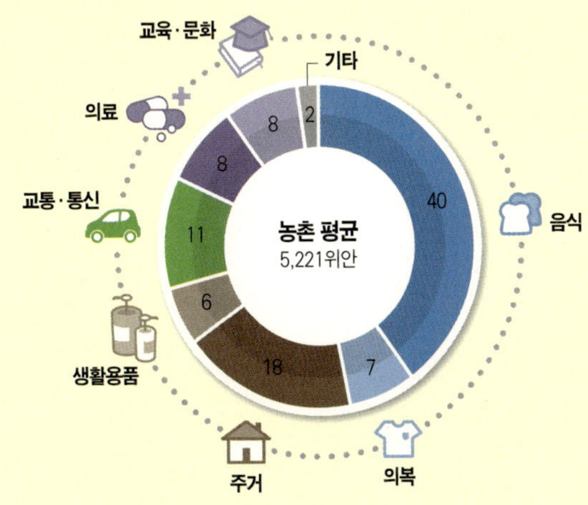

1992년

- **덩샤오핑의 남순강화(南巡講話)**
  덩샤오핑이 우창, 선전, 주하이, 상하이 등을 순시하면서 사회주의 노선을 견지하고 개혁·개방을 확대할 것을 주장한 담화. 남순강화는 중국이 사회주의 시장경제의 기반을 다지고 향후 중국식 경제 발전을 이루는데 이정표 역할을 함.

- **증권감독관리위원회(증감회) 설립**

- **국유기업 회사화 시행**: 국유기업을 주식회사 혹은 유한회사 형태로 전환함으로써 국유기업의 법적 형태를 회사로 바꿈.

- **외국인 투자 전용 B주 시장 개설**

- **채권선물시장 개장**
  1992년 채권선물시장을 개장했으나 1995년 가격 조작 문제로 3년 만에 거래 중단.

- **한중 수교**

1993년 · 중국 「회사법」 발표

1994년 · 인터넷 도입

1995년 · 「보험법」 제정
  보험업에 대한 정부의 관리·감독 법규를 담고 있는 「보험업법」, 보험 계약자 간의 권리와 의무 관계에 대해 규정하고 있는 「보험계약법」, 그리고 「보험특별법」 등의 법규를 제정.

- **채권선물시장 거래 중단**

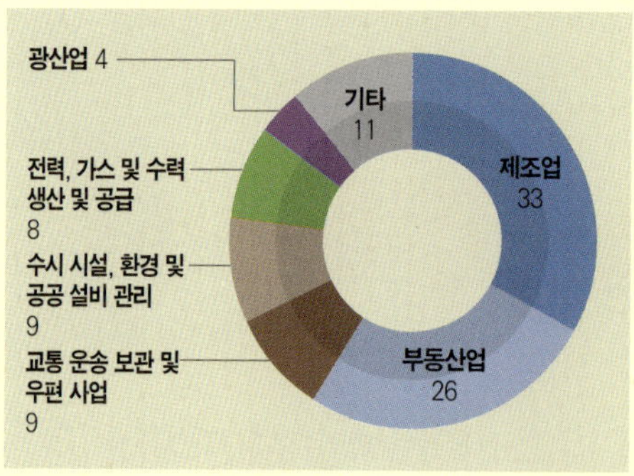

▶ **중국 산업별 고정자산 투자 비중** (%)

자료: 중국통계연감(2012)

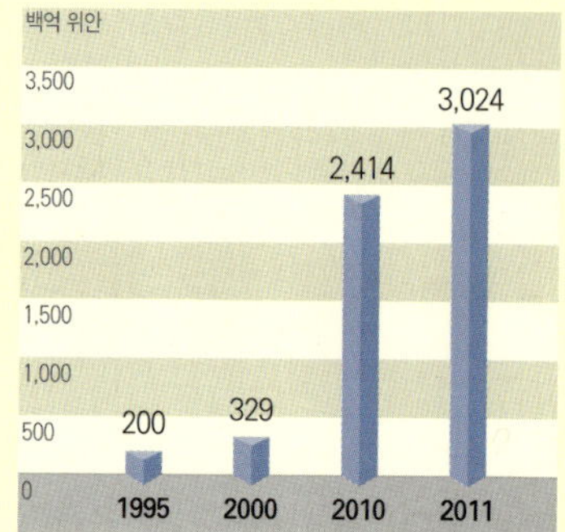

▶ **중국 고정자산 투자 추이**

자료: 중국통계연감(2011)

▶ **주요국의 GDP 대비 고정자산 투자 규모**

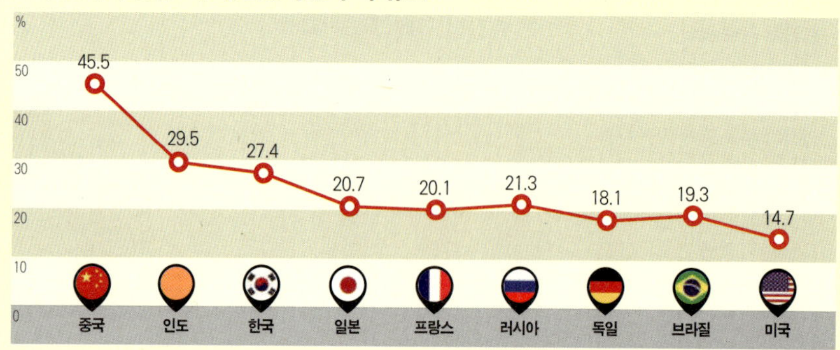

자료: World Bank, 2011년 기준

▶ **중국 도시 근로자 평균 임금 추이**

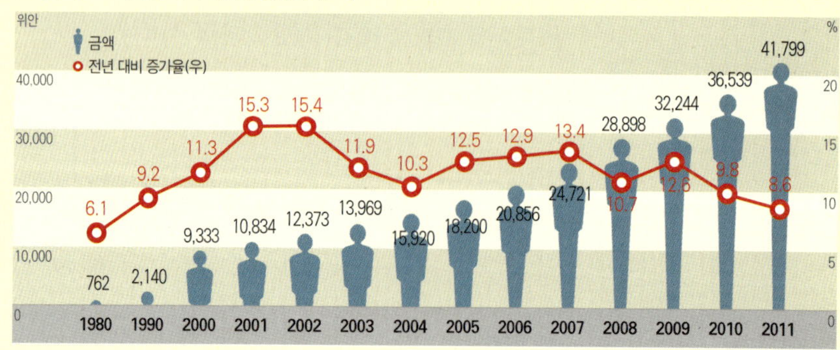

자료: 중국통계연감(2012)

▶ **1993년 「회사법」 발표**

1993년 중국은 회사 설립 및 조직, 지분, 합병, 주식 발생 및 양도, 이사회, 감사회 등의 내용을 담은 「회사법」을 제정했다. 하지만 중국 경제의 변화를 제대로 반영하지 못한다는 의견에 따라 2005년 전면 개정을 실시했다.

새 「회사법」은 기업 내 출자회, 이사회, 감사회 등 회사 조직 기구의 업무를 보다 명확히 했다. 또한 주식회사 설립 조건이 완화되고, 1인 유한회사 설립이 가능해지는 등 「회사법」 개정으로 중국 내 기업 활동 범위가 더욱 자유로워졌다.

- **홍콩 반환**

- **대내외 위기 극복을 위한 경제 정책 확정**
  '안정 속 성장'을 표방한 당 정연석중앙공작회의에서 경제 성장률 8% 하향 조정, 농촌 경제 발전, 대외 개방 확대, 국유기업 개혁 등의 경제 정책을 확정.

- **「증권법」 제정**
  주식 발행, 주식 거래, 상장기업 인수, 증권거래소 및 증권회사 관리 등을 주요 내용으로 함.

- **마카오 반환**

- **상품방(商品房) 위주의 주택 시장 체제 개혁**
  ① 상품방: 부동산 개발업체가 판매 목적으로 세운 건물로 매매와 임대가 가능.
  ② 사회보장방: 상품방과 대립되는 개념으로 정부가 복지 정책의 일환으로 소득 중하위권 가정에 제공하기 위해 짓는 주택. 한국의 공공 주택에 해당함.

▉ 중국 근로자 업종별 임금

자료: 중국통계연감(2012)

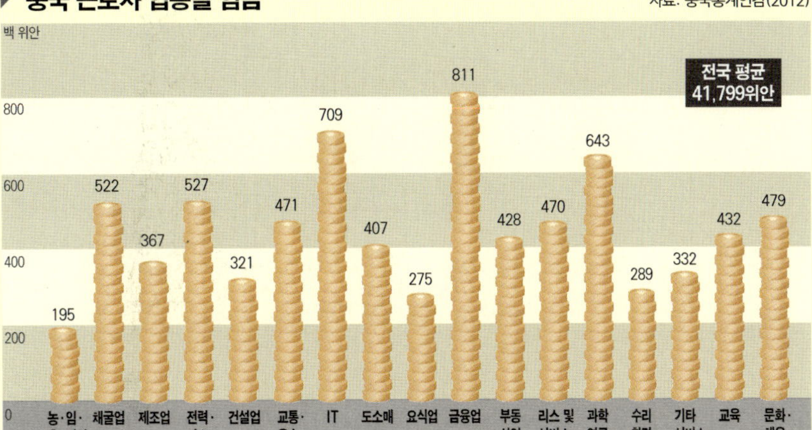

▉ 중국 각 성 산업별 노동자 구성 (%)

자료: 중국통계연감(2012)

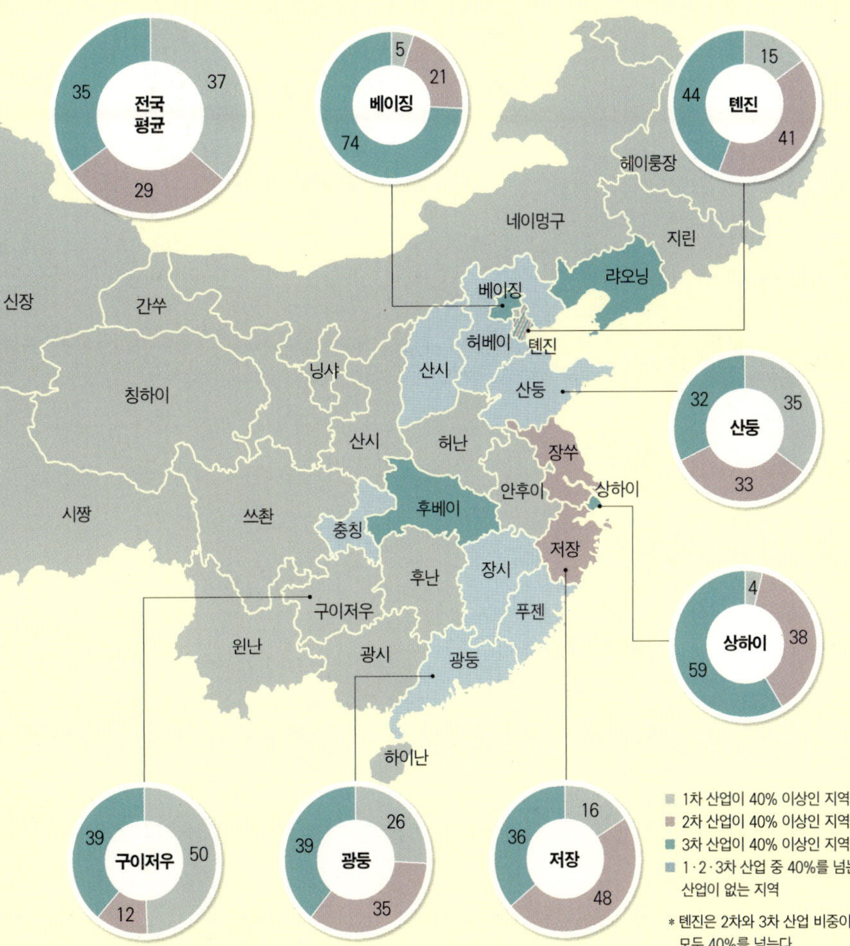

· **GDP 1조 달러 돌파**
  (세계 7위)

· **WTO 가입**
  국유기업의 민영화 가속도, 환율 제도 개편, 관세 인하, 금융시장 개방, 외자 유치와 해외 투자 확대, 아시아권 국가와 FTA 체결 등 경제 개방 폭 확대.

· **10.5규획 발표**
  2001~2005년에 시행된 '제10차 국민 경제 및 사회 발전 5개년 계획'은 지속적인 고도 경제 성장 유지, 서부 대개발 전략 추진, 국유기업 등 각종 개혁 추진, 인구 문제, 실업 문제, 빈부 격차 등 사회 문제 해결 기반 마련, 대외 개방 확대 등을 주요 골자로 함.

· **외국인 기관 투자자 적격 제도(QFII) 도입**
  일정 자격 조건을 통과한 외국 기관투자자에게 A주 시장에 직접 투자할 수 있는 자격을 부여하는 제도.

· **중국 국유자산관리위원회 (국자위) 설립**

▌주요국의 실업률

자료: EIU

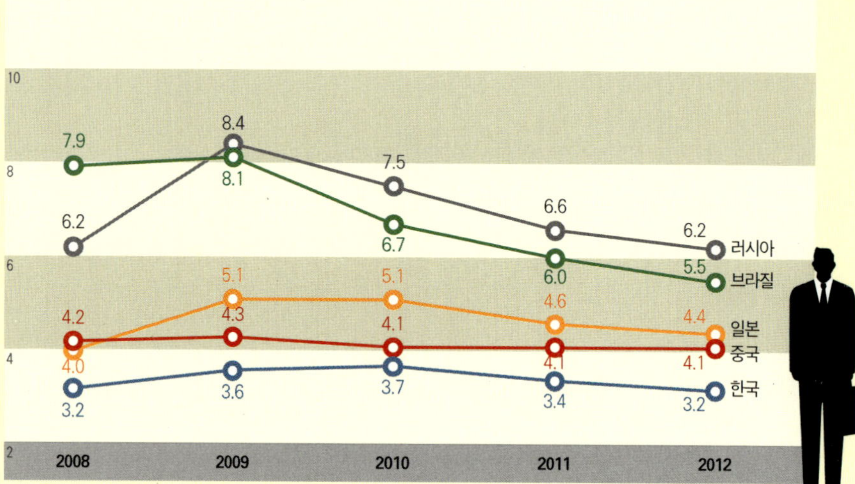

* 중국은 실업률을 전면 공개하지 않고, 도시 등기(등록) 실업률만 공표함.
* 도시 등기(등록) 실업률에는 농공민, 미등기 실업자 등은 포함되어 있지 않음.

▌국유자산관리위원회

2003년 설립된 국유자산관리위원회(이하 국자위)는 시노펙, 차이나모바일, 바오스틸과 같은 중국의 국유기업을 총괄하는 기관이다. 중국의 국유기업 관리·감독 체계는 비금융계 국유기업 관리 체계와 금융계 국유기업 관리 체계로 구분된다. 비금융계 국유기업은 주로 국자위가, 금융계 국유기업은 주로 재정부와 지방 재정청이 관리·감독한다.

국자위는 중앙, 성, 시(현) 등 3단계 조직 체계로 구성된다. 국무원 소속 국자위는 주로 중앙 국유기업과 국유자산을, 성·시(현) 지방 국자위는 주로 관할 지역 내 국유기업과 국유자산을 관리·감독한다. 금융계 국유기업은 재정부와 지방 재정청이 관리·감독한다.

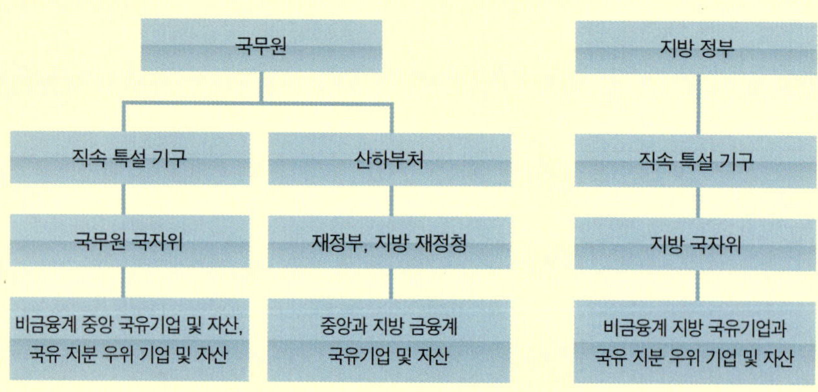

자료: 인민망 국무원 국자위, 은행업관리감독위원회

▼ 주요국의 외환 보유고 (십억 달러)

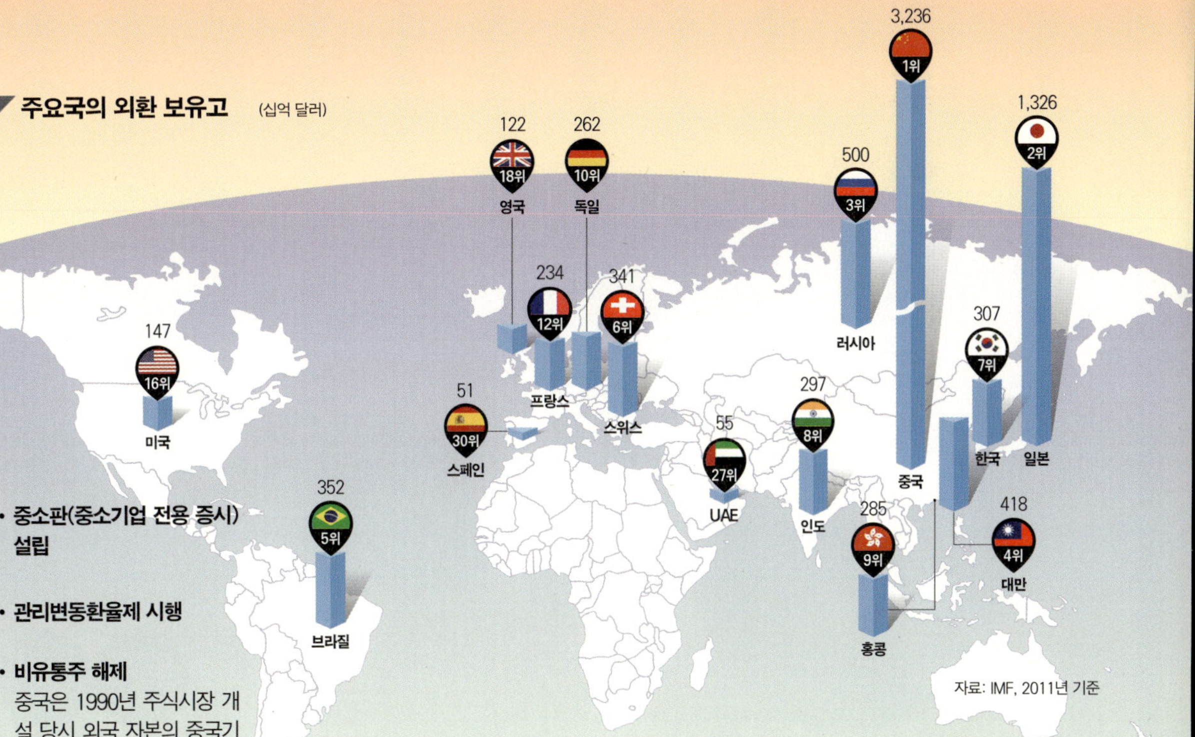

미국 147 16위
브라질 352 5위
영국 122 18위
독일 262 10위
프랑스 234 12위
스위스 341 6위
스페인 51 30위
UAE 55 27위
인도 297 8위
러시아 500 3위
중국 3,236 1위
한국 307 7위
일본 1,326 2위
홍콩 285 9위
대만 418 4위

자료: IMF, 2011년 기준

2004년
• 중소판(중소기업 전용 증시) 설립

2005년
• 관리변동환율제 시행

• 비유통주 해제
중국은 1990년 주식시장 개설 당시 외국 자본의 중국기업 잠식을 우려해 국유기업 주식 가운데 30%(유통주)만 유통시키고 나머지 70%(비유통주)는 매매하지 못하도록 규정함.

• 「회사법」, 「증권법」 전면 개정

• 위안화 변동 폭 상한 0.3%로 확대

10.5개월 기간
11.5개월 기간

2006년
• 국내 적격 기관투자자 제도 (QDII) 도입
일정 자격 조건을 통과한 중국 기관투자자들에게 해외 시장에 직접 투자할 수 있는 자격을 부여하는 제도.

• 금융선물거래소 설립

2007년
• 위안화 변동 폭 상한 0.5%로 확대

2008년
• 베이징올림픽 개최

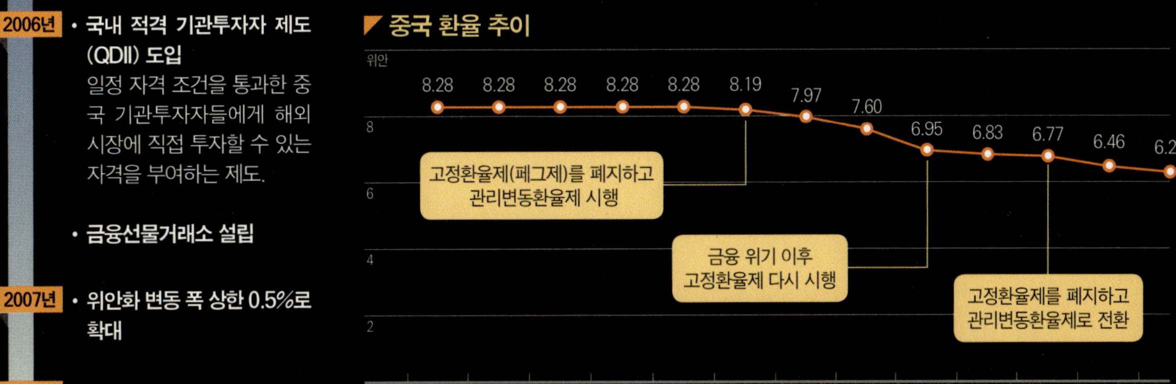

▼ 중국 환율 추이

위안

8.28 8.28 8.28 8.28 8.28 8.19 7.97 7.60 6.95 6.83 6.77 6.46 6.29

고정환율제(페그제)를 폐지하고 관리변동환율제 시행

금융 위기 이후 고정환율제 다시 시행

고정환율제를 폐지하고 관리변동환율제로 전환

0 2000 2001 2002 2003 2004 2005 2006 2007 2008 2009 2010 2011 2012

* 수입국은 원산지를 기준으로 함.

* 중국 상품의 재수입 : 중국에서 생산·제조해 중국 경외로 수출된 화물이 가공을 거쳐 화물의 상태
  가 변하지 않은 상황에서 다시 중국으로 반입되는 것을 말한다. 수출할 때 받는 세금 환급 혜택과 재
  수입할 때 받는 관세 감면 등 세제 혜택을 노리고 수출한 상품을 재수입하는 경우가 많다.

2009년
- 차스닥 설립(중국의 나스닥, 창업판이라고 불림)

2010년
- 주가지수선물거래 개시
- GDP 5.9조 달러(세계 2위)

11.5계획 기간

12.5계획 기간

2011년
- 1인당 GDP 5,000달러 돌파
- 위안화 적격 외국인 기관투자자(RQFII) 제도 도입
  일정 자격 조건을 통과한 외국 기관투자자들에게 역외에서 모집하거나 환전한 위안화를 가지고 중국 A주 시장에 투자할 수 있는 자격 부여.

▼ 중국의 미래를 읽는 키워드, 신세대

빠링허우(八零後) ·· 1980년대에 태어난 중국의 신세대를 가리키는 말로, 개혁·개방 이후 시행된 '한 자녀 정책'에 따라 외동아들, 외동딸이 대부분이다. 정치적 굴곡을 겪은 부모 세대와 달리 개방적이고 소비지향적이며, 경제·교육 수준이 높고 디지털 문화에 익숙하다. 빠링허우 세대는 2억 명에 달하며, 중국 인구의 14%를 차지한다. 이들은 대부분 사회에 진출해 있으며 결혼과 출산을 거치며 사회의 중심축으로 성장했다.

주링허우(九零後) ·· '마우스 세대'라고도 불리는, 1990년대에 태어난 세대로 중국 경제가 고속 발전하는 시기에 태어나 가난과 어려움을 경험해 본 적이 없다. 빠링허우 세대가 대부분 사회생활을 하고 가정을 이룬 반면 주링허우는 사회 경험이 부족하고 부모의 경제력에 의존해 소비하는 특성이 있다. 주링허우 세대는 1억 4,000만 명으로 중국 인구의 11.7%에 달한다.

푸얼다이(富二代) ·· 부모의 재력과 사회적 지위를 물려받은 세대를 가리킨다. 푸얼다이 세대의 59.3%가 3,600만 원 상당의 자동차를 평균 2대 이상 보유하고 있으며, 36.5%가 두 채 이상의 부동산을 보유하고 있다.

핀얼다이(貧二代) ·· 가난을 대물림한 젊은 세대를 가리킨다.

관얼다이(官二代) ·· 중국 부자의 한 축을 형성하는 정부 고위 관료의 자녀를 뜻한다.

• 위안화 변동 폭 상한 1%로 확대

중국은 2005년 7월 고정환율제를 폐지하고 관리변동환율제를 시행함. 이 같은 환율 체제 아래서 투자자들은 매일 공시되는 위안화 기준가 범위 내에서(현재 상한 1%) 자유롭게 거래할 수 있음.

• 시진핑·리커창 체제 출범

• 대출 금리 전면 자유화

• 상하이자유무역구 출범

2013년 9월 정식 출범한 상하이자유무역구는 와이가오차오보세구, 와이가오차오보세물류원구, 양산보세항구, 푸둥공항종합보세구 등 4개 지역으로 구성 됨(총면적 28.78km²). 금융을 비롯한 서비스 분야의 과감한 개방과 제한적 위안화 자유 태환 및 금리 자유화를 시행하며 '중국 제2의 개혁·개방 시험대'로 불림.

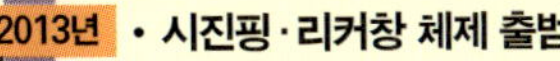

◤ 중국공산당

중국공산당은 군, 행정, 입법, 사법기관 등의 국가기구 위에 있다. 5년마다 열리는 중국공산당 전국대표대회에서는 당원 대표 2,200여 명이 선출되고, 이 중에서 중앙위원·후보위원, 당 중앙기율검사위원회 위원, 중국의 최고 지도부인 정치국 상무위원이 선발된다. 총리를 수장으로 하는 국무원은 한국의 행정부에, 전국인민대표대회는 의회에 해당한다.

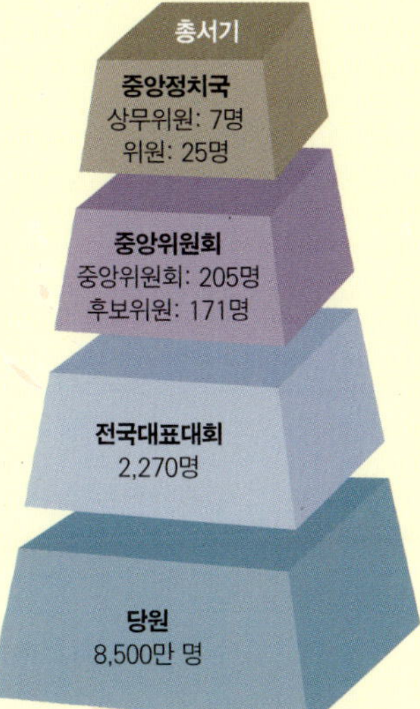

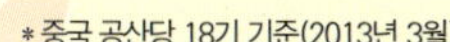

＊ 중국 공산당 18기 기준(2013년 3월)

부동산·건설·중공업

❶ 중국 부동산시장, 심각한 공급 부족으로 주택가격 폭등.
❷ 부동산개발 투자 GDP 기여도 2000년 4.2%에서 2012년 10%로 증가.
❸ IMF가 발표한 '세계에서 부동산가격이 가장 높은 도시 순위'에서 베이징이 1위 차지.
❹ 중국, 12.5 규획 기간(2011~2015년)에 보장성 주택(서민용 주택) 3,600만 호 보급 예정.

▶ 세계에서 부동산가격이 가장 높은 도시 톱 15 (PIR)

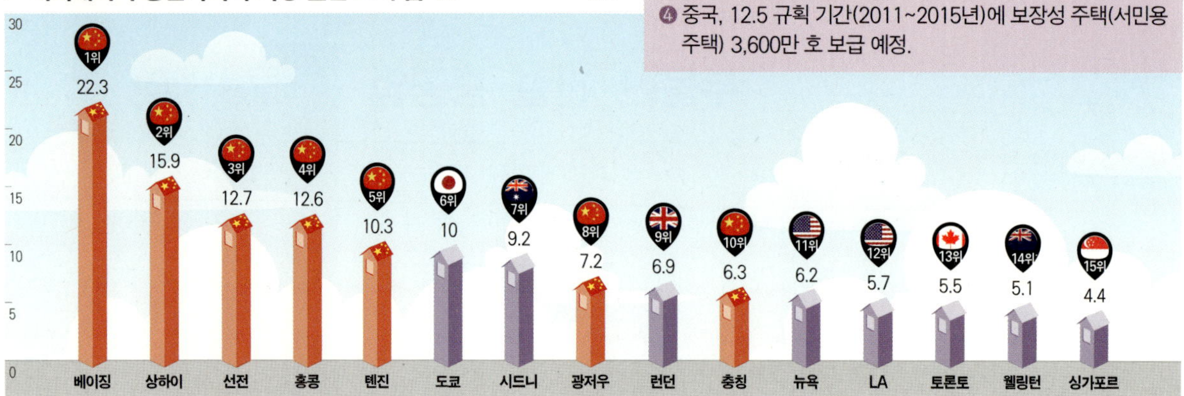

- IMF가 발표한 부동산가격이 가장 높은 도시 순위에서 베이징이 뉴욕과 런던을 제치고 1위를 차지했다.
- 베이징은 PIR(소득 대비 주택가격 비율)이 22.3배로, 22.3년 치 소득을 모아야 주택 한 채를 살 수 있다.
- 15위권 내에 중국 도시가 총 7개 포함되어 있어 중국인들의 주택 구매 부담이 상당함을 알 수 있다.

자료: IMF

▶ 중국 주택(아파트) 가격 추이

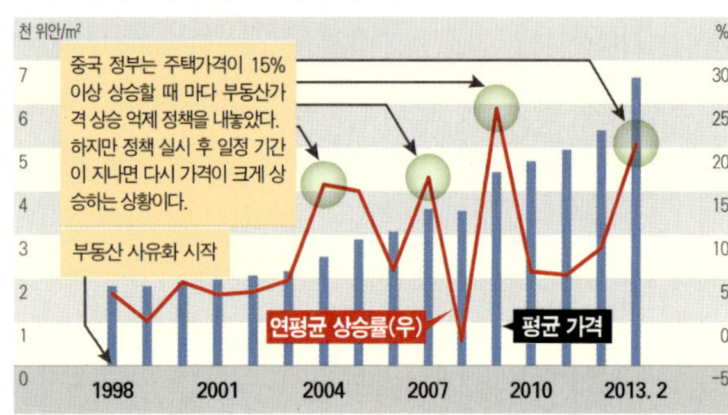

- 사회주의 경제 체제 아래에서 주택을 분배하던 중국은 개혁·개방기에 들어서면서 부동산 거래를 허용하기 시작했다.
- 상품방(商品房: 거래가 가능한 주택) 거래가 본격화 된 1998년 이후, 상품방 가격이 무섭게 상승하자 중국인들이 부동산 투자에 열을 올리기 시작했다. 그 결과 1998년 1,854위안/㎡에 불과하던 전국 평균 상품방 가격이 2012년 5,430위안/㎡으로 3배 정도 상승했다.

▶ 중국 주요 도시 아파트(주택) 평균 가격 (위안/㎡, 2013년 6월)

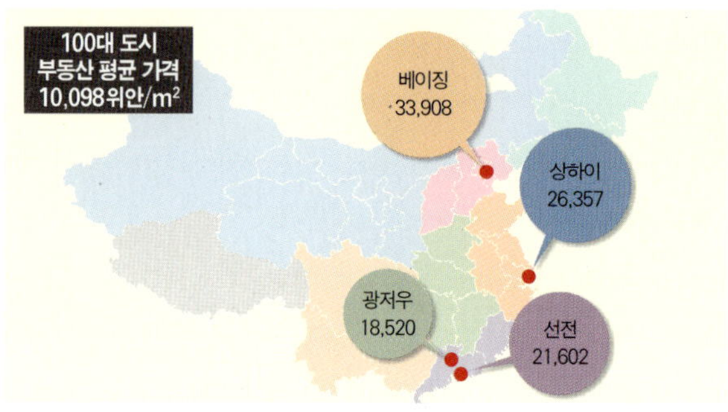

- 중국 1선 도시(베이징, 상하이, 광저우, 선전)의 부동산 평균 가격은 제곱미터당 2만 위안을 넘어서고 있으며, 중국 100대 도시 역시 1만 위안을 넘겼다.
- 중국 1인당 국민소득은 약 3만 8,000위안(약 6,000달러)에 불과한 실정이라, 중국 서민들 사이에서는 '마이부치'(买不起: 가격이 너무 높아서 못 산다)라는 말이 유행처럼 번지고 있다.

자료: SouFun

▶ 중국 36개 도시 부동산가격 상승률

- 중국의 부동산시장(대도시 기준)은 2008년 미국 금융 위기를 계기로 2009년 말까지 시행된 정부의 금융완화정책 등에 힘입어 2010년 중 주택가격이 전년에 비해 50% 가까이 급등하는 과열 양상을 보였다.

자료: PMC

▶ 중국 주요 대도시 주택가격 상승률 (전년 동기 대비)

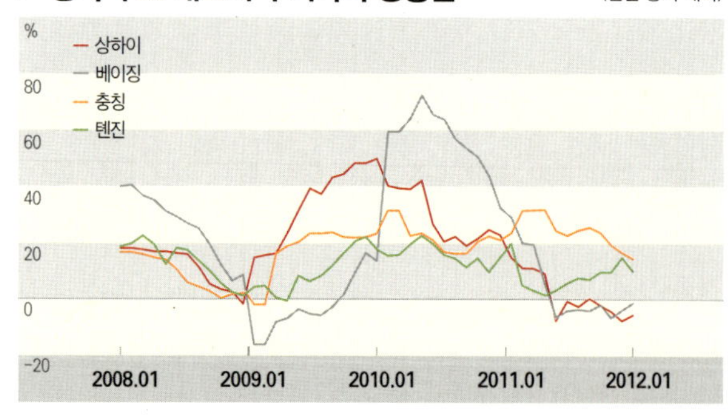

- 중국 정부의 강력 부동산 투기 억제 정책으로 2011년 초부터 주요 도시의 주택가격 상승률이 20% 이하로 떨어졌다.

자료: 중국사회과학연구원

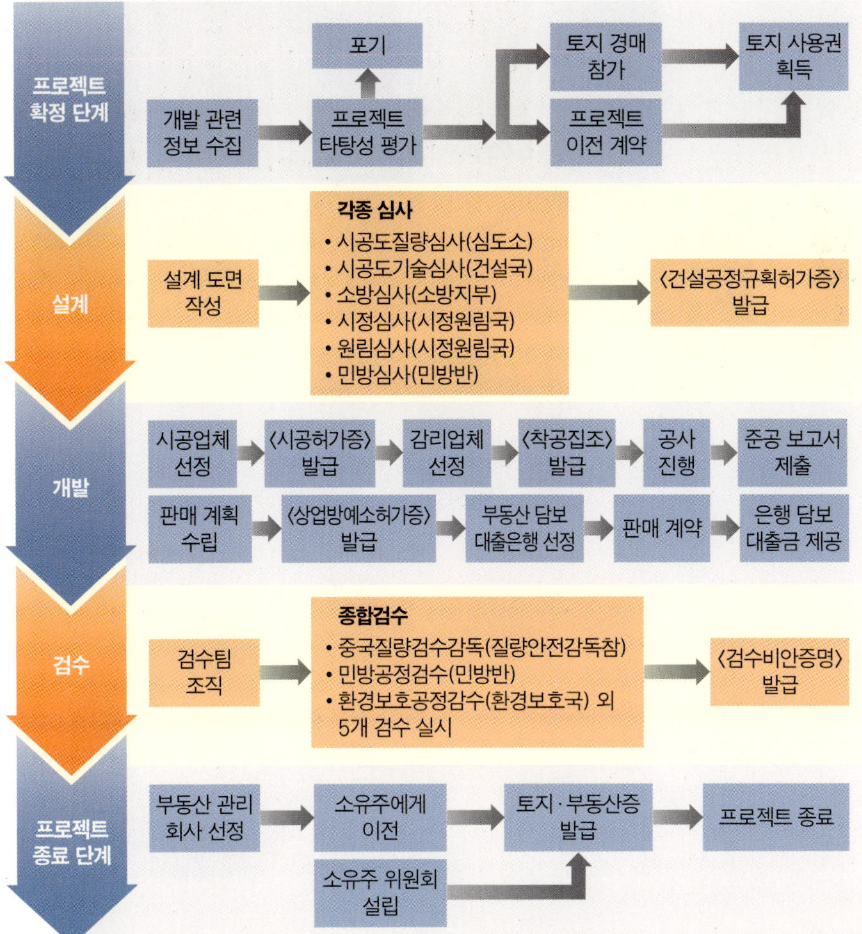

- 중국 부동산개발사들의 부동산개발 단계는 일반적으로 프로젝트 확정, 설계, 개발, 검수, 종료의 5단계로 구성된다.
- 각각의 단계별로 다양한 관리·감독 기관의 심사와 비준을 필요로 한다.

- 부동산개발 투자액은 장쑤, 랴오닝, 산둥, 저장, 푸젠 등 동부 연안 지역에 많이 집중되어 있다.

자료: 중국통계연감(2012)

- 중국 부동산개발 투자액은 2008년 글로벌 금융 위기의 대안으로 정부가 4조 위안을 투입한 이후 급속도로 증가해, 2년 만에 70% 이상 증가했다.

자료: 중국통계연감(2012)

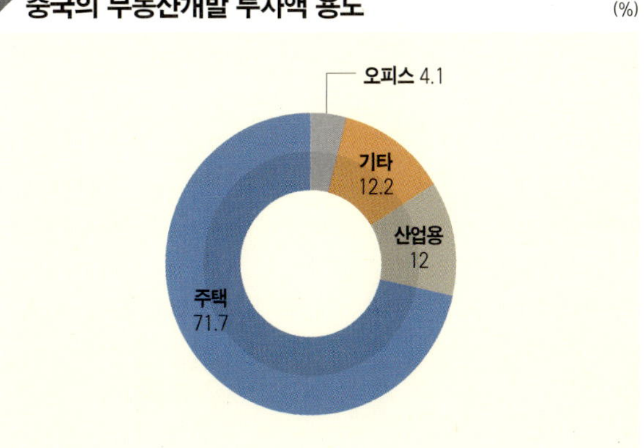

- 2011년 중국 부동산개발 투자액 중 주택 투자는 4조 4,320억 위안으로, 전체 부동산개발 투자 중 71.7%를 차지한다.

자료: 중국통계연감(2012)

- 중국은 토지를 소유하는 것이 아니라 임차한다. 주택용지는 70년, 상업용지는 40년, 공업용지는 50년간 임차할 수 있다.
- 사용 기간이 만료되면 주택용지는 재건축을 진행하거나 다른 지역으로 이주(혹은 보상)한다. 상업·공업 용지는 사용 기간이 만료되면 정부 소유가 된다.
- 중국의 부동산 사유화가 시작된 1998년이래 지금까지 토지 임대 기간이 만료된 사례는 없다.

지역	홍콩	베이징	선전	상하이	광저우
아파트명	구룡참개선문	옥연담공원 조어대	동해국제	톰슨일품	주강신청
가격	38만 위안/m²	30만 위안/m²	29만 위안/m²	21만 위안/m²	12만 위안/m²

- 부자가 많기로 유명한 중국은 1선 도시를 중심으로 초고가 아파트들이 속속 들어서고 있다.
- 제곱미터당 가격이 20만 위안(한화 약 3,600만 원)을 넘는 아파트들이 즐비하다.

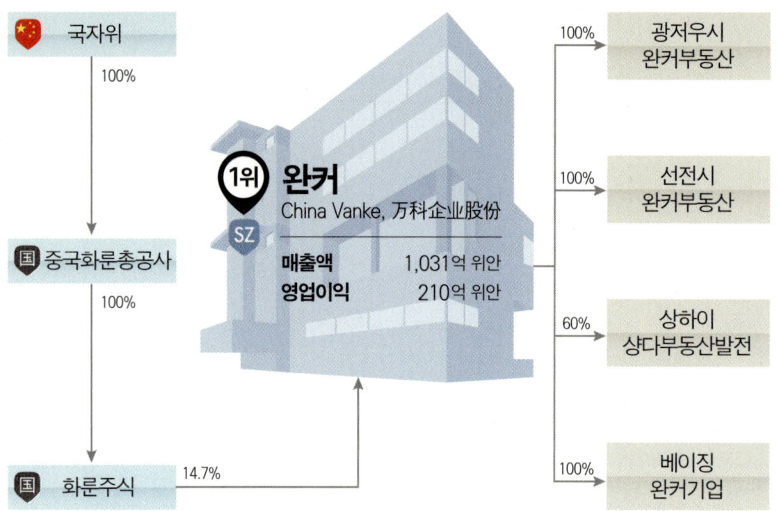

- 6년 연속 〈월스트리트지(아시아판)〉가 선정한 '중국에서 가장 존경 받는 10대 기업'에 선정.
- 중국 부호들의 미국 부동산 투자 열기에 맞춰 미국 부동산시장에도 진출. 2013년 초 미국 티시먼 스파이어가 개발 중인 샌프란시스코 고급 주택 프로젝트 지분 70% 인수.

- 완커는 매출의 98%가 부동산개발에서 발생하며 부동산 매니지먼트 및 기타 수입이 차지하는 비중은 매우 낮다.

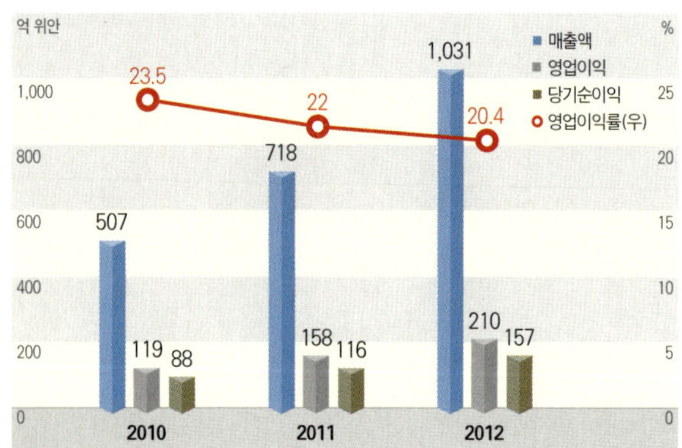

- 2011년 이후 미분양 부동산에 대한 대폭적인 판촉 활동으로 매출이 크게 상승했으나, 비용 증가로 영업이익률은 다소 감소하는 추세를 보이고 있다.

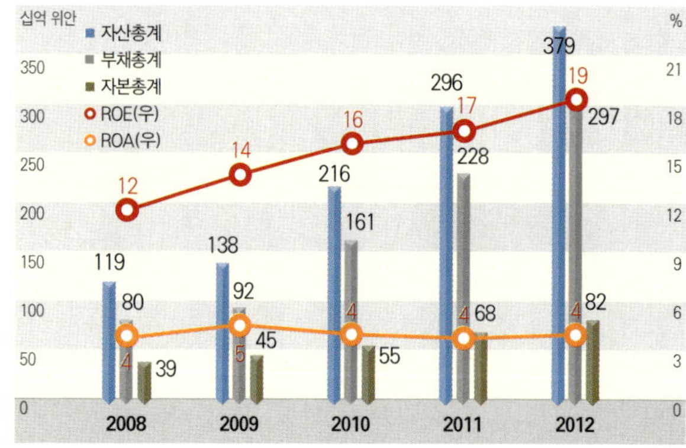

- 2008년 말 중국 정부가 4조 위안 규모의 경기부양책을 실시한 이후 중국 부동산은 호황기에 들어섰다.
- 부동산업계 1위의 완커 역시 동기간 높은 자산 증가율을 보였다.

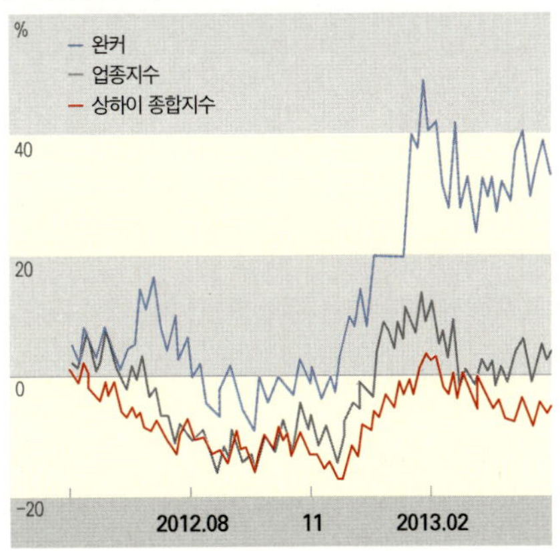

완커 주가 추이

- 최근 1년 동안 완커의 주가는 업계 1위답게 업종 및 상하이 종합지수를 크게 상회했다.

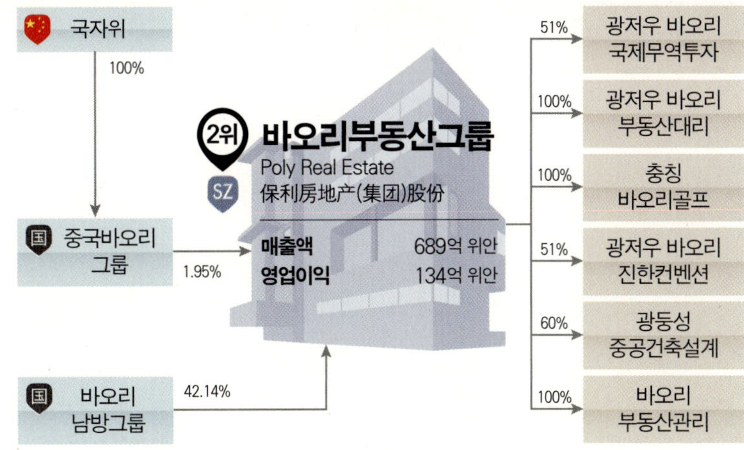

- 2013년 중국 부동산 협회가 평가한 '위기대응 능력' 부문 1위.
- 2010년 중국 정부가 강력한 부동산 투기 억제책을 내놓으면서 대형·호화주택에서 중소형·일반주택으로 수요 중심이 이동하자 발 빠르게 주력 상품을 변경해 실적 향상.

바오리부동산그룹 경영 실적

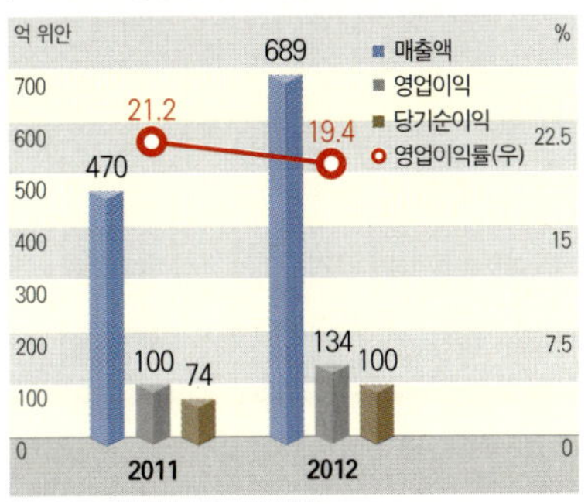

- 바오리부동산그룹은 중국 내 진출 지역을 43개 도시로 확장하면서 매출이 지속적으로 상승하고 있다.
- 하지만 최근 토지 가격이 크게 상승하면서 영업이익률은 감소하고 있다.

바오리부동산그룹 개발 지역 비중

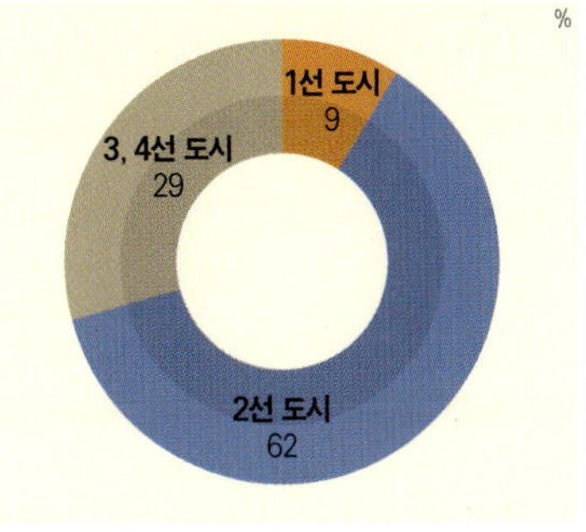

- 2012년 바오리부동산그룹이 진행 중인 부동산개발 프로젝트는 총 184개로 총 면적은 9,238만㎡에 달한다.
- 그 중 베이징, 상하이, 광저우 등 1선 도시 개발 면적이 약 9%를 차지하고 톈진, 충칭, 난징, 청두 등 2선 도시가 62%를 차지하고 있다.

바오리부동산그룹 자산 – 부채

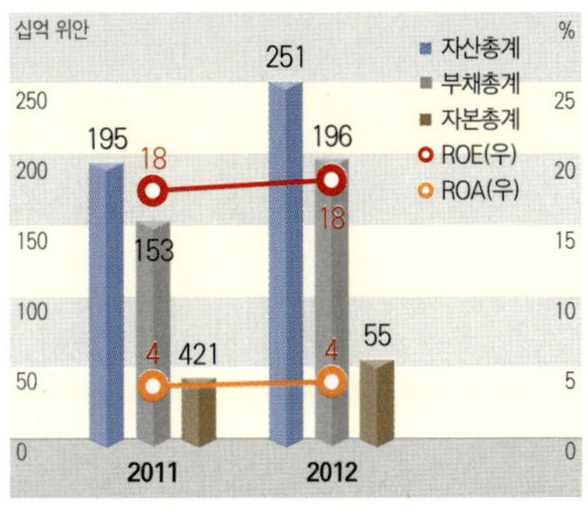

- 중국의 1, 2선 도시를 중심으로 부동산개발 사업을 벌이는 바오리부동산그룹은 진출 도시가 증가함에 따라 자산도 지속적으로 증가하고 있다.

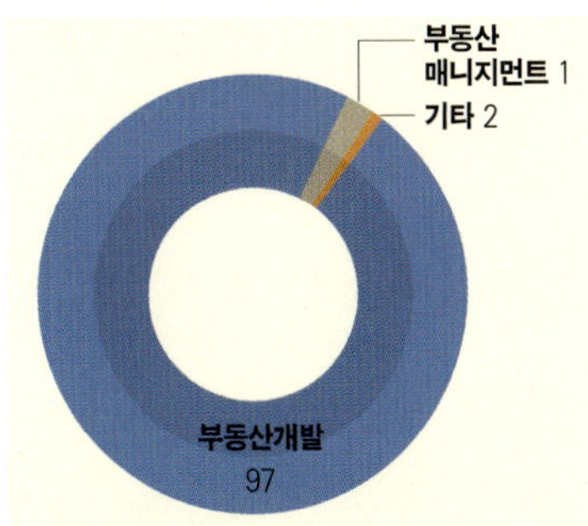

- 10년 연속 '중국 10대 부동산개발회사'에 선정.
- 중국 최고의 축구팀인 광저우헝다 구단주.
- 헝다그룹회장 쉬자인(许家印) 2012, 2013년 연속으로 〈포브스차이나〉가 발표한 '중국 최고 자선가' 1위에 선정.

헝다부동산그룹 매출 구성

- 대부분의 부동산개발사와 마찬가지로 헝다부동산그룹의 주요 매출은 부동산개발에서 발생한다.

헝다부동산그룹 경영 실적

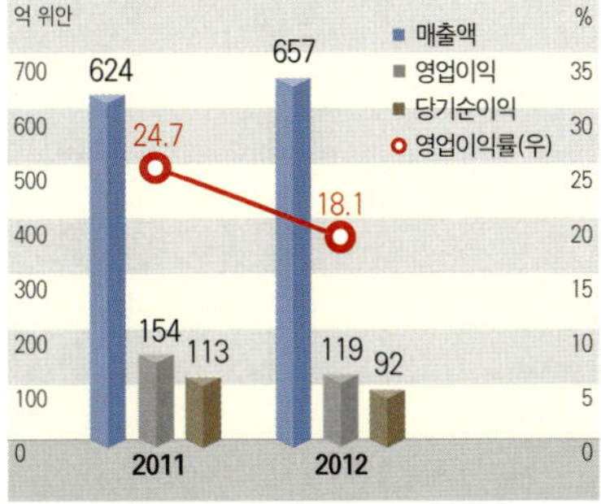

- 2010년 '2, 3선 도시 공략', '서민을 위한 주택 건설'을 목표로 내세워 2011년 매출이 36% 상승했다.
- 하지만 2012년에는 정부의 부동산 규제 정책의 영향을 받아 성장세가 둔화되었다.

부동산가격 폭등,
투기 과열로 몸살

"중국에서도 집을 살 수 있나요?" 중국에 대해 궁금증을 가진 사람들이 자주 하는 질문 가운데 하나다. 먼저 대답부터 한다면 '是'(Yes)이다. 한국은 시행사(부동산개발업자)가 대형화 되지 않았지만 중국은 넓은 국토 면적과 인구 덕분에 부동산 개발 계획, 유통, 판매 등의 서비스를 제공하는 전문 시행사들의 규모가 제법 크다.

중국 부동산시장은 1998년을 기준으로 나누어 볼 수 있다. 계획경제를 벗어나 시장경제로 개혁을 추진하기 시작한 1978년부터 1998년까지는 중국 부동산시장의 태동기에 해당된다. 당시에는 정부의 계획에 따라 점진적으로 시장이 성장했다. 그리고 1998년 이후를 가리켜 중국 부동산시장의 폭풍 성장기라고 한다. 이때부터 중국 정부는 기존 주택 분배 제도(회사에서 주택을 제공)를 전면 수정해 부동산을 시장에서 매매하는 방식으로 전환했다. 그로부터 10여년이 지난 지금, 당시 주택을 처음 구입한 중국인들은 부동산가격 폭등의 최대 수혜자가 되었다.

세계은행 연구보고서에 따르면, 그 나라의 주택 수요는 1인당 GDP와 큰 상관성이 있다고 한다. 1인당 GDP가 300달러 수준에서 주택 수요가 시작되고 1,300달러를 넘어서면 빠른 성장기에 들어선다. 중국에서도 이러한 현상이 발생했다. 2004년경 1인당 GDP가 1,400달러를 돌파하면서 부동산가격이 급등하기 시작했고, 이후 매년 10% 이상씩 올라 과열로 치닫게 되었다.

중국 부동산가격의 폭등은 중국 금융제도와도 밀접한 관련이 있다. 지난 20년간 세계의 공장이라는 별칭이 말해주듯, 중국은 엄청난 규모의 수출을 통해 외화를 벌어들였다. 이렇게 유입된 외화는 중국 정부의 외환 정책에 따라 위안화로 바뀌어 시중에 풀리게 되었다. 문제는 중국 은행권의 저금리 기조로 인해 시중의 돈이 부동산으로 몰린 것이다. 이로 인해 부동산가격이 폭등하면서 자금을 더 끌어들이는 과열 양상이 반복되었다.

부동산개발의 최강자 '완커'

중국 부동산개발업체 가운데 절대 강자인 '완커'(万科)는 1984년 선전에서 설립되었다. 초창기에는 전자기기 무역에서 시작해 백화점 분야로 사업을 확장한 회사였다. 완커는 1990년대 말부터 시작된 중국 부동산시장의 성장성을 예견하고 2001년 백화점 지분 72%를 팔아 부동산개발사업에 뛰어들었다. 2012년 완커의 매출액은 전년 대비 43.6% 증가한 1,031억 위안이며 순이익은 전년 대비 10.4% 증가한 125억 위안이다. 중국 정부의 강력한 부동산 통제 정책에도 불구하고 완커가 호실적을 거둘 수 있었던 것은 고급 부동산개발이 아닌 중소형 아파트 개발에 주력했기 때문이다. 실제로 완커가 개발한 부동산은 144제곱미터 이하의 아파트가 대부분이다. 완커는 홍콩 증권거래소에 상장된 '난롄부동산홀딩스'(南联地产控股)

의 지분 75%를 인수하는데 성공했다. 인수 후 난렌의 이름을 '완커즈예클로벌'(万科置业(海外)로 변경하고 해외 부동산시장 진출에 나서고 있다.

부동산 시스터즈 vs. 부동산 푸어

중국에서는 한때 '팡지에'(房姐, 부동산 누님), '팡메이'(房妹, 부동산 여동생)라는 말이 인터넷에 떠돌던 적이 있었다. 팡지에는 여러 채의 부동산을 가진 나이 많은 여성을 뜻한다. 2012년 1월 한 인터넷 게시판에 산시(陝西)성 션무(神木)현의 농촌상업은행 부행장 공아이아이(龔愛愛)에 대한 글이 올라왔는데, 내용은 그녀가 2개의 신분증을 이용해 베이징에 20채의 집을 보유하고 있고 그 가격이 모두 10억 위안(한화 약 1,800억 원)에 달한다는 것이다. 팡지에가 부러웠는지 한 달도 되지 않아 인터넷에는 팡메이에 대한 글도 올라왔다. 정저우(郑州)시에 주링허우(90后, 1990년 이후 출생) 여자아이가 11채의 부동산을 보유하고 있다는 것이다. 뿐만 아니라 정저우시의 부동산 관련 공무원인 아버지는 이미 300여 채의 부동산 투기를 한 것으로 드러났다.

팡지에와 팡메이에 이은 신조어는 '팡누'(房奴, 하우스푸어)이다. 팡누는 평균 월급이 3,000위안(한화 약 55만 원) 수준인 중국의 일반 노동자들이 1백만 위안(한화 약 1.8억 원)이 넘는 주택을 사기 위해 급여의 대부분을 부동산 대출을 갚는데 쓰는 세태를 푸념하는 말이다.

부동산 투기와 부동산가격 폭등 문제는 어느 나라에나 존재한다. 문제는 중국의 부동산가격이 소득 수준에 비해서 너무 높다는 것이다. 상하이와 서울을 비교해 보면 2011년 기준 상하이의 1인당 GDP는 1.2만 달러로 서울의 54% 수준이다. 하지만 부동산가격은 2.5만 위안/제곱미터에 달해 서울의 75% 수준에 달한다. 서구 언론들은 중국의 부동산 거품이 너무 심각해서 향후 미국 서브프라임 모기지와 같은 상황이 중국에서 발생할지도 모른다고 경고한다.

원저우 부동산 투기단

원저우(溫州) 상인은 중국의 유대인으로 불리며 전 세계적으로 이름을 날리고 있다. 어려서부터 장사를 배워 사업 수완이 남다르다. 이런 원저우 사람들이 중국 부동산시장에서 흘러나오는 돈 냄새를 맡고 그냥 지나칠 리가 없다.

1998년부터 2001년까지 원저우시의 부동산가격은 2,000위안/제곱미터에서 7,000위안/제곱미터로 연평균 20% 이상 폭등했다. 이른 바 '원저우 부동산 투기단'은 상하이, 항저우, 쑤저우, 샤먼, 베이징, 닝보, 진화 등지까지 진출해 부동산 매입에 열을 올렸다.

원저우 부동산 투기단이 유명해진 이유는 조직적이면서 규모가 큰 투자 성행 때문이다. 그들은 보통 100여 명 이상이 모여서 목이 좋은 단지를 통째로 구매해 버리고는 세를 주지도 않고 가격이 오를 때까지 기다려 폭리를 취하곤 한다. 실제로 2001년 최초의 원저우 부동산 투기단이라고 불리는 세력 157명이 상하이로 가 3일 만에 100채의 부동산을 구입했다. 100만 명밖에 안 되는 인구를 가진 원저우 사람들이 지금까지 베이징과 상하이에 투자한 자금만 1,000억 위안이라고 하니 실로 어마어마한 규모임을 알 수 있다. 하지만 원저우 부동산 투기단의 행복했던 시간도 오래가지는 못할 전망이다. 이를 보다 못한 정부가 부동산 구매 제한 정책(限购令)을 꺼내 들었기 때문이다.

중국의 부동산시장을 보면 이 나라가 정말로 사회주의를 표방하는 곳인지 의구심을 갖게 한다. "자본은 이념을 거뜬히 먹어치운다"는 말은 중국에서도 유효한 듯하다. ★

❶ 전 세계 건설 프로젝트 8조 5,000억 달러 중 40%가 아시아에 집중. 이 중 중국 건설 프로젝트 규모가 7,000억 달러임.
❷ 한국 건설기술연구원 발표 '2012년 건설산업 글로벌 경쟁력 순위'에서 중국이 2위 차지.
❸ 한국의 국토교통부와 중국 주택도농건설부 간 '지속 가능한 도시 발전 분야에서 양국 협력에 관한 양해각서' 체결, 중국 건설시장 진출 교두보 마련.

▼ 건설사 세계 톱 10 (매출 기준)

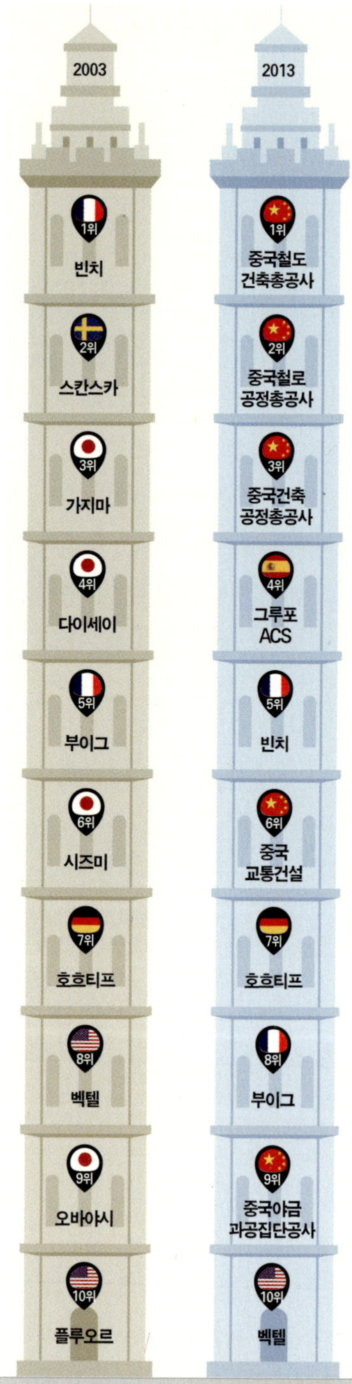

- 중국 건설업계는 정부의 적극적인 고정자산 투자에 힘입어 급속도로 발전했다.
- 2013년 '세계 최대 건설사' 순위에서 상위 10개 중 5개가 중국 건설사다.
- 2003년 순위권 내에 중국기업이 전무했던 것과는 대조적인 모습이다.

▼ 중국 도시화율 추이

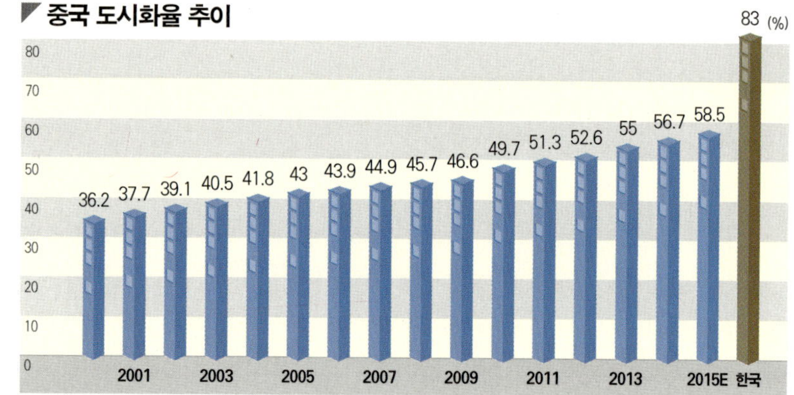

* 도시화율: 전체 인구 중 도시 장기 거주하는 인구 비율
* 한국은 2010년 UN 자료 기준

- 2012년 중국의 도시화율은 52%로 한국의 1990년대 초반과 비슷한 상황이다.
- 중국의 대대적인 도시화 정책의 최대 수혜 업종으로 건설산업이 꼽힌다.

자료: 중국국가통계국

▼ 중국 사회고정자산 투자 규모와 산업별 투자 비중

- 중국 정부는 2012년 사회고정자산에 37조 4,676억 위안을 투자했다.
- 중국의 사회고정자산 투자는 2009년부터 미국을 제치고 세계 1위로 올라섰다.
- 사회고정자산 중 인프라 건설에 가장 많은 자금이 투자되고 있다.

자료: 중국통계연감, KIEP

▼ 중국 건설업 부가가치 추이

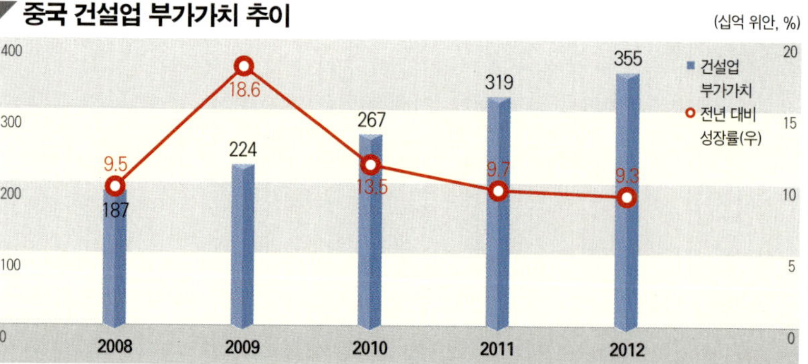

- 2012년 중국의 건설업 부가가치(산업 생산 과정에서 사용한 모든 비용을 공제한 나머지) 규모는 3조 5,459억 위안으로 전년 대비 9.3% 증가했다.

자료: 중국통계연감

▼ 중국의 건설산업 성장을 견인하는 철도 투자 현황

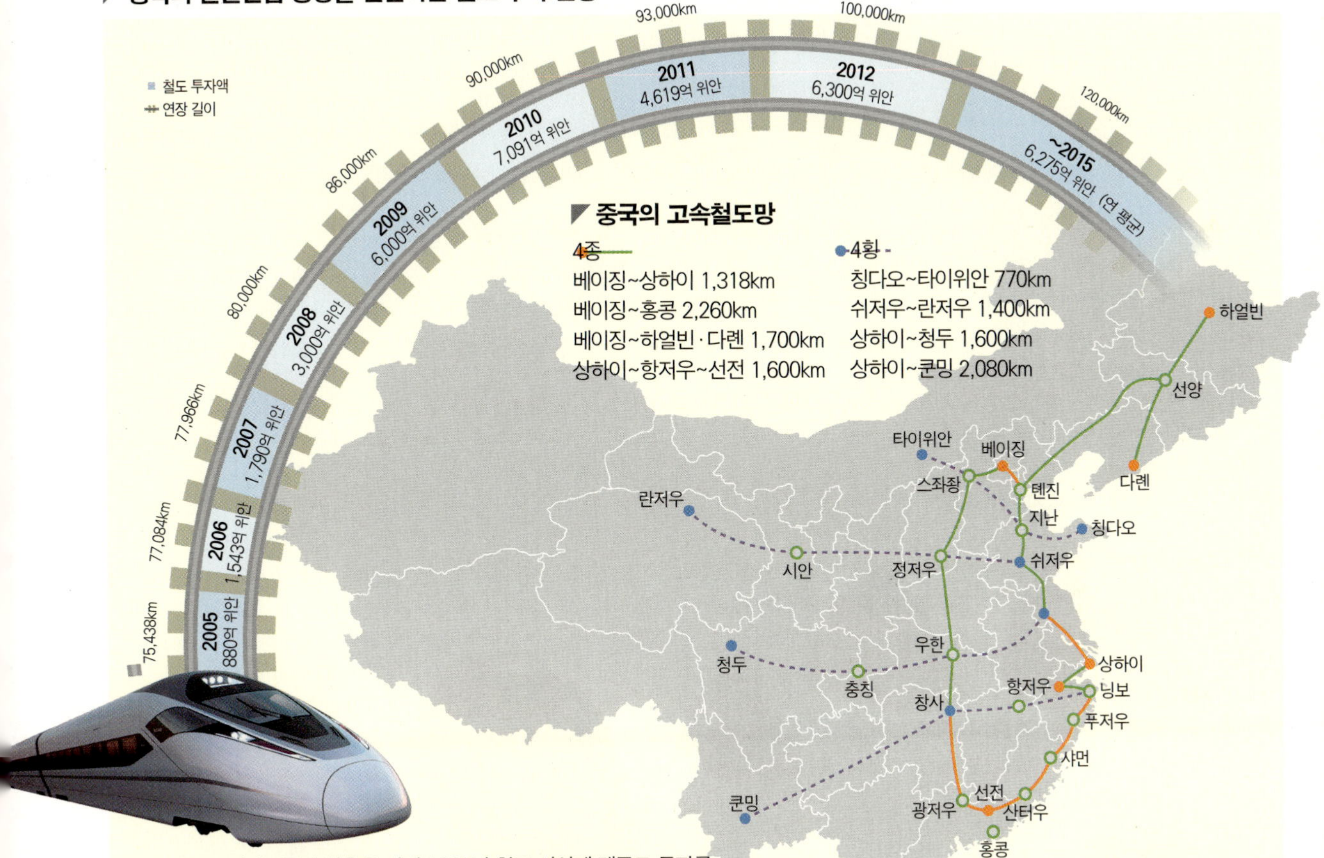

- 중국 정부는 기간교통망 확충을 위해 2013년 철도 시설에 대규모 투자를 집행할 예정이다. 철도 시설 확충(고속철 위주)에 5,200억 위안을 배정했으며, 이 중 4,200억 위안은 철도 신설 및 철로 보수에 쓰여질 계획이다.
- 중국은 2020년까지 세계 1위를 목표로 총 14.6만km(고속철도 포함)의 철도망을 갖출 계획이다.
- 새로 건설하는 철도 중 27,000km 구간은 2012~2015년 안에 완공하고, 신규 철도의 50%는 고속철도로 건설할 예정이다. 자료: 중국철도부, 국가발개위

▼ 중국 5종7횡 고속도로

- 1989년부터 시작된 중국의 고속도로망 프로젝트인 '5종7횡'은 아시아 경제 위기 때 중국 경제의 돌파구 역할을 했다.
- 중국 정부는 대규모 자금을 인프라(도로) 건설에 투자해 경제 성장률 유지와 경기 활성화를 유도했다.

▼ 중국 도로 총길이와 도로밀집도

	도로 총길이 (만km)	전국 도로밀집도 (km/100km²)
2008년	373	38.9
2009년	386	40.2
2010년	401	41.8
2011년	411	42.8
2012년	424	44.1

- 2012년 중국의 도로 총길이는 424만km로, 이 중 고속도로 총길이는 9.62만km이다.
- 고속도로 총길이는 중국이 미국에 이어 2위다.
- 국가의 도로 인프라 상황을 가늠할 수 있는 도로망밀집도는 2012년 100km² 당 44.1km로 그 길이가 꾸준히 증가하고 있다. 자료: 중국교통부

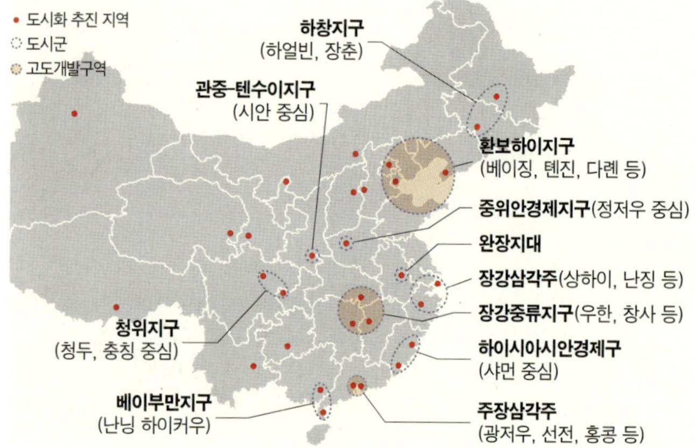

- 시진핑 정부는 40조 위안을 들여 20년 동안 연평균 100만 명의 농민을 도시민으로 바꿔 도시화비율을 0.8%씩 증가시킨다는 계획이다.
- 농민 한 사람을 도시민으로 바꾸기 위해서는, 도시의 인프라 설비와 공공서비스 등에 대한 투자로 약 10만 위안이 든다.

자료: 국무원

▼ 2012년 중국 부동산 개발 및 판매 주요 지표

지표	규모	전년 대비 성장률
부동산개발 투자 총액	7조 1,804억 위안	16.2%
주택개발 투자액	4조 9,374억 위안	11.4%
90m² 이하 주택 투자액	1조 6,789억 위안	21.9%
건물 시공 면적	57억 3,418만 m²	13.2%
주택 시공 면적	42억 8,964만 m²	10.6%
건물 신시공 면적	17억 7,334만 m²	−7.3%
주택 신시공 면적	13억 695만 m²	−11.2%
건물 준공 면적	6억 9,425만 m²	7.3%
주택 준공 면적	7억 9,043만 m²	6.4%
상품방 판매 면적	11억 1,304만 m²	1.8%
상품방 중 주택 판매 면적	9억 8,468만 m²	2.0%

- 2012년 중국 부동산개발 투자 총액은 7조 1,804억 위안으로 전년 대비 16.2% 증가했다.

▼ 중국 건설업 주요 해외시장 순위

(2010년 매출 기준)

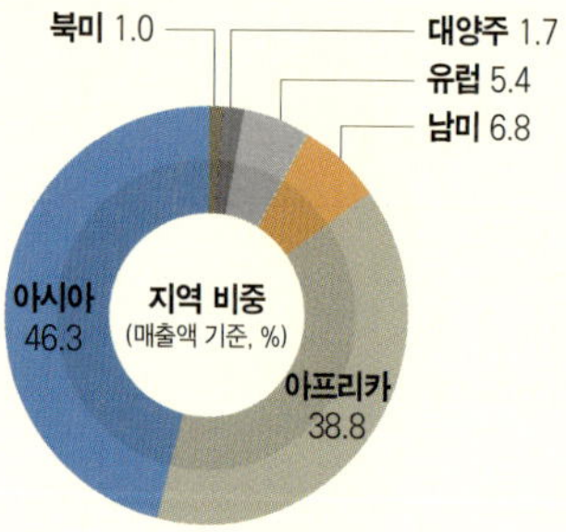

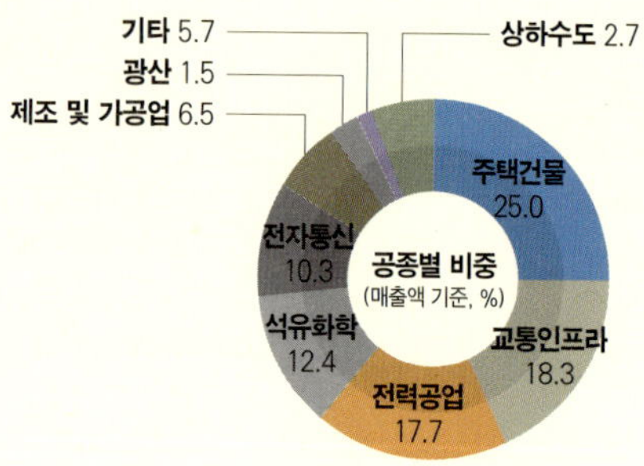

- 중국은 해외건설 규모(매출액 기준) 1위 국가이다.
- 11.5규획 기간(2006~2010년) 동안 해외도급공사 매출액은 매년 32.5%씩 증가했다.
- 중국의 해외도급공사 주요 시장은 아시아와 아프리카에 집중되어 있다.

자료: 중국국제건설협회, KIEP

▶ 중국의 '앙골라 거래 방식*' 사례

연도	2001년	2004년	2005년	2006년				2007년		2008년
국가	콩고	수단	앙골라	나이지리아	가봉	기니	보츠와나	짐바브웨	가나	모리타니	콩고(DRC)
중국이 건설 해준 인프라	수력댐 (콩고강)	발전소	발전소, 도로, ICT 등	가스터빈 발전소	철광산 인프라	수력댐	철도	지열 발전소 등	수력 발전소	철도	철도, 도로, 수력댐, 공항
상환물	원유	원유	원유 (1만 배럴/일)	원유 (3만 배럴/일)	철광석	보크사이트	석탄	크롬	코코아	인산 광물	구리 및 코발트
차관(억 달러)	2.8	1.28	10	2.98	30	10			5.6	6.2	60

자료: Martyn Davies

- 중국은 아프리카에 발전소, 도로, 철도 등의 인프라를 건설해 주고, 그 대가로 자원을 받아가고 있다.

* 앙골라 거래 방식(Angola Mode): 중국 건설회사는 수출입은행의 자금을 지원받아 아프리카 인프라 개발에 나서고, 중국 국영 자원회사(시노펙 등)는 아프리카로부터 획득한 자원으로 수출입은행에 대출 자금을 갚는 방식.

▶ 중국의 사업 분야별 해외 원조 현황 (백만 달러)

	아프리카	중남미	동남아시아
자원 개발	9,432	18,585	4,788
인프라·공공 사업	17,865	7,535	6,438
인적 지원	802	32	159
군사 지원	4	0	170
기술 원조	10	1	3
기타	5,024	608	2,276

- 중국의 아프리카에 대한 원조는 인프라 및 공공 사업 부문에 집중되어 있다.
- 즉, 중국의 아프리카 건설 프로젝트 대부분은 원조 사업을 통해 이루어지고 있다.

자료: Thomas Lum & Hannah Fischer

▶ 세계에서 가장 긴 해상 교량, 칭다오 자오저우만 대교

- 산둥성 칭다오와 황다오를 잇는 칭다오 자오저우만 대교(2011년 7월 완공)는 총 길이 42km로 세계에서 가장 긴 해상 교량이다.
- 공사 기간 4년, 해상다리 교각 5천 개 이상, 총공사비 100억 위안의 자오저우만 대교는 그 동안 세상에서 가장 긴 다리였던 미국 '폰차 트레인 코즈웨이교'를 4km 차이로 앞질렀다.
- 한국에서 가장 긴 교량은 인천대교로, 총길이가 21.38km이다.

▶ 글로벌 초고층빌딩 건설시장을 주도하는 중국 대표 마천루들

(m)

도시	두바이(UAE)	상하이	홍콩	난징	선전	광저우	상하이
높이	828m	492m	484m	450m	441.8m	441.75m	421m
층수	163층	101층	108층	88층	100층	103층	88층
완공년	2010년	2008	2010년	2009년	2011년	2010년	1998년

- 현재 중국에는 470개(홍콩 제외)의 초고층빌딩이 있다. 건설 계획 중인 초고층빌딩이 516개, 이미 건설 중인 초고층빌딩만 해도 332개나 된다.
- 중국이 마천루 건설에 투자하는 비용만 1조 7,000억 위안이 넘는다.
- 현재 건설 중인 초고층빌딩 중 사우디아라비아의 킹덤타워(1,000m), 한국의 롯데월드타워(556m), 미국의 원월드트레이드센터(541m) 3곳을 제외하고, 상위 10위권 내에 있는 초고층빌딩은 모두 중국에 건설되고 있다.

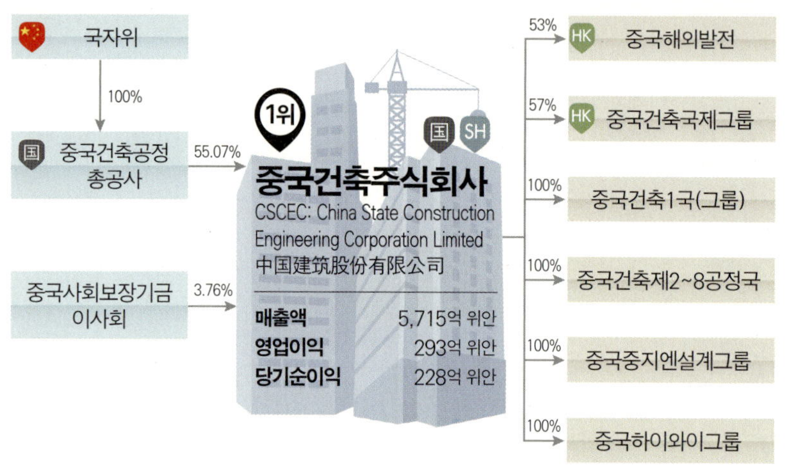

- 한국의 ㈜엘시티PEV와 중국건축주식회사 (CSCEC)가 2013년 11월 부산 해운대관광 리조트 시공 계약을 체결했다.
- 해운대관광리조트는 해운대 중동 6만 5,900m² 부지에 호텔, 테마파크, 아파트 등을 갖춘 복합 리조트를 개발하는 사업이다.
- 리조트는 101층과 84층짜리 건물 2개로 구성되며, 공사비는 3조 4,000억 원 규모이다.

- 미국 〈포춘〉이 선정한 '2013년 세계 500대 기업' 순위에서 매출액 5,715억 위안로 80위에 오름. 2012년보다 20위 상승.
- 중국기업협회와 중국기업가협회가 발표한 '2013 중국 500대 기업' 9위에 선정.
- 중국 선전 핑안국제금융센터(115층), 상하이 글로벌 파이낸셜센터(101층), 홍콩 인터내셔널 커머스센터(118층) 등 100층 이상 초고층 건물 7개 시공.

▨ 중국건축주식회사 매출 구성 (%)

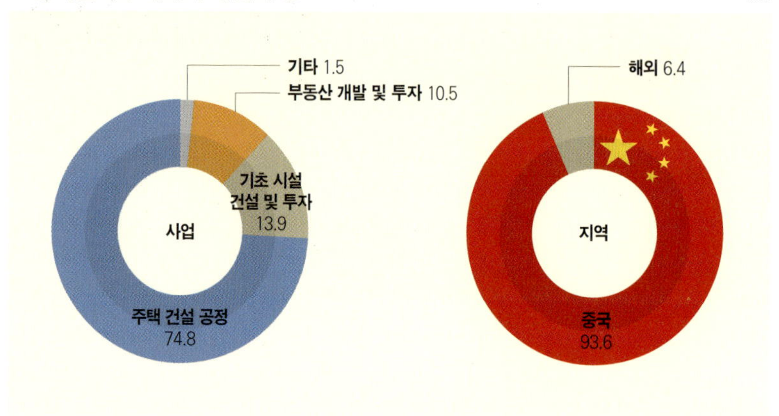

- 중국건축주식회사는 2012년 주택 건설, 기초 시설 건설, 부동산 개발 및 투자로 각각 4,275억 위안, 792억 위안, 597억 위안의 매출을 기록했다.

▨ 중국건축주식회사 경영 실적

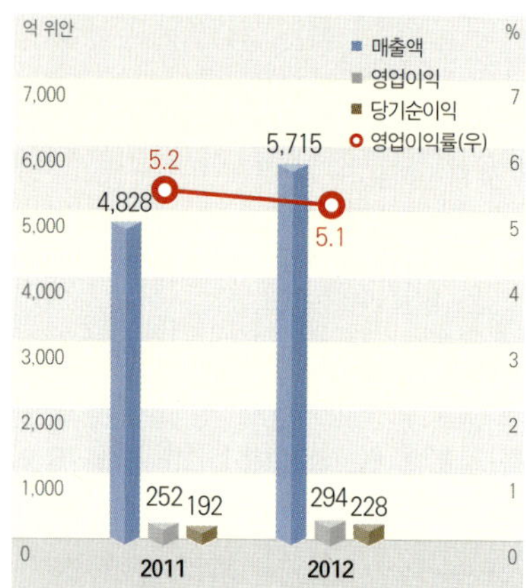

- 중국건축주식회사는 전년 대비 매출이 16.3%, 영업이익이 15.8% 상승했다.

▨ 중국건축주식회사 자산 – 부채

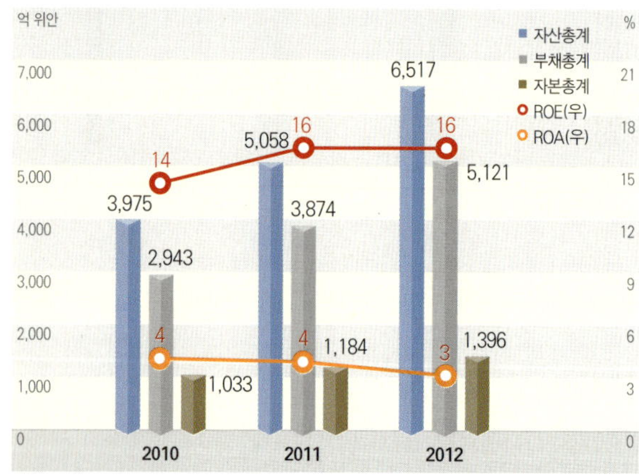

- 중국건축주식회사는 자산이 꾸준히 증가하는 추세이다.

▨ 중국건축주식회사 주가 추이 (%)

- 중국건축주식회사는 2012년 당기순이익 228억 위안을 기록하며 상하이 종합지수와 업종지수를 웃돌았다.

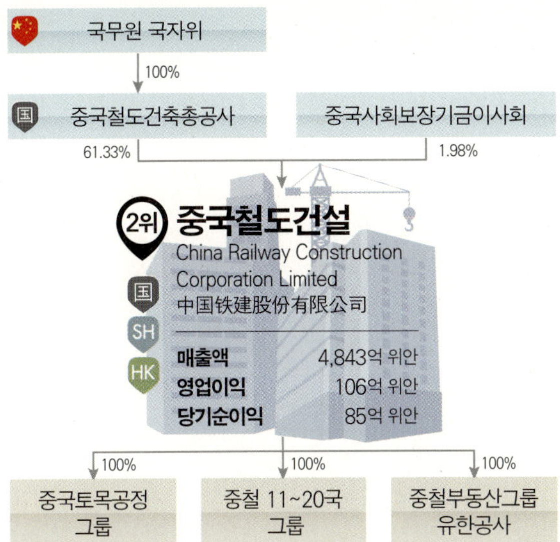

- 미국 〈포춘〉이 선정한 '2013년 세계 500대 기업' 순위에서 100위.
- 2012년 접대비 지출이 8억 3,700만 위안으로, 중국 상장회사 중 1위라는 불명예를 안음.

▼ 중국철도건설 매출 구성 (%)

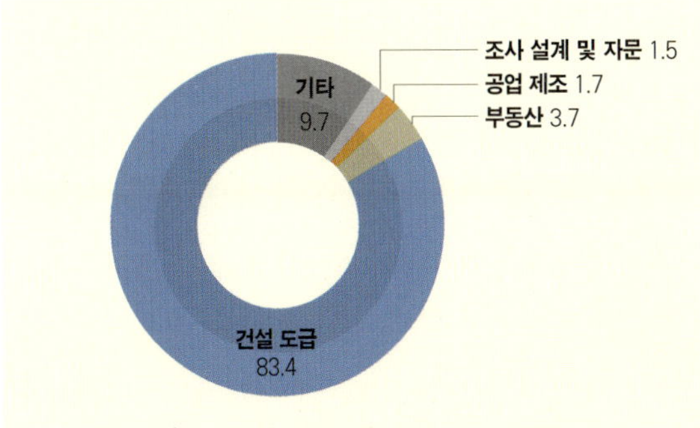

- 중국철도건설은 중국 최대 규모의 해외도급업체인만큼 매출에서 건설 도급이 차지하는 비중이 83%에 달한다.

▼ 중국철도건설 경영 실적

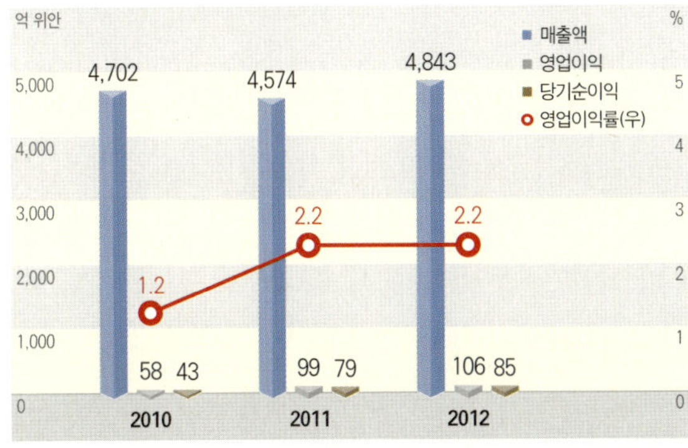

- 2012년 매출이 4,843억 위안으로 전년 대비 6% 증가했다.
- 건설을 제외한 물류 및 무역 등의 서비스와 부동산 업무 등에서도 비교적 큰 수익을 올렸다.

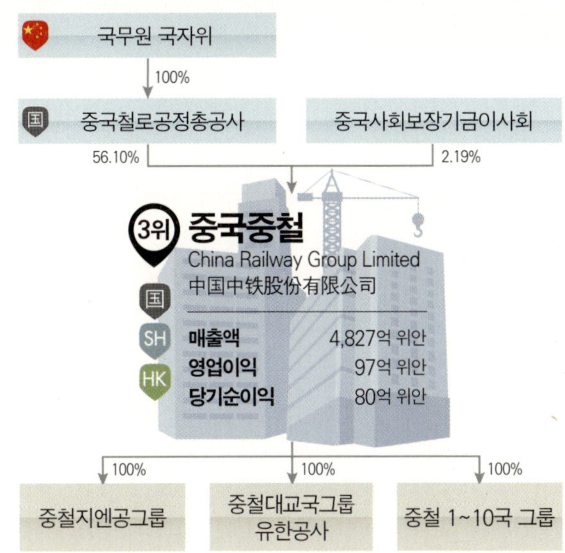

- 미국 〈포춘〉이 선정한 '2013년 세계 500대 기업' 순위에서 102위.
- 캄보디아 아이론 앤 스틸 마이닝 인더스트리 그룹과 112억 달러 규모의 캄보디아 철도, 제철소 건설 계약 체결.

▼ 중국중철 매출 구성 (%)

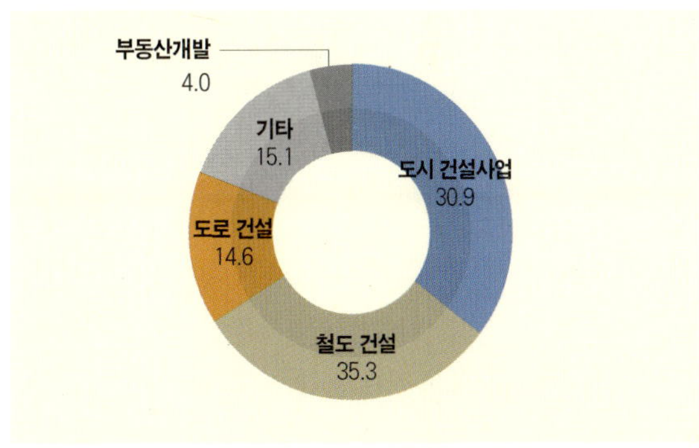

- 매출에서 가장 큰 비중을 차지하는 철도 건설은 매출(1,703억 위안)이 2011년보다 10%가량 하락했다.
- 교통시설, 급수, 배수, 가스, 조명 등의 기초 시설을 건설하는 도시 건설사업(707억 위안)과 부동산개발(197억 위안)은 매출이 증가했다.

▼ 중국중철 경영 실적

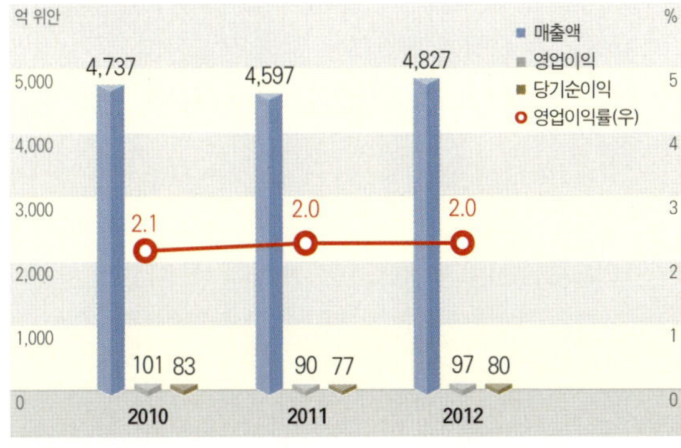

- 중국중철은 주요 강재 가격 하락과 공정 기술 개발로 원가를 절감하면서, 2012년 매출이 전년 대비 5% 증가했다.

'마르지 않는 샘'처럼 성장을 이어가는 중국 건설산업

1978년 중국의 개혁·개방 정책 이후 30여년 간 중국 경제는 연평균 9.9%의 높은 경제성장률을 보이며 초고속 성장을 이뤄냈다. 1978년 세계 10위에 그쳤던 중국은 2010년에 들어서면서 일본을 제치고 미국과 함께 G2가 되었다.

중국의 눈부신 경제성장률은 건설산업의 성장과 궤를 같이 한다. G2의 반열에 올라선 경제대국 중국은 고정자산 투자를 성장동력으로 활용해왔다. 서부 대개발, 2008년 베이징올림픽, 2010년 상하이 세계박람회 등을 통한 대규모 건설 프로젝트 외에도 도시화로 인한 주택건설 등이 경제성장의 주요 동력으로 작용해온 것이다.

이렇듯 건설은 경제성장률과 밀접한 관련이 있는 산업이다. 중국, 일본, 미국 등의 GDP를 살펴보면 해당 국가의 건설업계 총자산과 그 주기성이 대략 일치함을 알 수 있다.

유례없는 성장을 거듭해온 중국 건설산업

중국 건설산업은 사회기반시설 등 인프라 건설과 부동산개발이 큰 축을 이루고 있다. 부동산개발이라 함은 아파트와 빌딩, 주택 건설을 뜻한다. 부동산개발은 1999년을 기점으로 인프라 건설을 앞지르며 중국 건설산업의 성장을 견인해왔다. 중국건설업협회 발표에 따르면, 2010년 건설업계 총자산은 9조 6,031억 위안으로 과거 1985년에 비해 140배 가까이 성장했다. 건설 관련 부

가가치도 2조 6,714억 위안으로 1985년에 비해 60배 이상 증가한 것으로 나타났다. 이처럼 중국 건설산업의 급성장은 세계 어디에서도 유례없는 규모로 이어져 왔다.

한편, 세계 경제의 불황으로 인해 중국 건설 수요도 예전만하지 못할 것이라는 어두운 전망이 쏟아져 나오고 있다. 실제로 2008년 글로벌 금융위기로 인해 중국 건설산업의 총자산 성장세가 큰 폭으로 줄어들기도 했다. 일각에서는 중국 건설시장이 이미 커질 만큼 커졌기 때문에 앞으로는 안정화 단계로 접어들 때가 온 것이라고 분석하기도 한다.

성장을 이끌어온 중국 건설업계의 '빅 3'

중국 건설산업의 급팽창은 수많은 건설업체들의 성장을 견인했다. 중국을 대표하는 건설업체로는 중국건축, 중국중철, 중국철도건설 등이 꼽힌다.

'중국건축'(中国建筑股份有限公司)은 '중국건축공정총공사'(中国建筑工程总公司), '중국석유천연가스그룹'(中国石油天然气集团公司), '바오강그룹'(宝钢集团有限公司), '중국중화그룹'(中国中化集团公司) 등 4곳이 2007년경 각각 공동 출자하여 설립한 회사이다. 중국건축은 현재 중국에서 가장 글로벌 경쟁력을 갖춘 건설회사로 지목된다. 중국건축이 건설한 주요 건축물로는 CCTV신청사(中央电视台新台址), 베이징수영센터(水立方), 상하이이환구금융

센터(上海环球金融中心) 등이 있다.

'중국중철'(中国中铁股份有限公司)은 전신이 중화인민공화국 철도부 공업총국과 설계총국으로, 1950년에 설립된 이후 1958년 철도부 기본건설총국에 합병된 뒤 1989년 중국철로공정총공사로 발전했다. 2007년 상하이와 홍콩 증권거래소에 각각 상장했다. 중국중철은 39개의 철도시공 관련 자회사 및 37개의 도로시공 자회사, 그리고 34개의 주택건설 자회사 등을 포함해 모두 170여개의 자회사를 보유한 초대형 건설그룹으로도 주목을 끈다.

'중국철도건설'(中国铁建股份有限公司)은 '중국철도건축총공사'(中国铁道建筑总公司)가 2007년 독자적으로 설립한 건설회사이다. 2008년 상하이와 홍콩 증권거래소에 각각 상장했다. 한편, 중국철도건설은 중국 3대 건설회사라는 지위에 걸맞지 않게 중국 상장회사 가운데 접대비 지출 1위 회사로 꼽혀 빈축을 사기도 했다. 이는 중국 국영기업의 방만한 경영 행태를 보여주는 단적인 예가 아닐 수 없다.

중국 건설업체들의 해외시장 본격 진출로
글로벌 건설회사들 노심초사

제5차 브릭스(BRICS) 정상회의에 참석하기 위해 남아공을 방문한 시진핑 주석은 제이콥 주마 남아공 대통령과의 정상회담에서 남아공 인프라 개발을 중국이 적극 지원하겠다고 약속했다. 시진핑의 공약은 그동안 내수 중심으로 성장해온 중국 건설업계가 이제 해외시장 진출에 본격 나설 때가 됐음을 밝히는 신호였다.

시진핑의 남아공 발언을 예견이라도 한 듯, 최근 중국은 해외건설시장에서 공격적인 행보를 이어가고 있다. 글로벌 건설 전문 저널인 〈ENR〉에 따르면, 세계 225대 건설업체들의 해외 매출액 순위에서 중국 건설업체들이 13.8%의 시장점유율을 차지하며 글로벌 1위를 차지했다.

중국 건설업체들의 해외 진출은 특히 아프리카 대륙에서 두드러진다. 중국은 아시아와 중남미와는 달리 아프리카에서는 인프라 및 공공 사업부문에 집중하고 있다.

중국 건설업체들의 해외시장 진출은 정부의 막대한 자금 원조와 적극적인 지원 정책 등에 힘입은 바가 크다. 특히 중국 건설업체들은 다른 글로벌 건설사에 비해 저가 수주 전략을 내세워 경쟁력을 확보해 나가고 있다. 아프리카와 같은 저개발지역 국가에서는 공공 인프라를 구축하는 데 무엇보다 저예산으로 입찰에 나서는 중국 건설업체에게 호감이 클 수밖에 없다.

중국 건설업체는 과거에는 해외로 건설 노동자를 보내는 것에서 시작해 하청을 맡고 공사 도급을 하는 수준에 그쳤지만, 최근에는 설계와 조달 분야로까지 사업영역을 확장하고 있다. 아프리카에서 진행되는 공공 건설 프로젝트에서는 해당 장비 및 기자재의 절반 이상을 자국에서 조달하고 있다.

한편, 2013년 출범한 시진핑 정권은 이른바 '팍스 차이나 시대'를 표방하고 '신도시화 정책'을 추진하고 있다. 2012년 52%의 도시화율을 2020년까지 60% 이상으로 끌어올린다는 계획이다. 신도시화 정책의 일환으로 정부는 34개 도시에 철도와 지하철을 건설하는 데 예산 2조 위안을 집행할 계획이다. 아울러 지방정부가 발표한 투자 계획만도 대략 8조 위안을 상회한다.

중국의 건설시장이 어느 정도 안정화에 접어들었다고는 하지만, 새 정권에서 계획되고 있는 시설 투자만 놓고 보면 반드시 그렇지도 않은 듯 하다. "중국의 건설시장이야말로 영원히 마르지 않는 샘"과 같다는 어느 외신의 비유는 그래서 매우 적절해 보인다. ★

▼ 중국의 지역별 시멘트 생산량

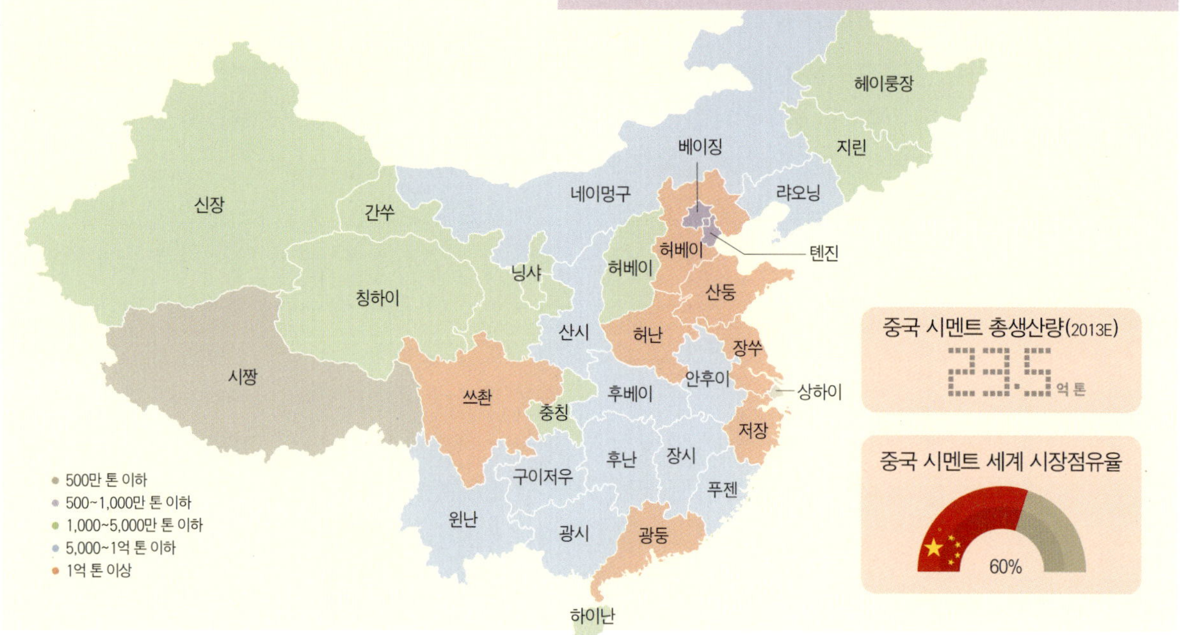

- 2013년 중국의 시멘트 총생산량은 23.5억 톤으로, 전 세계 생산량의 60%를 차지한다.
- 특히 산둥, 장쑤, 저장, 허베이 등 동부 지역의 시멘트 생산량이 많다.

자료: 한국시멘트협회

▼ 국가별 시멘트 소비량 (2012년 기준)

- 중국은 시멘트 최대 생산국이자 소비국으로, 전 세계 시멘트 소비량 39.4억 톤의 절반에 해당하는 18.5억 톤을 소비하고 있다.

자료: 한국시멘트협회

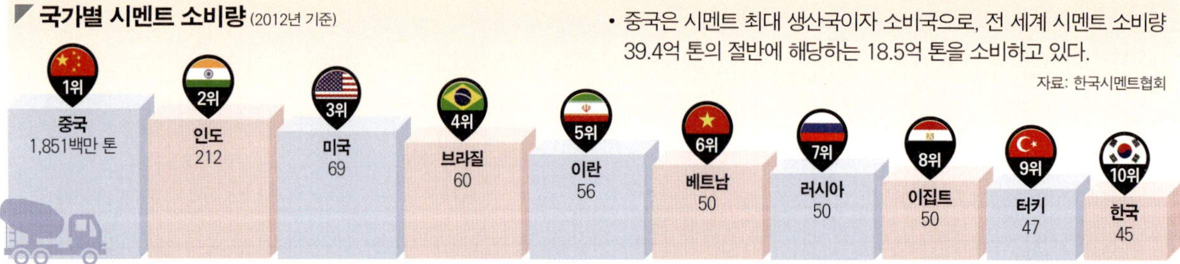

▼ 중국의 시멘트 생산량 추이

- 2011~2012년 중국 시멘트업계는 정부의 강도 높은 부동산 규제 정책의 영향을 받아 시멘트 생산량 증가율이 계속 감소했다.

자료: 중국건자재연합

▼ 중국의 판유리 생산량과 세계 시장점유율

- 2010년까지 계속된 판유리 투자 설비 증설은 생산 과잉을 초래하며 판유리 가격을 하락시켰다. 2011~2012년 중국 정부의 부동산 규제 정책으로 유리 수요도 감소했다.
- 결국 2012년 초 대부분의 유리 제도 기업은 손실을 입었다.

자료: 중국건자재연합회, 〈Pilkington and the flat Glass Industry 2012〉

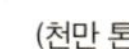
중국의 시멘트 소비와 수출 추이

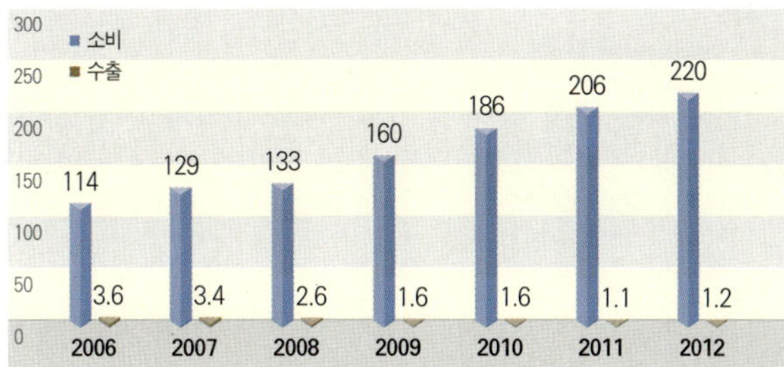

- 중국 내 시멘트 소비량은 지속적으로 증가하고 있다. 중국에서 생산된 시멘트는 거의 대부분 국내에서 소비되고 있다.
- 2013년 중국의 인프라 건설과 부동산 전망을 고려할 때 중국 시멘트 수요는 2012년과 비슷하게 6~7% 증가할 전망이다.

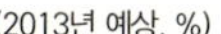
중국의 용도별 시멘트 수요

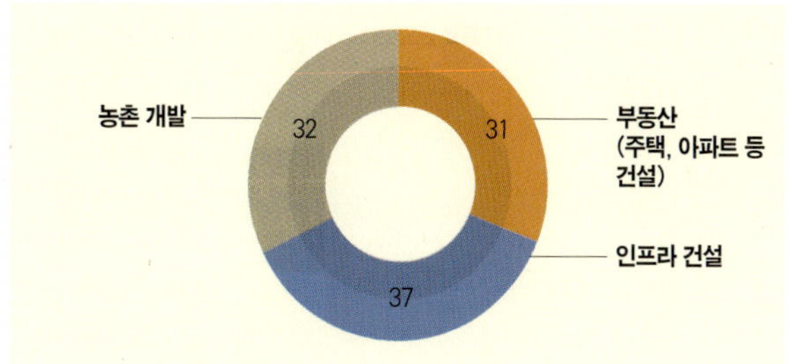

- 중국 정부의 부동산 규제 정책으로 아파트 등 주택 건설 수요는 둔화되는 반면, 인프라 건설은 증가하는 추세이다.
- 2013년에는 인프라 건설 부문에서 가장 많은 시멘트를 사용할 것으로 전망된다.

자료: WIND

중국 건자재업계 주요 제품 생산량 추이

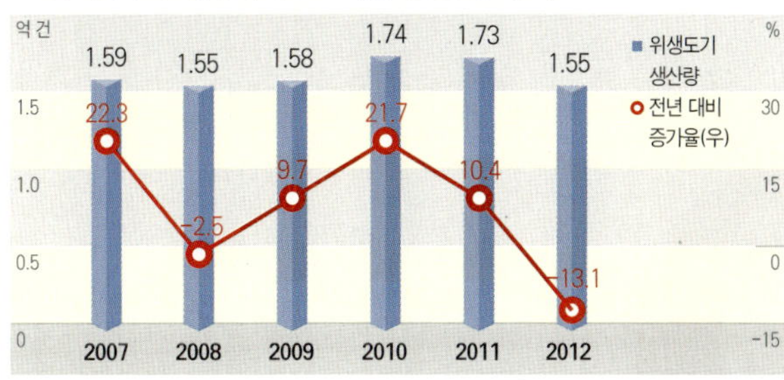

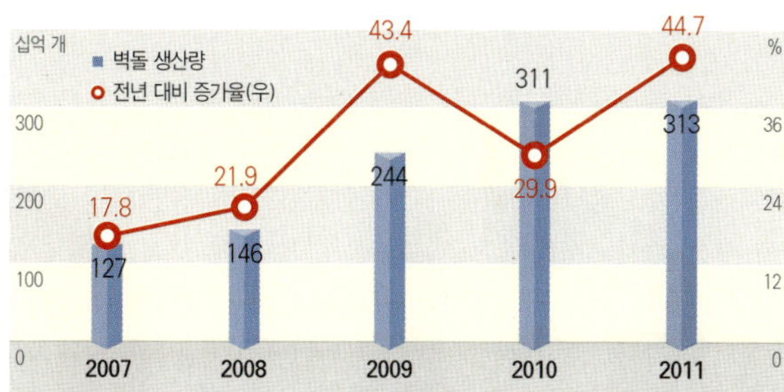

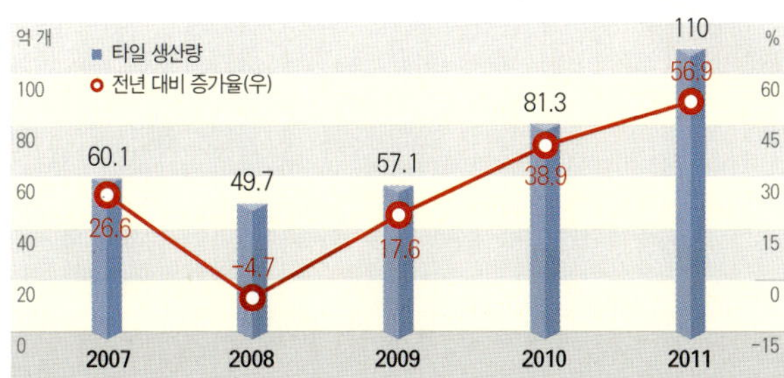

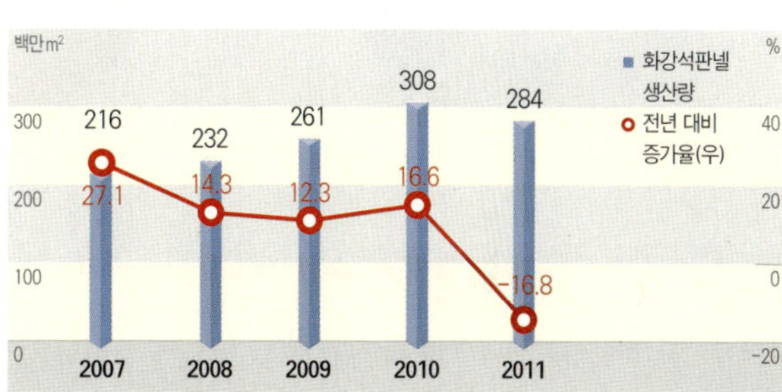

- 위생도기, 벽돌, 타일, 화강석 판넬 등의 건자재 제품 생산량 증가 속도가 2010년부터 둔화되고 있다.

자료: 중국 건축자재연합회

시멘트업계 고정자산 투자 추이

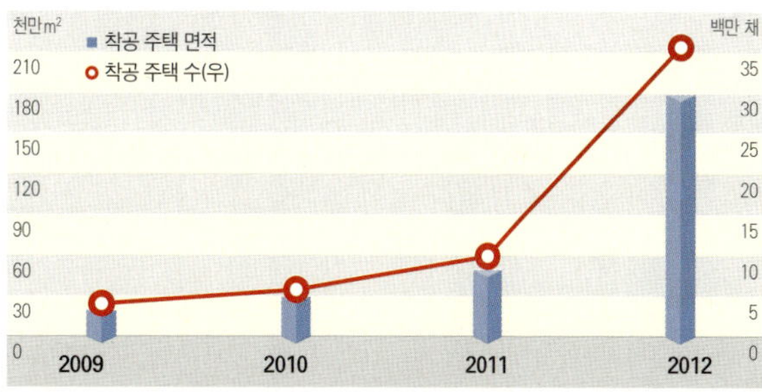

- 2010년까지 계속된 시멘트 설비 투자는 시멘트 공급 과잉을 초래해 시멘트기업의 수익성 하락을 부추겼다.
- 2012년 중국 15개 상장 시멘트기업의 순이익은 116억 위안으로, 2011년보다 96억 위안 줄어들었다.

자료: 중국시멘트데이터망

중국 정부의 보급형 주택 착공 계획

- 중국은 내수 중심 성장 전략의 일환으로, 2030년까지 도시 인구를 매년 1,700만 명씩 늘릴 계획이다. 이는 분당 규모의 신도시가 매년 50~60개 생겨나는 것과 같다.
- 도시 개발 수요가 증가하면 시멘트와 판유리 등의 건자재 수요 역시 증가할 전망이다.

자료: 중국주택건설부

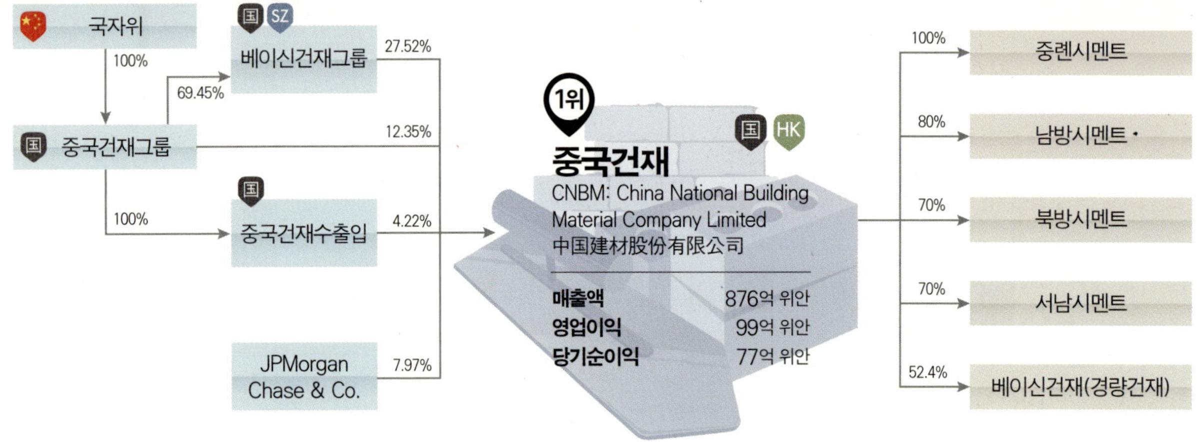

- 시멘트, 석고보드, 유리섬유강화플라스틱 등 각종 건축자재를 생산하는 기업.
- 석고보드와 유리섬유강화플라스틱 부문 중국 1위.
- 미국 〈포춘〉 선정 '2013년 글로벌 500대 기업' 중 319위, 2013년 중국 〈포춘〉 선정 '중국 500대 기업' 중 54위.

▌ 중국건재 매출 구성 (%)

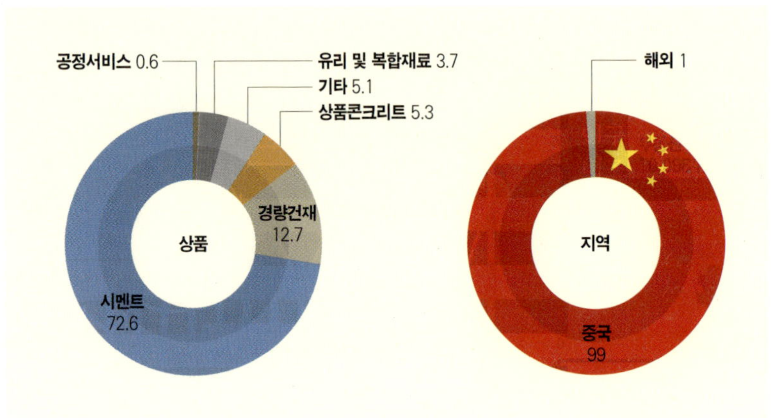

▌ 중국건재 경영 실적

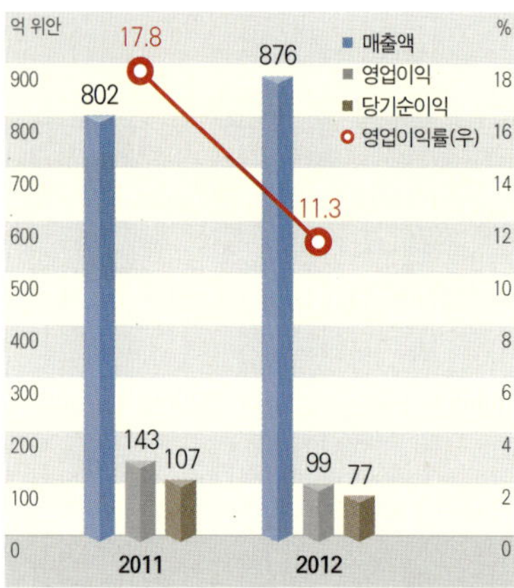

- 시멘트가 전체 매출에서 차지하는 비중이 72.6%이며, 2012년 시멘트 판매량은 2.2억 톤으로 전년 대비 20.9% 증가했다.
- 중국건재 매출은 대부분 내수에서 발생한다.

- 중국건재는 포장비, 운송비 등 전반적으로 생산 원가가 상승하면서, 영업이익과 영업이익률이 크게 하락했다.

▌ 중국건재 자산 – 부채

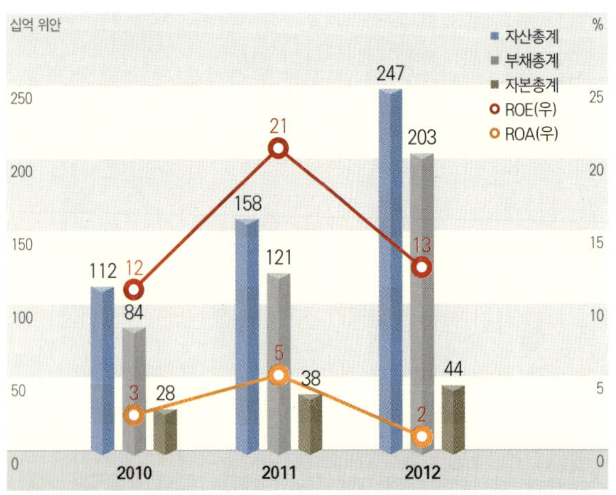

▌ 중국건재 주가 추이 (%)

- 중국건재는 2012년에 한국 대우인터내셔널 소유의 산둥시멘트를 인수하며 자산이 크게 늘어났다.

- 중국건재는 2012년에 영업이익과 당기순이익 모두 전년보다 감소했지만, 주가는 2012년 하반기부터 항셍 종합지수를 웃돌았다.

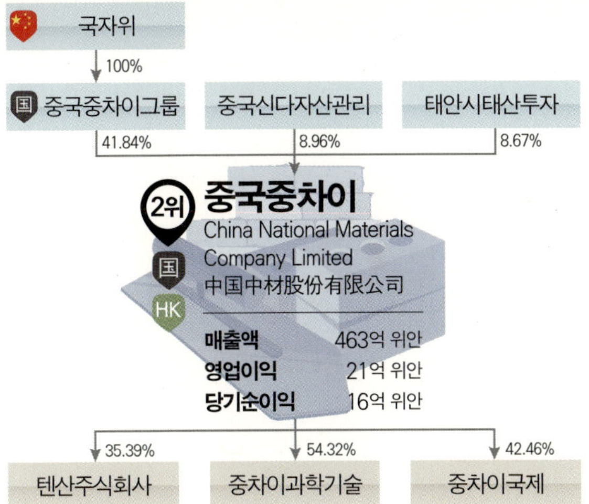

- 2013년 중국 〈포춘〉 선정 '중국 500대 기업' 중 113위(2012년 97위).

◤ 중국중차이 매출 구성
(%)

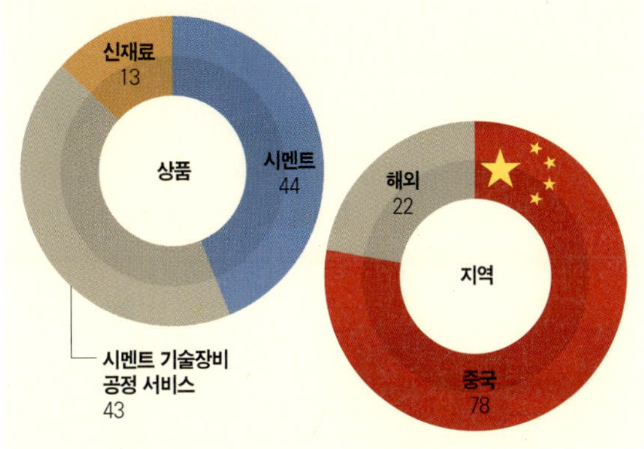

- 중국중차이의 해외 매출 비중은 22%이다.
- 해외 매출에서 아프리카가 차지하는 비중이 가장 높고, 그 다음이 아시아, 중동, 미국, 유럽 순이다.

◤ 중국중차이 경영 실적

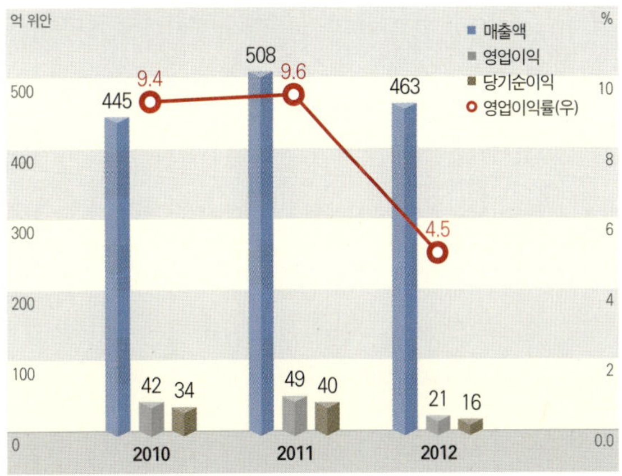

- 세계적인 경기 불황으로 중국 건설시장이 성장 동력을 잃어버리면서 건자재시장 수요도 감소했다.
- 중국중차이는 2012년 매출이 전년 대비 8.77% 감소했다.

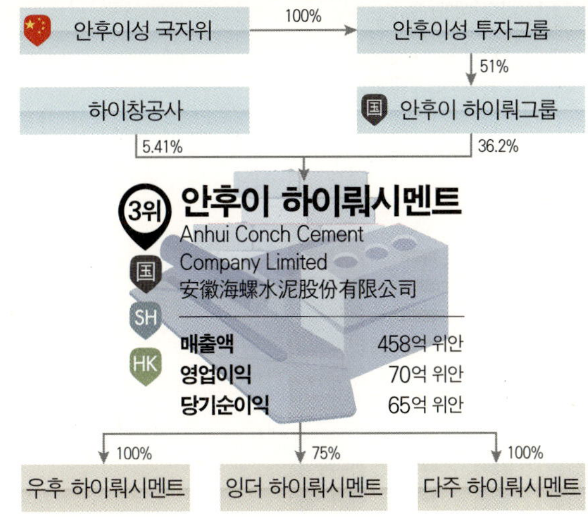

- CONCH라는 독자 브랜드로 각종 시멘트 생산.
- 2013년 중국 〈포춘〉 선정 '중국 500대 기업' 중 115위(2012년 104위).

◤ 안후이 하이뤄시멘트 매출 구성
(%)

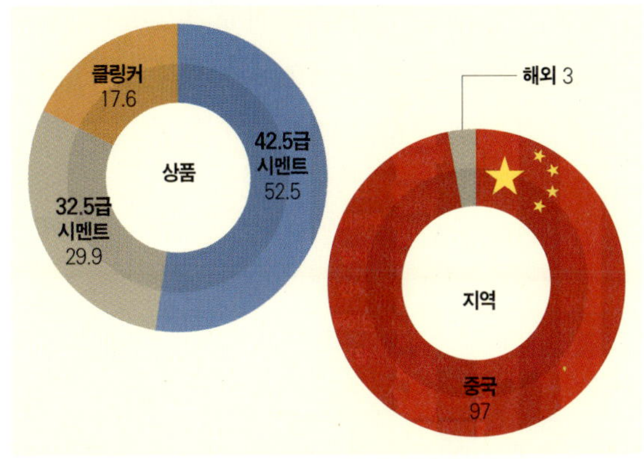

- 안후이 하이뤄시멘트는 매출에서 42.5급 시멘트(일반적인 콘크리트 공사에 가장 많이 사용되는 시멘트)가 차지하는 비중이 가장 높고, 그 다음이 32.5급 시멘트(댐이나 도로 보수 등 체적이 큰 콘크리트 구조물에 사용되는 시멘트)이다.

◤ 안후이 하이뤄시멘트 경영 실적
(억 위안, %)

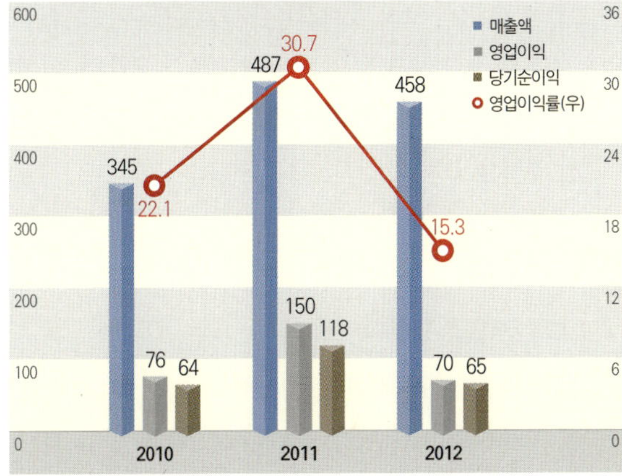

- 2012년 시멘트시장은 과잉 생산과 가격 대폭락으로 생산기업들이 큰 타격을 입었다.
- 안후이 하이뤄시멘트는 2012년 매출이 전년 대비 5.9% 감소했다.

규모는 세계 1위,
품질은 여전히 물음표

1949년 중화인민공화국 건국 이전 중국의 건자재업체들은 대부분 민영기업이었다. 이들의 기술력과 생산력은 소량의 기초적인 자재만을 만들 수 있는 정도로 매우 낙후됐었다. 당시 중국은 풍부한 비금속 자원을 보유하고 있었으나 시멘트 생산량은 연간 66만 톤에 불과했고 판유리 생산량도 연간 91.2만 weight box 정도에 그쳤다. 한마디로 건자재산업이 후진성을 벗어나지 못한 시절이었다.

그러나 건국 이후 중국의 건자재산업은 빠른 속도로 발전하기 시작했다. 당시 국가 경제 발전을 담당하는 정부 내 전략 부서의 계획에 따라 중국은 대규모 건설 프로젝트들을 잇달아 쏟아냈다. 전방산업인 건설업이 활황을 거듭하면서 건자재산업 또한 성장을 이어간 것이다.

중국의 건자재산업은 1978년 개혁·개방 이후 정부 산하 건자재공업계획원(建筑材料工业规划院)과 국가건재총국 및 건축자재공업부가 각각 설립되면서 국가로부터의 지원이 본격화되기 시작했다. 건설산업 못지않는 기간산업으로 자리매김하게 된 것이다.

세계 최대의 건자재시장
그러나 품질은 여전히 논란거리

봇물 터지듯 쏟아지는 대규모 건설 프로젝트와 든든한 정부 정책 지원 등에 힘입어 중국 건자재산업은 1980년대 들어서도 고공행진을 이어갔

다. 그리고 1985년경에 그 결실을 맺기 시작했다. 당시 중국의 시멘트, 판유리, 건축자기, 위생도기 등 중요 건자재 품목이 글로벌 건자재시장에서 1위를 차지한 것이다.

중국은 지금까지도 명실상부 건자재 생산 및 소비 대국으로서의 지위를 이어가고 있다. 중국의 시멘트 생산량은 세계 절반에 해당될 만큼 그 규모가 엄청나다. 도료, 바닥재, 인테리어 자재, 타일, 철물 재료 등은 이미 세계 생산량의 60% 이상을 차지하고 있다. 규모로만 놓고 봤을 때 중국은 건자재 분야에서 거의 모든 것을 이룬 셈이다.

하지만 중국 건자재산업에서 지난 수십 년 동안 꼬리표처럼 따라다닌 아킬레스건이 있다. 바로 건자재의 품질이다. 양적인 면에서는 더 이상 올라갈 곳이 없는 중국이지만 질적인 부분에서는 유럽과 일본, 미국 등 선진국업체들의 제품과 현격한 차이가 나기 때문이다. 특히, 최근에는 에너지 효율 및 친환경 부문이 강조되면서 중국의 건자재 품질에 대한 논란이 가중되고 있는 실정이다.

전 세계를 제패한 중국 1위 건자재업체

중국 건자재업계에서 주목할 만한 기업으로는 '중국건재'(中国建材)와 '안후이하이뤄시멘트'(海螺水泥股份有限公司)가 꼽힌다.

2005년 설립된 중국건재는 9개의 자회사를 운영하는 건자재그룹으로 2006년 홍콩 증권거래소에 상장했다. 시멘트와 경량건자재(轻质建材), 유

리 섬유 및 복합 재료 등의 생산 및 판매를 주요 사업영역으로 하고 있다. 중국건재는 시멘트 연간 총 3억 톤의 생산능력을 구비하고 있고, 석고 보드는 매년 12억 제곱미터를 생산해 아시아 최고 규모를 자랑한다. 유리 섬유는 매년 100만 톤의 생산능력을 갖추고 있는 바, 이 또한 세계 1위 규모이다. 중국건재의 영업이익과 당기순이익은 글로벌 동종 업계에서 최고 수준에 올라 있다. 이를 반영하듯 중국건재는 2013년 「포브스」가 발표한 세계 500대 기업에 중국 건자재업체 가운데 유일하게 이름을 올렸다.

안후이하이뤄시멘트(이하 '안후이하이뤄')는 닝궈시멘트와 바이마샨시멘트가 합자로 1997년 설립한 기업으로 홍콩 증권거래소에 상장했다. 안후이하이뤄는 시멘트 단품으로는 세계 최대 공급업체로 꼽힌다. 또 도료 부문에서는 아시아 최대 규모를 자랑한다. 이를 방증하듯 시멘트 판매량 11년 연속 중국 1위 자리를 고수하고 있다. 또한 퉁링(銅陵), 잉더(英德) 등 5개 지역에 초대형 클링커 생산기지를 설립해 운영하고 있다. '쓰촨난웨이시멘트'(南威水泥)와 '광시링윈시멘트'(凌云水泥), '신장하미건자재'(哈密建材) 등을 인수하여 외형 확장에도 적극 나서고 있다.

글로벌 건자재업체들, 중국시장으로 앞으로 앞으로!
최근 중국 건자재시장은 안정적인 성장 모멘텀을 이어가고 있다. 특히, 서부지역에서의 고정자산 투자가 빠르게 증가하면서 건자재업계의 수혜가 예상된다. 최근 중국 정부의 '신도시화 계획'도 건자재업계에게는 반가운 소식이 아닐 수 없다. '신도시화 계획' 가운데 수백만 호가 예정된 '보장성 주택' 건설은 시멘트, 유리, PVC 등 건자재 수요 증가를 견인할 전망이다. 시장보고서에 따르면 보장성 주택 1,000만 호 건설에 시멘트 1,400만 톤, 유리제품 0.42억 톤, PVC 창틀 46.67만 톤이 소요된다고 한다.

쉼 없이 쏟아지는 중국 건설 프로젝트들로 인해 글로벌 건자재업체들도 앞 다퉈 중국시장 진출에 혈안이 돼 있다. 한국 건자재업체들도 중국시장 진출에 열을 올리고 있다. LG하우시스, KCC, 한화L&C, 벽산 등 한국 건자재업체들은 중국 현지 생산공장 설립 및 증설, 유통망 확보 등을 통해 글로벌업체들과 경쟁에 나서고 있다.

중국 건자재시장에도 친환경과 에너지 절감 바람
중국 건자재업계가 풀어야 할 오랜 숙제는 여전히 품질 향상이다. 여기에 친환경 및 에너지 절감 건자재 개발까지 더해져 중국 건자재업계의 부담을 가중시키고 있다.

중국 정부가 '신도시화 계획'의 일환으로 추진하고 있는 보장성 주택건설에는 친환경 및 에너지 절감 건자재 위주로 쓰일 전망이다. 건자재의 품질 및 환경보호 측면에서 끊임없이 공격을 받아온 중국 정부가 드디어 칼을 뽑아 든 것이다. 이에 따라 중국 건자재업체들도 긴장하고 있다. 현재 중국 건자재시장에서 저탄소 친환경 건축의 비중은 채 1%도 안되기 때문이다. 정부는 2020년까지 신규 건축물 가운데 친환경 건축의 비중을 30%까지 증가시킨다는 계획이다. 중국의 친환경 건자재시장은 보온 절약 건자재, 열량측정기, 난방 시스템 제어장치 및 에너지절약 전기기기, 태양열과 지열을 이용한 에너지 시스템 등으로 구성되어 있다.

전문가들은, 중국이 아예 하지 않는다면 모를까 일단 정부가 의지를 갖고 시작하면 어떤 산업이건 세계 톱클래스에 오르는 것은 시간문제라고 한다. 건자재도 마찬가지일 것이다. 중국과 친환경은 왠지 서로 어울리지 않아 보이지만 말이다. ★

❶ 중국 조선업계, 2010년을 기점으로 한국을 추월하고 세계 1위 등극.
❷ 2012년 조선업계 최악의 불황으로 중국 최대 조선사 중국선박중공업(CSIC)의 선박 건조 매출이 전년 대비 15% 감소.
❸ STX다롄조선소 인수 후보로 중국선박중공업 산하의 다롄조선소가 물망에 오름.
❹ 중국 최초의 항공모함, '랴오닝'호 취역. 2018년 실전에 배치될 예정.

▸ 조선사 세계 톱 10

(만CGT*) *CGT: 수정 환산 톤 수 (선박의 가치를 무게로 환산)

- 영국의 해운 전문 조사기관 클락슨이 집계한 수주잔량 순위에서 한국 조선사와 일본 조선사가 상위에 올라와 있으며, 중국은 두 곳이 순위 안에 진입했다.

자료: Clarkson, 2013년 2월 수주잔량 기준

▸ 한중일 선박 수주량 추이

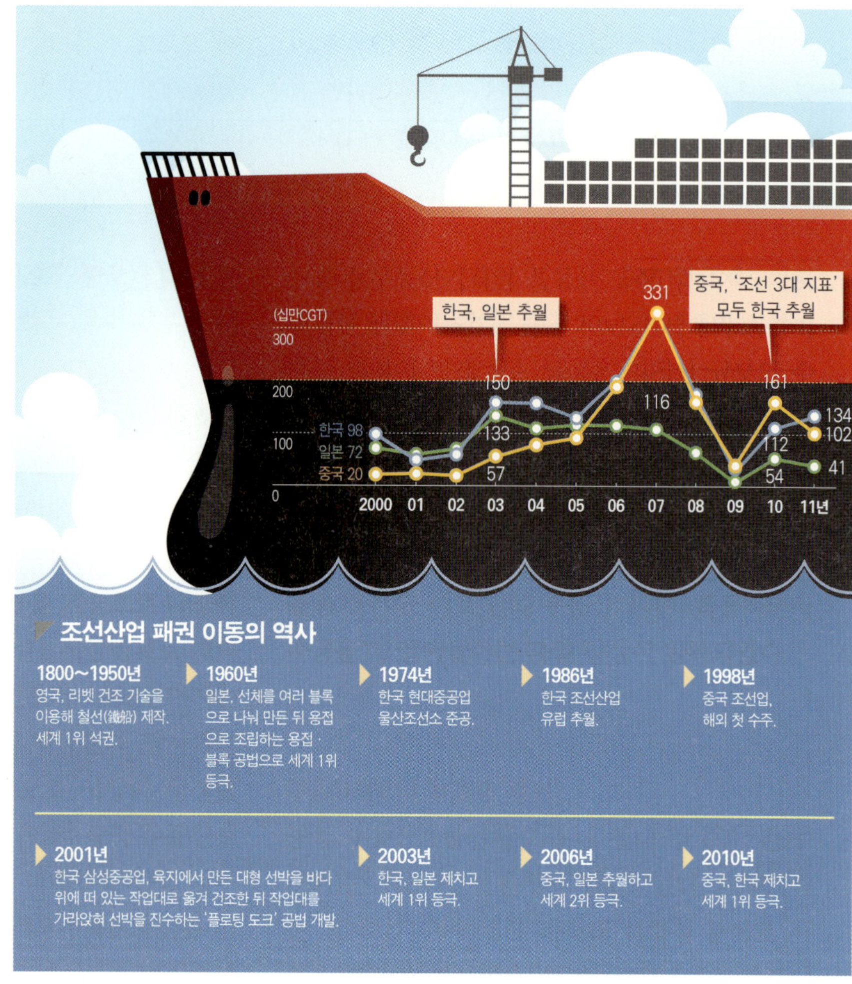

▸ 조선산업 패권 이동의 역사

1800~1950년 영국, 리벳 건조 기술을 이용해 철선(鐵船) 제작. 세계 1위 석권.

1960년 일본, 선체를 여러 블록으로 나눠 만든 뒤 용접으로 조립하는 용접·블록 공법으로 세계 1위 등극.

1974년 한국 현대중공업 울산조선소 준공.

1986년 한국 조선산업 유럽 추월.

1998년 중국 조선업, 해외 첫 수주.

2001년 한국 삼성중공업, 육지에서 만든 대형 선박을 바다 위에 떠 있는 작업대로 옮겨 건조한 뒤 작업대를 가라앉혀 선박을 진수하는 '플로팅 도크' 공법 개발.

2003년 한국, 일본 제치고 세계 1위 등극.

2006년 중국, 일본 추월하고 세계 2위 등극.

2010년 중국, 한국 제치고 세계 1위 등극.

- 2010년 중국은 조선 3대 지표인 선박 수주량, 건조량, 수주잔량 모두 한국을 추월했다.   자료: Clarkson, 로이드

▸ 국가별 선박 수주잔량 세부 현황

단위: 척	유조선(탱커)					벌커				기타						합계
	VLCC 〉200,000 DWT	Suezmax 120–200,000 DWT	Aframax 80–120,000 DWT	Panamax 60–80,000 DWT	Handy 10–60,000 DWT	Capesize 〉10,000 DWT	Panamax 60–100,000 DWT	Handy 10–60,000 DWT	Handy 10–40,000 DWT	LNG Carriers	LPG Carriers	Container 〉3,000 TEU	Container 〈3,000 TEU	Offshore (천연가스 및 석유탐사 설비)	기타	합계
일본	11	3	7	3	40	126	252	101	178	5	16	8	2	20	70	842
한국	35	47	30	16	128	26	68	57	77	64	33	210	21	71	48	931
대만	–	–	–	–	–	–	–	2	–	–	–	26	6	–	2	36
중국	47	31	11	8	81	138	427	320	193	–	31	136	79	277	306	2,091
기타 아시아	2	3	7	–	6	28	15	57	58	–	–	13	6	236	93	524
합계	95	84	55	27	255	318	762	535	508	75	80	393	114	604	519	4,424

- 중국은 벌크선 등 범용선박과 해양보조선에서, 한국은 고부가가치 선박(LNG, LPG선 등)에서 우위를 보이고 있다.   자료: Clarkson , 2012년 1월 기준

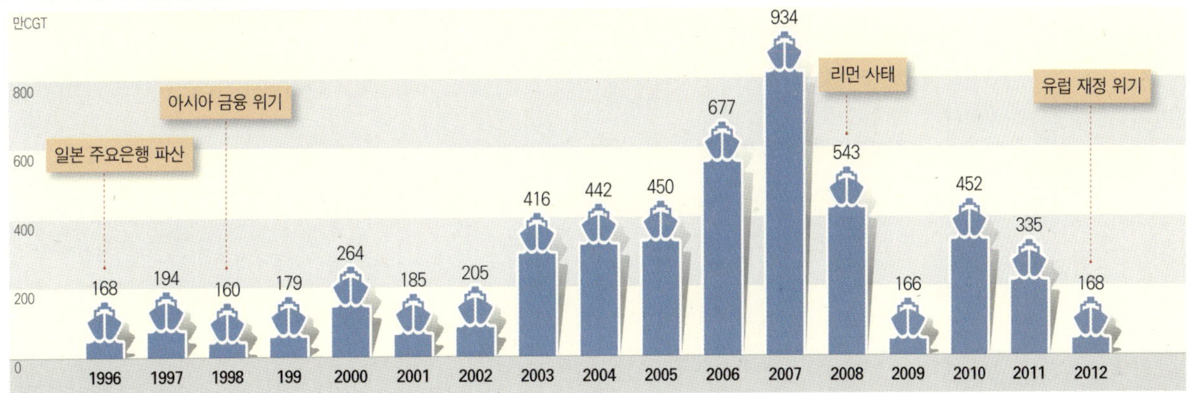

• 2012년 선박 주문량은 유럽 재정 위기 여파로 리먼 사태 직후였던 2009년과 비슷한 수준으로 떨어졌다.

자료: Clarkson

▶ 세계 선박 선종별 주문량 추이 (만CGT)

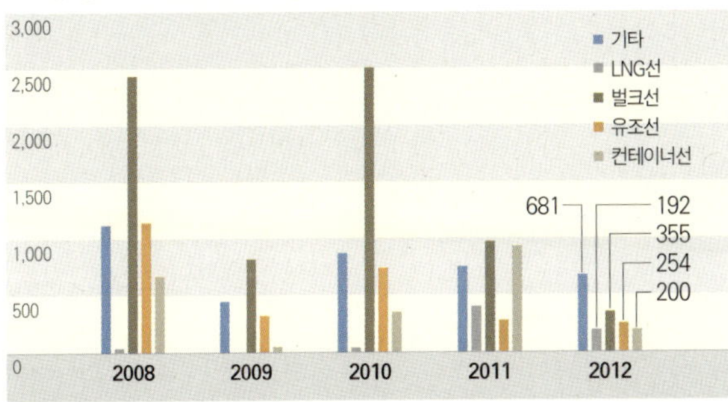

• 2012년에는 벌크와 컨테이너선 비중이 줄어들고, LNG선 비중이 늘어났다.

자료: Clarkson

▶ 중국 조선업 발전 목표

구분	2011년	2015년(목표)	복합성장률 (전망)
조선업 매출액	7,232억 위안	1조 2,000억 위안	14%
10대 조선기업의 선박 완공량이 전체 조선업에서 차지하는 비중	48%	70%	
선박 조립업 매출액	852억 위안	3,000억 위안	37%
해양건설장비 매출액	300억 위안	2,000억 위안	61%
선박 수출액	418억 위안	800억 위안	18%

• 시진핑 정부의 조선업 구조조정 주요 골자는 공급 과잉을 해소하고, 부가가치가 큰 해양건설장비 분야를 육성하는 것이다.

자료: 궈타이쥔안증권

▶ 중국 조선업 관리기관

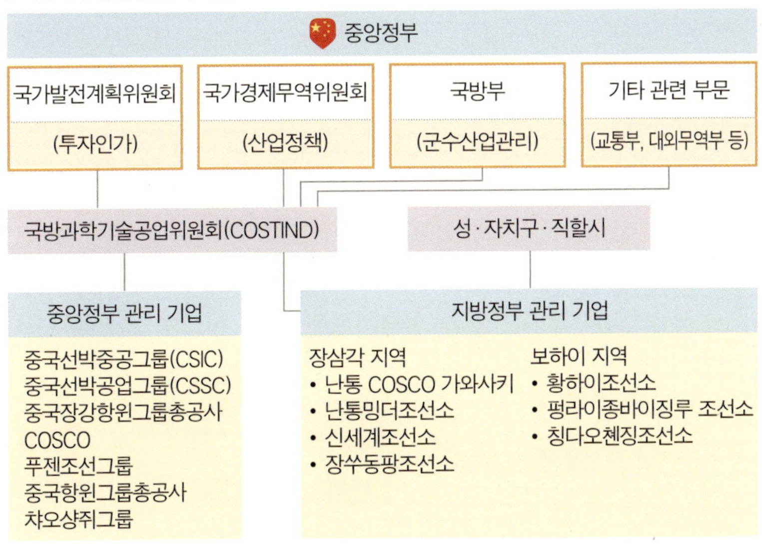

• 중국의 조선기업은 소유 형태에 따라 국영기업, 민영기업, 합작기업으로 나누어진다.
• 국영기업은 1994년 중국선박총공업공사를 중국선박중공그룹(CSIC)과 중국선박공업그룹(CSSC)으로 분리해 현재의 체제를 갖추었다.

자료: 해사산업연구소

▶ 중국 조선소 소유 형태에 따른 건조량 비중

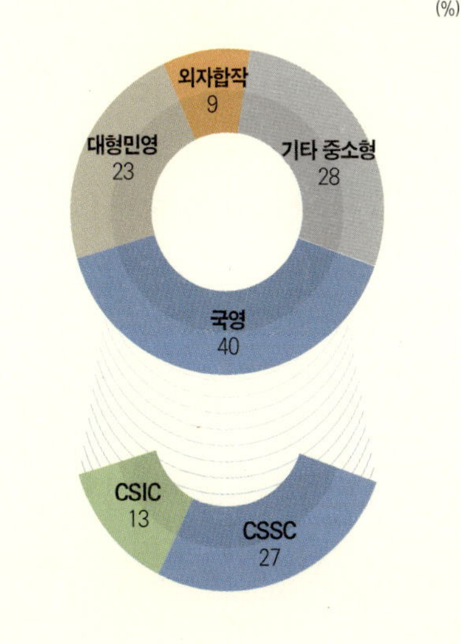

• 2대 국영 조선그룹(CSSC와 CSIC) 산하 조선사는 중국 조선업의 40%를 차지하며 중국 조선업을 주도하고 있다.

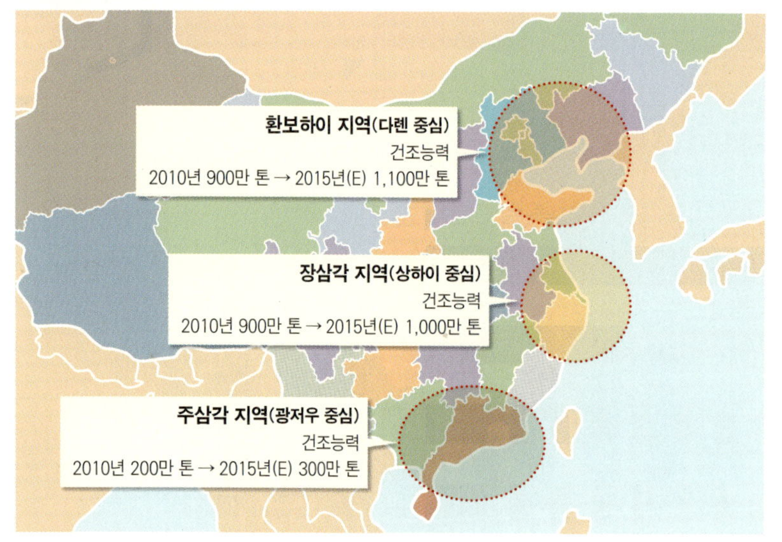

- 중국 조선업은 3대 조선기지를 중심으로 발전하고 있다.
- 3대 조선기지가 전체 건조량에서 차지하는 비중은 70.7%, 전체 수주잔량에서 차지하는 비중은 82.2%이다.

자료: KIET

- 중국 국영조선소는 장강을 기준으로 북쪽은 중국선박중공그룹(CSIC)이, 남쪽은 중국선박공업그룹(CSSC)이 관리한다.
- 중국 내 상위 조선업체들은 대부분 CSIC와 CSSC의 자회사들이다.

▼ 중국의 국가별 선박 수출입 현황

(백만 달러)

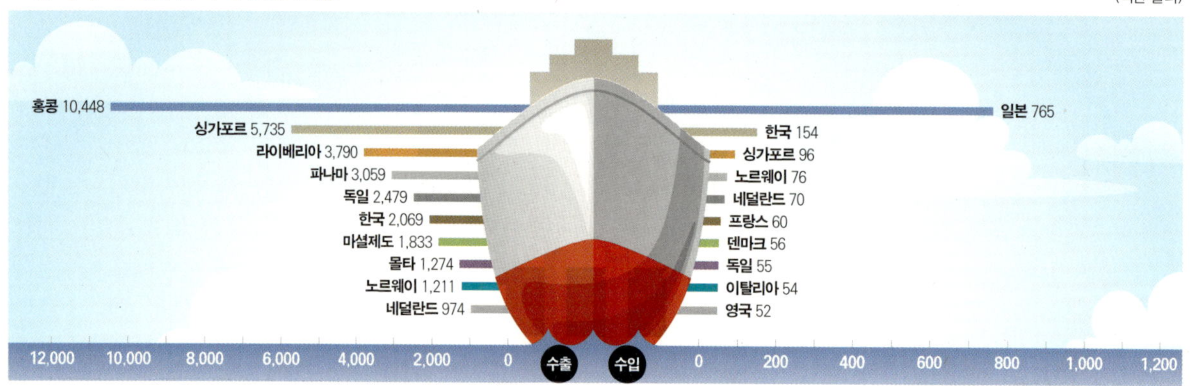

- 중국의 국가별 선박 수출입 현황을 살펴보면, 한국은 선박 수출 대상국 6위, 수입 대상국 2위이다.

자료: 한국무역협회

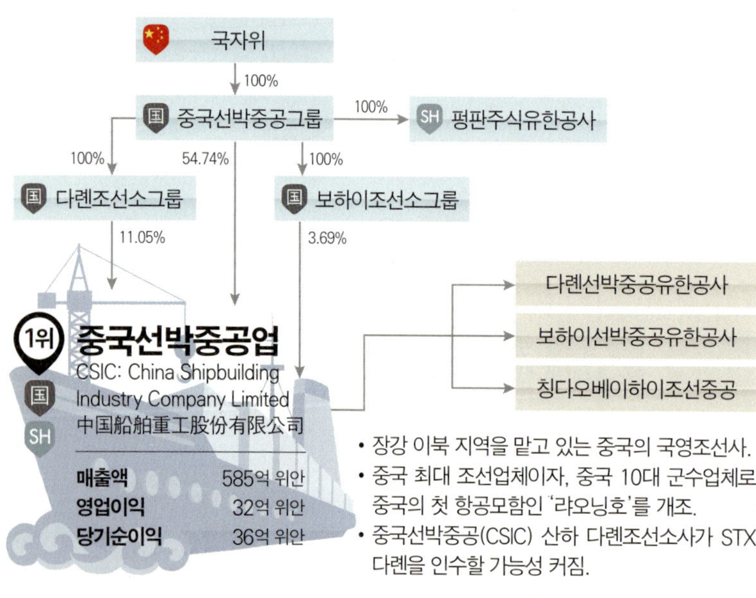

- 장강 이북 지역을 맡고 있는 중국의 국영조선사.
- 중국 최대 조선업체이자, 중국 10대 군수업체로 중국의 첫 항공모함인 '랴오닝호'를 개조.
- 중국선박중공(CSIC) 산하 다롄조선소사가 STX 다롄을 인수할 가능성 커짐.

▼ 중국선박중공업 매출 구성

(%)

- CSIC는 선박 건조가 매출에서 차지하는 비중이 가장 크다.
- 2012년에는 유럽의 선박 수요가 급감하면서 국내 매출 비중이 전년보다 늘어났다.

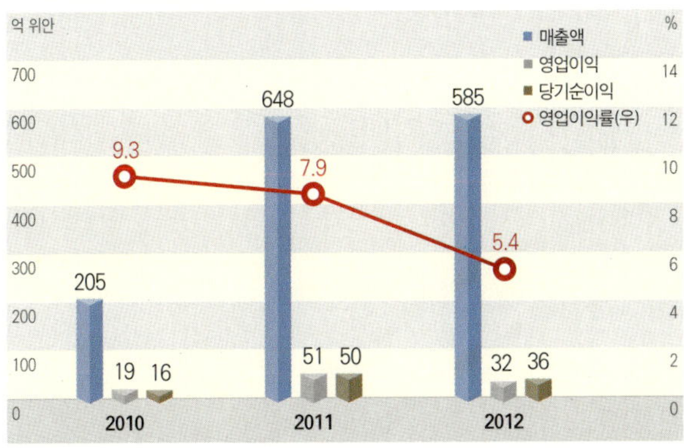

• 2012년 유럽의 재정 위기와 맞물려 조선업계는 주요 고객인 유럽의 수요 감소로 큰 타격을 입었다. 매출액은 585억 위안으로 전년 대비 9.7% 하락했고, 영업이익도 36억 위안으로 전년 대비 28.7% 하락했다.

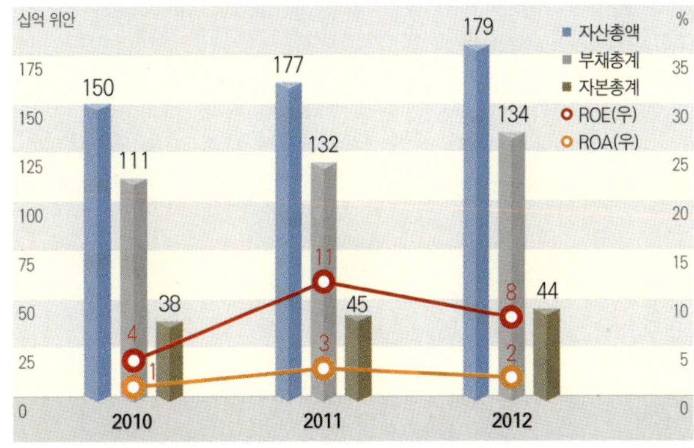

• 중국선박중공업은 2012년 우창조선중공업, 산시핑양중공, 허난경유기중공 등 다수의 기업을 인수·합병하며 자산이 꾸준히 증가하고 있다.

자료: WIND

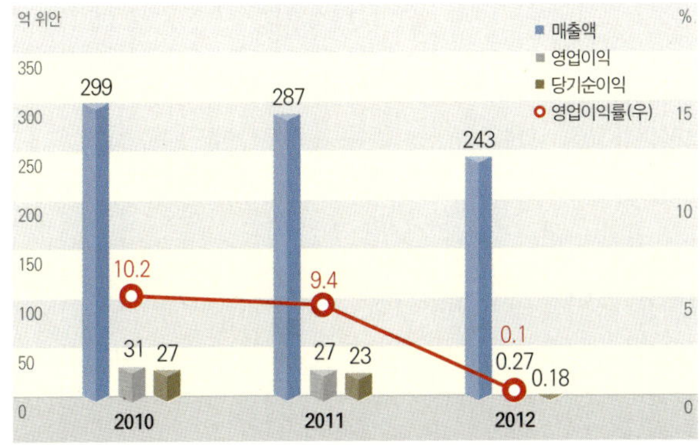

• 장강 이남 지역을 맡고 있는 중국의 국영조선사.
• 랴오닝호에 이은 '제2 항공모함' 건조 중.

• CSSC는 선박 건조가 매출에서 차지하는 비중이 가장 크다.
• CSSC는 CSIC보다 중국 매출 비중이 높다.

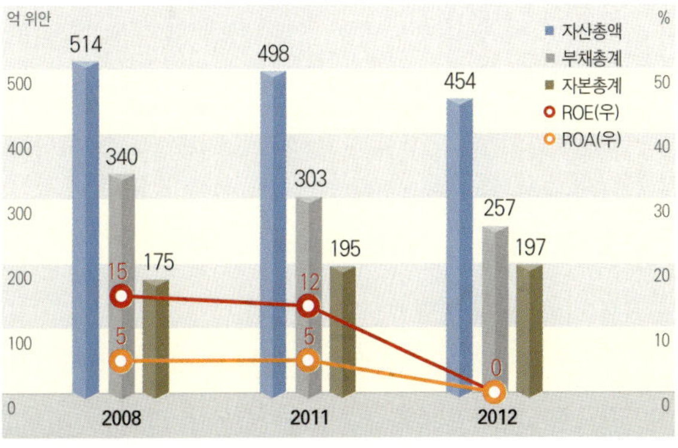

• 선박 수요 급감, 선박 제조 및 수리 가격 하락, 임금 상승 등으로 2012년 매출과 영업이익률이 큰 폭으로 하락했다.

자료: WIND

• 선박 수요 감소와 자회사들의 실적 악화로 자산이 전년 대비 8.8% 감소했다.

자료: WIND

'대륙의 중국'에서
'해양의 중국'으로 거듭나다

중국의 유구한 역사는 대륙에서 시작해 대륙으로 이어진다는 말이 있다. 대륙인의 기질은 곧 중국인의 민족성을 의미한다는 말도 여기서 나왔다. 대륙과 중국이 동의어로 쓰일 만큼 중국에서 바다는 생소한 세계로 받아들여져 왔다. 이러한 역사적 배경 탓에 중국의 조선산업도 19세기를 훨씬 지나서야 비로소 태동하기 시작했다. 1865년 강남조선소의 전신인 강남기계제조총국의 창립으로 중국 근대 조선산업의 시작을 알렸다.

중국 조선산업 발전사를 들여다보면 크게 4기로 나누어진다. 1기는 1949~1960년으로, 당시 중국은 소련(지금의 러시아)으로부터 기술 원조를 받아 조선산업의 현대화 기틀을 다지게 된다. 2기는 1961~1978년으로 중국 조선산업이 대내외적으로 어려움을 겪었던 시기이다. 소련 정부의 기술 지원 중단과 서방 국가들의 계속된 대 중국 경제 봉쇄 정책으로 당시 중국 조선산업은 허리띠를 졸라매야 했다. 3기는 1979~1988년으로, 이 시기 중국은 조선산업의 현대화를 급속도로 진행해 나갔다. 마지막 4기는 1989년부터 지금까지로, 조선산업이 고용 및 수출 증대를 위한 국가의 기간산업으로 급부상한 시기이다.

대규모 국영조선사 위주로 재편된 중국 조선업계

중국은 개혁·개방 이후 조선산업을 에너지 안전 확보, 후방산업에 대한 파급 효과 등을 이유로 국가 전략 산업으로 선정하여 집중 육성해왔다. 특히 1990년대 들어 조선산업의 글로벌경쟁력을 키우기 위해 중소 규모의 조선소를 통·폐합하면서, 대규모 국영기업 중심으로 재편해 나갔다. 아울러 기존 국영기업 가운데서도 혁신하지 못하는 조선사는 과감하게 구조조정을 단행했다. 이러한 정책의 일환으로 1994년 정부는 최대 국영 조선그룹인 '중국선박공업총공사'(옛 'CSSC')를 해체해 '중국선박중공집단공사'(CSIC)와 '중국선박공업집단공사'(CSSC)로 분리했다.

CSSC와 CSIC가 보유한 조선소는 각각 11개와 7개로 중국 조선업계에서 두 회사의 영향력은 막강하다. 2012년 2월 기준 수주 잔량이 많은 중국 30대 조선소 중에서 14개 조선소가 국영기업 소유 조선소이며, 14개 가운데 10개가 CSIC와 CSSC 산하 조선소이다. CSIC는 중국 최초 항공모함인 '랴오닝'의 제작을 주도한 군수기업으로, 중국 해군의 최대 장비 공급상이기도 하다.

막강한 정부 지원 없이도 중국 조선업계가 경쟁력을 이어갈 수 있을까?

2010년 터진 유럽 재정위기는 그리스를 비롯한 유럽 국가들의 선박 수요 감소로 이어지면서 글로벌 조선업계에 직격탄을 날렸다. 또한 글로벌 조선업계는 세계 경기 불황과 맞물려 수주액이 2011년 480억 9,800만 달러에서 2012년 299억

8,400만 달러로 37.7%나 줄어들었다. 유럽 재정 위기가 바닷물까지 꽁꽁 얼어붙게 한 것이다.

중국의 조선업계도 이러한 한파를 피해갈 수 없었다. 영국 ICAP 해운연구소의 보고서에 따르면, 중국 조선업계의 경우 약 38%의 조선사들이 2012년에 신규 수주를 단 한 건도 하지 못했다고 한다. 중국 전체 조선소 가운데 약 10%는 2012년 이후 작업 물량이 없는 것으로 나타났다. 이로 인해 2012년 중국의 선박 수출액이 30년 이래 처음으로 하락하는 일이 발생했다. 중국 선박 총수출액은 361.2억 위안으로 2011년 대비 13.5% 감소했다.

전 세계 해운시황의 부진 및 선박 금융시장 위축이 가중되면서 신조선 수주는 앞으로도 더욱 줄어들 것으로 전망된다. 이에 따라 조선대국들이 저마다 구조조정의 칼을 빼어들고 나섰다. 제아무리 대형 조선사라 하더라도 서슬이 시퍼런 구조조정의 칼날에 공중 분해될 수도 있다는 불안감이 전 세계 조선업황을 더욱 꽁꽁 얼어붙게 만들고 있는 것이다.

중국 정부는 지원 정책을 통해 자구책을 강구하고 나섰다. 중국의 모든 산업이 그러하듯 뒤에는 항상 든든한 정부가 자리하고 있는 것이다. 기술력이 떨어지는 중국 조선산업이 세계 1위에 오른 것도 따지고 보면 정부의 전폭적인 지원 때문이다. 중국은 생산 총량으로 보면 이미 세계 1위의 자리를 차지하는 조선대국이다. 하지만 기술 등 종합적인 수준으로 보면 한국과 일본 등 조선 강국들과 비교했을 때 여전히 낙후돼 있다는 게 업계 전문가들의 의견이다.

중국은 이른바 국수 국조 정책(중국의 화물은 중국 선박으로 수송하고, 중국 선박은 자국에서 건조한다는 정책)과 자국 조선소 수주 선박에 대한 금융 지원 정책을 지속적으로 펼치고 있다. 중국 정부는 고부가가치 선박이나 해양 구조물 수출을 적극 지원하고 있으며, 다양한 융자 지원 방안도 잇달아 내놓고 있다. 이에 대해 중국 조선산업의 경쟁력은 기술력이 아니라 막강한 정부 지원에서 나온다는 비난이 외신을 통해 전해지기도 한다.

한국과 일본보다도 먼저 항공모함 건조 저력 발휘

2012년 9월에 세계 각국의 언론은 중국 최초의 항공모함인 '랴오닝'의 출항을 일제히 보도했다. 중국은 랴오닝의 건조로 인해 한국과 일본에 앞서 전투기를 탑재할 수 있는 항공모함을 보유한 아시아 최초의 국가가 되었다.

랴오닝의 취역은 중국 방위산업의 한 축을 맡고 있는 조선산업이 얼마나 빠르게 발전하고 있는지를 단적으로 보여주는 예이기도 하다. 랴오닝은 원래 소련이 제작하던 쿠즈네초프급(6만 7,500톤) 항공모함이었다. 1980년대 말에 소련이 붕괴되자 당시 제작 중이던 항공모함 '바랴그'가 우크라이나로 넘어갔다. 1998년 미완성 상태로 있던 바랴그를 중국이 2,000만 달러에 매입해 당시 중국 최대 조선소인 다롄조선소로 끌고 와 개조작업에 들어간 것이다.

랴오닝은 100% 중국 순수 기술로 이루어진 항공모함은 아니지만 중국인들이 자국의 첫 항공모함에 거는 기대와 자부심은 대단하다. 중국 정부는 랴오닝을 통해 축적된 건조 기술을 차기 항공모함에도 활용해 나간다는 복안이다.

중국은 이미 조선산업의 메카로 떠오른 창싱다오(長兴島)에서 자체 기술로 두 번째 항공모함을 건조 중에 있다. 중국은 2020년까지 좀 더 업그레이드된 항공모함 2척을 보유할 계획을 세워두고 있다. 아울러 2025년까지 핵 항공모함을 건조하겠다는 당찬 포부까지 밝히고 있다. '대륙의 중국'에서 '해양의 중국'으로 거듭 날 수 있을지 전 세계가 주목하고 있다. ★

❶ 중국, 공작기계 최대 생산국이자 11년 연속 세계 최대 소비국.
❷ 글로벌 금융 위기 여파로 중국 기계산업 2012년을 기점으로 성장세 둔화.
❸ 세계 건설기계 제조 상위 50개 기업 중 중국기업 11개.
❹ 중국 건설기계업계 판매액 매년 20% 이상 증가.

공작기계

공작기계 세계 톱 10 기업

(매출액 기준, 백만 달러)

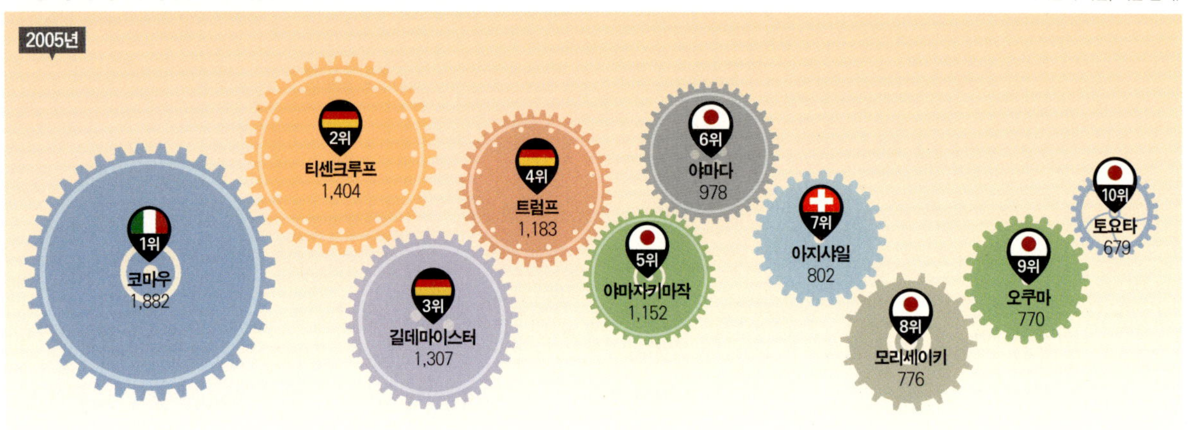

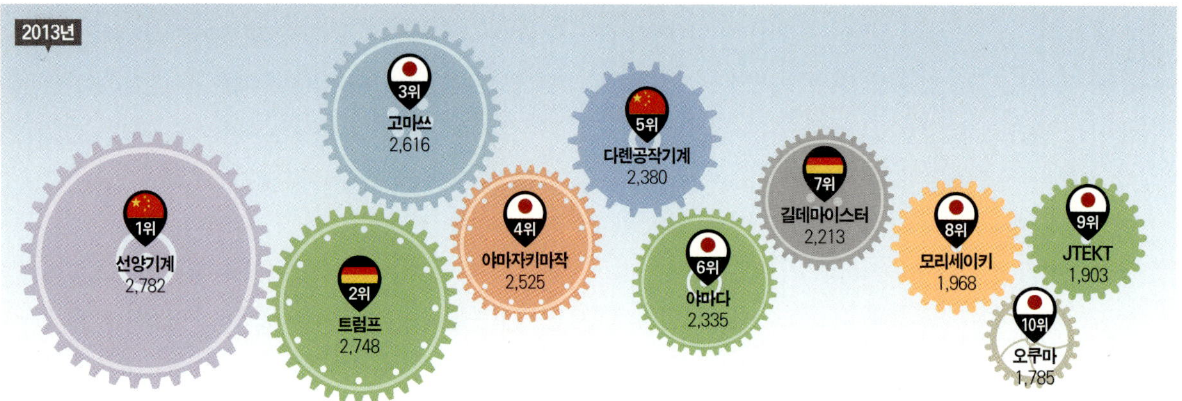

- 2005년 공작기계 세계 톱 10 기업 리스트에 중국기업은 한 곳도 없었다. 하지만 2013년 선양기계와 다롄공작기계가 1위와 5위에 랭크되면서, 중국 공작기계업계는 무서운 속도로 성장하고 있다.

자료: GARTNER RESEARCH

주요국의 기계 시장점유율 추이

(%)

- 주요국의 기계 시장점유율 변화를 보면 중국은 2001년 2.3%에서 2011년 10.5%로 점유율이 5배 가까이 증가했다.

자료: GARTNER RESEARCH

공작기계 생산 톱10 국가

(2012년 기준, 억 달러)

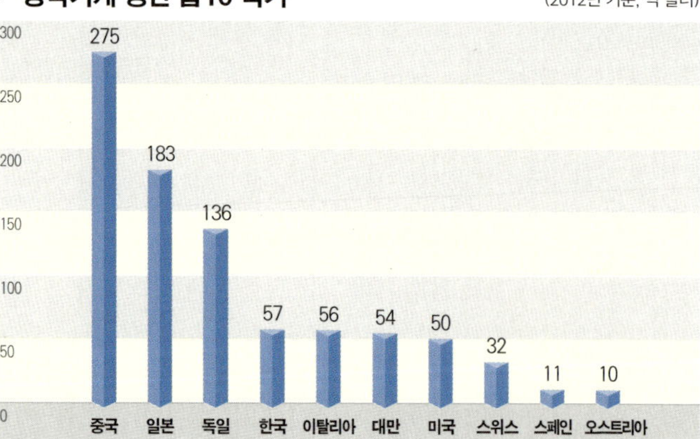

- 2012년 세계 공작기계 총생산액은 932억 달러로, 2011년 942억 달러 대비 1% 하락했다.
- 중국은 공작기계 총생산액 275억 달러를 기록하며 1위를 차지했다.

자료: GARTNER RESEARCH

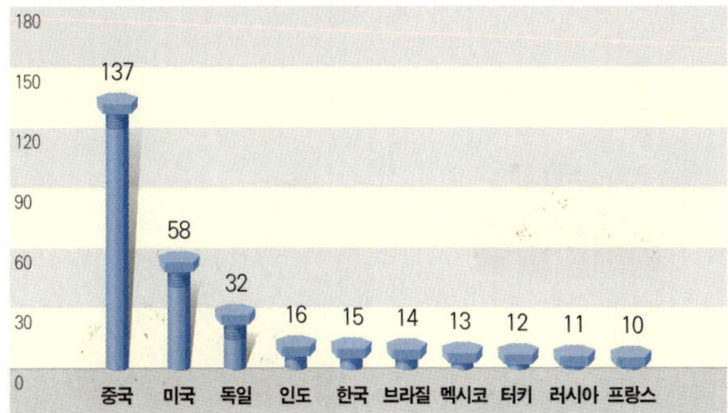

• 중국은 11년 연속 세계 최대 공작기계 소비국으로, 금속가공 공작기계의 경우 전 세계 소비량의 45%를 소비한다.

자료: GARTNER RESEARCH

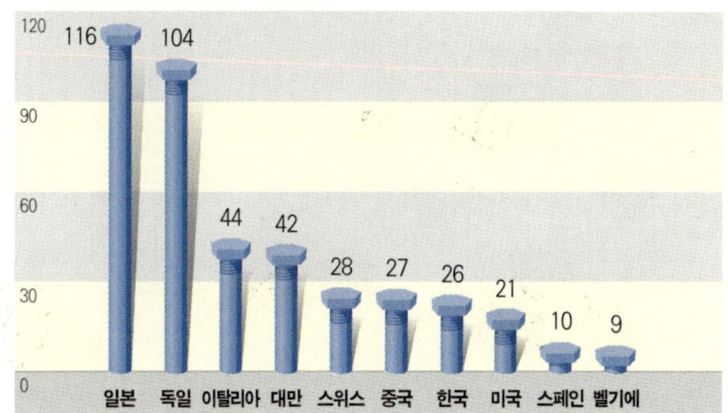

• 일본은 공작기계 수출 1위 국가로, 2001년부터 연간 20~25%의 높은 수출 점유율을 보이고 있다.

자료: GARTNER RESEARCH

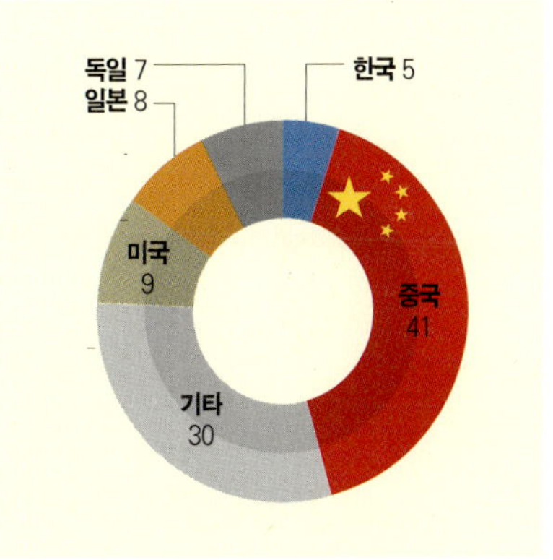

• 중국, 일본, 미국, 독일, 한국의 공작기계 소비량은 전 세계 소비량의 70%에 육박한다.

자료: GARTNER RESEARCH

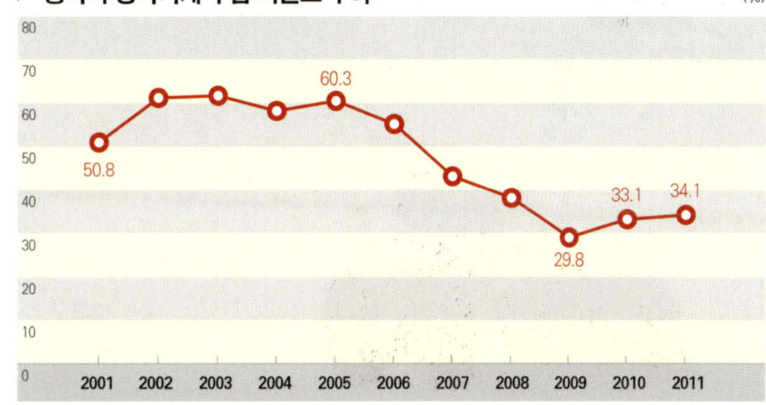

• 2000년대 중반까지 공작기계 수입 의존도가 60%를 상회하던 중국은 2000년대 후반 들어 공작기계 자급률이 높아지면서 수입 의존도가 대폭 줄어들었다.

자료: KIET

▼ 주요국의 글로벌 기계시장 품목별 점유율

(%)

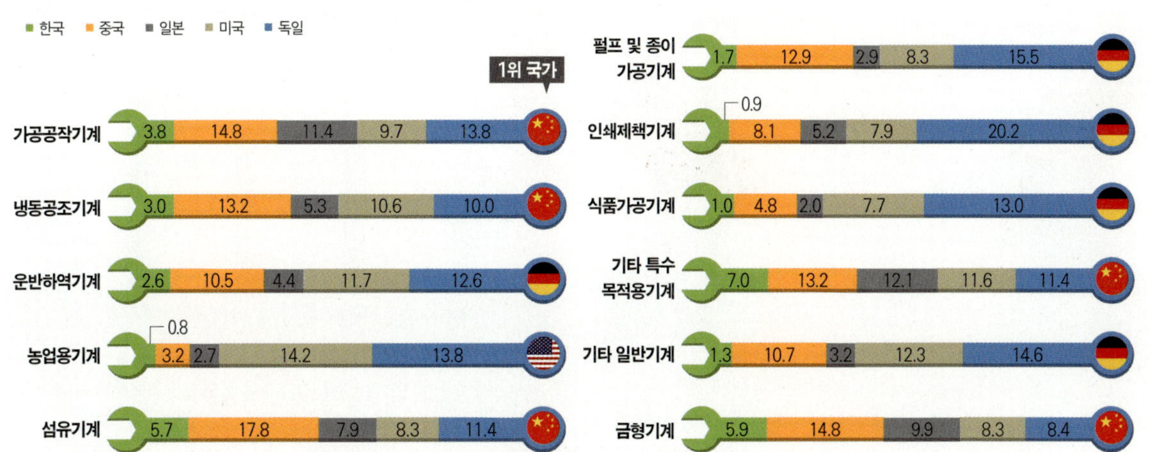

• 중국은 가공공작기계, 냉동공조기계, 섬유기계, 기타 특수 목적용 기계, 금형기계 등 5개 분야에서 점유율 1위를 차지하고 있다.

자료: UN Comtrade

건설기계업계 세계 톱 10

(2010년 매출액 기준)

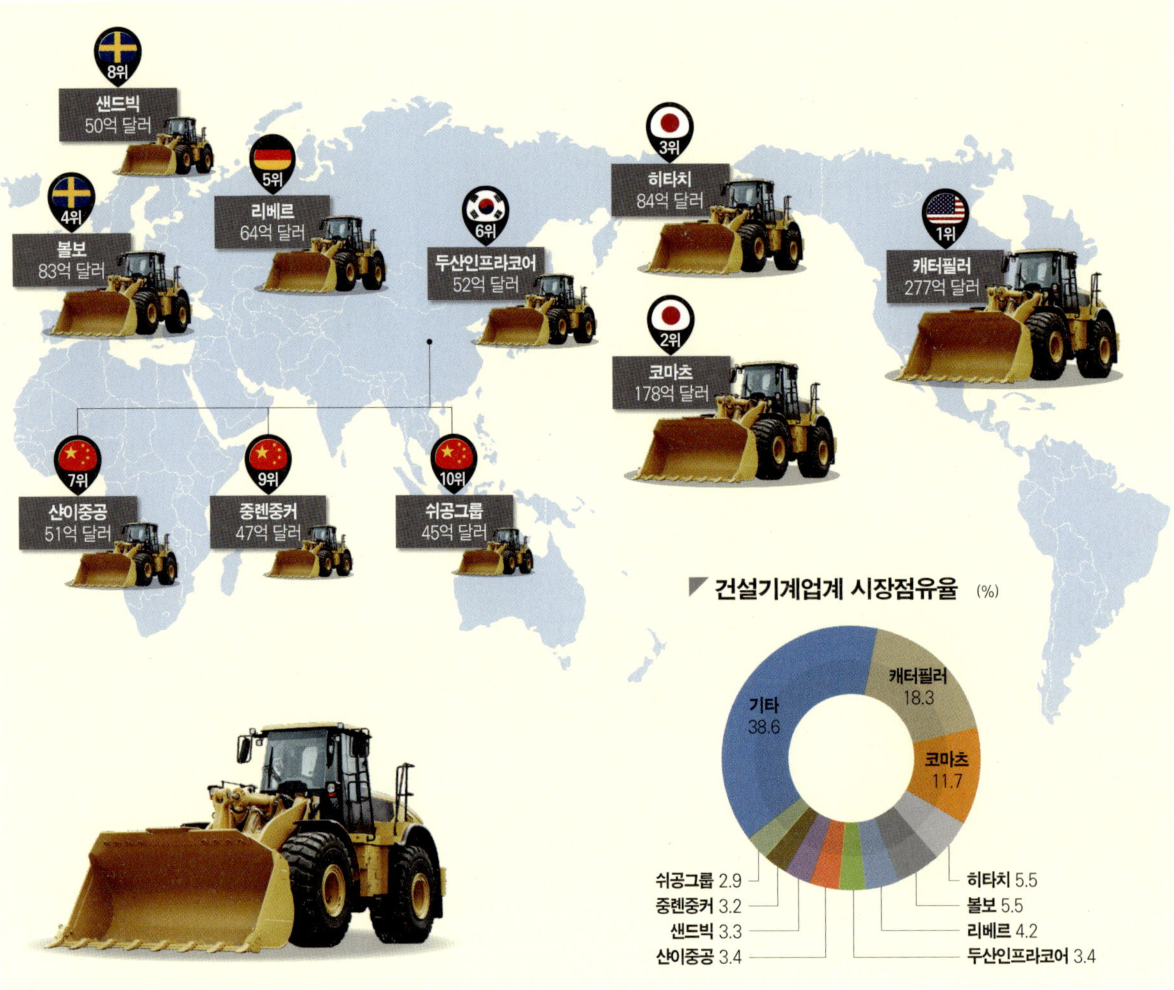

건설기계업계 시장점유율 (%)

- 세계 건설기계업계 1~5위 그룹의 시장점유율은 45%에 달한다.
- 10위권 안에 중국기업이 3곳이나 있다.

자료: International Construction

주요국의 건설기계 시장점유율 (%)

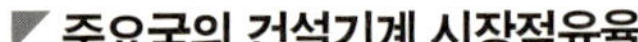
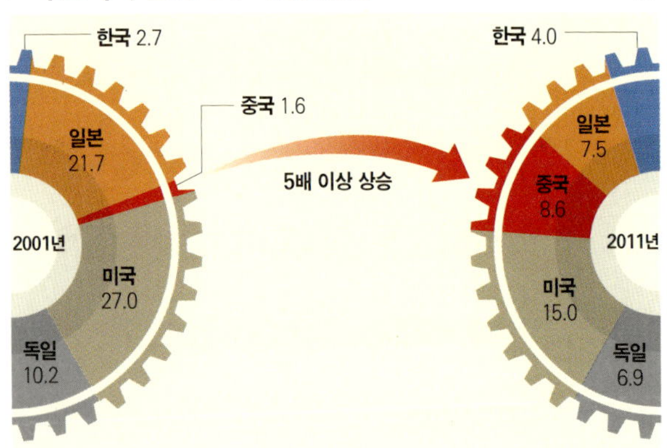

- 중국 건설기계산업의 세계 시장점유율은 10년 사이 5배 이상 증가했다.

자료: UN Comtrade

중국 발전개혁위원회 투자 프로젝트 승인 추이 (건, %)

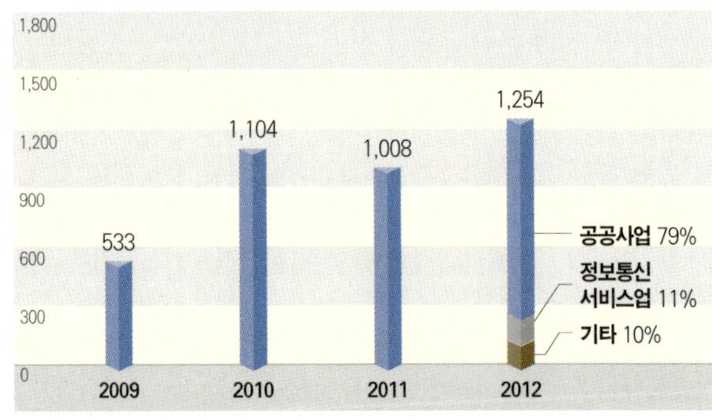

- 중국에서 일정 규모 이상의 투자 프로젝트를 진행하려면 발전개혁위원회의 승인을 얻어야 한다. 그래서 발전개혁위원회의 비준 통과 건수는 향후 투자 규모와 성격을 파악하는 선행지표가 된다.
- 2012년 발전개혁위원회의 승인을 받은 투자 프로젝트에서 인프라 투자(공공사업) 비중이 압도적으로 높다.

자료: 중국 발전개혁위원회

금액	내용	위치	
8,450 억 위안	25개 지역 지하철·철도	지하철	• 창저우, 샤먼, 하얼빈, 광저우시, 선전(2개 라인), 네이멍구, 쑤저우(2호선 연장 및 4호선 신설), 선양, 항저우 • 칭다오, 청두(1호선 연장, 3호선), 타이웬, 닝보, 광저우, 창춘, 톈진(5, 6호선), 시안, 스좌좡
		철도	상하이, 장쑤성 연해 도시, 간탕-우웨이난
2,000 억 위안	13개 도로		칭하이 474km, 신장 730km, 후난, 광둥, 지린, 장시, 저장, 허베이, 우닝, 간쑤, 시짱, 윈난 지역 고속도로(총 814km) 증설
	7개 항구·수로		푸저우, 닝보, 주하이, 모우빙 항구, 후난 샹장수로, 난징 이남 장강수로
	9개 도시 오수 처리		정저우, 바이인, 네이멍구 3개 도시
			충칭, 쉰양 닝창, 한중
	쓰레기 소각장		충칭 완쩌우 구역

• 중국 발전개혁위원회는 2012년 9월 총 1조 위안 규모의 인프라 투자 계획을 밝혔다. 정권 교체 이후 중국 건설기계 판매 부진의 가장 큰 원인 중 하나였던 인프라 투자가 확대될 전망이다.

▶ 중국 굴삭기 시장점유율 (%)

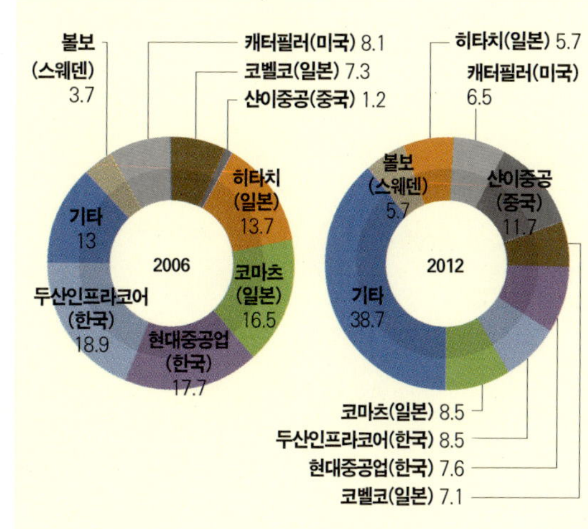

• 2012년 중국 굴삭기시장을 보면 산이중공의 시장점유율이 11.7%로 가장 높다.
• 2006년 중국 굴삭기시장 1, 2위를 다투던 현대중공업과 두산인프라코어의 시장점유율이 많이 하락했다. 자료: 중국공정기계협회

▶ 중국의 주요 건설기계 판매 추이

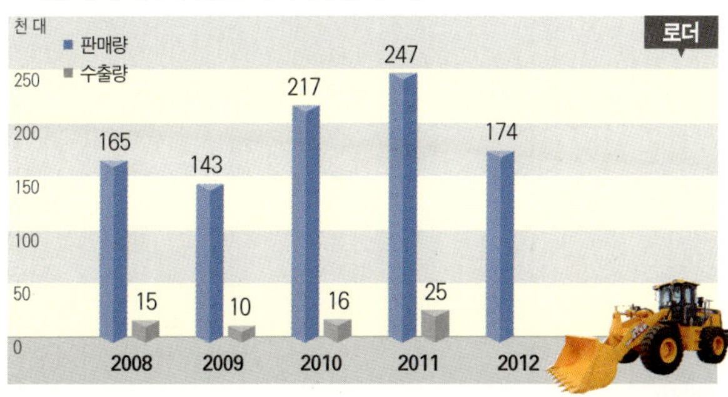

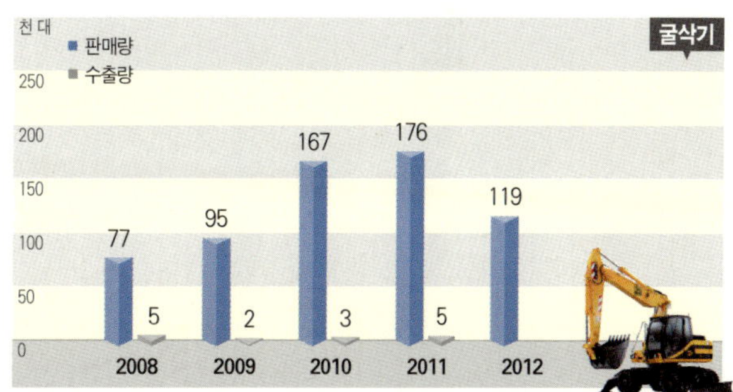

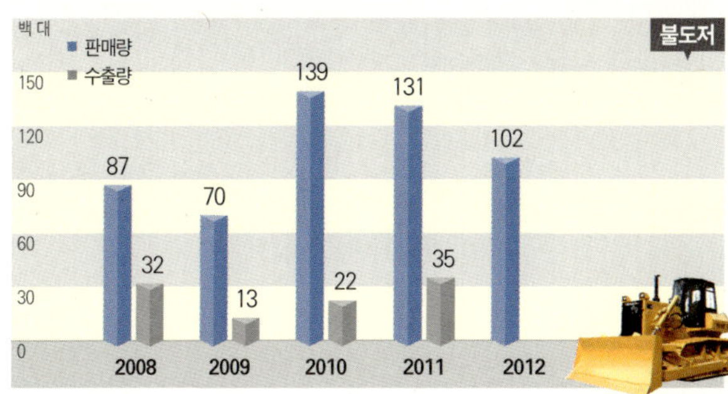

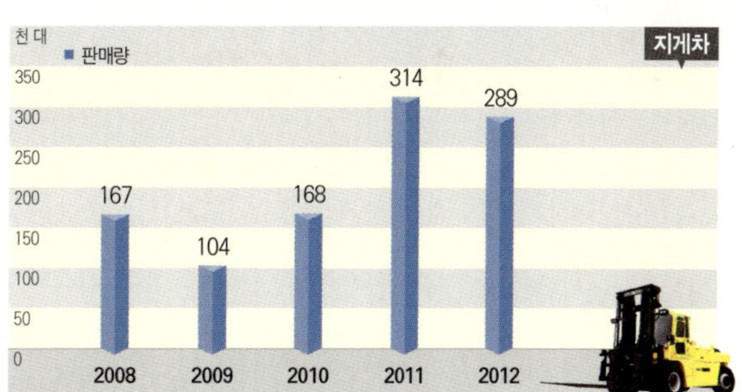

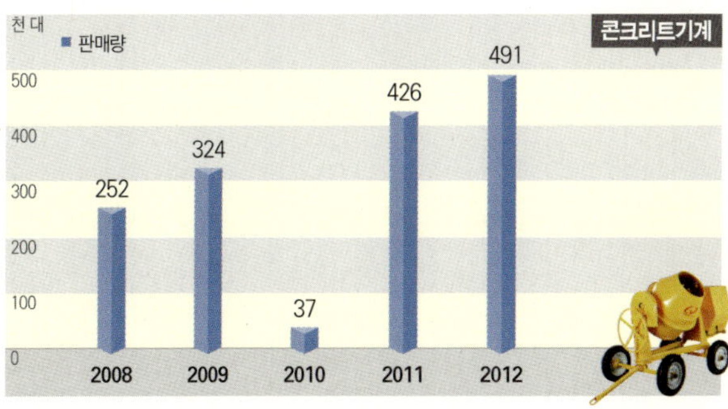

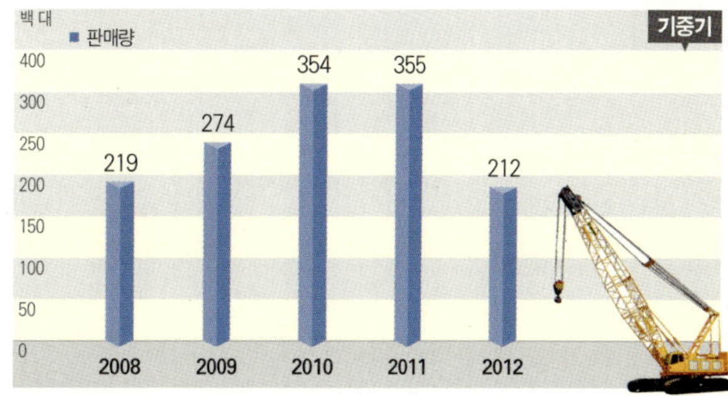

• 2011, 2012년 중국 건설기계업계는 세계적인 경기 침체의 여파로 전반적으로 주춤했다.
• 콘크리트 기계만 성장했고 굴삭기, 로더, 불도저, 기중기 등의 판매량은 전년 대비 30~40%씩 하락했다.

자료: 중국기계공업협회

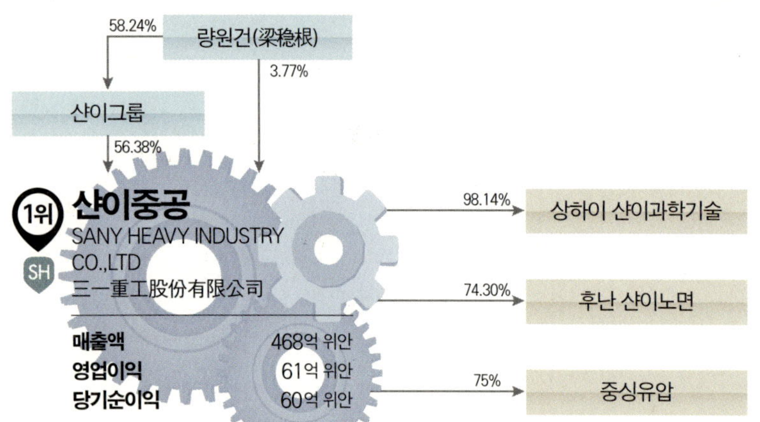

- 2012년 콘크리트기계 300억 위안 판매, 세계 1위 달성.
- 2012년 독일 건설기계업체 푸츠마이스터 인수.
- 그룹 회장 량원건은 개인 자산 380억 위안으로 2013년 중국 부호 순위 5위에 오름.
- 후난 소재의 중롄중커와 상호 비방, 폭로전을 계속하다가 2012년 말 본사를 후난에서 베이징으로 이전.

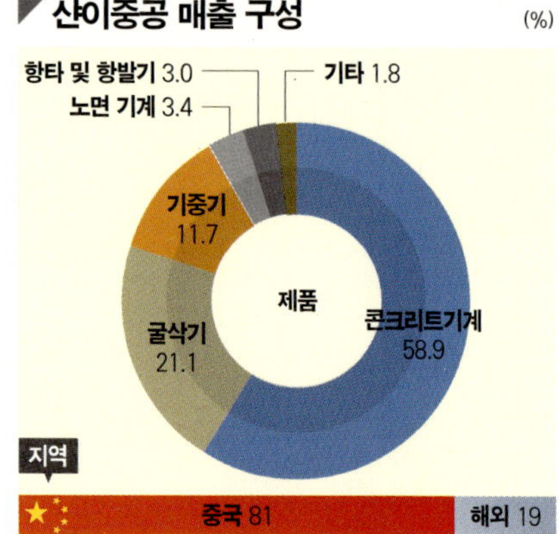

샨이중공 매출 구성 (%)

- 샨이중공은 세계 최고 콘크리트기계 제조업체로, 콘크리트기계 판매가 매출에서 차지하는 비중이 약 60%이다.
- 샨이중공의 해외 매출 비중은 국내에 비해 적지만, 2011년 대비 155% 성장했다.

샨이중공 경영 실적

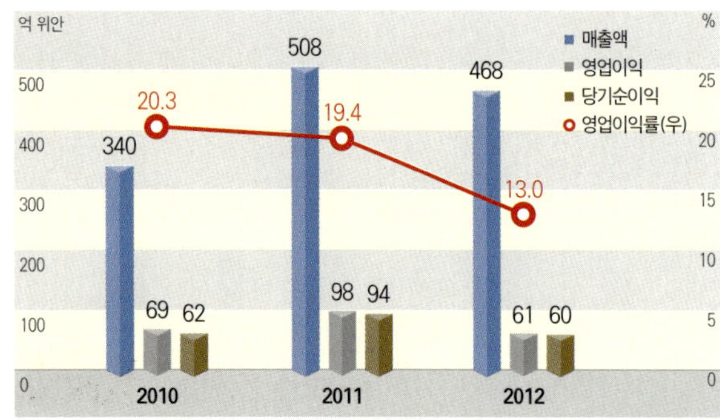

- 2012년 샨이중공은 중국 경제 성장 둔화, 중공업 설비 시장 침체와 업계 경쟁 과열로 수익이 대폭 하락했으며, 대규모 감원 등으로 어려운 시기를 보냈다.

샨이중공 자산 – 부채

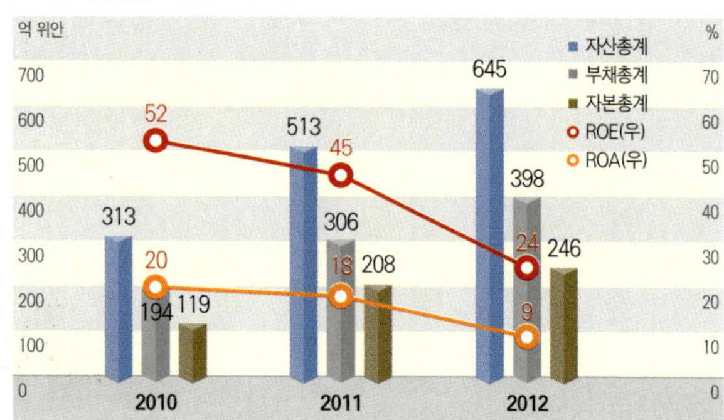

- 샨이중공은 세계적인 경제 불황으로 2012년 영업이익이 감소하면서 ROE가 큰 폭으로 하락했다.

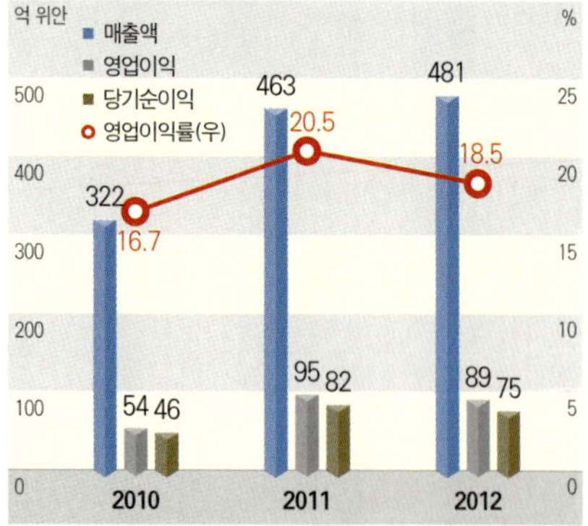

- 건설부 산하 건설기계연구원을 모태로 많은 국유기업을 인수·합병하며, 세계에서 가장 빠른 성장률(연복합성장률 65%)을 기록한 중장비기계 제조업체.
- 2008년 이탈리아의 세계적인 중장비업체 CIFA 인수. 중국의 10대 인수·합병 성공 사례로 평가.
- 2012년 세계 최장 외팔보크레인 펌프카로 세계 기네스에 등재.

중롄중커 경영 실적

- 2012년 콘크리트 펌프카 시장점유율을 43.5%까지 끌어올리고, 기타 3개 제품이 시장점유율 1위를 기록하면서 영업이익이 전년 대비 3.8% 증가했다.

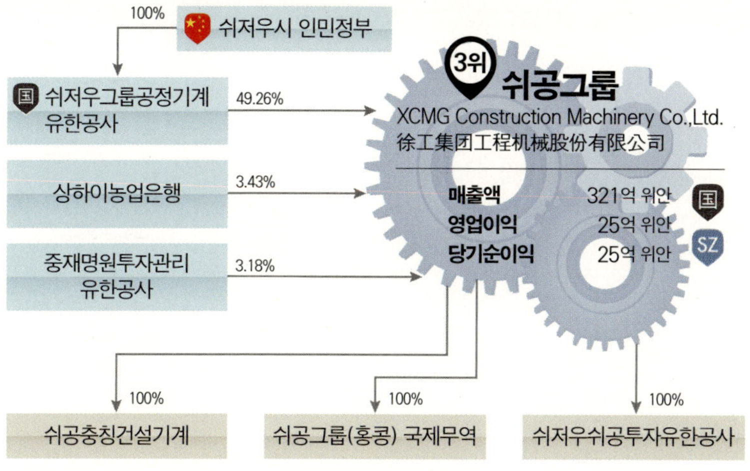

- 도로건설기계, 스크레이퍼, 콘크리트 믹서 등 다양한 건설기계 제품을 생산·판매하는 기업.
- 건설기계 제조업체 세계 10위, 중국 〈포춘〉 선정 '500대 기업' 중 122위.

▼ 쉬공그룹 경영 실적

- 2012년 중국은 고정자산 투자와 부동산 개발 투자 증가세가 한풀 꺾이며, 건설기계 수요가 감소했다. 쉬공그룹은 건설기계 판매가 감소하며, 매출이 전년 대비 2.54% 하락했다.

공작기계

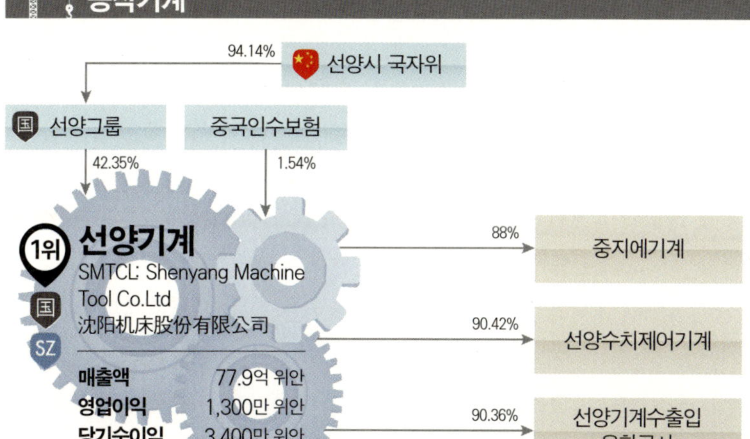

- 공작기계 부문 세계 1위 기업으로, 차량용드릴링머신, 첨단 보오링머신, 밀링머신, 플랜트와 공업자동화 설비 등 6대 사업군의 금속절삭공작기계 생산.
- 자동차, 방위산업, 항공우주 등 국가 지주산업에 사용되는 CNC기계와 솔루션의 70%를 선양기계가 제공.

▼ 중국 공작기계업계 순위

(백만 달러)

자료: GARTNER RESEARCH

▼ 선양기계 매출 구성

(%)

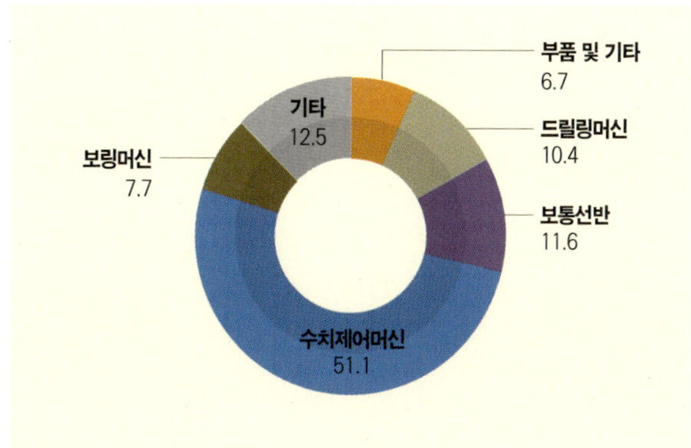

- 선양기계는 수치제어머신의 매출 비중이 가장 높다.

▼ 선양기계 경영 실적

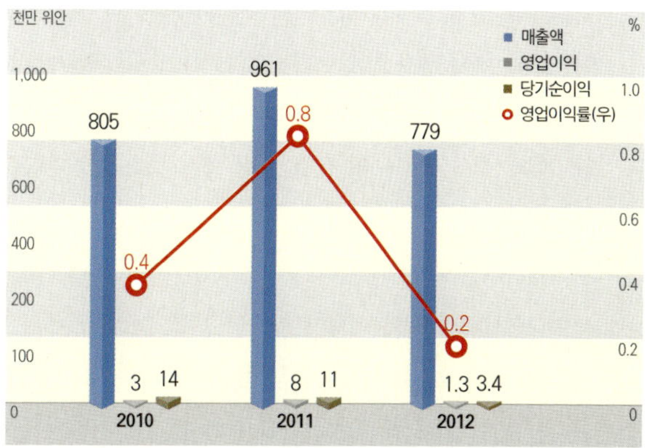

- 중국의 내수 부진, 고정 자산 투자 감소로 2012년 매출이 전년 대비 19% 하락했다.

중국에서 기계산업이
성장할 수밖에 없는 이유

기계산업은 대표적인 국가 기간산업이다. 또한 한 국가의 제조업 수준을 가늠할 수 있는 산업의 척도이기도 하다. 중국의 산업사를 살펴보면, 산업의 척도인 기계가 중국에서 다른 산업에 비해 일찍 태동한 것으로 알려져 있다. 중국의 전통적인 기계 공정 기술은 그 역사가 길고 화려했으며 고대부터 중국의 문화와 사회, 경제 발전에 중요한 작용을 했다. 뿐만 아니라 세계 문명의 진보에도 커다란 공헌을 했다.

하지만 근대에 들어 서방 국가들이 산업혁명을 거치며 현대 과학 기술을 발전시키는 동안, 중국은 외세의 침략과 이념 갈등으로 그들만의 전통적 기계 공정 기술을 진보시키지 못했다. 이로 인해 근대 이후 서방과 중국의 기계산업의 격차는 커질 수밖에 없었다.

1949년 중화인민공화국 설립 이후 중국의 기계산업은 전환점을 맞게 된다. 건국 이후 공작기계, 일반기계, 모터, 내연기관을 비롯한 각 분야에서 모두 600개가 넘는 연구소들이 문을 열며 기술 개발에 총력을 기울이기 시작한 것이다. 중국의 기계산업 역시 정부가 든든한 지원군 역할을 자청했다.

'8.5규획'을 기점으로 중국 정부는 기계산업을 국가 경제의 전략 산업으로 삼으며 장려 정책을 펼쳐나갔다. 특히 '9.5규획' 기간 동안에는 기계산업 규모가 중국 전체 공업의 25%를 차지하는 등 빠른 성장을 이어갔다. 현재 중국 정부는 '12.5규획'을 바탕으로 기초 과학 연구 개발 및 제조 시스템의 혁신을 통해 기계산업의 첨단화를 꾀하고 있다. 개혁·개방 이후 30년 동안 눈부신 발전을 이룬 중국의 기계산업이 대형화, 정밀화, 자동화, 다기능화, 스마트화를 통해서 선진국과의 격차를 좁혀나가고 있는 것이다.

중국 기계업계의 쌍두마차 쉬공그룹과 산이중공

중국의 기계산업 중에서는 유독 건설기계의 비중이 큰데, 이는 양대 건설기계업체인 '쉬공그룹'과 '산이중공'의 활약 덕분이다.

쉬공그룹은 1989년 설립 이후 중국 건설기계 분야에서 선두를 달리고 있으며 글로벌 건설기계시장에서도 10위에 랭크돼 있다. 중국 건설기계업체 가운데 가장 규모가 크며 그에 걸맞게 가장 많은 품종의 기계를 생산하고 있다. 쉬공그룹은 2012년 7월에 세계에서 두 번째로 큰 시멘트기계 제조업체인 독일의 SCHWING GROUP을 인수하면서 경쟁력을 강화해 나가고 있다. 쉬공그룹의 제품은 세계 158개국에 수출되고 있으며 2012년 수출액 13.6억 달러를 기록하기도 했다.

2011년 〈포브스〉가 선정한 중국 최고 부자 량원건(梁穩根)이 경영하는 산이중공은 1989년 설립 이후 눈부신 발전을 거듭하고 있는 세계에서 가장 규모가 큰 콘크리트기계 제조업체이다. CEO인 량원건은 중국 정계에도 진출해 그 영향력을 높이고 있다. 산이중공은 민간 건설기계 제조업체로는 이례적으로 중국 500대 기업 안에 포함되기도 했다. 2012년 1월에는 독일의 콘크리트 펌프차 제조업체인 푸츠마이스터를 인수·합병해 업계 라이벌인 쉬공그룹과의 경쟁에 맞서고 있다.

중국의 공공 인프라 투자는 계속된다······
기계산업 가장 큰 수혜

중국의 기계산업은 글로벌 경기 침체의 영향으로 다소 주춤거리고 있다. 2011년 중국 기계 생산은 전년 동기 대비 20% 증가한 3,798억 달러를 나타냈으나, 2012년에는 수출 약세와 중국 내 투자 감소로 인해 전년 대비 10% 가까이 감소했다.

중국은 2008년 금융 위기 이후 경기 부양정책을 실시해왔다. 그 결과 고정자산 투자 증가와 통화량 급증, 산업 생산량 누적, 무역수지 흑자로 인해 경기 과열과 인플레이션이 심해져 어려움을 겪어왔다. 이로 이해 정부는 경기 과열을 조절하기 위해 긴축 정책에 들어갔고, 2011년 하반기부터 경제 성장이 예년에 비해 둔화하기 시작했다.

한편, 중국의 기계산업은 2012년 말부터 부동산 및 철도 관련 투자가 증가함에 따라 회복에 대한 조짐을 보이고 있다. 중국 정부는 GDP 가운데 50% 이상을 차지하는 투자부문의 확대 없이는 내수 부양이 어려울 것으로 판단했고, 이에 따라 투자 확대를 통한 경기 부양에 나서고 있다. 그리고 그 중심에 부동산과 철도 관련 투자가 이어지고 있다.

최근 중국에서 가장 뜨거운 인프라 건설 투자부문을 뽑으라면 단연 고속철도가 될 것이다. 중국 고속철도 월별 투자 금액을 보면, 2012년 10월에만 846억 위안이 투입되었는데, 이는 전년 동월 대비 82.3% 급증한 액수이다. 한편, 중국 지방정부는 상하수도 관련 투자에도 적극 나서고 있다. 고속철도와 상하수도 등 인프라 투자는 앞으로도 계속 이어질 전망이다.

기간시설에 대한 투자가 활성화됨에 따라 기계 산업이 그 수혜를 톡톡히 누릴 전망이다. 지난 2년 간 부진했던 굴삭기 판매가 이미 회복세로 접어들었고, 다른 건설 중장비 판매도 서서히 기지개를 펴고 있다. 미국의 산업조사기관인 HIS는 중국의 기계산업 생산이 2013년에 4,260억 달러로 전년 대비 11% 증가할 것으로 전망했다. 중국 공정기계공업협회는 '12.5규획'이 마무리되는 2015년까지 중국 기계산업의 시장 규모가 9,000억 위안까지 확대할 것이라고 밝히기도 했다.

글로벌 기계 메이커들의 격전지

2012년 7월경 중국 상하이 신국제전시장(SNIEC)에서는 '2012 상하이 한국기계전'이 개최되었다. 언론에 따르면 상하이 한국기계전에서는 두산인프라코어, 현대위아, S&T중공업, 한국건드릴, 예스툴, 디티알 등 한국 기계업체 104개사가 참가해, 9억 2,000만 달러의 상담 실적과 1억 6,000만 달러의 계약 실적(구두계약 포함)을 올리는 쾌거를 달성했다고 한다.

한국의 기계업체들은 중국시장 진출을 위해 사활을 걸고 있다. 그 대표적인 곳이 바로 두산인프라코어이다. 두산인프라코어는 2011년 중국 쑤저우에 제2 생산기지를 세워 운영하고 있으며, 중국을 제2의 내수시장으로 삼고 현지화에 집중하고 있다. 이처럼 중국은 이미 오래 전부터 글로벌 기계 메이커들의 격전지가 되어왔다. 세계적인 경기 불황에도 불구하고 여전히 줄지 않는 중국 내 공공 인프라 투자는 앞으로도 끊임없이 글로벌 기계 메이커들을 불러 모을 전망이다. ★

1. 글로벌 철강 수요 둔화로 아르셀로미탈, 포스코, 바오스틸 등 철강 업체 실적 악화.
2. 중국의 철강 공급 과잉을 해소하는데 최소 5년이 걸릴 것으로 전망.
3. 중국, 자국 철강 수요 부족으로 수출에 집중.
4. 중국산 저가 특수강 '공습'으로 한국 철강사 '비상'.
5. 세계철강협회(WSA)가 선정한 조강 생산량 10위권 안에 중국업체 6개 선정.

▶ 조강 생산량 세계 톱 10

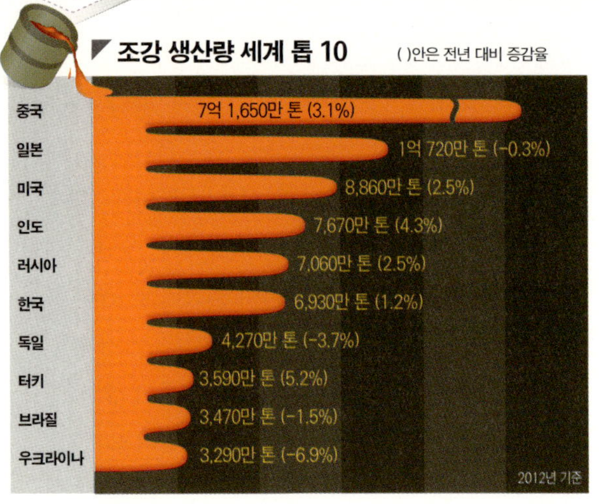

- 2012년 세계 조강 생산량은 전년 대비 1.2% 증가한 15억 4,800만 톤을 기록했다.
- 중국은 세계 조강 생산량의 약 46%, 아시아 조강 생산량의 약 65% 를 차지한다.

자료: WSA

▶ 중국 조강 생산량 추이

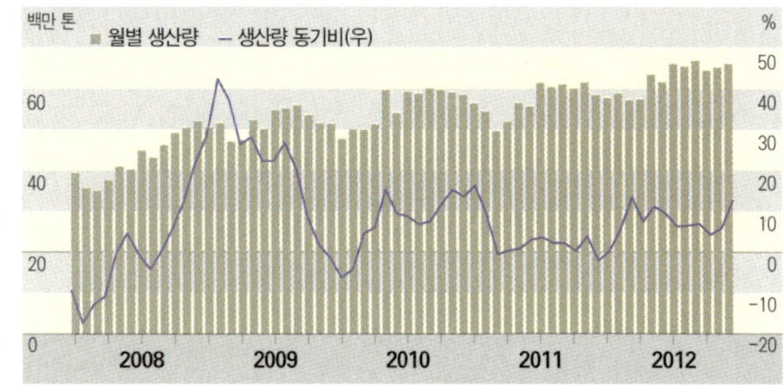

- 2012년 중국 조강 생산량은 7.17억 톤으로 2011년 대비 3.1% 증가 했다.
- 중국의 철강산업은 저성장 국면에 들어선 것으로 보인다.

자료: WIND

▶ 세계 철강업계 시장점유율

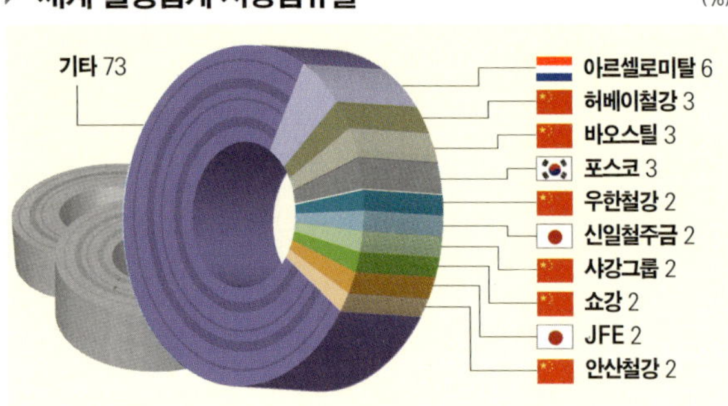

- 룩셈부르크의 아르셀로미탈이 세계 철강시장의 6%를 점유하며 1위 를 차지했다.
- 바오스틸, 허베이철강, 우한철강, 샤강그룹, 쇼강 등 다수의 중국기업 이 상위권에 포진해 있다.

▶ 중국 철강 가격 추이

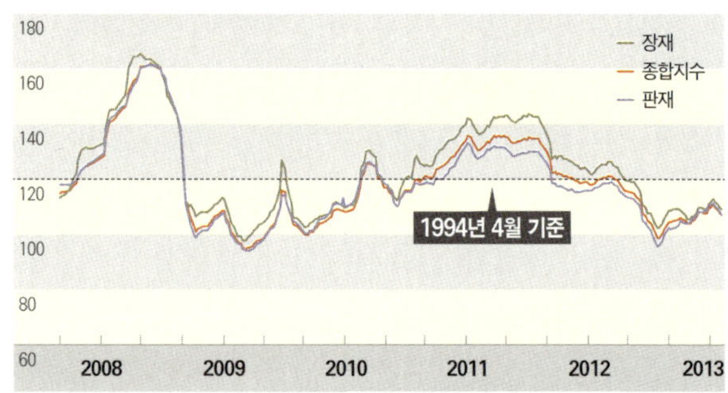

- 2012년 강재 가격은 전반적으로 2011년 수준을 밑돌았다. 특히 4월 중순부터 가격이 큰 폭으로 하락해 1994년 수준까지 떨어졌다.
- 장재(長材: 형강, 선재, 강관 등)가 판재(板材: 박판, 중후판 등)에 비 해 가격 하락폭이 커, 오랫동안 지속됐던 '장재 강세·판재 약세' 국면 에 변화가 생겼다.

자료: WIND

▶ 중국의 주요 철광석 광산 및 제철소 현황

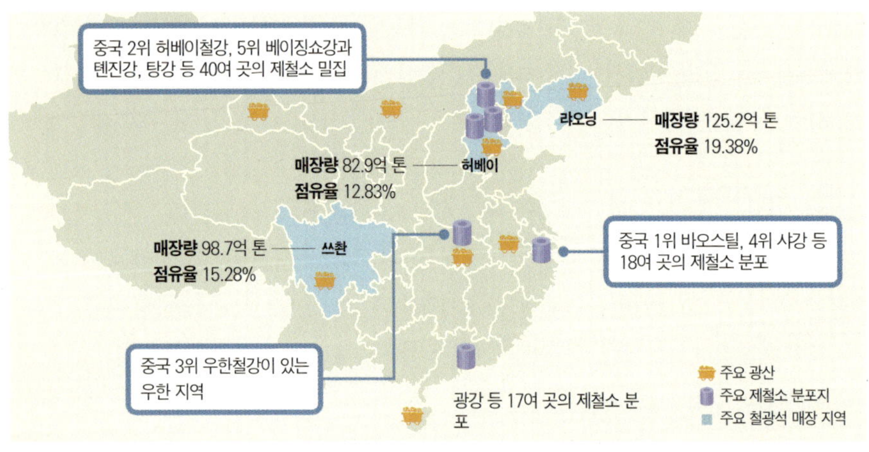

- 중국은 호주, 브라질, 러시아에 이 어 세계 4위의 철광석 매장국이다.
- 철광석은 주로 랴오닝, 쓰촨, 허베 이 지역에 매장되어 있다. 이 세 지 역의 철광석 매장량은 중국 전체 매장량의 50%에 육박한다.
- 중국의 주요 제철소는 원재료 획득 과 운송이 용이한 지역에 위치해 있다.

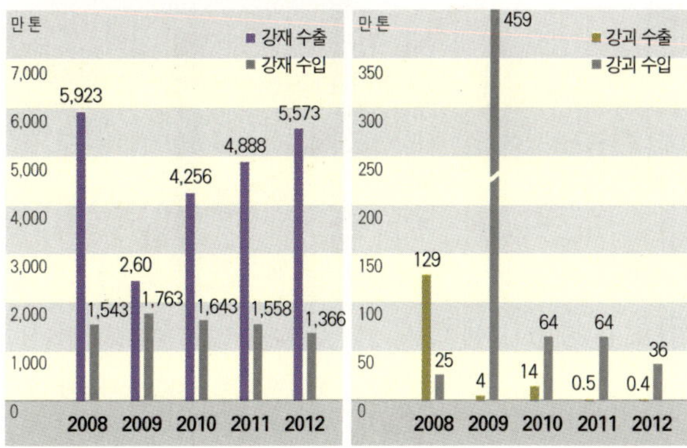

• 중국의 철강 소비가 감소함에 따라 중국 철강회사들은 수출에 주력
하고 있다.

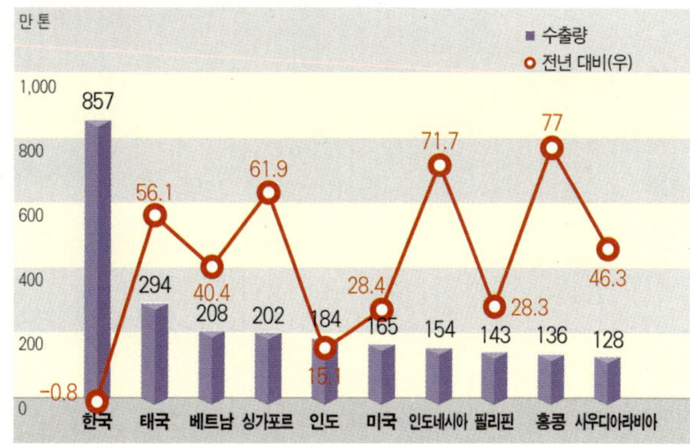

• 한국은 중국산 강재를 가장 많이 수입하는 국가이다.
• 건설, 조선, 자동차 등 한국의 산업 전반에 중국산 철강이 사용되고
있다.

(만 톤)

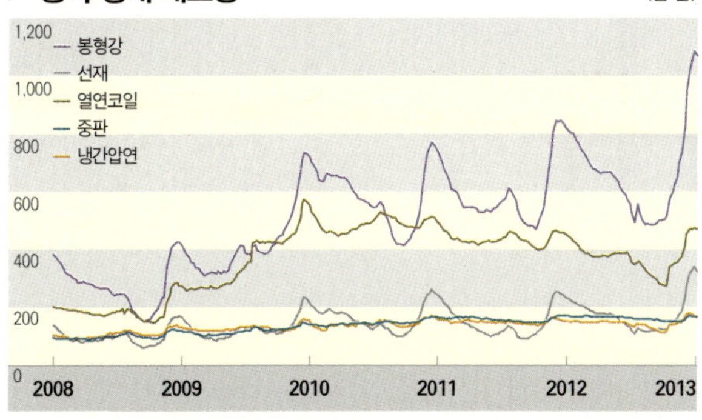

• 중국은 5대 강재 재고량이 계속 증가하는 추세이다.
• 하지만 매년 연중으로 갈수록 강재 재고량이 낮아지는 이유는 춘절
(음력 1월 1일) 이후 강재 수요가 증가하는 중국만의 독특한 강재 소
비 패턴이 반영되었기 때문이다.

(백만 톤, %)

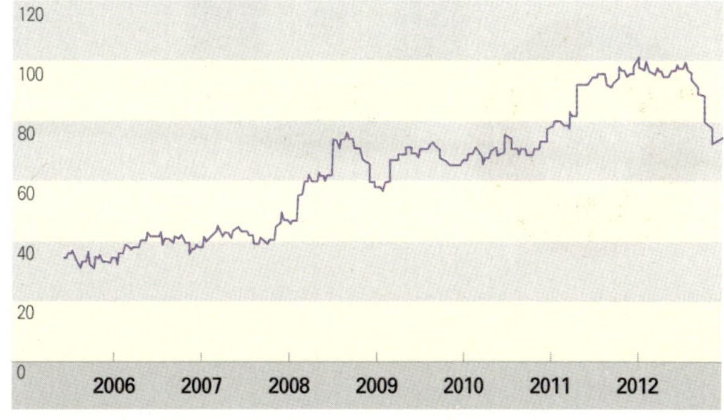

• 철강 공급 과잉과 수요 위축으로, 2012년 상반기 들어서도 중국 항
구 내 철광석 재고는 비교적 높은 수준을 유지했다.
• 하지만 2012년 하반기 들어 재고량이 점차 줄어들면서 2011년 1월
이래 최저 수준을 유지하고 있다.

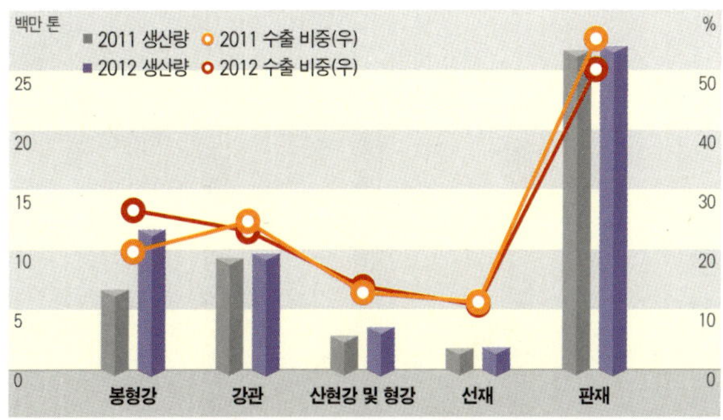

• 2012년 중국은 철강 제품 중 판재(52%)를 가장 많이 수출했으며,
봉형강은 전년 대비 수출 물량이 가장 큰 폭으로 상승했다.

(위안/톤)

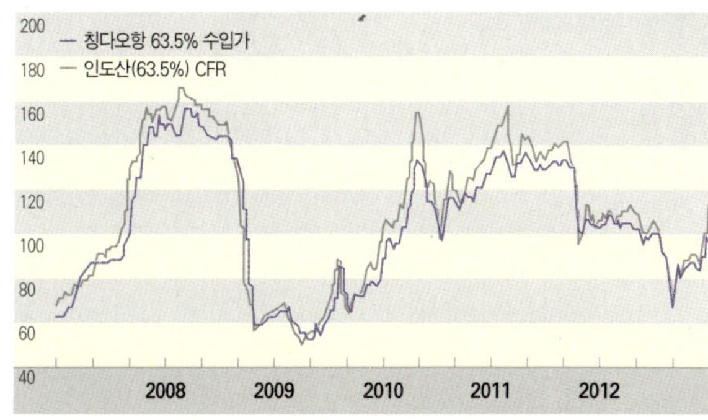

• 중국은 세계 철광석 생산량의 67%(2012년 기준)를 소비하는, 세계
최대 철광석 소비국이다.
• 세계적인 경제 불황으로 철강 수요가 줄어들면서, 2011년 들어 철광
석 가격은 계속 하락하는 추세이다.

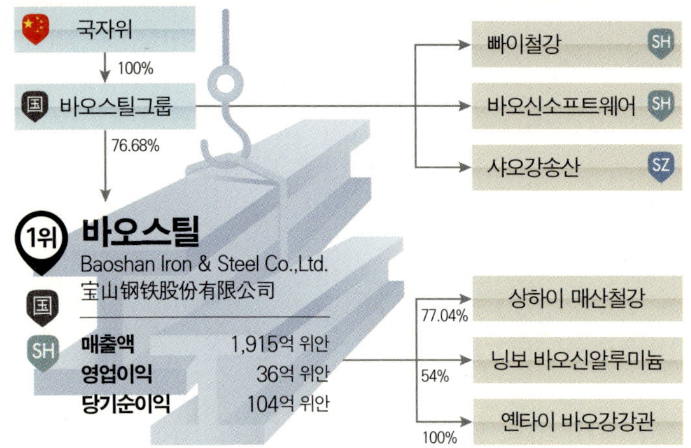

- 중국 1위, 세계 2위의 국영 철강회사.
- 경기도 화성에 210억 원을 투자해 자동차강판 생산시설 건설.

바오스틸 경영 실적

- 바오스틸은 세계적인 경제 불황으로 2012년 매출과 영업이익이 크게 줄었으며, 영업이익률도 1.9%로 하락했다.

자료: WIND

바오스틸 매출 구성 (%)

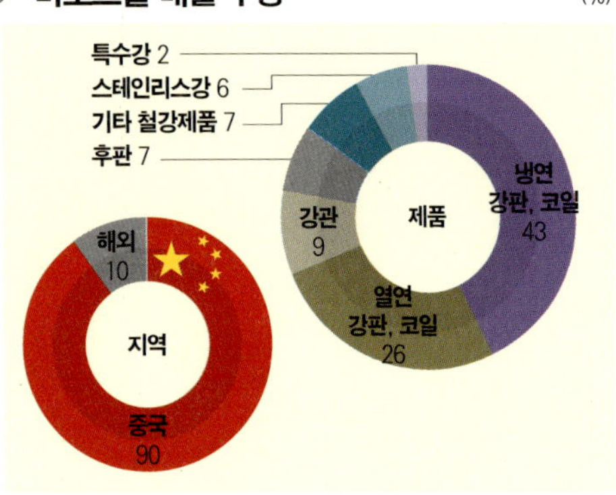

- 바오스틸은 냉연 및 열연 강판, 코일 제품의 매출 비중이 70%에 육박한다. 스테인리스강, 특수강 같은 고부가가치 제품 비중도 점차 늘려나가고 있다.
- 매출의 90%가 중국에서 발생할 정도로 내수 비중이 매우 높다.

바오스틸 자산 – 부채

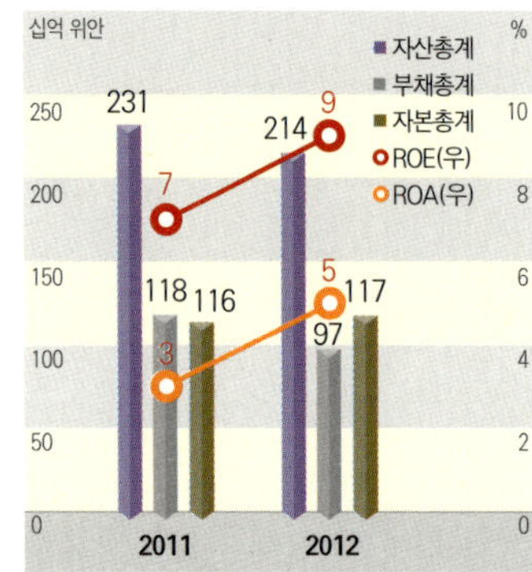

- 철강 과잉 생산으로 인한 재고 증가를 우려한 중국 정부는 철강업체 통폐합 등 직접적인 구조조정에 나섰다.
- 그 결과 바오스틸은 2012년 자산 및 부채가 전반적으로 감소하는 모습을 보이고 있다.

자료: WIND

바오스틸 주가 추이 (%)

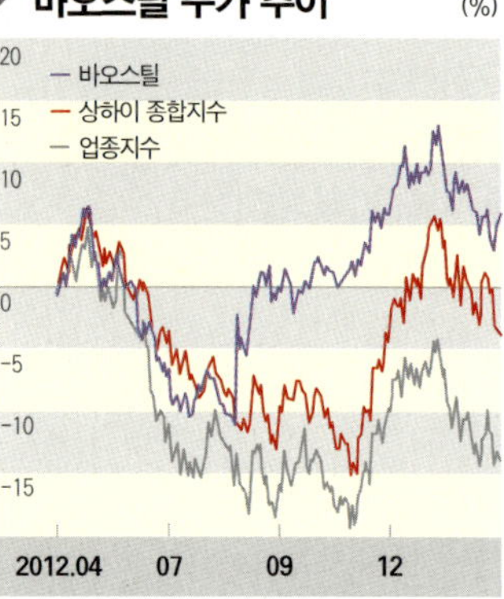

- 바오스틸은 2012년 영업이익이 크게 줄었지만, 당기순이익이 증가해 주가가 상하이 종합지수와 업종지수를 상회하는 모습을 보였다.

자료: WIND

- 생산량 기준 세계 2위 철강회사.
- 2008년 한단철강그룹과 탕산철강그룹의 합작으로 탄생.
- 2012년 캐나다 철광석 개발업체인 알데론과 손잡고 캐나다 철광석 광산 개발(카미 프로젝트)에 참여.

허베이철강 경영 실적

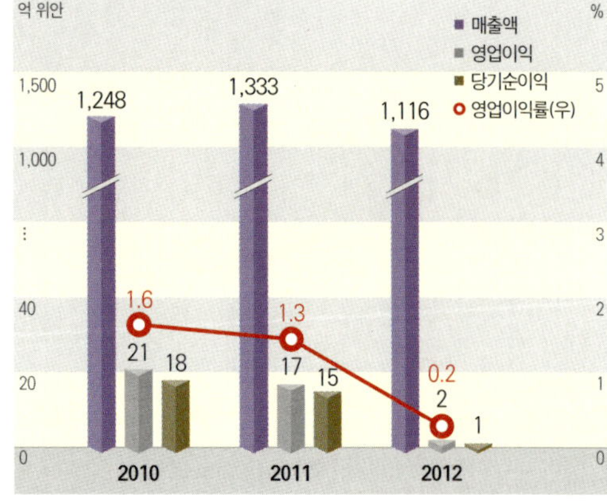

- 허베이철강은 2012년 1,116억 위안의 매출을 기록했지만, 영업이익은 2억 위안에 불과했다.

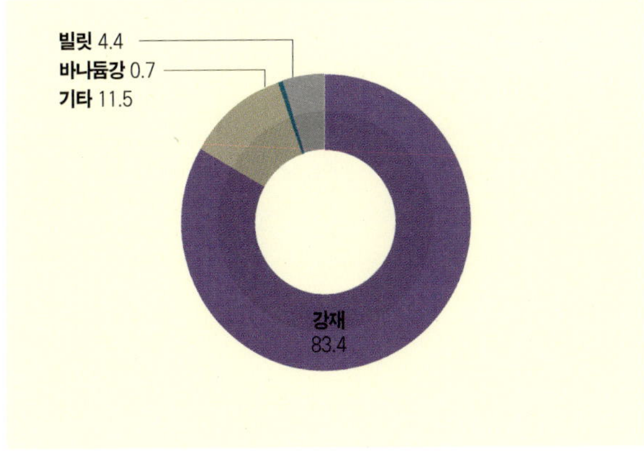

- 허베이철강은 매출에서 강재(1차 가공된 강철) 판매가 차지하는 비중이 가장 크다.

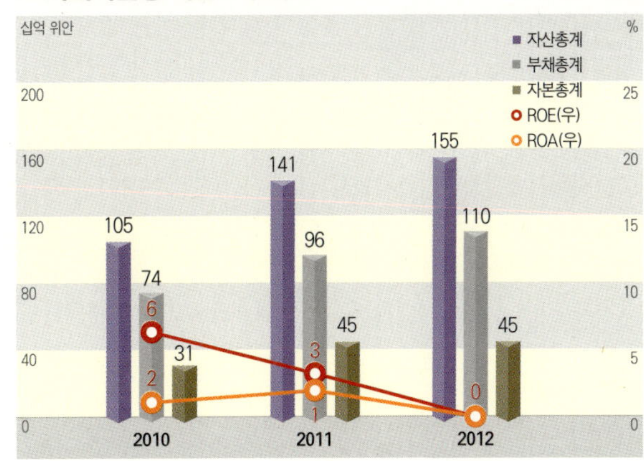

- 허베이철강은 자산이 꾸준히 증가하고 있는 추세이다.
- 하지만 영업이익이 급감하면서 ROE가 0%까지 떨어졌다.

- 생산량 기준 세계 6위 철강회사.
- 경영난으로 사업 다각화 차원에서 양돈업에 진출.

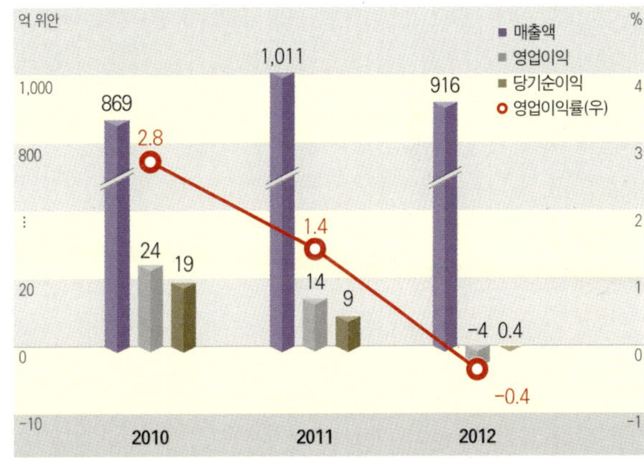

- 우한철강은 2012년 매출이 916억 위안이었음에도 불구하고, 영업이익이 –4억 위안으로 적자를 기록했다.

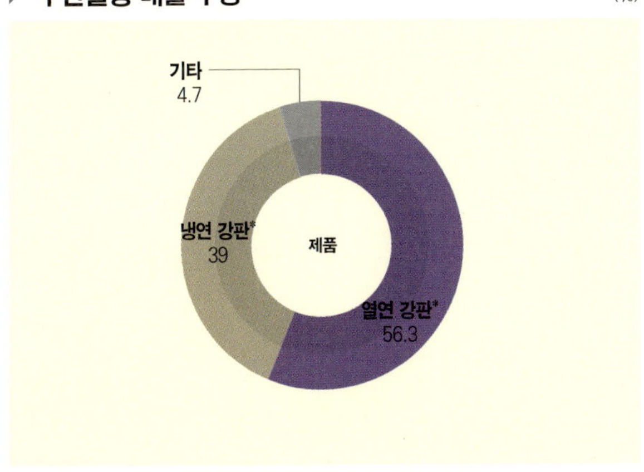

- 우한철강은 열연 강판이 냉연 강판보다 매출 비중이 높다.

* 열연 강판: 평평한 판재 모양의 슬래브를 고온으로 가열한 뒤 누르고 늘여서 얇게 만든 강판.
* 냉연 강판: 열연 강판을 상온에서 더 얇게 눌러 표면을 미려하게 만든 제품으로, 자동차 차체와 가전제품의 외장재 등으로 사용.

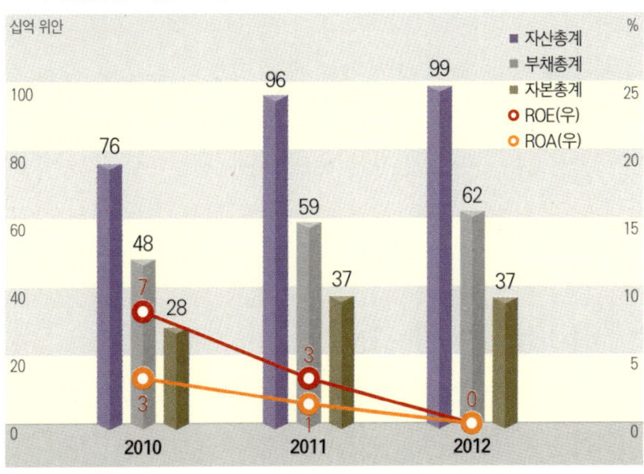

- 우한철강은 2012년 –4억 위안의 적자를 내며 ROE가 0%가 되었다.

세계 1위 철강대국 중국,
과연 글로벌 철강시장을 회복시킬 것인가

중국의 철강산업은 중화인민공화국 건국 이래 국가의 기간산업으로 눈부신 발전을 이뤄왔다. 당시 마오쩌둥은 철강산업을 통해 중국의 부흥을 이루고자 했다. 그는 중국의 대 약진을 위해 노동력 집중 산업을 독려하는 대중적 경제 부흥 운동을 추진했고, 이에 철강산업이 안성맞춤이었다. 당시 중국은 제2차 5개년 계획(2.5규획)을 실시하면서 수년 안에 농업국가에서 공업국가로 탈바꿈하고자 고심하고 있던 터였다. 그리고 철강산업이 중국의 산업화에 크게 기여할 것이라고 굳게 믿고 있었다. 이는 철강산업에 대한 중국 정부의 전폭적인 지원이 계속될 수밖에 없는 이유였다.

1949년 건국 초기 중국의 조강 생산량은 15.8만 톤 규모로 세계 26위에 불과했다. 이는 당시 세계 연간 총생산량(1.6억 톤)의 0.1%에 해당하는 수치였다. 이후 경제 개발 계획에 따라 철강산업은 급성장했고, 1978년 조강 생산량이 무려 3,178만 톤으로까지 치솟았다. 세계 5위 철강국가로 급부상한 것이다.

세계 1위 조강 생산국,
취약한 산업집중도는 여전히 딜레마

개혁·개방 이후 중국 정부는 바오스틸, 톈진강관 등 대형 철강업체들을 설립해 나갔다. 그리고 1990년대 들어서면서 중국 철강산업은 조강 생산량 6,535만 톤을 기록하더니 1996년 마침내 조강 생산량 1억 톤을 돌파하며 일본을 제치고 세계 1위 생산국의 자리를 차지했다. 중국 철강산업의 행진은 2000년대에도 이어졌다. 2009년 중국은 세계 조강 생산량의 절반, 미국의 10배에 해당하는 천문학적인 규모를 생산하게 되었다. 조강 생산량 성장률이 무려 13.5%에 이르며 전무후무한 기록을 남긴 것이다.

하지만 중국의 철강산업은 엄청난 규모의 조강 생산량에도 불구하고 결정적인 핸디캡을 안고 있다. 바로 산업집중도가 취약하다는 점이다. 중국 내 290개 철강업체 중 34개만이 연평균 100만 톤 이상의 생산능력을, 그 중 7개 업체만이 연평균 300만 톤 이상의 생산능력을 보유하고 있다. 이는 중국 조강 총생산량의 50%에도 못 미친다. 이로 인해 중국의 철강산업은 중복 투자와 과잉 생산의 위험에 항상 노출돼 있다. 한국 65%, 일본 75%, EU 74%와 비교해 볼 때 차이가 크다. 이에 따라 중국 정부는 '철강산업 제12차 5개년 계획'에서 상위 기업의 적극적인 인수·합병을 통해 2015년까지 산업집중도를 60%로 높인다는 복안이다.

벤치마킹해온 포스코를 뛰어 넘은 바오스틸

중국의 포스코라 불리는 '바오스틸'은 세계 2위에 랭크된 중국 철강업계의 대표 주자이다. 1980년대 중국의 최고 지도자였던 덩샤오핑은 "포스코를 배워라”며 고(故) 박태준 전 포스코 회장을 ‘영웅’으로 대접한 일화가 있다. 이에 중국 철강업체들은 포스코를 벤치마킹하는 데 집중했다. 하지만 바오스틸은 이제 포스코를 뛰어넘는 거대 기업으로 성장했다. 중국 정부의 전폭적인 지지를 받고 있는 바오스틸은 1977년 ‘상하이바오스틸총공장’ 설립 이후 1985년 1호 고로를 운행하며 사업을 개시했다. 바오스틸은 1988년 구조조정에 들어간 ‘상하이제련지주(그룹)회사’(上海冶金控股(集团)公司)와 ‘상하이메이산(그룹)회사’(上海梅山(集团)公司)를 인수하면서 초대형 철강업체로 자리매김하게 되었다. 바오스틸은 연간 3,000만 톤 규모의 조강 생산량을 갖추고, 2000년 상하이에 상장했으며, 국내 9개의 자회사 및 일본, 독일, 미국, 브라질 등지에 8개의 자회사를 보유한 철강그룹으로 발돋움했다.

글로벌 철강업황은 중국이 쥐고 있다

유럽의 재정위기에 따른 철강 수요 부진과 중국의 과잉 생산에 따른 가격경쟁력 하락으로 글로벌 철강산업은 지금 어두운 터널을 지나고 있다. 2013년 들어 세계 경제가 회복 조짐을 보이면서 철강 수요도 서서히 살아나고 있지만 중국 철강 수요 성장률 둔화는 여전히 글로벌 철강산업에 먹구름을 드리우고 있다.

중국철강협회에 따르면, 향후 중국의 조강 생산량은 7,8억 톤 수준을 유지함에 따라 과거의 영광을 재현하기는 힘들 전망이다. 철강 원자재 수급은 공급 과잉 가능성이 높다. 전 세계적으로 대형 광산 개발이 잇따르고 있어 철강 원료 공급이 꾸준히 증가할 것이기 때문이다. 다만, 중국의 조강 생산량이 더 이상 늘어나지 않는다면 철강 원자재 공급 물량도 어느 정도 조절될 것으로 전문가들은 예측하고 있다. 결국 글로벌 철강산업의

열쇠는 중국이 쥐고 있는 셈이다.

글로벌 철강 수요는 중국 정부의 도시화 정책에 기대하는 바가 크다. 아울러 동남아에서 철강 수요가 꾸준히 늘어나고 있는 점도 글로벌 철강업계에는 호재가 아닐 수 없다. 여기에 2014년 월드컵과 2016년 올림픽 준비로 인프라 정비가 한창인 브라질을 비롯한 남미지역에서의 철강 수요도 기대해 볼만 하다.

무엇보다도 중국의 ‘신도시화 정책’은 글로벌 철강 수요를 크게 진작시킬 것으로 전망된다. 아무래도 도시화를 하게 되면 각종 공공시설과 교통 인프라 건설 등 철강이 소요되는 프로젝트가 줄을 잇게 되기 때문이다. 중국 정부는 도시화율이 1%p 높아질 때마다 약 7조 위안(1,260조 원)의 내수 확대 효과가 발생한다고 전망하고 있다.

도시화에서 빠질 수 없는 것은 바로 주택건설이다. 중국 정부는 신규 주택 700만 호 건설을 계획하고 있다. 이는 당장 건설 강재 수요 증가로 이어지게 된다. 중국 정부의 도시화 정책으로 지난 2011년에도 주택건설 강재 소비량이 2.1억 톤을 기록하기도 했다. 중국 정부는 향후 주택건설 강재 수요량이 3.65억 톤으로 크게 증가할 것으로 예상하고 있다.

철강업계의 또 다른 주요 고객인 자동차업계도 강재 수요량을 대폭 늘릴 계획이다. 2012년 자동차업계 강재 수요량은 4,420만 톤으로 2011년 대비 5.7% 증가했다. 중국 가계소비가 향상될수록 자동차 수요도 크게 상승하게 됨에 따라 후방산업인 철강시장에 미치는 효과도 만만치 않을 것으로 전문가들은 내다보고 있다.

결국 중국 경제의 내수 진작이야말로 글로벌 철강산업의 성장률 둔화를 완화시키는 가장 효과적인 방책이라 하겠다. 글로벌 철강 메이커들이 중국 경제 상황을 예의주시하는 이유도 같은 맥락에서일 것이다. ★

자동차·운송

Chapter 2

07 자동차업계

08 차부품·타이어 업계

09 항공업계

10 해운업계

11 물류·택배 업계

자동차업계

❶ 2013년 중국 자동차시장 2,000만 대 판매 예상, 글로벌 자동차 기업 중국 공장 증설에 박차.
❷ 중국, 2012년 사상 처음으로 105만 대의 자동차를 수출하며, 세계 10대 자동차 수출국으로 부상.
❸ 현대·기아차 글로벌 판매 실적에서 중국시장 비중이 20.6%로 가장 큼.
❹ 중국 토종 고급세단 '홍치'(红旗), 관용차로 화려하게 부활.
❺ 중국의 소득 수준 향상으로 SUV 차량 수요 증가.

▶ 자동차 생산 국가 세계 톱 10

(2012년 생산량 기준)

( ) 안은 전년 대비 생산량 증가율

- 2012년 세계에서 자동차를 가장 많이 생산한 국가는 중국이다. 2012년 한 해 동안 중국은 1,927만 대의 자동차를 생산하며, 4년 연속 세계 1위 자리를 지켰다.
- 생산량은 전년 대비 4.6% 증가한 규모로, 전 세계 자동차 생산량에서 중국이 차지하는 비중은 22.8%에 이른다.

자료: LMC 〈Global Car & Truck Forecast〉

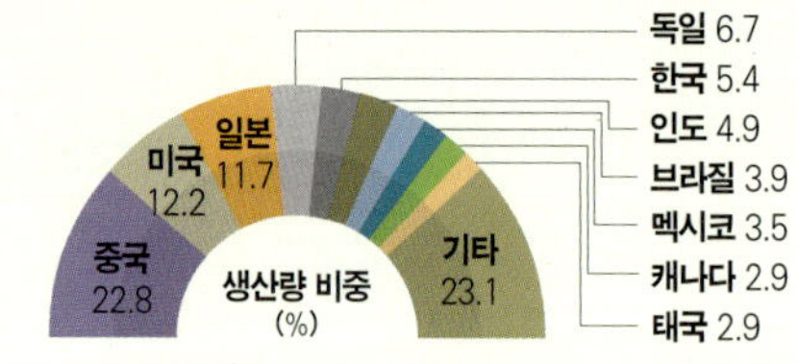

▶ 중국의 자동차 판매량 추이

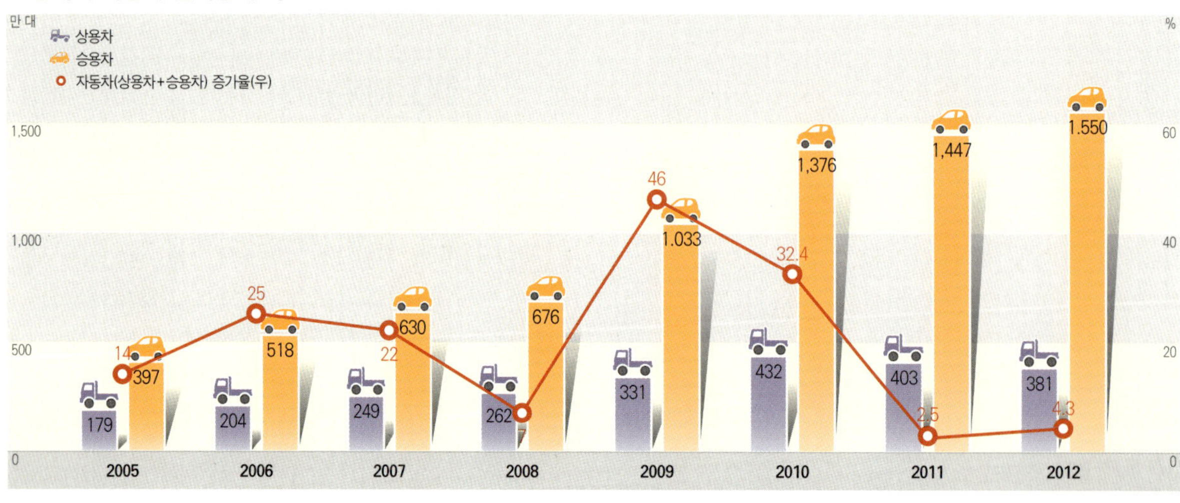

- 2012년 중국 자동차 판매량은 1,931만 대로 전년 대비 4.3% 증가하며, 판매량과 생산량 모두 세계 1위를 차지했다.

자료: 소후자동차

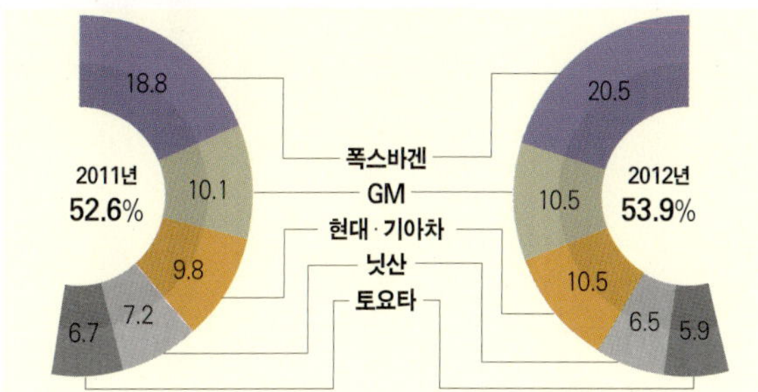

- 중국 자동차시장은 해외 브랜드의 시장점유율이 매우 높다.
- 중국에 가장 먼저 진출한 폭스바겐은 가장 높은 점유율을 보이고 있으며, 중국 내 반일 감정 극대화로 일본 자동차 브랜드는 점유율이 감소했다.

자료: 중국자동차공업협회 / 소형 밴을 제외한 승용차 시장 기준

주요국의 인구 1,000명 당 자동차 대수

(2010년 기준)

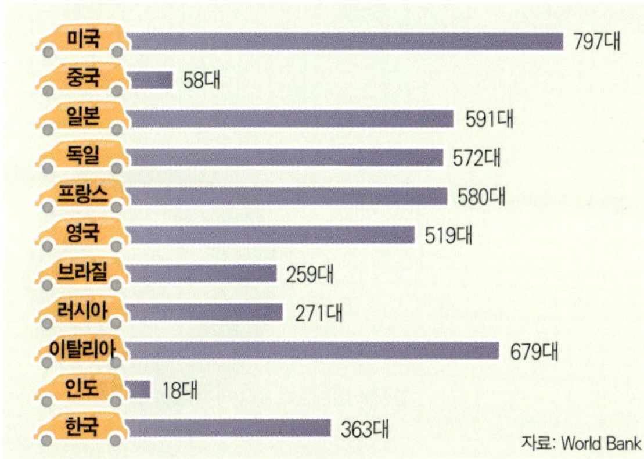

- 중국 인구 1,000명 당 자동차 대수는 낮은 수준으로, 중국 자동차시장은 잠재성장력이 높다.

중국의 자동차 주요 생산 지역

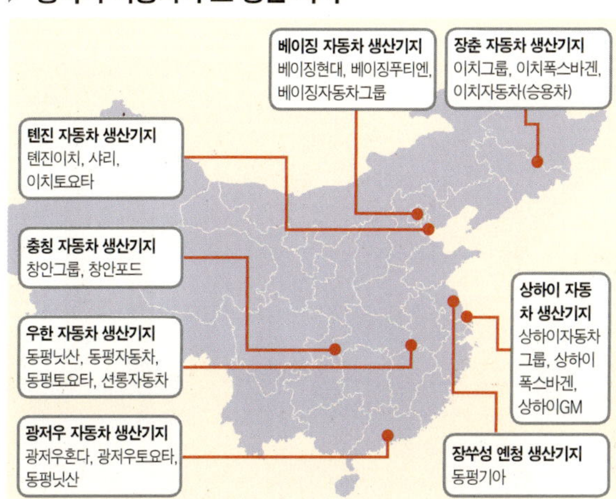

- 중국에는 7곳의 자동차 주요 생산지가 있다.
- 베이징자동차와 합작한 현대자동차는 베이징 생산기지에, 동펑자동차와 합작한 기아자동차는 장쑤성 엔청 생산기지에 자리를 잡았다.

글로벌 자동차기업과 중국 국유기업의 합작 현황

- 중국은 자국의 자동차산업을 육성하기 위해 외국기업이 중국에서 자동차를 생산할 때 반드시 중국기업과 50대 50으로 합작법인을 설립하도록 규정하고 있다.
- 중국의 대표적인 4대 국유 자동차회사인 상하이자동차, 동펑자동차, 이치자동차, 창안자동차는 다국적 기업과 합작해 중국시장에서 주도적 지위를 확보하고 있다.

자료: 한국수출입은행

중국 자동차 판매량 톱 10 기업

(2012년 기준, 만 대)

순위			
1위	상하이자동차 446	베이징푸티엔 61	상하이-GM 136
2위	동펑자동차 308	동펑자동차 54	이치-폭스바겐 133
3위	이치자동차 265	장화이자동차 28	상하이-GM우링 132
4위	창안자동차 196	진베이자동차 26	상하이-폭스바겐 128
5위	베이징자동차 169	이치자동차 23	베이징-현대 86
6위	광저우자동차 71	장링자동차 19	동펑-닛산 77
7위	화천자동차 64	충칭자동차 14	충칭창안 60
8위	창청자동차 62	창청자동차 14	치루이 55
9위	치루이자동차 56	SGMW 14	이치-토요타 50
10위	지리자동차 49	난징자동차 13	창안-포드 49
합계	1,686만 대	265만 대	907만 대
톱 10 기업 비중	87%	69%	59%

- 2012년 중국 자동차 판매량(승용차+상용차)은 상하이자동차가 446만 대로 1위를 차지했고, 동펑자동차, 이치자동차가 그 뒤를 잇고 있다.

자료: 소후자동차, 동북증권

▼ 중국의 럭셔리 차량 수요 예측

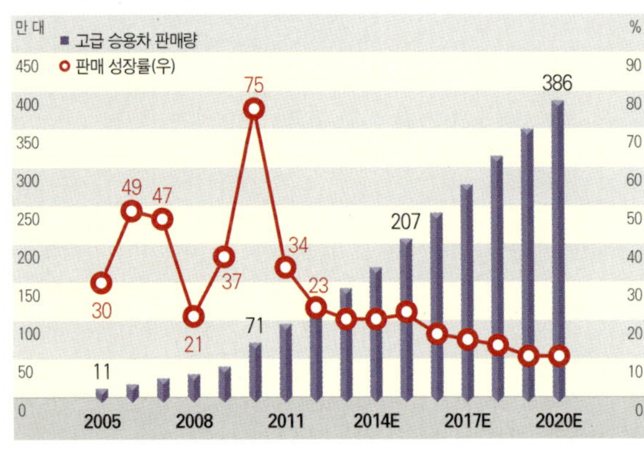

- 중국의 중산층 및 고소득층 증가와 고급 차량의 중국 현지 생산 확대
는 럭셔리 차량 수요를 급격히 증가시켰다.
- 과거 7년간 연평균 40%의 성장을 보인 럭셔리 차량 판매는 향후
3년간 20% 성장할 것으로 예상된다.　　자료: 중국자동차공업협회

* 럭셔리 차 기준: 휠베이스(wheelbase) 3,000mm 이상. 배기량 3,000cc 이상의 고급 대형 세단.

▼ 중국의 승용차 판매량 중 SUV 차량 판매 비중

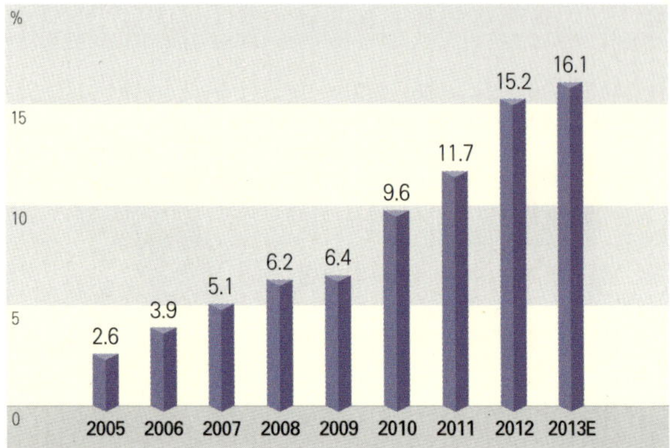

- 소득 수준 향상과 여가 활동 증대로 중국에서 SUV 차량이 인기를 얻
고 있다.
- 2005년 2.6%였던 SUV 차량 판매 비중은 2013년에는 16%를 넘어
설 전망이다.　　자료: 중국자동차공업협회

▼ 중국의 완성차 수입국 톱 10

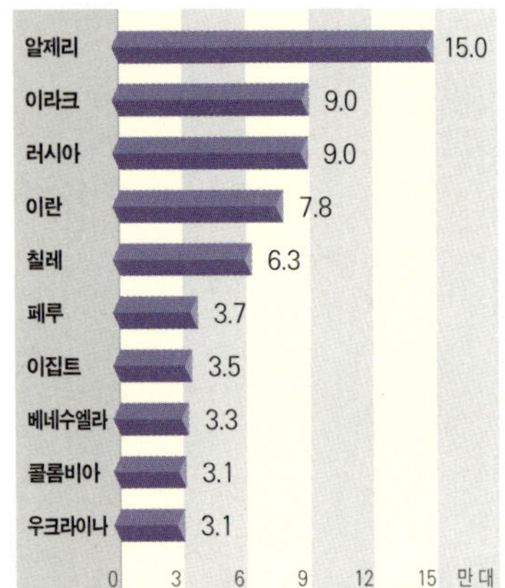

- 중국은 2012년 사상 처음으로 자동차
수출 대수가 105만 대를 돌파하며, 세계
10대 자동차 수출국으로 부상했다.
　　자료: 중국해관통계

▼ 중국의 전기자동차 개발 현황과 전망

	비야디	동펑	치루이	장안	상하이차
순수 전기자동차 (Electric Vehicle)	E6 (2개 모델)	ZN6461W1C 2N6493H2C (2개 모델)	S18QQ3EV		
플러그인 하이브리드 (Plug-in HEV)	F3DM				
하이브리드 (Hybrid EV)		(2개 모델)	A5HEV (2개 모델)	(3개 모델)	
연료전지자동차 (Fuel Cell EV)			SQR7000FEB11	SC7003EV	CA7904FC 등 (4개 모델)

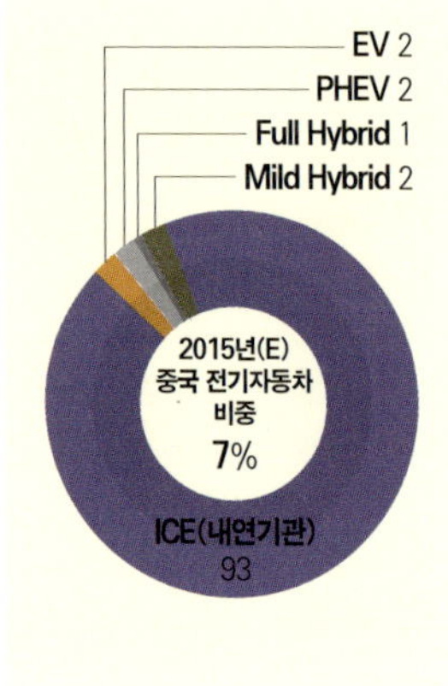

- 중국 최대 핸드폰 배터리 생산기업인 비야디는 2003년 중국 국영 자동차업체 쓰촨친환자동차를
인수하며, 지리자동차에 이어 두 번째 민영 자동차기업이 되었다.
- 현재 중국 선전 시내에는 약 300대의 BYD-E6 전기차 택시와 200여 대의 전기차 버스가 운행되
고 있다.　　자료: 중국공업정보화부

▼ 현대 · 기아차 중국 시장점유율　(%)

- 중국 자동차시장에서 현대 · 기아차의 상승세가 계속되고 있다. 중국은
2012년 미국을 제치고 현대 · 기아차의 최대 시장이 되었다.　자료: 현대 · 기아차

▼ 현대 · 기아차 중국 판매량　(만 대)

- 현대 · 기아차 전체 판매량 중 중국 판매량이 차지
하는 비중은 20.6%(2013년 9월 기준)로, 현대 ·
기아차 5대 중 1대가 중국에서 판매되고 있다.
- 중국은 현대 · 기아차의 생사를 움켜쥔 제1시장으
로 급부상했다.　　자료: 현대자동차그룹

* 2013년은 1~9월까지 판매량

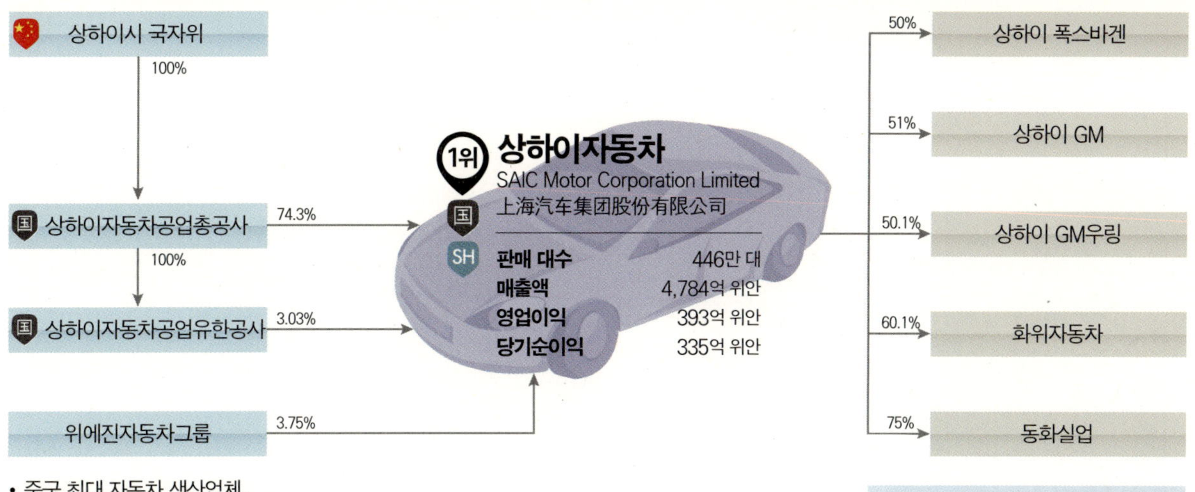

- 중국 최대 자동차 생산업체.
- 미국 〈포춘〉 선정 '세계 500대 기업' 130위.
- 1981년 폭스바겐, 1997년 GM 등 글로벌 자동차기업과 전략적 제휴 관계를 맺으며 빠르게 발전.
- 2006년 상하이승용차회사를 설립해 로위, MG 등 독자 브랜드를 출시하며 성장세 이어감.

*중국 자동차업계 5위(베이징자동차), 6위(광저우자동차), 7위(화천자동차), 9위(치루이자동차)는 비상장사이기 때문에 경영 실적은 상장사 중심으로 소개함.

▶ 상하이자동차 경영 실적

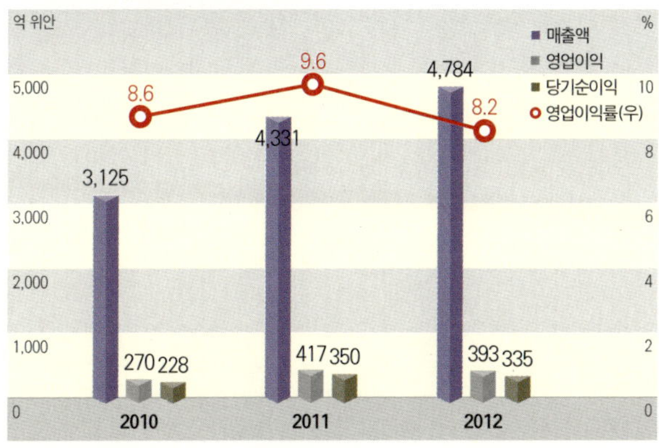

- 2012년 국내외 경제의 회복 속도가 둔화되면서 자동차업계는 여전히 어려움을 겪고 있다.
- 하지만 상하이자동차는 2012년 한 해에만 446만 대의 자동차를 판매하며, 중국시장에서 지속적으로 선두 자리를 지키고 있다.

▶ 상하이자동차 매출 구성

(%)

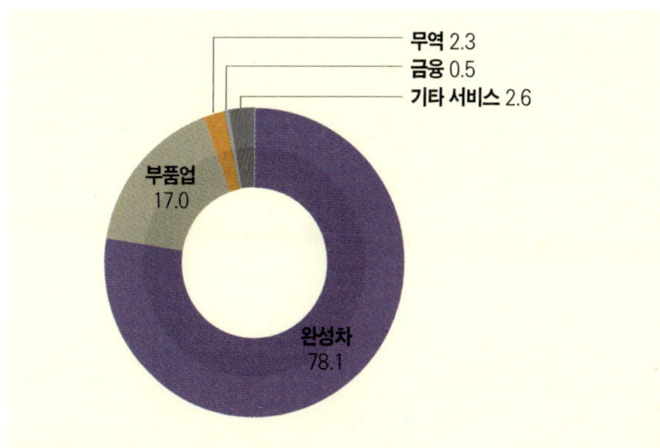

- 상하이자동차는 자동차, 오토바이, 트랙터 등 각종 차량과 관련 설비, 부품 제조 및 판매가 주력 사업 분야이다.
- 그중 완성차 제조 판매는 매출의 78.1%에 달한다. 승용차 판매는 298만 대로 전년 대비 12.5% 증가했고, 상용차 판매는 151만 대로 전년 대비 10.8% 증가했다.

▶ 상하이자동차 자산 – 부채

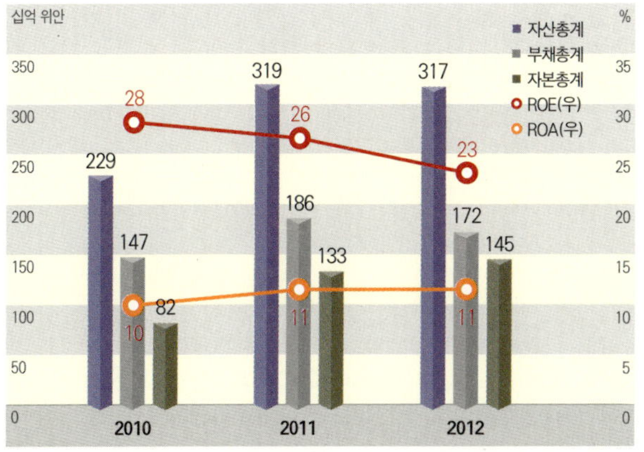

- 상하이자동차는 ROE 및 영업이익 성장률이 업계 평균을 크게 상회하는 등 경영 상태가 우수하다.

▶ 상하이자동차 주가 추이

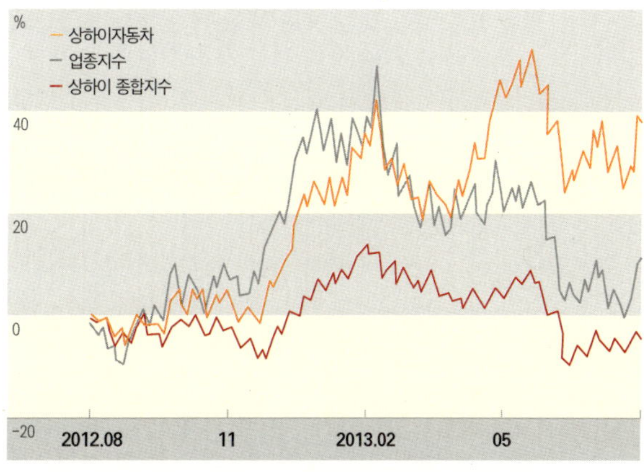

- 2012년 하반기를 기점으로 중국 자동차 판매량이 증가하면서 업종지수와 상하이자동차 주가는 상하이 종합지수를 웃돌고 있다.

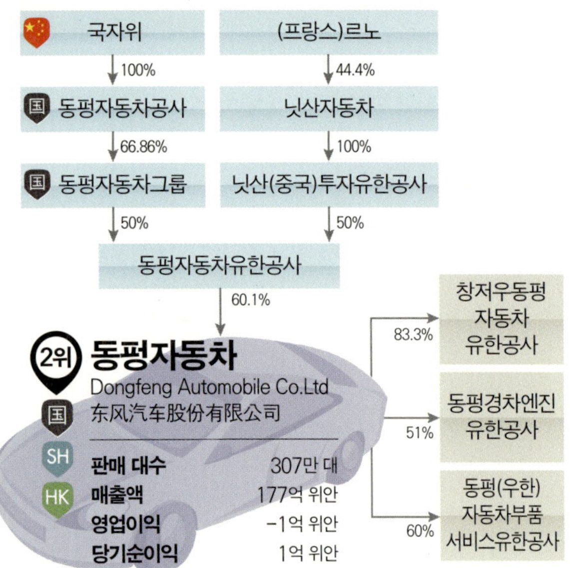

- 자체 브랜드 동평펑션 S30 모델을 중심으로 해외 판매 주력, S30 모델 첫 수출량 4,000대 육박.
- 주요 수출 시장은 이란, 러시아, 베트남, 사우디아라비아, 알제리 등 신흥국.

▶ 동평자동차 매출 구성 (%)

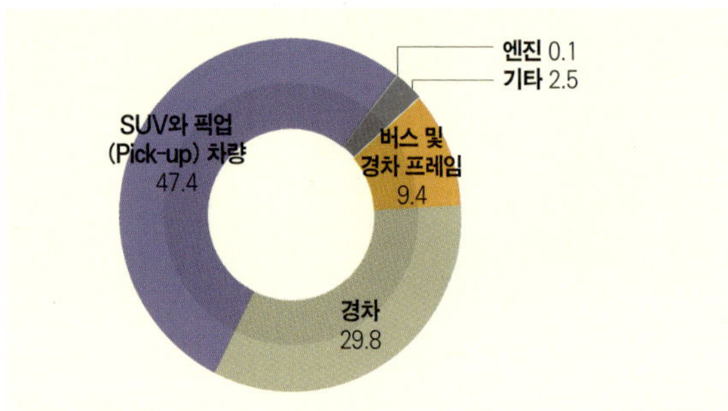

- 동평자동차의 중국 로컬 브랜드 매출은 완성차 제조와 판매 부문이 가장 크다.
- 완성차 매출 중 SUV 및 픽업 차량이 47.4%로 가장 큰 비중을 차지하고 있다.

* 세단 매출은 동평자동차 매출로 기록되지 않음.

▶ 동평자동차 경영 실적

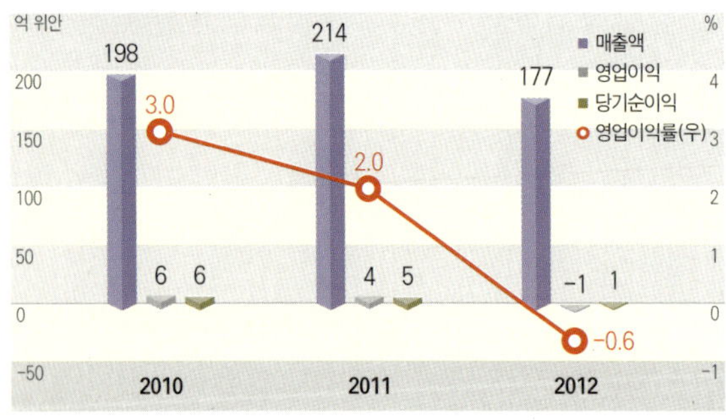

- 2012년 동평자동차는 국내 시장 수요 감소와 신제품 출시 지연, 일본과 중국의 댜오위다오(센카구) 갈등으로 자동차 판매량이 감소하며 매출이 급감했다.
- 일본과 중국의 영토 갈등으로 일본계 자동차 판매량은 계획보다 2만 대 가량 감소했다.

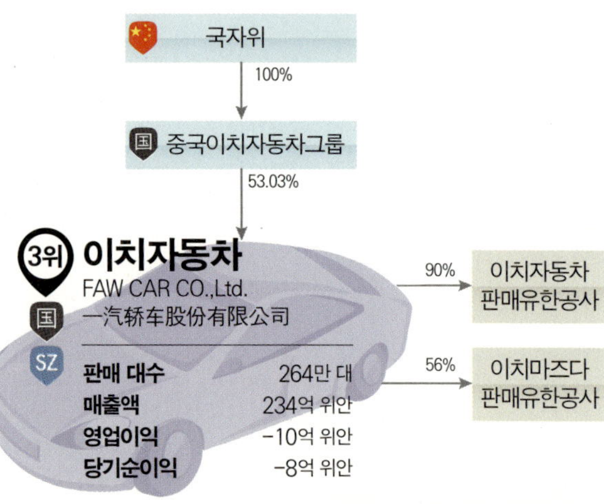

- 국산 브랜드 '홍치'(红旗), 관용차로 화려하게 부활.
- 홍치 3만 대 양산 계획.

마오쩌둥의 전용차로 유명했던 이치자동차의 토종 고급세단 홍치.

▶ 이치자동차 매출 구성 (%)

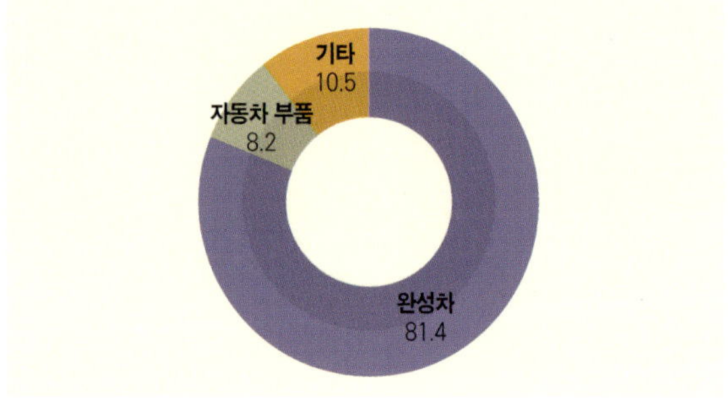

- 이치자동차의 중국 로컬 브랜드 매출은 완성차 및 자동차부품 제조와 판매 부문이 가장 크다.
- 이치자동차는 폭스바겐, 토요타 등의 해외 브랜드 외에 홍치(红旗), 번텅(奔腾), 오랑(欧朗) 등의 자체 브랜드를 보유하고 있다.

▶ 이치자동차 경영 실적

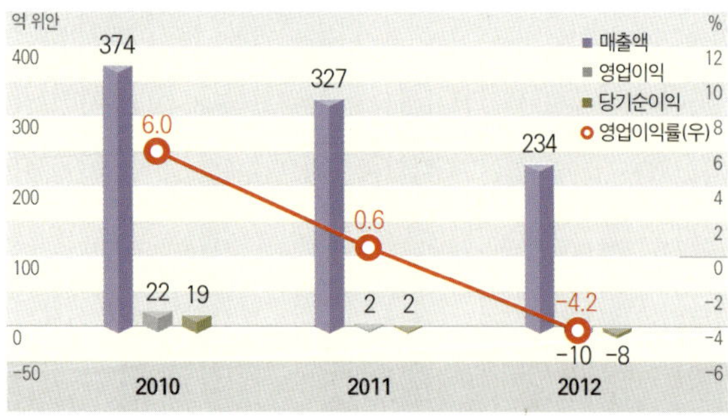

- 이치자동차는 자체 브랜드와 일본계 브랜드의 실적 저조로 2012년 매출이 234억 위안으로 전년 대비 28.4% 감소했다.

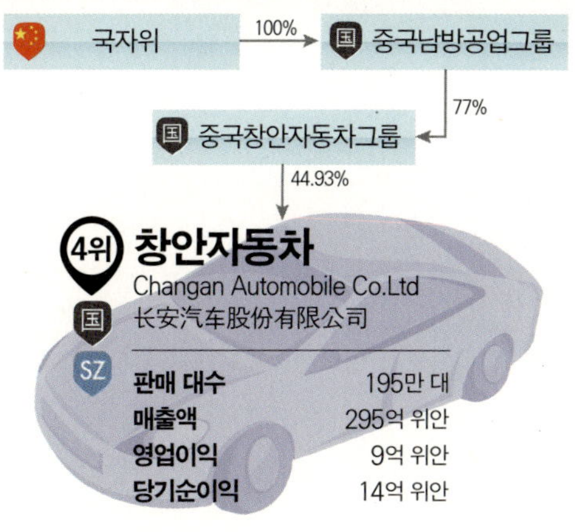

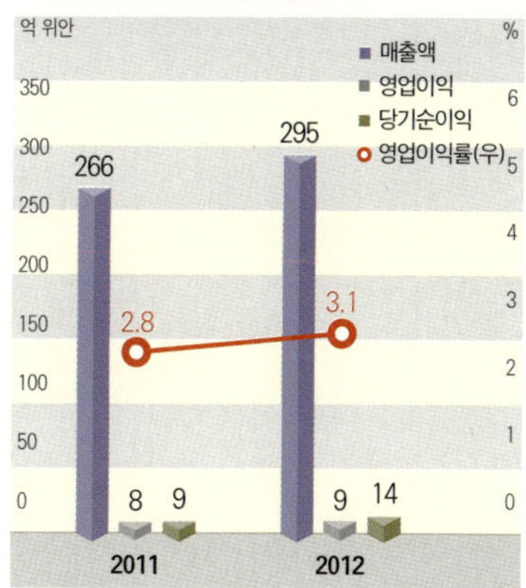

- 충칭시의 대표적인 자동차기업.
- 포드, 마즈다 등 다국적 기업들과 협력 관계에 있으며 주로 경차와 세단을 생산·판매.
- 중국 내 충칭, 베이징, 허베이, 장쑤, 저장, 장시 등 6개 생산기지와 완성차 엔진공장 15개 보유.

- 창안자동차는 제품 생산과 판매 시스템을 개선하며, 2012년에 전년 대비 10.9% 증가한 295억 위안의 매출을 기록했다.

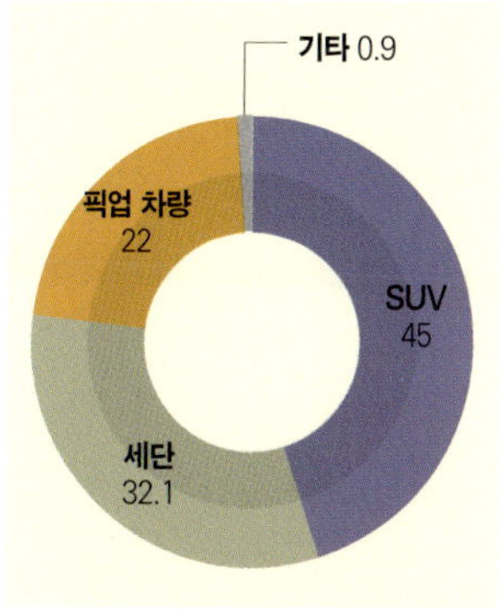

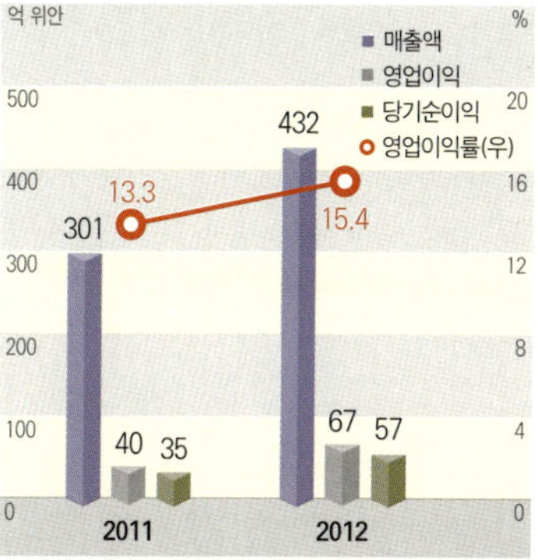

- 홍콩 증시에 상장한 최초의 민영기업.
- 중국 최대의 픽업, SUV 차량 생산시설 보유.

- 창청자동차는 SUV와 픽업 차량 판매가 매출에서 차지하는 비중이 매우 높다.

- 중국의 SUV 차량 수요가 증가하면서 창청자동차는 2012년 432억 위안의 매출을 기록했다.

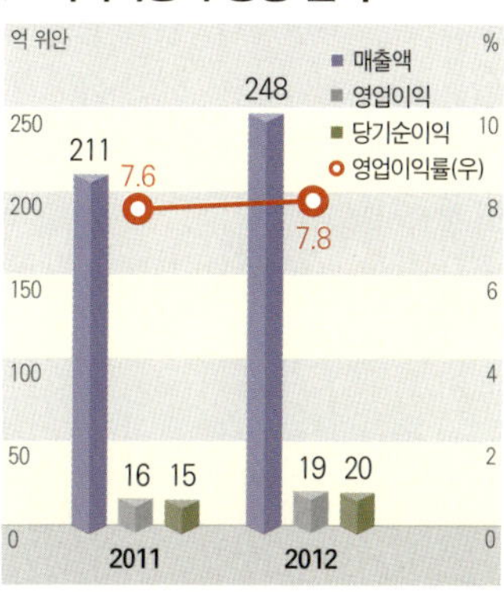

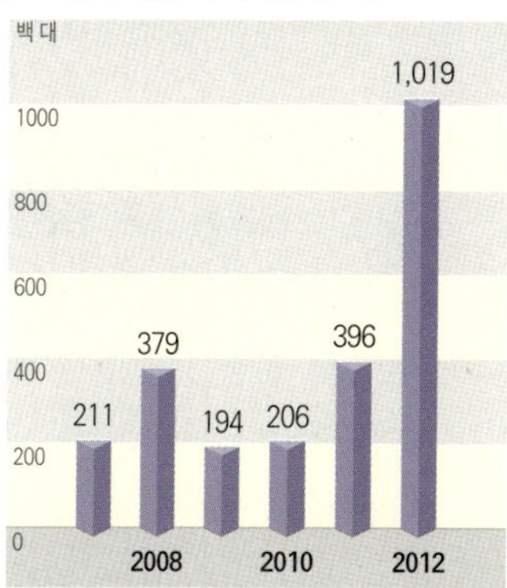

- 1999년 미국 포드사가 사들인 스웨덴 볼보자동차의 승용차 부문을 2010년 인수.
- 중국의 대표적인 저가자동차 생산업체로 볼보 브랜드를 앞세워 중고급 자동차시장 진출 시도.

- 지리자동차는 2012년 248억 위안의 매출을 기록했다.

- 지리자동차는 '세계를 달리는 지리자동차'를 비전으로 2015년까지 15개의 해외 생산기지 구축과 전체 생산량의 2/3 수출을 목표로 삼고 있다.

중국은 세계 1위 자동차시장!
여전히 고속성장 중

중국 자동차산업은 세계 경기 불황 속에서도 비교적 안정적인 성장을 이어가고 있다. 중국은 이미 2010년에 자동차 판매량이 1,380만 대를 넘어서며 미국을 제치고 명실상부 세계에서 가장 큰 자동차시장이 되었다. 2000년부터 2012년까지 중국의 자동차 및 오토바이 판매량은 약 20배가 넘게 증가했고 생산량에 있어서도 2012년 기준 1,927만 대를 생산해, 미국과 일본을 훌쩍 뛰어 넘으며 기록을 경신하고 있다.

그런데 수치상으로 중국의 자동차 생산 및 판매량은 급증했지만, 중국의 1인당 자동차 보유량은 아직도 전 세계 평균의 절반 수준이다. 이에 따라 세계 메이저 자동차 브랜드들은 중국의 자동차시장이 여전히 성장 가능성이 남아 있다고 보고 있다. 만일 중국의 자동차 보급률이 미국의 3/4 수준이 되려면 9억 대의 자동차가 더 보급되어야 하기 때문이다.

중국자동차공업협회에 따르면 2011년 기준 중국에서의 세단 판매량 중 중국 토종 브랜드의 판매량은 295만 대로 29.11%를 차지했다. 일본(219만 대), 독일(215만 대), 미국(152만 대), 한국(91만 대), 프랑스(40만 대)의 브랜드를 합쳐 717만 대가 팔린 것에 비하면 중국 토종 브랜드의 판매량은 여전히 낮은 편이지만 과거에 비하면 크게 늘어난 규모이다.

중국 토종 브랜드 간 판매량을 비교해보면, 이치자동차의 '샤리'가 19.65만 대로 중국 베스트셀링카 8위에 올라있다. 그 뒤를 이어 워렌 버핏의 투자로 화제가 된 BYD의 'F3'이 18.34만 대, 창청자동차의 '텅이 C30'가 15.57만 대, 중국 소형차의 대표 주자 체리의 'QQ'가 15.09만 대를 판매하여 토종 브랜드의 자존심을 지켜나가고 있다. 이들은 대체로 중소형 차량으로 대형 고급 세단에서는 여전히 글로벌 브랜드가 시장을 장악하고 있다.

글로벌 브랜드와 토종 브랜드 간의 한판 대결

언제부터인가 중국 자동차시장은 글로벌 브랜드와 토종 브랜드가 뒤엉켜 치열하게 싸우는 격전지가 되었다. 글로벌 브랜드들은 중국에서 시장 우위를 점하기 위해 다양한 방법으로 마케팅 전략을 펴 나가고 있고, 이에 질세라 중국 토종 브랜드들은 정부의 적극적인 지원 사격 아래 기술 향상을 통해 경쟁력을 키워나가고 있다.

중국 자동차산업을 견인하는 3대 토종 브랜드

중국 자동차업계는 상하이자동차, 동평자동차, 이치자동차의 3강구도체제로 시장이 편재되어 있다. 중국시장 선두를 달리고 있는 상하이자동차 그룹은 '상하이자동차주식유한공사'를 시작으로 1997년 상하이 증권거래소에 상장된 이후 2006년 조직 개편을 통해 현재 중국 최대 규모의 완성차기업으로 발돋움하였다. 2011년부터는 자동차부품, 서비스, 그린카 부문으로 사업영역을 확장했다. 2012년 기준 상하이자동차는 완성차 446만 대를 판매하며 선두 지위를 견고히 다지는 중이다. 상하이자동차는 〈포춘〉이 발표한 세계 500대 기업 중 130위에 랭크되면서 글로벌 자동차 브랜드 반열에 올라 있기도 하다.

중국 3대 완성차 브랜드 가운데 동평자동차도 눈여겨 봐야할 기업으로 꼽힌다. 1969년 설립 이후 중국 주요 4대 생산기지를 기반으로 성장을 이어가고 있다. 동평자동차는 완성차 제조 뿐 아니라 엔진과 자동차부품 사업에까지 진출해 있다. 2012년 기준 자동차 판매량은 307만 대로 중국시장 2위에 올라있고, 글로벌 자동차 순위로는 142위에 랭크돼 있다. 현재 프랑스 PSA그룹, 일본 닛산과 토요타, 한국 기아 등 글로벌 브랜드들과 전략적 제휴를 추진하며 세계적 기업으로 거듭나는 중이다.

이치자동차는 상하이자동차와 동평자동차에 이어 중국 자동차업계 3위에 올라 있는 브랜드이다. 1953년 설립 이후 줄곧 특대형 차량 생산에 집중하고 있는 국영기업이다. 총자산 규모가 2,136억 위안으로 만만치 않은 자본장악력을 지니고 있다. 2012년 기준 판매량 264만 대를 기록해 글로벌 자동차 순위 165위에 랭크돼 있다. 이치자동차는 마오쩌둥 전 국가주석의 전용차로 유명했던 '홍치'(红旗) 브랜드를 부활시키며 토종 브랜드의 위상을 높였다는 평가를 받으며 중국인들로부터 큰 사랑을 받기도 했다. 시진핑 주석도 6,000cc급 최고급 '홍치HQE'를 사용하는 것으로 알려져 있다.

세계 경기 불황을 빗겨가는 중국의 자동차시장

한국, 미국, 일본, 유럽 등의 글로벌 자동차 브랜드들은 저마다 가파른 성장세가 예상되는 중국시장으로의 진출을 서두르고 있다. 여전히 수요가 넘쳐나는 중국시장으로 공급 물량을 확대하고 신차 출시를 늘리는 등 집중 공세를 펼치고 있는 것이다.

한국의 현대자동차는 기존 802개의 딜러망을 860개로 확장하고, 중국 고급 SUV시장의 집중 공략에 나섰다. 미국 GM은 중국 중부지역 우한 공장의 생산능력을 30만 대로 확충하고 고급 브랜드인 '캐딜락'의 현지 생산을 계획하고 있다. 최근 중국과 정치적 문제로 인해 판매량이 급감하고 있는 일본업체들은 판매 회복을 위해 심기일전하고 있다. 토요타는 주력 모델인 '코롤라'와 'RAV4' 등의 신형 모델을 출시하고 중국에서의 생산능력을 120만 대 수준으로 끌어올릴 계획이다. 닛산은 중국 전용 브랜드에 중형 세단을 추가로 투입하는 한편, 정저우공장의 생산능력을 20만 대에서 30만 대로 늘릴 계획이다.

유럽의 글로벌 브랜드들도 중국시장 진출에 집중하고 있다. 1980년대부터 중국에 일찌감치 자리를 잡았던 폭스바겐은 2014년까지 300만 대 생산체제를 구축하면서 'C2 세그먼트'의 신형 모델 출시를 통해 점유율을 늘릴 계획이다. 푸조-시트로엥(PSA)은 중국 창안자동차와 함께 20만 대 규모의 현지 생산체제를 구축하고, 시트로엥 DS 라인업을 투입하는 한편, 푸조와 시트로엥의 딜러망을 통합할 예정이다.

글로벌 자동차시장은 경기 불황의 긴 터널을 지나 점차 회복세를 보이고 있다. 한국자동차산업연구소의 발표 자료에 따르면, 글로벌 자동차 시장의 화두는 '중국시장 공략 강화', '연비와 소형차 경쟁 심화', '유럽 브랜드들 구조조정 본격화' 등이라고 한다. 물론 이 가운데 가장 큰 관심을 불러 모으는 부분은 단연 '중국시장 공략 강화'가 될 것이다. 중국 대륙에서 글로벌 자동차 메이커들의 전쟁이 본격화되고 있는 것이다. ★

08 차부품·타이어 업계

❶ 중국 자동차부품사 M&A를 통해 기술과 시장 지배력 제고.
❷ 중국, 세계 타이어시장 연 7% 성장을 이끌며 세계 타이어 업계 견인.
❸ EU 등 주요국 '라벨링 제도'(타이어 성능 표시 제도) 도입으로 저품질의 중국산 타이어 타격 예상.
❹ 미국의 중국 타이어 보호관세 기간 종료로 대미 수출 활성화.
❺ 한국타이어, 중국 30개 업체에 타이어를 공급하며 2012년 중국 매출 1조 1,973억 원 달성.

자동차부품

자동차부품기업 세계 톱 10

(2011년 기준, 억 달러)

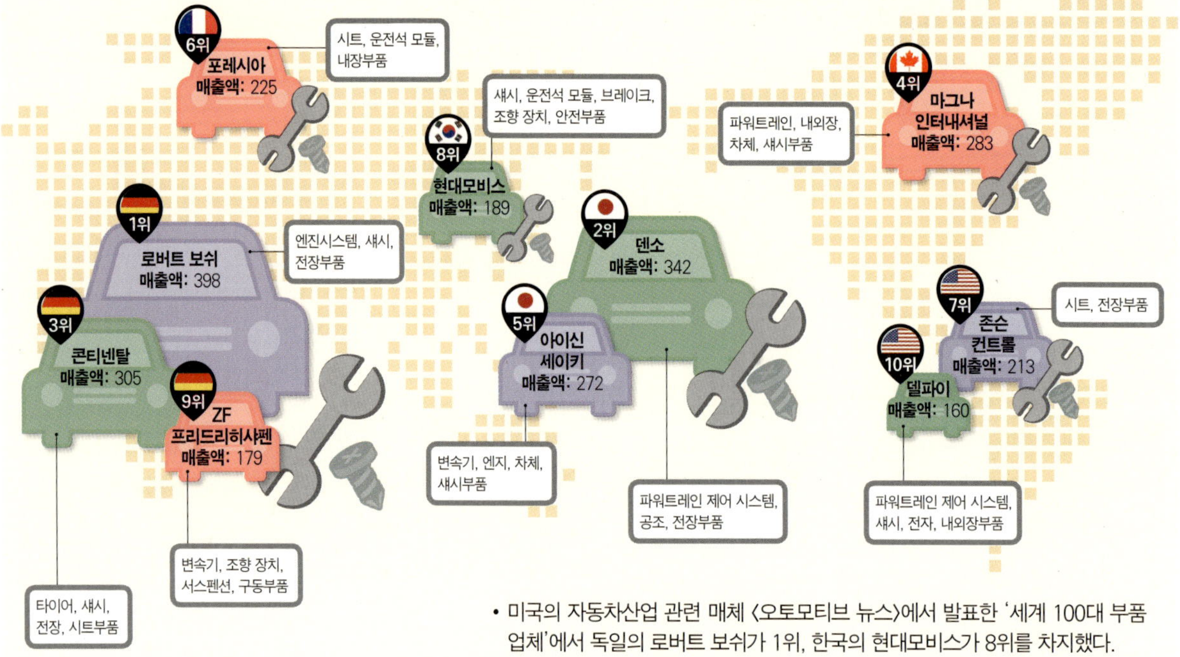

- 미국의 자동차산업 관련 매체 〈오토모티브 뉴스〉에서 발표한 '세계 100대 부품업체'에서 독일의 로버트 보쉬가 1위, 한국의 현대모비스가 8위를 차지했다.
- 중국은 세계 최대 자동차 생산국임에도 불구하고, 10위권에 랭크되지 못했다.

자료: 〈오토모티브 뉴스〉 '세계 100대 부품업체'(2012)

중국 자동차부품업계 이윤율 추이

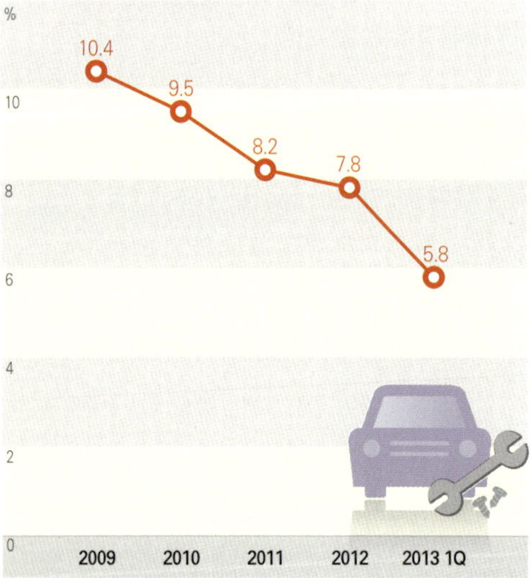

- 중국 자동차부품업계의 이윤율이 지속적으로 하락하고 있다.
- 원인은 중국 자동차시장의 성장 속도가 둔화되고 있고, 완성차업체가 생산 비용을 절감하기 위해 부품 생산·판매 업체에게 비용을 전가했기 때문이다.

자료: KIET

중국의 자동차부품산업 관련 정책 변화

	정책	주요 내용
~2000년대 초반	-	• 완성차 위주 정책
2005~2006년	• 11.5규획(2005년) • 자동차산업 구조조정 의견 제시(2006년)	• 독자적인 부품 개발력 강화에 초점. • 외자업체와 기술 협력, 공장 설립 등을 권장.
2009~2011년	• 자동차산업 조정 및 진흥 규획(2009년) • 부품별 외국인 투자지침(2011년)	• 자국 부품업체 합병으로 규모 확대. • 핵심 부품 및 친환경차 부품 관련 외국인 투자 장려.
2012년	• 신에너지 자동차산업 발전 계획(2012년)	• 친환경차 기술 발전 로드맵 설정. • 2015년까지 기술력 확보 및 핵심 부품업체 육성.

- 중국 정부가 자동차시장 개방 초기에 완성차 위주의 정책을 펼친 결과, 중국의 자동차부품산업은 성장이 늦었다.
- 2000년대 중반부터 중국 정부는 자국 부품업체를 육성하기 위한 정책을 추진하고 있으며, 미래 성장 동력으로 친환경자동차 관련 부품업체를 육성하고 있다.

자료: 중국자동차공업협회

▼ 중국의 자동차부품 주요 국가별 수출입 현황

(억 달러, %)

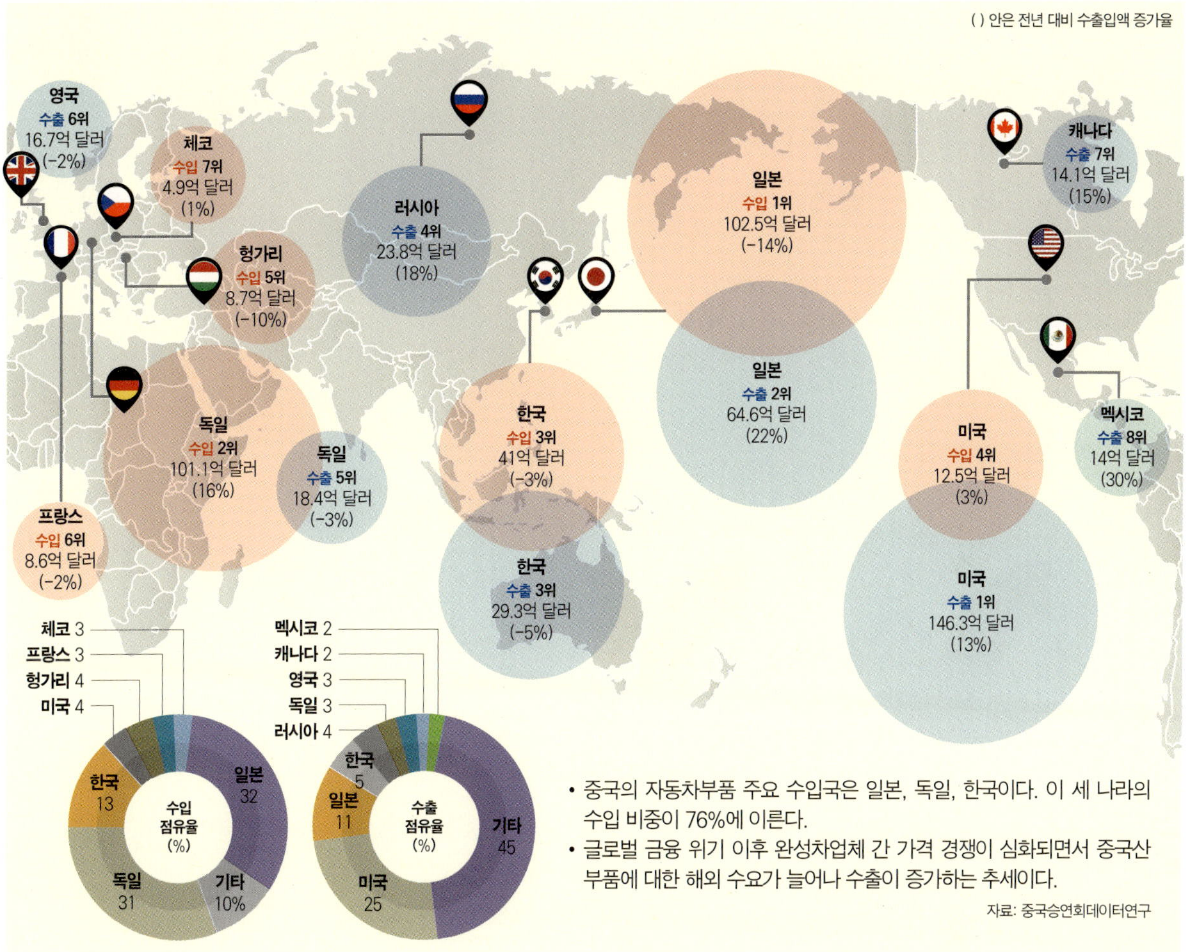

( ) 안은 전년 대비 수출입액 증가율

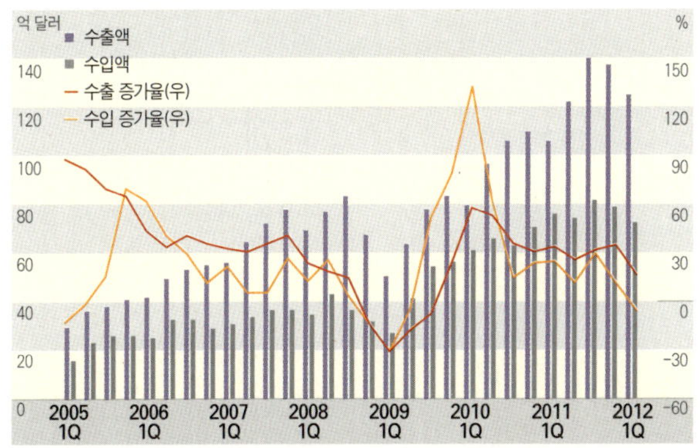

- 중국의 자동차부품 주요 수입국은 일본, 독일, 한국이다. 이 세 나라의 수입 비중이 76%에 이른다.
- 글로벌 금융 위기 이후 완성차업체 간 가격 경쟁이 심화되면서 중국산 부품에 대한 해외 수요가 늘어나 수출이 증가하는 추세이다.

자료: 중국승연회데이터연구

▼ 중국 자동차부품 수출입 추이

- 세계적인 경기 불황으로 자동차부품의 해외 수요가 급감하면서 2012년 중국 자동차부품 수출입액이 감소했다. 하지만 수출 증가율은 여전히 20% 수준으로 비교적 높다.
- 해외 자동차부품기업이 중국 내 생산공장을 건설하면서 중국 자동차 부품 수출입액 감소에 영향을 미쳤다.

자료: 중국승연회데이터연구

▼ 중국의 자동차부품별 무역수지

	수입		수출		무역수지
	금액(억 달러)	증가율	금액(억 달러)	증가율	
엔진	23	-27%	15	-16%	-8
엔진부품	42	-6%	54	10%	12
차체, 부품	68	6%	64	16%	-3
조명 장치	13	-3%	29	26%	16
전자전기	20	0%	102	18%	82
제동 시스템	11	-12%	38	4%	27
변속기 및 부품	91	3%	13	28%	-78
구동 장치	5	10%	5	10%	0
전동 장치	104	4%	28	13%	-75
차량휠 및 부품	3	19%	48	10%	45
타이어	6	3%	142	8%	136
현가시스템 및 부품	8	1%	18	14%	10
운전 시스템	0	-34%	1	6%	1
조향 시스템	16	2%	12	21%	-5

- 2012년 중국 자동차부품 수입액은 322억 달러로 전년 대비 1% 감소했고 수출액은 587억 달러로 10% 증가했다.
- 엔진, 변속기 등 고기술 부품에서는 적자를, 조명 장치, 차량휠 등 범용 부품에서는 흑자를 기록했다.

자료: 소후자동차

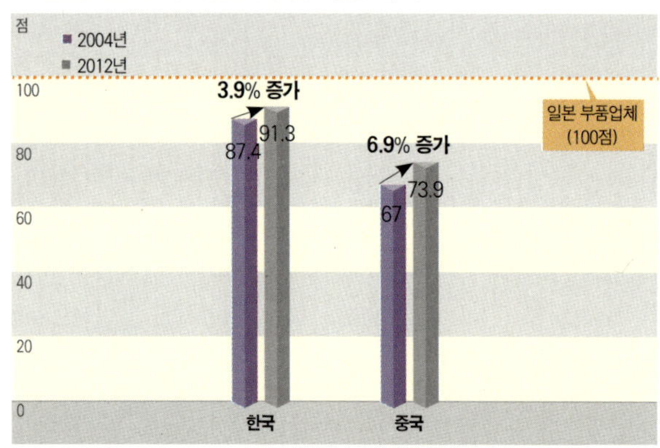

- 중국 자동차부품업체는 R&D 투자 확대, 선진 업체 인수를 통해 한국 부품업체보다 빠른 속도로 선진 부품업체와의 기술 격차를 좁혀가고 있다.

  자료: 자동차부품진흥재단, 산업연구원

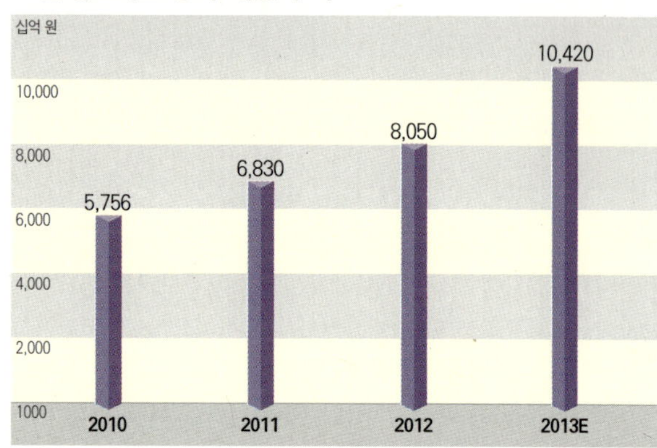

- 현대·기아차의 중국 매출이 상승하면서 현대모비스의 중국 매출도 증가하고 있다.
- 현대모비스는 해외 지역 중 유일하게 중국에 핵심 생산공장을 가지고 있다.

  자료: 현대모비스, 현대·기아차

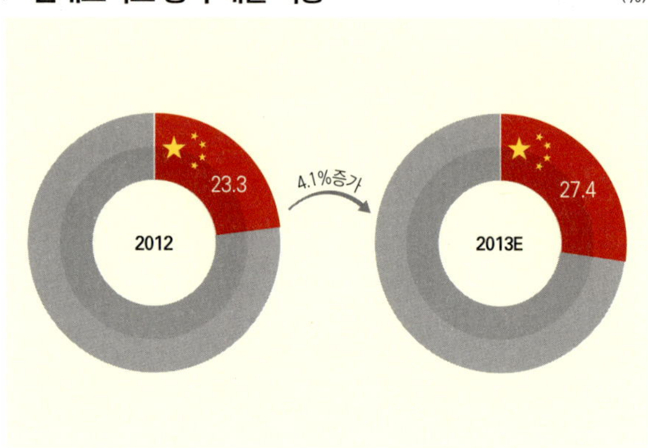

- 중국에서 현대차그룹의 완성차 판매가 호조를 보이고, AS용 부품 수요가 증가하면서 현대모비스의 중국 매출 비중이 커지고 있다.

  자료: 현대모비스

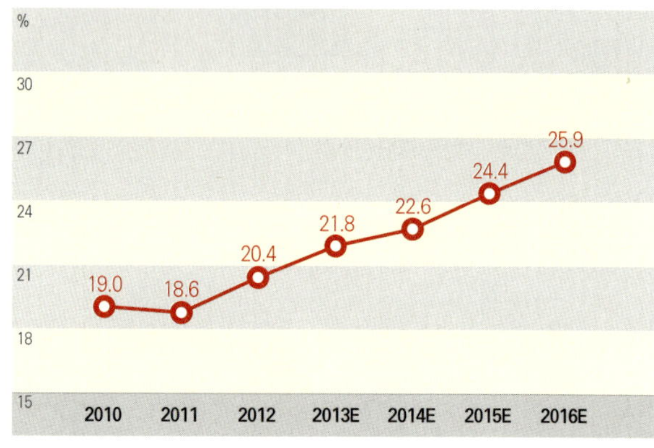

- 만도의 중국 매출 비중은 2012년 20.4%에서 2013년 21.8%로, 향후 지속적으로 확대될 전망이다.

  자료: 만도

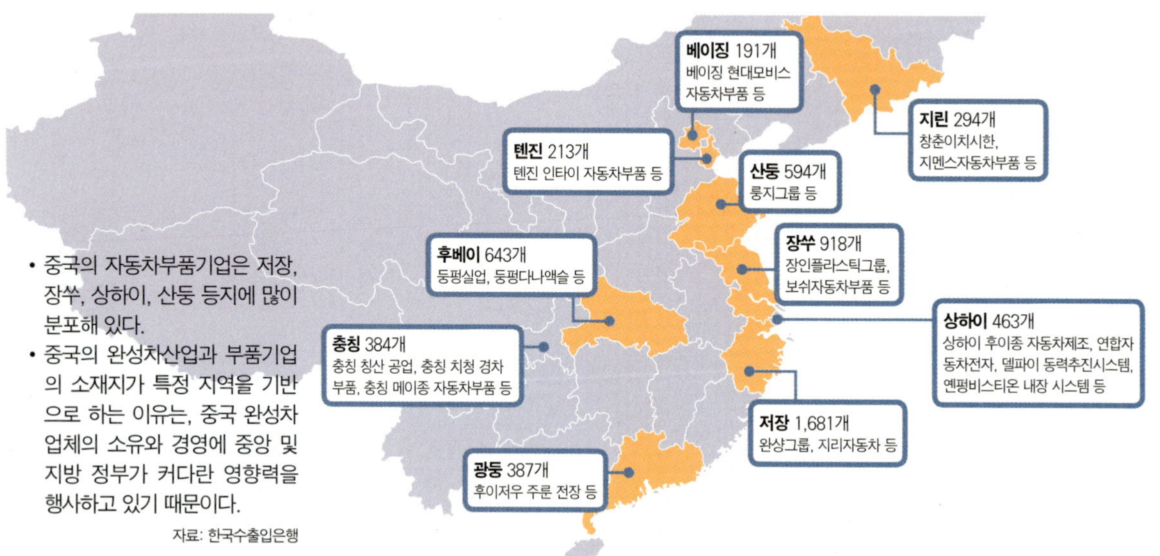

- 중국의 자동차부품기업은 저장, 장쑤, 상하이, 산둥 등지에 많이 분포해 있다.
- 중국의 완성차산업과 부품기업의 소재지가 특정 지역을 기반으로 하는 이유는, 중국 완성차 업체의 소유와 경영에 중앙 및 지방 정부가 커다란 영향력을 행사하고 있기 때문이다.

  자료: 한국수출입은행

▌ 타이어업계 세계 톱 10

(판매액 기준)

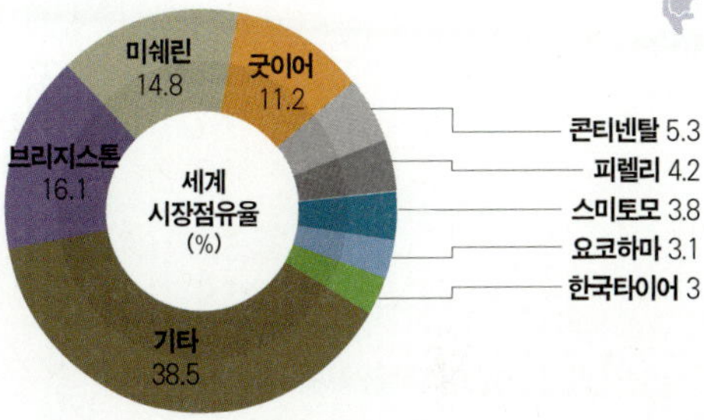

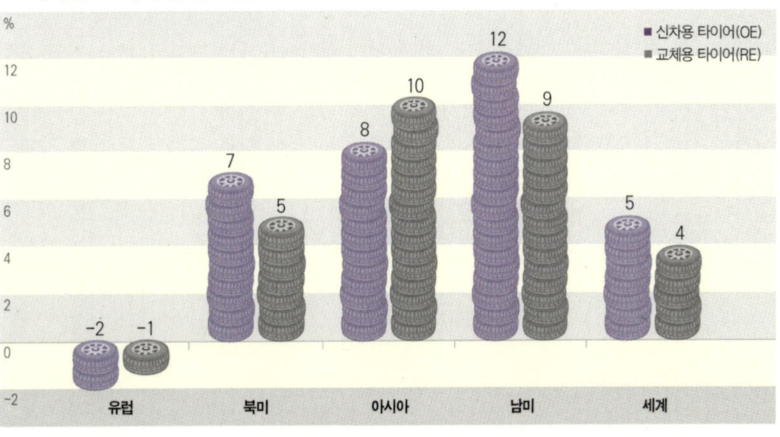

- 타이어업계 세계 1위는 일본의 브리지스톤이다.
- 일본 타이어업체들은 1970년 이후 토요타, 닛산 등 일본 완성차업체들의 성공적인 해외 진출에 힘입어 세계적인 브랜드로 발돋움했다.

자료: 브리지스톤

▌ 세계 타이어시장 지역별 비중 (%)

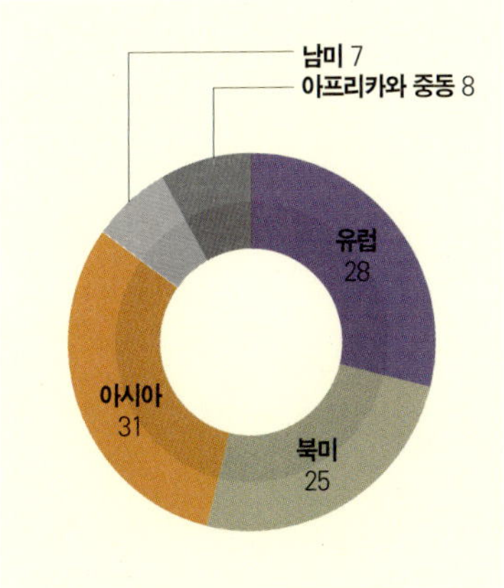

- 아시아는 2012년부터 유럽을 제치고 세계 최대 타이어시장이 되었다.

자료: EIU

▌ 지역별 타이어 업황 전망

(2012년 대비 2013년 시장 규모 성장률)

- 아시아 타이어시장은 중국의 교체용 타이어(RE) 시장이 성장을 주도하고 있다.
- 유럽 타이어시장은 경기 불안감으로 역성장이 전망되고, 북미 지역은 경기 회복으로 신차용 타이어시장이 호조를 보일 것으로 예상된다.

자료: 미쉐린

◤ 글로벌 타이어 수요 추이

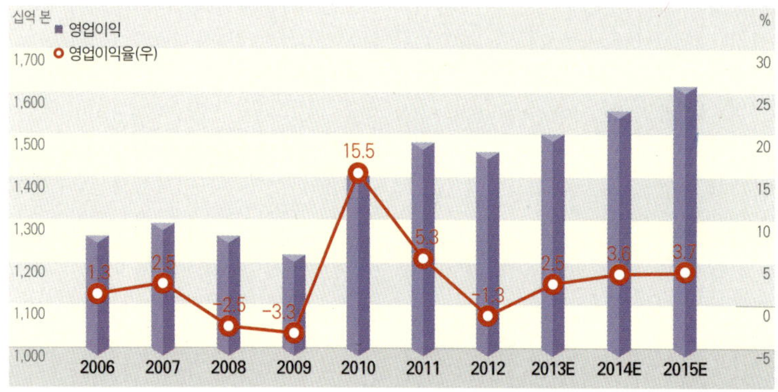

- 미국과 중국의 교체용 타이어(RE) 시장이 회복세를 보이고 있다.
- 교체용 타이어는 신차용 타이어(OE)보다 마진이 높기 때문에 교체용 타이어 수요 증가는 타이어업체들의 실적 개선으로 이어질 수 있다.

자료: 미쉐린

◤ 타이어 크기별 시장 전망

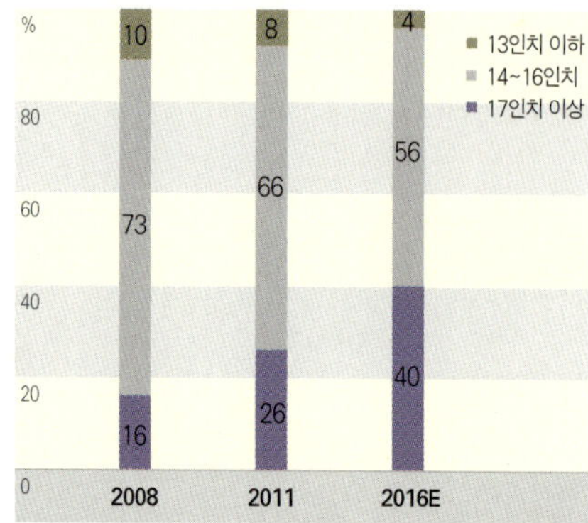

- 과거에는 14~16인치 타이어가 주류를 이루었으나 대형 휠에 대한 선호도가 높아지면서 17인치 이상 타이어 비중이 높아지고 있다.
- 타이어 크기가 커질수록 가격과 마진은 높아진다.

자료: 한국타이어

◤ 중국 타이어업계 상위 기업

순위	기업명	매출액 (억 달러)	세계 순위와 상장 여부
1	항저우고무	42.6	10위
2	산자오그룹	25.3	15위
3	산동링롱고무	16.0	19위
4	펑션	15.9	20위, 상장
5	슈앙치엔타이어	15.6	21위, 상장
6	싱원타이어	13.6	24위
7	칭다오상싱	13.1	25위
8	귀주타이어	11.5	28위, 상장

- 중국 타이어업계 10위권 기업 중에서 상장회사는 단 세 곳에 불과하다.

◤ 국가별 도로 포장률

(%)

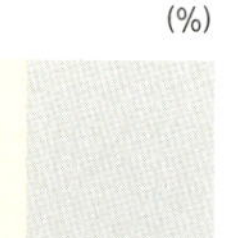
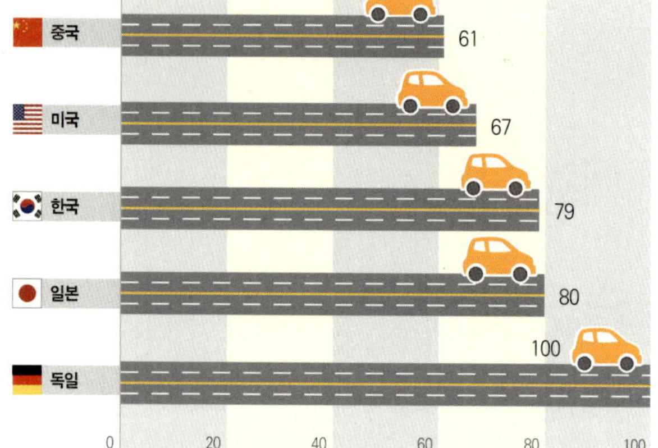

- 중국의 낮은 도로포장률은 타이어 수명을 단축시킨다.
- 하지만 중국 소비자들은 타이어 교체 습관과 안전에 대한 인식이 아직 높지 않다.

자료: MOC, World Bank

◤ 중국 타이어 생산업체 분포

(개)

- 중국 타이어 생산기지는 산동, 장쑤, 허난 지역에 밀집되어 있다.
- 이 세 지역의 기업 수(323개)가 전체 기업 수의 62.5%에 이른다.

◤ 중국 취득세 감면 기간 자동차기업 성장률

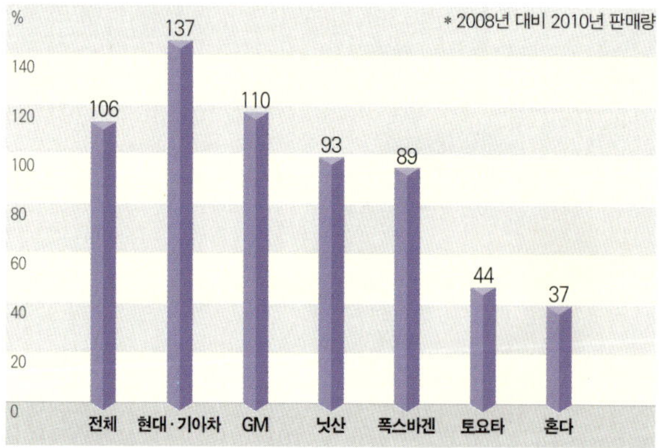

- 중국은 2009~2010년 취득세 감면 기간 동안 차량 판매가 폭발적으로 이뤄졌다.
- 이 기간 현대·기아차가 가장 높은 성장률을 기록한 것을 고려할 때, 향후 한국산 타이어로 교체하려는 수요가 증가할 것으로 예상된다.

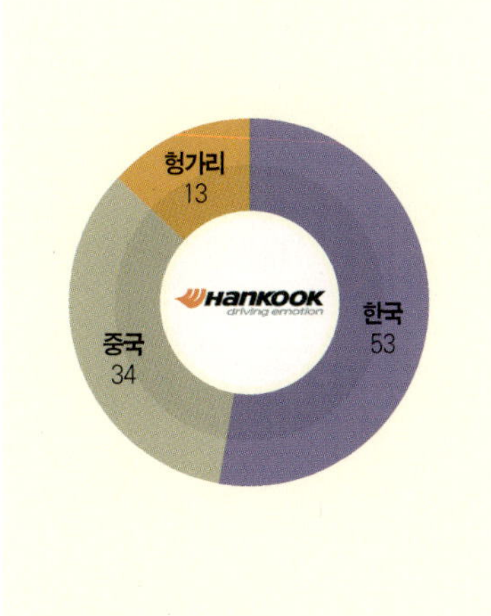

▶ 한국타이어의 지역별 생산 비중 (%)

- 중국에 3개의 공장을 가동하고 있는 한국 타이어는 중국 생산 비중이 높다.
- 한국타이어는 중국 중서부 지역을 공략하기 위해 2012년 충칭 공장(연간 1,150만 본 생산)을 가동했다.

자료: 한국타이어

▶ 2013년 한국 타이어업체의 지역별 예상 생산량

(*1본=4개)

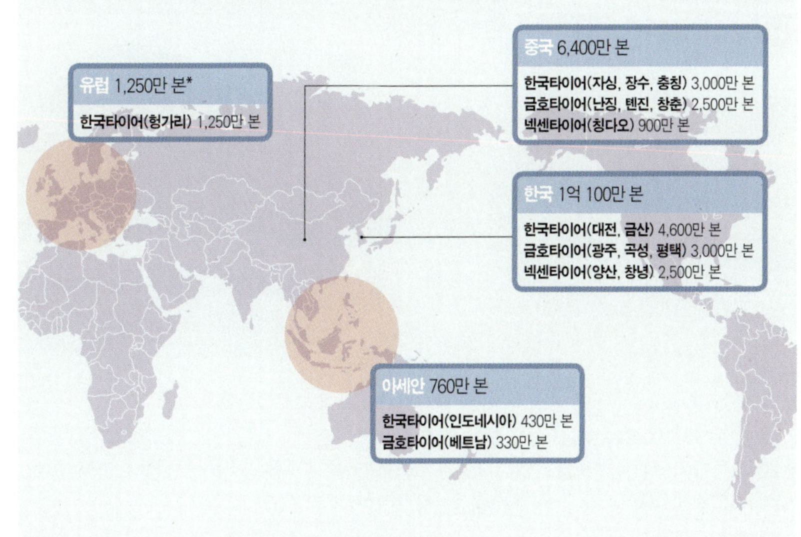

- 한국타이어, 금호타이어, 넥센타이어는 중국에 생산기지를 두고, 국내에 버금가는 물량을 생산하고 있다.

자료: 한국타이어, 금호타이어

▶ 중국산 타이어 미국의 보호관세 종료

- 중국산 타이어에 대한 미국의 보호관세가 2012년 9월 25일 종료되었다. 기존에 미국의 타이어 수입관세는 4%였지만, 오바마 정부는 중국산 제품에 특별히 25%가 넘는 높은 관세를 적용해 왔다. 이는 미국 타이어산업과 일자리를 지키려는 취지였다.

- 보호관세로 미국의 타이어 수입에서 중국이 차지하는 비중은 2008년 35%에서 2011년 18%로 절반 가까이 줄어들었다.

- 중국산 타이어에 대한 미국의 보호관세 조치에 반사이익을 누린 곳은 한국이다. 이 기간에 한국의 타이어 대 미국 수출은 106% 급증했으며, 미국 타이어 수입 시장점유율 1위를 지켜왔다.

- 그러나 보호관세가 종료된 2012년 9월부터 중국산 타이어의 미국 수출이 다시 급증하고 있다.

▶ 미국의 대 중국 타이어 관세

▶ 중국산 타이어 미국 수출 추이

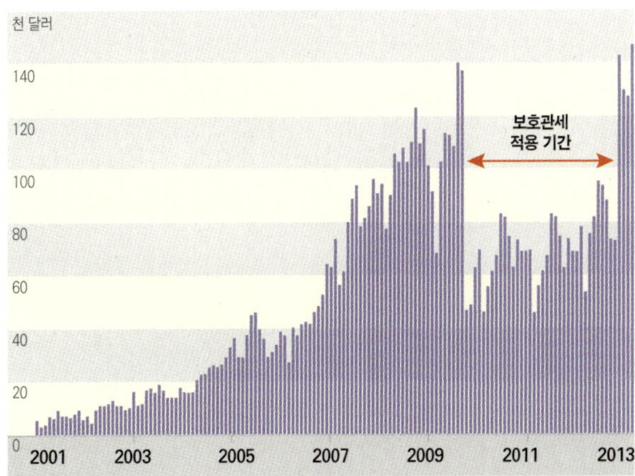

자료: KITA

▶ 미국의 국가별 타이어 수입 비중

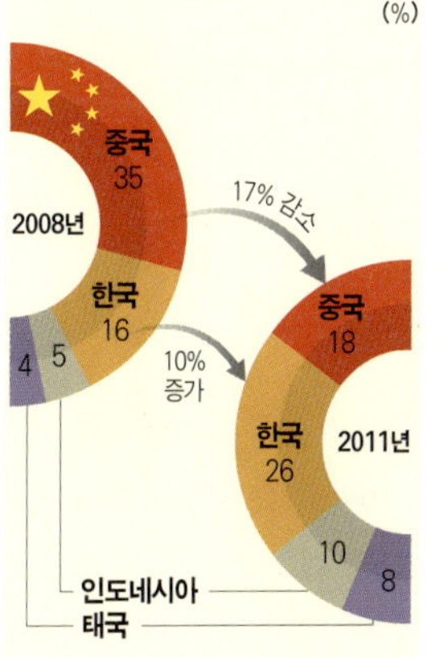

▶ 중국의 국가별 타이어 수출 비중

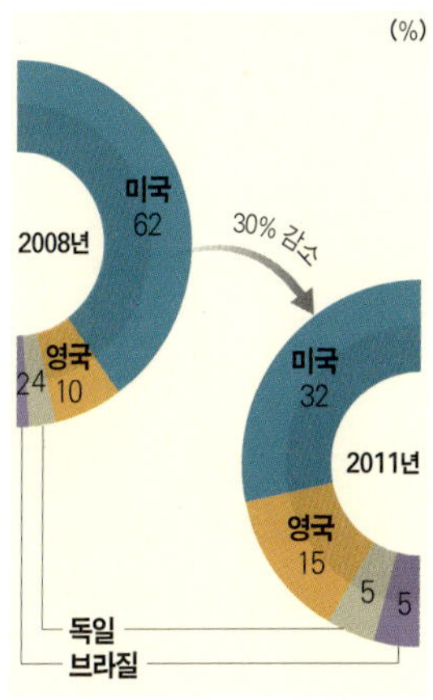

자료: KITA

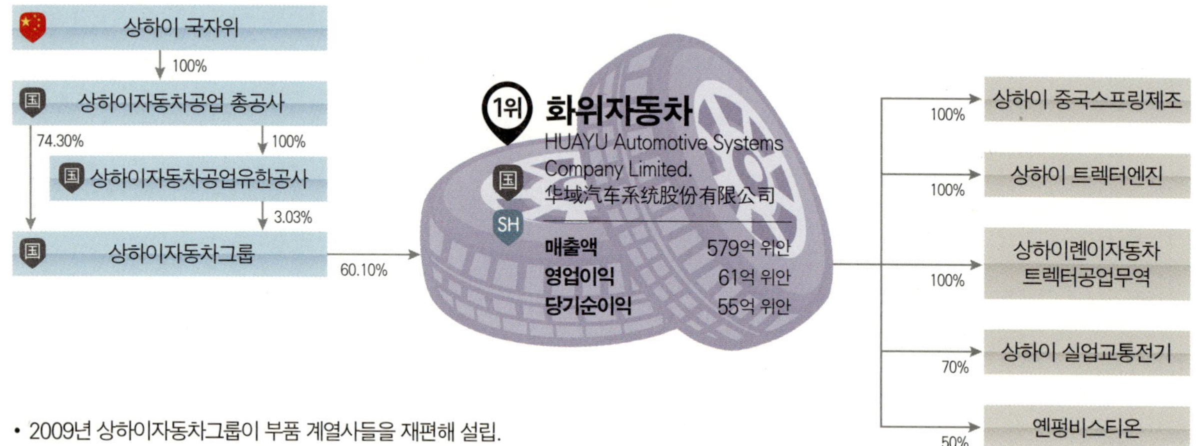

- 2009년 상하이자동차그룹이 부품 계열사들을 재편해 설립.
- 2013년 12억 달러를 투자해 운전석 모듈, 시트, 안전 시스템 등을 생산하는 옌펑비스티온 인수.
- 2013년 중국 〈포춘〉 선정 '500대 기업' 중 90위 차지.

화위자동차 매출 구성

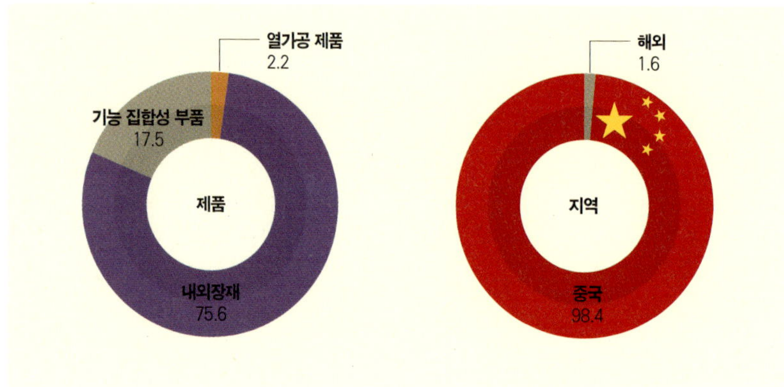

- 화위자동차는 대시보드, 마운트 등과 같은 내외장재 판매가 매출에서 차지하는 비중이 가장 크다.
- 매출은 대부분 자국에서 이루어지며, 그 중심에는 중국 최대 자동차회사인 상하이자동차그룹이 있다.

화위자동차 경영 실적

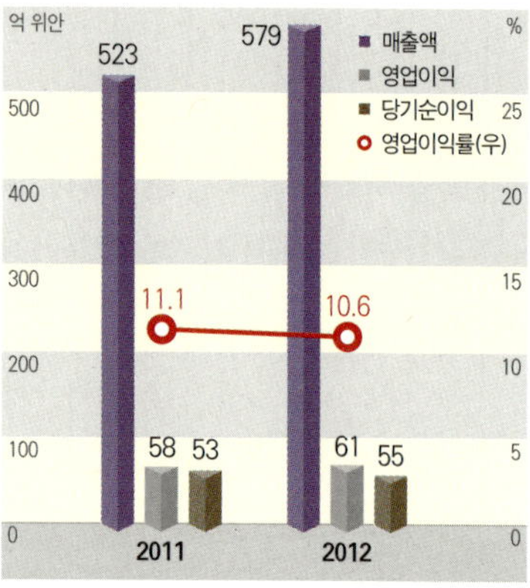

- 화위자동차는 모회사인 상하이자동차그룹을 통해 안정적인 매출을 올리면서, 2012년에 전년 대비 10.7% 증가한 579억 위안의 매출을 올렸다.

화위자동차 자산 – 부채

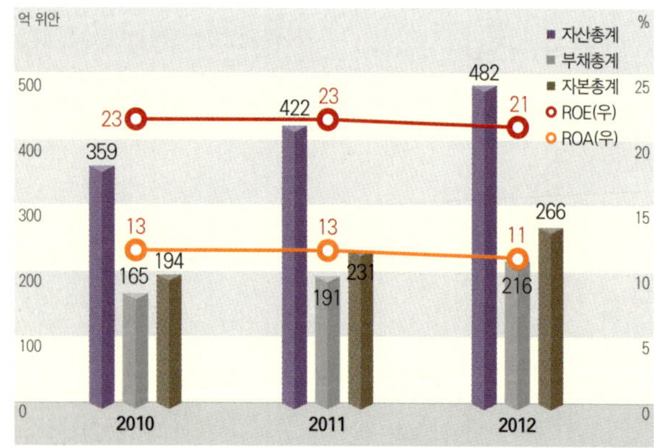

- 화위자동차는 모회사인 상하이자동차의 빠른 성장(중국 1위)에 힘입어 자산이 꾸준히 증가하는 추세이다.

화위자동차 주가 추이

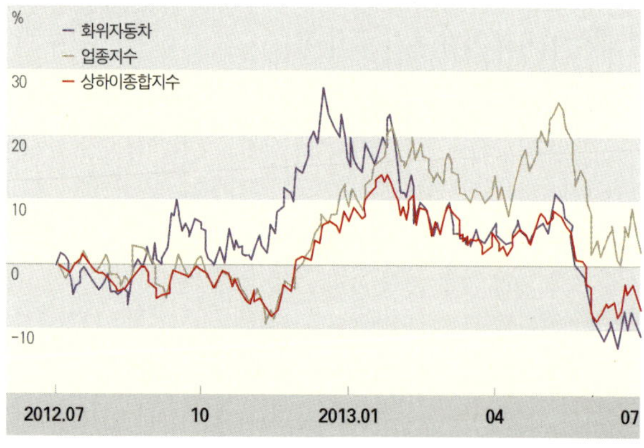

- 화위자동차는 상하이자동차의 안정적인 수요를 바탕으로 2012년 55억 위안의 당기순이익을 올렸다.
- 화위자동차의 주가는 2012년 업종지수와 상하이 종합지수를 상회했으나, 2013년 들어 상하이 종합지수와 비슷한 양상을 보이고 있다.

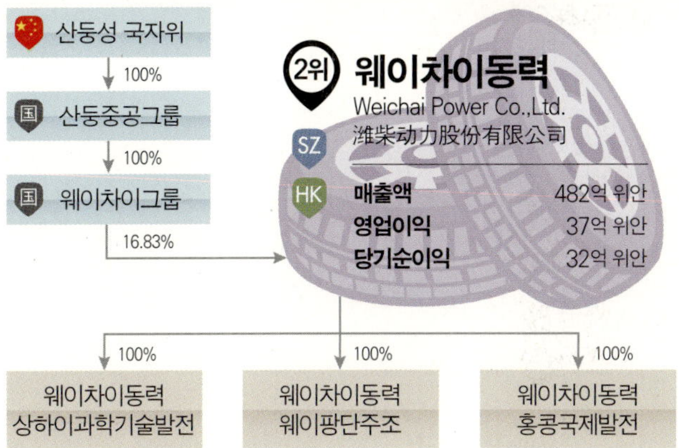

- 파워트레인 전문 개발업체로, 특히 디젤엔진에 오랜 경험 축적.
- 이탈리아 페라리 F1팀과 전략적 협력 관계 체결.

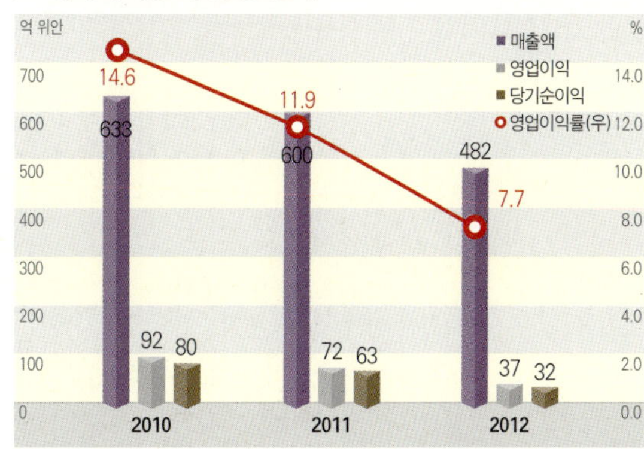

웨이차이동력 경영 실적

- 웨이차이동력은 트럭과 건설기계 엔진 공급이 매출에서 차지하는 비중이 크다.
- 중국 부동산 시장의 회복이 더뎌지면서 웨이차이동력의 매출도 전년 대비 19.8% 하락했다.

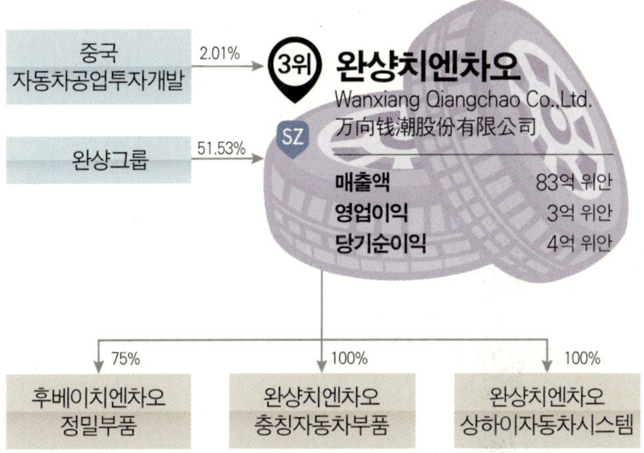

- 1969년에 설립된 민영 최대 부품업체로 베어링, 브레이크 등 구동부품 전문기업.
- 미국 전기차 배터리 생산업체 A123와 브레이크 부품 생산·판매 기업 BPI(미국 A/S 시장 1위 판매망 보유) 인수.

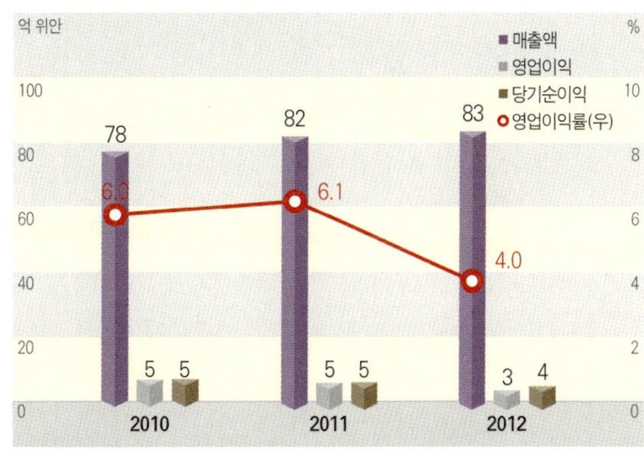

완샹치엔차오 경영 실적

- 완샹치엔차오는 2012년 매출이 전년 대비 0.26% 증가한 83억 위안을 기록했다.
- 하지만 인건비 및 연구개발비 상승으로 영업이익률이 4%로 하락했다. 이는 주요 자동차부품사보다 낮은 수준이다.

타이어

- 2013년 중국 〈포춘〉 선정 '500대 기업' 중 336위.
- 2011년에 미쉐린과 합작사를 설립해 타이어 1,500만 본 증산.

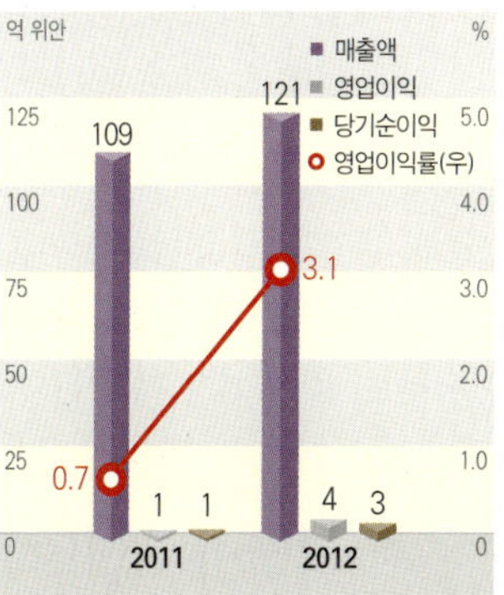

슈앙치엔그룹 매출 구성 (%)

- 슈앙치엔그룹은 매출의 88%가 타이어 판매에서 발생한다.

슈앙치엔그룹 경영 실적

- 슈앙치엔그룹은 2012년 753만 본의 타이어를 생산했으며, 매출이 전년 대비 10.8% 증가했다.

시장 잠재력은 세계 최고,
기술력과 생산 인프라는 여전히 후진성

중국의 자동차부품산업은 1950년대 수입 자동차 검수공장에서부터 시작되었다. 당시 작업장의 생산설비는 열악했고, 제조 기술은 낙후되었으며, 생산 규모와 생산량도 보잘 것 없었다. 사정이 이러하다보니 생산 품질 또한 매우 낮은 수준이었다.

중국은 이치(一汽) 부품공장 설립을 시작으로 86개 부품공장에서 기술 개혁과 생산 시스템을 갖춰 나가면서 자동차부품을 하나의 산업으로 자리매김해 나갔다. 다만, 자동차산업 자체의 발달이 미미했기 때문에 자동차부품 역시 큰 발전을 기대할 순 없었다.

자동차부품이 하나의 시장으로 작동하기 시작한 것은 1978년 개혁·개방 정책 이후부터이다. 특히 전방산업이라 할 수 있는 자동차산업이 급성장하면서 부품시장이 자리를 잡게 되었다. 중국의 자동차부품산업이 최고조로 성장한 때는 2003년부터 2009년까지이다. 당시 연평균 성장률이 무려 27%를 기록해 전 세계 자동차 관련 브랜드들을 놀라게 했다.

글로벌 메이저 브랜드들, 중국시장으로 진격 앞으로!
중국 자동차부품시장이 급성장하게 된 계기는 글로벌 브랜드들의 적극적인 중국시장 진출과 맞닿아 있다. 글로벌 100대 자동차부품업체 가운데 70%가 중국시장에 진출해 토종 자동차부품업체들과 격전을 벌이고 있는 것이다.

글로벌 메이저 브랜드들로부터 신기술과 마케팅 전략 등을 배울 수 있었던 중국 로컬 브랜드들은 하루가 다르게 성장 속도를 내고 있다. 중국 로컬 브랜드들은 이미 중국 자동차부품 시장점유율 50%를 확보해 놓고 있다.

하지만 중국 로컬 부품업체들이 속해 있는 사업영역은 주로 저부가가치 부품들에 편중돼 있다. 중국 로컬 부품업체들은 차체부품, 변속기, 브레이크 부스터, GPS, 브레이크 블록 등 기술 수준이 낮은 제품군에서 시장점유율 70%를 상회하며 두각을 나타내고 있는 것이다. 일부 고부가가치 부품을 생산하는 중국 로컬 부품업체들도 그나마 해외 브랜드들과의 합자 형태로 사업을 해나가고 있는 실정이다.

**전기차부품시장으로 새로운 활로를 찾아 나선
중국 토종 브랜드들**
중국 자동차부품산업이 과거에 비해 현격한 성장을 한 것은 사실이지만, 성장의 질적인 부분을 살펴보건대 아쉬운 부분들이 산재해 있다. 일단 중국 자동차부품산업은 부품업체의 숫자는 많지만, 여전히 소규모 업체가 대다수이고, 기술 집중도가 떨어지며, 전반적으로 개발능력이 부족한 상황이다. 이로 인해 중국 완성차업체들은 여전히 핵심 부품을 다국적 부품업체로부터 공급받는다.

최근 중국 자동차부품업계가 겪는 또 하나의

어려움은 철강, 비철금속 등 자동차부품의 원자
재가격이 큰 폭으로 올라 수지타산을 맞추는데
어려움을 겪고 있다는 점이다. 뿐만 아니라 인건
비도 크게 상승해 자동차부품업체로서는 이중고
를 호소하고 있다.

이러한 어려움을 극복하기 위해 중국 자동차부
품업계는 전기차 관련 부품시장에서 활로를 모색
하고 나섰다. 일반 자동차부품시장에서는 글로벌
부품업계와의 격차를 쉽게 줄일 수 없다고 판단
한 것이다. 중국 토종 브랜드들은 세계적으로 아
직 출발선상에 있는 전기차부품시장에서 선두로
치고 올라가겠다는 복안이다. 이에 따라 대규모
전기차부품 관련 기술 개발 지원 정책이 마련되
고 있고, 산업 인프라 구축도 이뤄지고 있다.

자체적인 기술 개발 뿐 아니라 해외 선진업체
의 인수·합병을 통해 기술을 획득하는 전략도 함
께 추진하고 있다. 2009년 '웨이차이동력'(潍柴动
力)은 프랑스의 MOTEURS BAUDOUIN를, '징시
중공업'(京西重工)은 미국 Delphi의 브레이크·서
스펜션 사업부를, '닝보윈성'(宁波韵升)은 일본의
Nikko Electric을, '닝보성롱그룹'(宁波圣龙集团)은
미국의 BorgWarner그룹 내 SLW자동차주식유한
공사를 각각 인수했다. 그리고 2011년 4월 중국
'CQLT'(Chongqing Light Industry&Textile Holding)는
파산에 이른 독일 Saargummi를 인수한 데 이어,
중국 Joyson Investment Holding이 Preh의 지분
74.9%를 양수하기도 했다. 이어 알루미늄 휠 제
조사 Citic Dicastal Wheel Manufacturing은 독일
힐데스하임에 있는 경금속 자동차부품전문업체
인 KSM Castings를 인수했다.

원재료가격 상승으로 어려움에 직면한 중국 타이어업계
중국 타이어업계는 미쉐린(Michelin), 브리지스톤
(Bridgestone), 굿이어(Goodyear) 등 대형 글로벌
브랜드들이 주도하고 있다. 이들 기업은 마진율
이 높은 품목들을 중점적으로 투자·개발·생산
하고 있다. 이에 반해 중국 토종 타이어 브랜드들
은 화물차, 농업용 차량 등 마진율이 낮은 타이어
생산에 집중하고 있어 대조를 이룬다. 이에 따라
중국 타이어 로컬업체들의 경쟁력은 글로벌 브
랜드에 비해 많이 떨어지는 게 사실이다. 중국 타
이어업체의 연평균 생산량은 40만 개 정도이며,
100만 개 생산능력을 갖춘 회사는 15곳에 불과
하다. 통계에 따르면, 중국 60여개의 타이어제조
업체의 총생산량이 1개의 글로벌 브랜드 생산량
에도 못 미친다고 한다.

최근 중국 타이어업계는 천연고무 등 원재료가
격의 상승 등으로 총체적인 어려움에 직면해 있
다. 2012년 기준 중국 타이어 총생산량은 4.7억
본으로 2011년에 비해 3% 증가하는 데 그쳤다.
이 가운데 레이디얼 타이어 생산량은 4.14억 본
으로 총생산량의 약 88%에 이른다.

'평션타이어'(风神轮胎股份有限公司)는 최근 중국
타이어업계에서 가장 돋보이는 업체로, 중국시장
4위, 세계시장 20위에 올라 있다. 평션타이어는
국무원 국자위 소속 국영기업인 '중국화공그룹공
사'(中国化工集团公司)의 타이어 브랜드이다.

'슈앙치엔그룹'(双钱集团股份有限公司)은 1990년
대 중국 양대 타이어업체인 '상하이대중화고무
공장'(上海大中华橡胶厂)과 '상하이정태고무공장'
(上海正泰橡胶厂)이 합병하여 설립된 상하이타
이어그룹을 전신으로 한다. 상하이타이어그룹
은 1992년 상하이 증권거래소에 상장되었으며,
2007년 슈앙치엔그룹으로 사명을 변경했다.

향후 중국 타이어업계의 대표기업들이 이미 막
강한 시장 지배력을 갖춘 글로벌 브랜드와 어떻
게 경쟁해 나갈지 귀추가 주목된다. 타이어업계에
서도 중국 정부의 지원은 중요한 변수가 될 전망
이다. 중국의 다른 산업이 그래왔듯이 말이다. ★

❶ 남방항공, 중국국제항공, 동방항공, 중국하이난항공 등 4대 항공사의 중국 국내 시장점유율 91% 육박.
❷ 중국의 방공식별구역(영공의 방위를 위해 영공 외곽 공해 상공에 설정되는 공중 구역) 설정으로, 중국에 비행 계획을 제출해야하는 해외 항공편 200여 편.
❸ 중국, 중일 관계 악화로 국제선 운항 실적 부진.

▶ 항공사 세계 톱 10

(2012년 ASKs 기준, 억ASKs)

( ) 안은 전년 대비 순위 변화

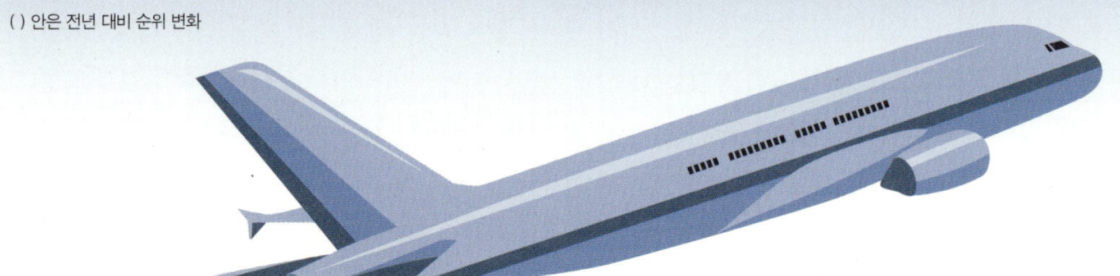

- 세계 최대 항공컨설팅 기관인 CAPA가 선정한 2012년 최고 항공사 순위에서 중국의 남방항공은 2011년 보다 순위가 한 계단 상승한 9위를 차지했다.
- 중국 3대 항공사(남방항공, 중국국제항공, 동방항공)는 2011년 대비 순위가 한 계단씩 모두 상승했다.

* ASKs(Available Seat Kilometers): 좌석 수에 운항거리를 곱한 값으로, 항공사의 수송능력을 가늠하는 지표.

자료: CAPA

▶ 중국 국내 여객 및 화물 회전량

(백억 명/km)

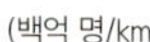
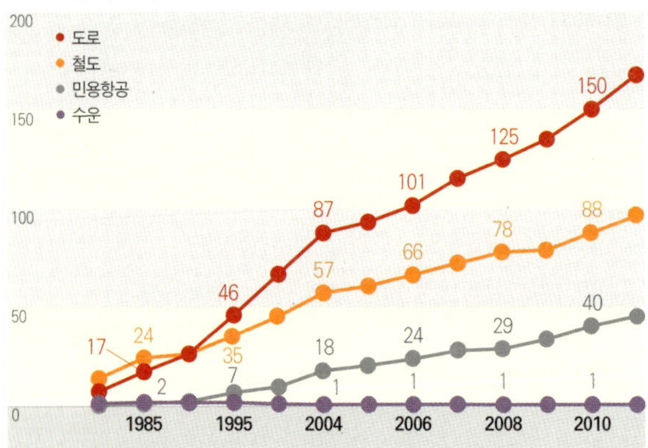

- 중국 국내 여객 및 화물 회전량을 살펴보면 도로가 비중이 가장 크고, 가장 빠른 속도로 증가하고 있다.
- 항공은 도로와 철도에 이어 여객 및 화물 회전량 3위이다.

자료: 중국통계연감

▶ 중국인 출국자 수와 출국 목적

(%)

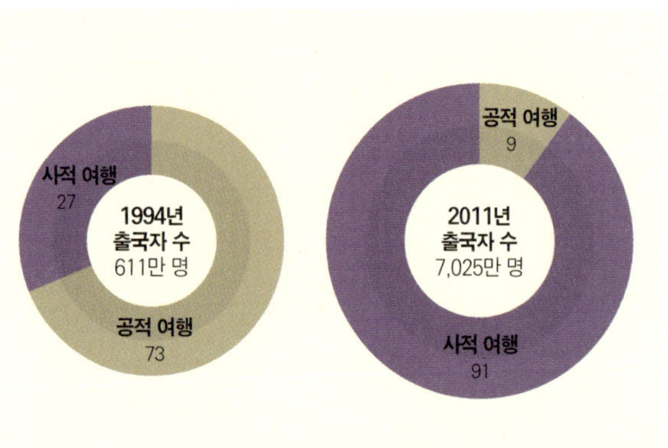

- 중국은 점진적인 해외여행 자유화의 영향으로 1994년 27%에 불과했던 사적 여행자 비중이 2011년 91%로 폭발적으로 성장했다.

자료: NBSC

▼ 중국 항공 노선별 여객회전량 추이

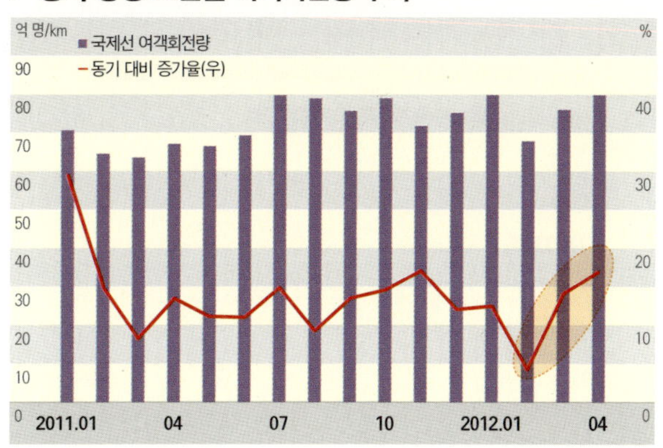

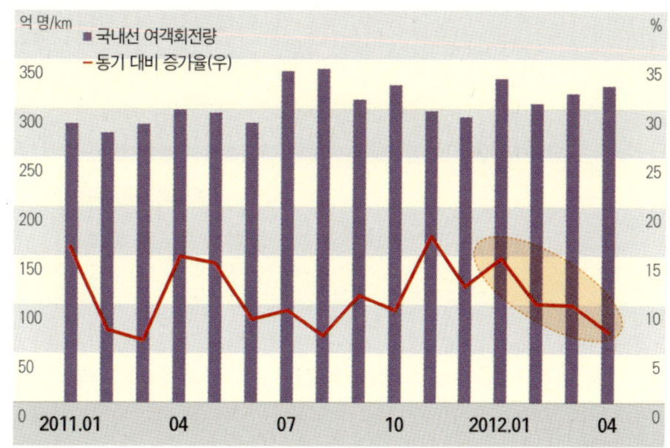

- 중국 경제가 성장하면서 가계의 가처분 소득이 늘어나고, 미국 비자 발급 완화 등 정책이 뒷받침되면서 국제선의 여객회전량이 상승하는 추세이다.
- 반면 국내선 여객회전량은 고속철도와 고속도로 증가에 따라 하락하는 추세이다.

자료: WIND

▼ 중국 항공기 좌석 이용률 및 수급 증가율 추이

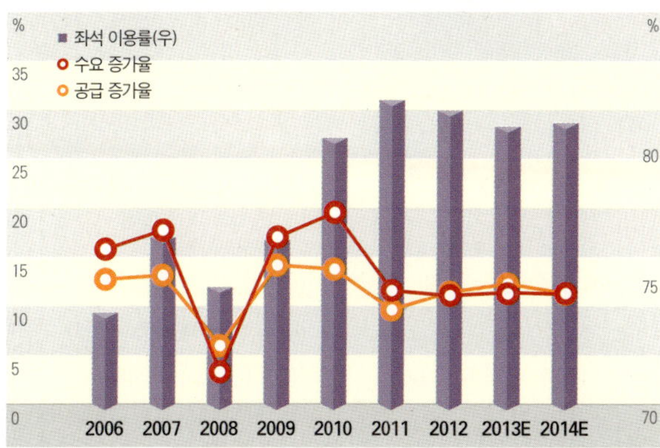

- 중국의 주요 항공사들은 빠르게 증가하는 항공 여객 수요에 대응하기 위해 항공기 수량을 대폭 늘렸다. 2012년에는 공급 증가율이 수요 증가율을 넘어섰다.

자료: 중국민항국

▼ 아시아 주요 항공사의 미국 취항 도시 수   (개)

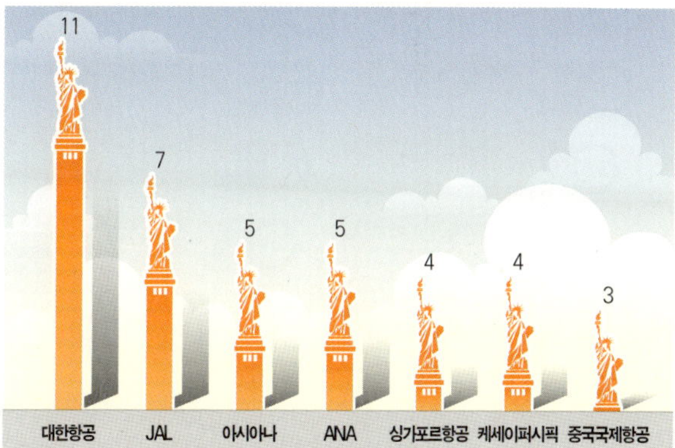

- 중국은 미국과 아직 항공자유화 협정을 체결하지 못했기 때문에, 중국 항공사들은 항공사 규모에 비해 미국 직항 노선 수가 매우 적다.

자료: 각 항공사

▼ 중국 항공사의 고객 만족도   (2012년 기준)

- 중국 항공사를 대상으로 실시한 서비스별 고객 만족도 조사에서 '가격 대비 성능비'가 최고점을, '운항 정시율'이 최저점을 받았다.

*중복 선택 가능

▼ 아시아 주요 항공사의 항공기 규모별 보유 현황   (대)

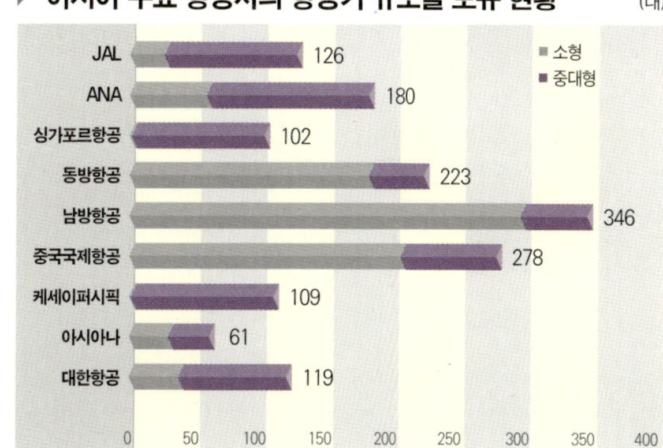

- 아시아 주요 항공사들의 항공기 규모별 보유 현황을 보면 중국 항공사만이 소형기 비율이 75%가 넘는다.
- 중국 항공사들은 다른 항공사에 비해 상대적으로 국내선 매출 비중이 매우 높기 때문이다.

* 2012년 5월 기준

아시아 주요 항공사의 항공기 도입 계획

2012년 5월 기준, (대)

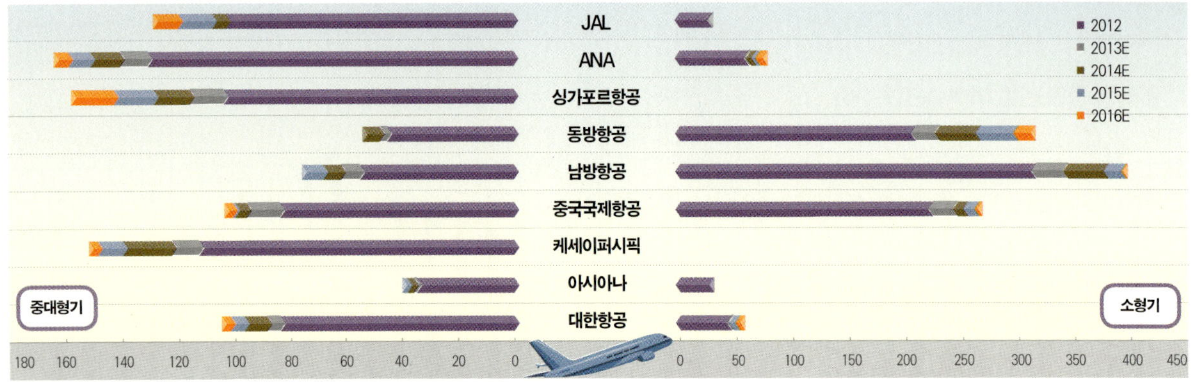

• 중국 항공사들은 중대형 항공기보다 소형 항공기 도입 계획이 많다.
• 앞으로도 중국 항공사들이 국제선보다는 국내선에 초점을 맞출 것이라고 예측해 볼 수 있다.

자료: 각 항공사

세계 최고 공항 톱 10

(2013년 기준)

• 세계적인 항공컨설팅회사 스카이렉스가 조사한 '2013년 세계 최고 공항'에서 싱가포르창이공항이 1위를 차지했다.
• 2012년 1위였던 인천국제공항은 순위가 한 계단 내려갔고, 베이징 수도공항은 전년과 같은 5위를 차지했다.

자료: SKYRAX

아시아 공항들의 최소환승시간(MCT)*

(2012년 기준)

• 베이징수도공항의 최소환승시간은 120분으로 인천국제공항에 비해 2배 넘게 소요된다.

자료: 인천국제공항

* 최소환승시간: 공항 터미널에서 비행기를 갈아타기 위해 걸리는 시간.

중국의 주요 공항 순위 및 규모

* (2012년 여객량 기준)

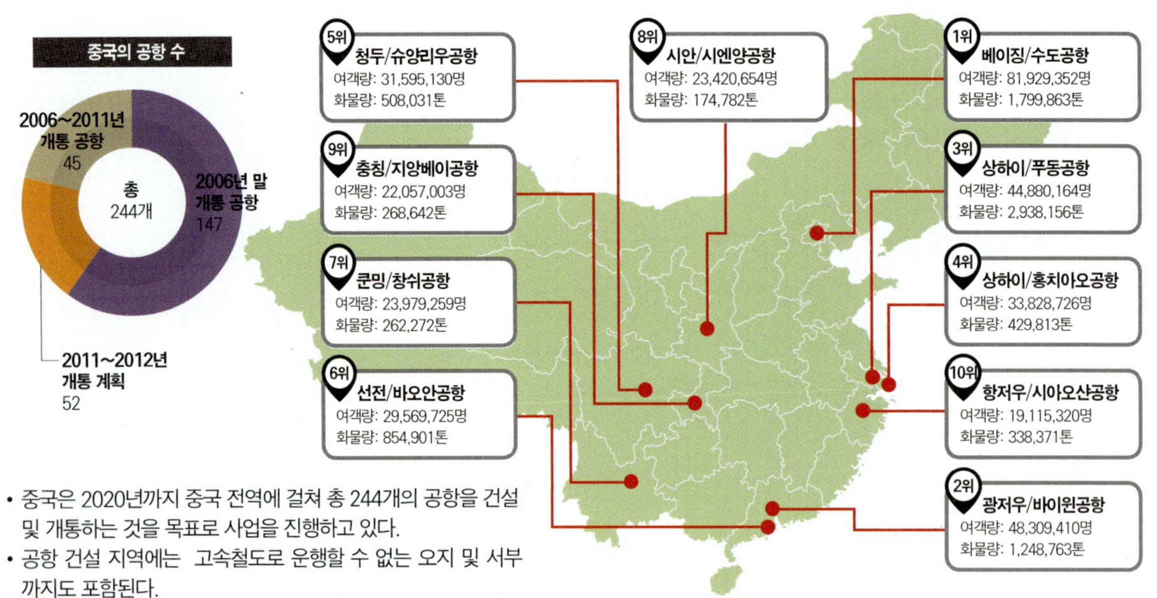

• 중국은 2020년까지 중국 전역에 걸쳐 총 244개의 공항을 건설 및 개통하는 것을 목표로 사업을 진행하고 있다.
• 공항 건설 지역에는 고속철도로 운행할 수 없는 오지 및 서부까지도 포함된다.

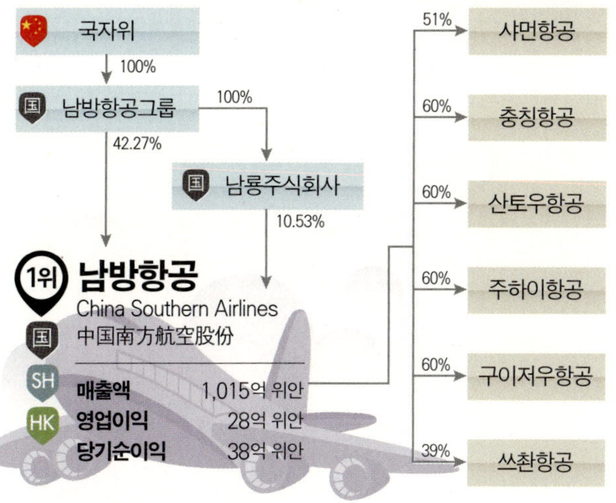

• 여객화물기 491여 대 운영.
• 아시아 최대 규모 항공사이자 IATA(국제항공수송협회) 240여 회원 업체 중 5위 규모.

남방항공 운송 형태별 매출 구성

(2012년 기준, %)

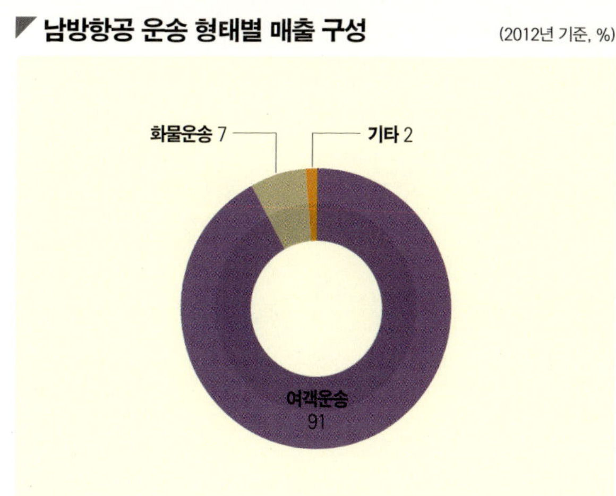

• 남방항공은 매출이 대부분 여객운송에서 발생한다.

남방항공 vs 한국 항공사의 운항 지역별 매출 구성 (%)

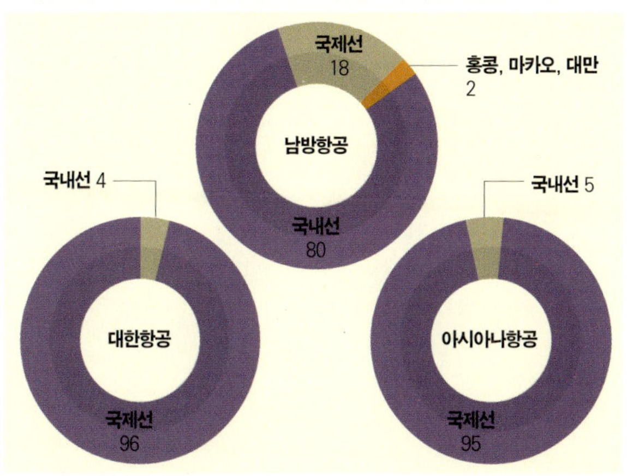

• 남방항공은 여객 및 화물 운송 노선의 80%가 국내에 집중되어 있다.
• 중국 항공사들은 대체적으로 국내선 비중이 매우 높다.

남방항공 경영 실적

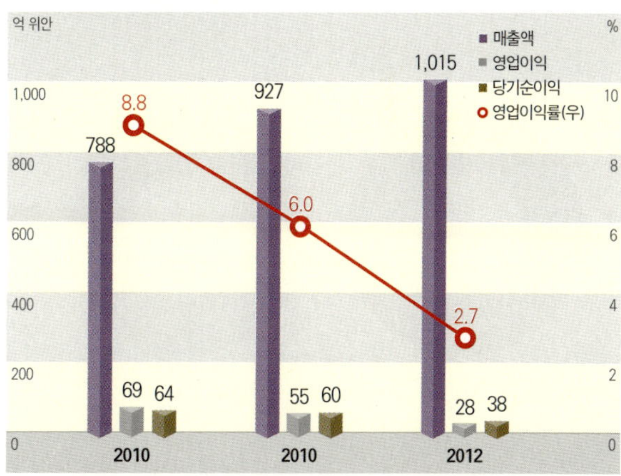

• 남방항공은 구조조정을 통해 국제선을 확장하며 2012년 1,015억 위안의 매출을 기록했다. 이는 전년 대비 9.47% 증가한 수치이다.

자료: WIND

남방항공 자산 - 부채

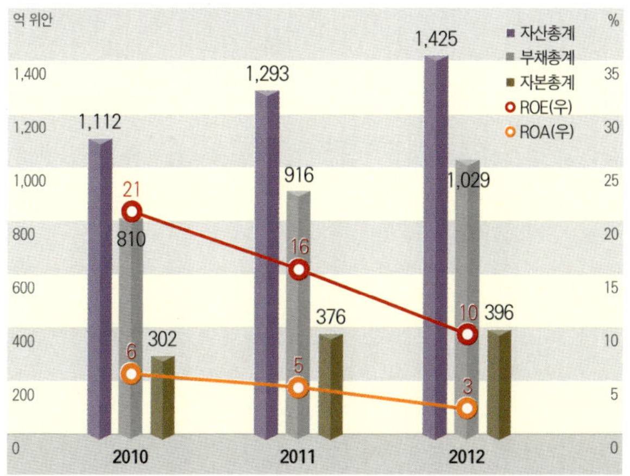

• 남방항공은 지속적으로 최신 항공기를 구매하고 있으며, 현재 A380을 비롯하여 491여 대의 항공기를 보유하고 있다.

자료: WIND

남방항공 주가 추이

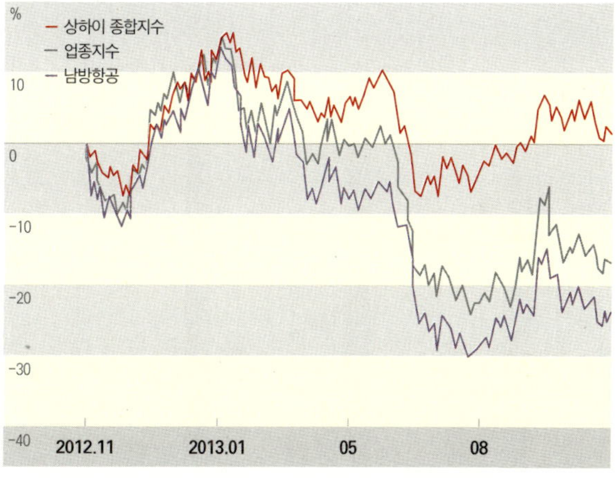

• 남방항공은 항공유 가격 상승과 위안화 약세로 영업이익과 당기순이익이 낮아 주가가 상하이 종합지수와 업종지수를 하회하고 있다.

자료: WIND

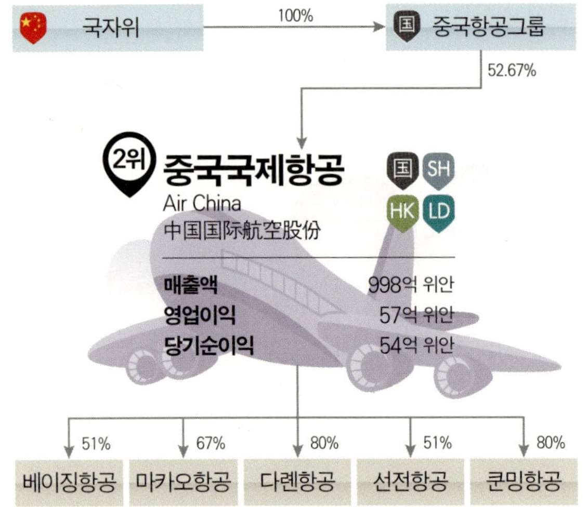

- 중국 〈포춘〉 선정 '중국 500대 기업' 중 42위.
- 2013년 7월부터 기내 무료 와이파이 서비스 제공.

▶ 중국국제항공 매출 구성 (%)

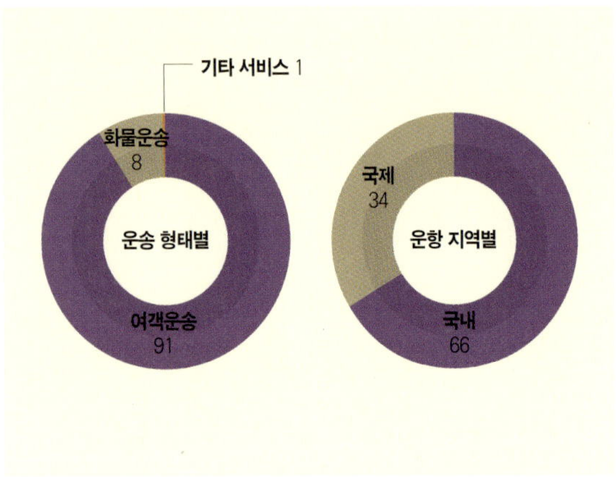

- 중국국제항공은 국내 노선을 확대하는 한편, 국제선은 유럽과 일본 노선을 축소하고 미국 노선을 확대하기 위해 힘쓰고 있다.

▶ 중국국제항공 경영 실적

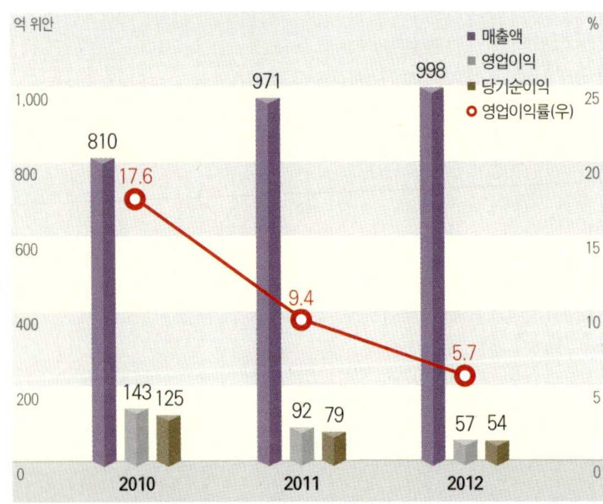

- 중국국제항공은 항공유 가격 상승, 비행 시간 증가로 유류 소비량이 늘어나면서 2012년 영업이익이 감소했다.

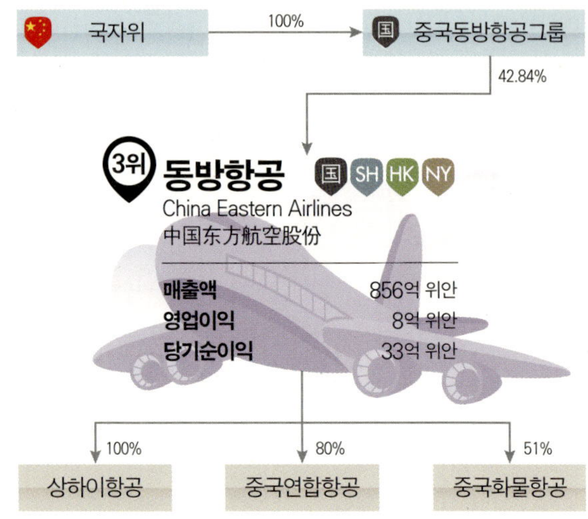

- 중국 〈포춘〉 선정 '중국 500대 기업' 중 57위.
- 서울 강남구 삼성동 도심항공터미널에서 탑승 수속 서비스 시행.

▶ 동방항공 매출 구성 (%)

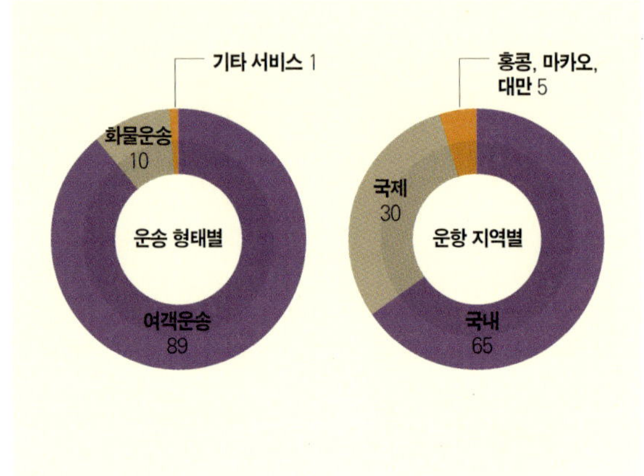

- 동방항공은 2012년에 상하이–호주 케언즈 노선을 개통하는 한편, 파리, 로마, 시드니, 하와이 운항 횟수를 늘리는 등 국제선 노선 확대에도 힘쓰고 있다.

▶ 동방항공 경영 실적

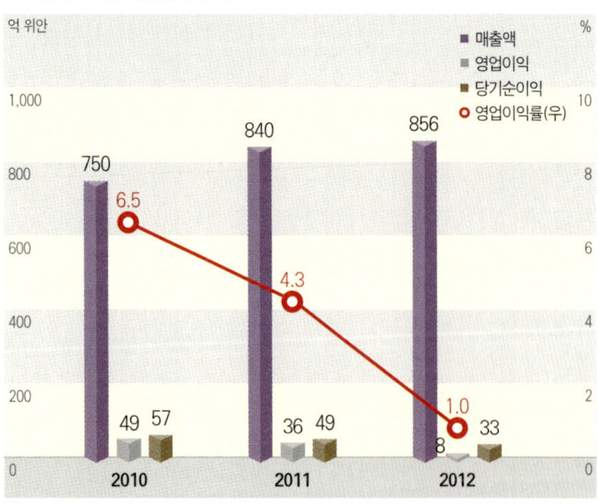

- 2012년 동방항공은 정부로부터 항공 보조금을 받아 영업외 수익이 크게 증가하면서 당기순이익이 33억 위안을 기록했다.

(2012년 기준)

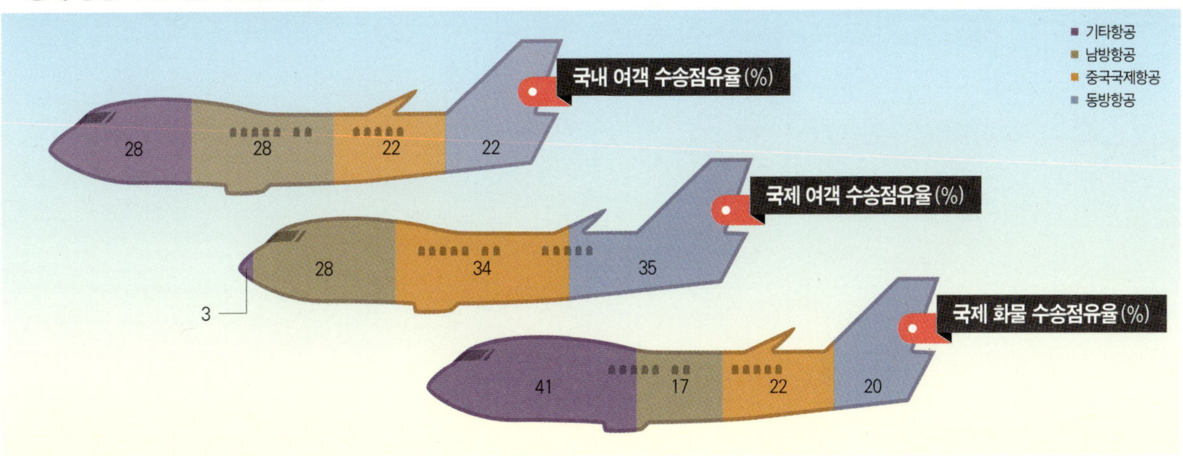

- 중국 항공업계 분야별 수송점유율을 살펴보면 국내 여객 수송은 남방항공, 국제 여객 수송은 동방항공, 화물 수송은 중국국제항공의 점유율이 가장 높다.

▮ 중국의 저가 항공사

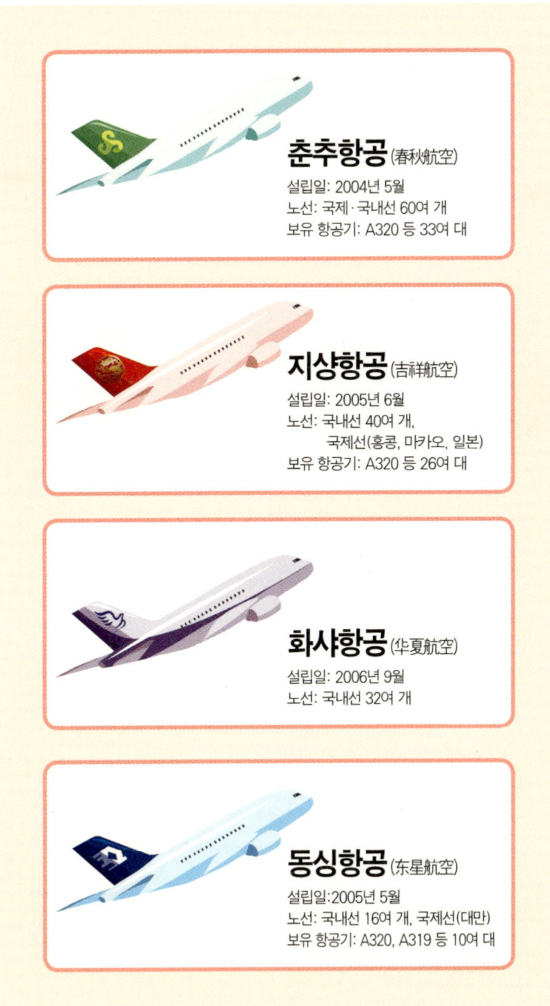

- 2004년을 기점으로 중국에도 저가 항공사 바람이 불었다.
- 중국의 국내선 수요를 바탕으로 춘추, 지상, 동싱 등을 주축으로 저가 항공사들이 빠르게 시장에 진입하고 있다.

▮ 한국 저가 항공사 한국 – 중국 노선

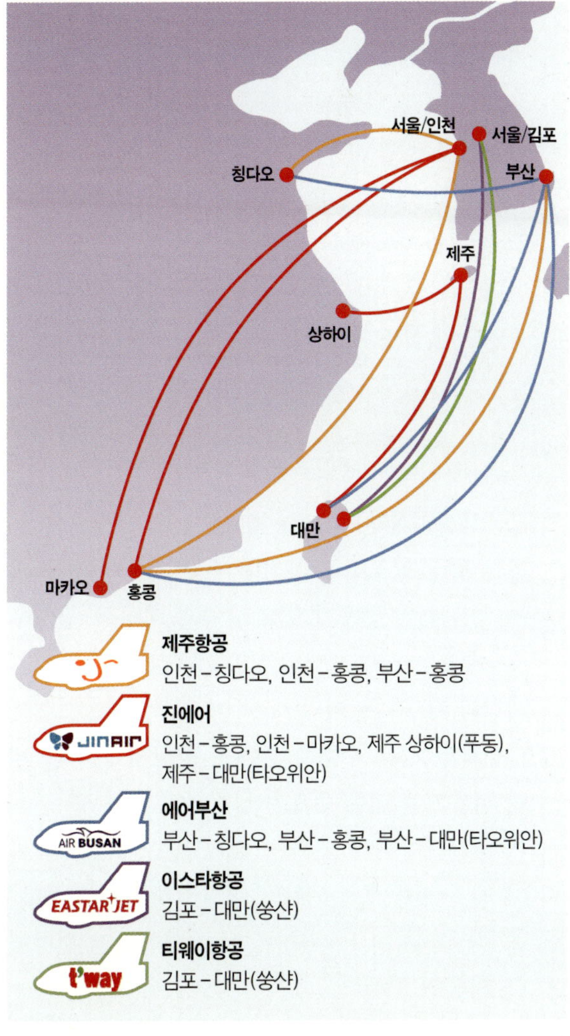

- 한국을 찾는 중국인 관광객 수가 빠르게 증가하면서 한국 저가 항공사들도 중국 노선을 확대하고 있는 추세이다.

금융 위기 이후 크게 위축,
부활의 조짐 감지

중국 항공업계는 금융 위기 이후 대폭 상승한 유가와 위안화 환율 등으로 어려움을 겪고 있다. 뿐만 아니라 국제항공 수급이 악화되면서 수익 구조 개선에 여전히 빨간불이 켜져 있는 상황이다. 이를 반영하듯 2011년 기준 중국 4대 항공사의 국제선 여객 서비스 총이윤은 전년 대비 29.6억 위안이나 떨어졌다. 또한 화물 운송 물동량이 감소하면서 화물 운송 부문 총이윤도 전년 대비 25억 위안 하락했다. 반면, 국내선 여객 수요는 늘어나, 2011년 기준 4대 항공사 국내선 여객 부문 총이윤이 전년 대비 26.68억 위안 증가하면서 그나마 항공업계의 숨통을 트이게 했다.

중국 항공업계의 최대 이슈들

최근 중국 항공업계의 최대 이슈 가운데 눈에 띄는 것은 개인 전용기 수요 급증과 베이징-광저우 고속철도 노선(2,298km) 전면 개통으로 인한 항공시장의 위축 여부이다.

중국의 경제 수준이 급격히 향상됨에 따라 개인 전용기에 대한 수요가 급증하고 있다. 한 전용기 생산업체 내부 인사는 "2011년부터 2020년까지 개인 전용기 주문량만 이미 970대에 달한다"며 2030년까지 1,400대에 이를 것이라고 전망했다. 아울러 공신력 있는 통계 전문기관은 현재 중국 개인 전용기 잠재 고객수가 이미 15만 명에 달한다고 발표하기도 했다. 이에 중국 국무원은 '민용항공산업 발전 촉진책'을 정식으로 발표하면서 개인 전용기를 미래 항공산업의 새로운 성장 포인트로 제시하기도 했다.

2012년 12월 26일 베이징-광저우 고속철도 노선이 전면 개통되었다. 이제 베이징에서 8시간이면 고속철을 타고 광저우에 도착할 수 있는 바, 중국은 철도를 이용한 일일생활권을 만들어가고 있다. 또한 중국 정부는 '중장기 철도망 계획'에 따라 2020년 완공을 목표로 대륙을 가로지르는 4종 4획 노선 건설에도 박차를 가하고 있다.

이러한 고속철도망의 발전은 중국의 유통, 물류, 운수, 여행 등 각종 산업에 막대한 영향을 미칠 것인 바, 항공산업 역시 예외는 아닐 것이다. 베이징-광저우 노선 개통 이후 중국 국내선 항공 시장이 1.61% 정도 위축될 것으로 업계는 내다보고 있다. 당장은 파급 효과가 미미하지만, 고속철도 노선이 다양화 될 경우에는 얘기가 달라진다. 항공업계 내부적으로 자구책을 이끌어내자는 논의가 심심찮게 대두되고 있다.

중국 항공업계를 이끄는 '빅 3' 항공사

중화인민공화국 건국 초기인 1950년대에 중국 항공업은 매우 열악한 환경이었다. 12대의 소형 항공기, 12개의 단거리 노선 및 40여대의 소형 항공기 이착륙이 가능한 협소한 공항 등이 중국 항공업계 태동기의 상황이었다. 당시 항공 운수 총량은 150만 톤, 여객 총량은 1만 명 수준이었다.

중국 항공산업은 1977년 개혁·개방을 계기로 빠르게 성장해 나갔다. 2012년 기준 항공 총운수량이 무려 608.16억 톤에 다다랐고, 총여객 수는 3.19억 명을 기록했다. 중국 항공산업도 다른 첨단산업과 마찬가지로 중국 경제의 고속 성장과 더불어 정부의 정책적 지원을 받으며 급성장을 이룩해 냈다.

중국 항공업계는 현재 국제항공, 남방항공, 동방항공 등 3곳이 시장을 이끌며 80% 이상의 시장점유율을 과점하고 있다.

운송량 최대 항공사인 국제항공은 1988년에 설립된 '중국항공그룹'(中国航空集团)을 전신으로 한다. 2004년 홍콩과 런던 증권거래소에 각각 상장했고, 현재 17개의 자회사를 두고 있으며, 총자산액은 359억 위안이다. 스타얼라이언스 회원사이기도 한 국제항공은 매주 1,000편 이상, 114개 노선(국제선 43개, 국내선 71개, 세계 19개국 29개 도시)을 운항하고 있다. 대한항공의 운항 노선[전체 41개국 121개 도시(국내 13개 도시, 세계 40개국 108개 도시)]과 비교했을 때 아직은 국제노선 비중이 부족한 상황이다. 국제항공은 B737, 747, 757, 767, 777 시리즈와 A319, 320, 330, 340 시리즈 등 432여대의 항공기를 보유하고 있다.

남방항공은 2011년 기준 화물기 최다 보유, 최대 항로, 연간 최대 여객 운송량을 기록한 항공사이다. 1997년 뉴욕과 홍콩 증권거래소에 동시 상장을 시작으로 2003년 상하이 증권거래소에도 상장을 마쳤다. 8개 상장회사를 자회사로 보유하고 있으며 총자산은 1,500억 위안이다. 베이징과 호주에 비행학교를 설립해 운영 중이고, 마카오와 인접한 경제특구 주하이(珠海)에는 모의 비행 훈련센터와 항공 엔진 수리센터도 운영하고 있다. 현재 B777, 747, 757, 737 시리즈와 A380, 320, 321, 320, 319 시리즈 등 약 490여대의 항공기를 보유하고 있다. 남방항공은 규모면에서 아시아 1위, 세계 3위를 자랑한다. 매일 1,930편의 항공기가 운행하며, 35개국 193개 도시에 취항하고 있다.

동방항공은 2002년 중국동방항공그룹을 기초로 하여 중국서북항공을 합병하고 운남항공과의 제휴를 통해 설립되었다. 홍콩, 뉴욕, 상하이 증권거래소에 상장했고, 21개의 자회사를 거느리고 있다. 중대형 항공기 330여대, 기타 항공기 18여대를 보유하고 있으며, 151개 노선을 취항하고 있다.

민영 항공사들 대거 출현

중국 항공업계는 2004년 전후로 춘추항공, 동성항공, 지상항공 등 다양한 민영 항공사들이 대거 출현했다. 이들 대부분은 항공업 틈새시장을 노린 저가항공 모델 전략을 세워 단거리 노선을 기반으로 새로운 시장을 개척하고 있다.

중국 저가 항공업계를 대표하는 춘추항공은 중국 최초의 민영 자본 항공사로 2004년에 설립했다. 8,000만 위안의 자본금으로 3대의 항공기로 여객과 화물 운수 서비스를 시작한 이래 2011년 기준 4.7억 위안의 순이익을 거두었으며, 33대의 항공기 보유, 국내 50여개 노선과 소수의 국제노선을 운영하고 있다.

중국 저가 항공업계는 3대 대형 항공사(국제, 남방, 동방)의 독점, 정부 지원 미비, 인력 부족 등을 호소하며 어려움을 겪고 있다. 그러나 향후 중국 항공산업의 해답은 저가항공에서 구할 가능성도 배제할 수 없다. 주로 국내선 위주인 저가항공은 앞으로 고속철도와의 경쟁이 불가피해 보인다. 이처럼 저가항공업계가 대대적인 조정과 재편에 들어가야 할 시기가 도래했음을 알리는 신호가 여기저기서 감지되고 있다. ★

- ❶ 글로벌 경기 부진으로 2012년 중국 해운업체 80% 이상 적자.
- ❷ 2012년 상하이 해운거래소가 중국판 BDI '중국수입벌크운임지수'(CDFI) 발표. 상하이컨테이너운임지수(SCFI), 중국수입원유운임지수(CTFI) 등과 함께 중국 해운 시황 집중 반영.
- ❸ 중국, 유럽 경제 위기 틈타 해외 항만 인수 활발.
- ❹ 중국 정부 주도로 중국코스코와 중국해운컨테이너 합병 작업 본격화, 합병이 성사되면 세계 4위 등극.

▶ 해운사 세계 톱 10

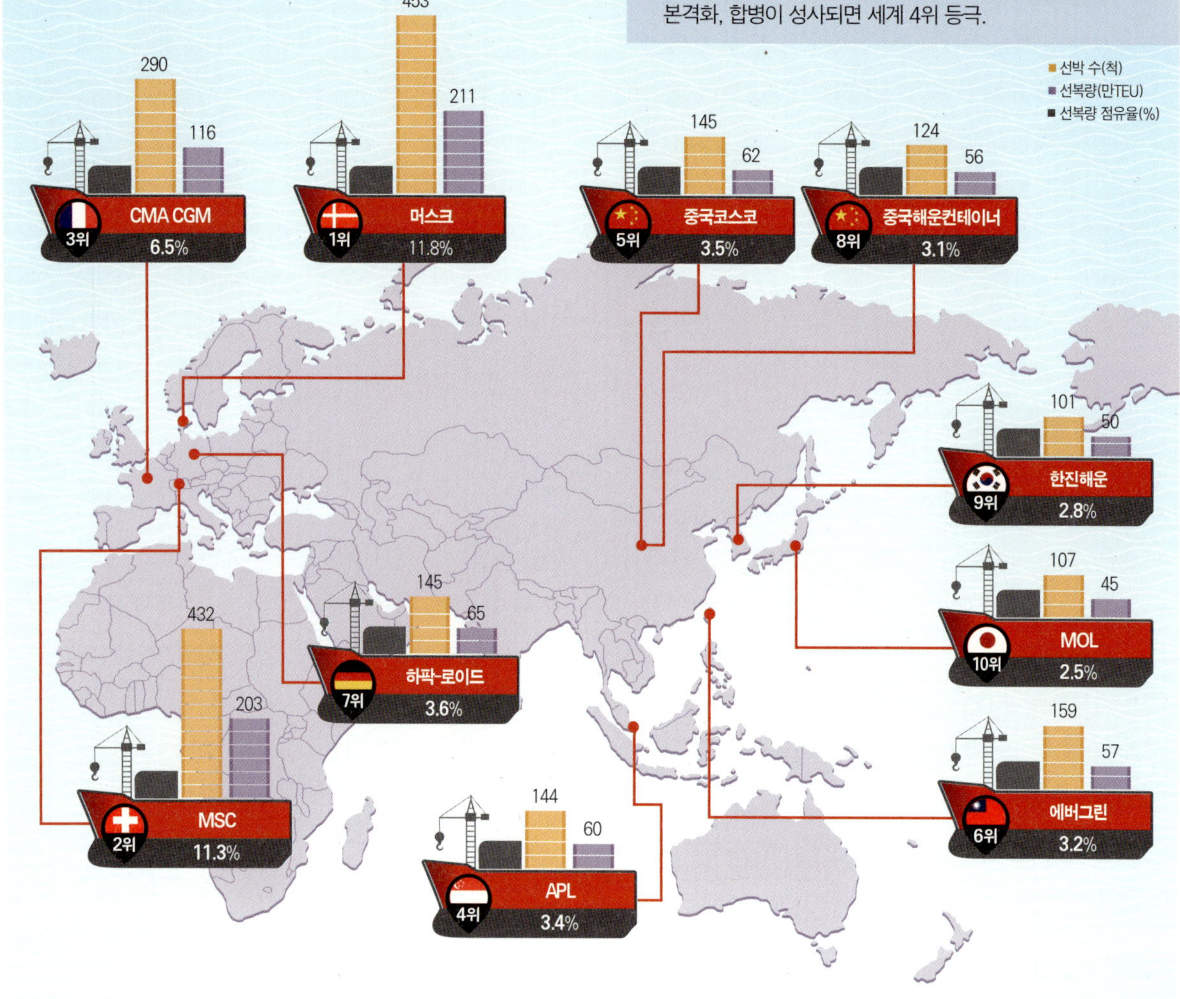

- 중국 해운회사인 중국코스코와 중국해운컨테이너는 보유 선박이 각각 145척, 124척으로, 5위와 8위에 올랐다.
- 한국에서는 한진해운이 101척으로 9위에 올랐다.

자료: UNCTAD

*기준: 2012년 컨테이너선(선박 수+선복량 등 종합)

▶ 지역별 컨테이너 물동량 비중 추이

(%)

유럽　아시아(중국 제외)　중국　북미　기타

- 중국은 다국적 기업의 생산 거점으로 수출입 물동량 1위 국가이다.
- 중국은 세계 컨테이너 물동량의 31.6%를 점유하고 있다(2013년 기준).

자료: Clarkson

▶ 세계 해운 물동량 추이

(백만 톤)

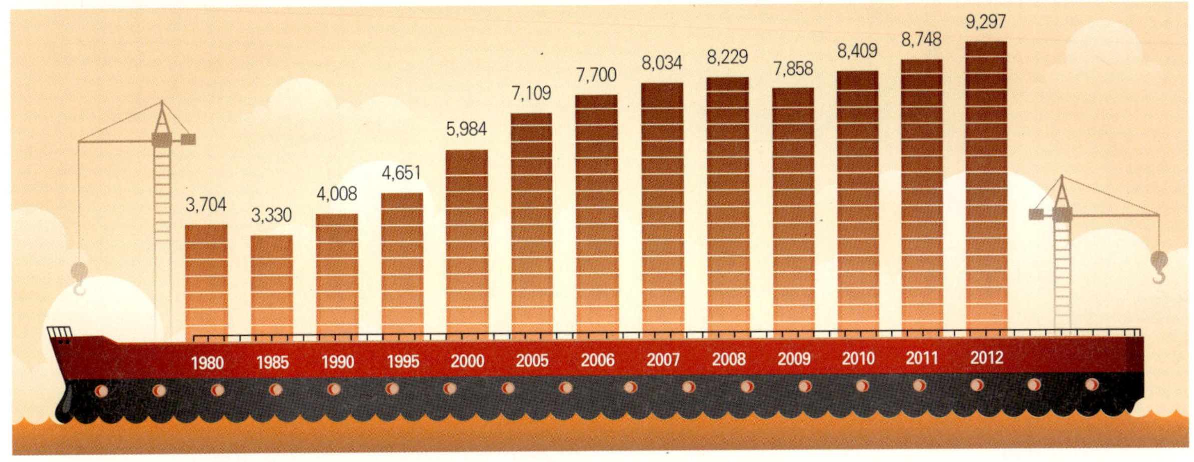

- 2011년 이후 계속된 글로벌 저성장 국면, 유럽 재정 위기 등은 해운업계에 악재로 작용했다.
- 세계 해상 물동량은 2011년 87억 톤이었으나 2012년 약 93억 톤 상승했으며, 물동량 증가율은 점차 하락하고 있다.

자료: Clarkson

▶ 중국의 해운 물동량 추이

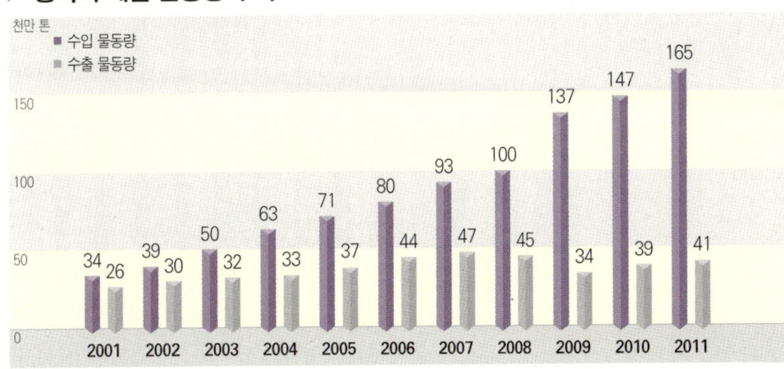

- 중국은 2009년 이후 위안화 절상, 원재료 수요 증가 등의 요인으로 수입 물동량과 수출 물동량의 격차가 점점 커지고 있다.

자료: Clarkson

▶ 중국의 해운 물동량 품목 비중

(%)

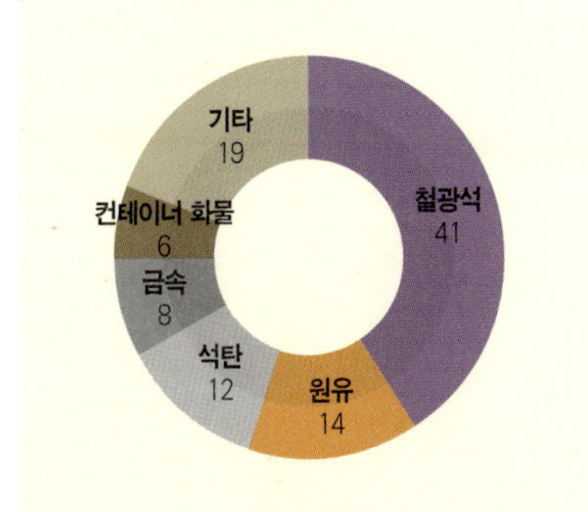

- 중국의 해운 물동량에서 철광석이 차지하는 비중이 가장 높다.

▶ 세계 건화물* 해운 수요

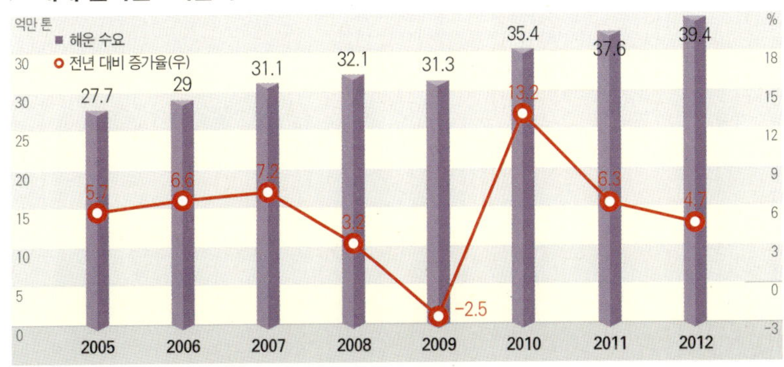

- 중국은 세계 컨테이너 물동량의 31.6%를 점유하고 있다. 유럽은 물론이고 중국의 경제성장률이 하락하면서 건화물 해운 수요 역시 감소했다.
- 클락슨은 2013년 글로벌 경기 회복으로 건화물 수요가 전년보다 4.9% 증가한 41.3억 톤이 될 것이라 예상하고 있다.

자료: Clarkson

* 건화물: 컨테이너 화물과 5대 벌크 화물(철광석, 석탄, 보크사이트, 알루미늄, 인광석) 등.

▶ 세계 건화물 물동량 품목 비중

(%)

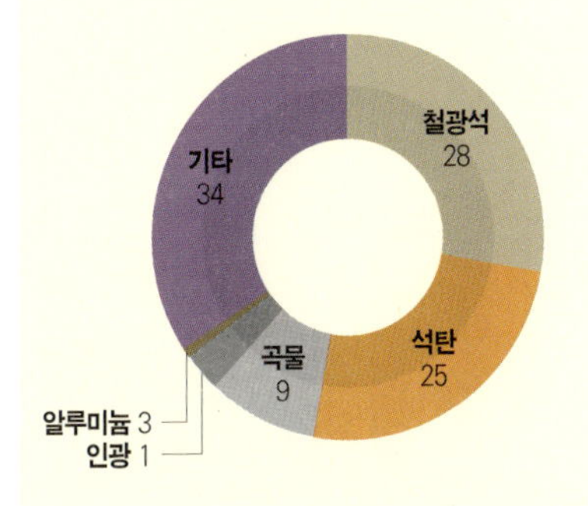

- 세계 건화물 물동량은 철광석이 가장 높은 비중을 차지하고 있다.

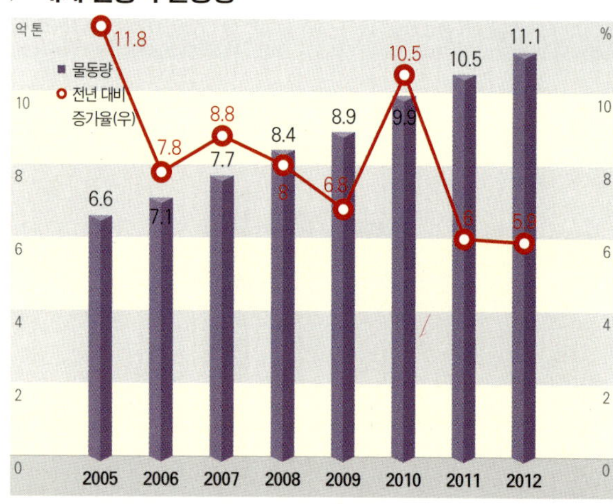

▶ 세계 철광석 물동량

- 2012년 세계 철광석 물동량은 11.1억 톤으로 전년 대비 5.9% 증가했다.
- 2013년 철광석 물동량은 11.8억 톤이 예상된다. 　자료: Clarkson

▶ 세계 석탄 물동량

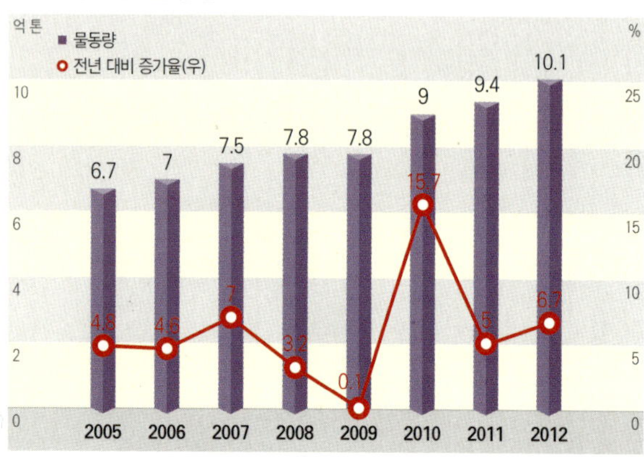

- 2012년 세계 석탄 물동량은 10.1억 톤으로 전년 대비 6.7% 증가했다.
- 2013년 석탄 물동량은 10.7억 톤이 예상된다. 　자료: Clarkson

▶ 세계 원유·가스 물동량

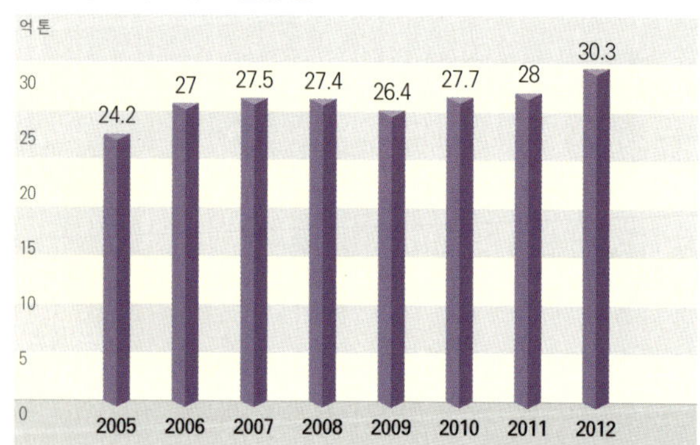

- 2008년 글로벌 금융 위기로 원유 소비가 감소하면서 원유·가스 물동량 역시 감소했다.
- 세계 원유·가스 물동량은 2010년부터 차츰 상승하고 있지만, 세계 경제가 빠르게 회복할 가능성이 낮기 때문에 금융 위기 이전과 같은 상승세는 기대할 수 없다. 　자료: Clarkson

▶ 세계 철광석 물동량 중 중국 수입 비중

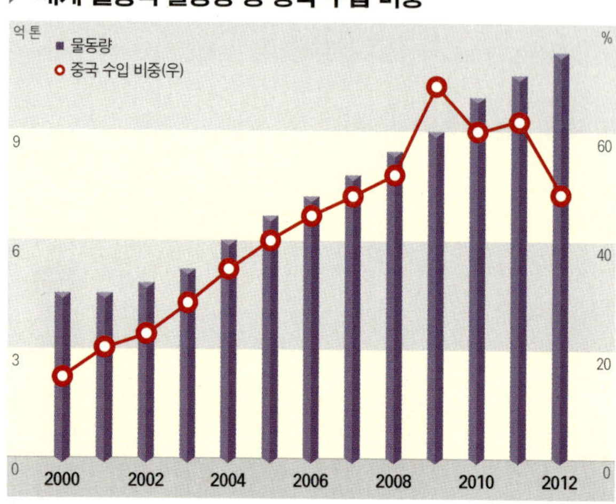

- 신도시화와 공업화가 빠르게 진행 중인 중국은 2011년 전 세계 철광석 물동량의 60%를 수입했다. 　자료: Clarkson

▶ 세계 석탄 물동량 중 중국 수입 비중

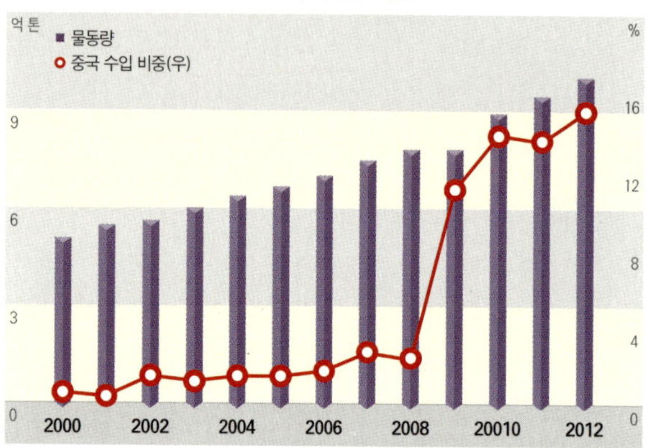

- 중국은 2012년 전 세계 석탄 물동량의 16%를 수입했다.
- 중국은 2008년 이후 전력 사용량이 증가하자, 전력을 안정적으로 공급하기 위해 석탄 수입을 늘렸다. 또한 산업 전반에 걸쳐 석탄 수요가 증가하면서, 석탄 수입 비중이 빠른 속도로 커지고 있다. 　자료: Clarkson

▶ 세계 원유 물동량 중 중국 수입 비중

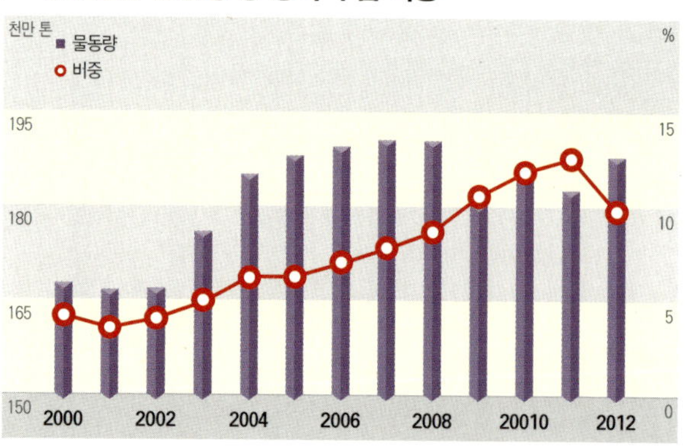

- 중국은 2012년 세계 원유 물동량의 10%에 해당하는 2.8억 톤의 원유를 수입했다.

▼ 국가별 선박 보유량과 적재량 톱 10

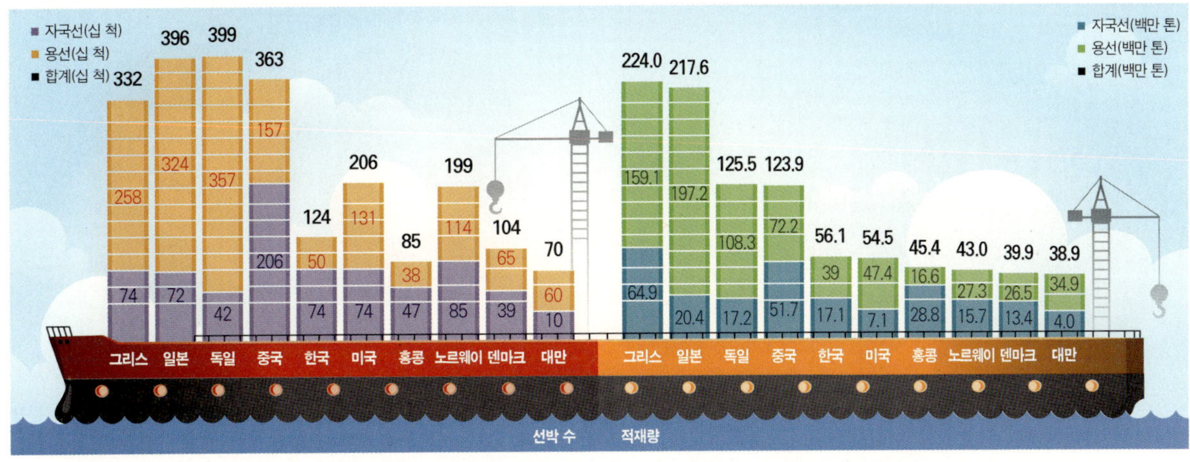

- 그리스는 3,321척의 선박을 보유, 다른 국가에 비해 선박 수는 적지만 적재량이 2.2억 톤으로 1위 규모를 자랑한다.
- 세계 물동량에서 선박 보유 상위 6개국의 물동량이 50%가 넘는다.

자료: UNCTAD

▼ BDI(벌크선 운임 지수) 추이

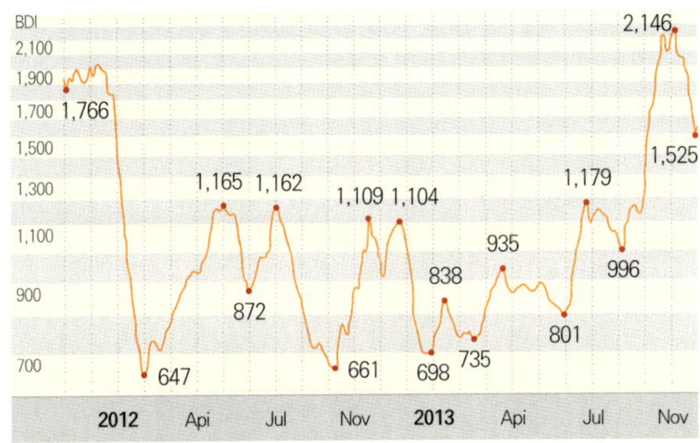

- 유럽 재정 위기가 장기화되면서 해운 경기도 큰 타격을 입었다.
- 해운시장을 가늠하는 지표인 BDI는 2012년 평균 918 포인트로 2011년 대비 40% 하락했다.
- 2013년 들어 벌크선 시장에서 큰 비중을 차지하는 중국의 경기가 회복되면서 BDI도 차츰 상승하는 모습을 보이고 있다. 자료: Baltic Exchange

▼ SCFI(상하이컨테이너운임지수) 추이

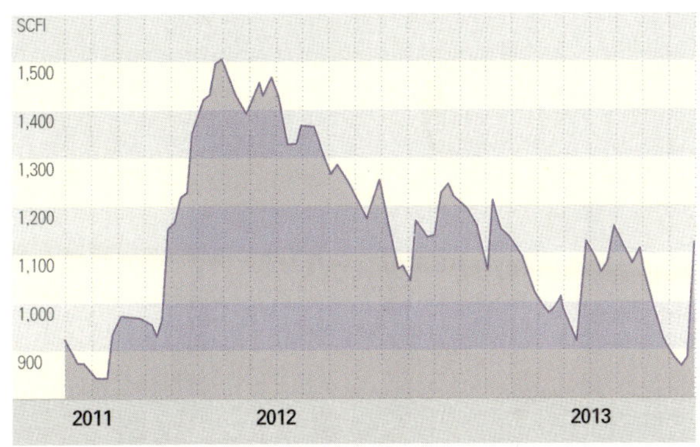

- 지난 2년간 세계 해운시장은 공급 과잉과 유럽 재정 위기로 물동량이 감소하면서 SCFI가 큰폭으로 하락했다.
- 2013년 들어 춘절(음력 1월 1일) 기간에 출하량이 증가하며 SCFI가 소폭 상승했지만, 반등하지 못하고 하락 추세가 계속되었다.

자료: SSE

▼ 세계 10대 항만 컨테이너 물량

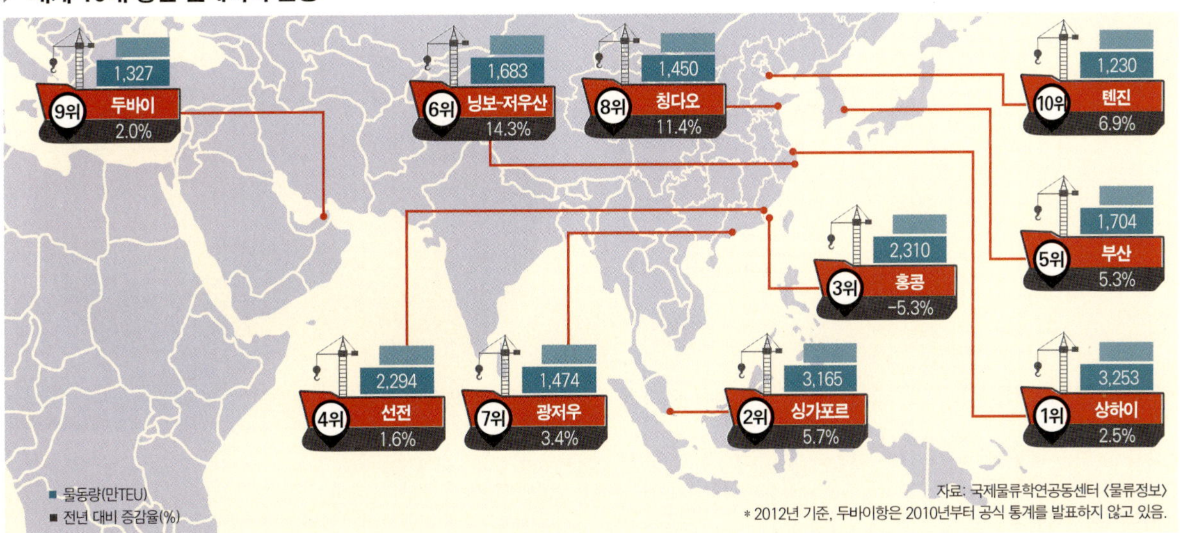

자료: 국제물류학연공동센터 〈물류정보〉
* 2012년 기준, 두바이항은 2010년부터 공식 통계를 발표하지 않고 있음.

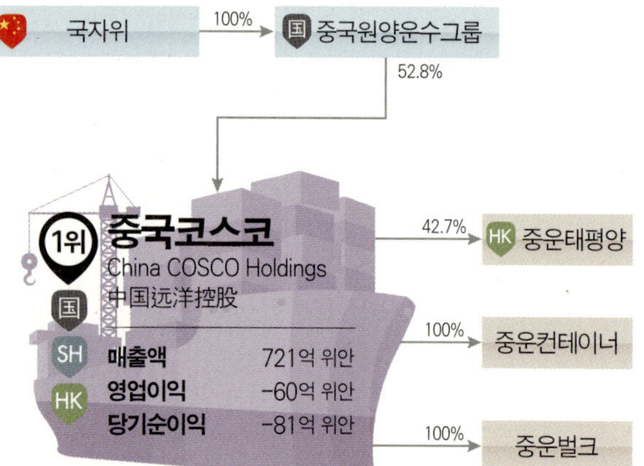

- 중국코스코 소속 컨테이너선 '영성호'(永盛号), 컨테이너선으로는 최초로 아시아–유럽을 북극항로로 첫 취항. 운항 일수 12~15일 단축.
- 2009년, 그리스 최대 항구인 피레우스항 컨테이너 터미널에 대한 35년 기한 운영권 따냄. 유럽, 중동, 북아프리카, 구소련독립국가연합(CIS) 지역으로 진출하기 위한 최적의 위치 선점.

▶ 중국코스코 매출 구성

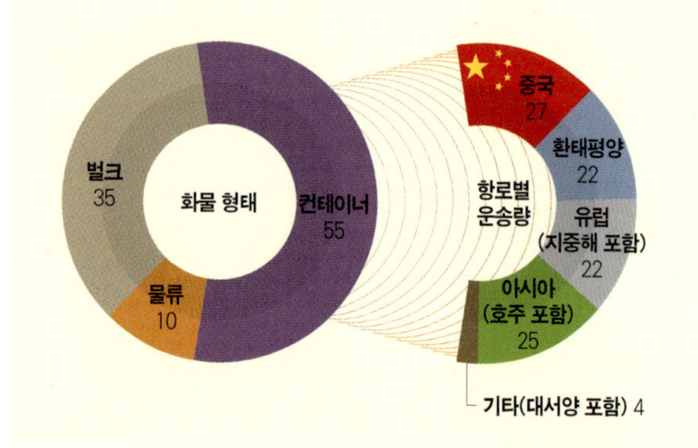

- 중국코스코 매출에서 컨테이너 화물이 차지하는 비중이 55%로 가장 높다.
- 항로별 운송량은 중국을 포함해 전 세계에 골고루 분포되어 있다.

▶ 중국코스코 경영 실적

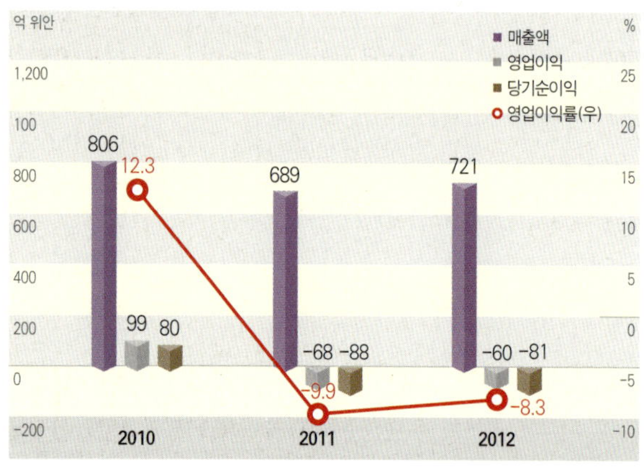

- 2011년 이후 중국코스코는 매우 힘든 시기를 보내고 있다. 세계 해운시장의 수급 균형이 무너지고 유가 등 비용 부문이 증가해 2011, 2012년 연속으로 적자를 냈다.

▶ 중국코스코 자산 – 부채

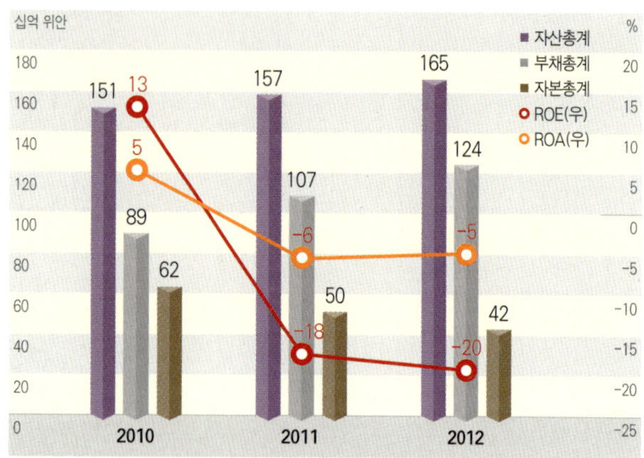

- 중국코스코의 자산 규모는 매년 꾸준히 증가해 2012년에는 1,650억 위안을 넘어섰다.
- 하지만 이어지는 적자에 ROE는 −20%를 기록했다.

▶ 중국코스코 주가 추이

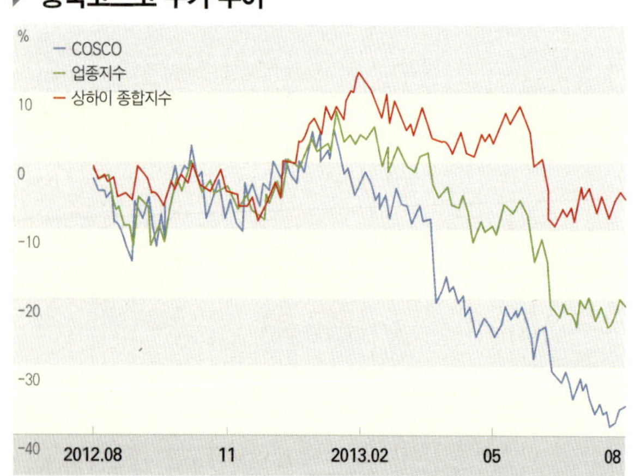

- 중국코스코는 경영난이 지속될 경우 상하이 증권거래소 관리종목으로 편입되며, 3년 연속 적자를 낼 경우 시장에서 퇴출당할 위기에 처해 있다.

▶ 중국코스코와 중국해운컨테이너 합병 시 세계 톱 10 해운사

순위	업체	선복량(TEU)
1위	머스크(덴마크)	2,593,261
2위	MSC(스위스)	2,181,108
3위	CMA CGM(프랑스)	1,378,074
4위	코스코+중국해운컨테이너(중국)	1,303,656
5위	에버그린(대만)	727,233
6위	하팍-로이드(독일)	633,644
7위	한진해운(한국)	578,001
8위	APL(싱가포르)	575,644
9위	MOL(일본)	507,515
10위	OOCL(홍콩)	452,332

*기준: 2012년 11월 1일   자료: 알파라이너

- 중국 1, 2위 해운사인 중국코스코와 중국해운컨테이너가 합병 작업에 착수했다.
- 두 회사가 합병하면 세계 4위 규모의 해운사가 탄생한다.

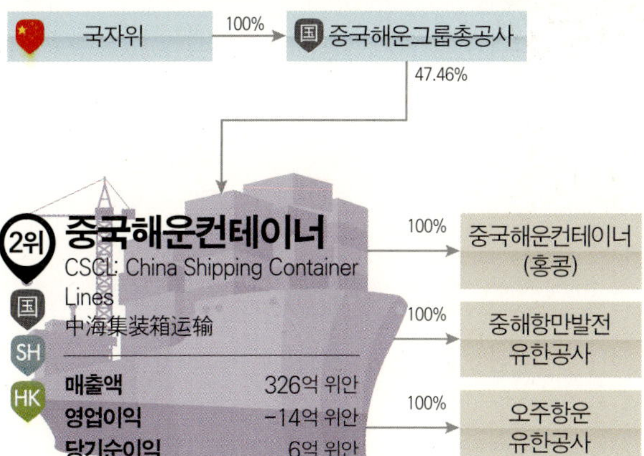

- 해운업 불황에도 현대중공업에 전 세계에서 가장 큰 1만 8,400TEU급 컨테이너 운반선 5척 발주.
- 중국 정부는 해운업계를 보호하기 위해 중국 수출입은행을 통해 중국코스코와 중국해운컨테이너에 5년간 95억 달러씩 지원하기로 함.
- 초대형유조선(VLCC) 20척 발주 위해 조인트벤처 추진.

▼ 중국해운컨테이너 매출 구성　(%)

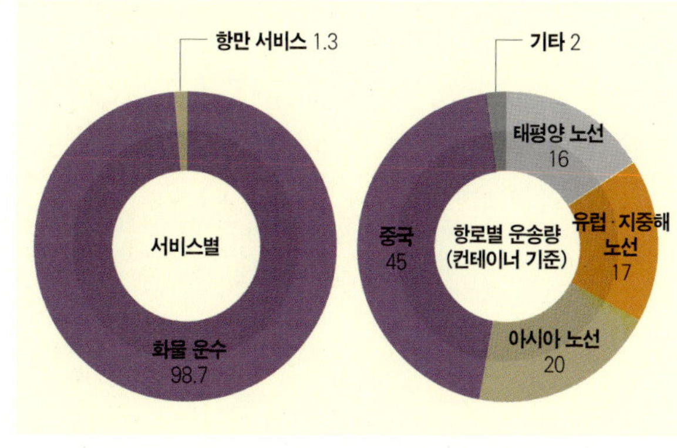

- 중국해운컨테이너 매출 중 대부분을 차지하고 있는 화물 운수 부문은 중국과 아시아 물동량 비중이 65%에 이른다.

▼ 중국해운컨테이너 경영 실적

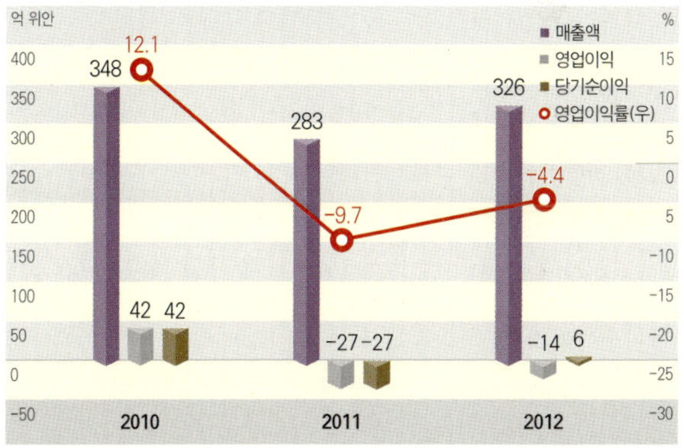

- 2012년 화물 운송 수요 감소, 운임 가격 하락으로 해운업계는 불황이 계속되었다.
- 이런 상황에서도 중국해운컨테이너는 유럽과 아시아 물동량이 증가하여 2012년 326억 위안의 매출을 기록했다.

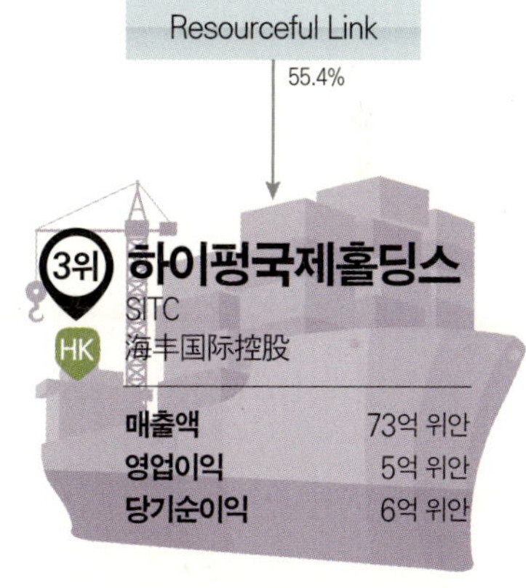

- 세계 25위 해운사, 아시아 지역을 운항하는 해운사 중 7번째 규모의 선단 보유.
- 인천항을 기점으로 한 신규 컨테이너 항로 'CTV'(China Thailand Vietnam) 개설.

▼ 하이펑국제홀딩스 매출 구성　(%)

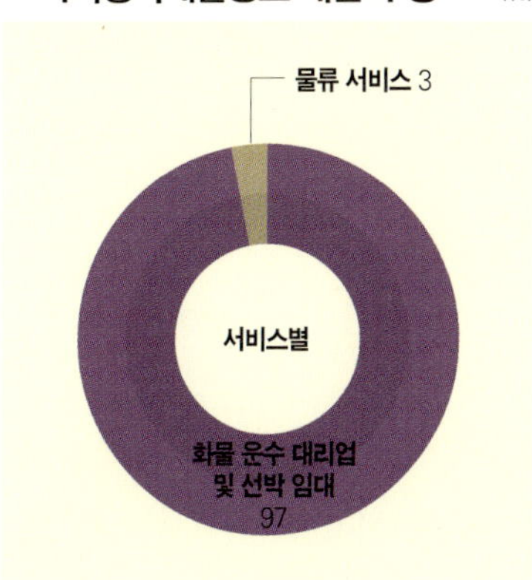

- 하이펑국제홀딩스는 화물 운수 대리업과 선박 임대업이 매출의 97%를 차지하고 있다.

▼ 하이펑국제홀딩스 화물 운송량 추이

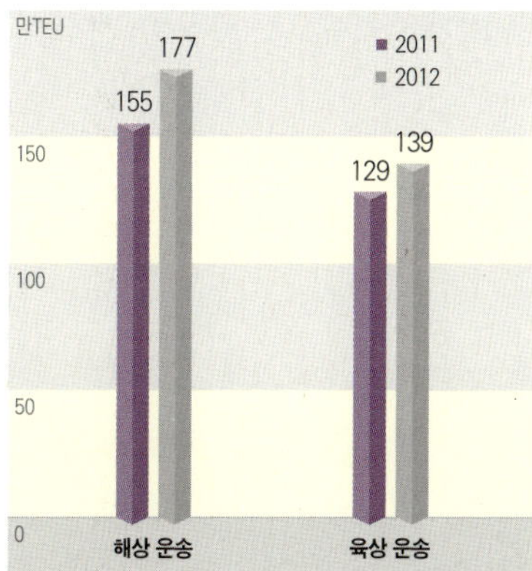

- 하이펑국제홀딩스의 2012년 해상 컨테이너 운송량은 177만TEU로 전년 대비 14.7% 증가했고, 육상 컨테이너 운송량은 139만TEU로 전년 대비 8% 증가했다.

▼ 하이펑국제홀딩스 경영 실적

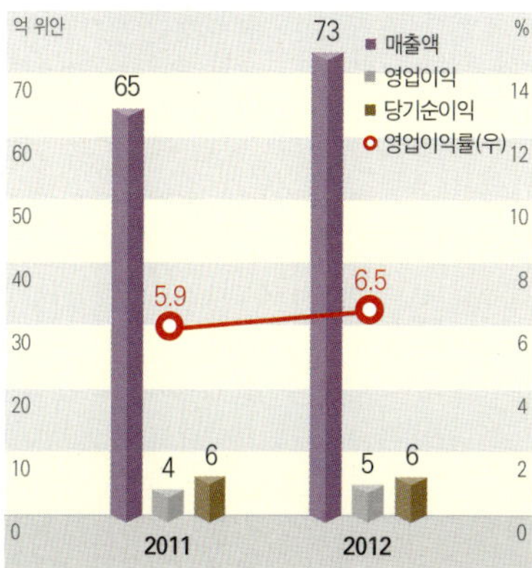

- 아시아 노선을 중심으로 화물 운송업을 하는 하이펑국제홀딩스는 2012년 매출액이 전년 대비 13.6% 증가한 73억 위안을 기록했다.

세계 해운업황 최악 국면,
중국 해운사들도 적자 속출

2012년 세계 해운업황은 최악이었다. 선복 과잉에 유가 상승, 운임 하락이 복합적으로 작용하면서 고난의 한 해를 보내야 했다. 발틱해운거래소가 산출하는 발틱운임지수(BDI)는 2010년 2,693p에서 2012년 918p로 대폭 하락했다. 장기 불황에 빠진 해운사들은 딱히 활로를 찾지 못하고 적자의 늪에서 시달리고 있다. 2012년 중국 해운사의 80% 이상이 적자를 기록한 것을 보면 상황의 심각성을 알 수 있다.

유럽 경제 회복이 불확실하고 중국의 경제 회복 속도도 더딘 가운데, 최근 2년간 벌크 화물을 비롯한 컨테이너 화물, 유류 화물 운수는 공급 과잉이 뚜렷했다. 글로벌 해운업계는 운영비를 아끼는 동시에 공급 과잉을 줄이기 위해 선박 해체 기간도 기존 25년에서 18~20년으로 단축하는 등 자구 노력을 이어가고 있지만 불황을 타개하기에는 역부족으로 보인다.

영국의 시장 전망 기관인 클락슨(Clarkson)에 따르면, 2014년 해운업계는 유럽, 중국, 일본 등 주요국들의 경기 상황이 악화된 상태에서 공급 증가율이 수요 증가율의 2배에 이르는 공급 과잉 현상이 지속되는 악재에 시달릴 것이라고 분석했다. 해운업계는 선사들의 적극적인 운임 인상 등의 방법을 통해 스스로 돌파구를 찾고 있지만 여러 악재 요인이 겹치면서 당분간 업황 회복은 어려워 보인다.

개혁·개방 이후 20년, WTO 가입 이후 10년……
중국 해운업계의 급성장 사이클

중국은 해안선 약 18,000km를 보유한 해양국가이다. 이 해안선을 따라 연해의 수많은 부동항을 가지고 있다. 이러한 천혜의 자연적 조건을 바탕으로 개혁·개방 20년 이후 중국의 해운업은 빠르게 성장해왔다. 중국은 1961년 대형선 '광화'의 인도네시아 취항 이후, 1973년 텐진과 상하이에서 일본으로의 컨테이너선 운항을 개시했다. 이어 칭다오, 황푸, 장지아지에, 다롄 등지로 컨테이너선 운항 거점을 넓혀나갔다. 1978년에는 상하이와 호주 간 항로를 개설해 장거리 항로 운항을 시작하기도 했다.

2001년 WTO 가입을 기점으로 중국 해운업계는 다시 한 번 급성장의 길에 들어섰다. 항구 물동량과 컨테이너 물동량이 동시에 고성장을 이어갔고, 최근에는 중국이 전 세계 해상무역 증가량의 60% 이상을 차지하고 있다는 소식도 흘러나오고 있다. 현재 중국은 전 세계 해운 수입의 10%, 수출의 5%를 차지하며 글로벌 해운업계의 중심으로 성장해나가고 있다.

최근 세계 경기 불황의 여파는 중국 해운업계에게도 달갑지 않은 영향을 미치고 있다. 특히 중국 1위 해운업체인 '중국코스코'(COSCO)은 2011년에 104.5억 위안의 손실을 내면서 '손실왕'이라는 불명예 닉네임을 얻기도 했다.

하지만 중국의 해운시장은 장기적인 수요를 고려해보건대 미래가 그리 어둡지만은 않다. 중국은 여전히 공업화와 도시화가 진행 중에 있으며, 향후 지속적으로 기초설비와 건설 등의 투자로 벌크상품 수요가 늘어나면서 적지 않은 해운 수요를 일으킬 전망이다.

SITC는 아시아지역 내 항공 운송 및 물류 기업으로, 주요 사업영역은 컨테이너 정기 운송, 화물 운송 대리, 통관, 중개, 관리, 트래킹 및 LCL 등이다. 현재 50개 노선으로 운항 중이며, 한국과 일본을 포함해 동남아 9개국에 걸쳐 45개 항구를 운영하고 있다.

중국 해운업계의 대표 주자들

중국 해운업계는 '중국코스코', '중국해운컨테이너'(CSCL), '하이평국제홀딩스'(SITC) 등의 해운사가 시장점유율에서 수위를 차지하고 있으며, 그 뒤를 SINOTRANS 등의 업체가 추격하고 있다.

COSCO는 세계에서 두 번째로 큰 하이브리드 해운사인 중국원양운수그룹 소속이다. 1961년 중국원양운수그룹 설립 초기에는 4척의 배와 2.26만 톤(DWT)의 적재 운송력으로 시장에 뛰어들었다. 지금은 800여척의 최첨단 선박, 5,500만 톤(DWT) 이상의 적재 운송력을 보유하고 있으며, 연 4억 톤 이상의 화물을 수송하고 있다. 아울러 전 세계 160군데 지역에 1,500여개 항구와 터미널을 운영하고 있다.

CSCL은 정부에서 직접 관리하는 국영 해운사 가운데 하나로, 1997년 중국 상하이에서 설립했다. 컨테이너, 석유, 화물 운송, 여객, 자동차 수출 운송 및 특송을 주요 업무로 하며 최근 LNG 서비스를 시작했다. 또한 터미널, 종합 물류, 선박 대리, 친환경 항공 운송, 선박 수리, 선원 관리, 무역, 금융 투자, 정보기술 등의 산업에도 진출하며 사업영역을 넓혀 나가고 있다. CSCL의 총자산 규모는 1,590억 위안이고, 2,800만 톤 급 컨테이너 60만 개 및 탑재 가능한 각종 선박 500여척 이상을 보유하고 있다. 아울러 연간 화물 운송량 4억 3,500만 톤, 1,100만 개(20GP) 등을 기록하고 있다.

세계 해운업계는 지금 운임지수 전쟁 중!

2012년 11월 상하이해운거래소가 중국수입벌크운임지수(CDFI)와 중국수입원유운임지수(CTFI)를 공식 발표하며 세계 해운산업에서의 입지 다지기에 돌입했다. 세계 해운업계는 일찍이 해운산업이 발달한 영국에서 만들어진 대표적인 운임지수 BDI와 HRCI를 통해 시장을 판단하고 예측해 왔다. 하지만 최근 해운산업의 중심이 유럽에서 아시아, 특히 중국으로 이동하고 있다. 현재 전 세계 해상 물동량의 50% 이상이 아시아에서 거래되고 있다.

상황이 이러하다보니 기존 유럽형 운임지수에 의존해서 시황을 예측하는 것은 아시아지역의 시황 정보를 제대로 반영하지 못한다는 지적이 제기되고 있다. 이는 독자적인 해상 운임지수의 필요성으로 이어졌다. 이에 따라 상하이해운거래소는 1998년 상하이발 컨테이너 운임지수인 SCFI를 발표했고, 이어 2011년에는 중국 연해 석탄 운임지수인 CBFI도 개발되었다.

중국의 독자적인 해상 운임지수 개발은 향후 증대되는 아시아 해운시장에서 우위에 서고자 하는 의지의 반영이기도 하다. 어떤 분야이건 표준을 만드는 주체는 시장을 이끄는 리더들이었다. 과거 영국이 글로벌 해운산업의 리더였다면, 21세기에는 중국이 리더가 될 것으로 업계는 관측하고 있다. SCFI와 CBFI가 전 세계 해운거래소의 표준이 될 날이 얼마 남지 않은 것이다. ★

11

물류·택배 업계

❶ 2012년 중국의 사회물류총액 177조 위안, 전년 대비 9.7% 증가.
❷ 2012년 중국 택배 업무 처리량 57억 건, 전년 대비 55% 성장.
❸ 2012년 중국의 사회물류비용 총 9.4조 위안, 선진국보다 2배 높은 수준.
❹ 2013년 중국 물류산업, 물류량 증가와 전자상거래의 빠른 발달로 택배와 SCM(원재료 공급에서 생산, 배송, 판매 등 모든 과정을 통합 관리) 서비스 투자 전망 밝음.

▼ 물류실적지수(LPI) 세계 톱 10

(2012년 기준)

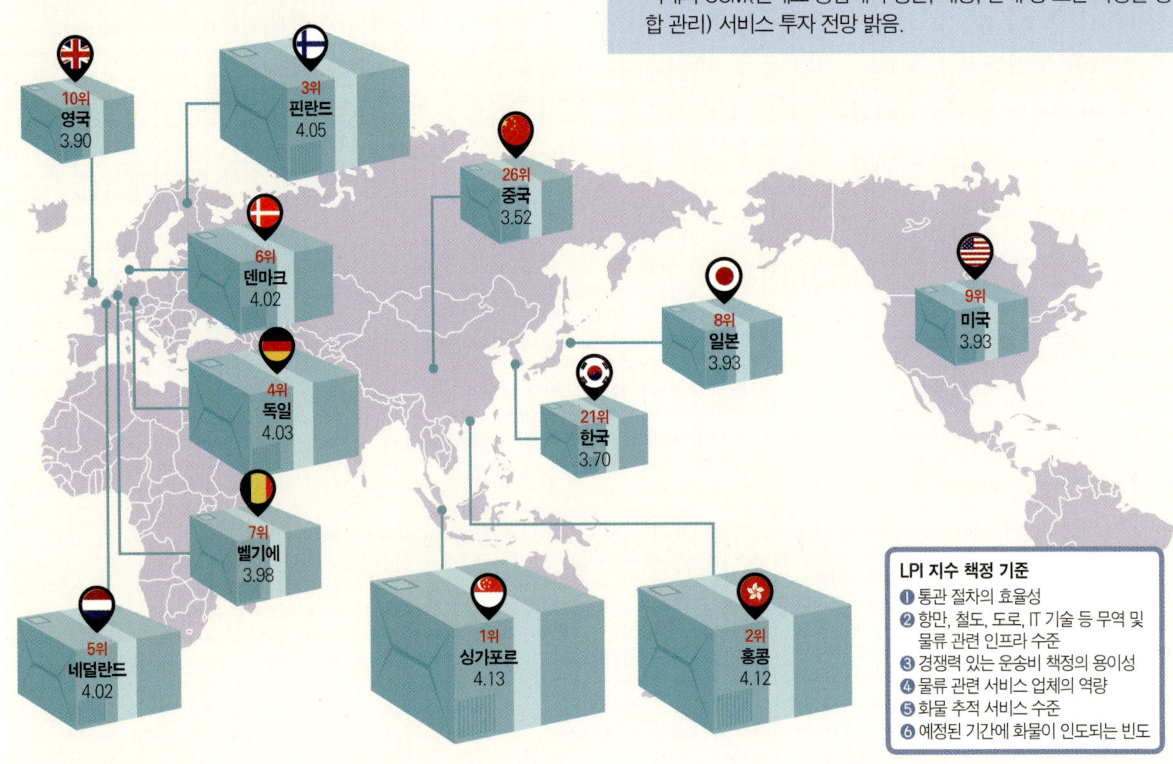

- 국가의 물류산업 경쟁력을 가늠해 볼 수 있는 물류실적지수(LPI: Logistics Performance Index) 조사에서 중국이 26위를 차지했다.
- 중국은 2007년에는 30위, 2010년에는 27위로 순위가 점차 높아지고 있다.

자료: 중국물류구매연합회

▼ 중국의 사회물류총액 추이

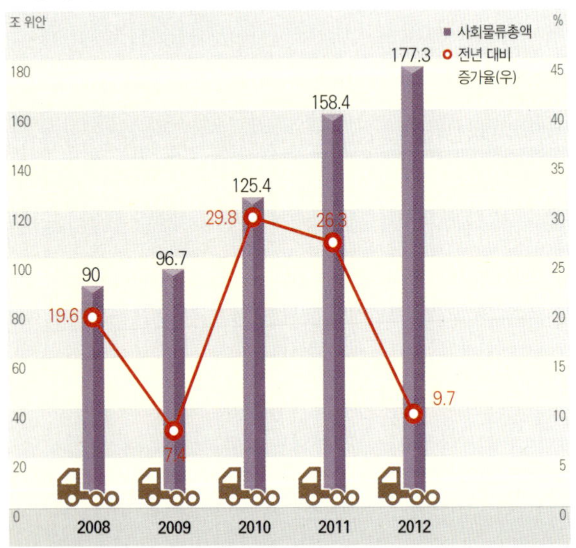

- 사회물류총액은 일정 기간 동안 물류서비스를 통해 배송되었거나 배송 중에 있는 모든 상품의 총가치를 금액으로 환산한 값이다.
- 2012년 중국사회물류총액은 177.3조 위안으로 전년 대비 9.7% 증가했다.

자료: 중국물류구매연합회

▼ 중국의 물류업경기지수 추이

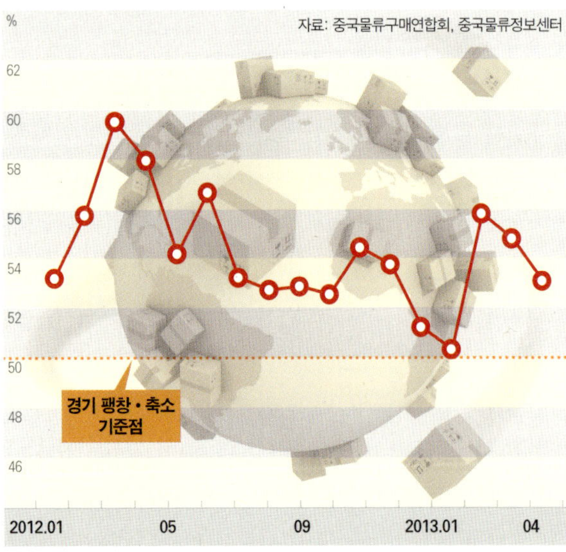

- 중국물류구매연합회와 중국물류정보센터가 매달 발표하는 물류업경기지수를 보면 중국은 2012년부터 물류업경기지수가 줄곧 50%를 상회하고 있다.
- 이는 중국의 물류업이 안정적으로 성장하고 있음을 의미한다.

중국의 지역별 화물 운송량과 운송 수단

(2012년 기준, %)

미구분 지역
8억 톤
18
82
서북 지역
259억 톤
21
79
화북 지역
561억 톤
3
29
68
동북 지역
296억 톤
4
16
80
화동 지역
1,256억 톤
20
5
75
화중 지역
516억 톤
8
5
87
화남 지역
386억 톤
19
4
77
서남 지역
359억 톤
5
7
88
철도
도로
수운
신장
간쑤
칭하이
닝샤
네이멍구
헤이룽장
지린
랴오닝
베이징
톈진
허베이
산시
산둥
산시
허난
장쑤
안후이
상하이
후베이
시짱
쓰촨
충칭
저장
후난
장시
구이저우
푸젠
윈난
광시
광둥
하이난

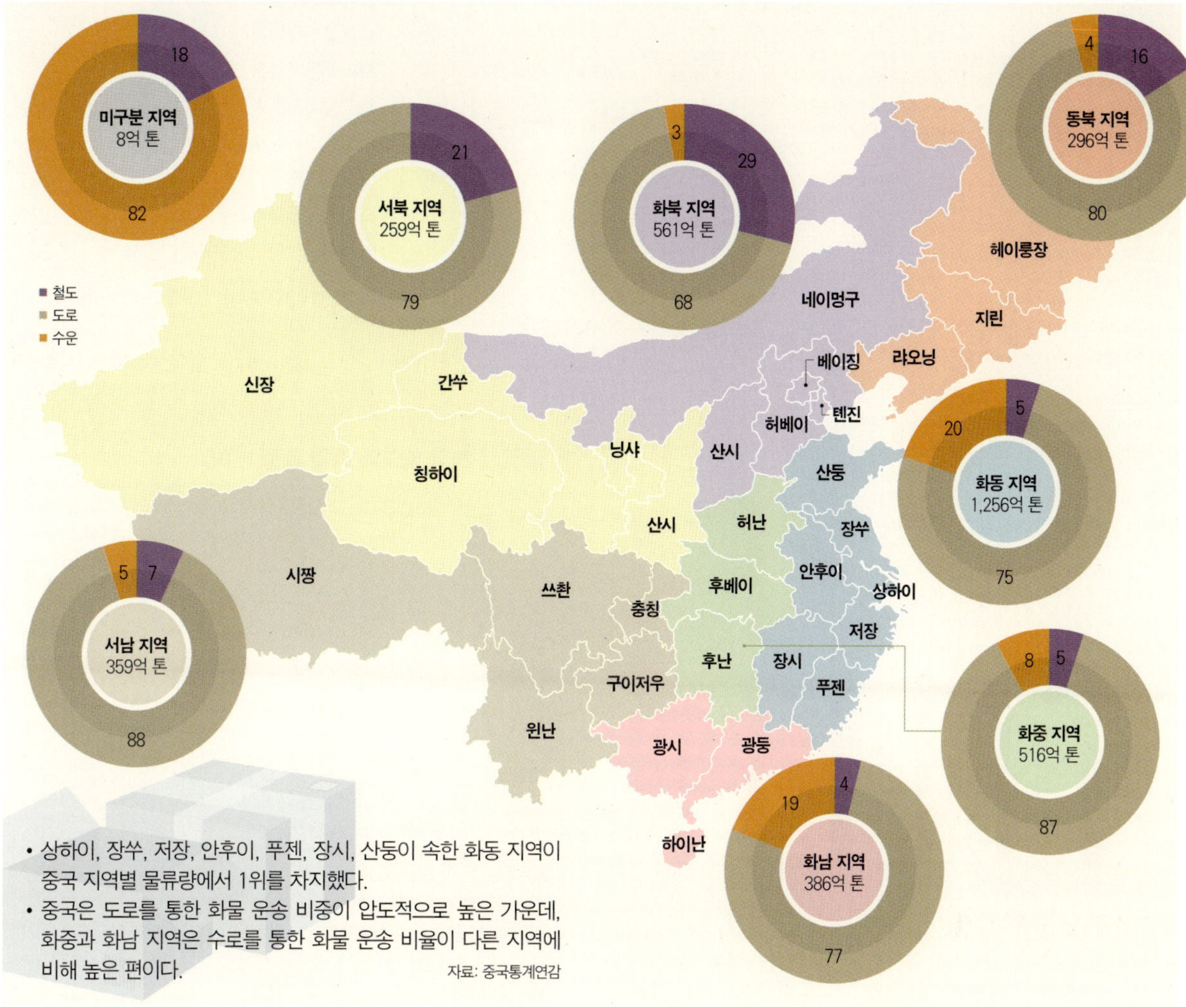

- 상하이, 장쑤, 저장, 안후이, 푸젠, 장시, 산둥이 속한 화동 지역이 중국 지역별 물류량에서 1위를 차지했다.
- 중국은 도로를 통한 화물 운송 비중이 압도적으로 높은 가운데, 화중과 화남 지역은 수로를 통한 화물 운송 비율이 다른 지역에 비해 높은 편이다.

자료: 중국통계연감

중국의 화물 운송 수단별 점유율

%
80
60
40
20
0
파이프라인
항공
수운
도로
철도
2007: 2, 0.02, 12, 72, 14
2008: 2, 0.02, 11, 74, 13
2009: 2, 0.02, 11, 75, 12
2010: 2, 0.02, 12, 76, 11
2011: 2, 0.02, 12, 76, 11

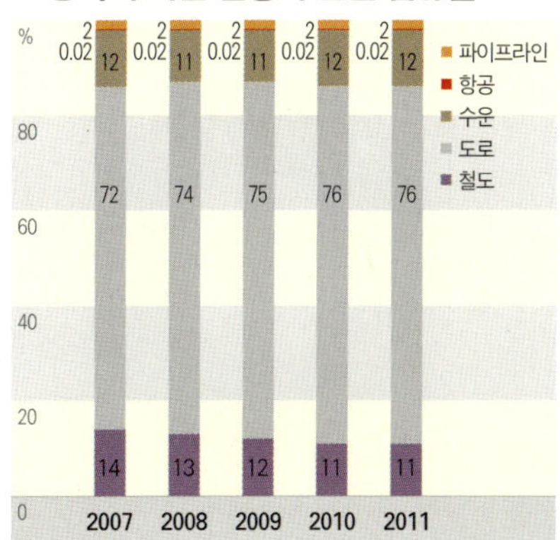

- 화물 운송 수단별 점유율을 보면 도로를 통한 운송 비중이 압도적으로 높다.
- 도로 운송은 점유율이 꾸준히 상승하는 추세이다.

국가별 GDP 대비 사회물류비용

(%)

중국 18.1
멕시코 14.9
인도 13
브라질 11.6
한국 9
일본 8.7
미국 8.3
독일 8.3
0
5
10
15
20

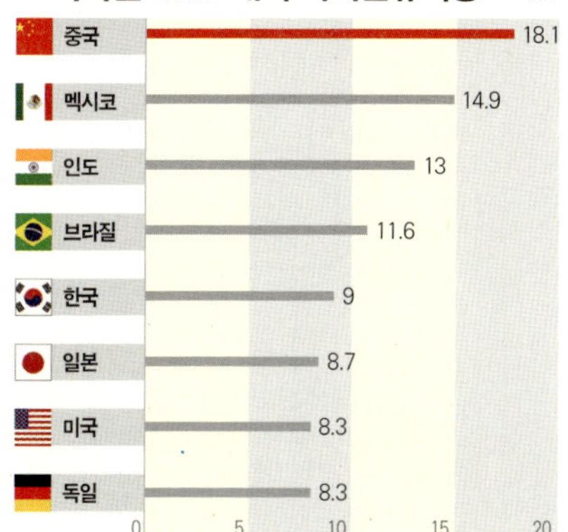

- 중국기업이 동일한 제품에 대해 일본이나 미국보다 40~50% 더 많은 물류비용을 부담하고 있다.

중국의 사회물류총비용 구성

(%)

관리비
12
보관비
35
운송비
53

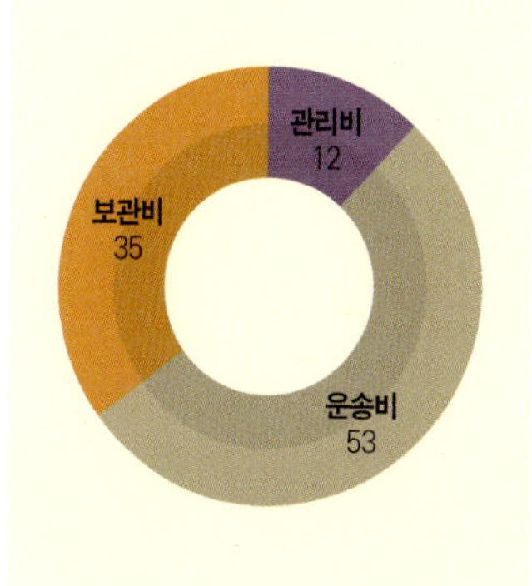

- 중국의 사회물류총비용에서 운송비가 차지하는 비중이 가장 높다(53%). 운송비에서 도로 및 교통 통행료가 차지하는 비중이 1/3 이상이다.

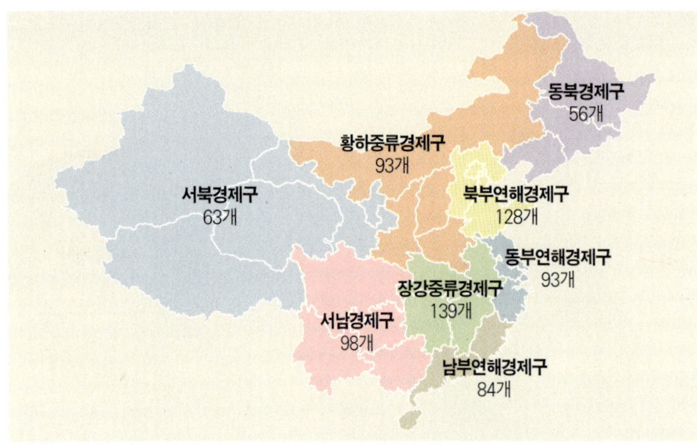

• 물류단지는 화물 운송량이 많은 장강중류경제구, 북부연해경제구, 동부연해경제구에 많이 분포되어 있다.

자료: 중국물류구매연합회

▼ **중국 물류업계 톱 10 기업** (억 위안, 2011년 기준)

순위	기업명	매출액
1	중국위엔양운수그룹	1,615
2	중국와이원창항그룹	991
3	중국하이원그룹	628
4	샤먼샹위유한공사	339
5	중티에물자그룹	267
6	중국물자저운총공사	262
7	카이롼그룹국제물류유한공사	226
8	톈진항그룹	221
9	중국석유천연가스운수공사	215
10	허난석탄화학그룹물류유한공사	202

• 중국 물류업계 1~3위까지는 중국 메이저 해운회사의 자회사들이다.
• 물류업계 상위 10곳 가운데 상장사는 중국 샤먼샹위유한공사뿐이다.

자료: WIND, 중국물류구매연합회

▼ **중국 택배시장 규모**

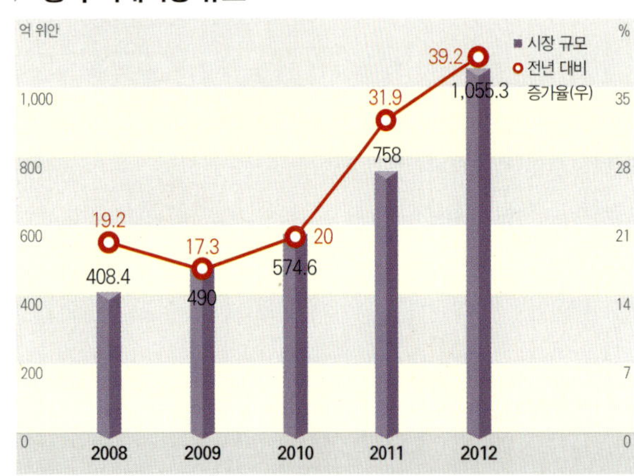

• 전자상거래시장의 빠른 성장에 힘입어 중국 택배시장이 급성장하고 있다. 2012년 중국 택배시장 규모는 1,055억 위안(한화 19.3조 원)으로, 한국보다 5.5배 크다.

자료: 중국우정국

▼ **중국 우체국 매출과 종별 물량 추이**

연도	우정업무총액 (억 위안)	우편물 (억 건)	소포 (만 건)	택배 (만 건)
2006	730	71	9,318	26,988
2007	1,214	70	9,103	120,190
2008	1,402	74	7,937	151,329
2009	1,640	75	7,230	185,784
2010	1,985	74	6,643	233,892
2011	1,562	74	6,881	367,000
2012	1,981	71	6,874	569,000

• 중국 우체국(중국우정)은 매년 매출(저축은행 매출 제외)이 증가하고 있지만, 우편물 양은 2009년에 정점을 찍고 하락하고 있다.
• 한편 택배 물량은 매년 급증하고 있다.

자료: 중국우정

▼ **중국의 주요 택배업체와 서비스망 확장** (%)

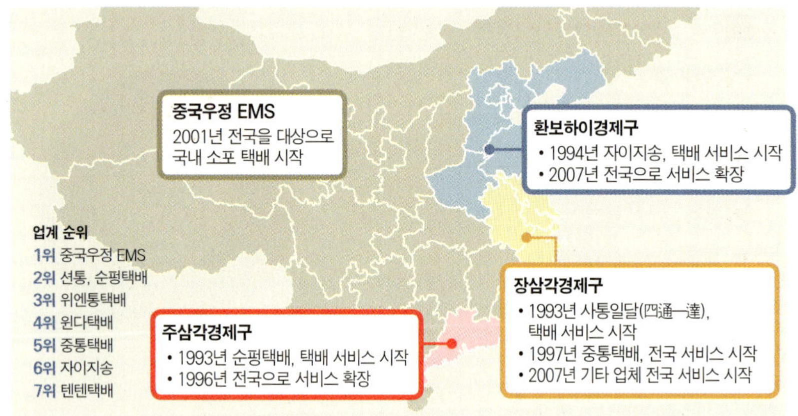

• 중국 주요 택배업체로는 중국우정 EMS, 사통일달(선통, 위엔통, 중통, 휘통, 윈다 택배), 순펑택배가 있다. 이들은 1990년대 초 연해 지역을 기반으로 서비스를 시작해, 1990년대 후반부터 서비스 영역을 전국으로 확장했다.

▼ **중국의 국제 택배 시장점유율** (%)

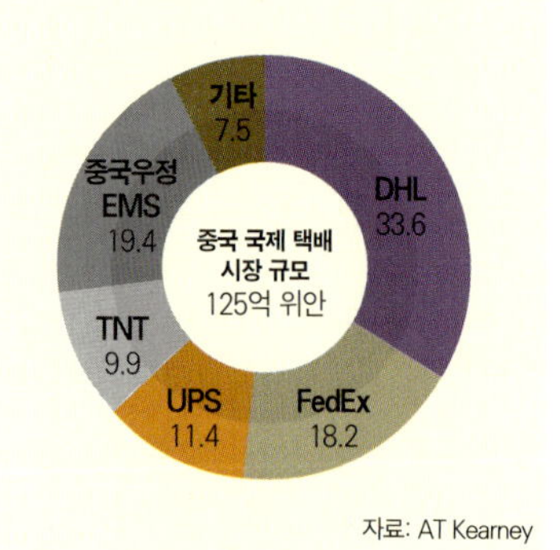

자료: AT Kearney

• 세계 4대 택배업체인 DHL, FedEx, UPS, TNT가 중국 국제 택배시장에서도 높은 점유율을 보이고 있다. 그러나 국내 택배시장은 중국 정부의 영업 규제로 외자기업들의 활동이 활발하지 못하다.

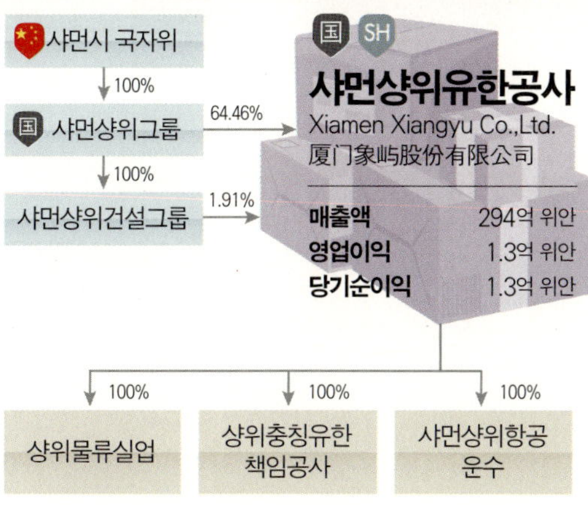

- 2012년 세계적인 불황으로 벌크 상품 가격 하락 및 물류 수요 감소로 매출액 하락. 중국 〈포춘〉이 발표한 '중국 500대 기업' 순위에서 2012년 136위에서 2013년 163위로 하락.

▶ 샤먼샹위유한공사 매출 구성 (%)

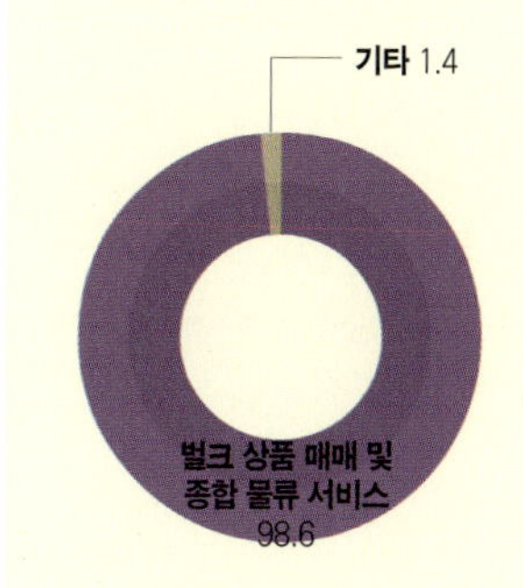

- 샤먼샹위유한공사 매출은 대부분 벌크 상품(PVC, EVA, PP, PE, PTA, MEG 등 화학공업 품목과 농업 부산물) 매매 및 종합 물류 서비스에서 나온다.

▶ 중국 택배산업 발전 과정

1979년
중국대외무역운수총회사와 일본의 OCS가 합자사 설립(중국 최초 택배, 국제 택배 업무 시작).

1980년
중국우정 국제 택배 업무 시작.

1985년
중국우정속달총국(EMS) 설립.

1986년
- 중국대외무역운수총회와 DHL이 50:50으로 합작해서 중외운돈호 설립.
- 우정법 제정: 우편이나 우편 성질의 물품 배송은 중국 우정기업이 독점하도록 규정.

1993년
선통택배와 순펑택배 설립.

1999년
대전연방(DTW-FedEx) 택배사 설립.

2001년
중국 WTO 가입.

2004년
UPS, 중국대외무역운수총회에 중국 23개 도시 국제 택배 사업권 매입.

2005년
WTO 협정에 따라 중국우정이 독자 경영하던 물류와 택배 기업에 외자 투자 허용.

2006년
FedEx, 중국 합자사의 국내 택배 물류망과 업무 자산 매입.

2008년
택배 서비스 우정산업표준, 택배 시장 관리 방안 제정.

2009년
택배 업무 경영 허가 관리 방안 제정.

2011년
- DHL, 중국 내 택배시장 철수 (국제 택배는 유지).
- FedEX, UPS 중국 내 택배 업무 승인: FedEX는 상하이·광저우·선전·항저우·톈진·다롄·정저우, 청두 등 8개 도시, UPS는 상하이·광저우·선전·톈진·시안 등 5개 지역에서 국내 택배 영업 허가를 받음.

▶ 샤먼샹위유한공사 경영 실적

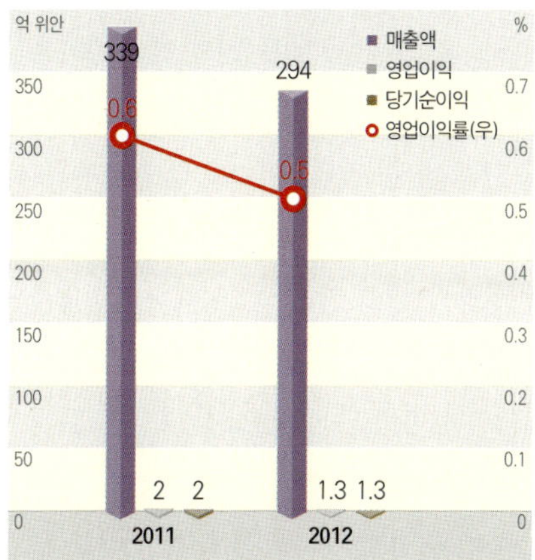

- 샤먼샹위유한공사는 벌크 상품의 가격 하락과 수요 부진으로 경영의 어려움에 직면해 있다.
- 2012년 매출액은 294억 위안으로 전년 대비 13.49% 감소했다.

▶ 샤먼샹위유한공사 자산 – 부채

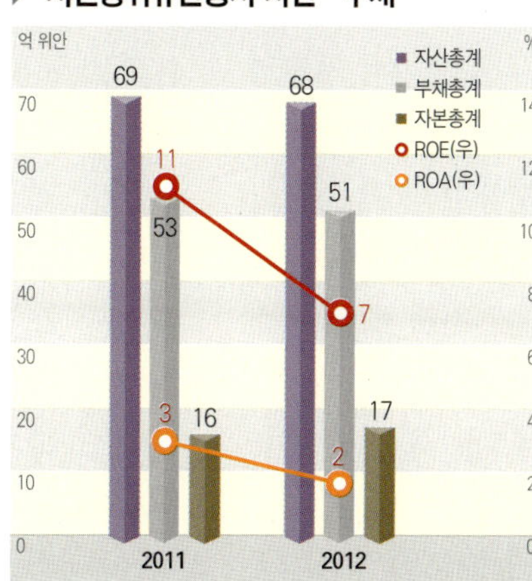

- 샤먼샹위유한공사는 2010년 샤먼샹위건설그룹유한공사와 인수·합병하면서 자산과 부채가 급격히 늘어났다.
- 2011년에는 상하이 증권거래소에 상장하며 성장 발판을 마련했다.

▶ 샤먼샹위유한공사 주가 추이

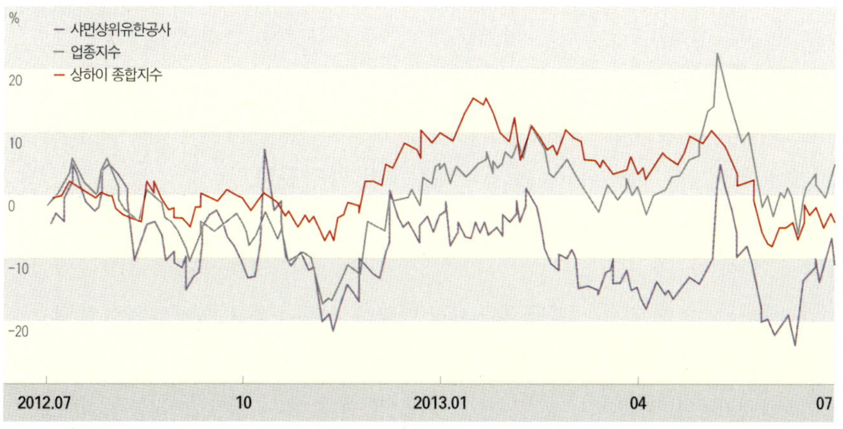

- 샤먼샹위유한공사는 세계적인 경제 불황으로 2012년 영업 부진을 겪으면서, 주가가 업종지수와 상하이 종합지수를 하회했다.

팽창하는 중국 가계소비가
물류와 택배 시장의 성장을 이끈다

중국은 1990년대 이전까지만 해도 GDP 대비 물류 비용의 비중이 20%가 넘는 물류 후진국이었다. 하지만 급속한 경제 발전과 함께 각국 제조업체들의 중국 진출이 쇄도하면서 수출입 물량이 증가하게 되었고, 그 결과 물류에 대한 관심이 높아지게 되었다. 특히, 외국기업과의 경쟁이 치열해지면서 물류 비용 1% 절감이 전체 매출 대비 5~8%의 수익을 증가시킨다는 사실이 기업에게는 상당히 중요한 요소로 작용하면서 중국 물류업계의 성장동력이 되었다.

중국의 물류시장은 WTO 가입 이후 급속하게 성장했다. 특히 2005년을 기점으로 중국 물류시장이 전면 개방되면서 외국기업에 대한 규제 완화와 더불어 중국 내 외자기업의 독자 설립이 가능해졌다. 또한 중국 정부의 물류 인프라에 대한 투자도 서서히 진행되고 있다. 그 결과 중국 물류업계는 일본의 약 30배 규모까지 발전하고 있다.

최근 세계은행이 발표한 〈2012년 세계 경제 무역 물류〉 보고서에서는 물류실적지수(LPI)를 기준으로 155개국 물류 순위가 올라 있다. 중국은 2012년 국가별 물류실적지수(LPI)에서 26위를 차지했다. 2007년 30위, 2010년 27위에서 한 계단씩 상위권으로 진입하고 있는 것이다. 또한 중국 총화물량은 매년 평균 13%의 증가율을 보이고 있는데, 그 가운데 도로를 통한 운송이 평균 14.5%의 빠른 증가율을 보이고 있다.

중국 물류산업을 이끄는 핵심 기업들

중국 물류업계는 전통적인 국영 물류업체인 '중국코스코'(COSCO)와 '중국와위윈창항그룹'(SINOTRANS) 등 해운사들이 이끌고 있다. COSCO는 중국 원양운수그룹과 중원태평양의 합자로 이루어진 중국 최대 제3자 물류업체이다. COSCO는 물류구매연합회에서 발표한 중국 물류기업 랭킹에서 당당히 1위를 차지하고 있다. SINOTRANS는 중국대외무역운수그룹과 중국장강항운그룹이 2009년 설립한 업체로, 종합 물류와 항공 운송을 위주로 하는 대표적인 국영 물류기업이다. SINOTRANS는 특히 중국 최대의 항공 화물 운수와 국제 특급 화물 대리업체이기도 하다.

중국 물류구매연합회에서 발표한 2012년 중국 물류업계 상위 10대 기업 가운데 상장회사는 4위를 차지한 '샤먼샹위'(厦门象屿股份有限公司)가 있다. 이 회사는 샤먼샹위그룹 산하의 물류기업으로 물류, 무역, 항만, 단지 개발 등을 주요 사업부문으로 두고 있다. 특히 벌크상품의 매매 및 공급이 매출의 대부분을 차지한다.

중국 물류시장 안정화, 높은 물류원가는 여전히 부담

최근 중국 물류시장은 비교적 안정적인 성장세를 보여 왔다. 중국 경제가 어느 정도 회복되면서 물류업계도 점차 상승세를 보이고 있는 것이다. 통계에 따르면 2012년 중국의 총물류액은 177조 위안으로 전년 대비 9.7% 증가했다. 중국 물류업계 부가가치도 3.5조 위안으로 전년보다 9.1% 증가했다. 물류업계 부가가치의 GDP 비중은 6.8%로, 서비스업 부가가치의 15.3%를 차지했다.

중국 물류시장을 좀 더 구체적으로 들여다보면, 글로벌 경기 침체가 지속되고 투자 수요가 가라앉으면서 철강, 건자재, 석탄, 에너지 등 생산 원자재 벌크상품의 물류 수요는 하락한 반면, 생활용품, 온라인 물류와 관련된 개별적 리테일 물류 수요는 급증했다. 특히 전자상거래, 온라인쇼핑 관련 택배 물류는 2012년 물동량이 전년보다 55% 증가하는 고속 성장을 이어갔다.

한편, 중국 물류산업의 잠재력은 대단하지만 상대적으로 높은 물류원가는 성장의 저해 요소로 작용하고 있다. 물류업체의 인력원가는 평균 15~20% 상승했고, 연료가격은 2000년의 3배로 뛰는 등 물류원가의 부담을 가중시켰다. 물류원가의 증가는 물류 비용의 상승으로 이어지고 있다. 중국의 2012년 물류 비용은 9.4조 위안으로 전년 대비 11.4% 증가했다. 현재 중국 GDP 대비 총물류 비용은 2012년 기준 약 18%로, 8~10%에 불과한 유럽과 미국 등 선진국의 2배에 달한다.

이처럼 중국 물류원가가 높은 이유로는 인프라 시설의 부족, 관련 법규의 미비, 소비시장과 생산기지의 분산, 물류 공급 관리 수준의 격차 등이 꼽힌다. 향후 중국 물류기업들의 국제경쟁력 강화를 위해서는 물류원가 절감이 절실하다.

전자상거래시장이 팽창하면서 택배산업 성장 견인

한편, 중국 택배시장은 물류 배송사업 분야 중에서도 가장 잠재력이 크고 전망이 밝은 사업으로 꼽힌다. 중국 우정국(邮政局)이 발표한 자료에 따르면, 2012년 기준 택배업체 수익이 전년 동기 대비 26.9% 증가한 1,980억 9,000만 위안을 기록했다. 현재 중국 택배시장 규모는 미국과 일본에 이어 세계 3위이지만, 성장 속도와 잠재력을 고려한다면 단연 세계 최대 시장이라 하겠다. 세계 1위에 등극할 날이 머지않은 것이다.

중국 택배업 취급 화물량은 매년 평균 27%씩 증가하고 있으며, 하루 처리량이 2007년 300만 건에서 2011년 1,300만 건까지 늘어났다. 이러한 택배시장의 초고속 성장동력은 중국 전자상거래 및 e-비즈니스의 발전에서 찾을 수 있다. 중국 택배 화물 총량의 1/3 이상이 온라인쇼핑몰에서 발생하고 있는 바, 택배시장의 성장과 전자상거래시장의 발전은 밀접한 연관이 있다.

현재 중국의 전자상거래시장은 엄청난 속도로 성장하고 있다. 중국 IT 관련 컨설팅업체 아이리서치(艾瑞, IResearch)에 따르면, 2012년 중국 인터넷쇼핑시장 규모는 1조 3,040억 위안으로 전년 대비 66% 증가했다. 이러한 추세라면 2015~2016년 중국 인터넷쇼핑시장 규모는 3조 위안 이상이 될 것으로 업계는 내다보고 있다. 중국 전자상거래시장 규모는 이미 글로벌 2위 수준이며, 2015년 전자상거래 사용자는 3.29억 명으로 늘어나 세계 최대 전자상거래시장으로 등극할 전망이다.

택배 외주 서비스시장도 크게 성장하고 있다. 택배 외주 서비스란 단순 물품 배송 업무는 물론, 전자상거래 서비스 외주 영역인 지불 대리, 창고 서비스, 쇼핑몰 대리 운영까지 포괄하는 토털 서비스 개념이다.

글로벌 물류 전문가들은 중국의 가계소비 규모가 앞으로도 천정부지로 커질 것이라고 전망한다. 중요한 것은 가계소비 규모가 늘어날수록 물류와 택배시장의 성장도 눈부실 것이라는 점이다. 중국의 물류업체들이 저마다 외형 확장에 전력을 쏟는 데는 다 이유가 있는 것이다. ★

전자·통신·반도체

① 중국 3대 휴대폰 제조사, 2012년 휴대폰업계 세계 톱 10 진입.
② 중국, 전 세계 스마트폰의 3분의 1이 팔리는 거대 시장으로 변모.
③ 삼성 스마트폰, 중국시장에서 처음으로 1위 등극. 그 뒤를 레노버가 맹추격.
④ 중국 휴대폰 제조 역량 급성장. 스마트폰 핵심 부품을 자체 조달 가능한 수준까지 성장.

휴대폰업계 세계 톱 10 (2012년 기준)

▲ 안의 숫자는 전년 대비 순위 변동 폭

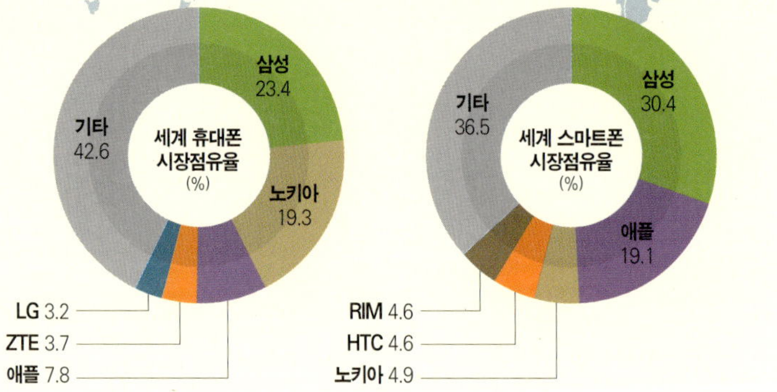

- 세계 휴대폰업계 1위는 삼성으로 2011년보다 순위가 한 계단 상승했다.
- 핀란드의 노키아는 순위가 한 계단 하락한 반면, ZTE, 화웨이, TCL 등 중국기업은 모두 2011년보다 순위가 상승하는 저력을 보였다.   자료: GARTNER

세계 휴대폰 판매량 추이

- 2012년 전 세계 휴대폰 판매량은 17.6억 대로 2011년보다 1.7% 하락했다.
- 2013년 스마트폰 판매량은 처음으로 피처폰 판매량을 추월할 것으로 예상된다.   자료: GARTNER

주요국 스마트폰 보급률

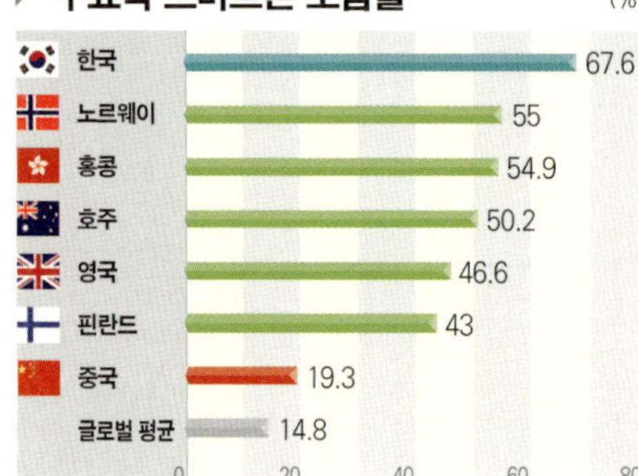

- 2012년 한국은 스마트폰 보급률이 글로벌 평균보다 4.6배 높은 67.6%를 기록했다.
- 중국은 스마트폰 보급률이 아직 19%대로, 향후 발전 가능성이 매우 높은 시장이다.   자료: AC닐슨

스마트폰 운영체제(OS) 국가별 시장점유율 (%)

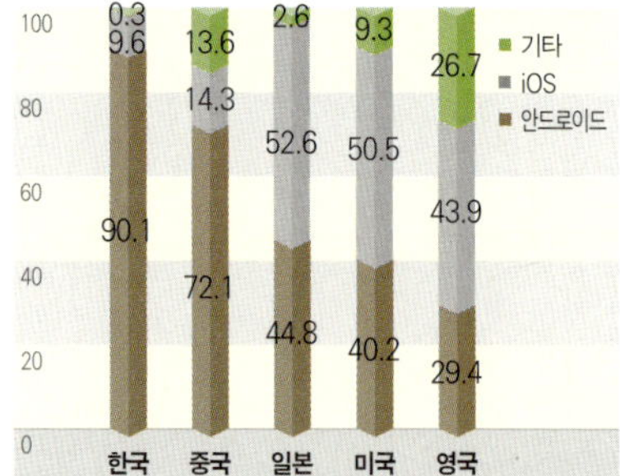

- 2012년 기준으로 구글 안드로이드 OS의 전 세계 시장점유율은 68.8%(2위 iOS는 18.8%)로 강력한 독주 체제를 구축하고 있다.
- 특히 한국과 중국은 안드로이드 OS의 시장점유율이 각각 90.1%와 72.1%에 달한다.

자료: IDC

▶ 중국의 휴대폰 사용자 수 추이 (억 명)

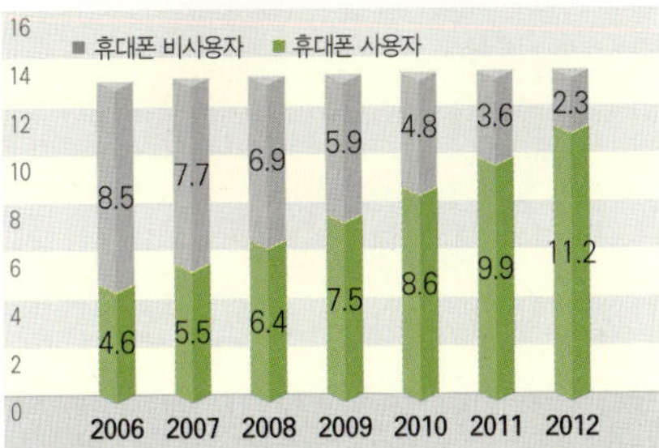

- 중국은 2009년 처음으로 휴대폰 사용자 비중이 휴대폰 비사용자 비중을 넘어섰다.
- 2012년 중국의 휴대폰 사용자 수는 11.2억 명으로 13억 인구 중 84%가 휴대폰을 사용하고 있다.

자료: 중국통계청

▶ 중국 스마트폰 시장점유율 (%)

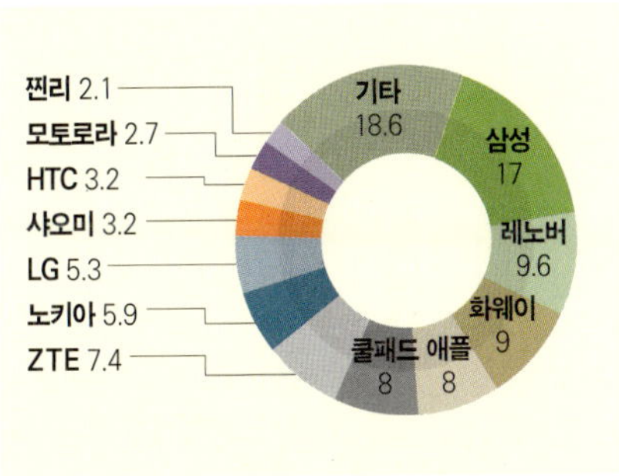

- 2012년 중국 스마트폰 시장점유율은 삼성이 17%로 1위, 애플이 8%로 4위를 차지했다.
- 레노버(9.6%) 2위, 화웨이(9%) 3위, 쿨패드(8%) 5위, ZTE(7.4%) 6위 등 로컬 브랜드의 활약이 눈에 띈다.

자료: TRI

▶ 세계 스마트폰시장 중국 제품 점유율

	시장 규모 (억 대)	3년간 평균 시장 성장률(%)	중국 제품 비중(%)
중국	1.8	152.7	65.7
미국	1.2	32.6	8
한국	0.2	67.9	0
남아공	0.05	108	4.8
브라질	0.2	85.5	3.2
멕시코	0.1	105	4.4
러시아	0.1	92.2	1.7

- 중국 스마트폰은 중국을 제외한 국가에서는 성장세가 상대적으로 미미한 편이다.
- 하지만 신흥국 시장에서 가격경쟁력을 무기로 점유율을 차츰 높여가고 있다.

자료: GARTNER

▶ 중국 휴대폰 판매량 추이

- 2012년 중국에서 판매된 휴대폰 중 스마트폰은 58.9%이다.
- 2013년에는 78.4%, 2017년에는 90.1%까지 스마트폰 판매 비중이 증가할 것으로 전망된다.

자료: IDC

▶ 중국 휴대폰시장 브랜드별 평균 가격 비교 (위안)

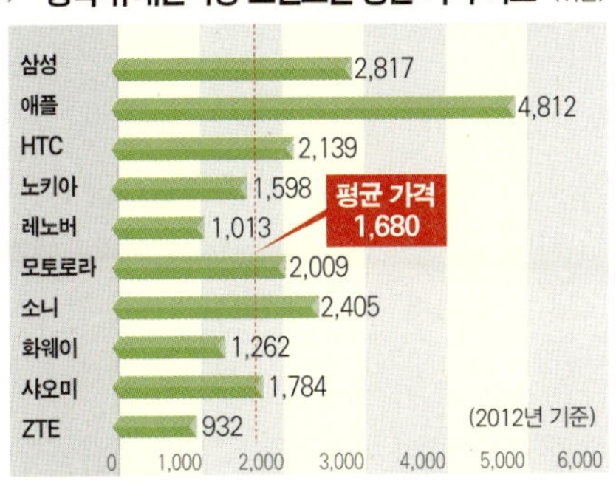

- 중국 휴대폰시장에서 브랜드별 평균 가격을 보면 애플이 4,812위안으로 가장 높다.
- 삼성과 소니, 모토로라 등 다른 글로벌 브랜드 역시 중국 휴대폰 평균 가격보다 높은 편이다.
- 반면, 레노버, 화웨이, ZTE 등 로컬기업은 대체적으로 가격이 낮은 편이다.

자료: ZDC

▶ 지역별 스마트폰 평균 판매 가격 (달러)

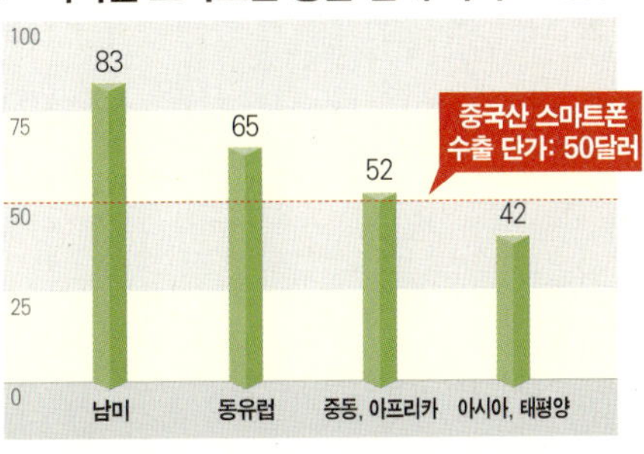

- 시장조사기관 가트너에 따르면 중국은 스마트폰 생산 단가를 30달러, 수출 가격을 50달러 대에 맞출 수 있다고 한다.
- 이 경우 스마트폰의 평균 판매 가격이 50달러 넘게 형성되어 있는 남미나 동유럽 등지에서 중국산 스마트폰은 강한 가격경쟁력을 갖게 된다.

자료: GARTNER

▶ 세계 스마트폰 판매량 성장률

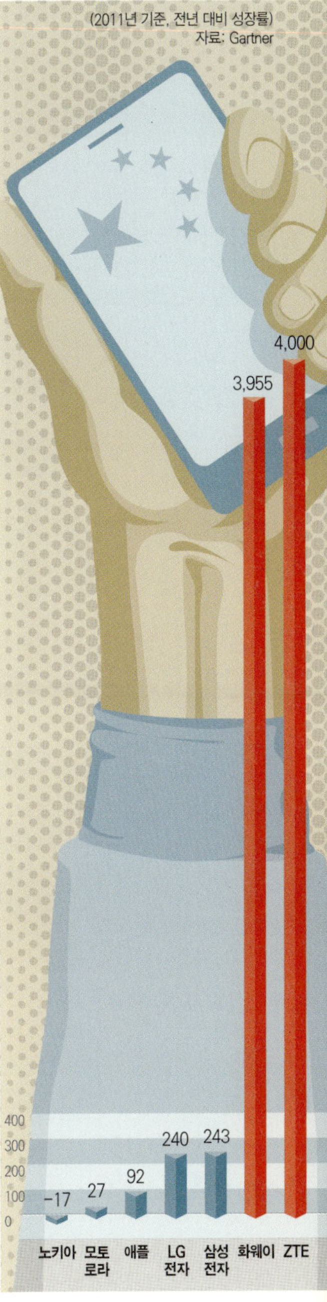

- 중국 휴대폰 제조사들은 경이적인 성장률을 기록 중이다. 화웨이와 ZTE는 2011년 스마트폰 판매량이 전년 대비 각각 3,955%, 4,000% 성장했다.
- 같은 기간 삼성전자는 243%, 애플은 92% 성장했다.
- 중국기업들은 홈그라운드의 이점을 등에 업고 세계 메이저 휴대폰업체로 부상했다.

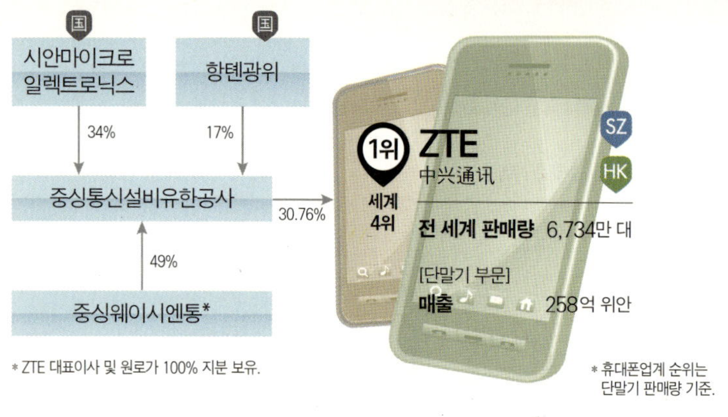

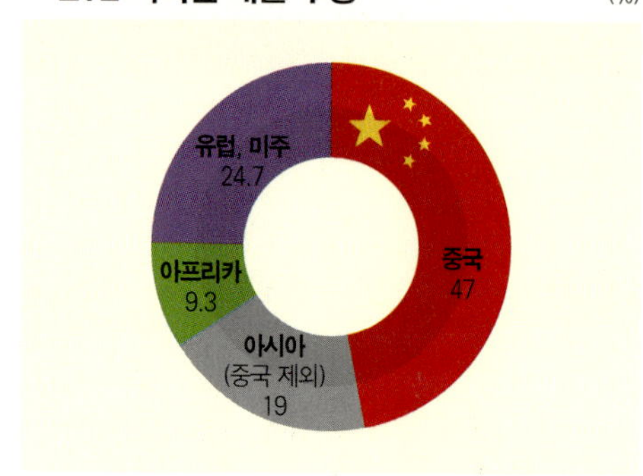
▼ ZTE 지역별 매출 구성

- 2012년 세계 휴대폰 판매량 4위에 빛나는 중국 대표 휴대폰기업.
- ZTE의 최대 주주는 중국 국무원 국유자산관리위원회 산하 조직이 지배하는 국유기업 시안마이크로일렉트로닉스와 항톈광위로, 사실상 ZTE는 중국 정부가 지배.
- 중국 정부는 보조금, 세금 공제 등 각종 혜택을 제공하며 ZTE를 글로벌기업으로 육성.

- ZTE의 지역별 매출 비중을 보면 중국이 47%로 가장 높으며, 다음으로 유럽 및 미주 지역이 24.7%를 차지하고 있다.

자료: ZTE 애뉴얼 리포트

▼ ZTE 경영 실적

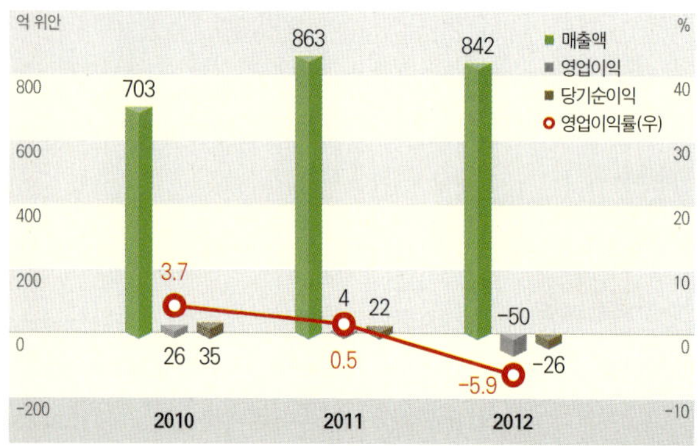

- 2012년 ZTE는 LTE 지원 단말기와 무선 네트워크 연구 개발 등으로 비용이 전년 대비 4% 이상 상승해 영업이익률이 하락했다.
- 전 세계적으로 스마트폰시장의 양극화 현상이 심화되면서 2012년 애플과 삼성을 제외하고는 휴대폰업체들이 모두 적자를 기록했다.

자료: WIND

▼ ZTE 자산 - 부채

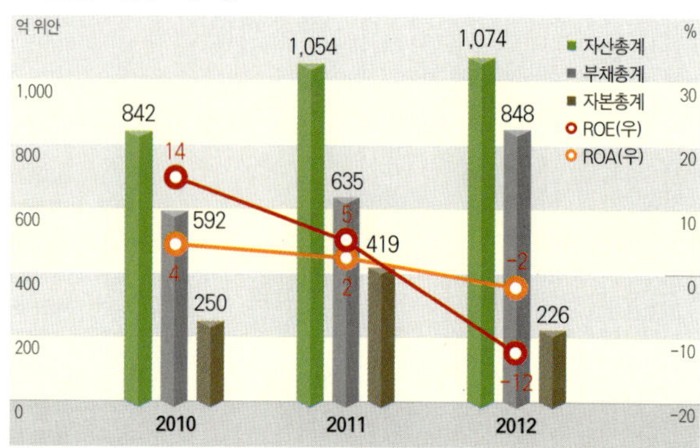

- ZTE의 부채 비율은 370%에 달해 부채에 대한 의존도가 상당히 높은 편이다.
- 최근 순이익이 적자를 보이면서 ROE, ROA 모두 마이너스를 기록했다.
- 2012년 26억 위안의 적자를 낸 ZTE는 감원 등 구조조정에 나서고 있다.

자료: WIND

▼ ZTE 주가 추이 (%)

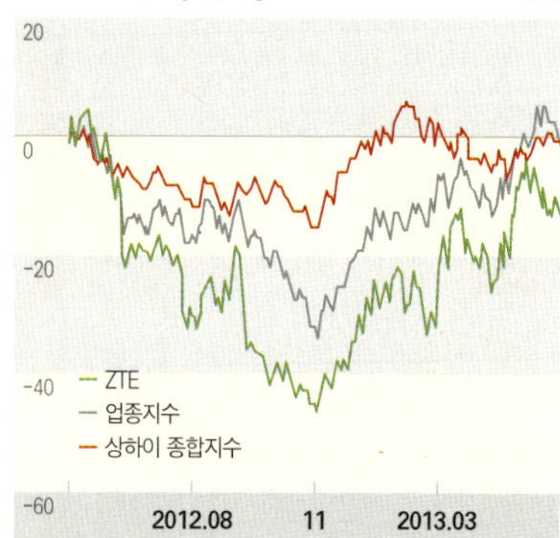

- 미국 시장 수출 비중이 높은 ZTE는 2012년 미국 의회가 ZTE, 화웨이를 상대로 스파이 혐의를 제기하는 등 무역 장벽에 부딪힌 이후 주가가 줄곧 업종지수를 하회하고 있다.

자료: WIND

▼ 세계시장에서 중국 휴대폰 점유율과 국가별 판매 비중 (%)

기준: 판매 대수

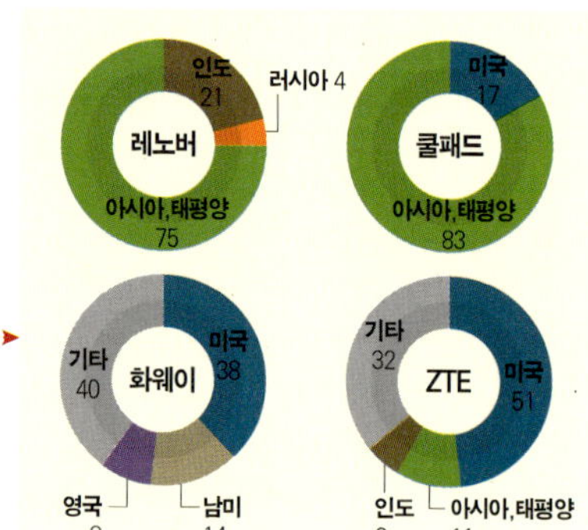

- 중국을 제외한 세계시장에서 중국 휴대폰 브랜드의 점유율은 수치 상으로 미미해 보이지만, 애플과 삼성을 제외하면 다른 글로벌 브랜드의 점유율도 한 자릿수에 그친다(대만 HTC의 2013년 1분기 세계 시장점유율은 2.68%).

자료: GARTNER

* 세계시장에서 중국은 제외
* 국가별 판매 비중은 해당 기업의 국가별 판매 대수가 총 해외 판매 대수에서 차지하는 비중
* 아시아, 태평양 지역은 한국, 일본, 중국을 제외한 국가

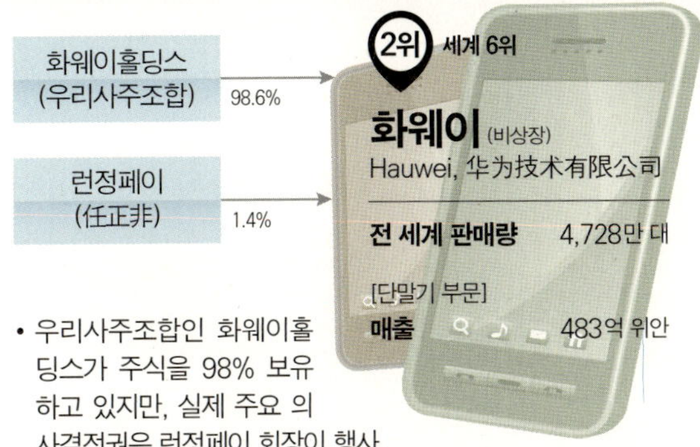

- 우리사주조합인 화웨이홀딩스가 주식을 98% 보유하고 있지만, 실제 주요 의사결정권은 런정페이 회장이 행사.
- 2004년 자회사 하이실리콘을 설립해 스마트폰의 두뇌에 해당하는 애플리케이션 프로세서(AP)를 자체 생산.
- 2012년 4분기에 최초로 삼성, 애플과 함께 세계 톱 3에 오른 저력을 보여준 화웨이는 5년 안에 삼성과 애플을 꺾고 세계 1위 기업이 되겠다는 포부를 밝힘.

▼ 화웨이 R&D 인력 비중

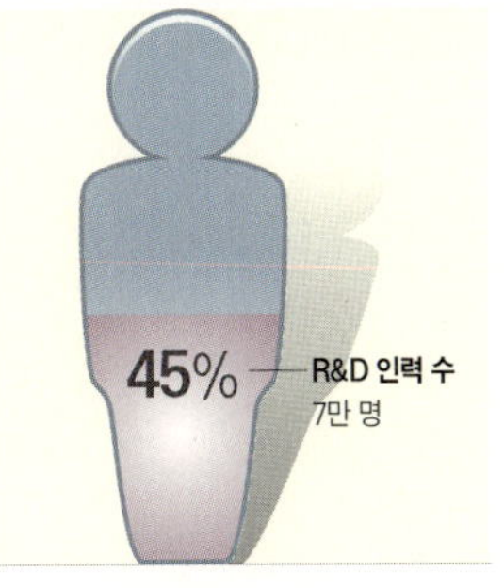

- 화웨이는 전 세계에 7만여 명의 연구 인력을 운영하고 있으며, 핵심 연구는 중국 연구 조직이 담당한다.

▼ 화웨이 지역별 매출 구성 (%)

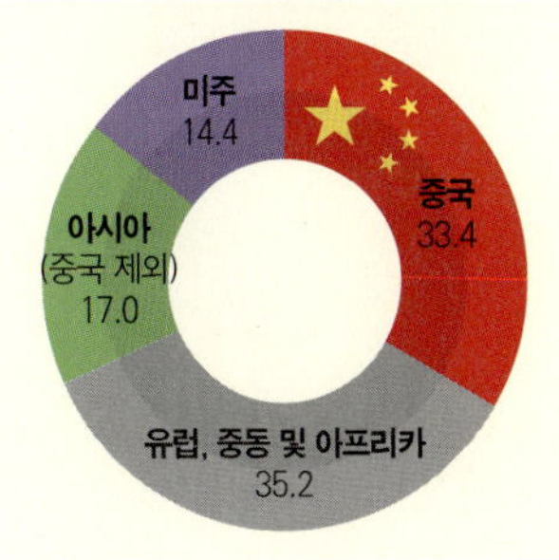

- 화웨이의 유럽, 중동, 아프리카 지역 매출 비중은 35.2%로 중국시장 비중(33.4%) 보다 높다. 자료: WIND

▼ 화웨이 경영 실적

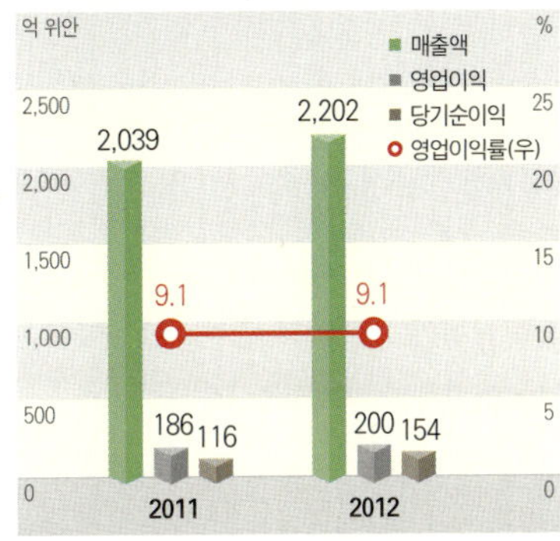

- 2012년 화웨이의 지역별 매출액 증가율은 중국 12.2%, 아시아(중국 제외) 7.2%, 미국 4.3% 등 전반적으로 증가세를 보였다.
- 2011년 화웨이의 영업이익률은 연구·기술 개발 등의 비용 증가로 전년 대비 7.7% 하락했다. 자료: WIND

▼ 화웨이-레노버 스마트폰 주요 부품 공급처

빨강 글자는 대만 및 중국기업

	원가 비중		화웨이의 부품 공급처	레노버의 부품 공급처
메모리 칩	27%		Micron, SK Hynix	SK Hynix
디스플레이	18%		LGD, JDI, Tianma, BYD	LGD, AUO
터치패널	10%		Melfas, Truly, O-film tech	Goworld, Ofilm tech
카메라 모듈	9%		LG innotex, Mcnex, Foxconn, Sunny-Optical, Sunrise, Truly, BYD	LG innoteck, Sunny-Optical, Truly, BYD
애플리케이션 프로세서(AP)	8%		Qualcomm, MTK, Hisilicon	SSE, intel, Qualcomm, MTK
배터리	5%		ATL, Coslight	

- 핸드폰에 탑재되는 주요 부품 중 제조 원가에서 차지하는 비중이 높은 품목을 꼽는다면 메모리 칩, 디스플레이, 터치패널, 카메라 모듈, 시스템 칩 등이다. 화웨이와 레노버는 이 중 메모리 칩을 제외한 모든 부품을 중국업체를 통해 조달받고 있다.
- 중국 휴대폰업체들이 안정적인 부품 공급망을 갖추면서 중국산 휴대폰의 가격경쟁력이 더 높아지고 있다. 자료: WIND

- 2012년 레노버는 중국 스마트폰시장에서 애플을 밀어내고 2위에 등극했으며, 1위 삼성전자도 무섭게 추격하고 있다.

▼ 레노버 경영 실적

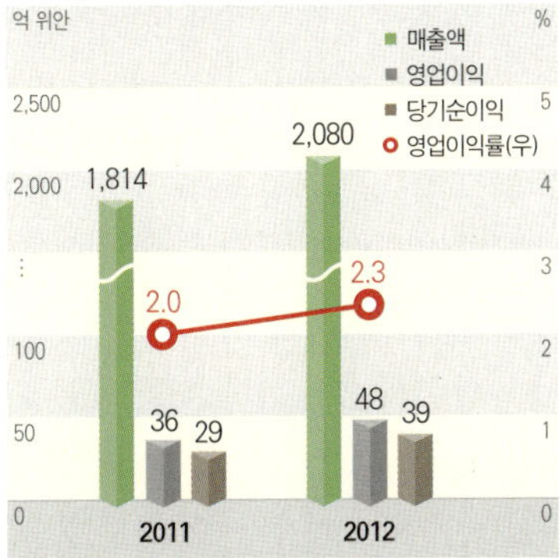

- 레노버는 주력 사업인 PC 외에도 스마트폰 및 태블릿PC 등으로 사업 분야를 적극적으로 확장하면서, 전 세계 PC시장의 둔화에도 불구하고 매출이 안정적으로 성장하고 있다. 자료: WIND

▼ 레노버 주가 추이 (%)

- 2012년 레노버가 중국 스마트폰업계 2위에 등극했다는 소식은 주가에 호재로 작용했으나, 주력 사업인 PC시장의 침체가 지속되면서 그 효과는 오래 가지 못했다. 자료: WIND

1,349,585,838명의 손에는
어떤 휴대폰이 들려 있을까?

업계에 지각 변동을 일으키며 성장을 거듭하던 글로벌 휴대폰시장이 어느덧 성숙기로 접어들었다. 북미와 서유럽은 스마트폰 보급률이 40% 수준을 상회하는 등 신규 수요 성장이 둔화하는 신호가 여기저기서 감지되고 있다. 게다가 경기 침체가 지속되면서 휴대폰 교체 주기도 길어지는 추세이다.

반면, 중국을 비롯한 신흥 휴대폰시장의 성장세는 눈부시다. 2012년 글로벌 휴대폰 판매량은 전년 대비 1.7% 하락했지만, 중국 내 휴대폰 판매량은 전년 대비 7% 상승했다. 이처럼 지난 4년간 중국의 휴대폰시장 성장 속도는 그야말로 LTE급이었다. 2009년 1억 5,000만 대에 불과했던 중국 휴대폰 판매량은 2012년 3억 200만 대로 수직 상승했다. 이 가운데 스마트폰 판매량은 2009년 2,164만 대 수준에서 2012년 1억 7,800만 대로 불과 몇 년 사이 8배 이상 급증했다. 2013년 중국의 스마트폰 출하량은 총 3억 6,000만 대로 미국을 제치고 세계 최대 시장으로 등극했다.

물론 중국 브랜드에게조차 밀리며 7위로 추락하고 말았다.

한국의 대표 브랜드인 삼성과 LG는 중국 휴대폰시장에서 상반된 행보를 걷고 있다. 삼성은 중국 내에서 높은 브랜드 이미지와 고품질로 좋은 평가를 얻으며 2012년 처음으로 중국 스마트폰시장 1위를 차지하기도 했다. 반면, 한때 중국 프리미엄 휴대폰시장을 주도했던 LG는 중국 로컬기업에 추월을 허용하며 부진을 면치 못하고 있다.

삼성을 제외하면 중국 스마트폰 시장점유율은 대부분 중국 로컬기업들이 점령하고 있다. 특히 중저가 스마트폰시장은 중국 로컬기업들에 의해 빠르게 잠식당하고 있는 실정이다. 이미 글로벌 PC시장 1위에 등극한 레노버는 저렴한 가격을 앞세워 중국 스마트폰시장 진출 1년 만에 10배로 성장하면서 업계 1위 삼성전자를 위협하고 있다. 저가와 고성능을 경쟁 무기로 중국 스마트폰시장에서 돌풍을 일으킨 샤오미(小米)의 행보도 관심을 불러 모은다.

중국시장에서 엇갈린 행보를 걷는 삼성과 LG

노키아의 몰락은 중국시장에서도 예외는 아닌 듯하다. 노키아는 2011년까지만 해도 중국 스마트폰시장 부동의 1위를 유지하며 건재함을 과시했었다. 하지만 2012년을 기점으로 삼성과 애플은

중국 휴대폰시장의 미래, ZTE와 화웨이

중국 로컬 휴대폰업체들은 어느덧 글로벌시장에서도 두각을 나타내고 있다. 이제는 우리에게도 제법 익숙한 ZTE와 화웨이는 저가 선호 소비자들을 사로잡으며 특히 미국과 유럽 등지에서 고

공행진을 이어가고 있다. 이들 중국 로컬기업들은 2011년까지만 해도 글로벌 휴대폰시장에서 변방에 지나지 않았다. 당시 ZTE의 글로벌 휴대폰 시장점유율은 3%에도 미치지 못했으나 불과 1년 사이 급속도로 성장하여 2012년에는 LG와 모토로라 등을 제치고 업계 4위로 등극한 것이다.

ZTE는 1985년에 설립된 회사로 역사가 짧다. 하지만 소비자 트렌드에 발 빠르게 대처하는 마케팅 전략으로 2011년 글로벌 10대 기업에 당당히 이름을 올렸다. ZTE는 저렴한 가격을 주 무기로 업계 시장점유율을 높였으나 그렇다고 그들의 기술력이 떨어지는 건 아니다. ZTE는 미국, 프랑스, 스웨덴, 인도 등 18개 지역에서 3만 명에 가까운 연구원을 운영하고 있다. 2011년에는 중국의 모든 기업을 통틀어 PCT(국제특허협력조약) 특허를 가장 많이 출원하기도 했다.

하지만 무엇이든 지나치면 탈이 나기 마련이다. 2012년 한 해에만 26억 위안의 적자를 감수하면서 기술 개발에 공격적인 모습을 보였던 ZTE는 1997년 증시 상장 이후 15년 만에 경영실적에서 손실을 기록하며 휘청거렸다. 이에 따라 ZTE는 해외시장에만 주력했던 전략에 변화를 주어 중국 4G시장으로 발길을 돌렸다.

ZTE와 함께 중국 토종 휴대폰업계의 쌍두마차인 화웨이는 1990년대 초반까지만 해도 2.4만 위안의 자본금과 6명의 직원이 전부인 구멍가게였다. 하지만 불과 20년 만에 화웨이는 글로벌 10대 휴대폰기업으로 성장했다. 삼성과 애플의 '아류'에 지나지 않았던 화웨이가 세계 휴대폰시장의 새로운 강자로 떠오른 것이다.

화웨이 역시 기술력을 매우 중시하는 기업으로 정평이 나 있다. 화웨이는 2007년부터 줄곧 매출액 대비 9% 정도를 R&D 부문에 투자하고 있으며 14만 명의 직원 가운데 44%가 연구 인력으로 알려져 있다. 또한 화웨이는 자회사 하이실리콘을 통해 자체적으로 쿼드코어를 만들어 탑재한 스마트폰을 내놓는 등 기술경쟁력에서 상당한 우위를 보이고 있다.

무섭게 치고 올라오는 신진 세력들, 레노버와 TCL

중국 IT 관련 업체 가운데 가장 위협적인 성장을 보이는 기업을 꼽으라면 단연 레노버를 들 수 있다. 레노버는 우리에게는 'PC업계의 강자'로 잘 알려진 기업이다. 레노버는 2012년 2분기를 기점으로 삼성의 뒤를 이어 중국 스마트폰업계의 2인자가 되었다. PC 사업부문에서 이미 왕좌 HP를 제치고 처음으로 세계 정상에 우뚝 선 레노버의 다음 타깃은 바로 삼성전자이다.

글로벌 휴대폰시장 7위에 빛나는 TCL은 중국의 대표적인 종합 가전제품기업이다. TCL의 경우 TV 등 가전제품이 주력 사업부문이고, 또한 이제껏 해외시장 확장에만 중점을 두었기 때문에 중국시장에서 휴대폰 판매 실적은 지극히 미미했다. 하지만 최근 글로벌 경기 침체로 해외 수요가 급감하면서 TCL도 중국 스마트폰시장으로 눈길을 돌리고 있다. 요 근래 몇 년간 TCL은 중국 내 판매망을 8,000개까지 늘리고 적극적인 마케팅을 펼치는 등 안방시장 공략에 힘썼으며 그 결과 2012년 판매량이 전년 대비 12.8% 상승한 것으로 나타났다.

중국의 엄청난 인구가 모두 휴대폰을 들고 다닌다는 상상만으로 글로벌 휴대폰업체들은 중국으로의 진격을 멈추지 않을 것이다. 이제 상상은 현실이 되었고 대륙에서 치열한 휴대폰 헤게모니 쟁탈전이 벌어지고 있다. 1,349,585,838명의 손에는 과연 어떤 휴대폰이 들려 있게 될 것인가? 귀추가 주목된다. ★

❶ 중국, 이동통신 가입자 수 11억 명 돌파.
❷ 2013년, 중국 3G 가입자 수 3억 명 돌파.
❸ 차이나모바일, TD-LTE에 415억 위안을 투자하며 4G 활성화에 올인.
❹ 휴대폰 제조업체들, 'TD-LTE 스마트폰'으로 중국시장 공략.

▼ 세계 3G · 4G 이용자 및 주요 통신사 현황

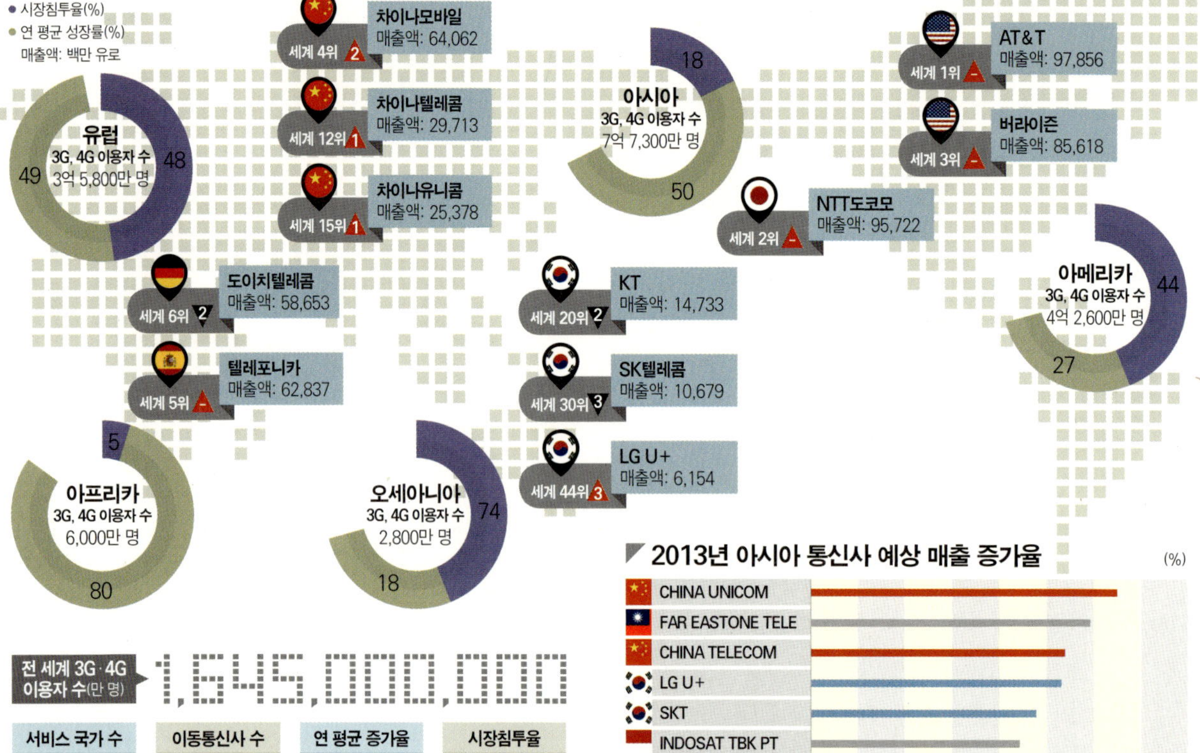

전 세계 3G · 4G 이용자 수(만 명) **1,645,000,000**

서비스 국가 수	이동통신사 수	연 평균 증가율	시장침투율
186개국	580개	43%	23%

- 2012년 글로벌 통신사 매출액 기준 순위를 보면 중국의 차이나모바일이 2011년보다 두 계단 오른 4위, 차이나텔레콤과 차이나유니콤이 각각 12위와 15위를 차지했다.
- 아시아는 3G · 4G 이용자 수가 7억 7,300만 명으로 전 세계에서 가장 많지만(2013년 1월 기준) 시장침투율은 18%대로 낮아, 성장 가능성이 여전히 높다.

자료: TotalTelecom

▼ 2013년 아시아 통신사 예상 매출 증가율 (%)

CHINA UNICOM
FAR EASTONE TELE
CHINA TELECOM
LG U+
SKT
INDOSAT TBK PT
TELEKOMUNIKASI
TRUE CORP PCL
ADVANCED INFO
TOTAL ACCESS COM
GLOBE TELECOM
CHINA MOBILE
KT

자료: 블룸버그

▼ 이동통신 기술 진화 로드맵

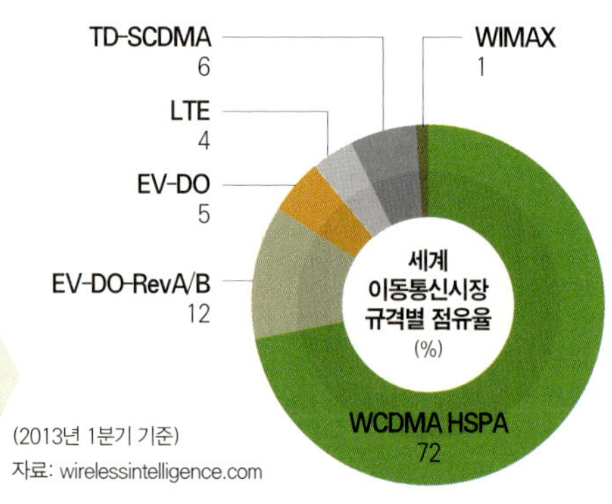

구분	1980년	1990년	2000년		2010년
구분	1G	2G	3G		4G
데이터 종류	아날로그		디지털		
대표 규격	NMT AMPS	GSM(유럽) CDMA(미국)	W-CDMA CDMA2000	HSPA HSPA+ EV-DO EV-DO Rev.A/B 와이브로	LTE LTE-Advanced Pre-4G/4G UMB 와이브로-에볼루션 (와이맥스2)
전송 속도	-	14.4~64kbps	144kbps~14.4Mbps		100Mbps 이상
주요 콘텐츠	음성	음성, 문자	음성, 문자, 영상, 인터넷		음성, 문자, 영상, 인터넷

세계 이동통신시장 규격별 점유율 (%)

TD-SCDMA 6
WIMAX 1
LTE 4
EV-DO 5
EV-DO-RevA/B 12
WCDMA HSPA 72

(2013년 1분기 기준)
자료: wirelessintelligence.com

- WCDMA 72%, EV-DO는 12%의 점유율을 차지하는 데 반해, 한국에서 빠르게 성장하고 있는 LTE는 전 세계적으로 아직 4%에 불과하다. 한편 중국의 독자 3G 기술표준인, TD-SCDMA는 중국 최대 통신서비스업체 차이나모바일에 의해 빠르게 보급되고 있다.

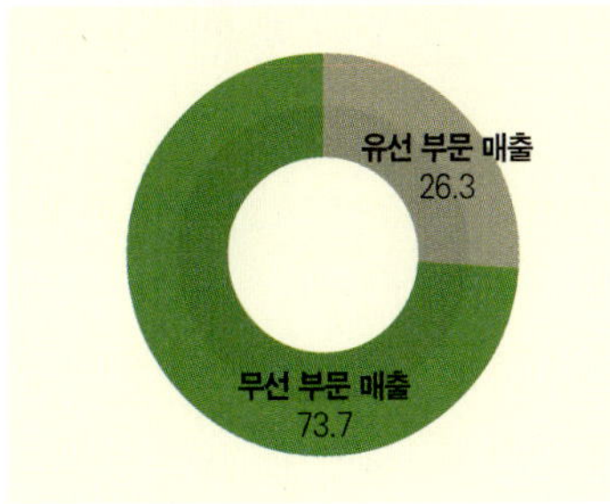

중국 통신업 유·무선 매출 비중 (%)

- 2012년 중국 통신업 총매출은 1.07조 위안으로 전년 대비 9% 성장했다.
- 이중 무선 부문 매출은 7,900억 위안으로 전년 대비 10.6% 증가했으며, 전체 통신업 매출에서 차지하는 비중은 73.7%에 달한다.

자료: 중국상업정보중심

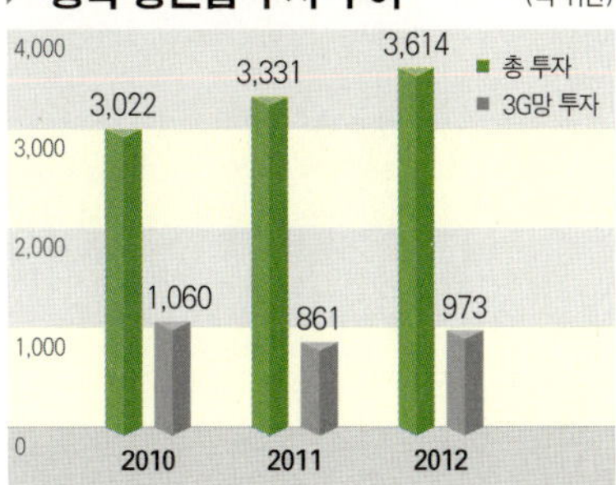

중국 통신업 투자 추이 (억 위안)

- 2009년 상반기부터 3G 서비스를 시작한 중국은, 3G망 구축 사업이 마무리 단계에 접어든 상태이다.

자료: 중국상업정보중심

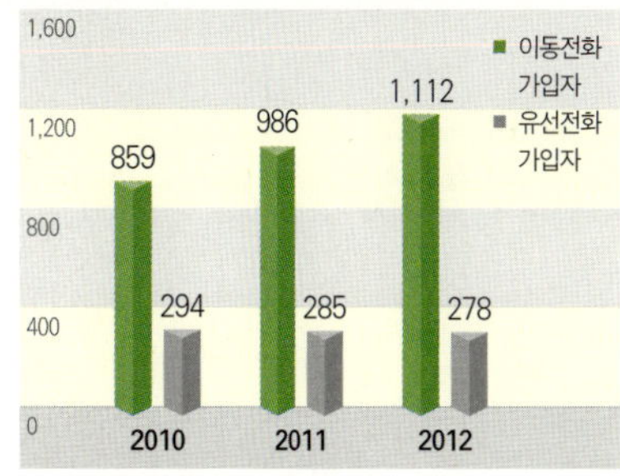

중국 유·무선 전화 가입자 수 추이 (백만 명)

- 2012년 중국의 이동전화 가입자 수는 11억 명으로 세계 최대 규모이다.
- 중국의 이동전화 보급률은 2010년 60%를 돌파한 이후 빠르게 증가해, 2012년 80%대에 근접했다.

자료: 중국상업정보중심

중국 지역별 유선전화 이용자 수 추이 (만 명)

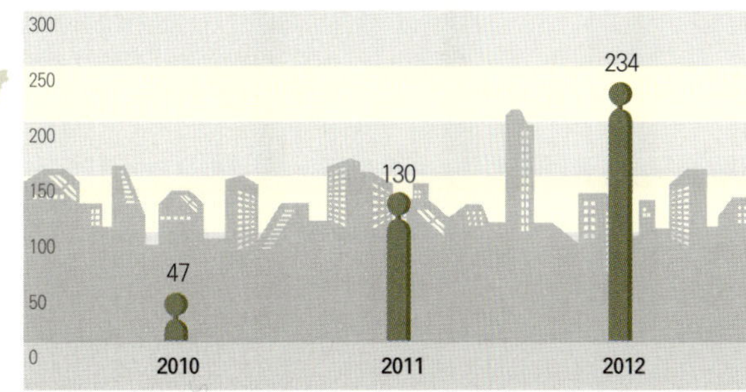

- 중국 유선전화 시장은 유·무선간 대체 현상, 인터넷전화 등장 등으로 둔화하는 추세이다. 특히 도시화율이 높은 동부 연안 도시는 유선전화 이용자 수가 꾸준히 감소하고 있다.

자료: 중국상업정보중심

중국의 3G 서비스 가입자 수 추이 (백만 명, 누적 가입자 수)

- 2009년 상반기에 3G 서비스를 시작한 중국은 2년 만에 3G 서비스 가입자 수가 1억 명을 돌파했다.
- 중국은 2013년에 3G 서비스 신규 가입자가 1억 명을 넘어서면서, 미국을 제치고 세계 최대 3G 사용 국가가 될 것으로 예상된다.

자료: 중국상업정보중심

중국 모바일인터넷 이용자 수 추이

- 2012년 중국의 모바일인터넷 이용자는 전체 인터넷 이용자의 75%에 달하며, 2013년에는 PC 인터넷 이용자 수를 추월할 것으로 보인다.

자료: CNNIC

중국 스마트폰 이용 실태 (%)

- 중국의 스마트폰 이용 실태를 보면 메신저, 웨이보(중국판 트위터), SNS 서비스 등이 상위권에 포진해 있다.

자료: 중국상업정보중심

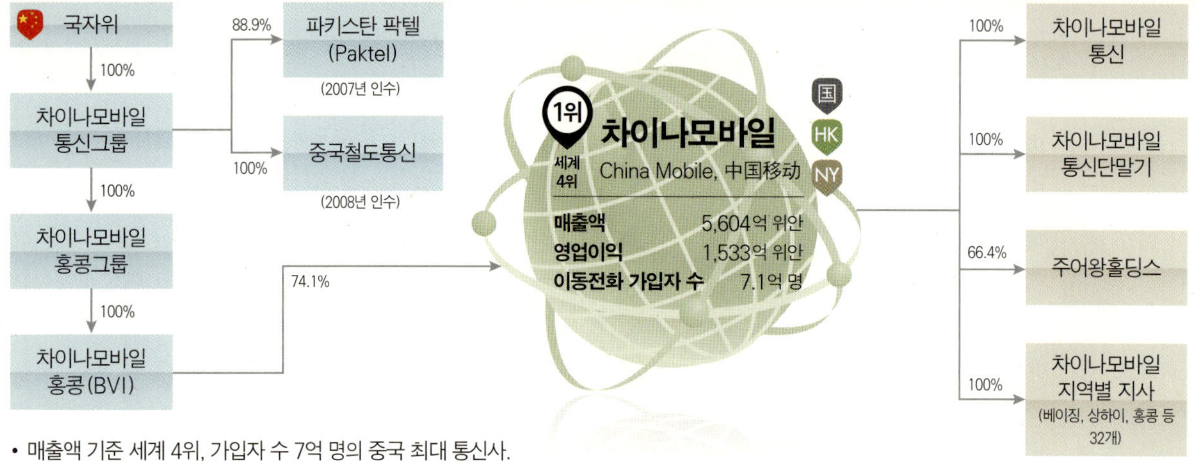

- 매출액 기준 세계 4위, 가입자 수 7억 명의 중국 최대 통신사.

◤ 차이나모바일 경영 실적

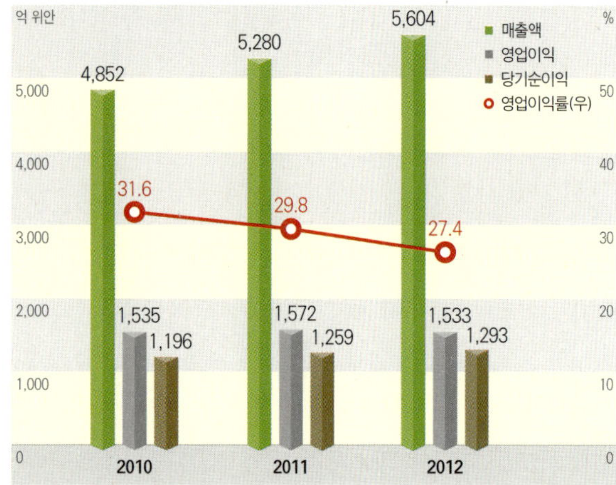

- 차이나모바일은 매출이 완만하게 상승한 반면, 영업이익은 정체된 모습을 보이고 있다. 이는 자체 개발한 3G 표준기술인 TD-SCDMA 를 보급하기 위해 기지국 설치, 지원 단말기 보조금 지급에 2,100억 위안을 투자하는 등 막대한 비용이 들어갔기 때문이다. 자료: WIND

◤ 차이나모바일 주가 추이 (%)

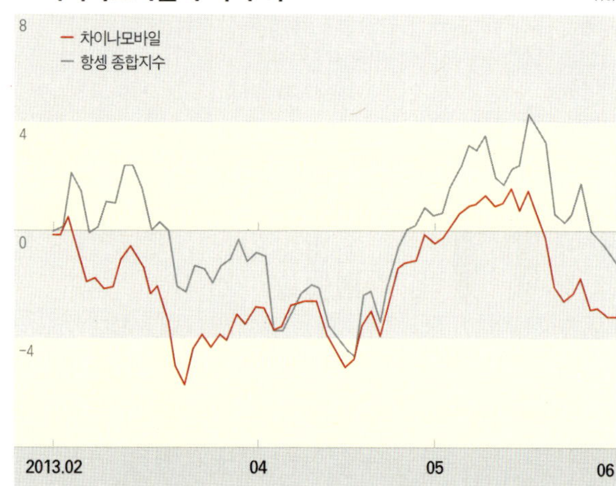

- 차이나모바일은 TD-SCDMA 보급을 위해 많은 비용을 사용하면서 영업이익률이 급감했다.
- 이는 곧 주가 하락으로 이어졌으며, 2013년 1, 2분기 내내 주가가 업종지수를 하회했다. 자료: WIND

◤ 차이나모바일 자산-부채

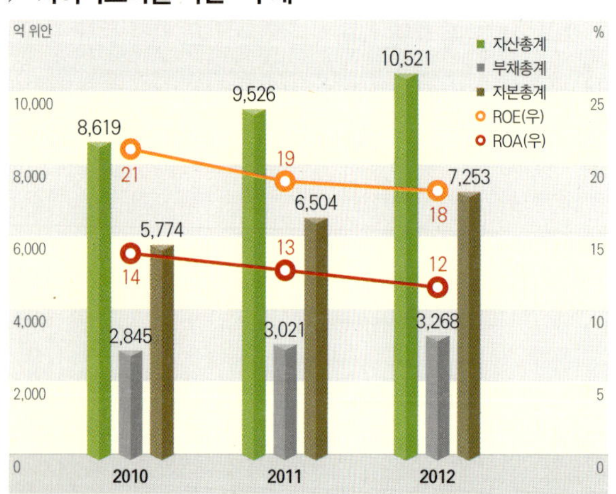

- 한국의 SKT와 KT는 부채 비율이 각각 99.1%, 162%인데 반해, 차이나모바일은 부채 비율이 40%로 상당히 낮은 수준을 유지하고 있다. 자료: WIND

◤ 중국 3대 통신사 총가입자 수 비교 (만 명, 2012년 기준)

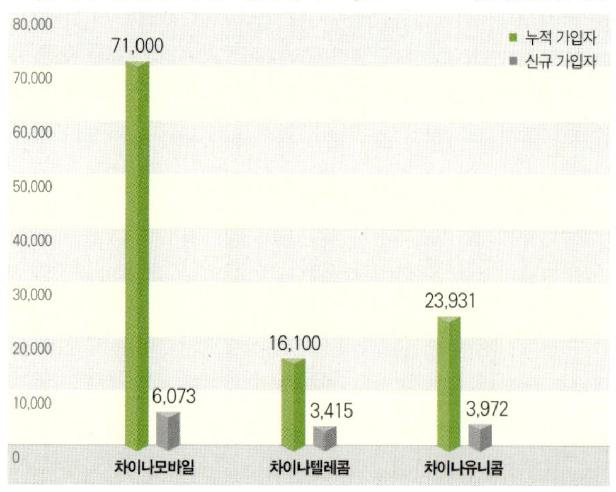

- 차이나모바일은 세계 2위(가입자 수 기준) 이동통신사인 영국의 보다폰보다 가입자 수가 3억 명 이상 많다. 자료: WIND

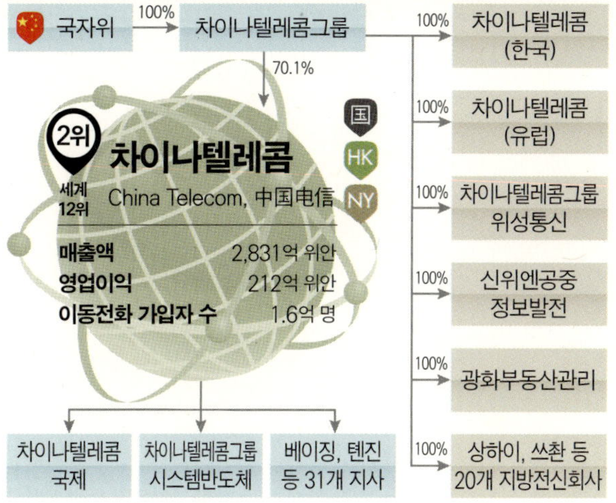

• 중국의 KT라 할 수 있는 차이나텔레콤은 중국 최대 유선 사업자이자 중국 3위 이동통신사.

차이나텔레콤 경영 실적

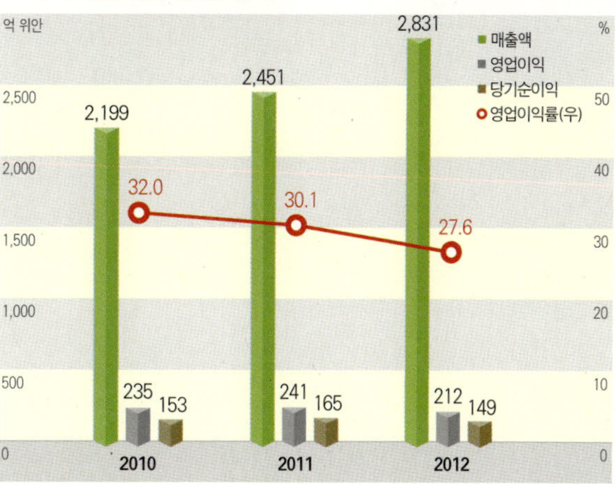

• 3G 설비 투자와 아이폰 판매를 위한 광고, 영업 활동, 보조금 지급 등으로 영업이익률이 하락하고 있다.
자료: WIND

차이나텔레콤 주가 추이

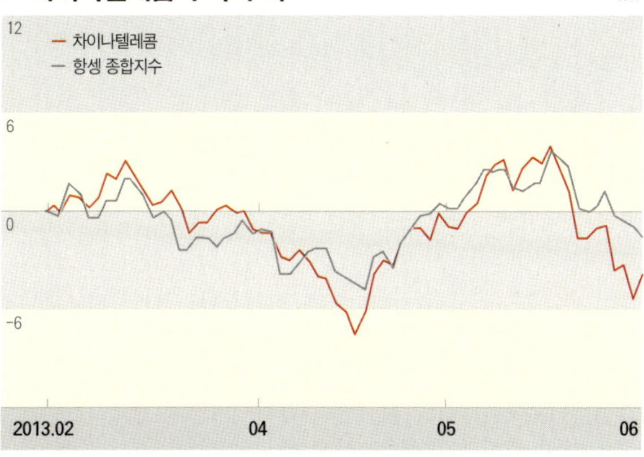

• 2012년 차이나텔레콤의 판매관리비와 일반관리비 급증 소식은, 2013년 주식시장에서 투자 심리 위축으로 이어졌다.
자료: WIND

중국 3대 통신사 3G 가입자 수 비교

(2012년 기준)

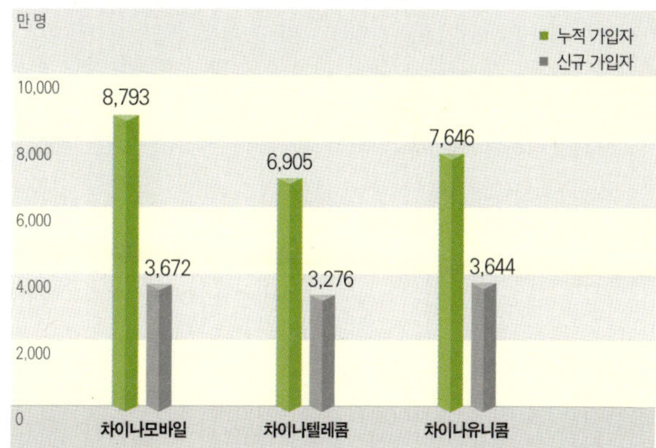

• 차이나텔레콤은 차이나유니콤에 매출은 앞서지만, 3G 가입자 수는 뒤진다.
• 차이나유니콤은 아이폰을 독점 공급하면서 3G 가입자 수를 빠르게 확보했다.

• 2011년 중국 통신사로는 처음으로 한국 진출 선언.

차이나유니콤 경영 실적

• 휴대폰 가입자에 대한 보조금 축소 및 3G 서비스 확대 등으로 2012년 차이나유니콤은 순이익이 전년 대비 67% 급증했다.
자료: WIND

중국 3대 통신사 영업 실적 비교

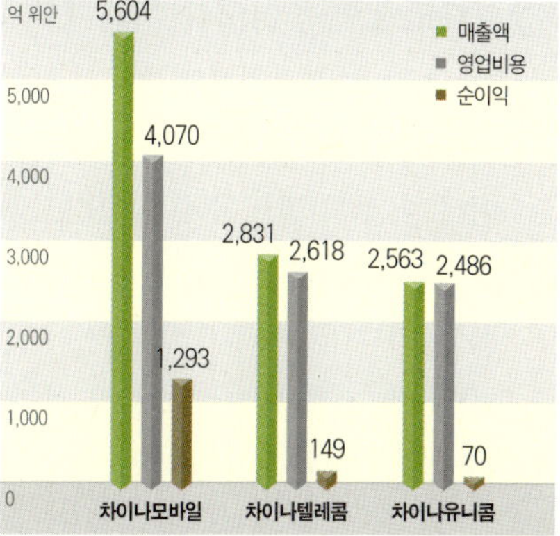

• 기지국 설치 등 가입자 수와 상관없이 들어가는 통신업의 높은 초기 비용, 아이폰 판매를 위해 사용한 광고비 때문에 차이나텔레콤과 차이나유니콤은 매출액 대비 영업비용이 높다.

'억'(億)에서 시작해 '억'(億)으로 끝나는 그들만의 스케일

중국은 부정할 수 없는 세계 최대 통신시장이다. 휴대폰 가입자 수만 11억 명에 이르며 이 가운데 3G 가입자 수는 2억 명이 넘는다. 이 거대한 통신시장을 장악하고 있는 중국의 3대 통신업체가 바로 차이나모바일, 차이나텔레콤, 차이나유니콤이다. 과거 중국의 통신회사는 (구)차이나모바일, (구)차이나텔레콤, (구)차이나유니콤, 중국인터넷통신, 중국철도, 중국위성통신으로 모두 6개였다. 중국 통신업계는 2008년 대대적인 개편을 통해 지금의 3대 통신사로 체제를 정비했다. 당시 최대 가입자를 보유하던 차이나모바일은 중국 독자 3G 기술 표준인 TD-SCDMA 사업자가 되었고, CDMA2000은 차이나텔레콤이, WCDMA는 차이나유니콤이 가져가며 서로 다른 기술 표준을 바탕으로 이른바 '빅 3' 체제를 구축한 것이다.

하지만 '빅 3' 체제가 완벽한 경쟁 구도를 갖추었다고 보기는 어렵다. 현재 중국의 '빅 3' 통신사는 모두 국영기업으로, 한 통신업체의 임원진이 경쟁업체의 CEO나 대표이사직을 번갈아 가며 취임하는 일이 빈번하게 일어나고 있다. 예를 들면 과거 차이나모바일의 부사장이 현재 차이나텔레콤의 대표이사직을 맡는다거나 한때 차이나유니콤의 CEO 겸 대표이사였던 사람이 현재 차이나모바일의 대표이사에 취임하는 일이 비일비재하다. 즉, 이들은 경쟁자이면서도 정부라는 한 울타리 안에서 한솥밥을 먹어야 하는 오묘한 관계를 형성하고 있다.

중국 통신업계의 '갑' 차이나모바일, 경영실적을 살펴보면 빛 좋은 개살구

'국영'이라는 태생적 한계는 중국 통신산업이 높은 매출에 비해 지지부진한 영업이익을 보이는 원인이기도 하다. 실례로 중국 정부는 독자 3G 표준 기술인 TD-SCDMA의 빠른 상용화를 위해 7억 명의 세계 최대 통신 가입자를 보유하고 있는 차이나모바일을 TD-SCDMA 사업자로 선정했다. 기지국 설립 비용은 물론 해당 서비스를 제공할 수 있는 휴대폰이 제한적인 상태에서 차이나모바일이 인터넷망 구축 및 휴대폰 보조금으로 지급한 액수는 각각 1,800억 위안, 300억 위안으로 총 2,100억 위안에 달한다.

또한 차이나모바일은 기존 GSM 가입자가 3G 서비스로 이동하는 과정에서 관련 서비스가 훨씬 좋은 차이나텔레콤이나 차이나유니콤으로 변환해 3G 가입자 확보에 어려움을 겪었다. 차이나모바일은 이 같은 어려움에도 불구하고 TD-SCDMA 상용화에 주력할 수밖에 없었고, 이로 인해 순이익에도 빨간불이 켜졌다.

실적에서 아무리 곤란을 겪고 있다 할지라도 '억' 소리 나는 가입자 수를 보유한 차이나모바일은 여전히 중국 통신업계의 '갑'이다. 중국은 2013년 하반기부터 시분할 방식 롱텀에볼루션(TD-LTE) 서비스 상용화에 들어갔다. 차이나모바일은 LTE가 활성화된 국가들 대부분이 FD-LTE 기술을 채택하고 있는 상황에서 나 홀로 TD-LTE

기술을 채택했다. 그럼에도 글로벌 주요 휴대폰 제조사들이 차이나모바일의 마음을 잡기 위해 TD-LTE 관련 기술 개발을 서두르고 있으며 콧대 높은 애플조차도 2013년 6월경 차이나모바일을 통해 보급형 아이폰을 출시했다. 글로벌시장에서 차이나모바일의 파워가 얼마나 대단한지 짐작하게 하는 대목이다.

차이나텔레콤, 아이폰 보조금 부담이 부메랑으로

차이나텔레콤은 한국의 KT라 할 수 있다. 휴대폰 가입자 수로만 보면 차이나유니콤에 밀리지만 유선전화 서비스를 포함한 전체 통신사업 매출액 기준으로 보면 단연 중국 2대 통신사에 해당된다. 차이나텔레콤은 2008년 1,100억 위안에 차이나유니콤의 CDMA망을 매입한 이후 중국 내 CDMA 서비스를 제공하고 있다.

차이나텔레콤은 처음 몇 년간 CDMA용 휴대폰 단말기 공급이 부족해 CDMA 보급에 어려움을 겪기도 했지만, 1,000위안 대 중저가 단말기를 대량 조달하며 업체 간 다양한 휴대폰 출시를 촉진시켰다. 그 결과 신규 3G 가입자 수가 빠르게 증가할 수 있었다. 2011년 3월 차이나텔레콤의 CDMA 가입자 수는 1억 명을 돌파했고 2012년 말에는 1.6억 명까지 증가했다.

차이나텔레콤이 신규 3G 가입자를 빠르게 확보할 수 있었던 데는 아이폰 유치의 힘도 컸다. 차이나텔레콤은 2012년 초부터 아이폰을 공급하며 차이나유니콤에 이어 중국에서 아이폰을 제공하는 두 번째 이동통신사가 되었다. 하지만 득이 있으면 실도 있는 법! 최근 차이나텔레콤은 아이폰 보조금 지급 때문에 수익에 타격을 입고 있는 실정이다. 2012년 차이나텔레콤의 순이익은 149.25억 위안으로 전년 대비 9.5% 하락했다. 이에 대해 차이나텔레콤은 단기적으로는 수익성이 나빠질 수 있으나 장기적으로는 성장과 가치 창출 면에서 얻는 이득이 더 클 것으로 전망한다.

3G시장의 성장을 예측한 차이나유니콤의 진격

중국 3대 통신업체 중 마지막 주자인 차이나유니콤은 GSM과 WCDMA 서비스를 제공하고 있다. 3G시장의 성장을 예측한 차이나유니콤은 초기 아이폰 독점 공급으로 3G 가입자 수를 빠르게 확보했고, 3G 모바일 서비스에 대한 지속적인 투자를 해왔다. 그 결과 차이나유니콤은 3G시장에서 뛰어난 활약을 이어가고 있다. 2012년 기준 차이나유니콤의 3G 가입자 수는 7,600만 명에 이르는데, 이는 업계 1위인 차이나모바일(8,800만 명)과 비교해도 크게 뒤지지 않을 뿐더러 차이나텔레콤(6,900 만 명)보다는 오히려 많은 규모이다.

최근 차이나유니콤은 아이폰 중심의 3G사업 확장 전략에서 변화의 필요성을 느끼고 있는 중이다. 2012년 출시된 아이폰5는 판매 초기 호조를 보이며 큰 반향을 일으키는 듯 하더니, 이후에는 고전을 면치 못하고 있기 때문이다.

중국은 인터넷 가입자만 5.6억 명에 이르고, 휴대폰 이용자는 11억 명을 보유한 어마어마한 통신시장이다. 중국의 3G 사용자가 2억 명을 돌파했다고 하지만 앞으로의 성장 가능성은 여전히 무궁무진하다. 2012년 중국의 이동통신 보급률은 이미 79% 수준에 달했지만 3G 보급률은 아직 17%에 머무르고 있기 때문이다.

중국에 3G 보급이 빠르게 진행되면서 재미있는 현상이 일어나고 있다. PC가 아니라 모바일로 인터넷을 처음 접하는 사람들이 늘고 있는 것이다. 2012년 중국 전체 인터넷 이용자 중 모바일 인터넷 이용자 비중은 75%에 달하며 2013년에는 PC 인터넷 이용자 수를 추월할 것으로 예상된다. ★

TV·디스플레이 업계

❶ 중국 TV시장, 2012년 3분기 이후 전 세계시장의 25% 차지. 유럽을 제치고 세계 최대 시장 등극.
❷ 전 세계 TV시장, 2012·2013년 연속 마이너스 성장.
❸ LCD 패널 생산, 한국-대만-중국 3강 구도로 재편.
❹ 삼성과 LG의 차세대 디스플레이 패널 'AM-OLED'와 'WHITE-OLED'의 핵심 기술 중국 BOE로 유출.

▢ TV

▶ LCD TV시장 세계 톱 12 (점유율 기준)

- LCD TV는 2002년 등장 이후 빠른 속도로 성장해, 현재 전체 TV시장의 90% 이상을 차지하고 있다.
- 전 세계 LCD TV시장에서 삼성전자와 LG전자의 점유율은 35%에 달한다.
- 중국 TCL은 2013년 1분기에 일본의 소니와 도시바를 제치고 세계 3위에 올랐다.

자료: 디스플레이서치

▶ 전 세계 LCD TV와 PDP TV 출하량

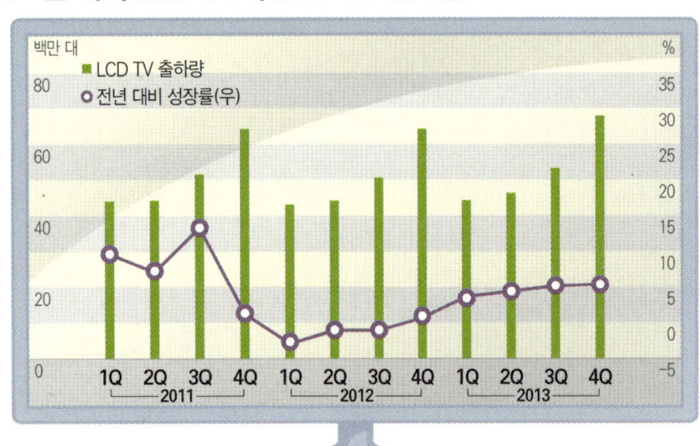

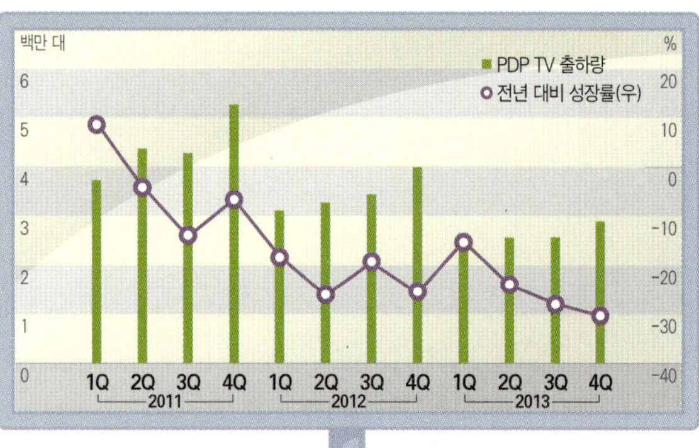

- LCD TV는 전력 소모가 낮고 화면이 선명하다는 인식이 보편화되면서 출하량이 상승하는 추세이다.

자료: 디스플레이서치

▶ 전 세계 TV 판매량 추이

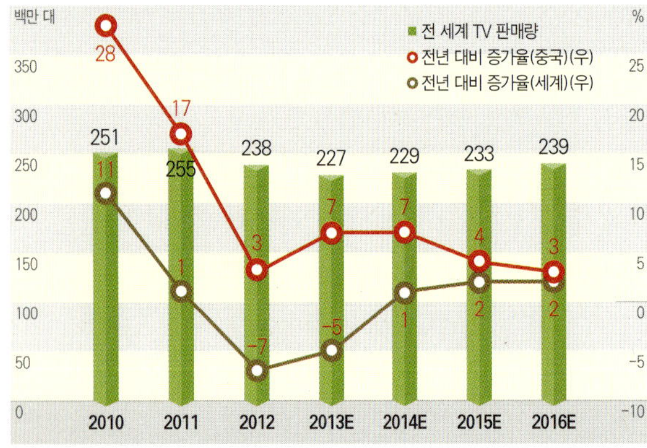

- 2013년 전 세계 TV시장은 2012년에 이어 마이너스 성장이 예상된다.
- 그 동안 고속 성장하던 중국 TV시장 역시 중국 정부의 가전제품 소비 촉진 정책(134쪽)이 2011년부터 순차적으로 종료되면서 성장률이 둔화될 전망이다.

자료: IHS디스플레이뱅크

▶ 전체 TV 판매량과 LCD TV 판매량 추이

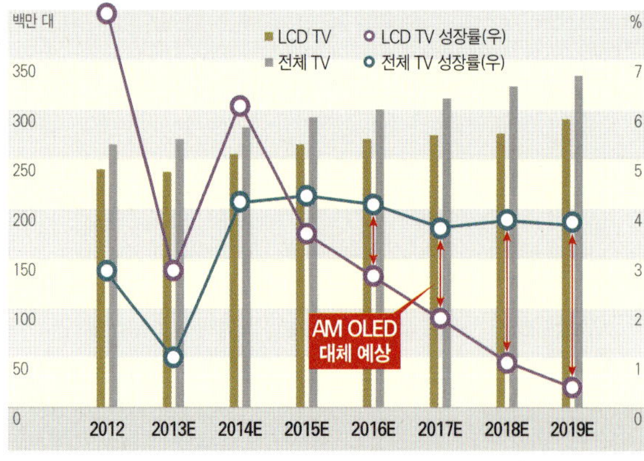

- LCD TV는 2015년 이후 AM OLED(능동형 유기발광다이오드)로 대체가 예상되면서 성장률이 감소할 것으로 전망된다.

자료: 디스플레이서치

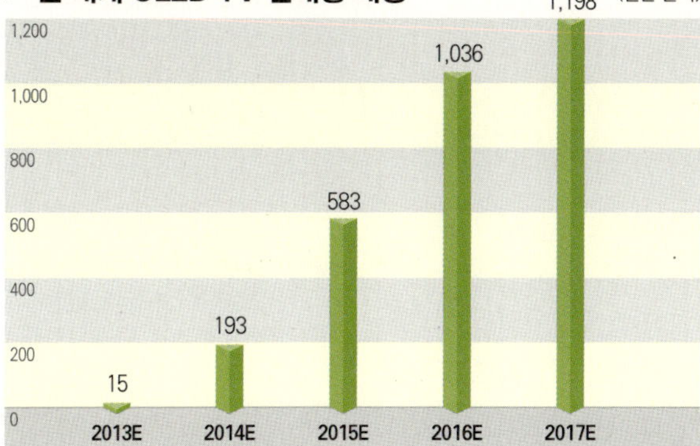

- 그동안 패널 수급 불안정으로 성장률이 낮았던 OLED TV는 최근 패널 수율 문제가 개선되면서 향후 빠른 속도로 성장할 것으로 전망된다.

자료: 디스플레이서치

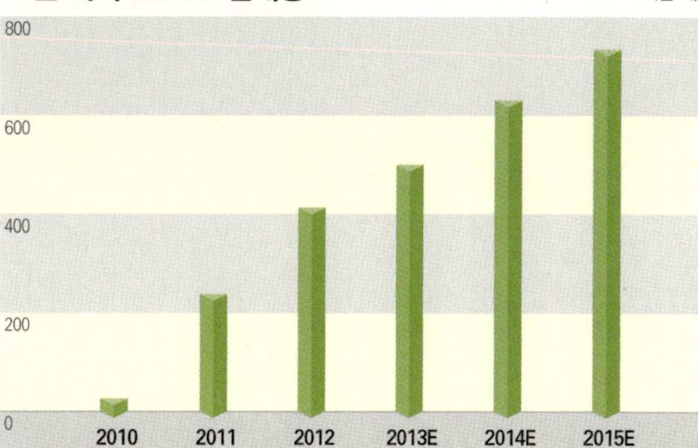

- 미국과 일본, 캐나다, 유럽 등 선진국을 중심으로 3D 방송 채널이 급격히 증가하면서 3D TV 판매량도 빠르게 증가하고 있다.

자료: 교보증권 리서치 센터

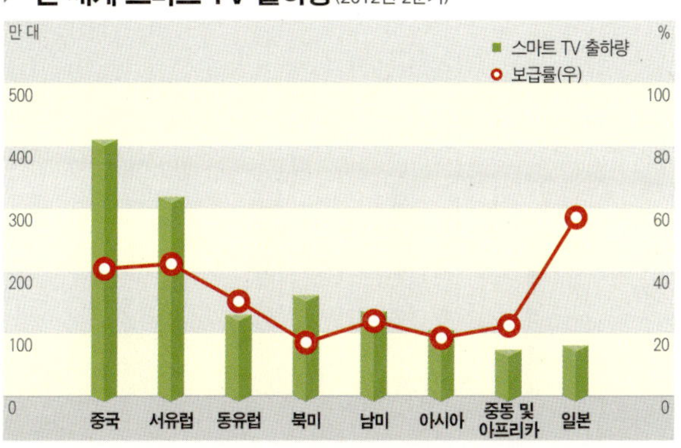

- 2012년 전 세계 스마트 TV 출하량은 8,000만 대 수준으로 전체 TV 출하량의 30%에 달한다.
- 중국, 일본, 서유럽 등이 높은 보급률을 보이며 스마트 TV 성장을 주도하고 있다.

자료: 디스플레이서치

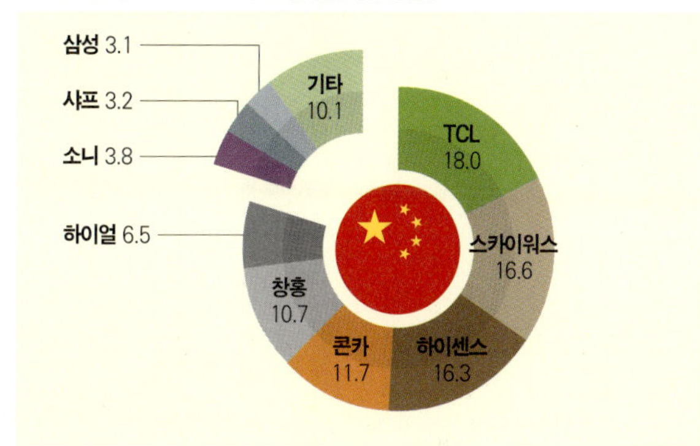

- 중국 로컬업체들은 가격경쟁력을 앞세워 자국 평판 TV시장의 약 80%를 독점하고 있다.

자료: 디스플레이서치

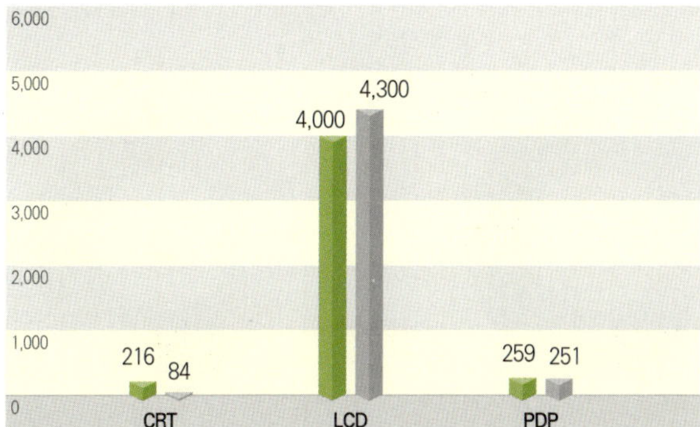

- 2012년 1세대 브라운관 TV(CRT)의 판매량은 전년 대비 61%나 하락한 반면 LCD TV 판매량은 7.5% 증가했다.

자료: AVC

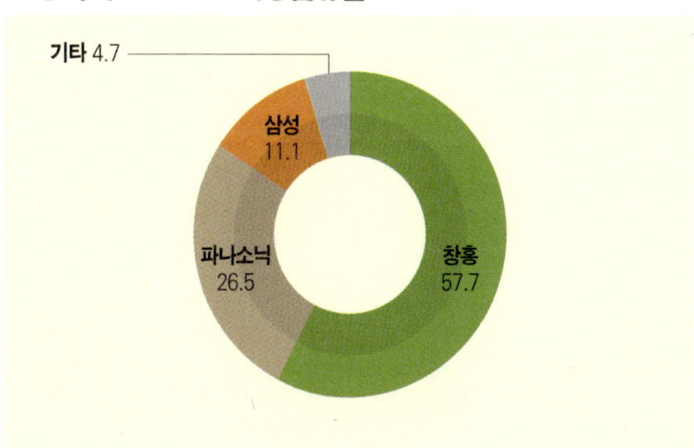

- 중국 PDP TV시장은 창홍이 절반 이상을 점유하고 있다.
- 2006년 한국의 오리온 PDP를 인수했던 창홍은 현재 세계에서 몇 안 되는 PDP 생산업체이자, 중국에서는 유일한 PDP 생산업체이다.

자료: 디스플레이서치

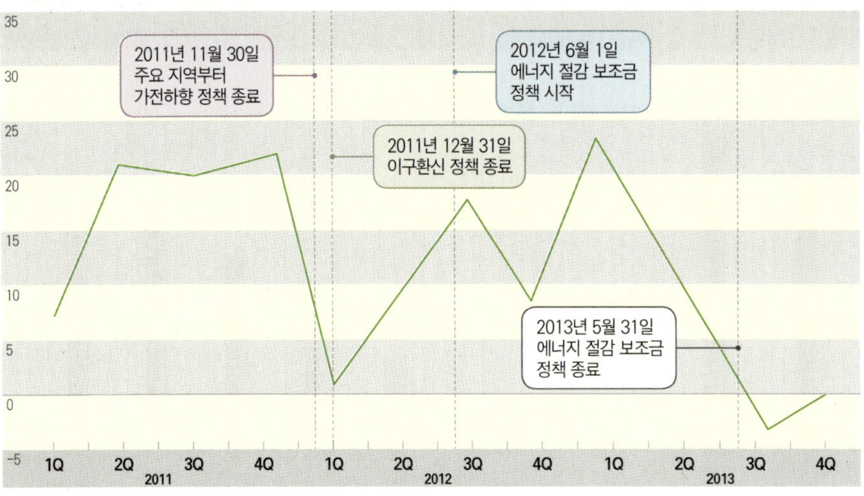

- 중국의 LCD TV 출하량은 정부 정책에 따라 크게 변한다.

자료: IHS 디스플레이뱅크

■ 중국 LCD TV 크기별 수요 변화 (%)

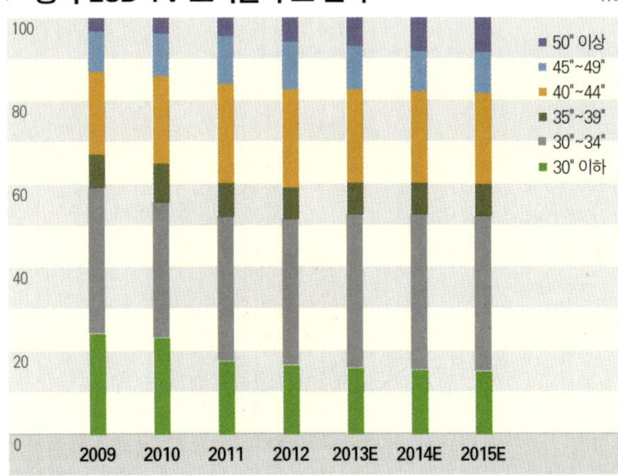

- 과거 중국 LCD TV시장은 30인치 TV 수요가 높았지만, 소비 수준이 높아지면서 중대형 TV 수요가 증가하고 있는 추세이다.

자료: WIND

■ 중국 LCD TV 연도별 판매량 (만 대, %)

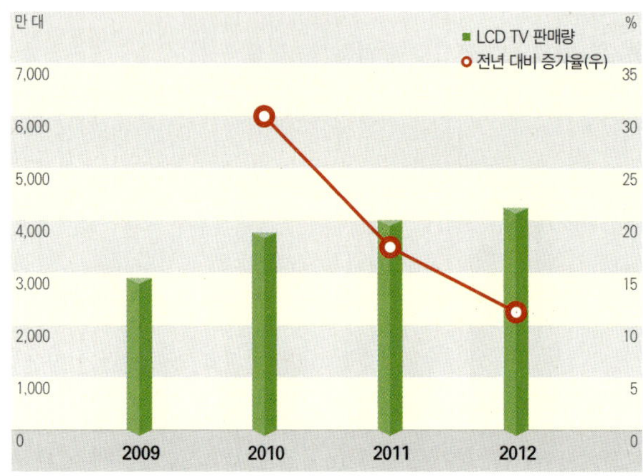

- LCD TV 판매량은 완만하게 성장하고 있지만, 중국 TV시장이 포화 상태에 진입함에 따라 판매량 증가율은 하락세를 보이고 있다.

자료: WIND

■ 중국 스마트 TV 판매량 (만 대)

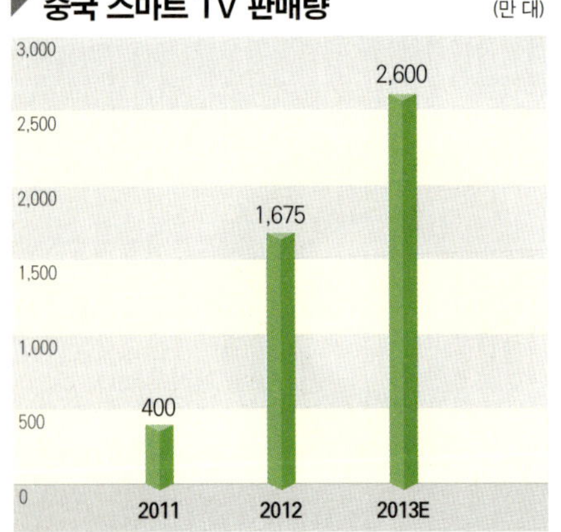

- 2013년 중국의 스마트 TV 침투율은 약 40% 수준으로, 일본과 서유럽에 이어 세 번째로 높다.

자료: 중국전자상회 전자제품소비 리서치

■ 중국 스마트 TV 선호도 (%)

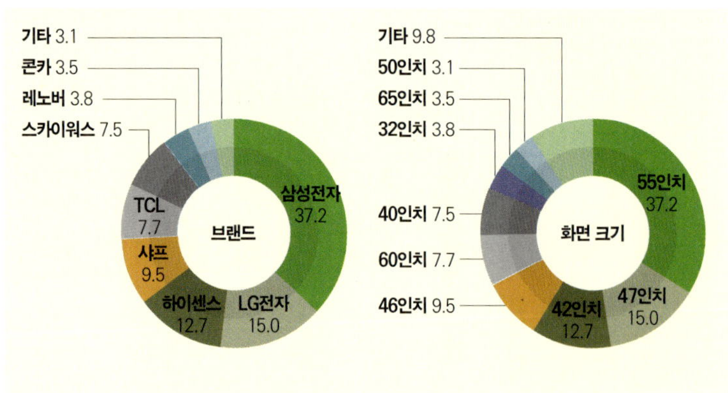

- 중국 스마트 TV 브랜드별 선호도를 보면 삼성전자와 LG전자가 각각 1, 2위를 차지하고 있다.
- 화면 크기별 선호도를 보면 40인치 이상이 90%가 넘는다.

자료: 중국소비자연구센터

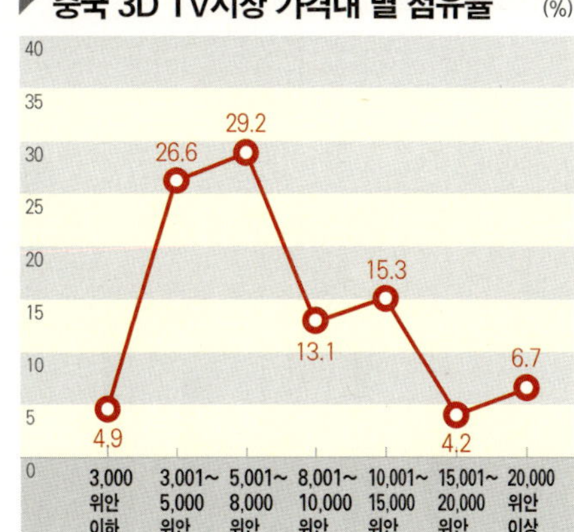

▶ **중국 3D TV시장 가격대 별 점유율** (%)

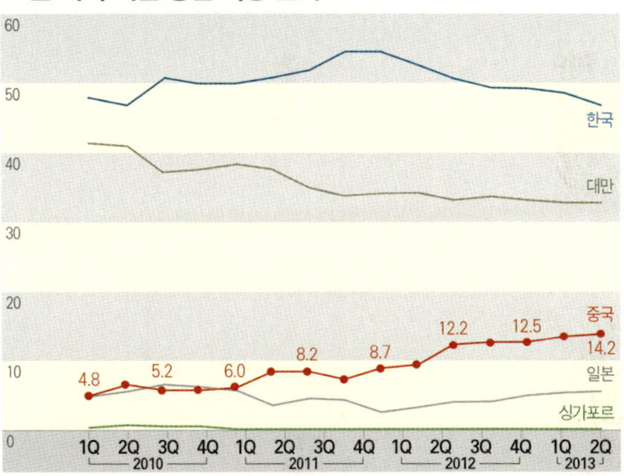

- 하이센스, 스카이워스 등 중국기업은 일본의 소니, 파나소닉 등을 제치고 점유율을 높이고 있다.

  자료: 중국소비자연구센터

- 5,001~8,000위안 사이의 3D TV가 점유율이 가장 높고, 고가라 할 수 있는 8,001~1만 위안 대의 제품도 10% 이상의 점유율을 보이고 있다.

  자료: 중국소비자연구센터

디스플레이

▶ **전 세계 LCD 패널 시장점유율** (%)

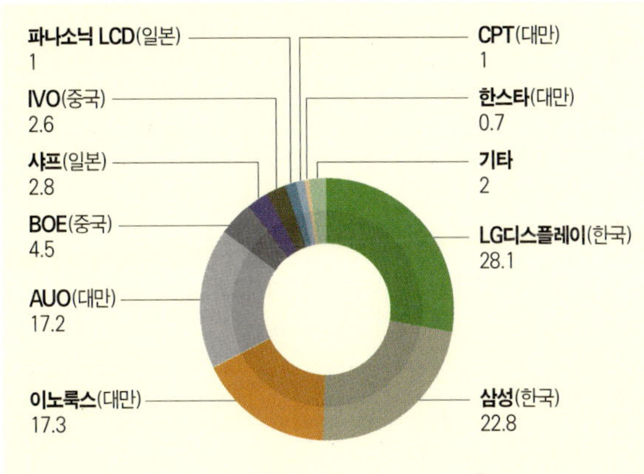

▶ **전 세계 패널 생산 비중 변화** (%)

- 2012년 전 세계 LCD 패널시장에서 한국기업(LG,삼성)의 시장점유율은 50%가 넘는다.

  자료: IHS iSuppli Research

- 2011년 1분기부터 전 세계 패널 생산 비중에서 중국이 일본을 추월하기 시작했다.

  자료: display

▶ **전 세계 TFT-LCD 생산량 추이**

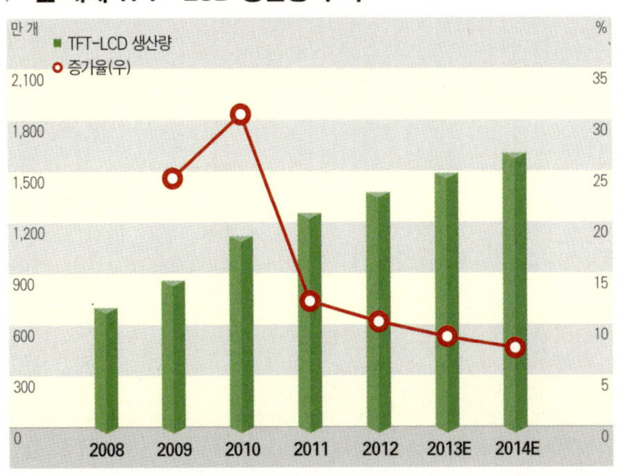

▶ **중소형**(10인치 이하) **디스플레이 세계 시장점유율** (%)

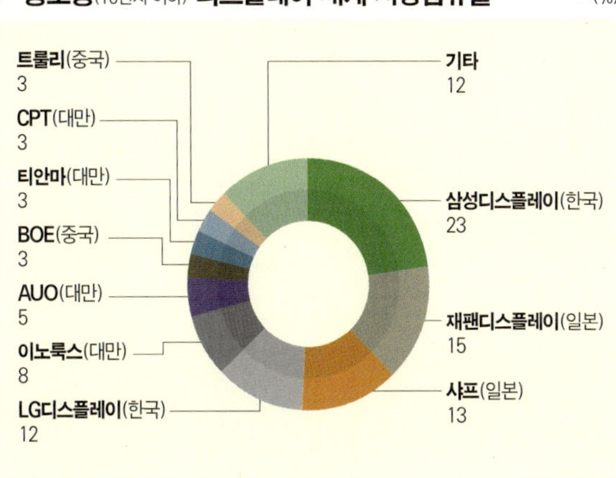

- 2010년 이후 신흥국을 비롯한 전 세계 LCD TV 수요가 급감하면서 TFT-LCD 생산량 증가율은 감소세로 전환했다.

  자료: Digitimes

- 삼성디스플레이는 갤럭시 판매 호조로 중소형 디스플레이 시장 1위를 고수한 반면, 애플에 LCD 패널을 공급해온 샤프와 LG디스플레이는 아이폰의 판매 저조로 3, 4위권에 머물렀다.

  자료: 디스플레이서치

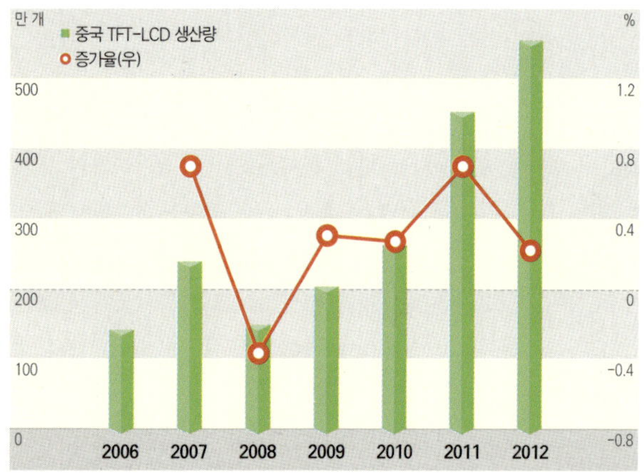

▌ 중국 TFT-LCD 생산량

- 중국의 LCD 생산 증가율은 글로벌 경기가 위축되었던 2008년과 2012년에 모두 감소했다.

자료: Digitimes

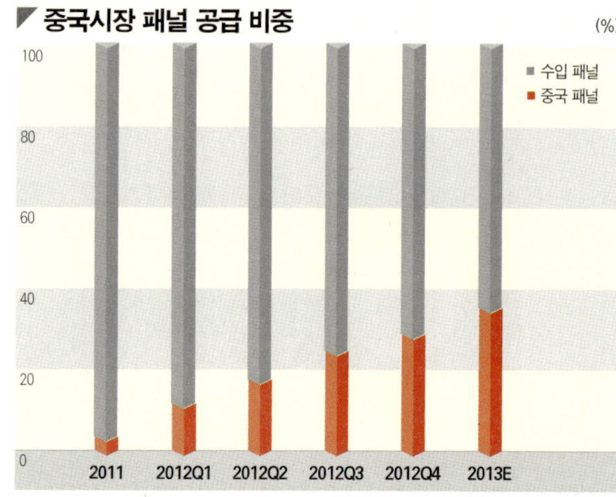

▌ 중국시장 패널 공급 비중

- 보조금 지급, 방어 관세(수입산 대형 LCD 패널에 5% 관세 부과) 등 중국 정부의 적극적인 지원 속에, 중국은 자국 패널 조달 비중이 꾸준히 증가하고 있다.

자료: 싱예증권

▌ BOE와 CSOT 패널 생산 라인

- 전 세계 패널 재고량 증가에도 불구하고 중국 패널업체들은 정부의 전폭적인 지원 속에 공격적으로 설비를 증설하고 있다.
- 중국 정부는 2015년까지 자국 TV시장이 필요로 하는 패널의 80% 이상을 로컬업체로부터 조달한다는 목표를 가지고 자국기업들을 적극 지원하고 있다.

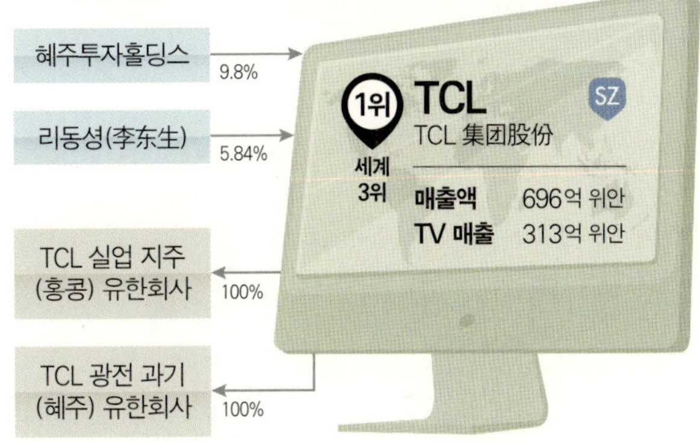

- 이케아의 '우플레바'(전자제품이 내장된 가구)에 들어가는 모든 전자 제품을 공급하기로 하면서 브랜드 가치 상승.
- 2013년 6월 18일 상장 중단 발표. 대리 생산 업무를 맡고 있는 통리를 TCL 멀티미디어에서 분리한 다음 재상장하기 위한 수순으로 판단됨.

▶ TCL 경영 실적

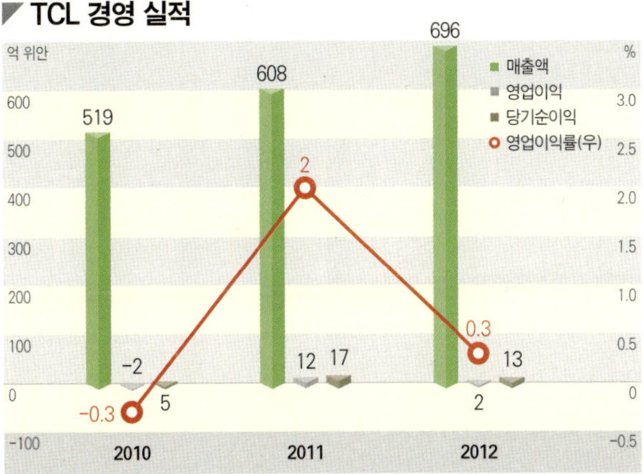

- TCL은 2010년에 관리비용 등이 증가하며 영업이익이 마이너스를 기록하기도 했다.
자료: WIND

▶ TCL 주가 추이 (%)

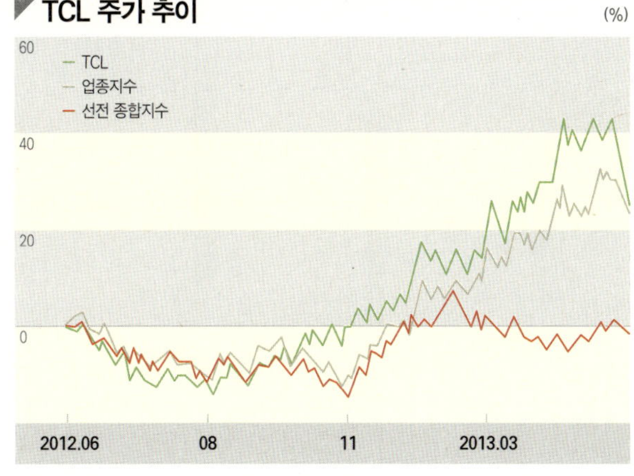

- TV, 휴대폰, 패널 등의 판매 호조로 중국은 물론 세계시장에서도 두각을 나타내며 주가가 안정적으로 상승하고 있다.
자료: WIND

▶ TCL 중국 TV 판매량 추이

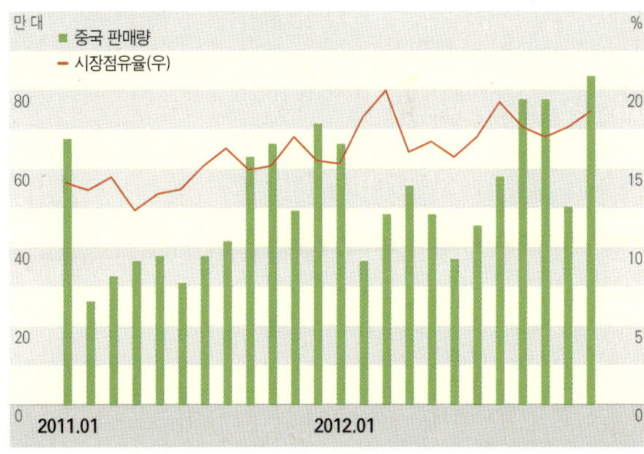

- 2011년 초 14%였던 TCL의 중국 TV 시장점유율은 2012년 말 18%로 상승하며, 업계 1위에 올랐다(2011년에는 하이센스, 스카이워스, 창홍에 이어 4위).
자료: WIND

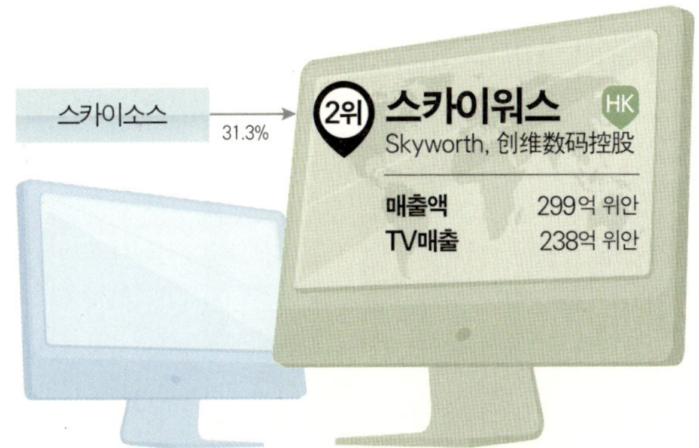

- 브랜드 가치가 178억 위안에 달하는 중국의 대표적인 저가 LCD TV 업체.
- 그동안 OLED TV는 삼성전자와 LG전자만 생산. CES 2014에서 중국업체로는 처음으로 스카이워스가 55인치 OLED TV를 선보임.

▶ 스카이워스 주가 추이 (%)

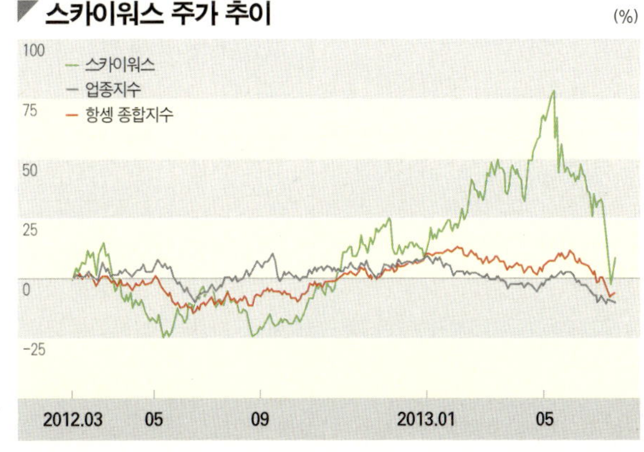

- 2013년 상반기에 중국의 주요 인터넷 동영상 사이트 중 하나인 'letv.com'과 '폭스콘'(세계 최대 전자기기 위탁 생산업체)이 손잡고 출시한 'Le 슈퍼 TV'가 큰 이슈가 되면서, 스카이워스를 포함한 기존 스마트 TV업체의 주가가 하락세를 보였다.
자료: WIND

▮ 스카이워스 경영 실적

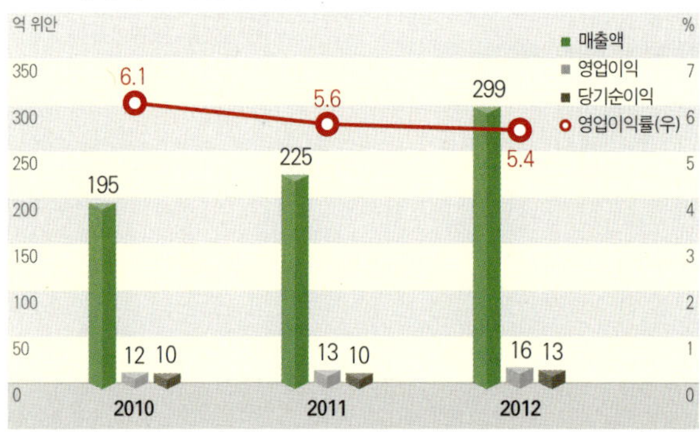

▮ 스카이워스 자산 – 부채

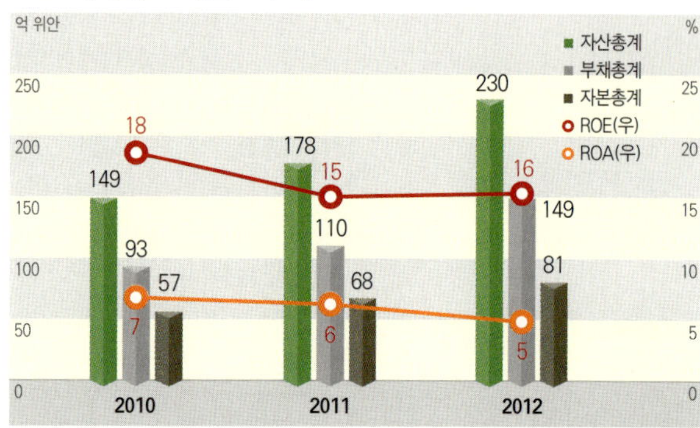

- 2012년 중국 TV시장의 판매량 부진과 세계적인 경기 침체에도 스카이워스 매출은 전년 대비 32.9% 증가했다.
- 이 기간 스카이워스는 주력 상품을 기존의 저가 제품에서 고가 제품으로 변경했다.

자료: WIND

- 스카이워스는 부채 비율이 100% 이상으로 상당히 높은 편이지만, 대규모 설비 투자가 필요한 TV 제조업의 특성을 감안하면 일반적인 수준으로 볼 수 있다.

자료: WIND

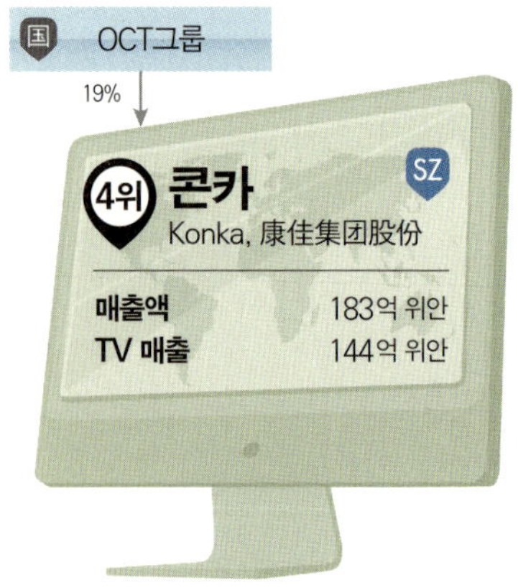

▮ 하이센스 주가 추이　(%)

▮ 하이센스 경영 실적

- 중국 TV업계 3위 기업이자 종합 전자 업계 6위 기업.
- LG디스플레이의 대표적인 중국 고객사.

- 2012년 여름부터 기대를 모았던 스마트 TV 'VIDAA'가 2013년 상반기에 출시되면서 주가가 상승세에 있다.

자료: WIND

- 하이센스는 기술 혁신으로 스마트 TV, 3D TV 등 첨단 TV시장에서 확고한 우위를 점하며 안정적인 성장세를 보이고 있다.

자료: WIND

▮ 콘카 주가 추이　(%)

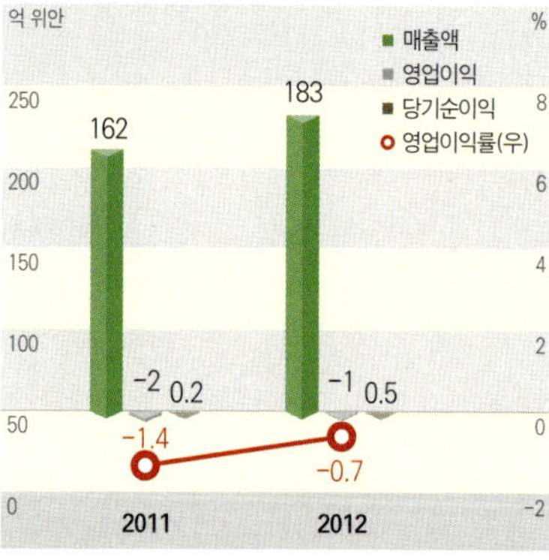

▮ 콘카 경영 실적

- 1990년대 중국 TV업계 1위 기업이었던 콘카는 2000년 들어 무모한 저가 공세를 펼친 결과, 업계 4위로 추락.

- 'Le 슈퍼 TV' 출시로 기존 TV 제품의 수요 감소 및 가격 하락이 예상되며 콘카 역시 주가가 하락세에 있다.

자료: WIND

- 2012년 LCD TV 제품만 110만 대를 판매하며 매출액이 크게 증가했다.

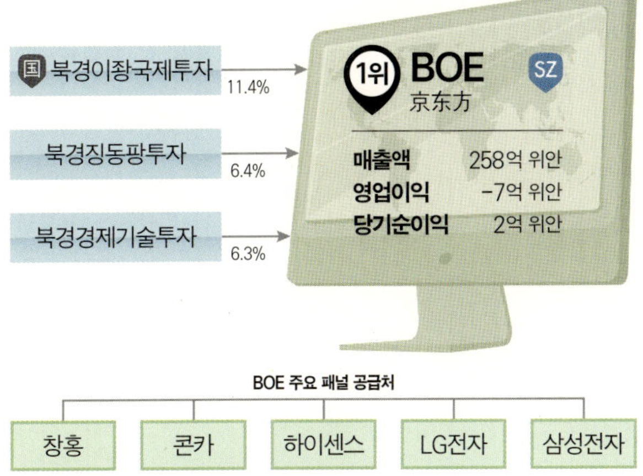

- 2003년 하이닉스반도체(현 SK하이닉스)의 LCD 부문인 하이디스를 인수한 BOE는 현재 중국 최대 패널업체로 성장.

■ BOE 경영 실적

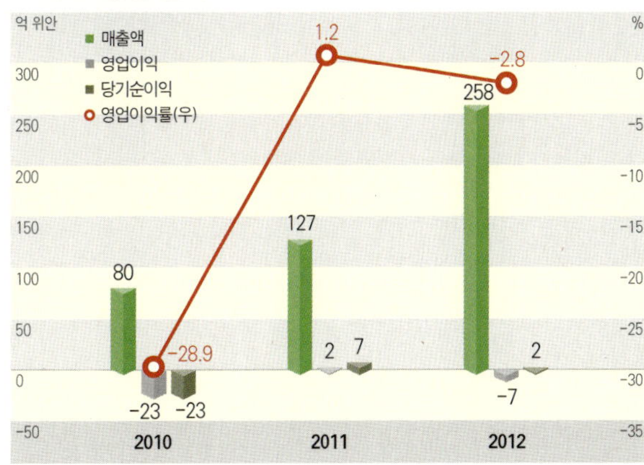

- BOE는 2011년에 에너지 관련 자회사 지분 80%를 매각하며 만성 적자 상태를 벗어났다.

자료: WIND

■ BOE 자산 – 부채

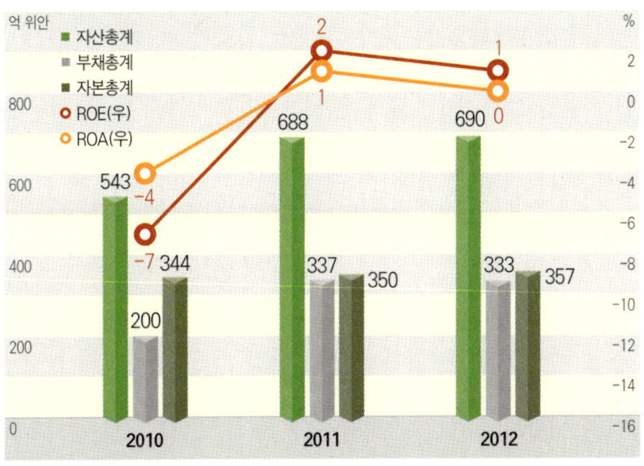

- 중국 정부의 막대한 보조금 지원 속에 BOE는 부채 비율을 100% 이하로 유지하고 있다.

자료: WIND

■ BOE 지역별 매출 구성

(%)

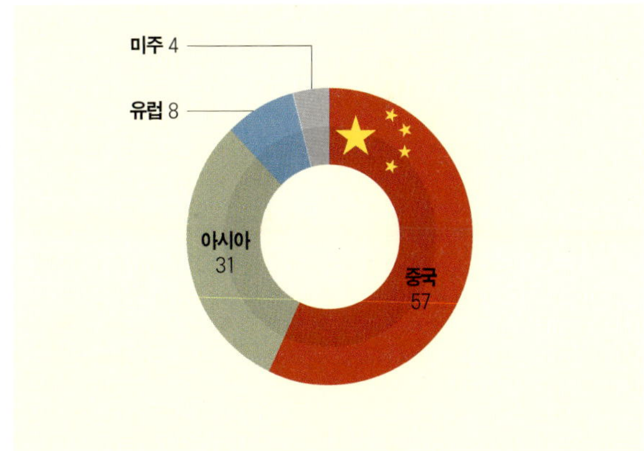

- BOE는 매출의 대부분이 중국 및 아시아 지역(88%)에서 발생한다.

자료: 디스플레이서치

- 2010년 중국 TCL과 한국 삼성전자가 합작으로 설립한 중국 2위 패널 생산업체.

■ BOE와 CSOT 출하량 비교

(만 개)

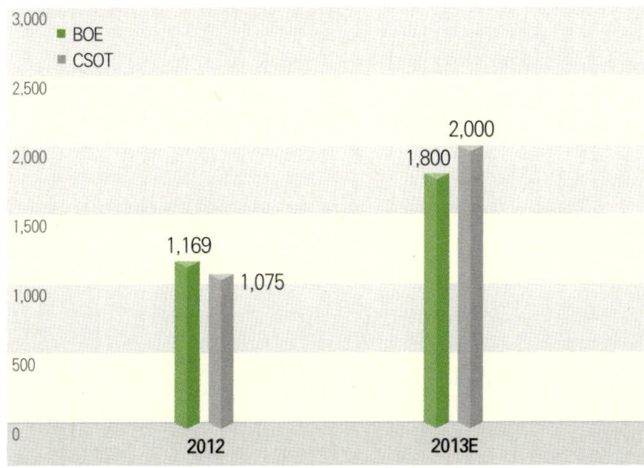

- 2013년 CSOT의 패널 출하량은 전년 대비 86% 증가하며, BOE의 출하량을 넘어설 것으로 전망된다.

자료: 디스플레이서치

그들이 삼성과 LG의 자리까지 넘보고 있다!

2012년 글로벌 경기 침체 여파로 세계 TV시장이 역 성장한 가운데 중국 업체들의 추격이 무섭다. 2012년 세계 LCD TV 시장점유율을 살펴보면, 한국의 삼성과 LG가 각각 20.4%, 14.6%로 1위와 2위를 차지했다. 그 뒤를 중국의 TCL이 시장점유율 7.3%를 기록하며, 시장점유율 5%에 그친 소니를 제치고 글로벌 3위에 등극했다. 이는 중국 TV업체가 한때 TV시장을 호령했던 일본기업을 제쳤다는 점에서 그 의미가 남다르다. 이 밖에도 하이센스나 스카이워스 등 중국의 대표 TV업체들이 중위권에 이름을 올리며 두각을 나타냈다. 이들 기업의 시장점유율은 각각 5%, 4.7%로 경쟁 상대인 일본기업과의 격차가 소수점 차이에 불과해 중위권 다툼이 얼마나 치열한 지를 엿볼 수 있다. 현재 세계 LCD TV시장 톱 10에서 중국 기업들이 차지하는 비중은 17% 정도 수준으로, 머지않아 2위 일본(18.4%)을 가볍게 제칠 것으로 예상된다.

삼성과 LG도 고전을 면치 못하는 중국 평판TV시장

2011년 중국은 평판TV시장 규모 4,200만 대를 기록하며 세계 최대 시장으로 성장했다. 2012년 중국 평판TV시장 규모액은 263억 달러로, 북미(227억 달러), 서유럽(178억 달러), 동유럽(110억 달러) 보다 월등하다.

중국 평판TV시장은 로컬기업들이 휩쓸고 있다. TCL, 스카이워스, 하이센스, 콘카, 창홍 등이 상위권에 포진되어 있는 바, 이들 로컬기업의 중국 평판TV 시장점유율은 무려 80%에 달한다. 세계시장에서 날고 긴다는 삼성과 LG도 중국에서는 고전을 면치 못하고 있다. 삼성과 LG의 중국 평판TV 시장점유율은 모두 3% 내외로 순위는 각각 9위와 10위에 랭크되어 있다.

중국 평판TV시장의 다크호스는 단연 TCL이다. 2011년까지만 해도 중국 TV시장 선두 업체는 9년간 요지부동 1위 자리를 고수해 온 하이센스였다. 하지만 2012년 TCL은 중국 평판TV 시장점유율 18%을 기록하며 스카이워스와 하이센스를 제치고 1위에 등극했다. 2012년 TCL은 LCD TV 1,500만 대를 팔아 치우며 1,450만 대를 판매한 소니를 제치고 글로벌 3위에 올라서기도 했다. 이처럼 TCL이 괄목할 만한 성적을 거둘 수 있었던 것은 글로벌 네트워크와 기술력 향상에 주력했기 때문이다. TCL은 미국, 프랑스, 싱가포르 등지에 연구 개발 본부와 지점을 설립해 운영하고 있다. 판매 지점 소재 국가만 40개국이 넘는다.

TV와 백색가전, 휴대폰 등 여러 분야에 진출해 있는 TCL이 유독 TV사업에서 빠른 성장을 이룰 수 있었던 것은 자회사 패널기업인 CSOT의 실적 향상 덕분이다. 2013년 1분기 TCL은 자회사인 CSOT 실적이 크게 호전된 데 힘입어 전년 대비 매출액이 27.3% 증가했다. 순이익도 전년 대비 691% 급증한 3억 400만 위안을 기록했다.

최근 TCL은 고품질·고가 제품으로 이미지 변신을 꾀하고 있다. TCL은 그 일환으로 스웨덴의 글로벌 가구업체 이케아와 손을 잡고 TV 통합형 가구를 선보였으며, 업계 최초로 초고화질 구글 TV를 출시할 계획이다. 한국에서는 온라인쇼핑몰인 인터파크가 TCL TV의 단독 론칭을 결정해 화제가 되기도 했다.

중국 디스플레이업계의 양대산맥

글로벌 LCD TV 패널시장은 한국-대만-중국-일본 4파전 양상이 뚜렷하다. 구체적으로 살펴보면 LG디스플레이와 삼성전자를 필두로 한국이 51%로 전체 패널 시장점유율의 절반 이상을 차지하고 있다. 대만의 대표 디스플레이업체인 이노룩스(구 CMI)와 AUO가 시장점유율 34.5%을 기록해 2위에 올라있다. 패널 종주국이라 할 수 있는 일본은 2011년 초 중국에 추월을 허용하며 4위권으로 밀려난 이후 내내 하향곡선을 그리고 있다.

BOE, CSOT 등을 주축으로 한 중국 패널업체들은 정부의 지원에 힘입어 빠르게 성장하고 있다. 특히 이들 기업은 중국 TV시장의 80%를 점유한 자국 TV 제조업체들의 전폭적인 지지를 등에 업고 디스플레이업계 선두 주자인 한국과 대만기업의 뒤를 바짝 쫓고 있다.

1993년 설립된 BOE(베이징 옵토 일렉트로닉스)는 중국 최대 패널 공급업체이다. 비록 2013년 TCL의 자회사인 CSOT에 추월당했지만, BOE가 글로벌 패널업체라는 것에는 의심의 여지가 없다. BOE는 특히 중소형 LCD 패널에서 두각을 나타내고 있다. 2013년 1분기 BOE는 9인치 이하 중소형 LCD 패널시장에서 출하량 5,600만 대를 기록하며 처음으로 글로벌 1위에 등극했다. 비록 매출액 기준으로 보면 BOE의 순위는 1위인 샤프(14억 달러) 및 2위인 LG디스플레이(13억 6,000억

달러)와도 큰 격차가 나면서 지금은 5위권 밖으로 밀려나 있지만 디스플레이산업에서 중국업체가 처음으로 출하량 기준 글로벌 1위에 올랐다는 점을 고려했을 때 그 의미는 각별하다.

사실 BOE는 2010년까지만 해도 4년 연속 적자를 기록하며 불안한 모습을 보였다. 2011년에 들어서면서 BOE는 매출액과 영업이익, 순이익 부문에서 각각 127억 위안, 1억 5,690만 위안, 6억 9,000만 위안을 기록하며 흑자로 전환했으나 이는 자산 매각의 결과였다. 2011년 BOE는 에너지 관련 자회사 지분 80%를 매각하며 겨우 적자 위기를 벗어났지만 실제로는 엄청난 규모의 적자를 냈다는 후문이다. 2012년 이후에야 BOE의 상황은 조금씩 개선되기 시작했다. 2012년 상반기 BOE의 월별 TV용 패널 출하량은 꾸준히 증가해 LCD TV용 패널 생산량 111만 대를 기록하며 처음으로 월별 생산량 100만 대를 넘어섰다.

2011년 10월 정식 가동을 시작한 CSOT는 불과 1년 만에 초고속 성장세를 보였다. 2012년 4분기부터는 중국 1위 업체인 BOE의 패널 출하량을 추월하기 시작했다. 2013년 CSOT의 예상 출하량은 2,000만 대로 출하량 1,800만 대가 예상되는 BOE를 꺾고 중국 1위 패널업체에 등극할 전망이다. 후발업체인 CSOT가 이처럼 단기간에 놀라운 성장을 보일 수 있었던 것은 자국 TV 업체들의 전폭적인 지지가 큰 몫을 했다.

2013년 2분기 기준 CSOT와 BOE 등 중국 패널업체들의 자국 TV업체 패널 공급율은 32.3%로 2012년 1분기보다 21% 상승했다. 반면, 대만과 한국의 점유율은 각각 38.5%, 29%로 2012년 1분기보다 각각 16%, 3% 가량 하락했다.

드디어 시장의 판도가 변할 것인가? 전문가들은 시간 문제라고 주장한다. 대만과 한국 디스플레이업계에게는 슬픈 일이 아닐 수 없다. ★

반도체업계

▶ 반도체산업 구분

▶ 반도체기업 종류(생산공정 기준)

• 반도체를 직접 설계하고 제조 및 테스트까지 일괄 공정 체계를 구축해야 함.
• 디자인 능력과 생산설비를 보유하고 있어야 함. 자사 로고를 찍어 판매할 수 있을 정도의 기술력을 보유한 종합 반도체업체로 업계 내 확고한 위치를 점유하고 있음.

예 인텔, 삼성전자, SK하이닉스

• 반도체 제조 공정 중 하드웨어 소자의 설계와 판매만 전문으로 하는 회사.
• 주로 외부 반도체 제조업체에 위탁 생산하기 때문에 생산설비 없이도 운영 가능.

예 퀄컴, Texas Instrument (TI)

• 팹리스에서 주문과 설계 데이터를 받아 반도체 칩을 제조하는 위탁 생산 전문업체.
• 초기 설비 규모가 크고, 적정 생산 규모가 필요함.

예 TSMC, UMC

▶ 전 세계 반도체시장 매출 비중 (%)

메모리반도체 20

시스템반도체 80

• 시스템반도체는 여러 가지 기능을 가진 시스템을 하나의 칩으로 만든 제품으로, 높은 기술력을 필요로 하며 진입 장벽이 높은 고부가 가치 산업이다.

▶ 반도체업계 세계 톱 10 기업

(억 달러, 2012년 매출 기준)

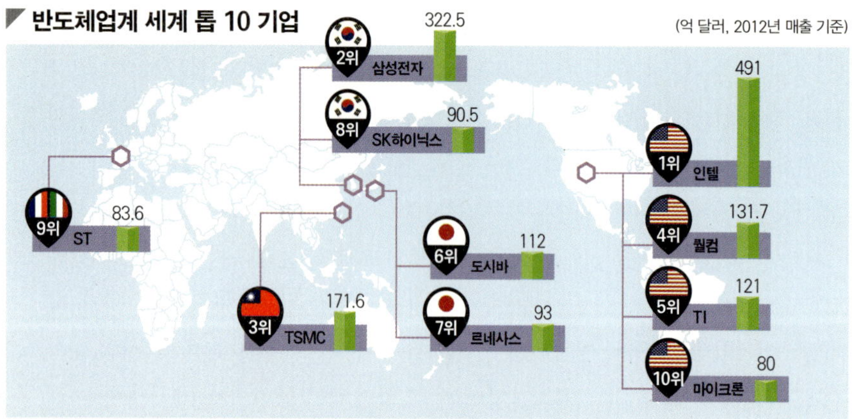

• 2012년 TSMC와 퀄컴을 제외한 주요 글로벌 반도체기업은 전년 대비 부진한 실적을 기록했다. 부진의 주요 원인은 PC시장 위축, D램 메모리 가격 하락, 세계 경기 불황 등이다.

자료: IC Insights

▶ 세계 반도체시장 규모 (십억 달러)

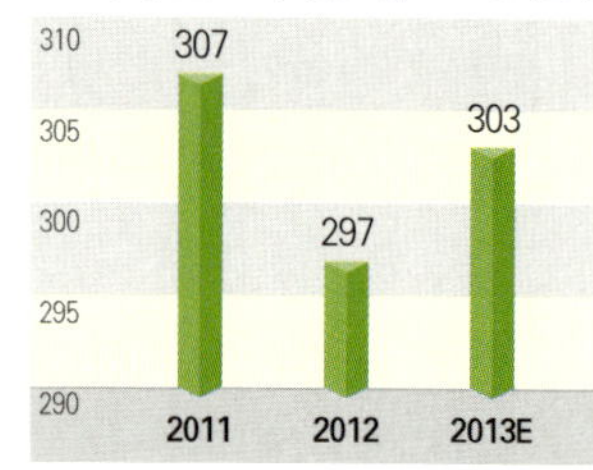

• 전 세계 불황의 여파로 2012년 글로벌 반도체시장은 전년 대비 마이너스 성장(-3%)을 했다. 향후 태블릿PC, 셋톱박스, 블루레이 플레이어 부문의 반도체시장이 발전하면 시장 성장을 견인할 것으로 예상된다.

자료: GARTNER

▶ 세계 팹리스업체 순위

(2011년 매출액 기준)

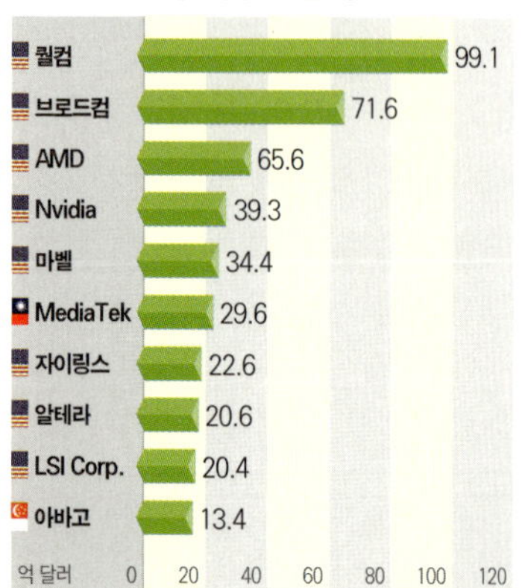

• 반도체시장이 침체기를 겪는 가운데 설비 투자 없이 설계 업무에만 집중하면 되는 팹리스시장은 확장세를 보이고 있다. 퀄컴과 브로드컴 등 상위 기업들의 고속 성장 속에 팹리스시장은 2012년 시장 규모 700억 달러를 돌파, 전체 반도체시장에서 차지하는 비중이 27.8%까지 상승했다.

자료: IC Insights

▶ 세계 파운드리업체 순위

(2012년 매출액 기준)

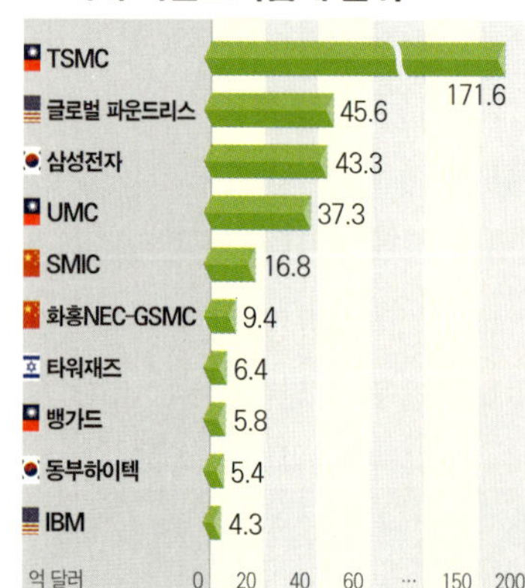

• 대만의 TSMC는 세계 파운드리시장의 독보적인 1위 기업이다.
• 파운드리시장은 기술력이 부족해도 막대한 설비 투자와 자본력만 있으면 진입할 수 있기 때문에 팹리스시장과 달리 아시아 기업이 주를 이루고 있다.

자료: IC Insights

▼ 중국 IC 시장 규모 추이

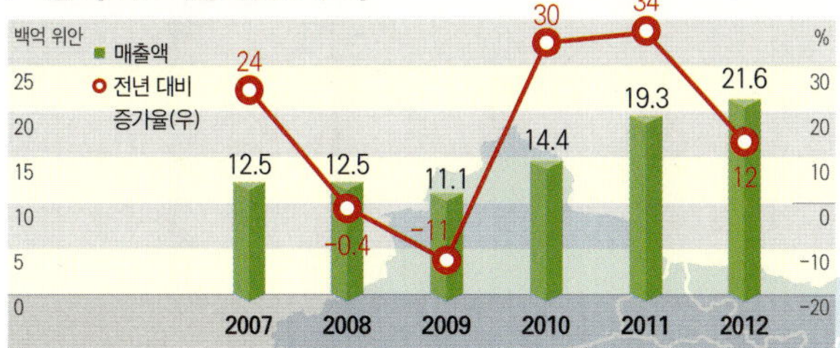

▼ 중국 IC 수출입 추이

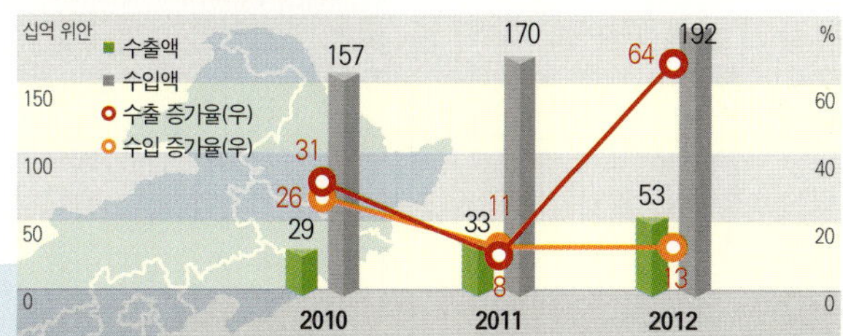

▼ 중국 IC 분야별 매출 추이

(십억 위안)

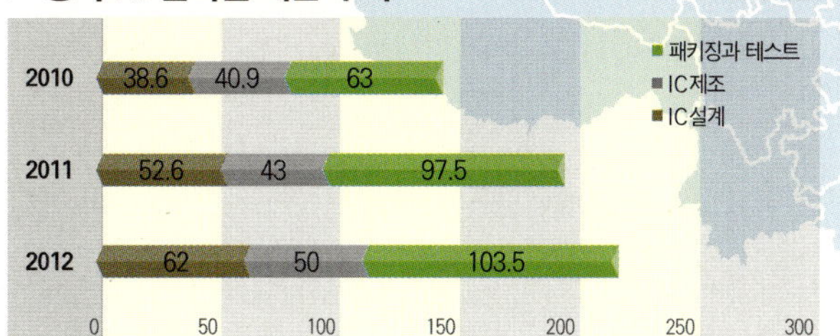

▼ 중국 IC 생산량 추이

(억 개)

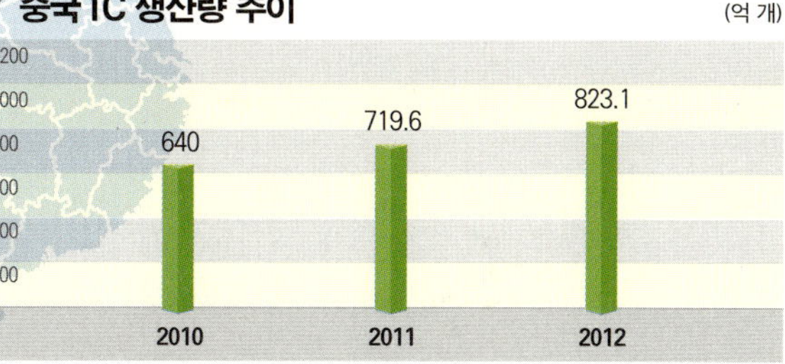

- 중국은 아직까지 여러 개의 반도체를 조합하고 설계하는 등 높은 수준의 반도체 기술이 없다. 그래서 집적회로(IC)처럼 낱개의 IC를 만드는 시장에 집중하고 있다. IC 시장에서도 상대적으로 높은 기술력이 요구되는 설계 분야보다는 패키징과 테스트 부문의 비중이 크다. 현재 중국의 IC 수입액은 수출액을 크게 상회하지만, 2012년 수출 증가율이 64%에 육박하는 등 수출 시장도 급성장하고 있다. 자료: CSIA

▼ 낸드플래시 시장 규모

(억 달러)

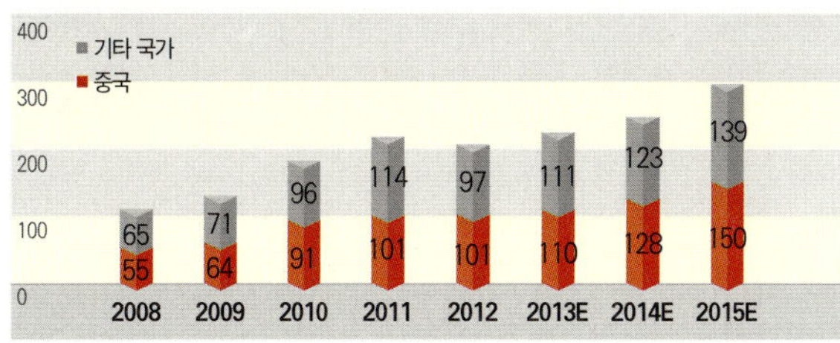

- 중국은 전 세계 휴대폰의 70%, 태블릿PC의 90%를 생산하는 세계 최대 전자제품 생산국으로, 낸드플래시를 포함한 전자 제품의 반도체 소비가 급증하고 있다. 자료: CSIA

▼ 낸드플래시 판매 증가율

(%)

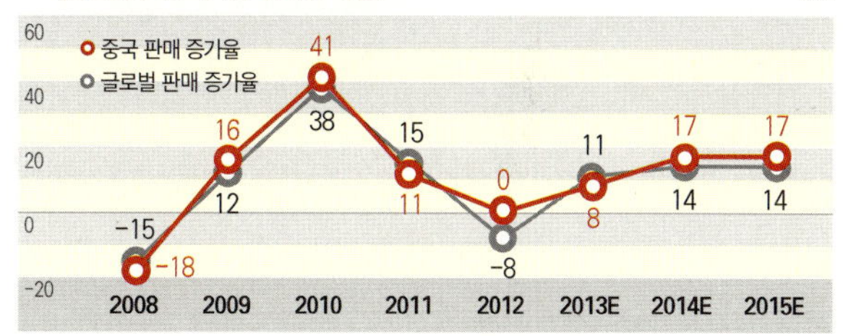

- 2012년 세계 경기 침체로 전 세계 낸드플래시 시장은 마이너스 성장률을 기록했다. 하지만 중국은 0% 성장률을 보이며 상대적으로 양호한 모습을 보였다. 자료: CSIA

▼ 낸드플래시 시장점유율

(%, 2012년 매출액 기준)

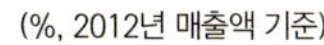

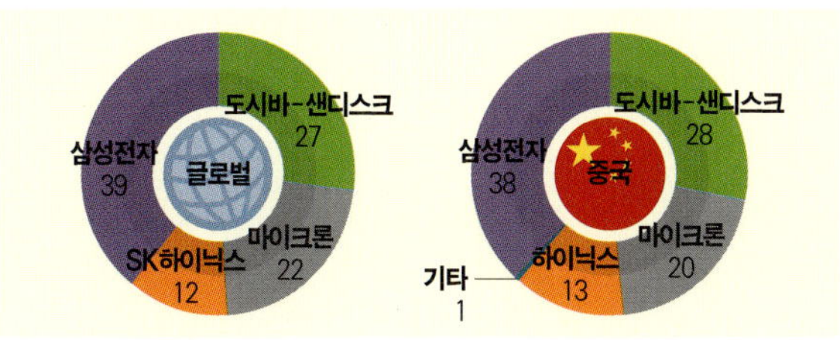

- 세계 낸드플래시 시장은 삼성전자가 1위, 도시바-샌디스크가 2위를 차지하고 있다.
- 중국 낸드플래시 시장도 이와 유사하다. 자료: CSIA

▼ 중국 낸드플래시 탑재 주요 디바이스

(억 위안)

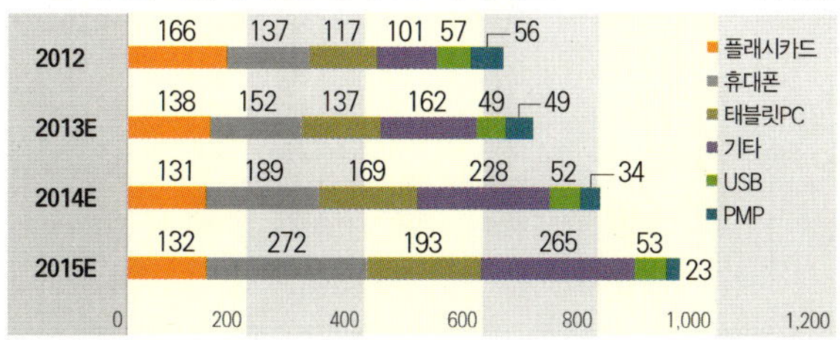

- 현재 중국에서 낸드플래시가 탑재되는 주요 디바이스는 플래시카드지만, 플래시카드는 향후 감소세를 보일 것으로 예상된다. 최근 스마트폰 판매가 증가하면서 향후 낸드플래시가 탑재되는 주요 디바이스에서 휴대폰 비중이 증가할 것으로 보인다. 자료: CSIA

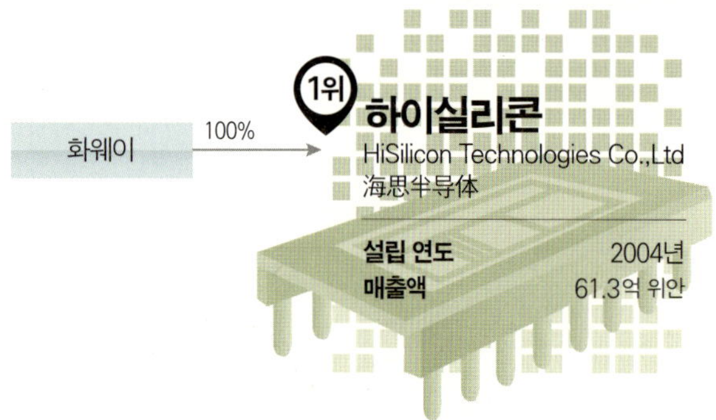

하이실리콘 매출 추이

(억 위안)

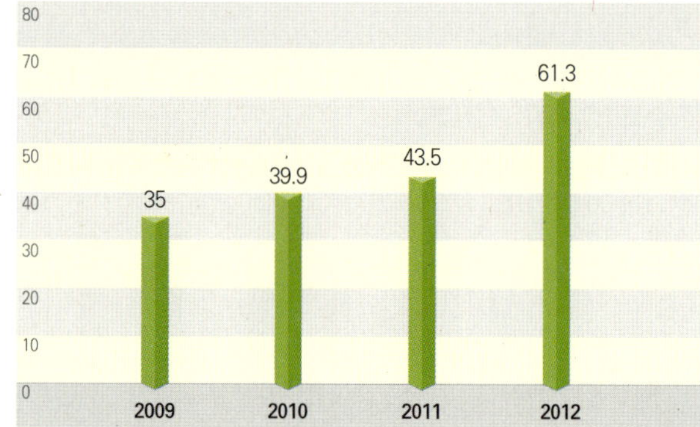

- 중국의 대표적인 휴대폰 제조사 화웨이(중국 휴대폰업계 2위)가 단말기 사업의 경쟁력을 강화하기 위해 세운 자회사.
- 중국 최대 팹리스기업이자 세계 팹리스 부문 16위 기업.
- LTE-FDD와 TD-LTE(통신), 3GPP릴리스9를 함께 지원하는 세계 최초 멀티모드 베이스밴드 칩을 선보임.

- 모회사인 화웨이 스마트폰에 하이실리콘이 자체적으로 디자인한 K3V2 쿼드코어칩(AP)을 탑재하는 등 혁신적인 기술 향상을 보이면서 매출이 안정적으로 상승하고 있다.

자료: IC Insights Inc

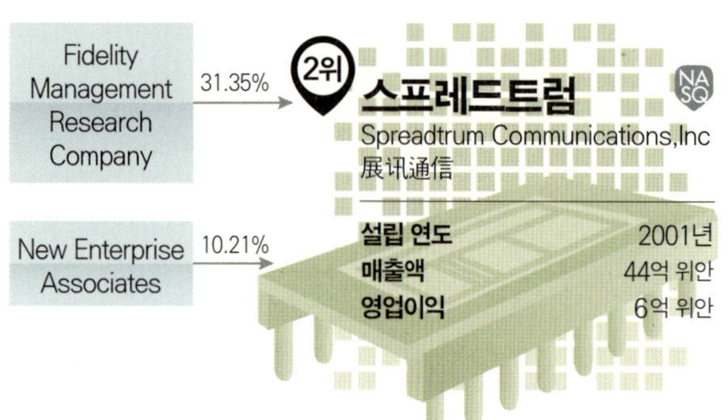

스프레드트럼 주가 추이

(%)

- 스프레드트럼은 중국의 대표적인 팹리스기업이자 세계 팹리스 부문 17위 기업.
- 미국 실리콘밸리, 산티아고 및 중국 상하이와 베이징 등에 지사 및 연구개발소를 두고 있음.
- 중국에 수출하는 삼성전자의 갤럭시S2, 갤럭시노트에 스프레드트럼의 모뎀 칩이 들어감.

- 2013년 1분기 스프레드트럼의 순이익이 전년 대비 16.5% 하락했다는 소식이 발표된 이후 주가가 하락세로 전환했다.
- 하지만 최근 신흥국의 스마트폰 판매량이 급증할 것으로 예상되면서 스프레드트럼 주가가 가파르게 상승하고 있다.

자료: WIND

스프레드트럼 경영 실적

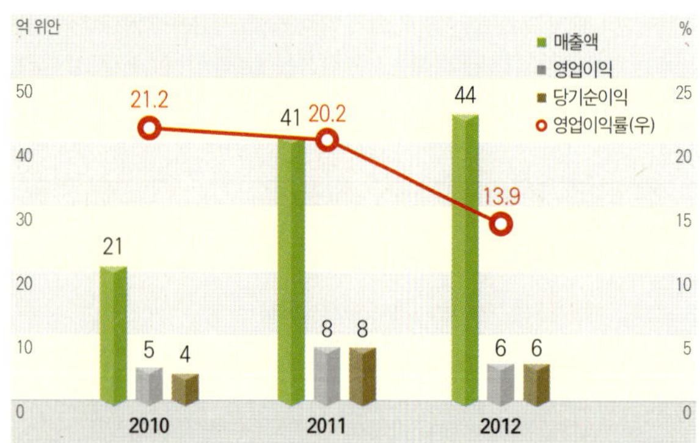

휴대폰 IC 공급처 세계 톱 10

(시장점유율 기준)

순위	기업명	2007	2012
1	퀄컴	23%	31%
2	삼성전자	N/A	21%
3	미디어텍	6%	9%
4	인텔	N/A	6%
5	스카이웍스 솔루션스	3%	4%
6	텍사스 인스투르먼츠	20%	4%
7	ST-Ericsson	6%	4%
8	르네사스	4%	3%
9	스프레드트럼	N/A	3%
10	브로드컴	N/A	2%
	기타	39%	14%
	전체	100%	100%

- 세계적인 스마트폰 판매 증가에 따라 스프레드트럼의 매출액도 안정적으로 상승하고 있다.
- 향후 TD-LTE 스마트폰시장이 빠르게 성장할 것으로 예상되면서 스프레드트럼의 매출 증대가 예상된다.

자료: WIND

- 스프레드트럼은 중국기업으로는 유일하게 휴대폰 IC 공급처 세계 톱 10에 이름을 올리고 있다. 저가 스마트폰 판매량이 증가하면서 스프레드트럼도 빠르게 성장하고 있다.
- 스프레드트럼은 피처폰시장의 15%, 스마트폰시장의 5%를 점유하고 있다.

자료: HIS iSuppli Research

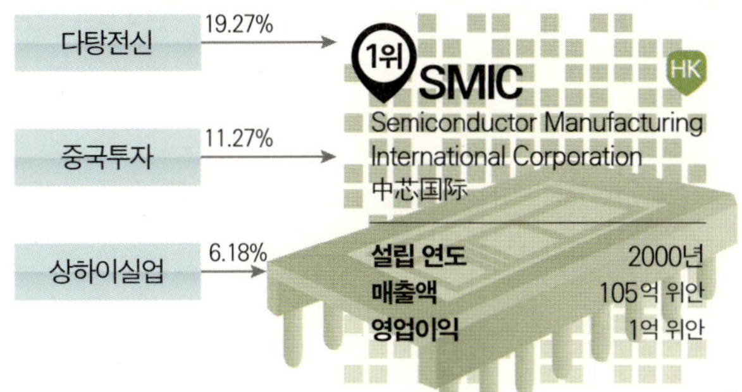

- 세계 5위, 중국 1위 반도체 파운드리기업.
- SMIC는 국영기업 베이징산업개발투자(BIDMC), 중관춘개발그룹 (ZDG)과 합작사 설립 예정. 투자금 규모는 총 36억 달러로, 합작사가 설립되면 월 3만 5,000장의 웨이퍼 양산 능력을 갖추게 됨.
- 중국 팹리스 반도체기업의 75%가 SMIC에 생산 수탁.

- 반도체를 미래 핵심 산업으로 육성하려는 중국 정부의 적극적인 지원 속에 투자자들의 기대 심리가 커지면서, 2013년 2분기 이후 SMIC 주가가 상승세를 보이고 있다.
  자료: WIND

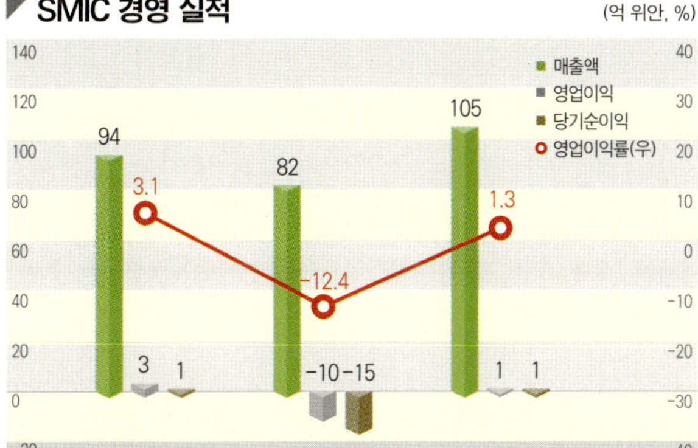

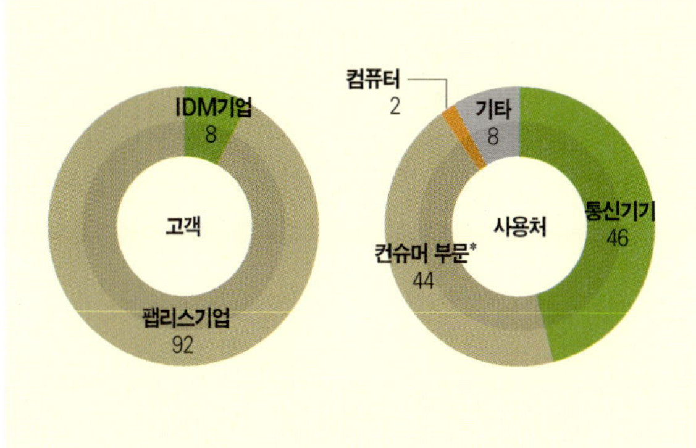

- 저가 스마트폰, 태블릿PC의 폭발적인 성장에 힘입어 SMIC는 2012년 매출액이 전년 대비 29% 상승하며, 최근 7년 동안 가장 좋은 성적을 거두었다.
  자료: WIND

- SMIC의 주요 고객은 팹리스 반도체기업이며, 사용처를 보면 통신기기가 46%로 가장 큰 비중을 차지하고 있다.

＊컨슈머 부문은 개별 업체의 개별 제품에 맞추어 생산되는 반도체를 가리킨다.

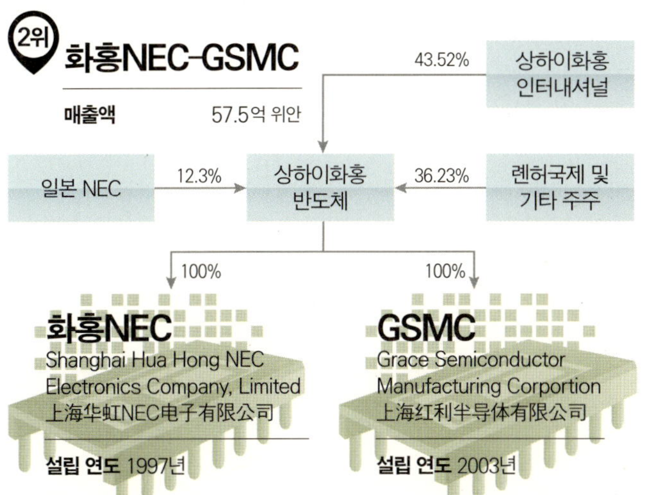

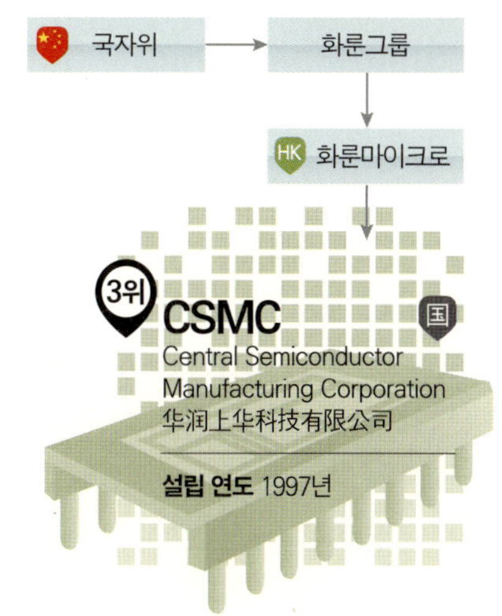

- 합병 전 중국 파운드리업계 2, 3위이자 세계 파운드리업계 8, 12위였던 화훙NEC와 GSMC는 합병(2011년 12월) 이후 SMIC에 이어 세계 6위에 등극.

- 중국 거대 기업 화룬그룹 소속의 파운드리업체로 중국 최대 규모인 6인치와 8인치 공장을 보유.

한국을 추월할 것이라는 자신감에는 다 이유가 있다

최근 글로벌 반도체시장은 경기 침체에 따른 전자제품 수요 감소 등의 영향으로 마이너스 3%의 성장률을 기록했다. 특히 과거 반도체시장 성장에 견인차 역할을 해온 PC 생산이 전년 대비 2.5% 위축되면서 악재로 작용했다.

글로벌 반도체업체들의 실적도 실망스러웠다. TSMC와 퀄컴을 제외하고는 모두 전년 대비 매출액이 감소해 먹구름 속에 갇힌 시장 상황을 여실히 보여주었다. 인텔은 업계 1위 자리를 고수하고 있지만, 최근 마이너스 2.7% 성장을 기록해 다소 위축된 모습을 보이고 있다(2012년 기준). PC용 반도체업체인 인텔이 '지는 별'이라면 모바일 애플리케이션 프로세서(AP) 생산업체인 퀄컴은 '뜨는 별'이다. 퀄컴은 중국과 인도 등 신흥국 스마트폰 판매 호조에 힘입어 30%에 육박하는 성장률을 기록하며 업계 4위로 부상했다. 인텔과 퀄컴의 상반된 성적표는 PC에서 모바일로 빠르게 재편되는 IT산업의 패러다임 변화를 방증한다.

IDM은 위축, 팹리스와 파운드리는 기지개

반도체는 생산 공정에 따라 크게 IDM, 팹리스, 파운드리로 분류된다. IDM(Integral Device Manufacture)은 반도체를 직접 설계하고 자사 생산설비를 이용해 제조하는 종합 반도체업체로 진입장벽이 높아 업계 내 입지가 확고하다. 반면 팹리스업체는 생산설비 없이 설계와 판매 업무만을 전문으로 하며, 파운드리업체는 팹리스업체로부터 주문과 설계 데이터를 받아 반도체 칩을 제조한다.

인텔 등 IDM업체들의 실적이 저조한 데 반해, 퀄컴과 TI(Texas Instrument) 등 팹리스업체와, TSMC 및 UMC 등의 파운드리업체는 승승장구하고 있다. 특히 팹리스업체는 과도한 공장설비 투자 없이 설계 업무에만 주력하면 되는 비용 절감의 이점을 이용해 무서운 성장세를 보이고 있다. 2012년 팹리스시장 규모는 700억 달러를 돌파했으며 전체 반도체시장에서 차지하는 비중도 28%까지 상승했다. 파운드리시장도 글로벌 IDM기업들이 고정비를 줄이기 위해 생산능력을 감축하고 전문 파운드리업체에 위탁을 주는 경우가 급증하면서 성장세를 보이고 있다.

중국 반도체산업은 이들에게 달렸다

중국은 후발주자로서 이제 막 글로벌 반도체시장 경쟁에 합류했지만 성장 속도만큼은 타의 추종을 불허한다. 현재 중국 반도체업계에는 자사의 로고를 찍어 판매할 수 있을 정도의 대표적인 IDM업체가 있는 것은 아니나 팹리스와 파운드리를 중심으로 빠른 성장세를 이어가고 있다.

중국의 대표적인 팹리스업체로는 하이실리콘과 스프레드트럼이 꼽힌다. 이들 두 기업은 반도체산업을 육성하려는 중국 정부의 지원과 저가 스마트폰시장 성장에 힘입어 실적이 크게 개선되고 있다. 하이실리콘은 중국의 대표적인 통신업체 화웨이의 자회사이다. 하이실리콘은 1,000여 명에 육박하는 AP 개발인력을 기반으로 혁신력 강화에 주력한 결과 상당한 수준의 기술력을 확보했다. 2012년 화웨이가 선보인 스마트폰 '어센드 메이트'에는 하이실리콘이 자체 제작한 쿼드코어 AP를 탑재한 것으로 알려지면서 세계적으로 이목을 끌었다. 중국 팹리스 2위 기업인 스프레드트럼도 2012년 글로벌 모바일 AP시장 순위에서 중국기업으로는 유일하게 9위에 올라, 세계 무대에서 중국 팹리스업체들의 달라진 위상을 과시했다.

파운드리시장에서 중국기업들의 활약은 더욱 두드러진다. 파운드리는 기술력이 다소 부족해도 막대한 설비 투자와 자본력만 있으면 시장 진입이 가능해 대만과 중국을 포함한 아시아기업들이 많이 진출하는 사업이다. 중국의 대표적인 파운드리업체로는 SMIC와 화홍NEC-GSMC 그리고 CSMC 등을 꼽을 수 있다. 현재 SMIC는 중국 최대 반도체 파운드리업체이자 글로벌 5위 조립·제조업체이다. 한때 중국 파운드리업계 2,3위였던 화홍NEC와 GSMC의 합병으로 탄생한 화홍NEC-GSMC도 SMIC에 이어 글로벌 파운드리시장 6위에 등극해 있다.

정부의 든든한 지원이 중국 반도체업계를 춤추게 한다
중국 반도체업체들이 빠른 속도로 시장 내 영향력을 강화할 수 있었던 배경에는 역시나 중국 정부의 아낌없는 지원이 있었다. 중국 정부는 2010년 반도체, 평판 디스플레이 등을 '7대 전략적 신흥산업'으로 선정하면서 반도체 육성에 강한 의지를 드러냈다. 2011년에는 정부 소유의 벤처 캐피털인 CIC를 통해 SMIC에 한화 2,731억 원 상당의 지분 투자를 단행하기도 했다.

중국이 반도체와 디스플레이 등 신흥 산업에서 놀라운 발전을 보이며 '첨단 산업 국가'로의 꿈에 성큼 다가설 수 있었던 데에는 베이징의 중관춘(中关村), 상하이의 장강 하이테크(张江高科) 등 첨단 기술 연구 단지의 힘이 컸다. 베이징 중관춘이 중국 최초 첨단 기술 밸리로 그 의미가 남다르다면 상하이 장강 하이테크는 현재 중국 최대 연구 개발 단지로 주목을 끈다. 상하이 장강 하이테크 단지에는 반도체와 소프트웨어를 비롯해 신소재, 에너지, 신재생에너지 등 다양한 산업 본부가 밀집되어 있으며 글로벌기업들도 대거 포진해 있다.

중국의 주요 반도체업체인 NVIDA, 자일링스, Marvel 등도 중관춘과 장강 하이테크를 전략적 연구 개발 기지로 활용하고 있다. 최근 들어 미국 실리콘밸리에서 일하던 중국계 반도체 전문가들이 하나 둘 모국의 첨단 연구 단지로 돌아오면서 중국 반도체산업에 활력을 불어넣고 있다.

전 세계적으로 반도체시장이 침체된 가운데 한국 반도체업체들은 중국시장에서 돌파구를 찾고 있다. 2013년 SK하이닉스가 중국 충칭에 반도체 후공정 법인 설립을 위한 계약을 체결한 데 이어 동부하이텍도 중국 베이징과 상하이에 지사 설립을 결정하며 중국시장 공략에 나섰다.

삼성전자는 시안에 대규모 낸드플래시공장을 건설하고 있다. 초기 출자금 23억 달러를 포함해 향후 단계적으로 총 70억 달러가 투입되는 삼성의 시안 반도체공장 건설은 중국 전역을 통틀어 외국 자본 단일 사업 투자로는 최대 규모이다. 현재 중국은 글로벌 최대 낸드플래시시장으로 부상하고 있다. 2015년 중국의 낸드플래시시장 규모는 150억 달러에 육박할 것으로 예상된다. 삼성전자는 이번 대규모 시안 반도체공장 설립에 힘입어 향후 중국발 순풍의 최대 수혜자가 될 전망이다. ★

❶ 내수시장 확대를 위한 중국 정부의 소비 촉진 정책으로 가전제품 보급률 급상승.
❷ 고속 성장한 중국 백색가전업계, 보급률 상승으로 성장세 둔화.
❸ 에너지 절감형 가전제품에 대한 보조금 지급 정책 도입으로 향후 중국 백색가전시장의 생존 키워드는 '친환경'.

▶ 중국의 가전제품 소비 촉진 정책

중국 정부는 백색가전 소비를 촉진하기 위해 '가전하향'(家电下乡), '이구환신'(以旧换新), '에너지 절약 및 혜민공정'(惠民工程) 등의 수요 촉진 정책을 실시했다. 수요 촉진 정책의 영향으로 중국 백색가전시장은 빠르게 성장했다.

이구환신 (2010. 6~2011. 12)
냉장고, 세탁기, TV, 에어컨, 컴퓨터

가전하향 3차 (2009. 2~2013. 1)
냉장고, 휴대폰, TV, 세탁기, 전자레인지, 에어컨, 오토바이, 컴퓨터, 온수기

가전하향 2차 (2008. 12~2012. 11)
냉장고, 휴대폰, TV, 세탁기

가전하향 1차 (2007. 12~2011. 11)
냉장고, 휴대폰, TV

2007 — 2008 — 2009 — 2010 — 2011 — 2012 — 2013 — 2014

▶ 가전하향 시행 지역

가전하향(家电下乡)

'가전제품을 농촌으로 보낸다'는 뜻의 농촌지역 가전제품 소비 촉진 정책이다. TV, 냉장고, 세탁기, 휴대폰 등 4개 제품을 염가로 제공하고, 농민이 제품을 구입할 때 판매 가격의 13%를 정부가 보조해준다(한 가구당 품목별로 1개만 보조).
2008년 미국 발 금융 위기로 글로벌 경기가 위축되자 중국 정부는 내수시장 활성화를 위해 2007년 실시한 가정하향 정책을 확대 실시했다.

이구환신(以旧换新)

사용하던 TV, 컴퓨터, 냉장고, 에어컨, 세탁기 등의 가전제품을 새 제품으로 교환하면, 정부가 구매가격의 10%를 보조금으로 지급하는 정책이다. 이구환신 정책의 영향으로 2011년에만 9,248만 대, 약 3,420억 위안(한화 약 62조 원) 어치의 가전제품이 팔렸다.
도시 가구의 경우 대부분 TV와 냉장고, 에어컨, 세탁기를 포함한 백색가전을 1가구당 1대씩 보유하고 있는 반면, 농촌은 백색가전 보유량이 현저히 낮았다. 따라서 '이구환신' 정책의 영향으로 도시에서 교체 주기가 짧은 TV 판매가 증가했고, '가전하향' 정책의 영향으로 백색가전 중에서도 냉장고와 세탁기가 많이 판매되었다.
2012년 6월부터는 내수 확대를 위한 또 다른 정책이 진행 중이다. 절전형 가전제품이나 자동차를 구입하는 소비자에게 정부가 보조금을 지급하는 이번 정책에는 총 363억 위안의 보조금이 투입된다.

▶ 중국 100 가구당 백색가전 보유량

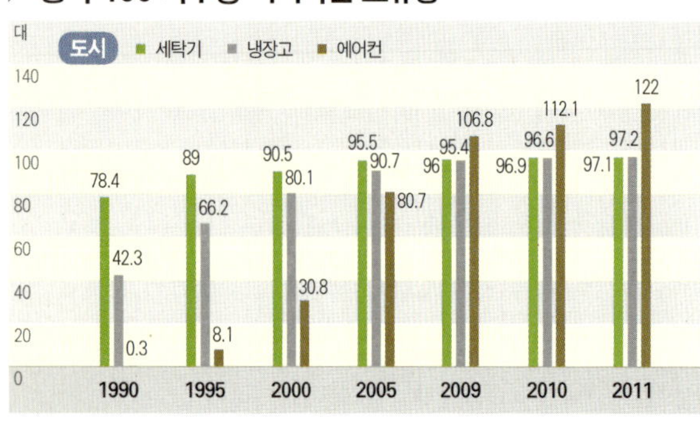

- 중국 도시의 백색가전시장은 포화 상태에 접어들었다.
- 가전하향 정책이 종료되면서 지난 몇 년간 계속되었던 가전업계의 고속성장이 막을 내리고 조정기가 지속될 것으로 전망된다. 자료: 중국통계연감(2012)

▼ 중국 백색가전업계 주요 생산기지

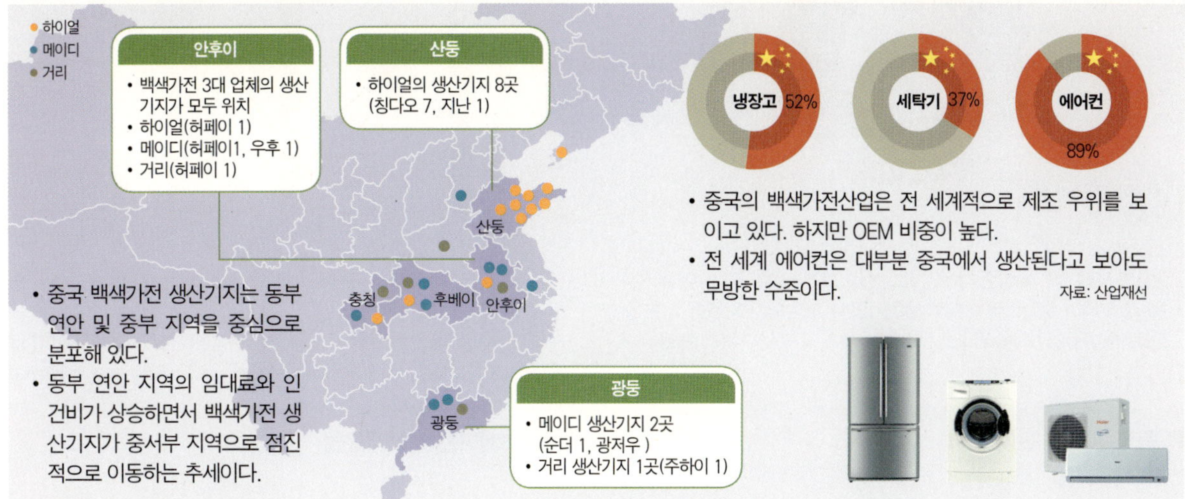

- 중국 백색가전 생산기지는 동부 연안 및 중부 지역을 중심으로 분포해 있다.
- 동부 연안 지역의 임대료와 인건비가 상승하면서 백색가전 생산기지가 중서부 지역으로 점진적으로 이동하는 추세이다.

▼ 중국 백색가전의 세계 생산량 비중 (2012년 기준)

- 중국의 백색가전산업은 전 세계적으로 제조 우위를 보이고 있다. 하지만 OEM 비중이 높다.
- 전 세계 에어컨은 대부분 중국에서 생산된다고 보아도 무방한 수준이다.

자료: 산업재선

▼ 중국의 냉장고 판매 추이

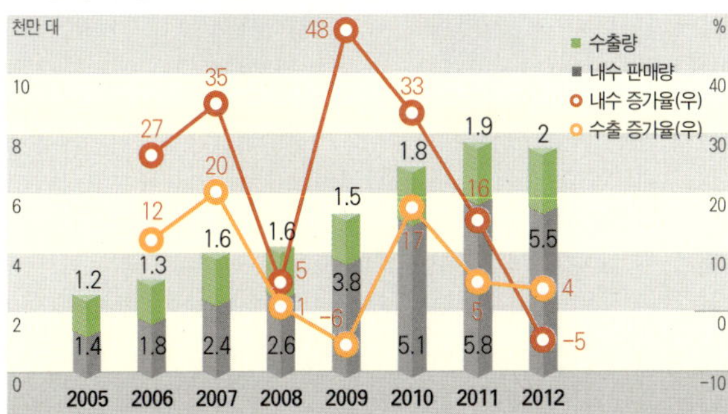

- 2010년, 가전하향 정책의 영향으로 3, 4선 도시를 중심으로 냉장고 수요가 급증했다. 그러나 2011년 1차 가전하향 정책이 종료되자 냉장고 수요가 감소했다.
- 중국의 냉장고 수출 증가율은 2011년 유럽 재정 위기 이후 하락세를 그리고 있다.

자료: 중국산업통계

▼ 중국 냉장고 시장점유율 (%)

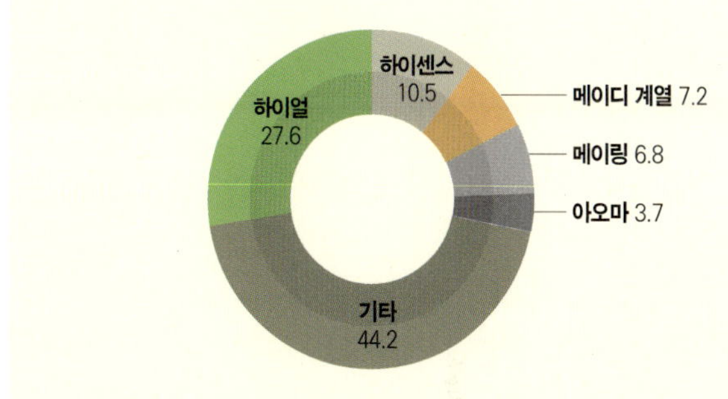

- 2012년 메이디 계열(139쪽 참조)은 저가 이미지를 벗기 위해 대대적인 브랜드 정비에 나서면서 판매 실적에 큰 타격을 입었다.
- 2위 자리를 두고 메이디와 근소한 차이로 경쟁했던 하이센스는 이 틈을 타 2위 굳히기에 성공했다.

자료: 중국산업통계

▼ 중국 냉장고 주요 브랜드 수출 현황

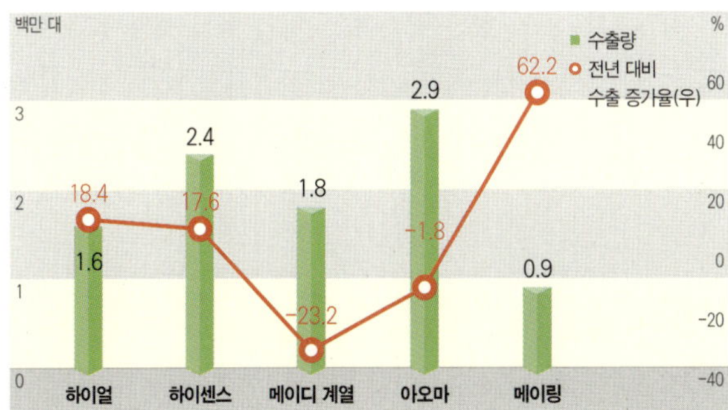

- 2012년 세계적인 경기 침체로 선진국들의 냉장고 수요가 크게 줄어들었음에도 불구하고, 메이링은 중동, 동남아, 아프리카 등 개발도상국으로 수출을 확대하며 전년 대비 수출 증가율이 62.2%까지 상승했다.

자료: 중국산업통계

▼ 중국의 세탁기 판매 추이

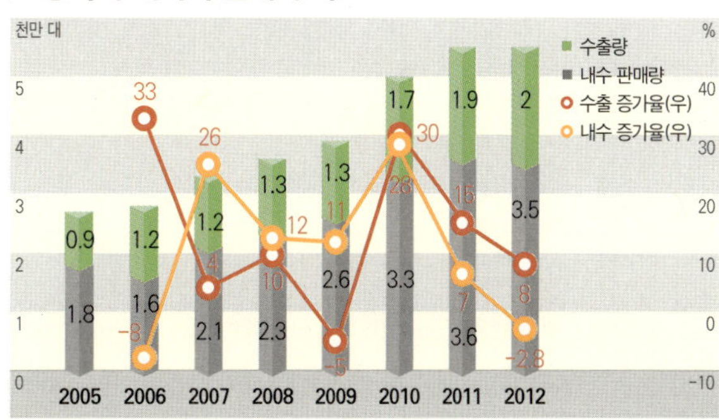

- 2010년 가전하향 정책 시행 이후 중국의 세탁기시장은 포화 상태에 접어들었다.
- 세탁기 수출 증가율도 2010년 유럽 재정 위기 이후 하락세를 보이고 있다.

자료: 중국산업통계

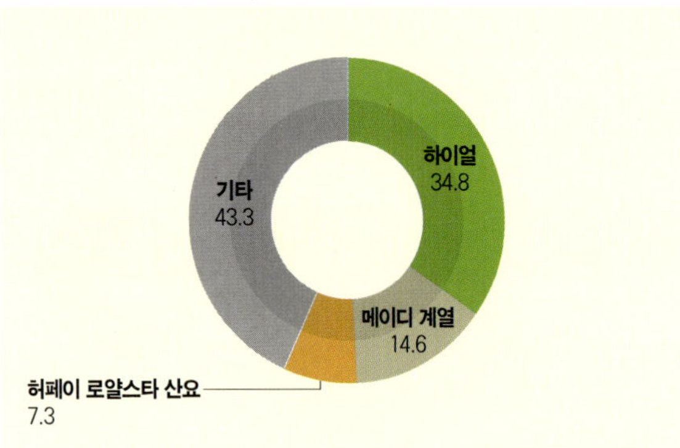

▼ 중국 세탁기 시장점유율 (%)

- 2013년 메이디 계열 중 하나인 로얄스타 브랜드(메이디가 임대해 사용)가 허페이 로얄스타 산요로 넘어가면서, 메이디가 타격을 입을 것으로 예상된다(139쪽 참고).　　자료: 중국산업통계

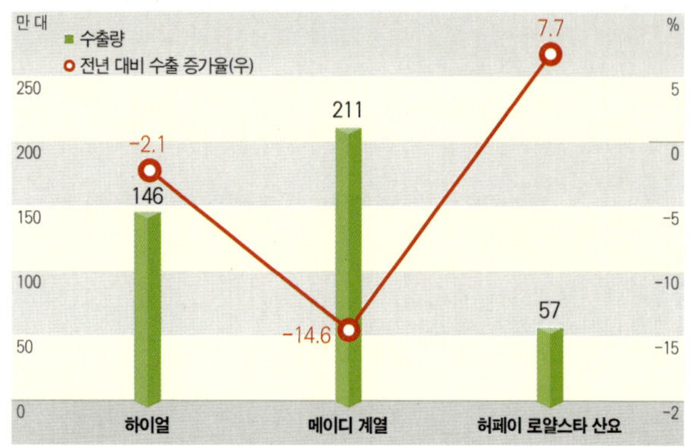

▼ 중국의 세탁기 주요 브랜드 수출 현황

- 전 세계적인 불경기에도 허페이 로얄스타 산요는 안정적인 수출 증가율을 기록했다.
- 이는 허페이 로얄스타 산요의 주요 수출국이 상대적으로 소비시장이 덜 위축된 중동, 북아프리카 등 개발도상국이기 때문이다.　자료: 중국산업통계

▼ 중국 에어컨 판매 추이

- 에어컨은 가전하향 정책이 시행된 2010, 2011년에 판매량이 크게 증가했으나, 에어컨 보급률이 높아지면서 판매 증가율이 감소하고 있다.
- 에어컨 수출은 2012년 글로벌 경기 위축과 위안화 절상의 영향으로 둔화세를 보이고 있다.　　자료: 중국산업통계

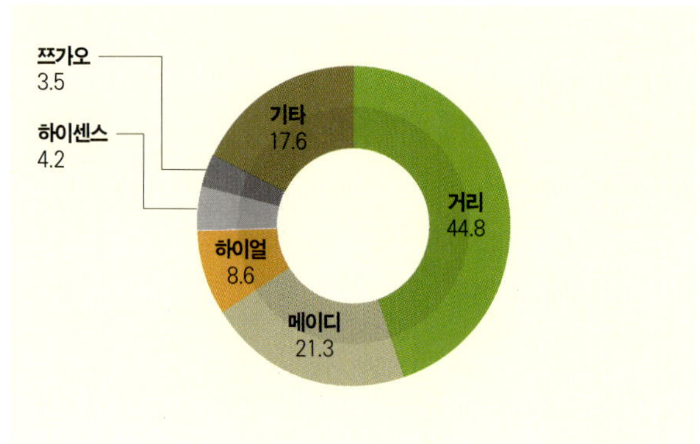

▼ 중국 에어컨 시장점유율 (%)

- 중국 에어컨시장은 거리(Gree)가 45%, 메이디가 21.3%를 차지하며 1, 2위 독식 구조를 구축하고 있다.　　자료: 중국산업통계

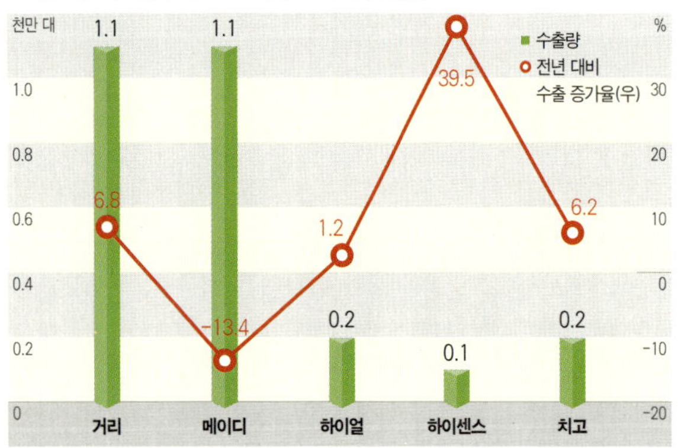

▼ 중국 에어컨 주요 브랜드 수출 현황

- 2012년 대대적으로 브랜드 정비에 나섰던 메이디를 제외한 나머지 중국 에어컨기업들은 비교적 안정적인 수출 증가율을 보였다.

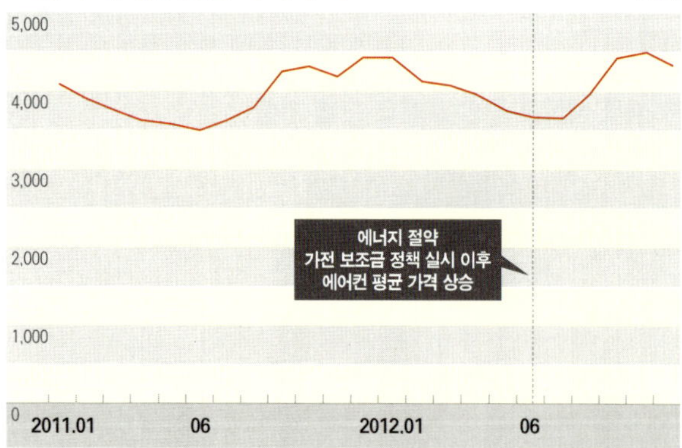

▼ 중국 에어컨 평균 가격 추이 (위안)

- 2012년 6월, 중국 정부가 에너지 절약 가전 보조금 정책을 실시하면서 자동 온도 조절 기능이 있는 에너지 절약형 에어컨에 대한 수요가 빠르게 증가했다.
- 에너지 절약형 에어컨의 경우 일반 에어컨보다 가격대가 약간 높기 때문에 보급률이 상승하면서 전체 에어컨 평균 가격도 소폭 상승했다.
　　자료: 중국산업통계

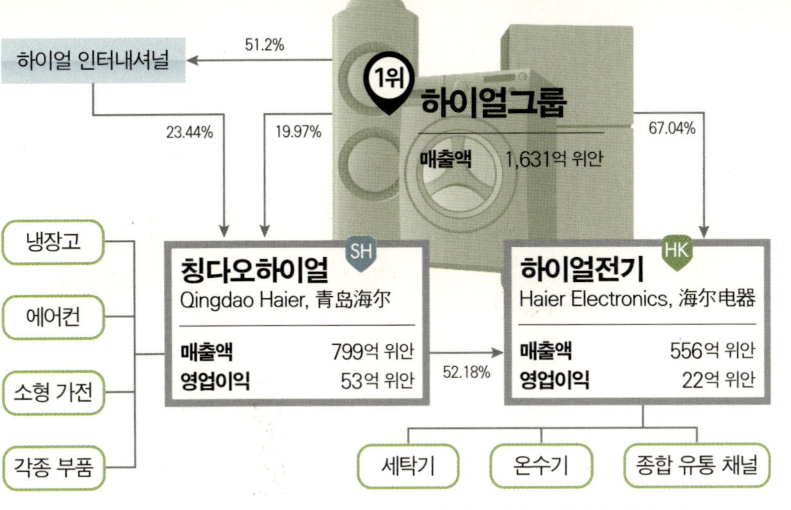

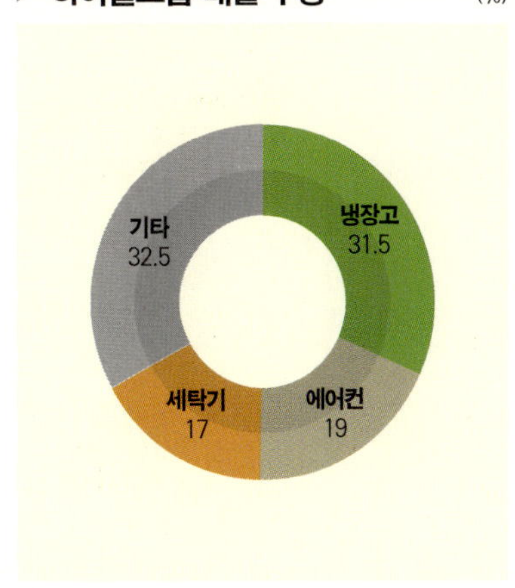

- 시장조사업체 유로모니터 조사 결과 2008년부터 5년 연속 냉장고 판매량 세계 1위.
- '중국 브랜드 가치 순위' 12년 연속 1위.
- 하이얼, 백색가전 전 세계 판매 점유율 8.6%.

- 하이얼그룹 매출에서 냉장고가 차지하는 비중이 가장 높다. 자료: 하이얼 애뉴얼 리포트

칭다오하이얼 경영 실적

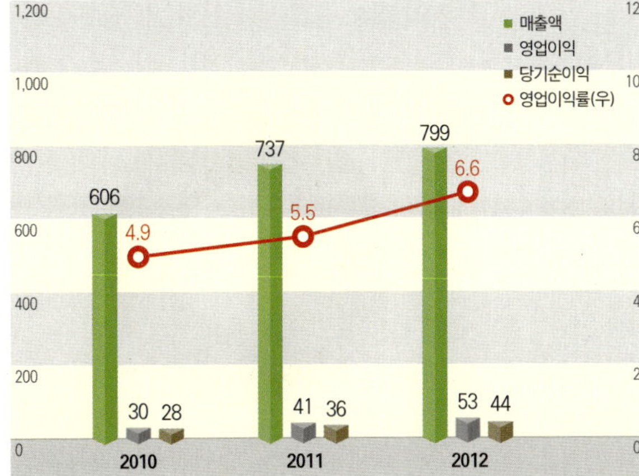

- 디자인은 물론, 기술력에서도 인정 받고 있는 칭다오하이얼은 전 세계적인 불황 속에서도 꾸준한 성장세를 유지했다. 자료: WIND

칭다오하이얼 주가 지수

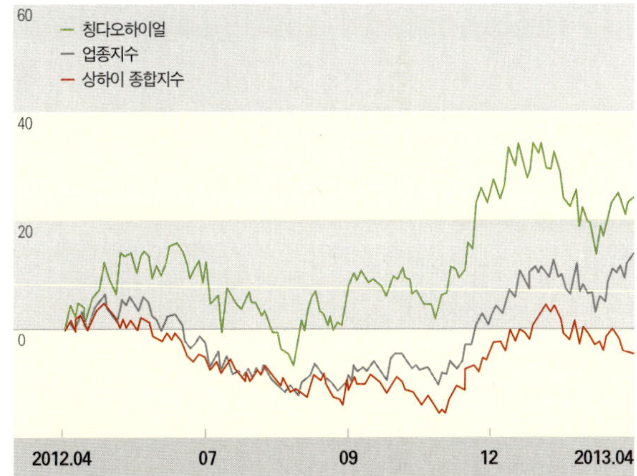

- 하이얼은 보스턴컨설팅그룹이 발표한 '2012년 글로벌 50대 혁신 기업'에서 8위에 선정되는 등 국제 무대에서 위상이 높아지면서 주가가 업종지수를 크게 상회했다. 자료: WIND

하이얼전기 경영 실적

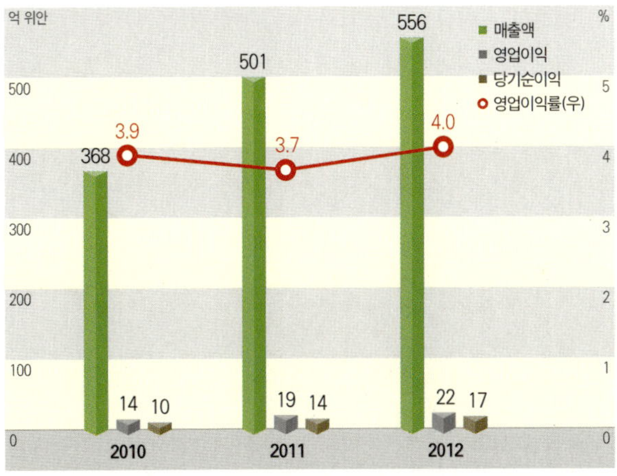

- 하이얼전기는 2010년 가전하향 정책의 효과로 매출액이 전년도 129억 위안에서 368억 위안으로 3배 가까이 증가했다. 자료: WIND

하이얼그룹의 별난 세탁기들

- 중국 농촌에서는 세탁기 고장 원인 1위가 배수구 막힘이다. 농민들이 고구마 등의 야채를 씻을 때 세탁기를 사용하는 바람에 야채 찌꺼기가 배수구를 막기 때문이다. 하이얼은 농민들에게 올바른 세탁기 사용법을 가르치는 대신, 고구마 전용 세탁기를 개발했다. 고구마 세탁기는 초기 물량 1만 대가 하루 만에 다 팔려나갈 정도로 큰 인기를 끌었다.
- 이밖에도 가재 전용 세탁기, 위생을 중시하는 소비자들을 위한 속옷·유아 의류 전용 세탁기, 가벼운 여름옷을 자주 빨래할 때 적합한 1.5kg급 소형 세탁기 등 하이얼은 소비자 친화적인 제품을 꾸준히 출시하며 세탁기 수요 기반을 넓혀나가고 있다.

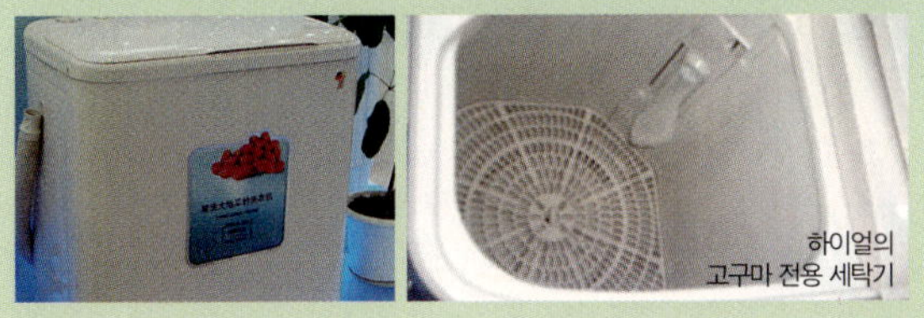
하이얼의 고구마 전용 세탁기

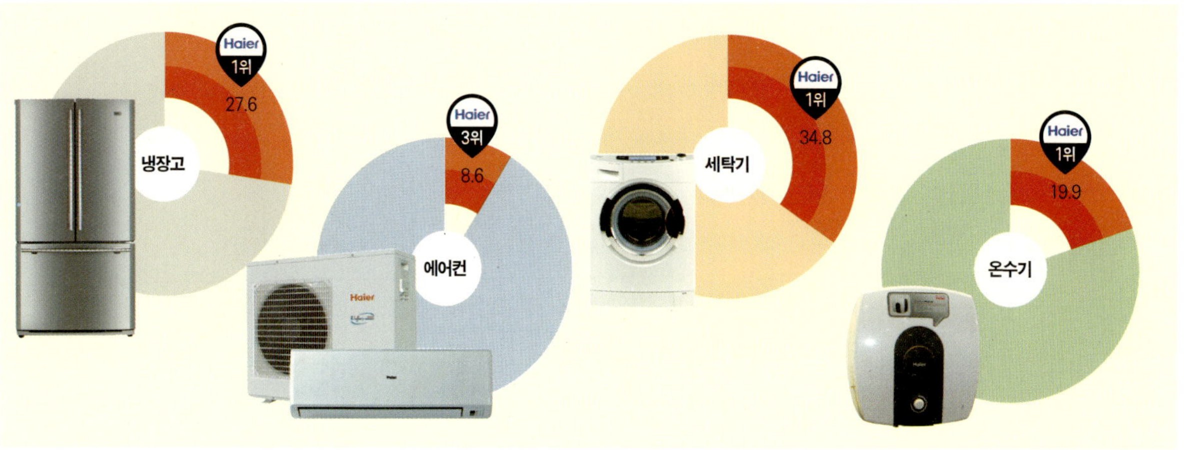

- 하이얼그룹은 냉장고, 세탁기, 온수기 부문에서 중국 시장점유율 1위, 에어컨 부문에서 3위를 차지했다.
- 중국은 한국과 달리 온수 설비가 없는 주택이 많아 온수기 시장이 크다.

자료: WIND, 판매량 기준

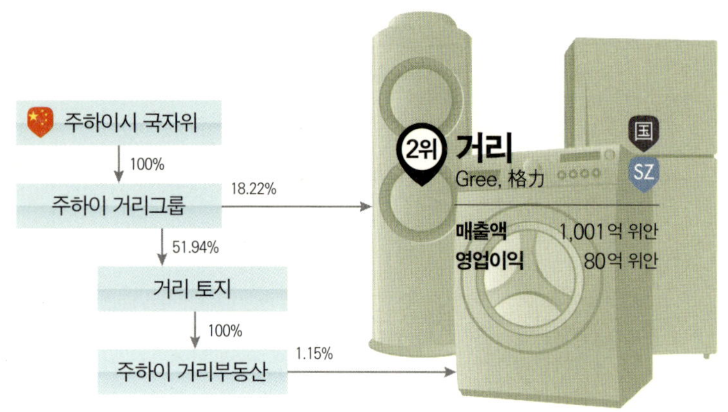

- 17년 연속 중국 에어컨시장 판매량 및 시장점유율 1위, 7년 연속 세계 에어컨 판매량 1위의 에어컨 전문기업.

거리 매출 구성 (%)

- 에어컨 판매가 거리 매출에서 차지하는 비중이 98.7%로 절대적이다.

자료: 거리 애뉴얼리포트

거리 경영 실적 (억 위안, %)

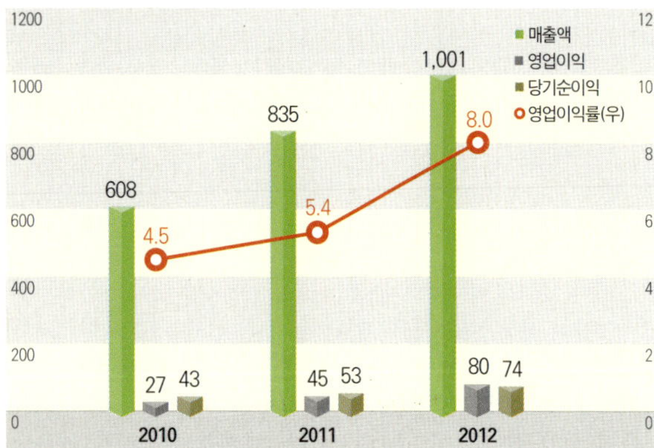

- 2012년 거리는 중앙 냉방용 에어컨시장의 14.3%를 점유하며, 해외 브랜드를 밀어내고 업계 1위에 올랐다.
- 기업용 에어컨 부문의 판매 호조는 전반적인 매출 상승의 원천이 되었다.

자료: WIND

거리 주가 추이 (%)

- 거리는 2012년 가정용 에어컨뿐만 아니라 기업용 에어컨 판매 부문에서도 괄목할 성적을 거두었다. 이는 곧 주가 상승으로 이어졌다.

자료: WIND

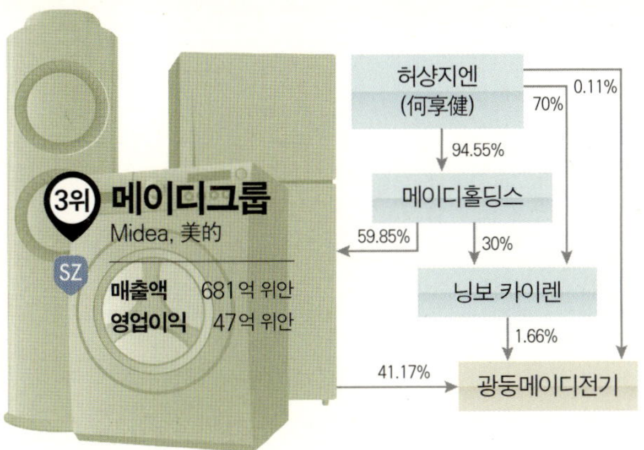

- 메이디그룹의 전신은 플라스틱 병마개 공장으로, 1981년부터 '메이디' 브랜드로 선풍기 생산.
- 에어컨, 냉장고, 세탁기 등 대형 백색가전과 전자레인지, 전기밥솥, 식기세척기, 전기주전자 등 소형 가전에서 독보적인 기업.
- 2011년에는 미국 캐리어와 손 잡고 남미 시장 진출.

▌ 메이디 경영 실적

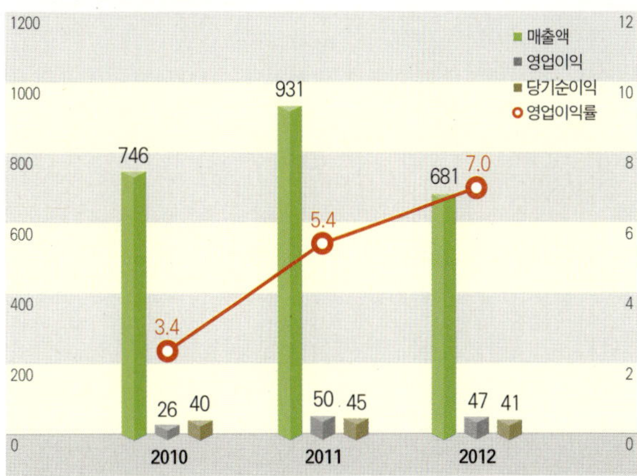

- 2012년 메이디는 저수익 품목에 대한 대대적인 구조조정을 단행, 판매 품목이 줄면서 매출액이 감소했다.
- 하지만 영업이익률은 오히려 증가해 수익성이 개선되었다. 자료: WIND

▌ 메이디 주가 추이

- 2012년 8월 경영 개편을 이유로 상장폐지를 감행했던 메이디는 2013년 4월 재상장한 이후 연속 거래일 상한가를 기록했다.

자료: WIND

▌ 메이디 계열

- 지금은 중국 백색가전업계에서 하이얼과 함께 양대 산맥으로 성장한 메이디는 초기에는 냉장고와 세탁기 생산라인이 없었다.
- 메이디는 냉장고와 세탁기 분야에서 상당한 명성을 갖고 있던 중-미 합작기업 로얄스타와 로컬기업 리틀스완을 인수하며 백색가전 3대 제품군(냉장고, 세탁기, 에어컨) 생산라인을 갖추게 되었다.
- 하지만 2013년 3월 31일 메이디의 로얄스타 상표권 임대 기간이 종료되면서, 로얄스타 브랜드는 중국 세탁기업계 3위 기업인 허페이 로얄스타 산요의 품으로 돌아갔다.

▌ 중국 에어컨 브랜드별 판매 현황

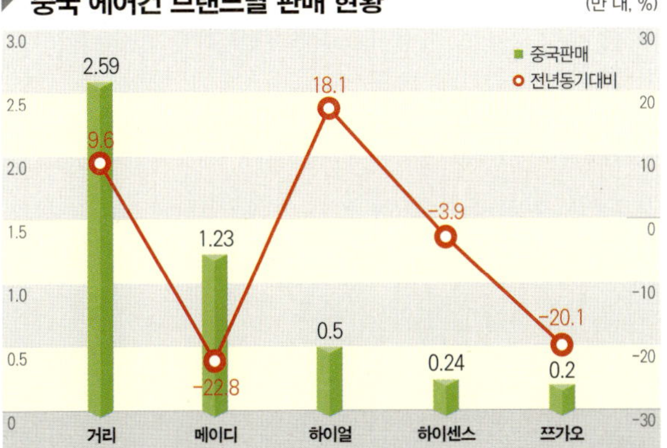

- 2012년 에어컨시장에서 하이얼이 18.1%라는 높은 판매 증가율을 보이며 업계 3위 자리를 굳혔다.

자료: 중국산업통계

▌ 중국 소형 가전 톱 10 브랜드

(2012년 기준)

순위	브랜드
1위	메이디(중국)
2위	지어양(중국)
3위	필립스(네덜란드)
4위	포보스(중국)(2011년 6월 필립스가 인수)
5위	완리다(중국)
6위	거리(중국)
7위	파나소닉(일본)
8위	쑤보얼(중국)
9위	산요(일본)
10위	LONGDE(중국)

- 메이디는 전자레인지, 전기밥솥, 전기오븐, 식기세척기, 선풍기 등 다양한 소형 가전제품 군에서 시장점유율 1위를 차지했다.

자료: 한국디자인진흥원, 2012년 기준

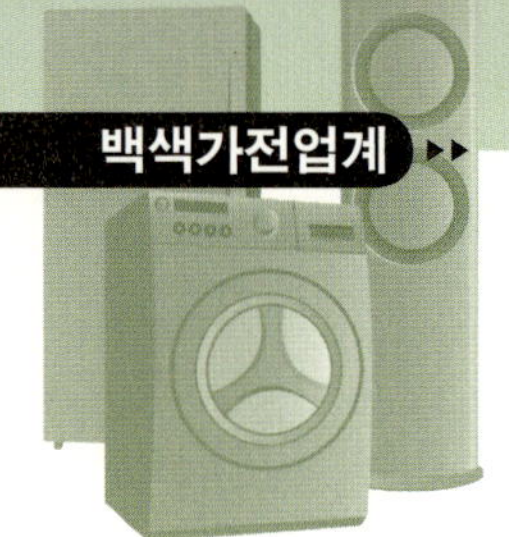

중국 백색가전시장에서
이구환신(以旧换新) 바람은 다시 불까?

중국 백색가전시장은 한동안 암울한 시기를 보내야만 했다. 여러 악재 요인이 동시다발적으로 작용하면서 최근 몇 년간 고성장을 유지해온 중국 백색가전시장에 브레이크가 걸렸기 때문이다.

내부적으로 살펴보면, 우선 2011년 이후 중국 백색가전제품의 안정적 성장을 견인했던 가전하향 정책 규모가 축소되면서 수요가 급격하게 감소했다. 실제로 중국의 백색가전시장은 2010년 30% 이상의 높은 성장률을 보였으나 이후 가파르게 하락해 2012년에는 냉장고 -5.1%, 세탁기 -2.8%, 에어컨 -4.7% 등 마이너스 성장을 기록했다.

외부적 상황 또한 여의치 않았다. 2010년 유럽 재정위기 이후 세계 경기가 깊은 수렁에 빠지며 해외 수요가 급감했고, 이에 따라 백색가전 수출도 난조를 거듭하고 말았다. 선진국들의 연이은 양적완화 정책으로 위안화가 상대적으로 절상되면서 가격경쟁력을 잃은 것도 악재로 작용했다.

중국의 백색가전시장은 몇 년 전까지 고성장을 거듭하면서 보급률이 상당히 높아졌기 때문에 향후 시장 여건이 개선되더라도 과거의 영광을 재현하는 것은 어려울 전망이다. 중국 대도시와 중도시 기준 보급률 정도는 100가구 당 냉장고 97.2대, 세탁기 97.1대, 에어컨 122대(에어컨 한 가구 당 여러 대 보유 가능) 등으로 이미 포화 상태에 놓였다(2011년 기준).

'고급화'와 '절전형' 키워드로 부활을 꿈꾸다

중국 백색가전산업이 여전히 힘든 시기를 보내고는 있지만, 그렇다고 해서 회복불가능한 한계에 봉착한 것은 아니다. 최근 중국 가전시장의 핫 키워드로 떠오른 것이 바로 '고급화'와 '절전형'이다. 중국인들의 소득이 증가하면서 생활수준도 향상되고 있음에 백색가전업계는 집중하고 있다. 과거 소비 패턴이 실용성 위주였지만 이제는 프리미엄제품을 선호하는 소비자가 눈에 띄게 늘고 있다. 실례로 세탁기의 경우 고급스러운 디자인과 저소음 등 장점이 부각된 드럼 세탁기로 기호가 변화하고 있다.

중국의 대표적인 백색가전업체 하이얼은 고급화 전략의 성공 사례로 꼽힌다. 하이얼은 일찍이 중국인들의 소비 트렌드 변화를 읽고 제품 고급화 전략에 적극 나섰으며, 양문형, 다문형 냉장고 및 3,000위안 이상의 세탁기 등 프리미엄제품을 통해 중국 소비자들의 높아진 입맛을 충족시켰다.

한편, 에너지 절약형 가전에 대한 중국인들의 관심도 높아지고 있다. 이에 대해서는 중국 정부도 힘을 싣는 분위기이다. 이산화탄소 등 오염 물질 배출 절감, 에너지 절약 등을 목표로 정부에서도 절전형 가전산업에 지원을 아끼지 않고 있다.

중국의 삼성전자 '하이얼'의 성장

중국의 삼성전자라 불리는 하이얼은 최근 들어 확고한 입지를 굳히고 있는 중이다. 특히 하이얼은 글로벌 시장조사 기관인 유로모니터로부터 3년 연속 '글로벌 백색가전 브랜드 1위 기업'으로 선정되며 세계적으로 그 명성을 인정받고 있다. 하이얼그룹 내 주요 계열사로는 냉장고와 에어컨 사업을 맡는 '칭다오하이얼'(青岛海尔股份有限公司)과 세탁기사업을 맡는 '하이얼전자'(海尔电器集团有限公司)가 있다. 이들 주요 계열사들의 매출 규모는 총 1,300억 위안에 달한다(2012년 기준).

최근 몇 년 동안 하이얼은 여러모로 운이 좋았다. 우선 중국과 일본 사이에 붉어진 '댜오위다오'(일본명 센카쿠 열도) 영토 분쟁으로 일본기업들이 중국시장에서 큰 타격을 입었다. 하이얼은 이 틈을 놓치지 않고 파나소닉 등 일본기업들이 장악했던 프리미엄 세탁기시장에서 세력을 확장했고 그 결과 6%대의 안정적인 판매 증가율을 기록했다. 내부적으로도 호재가 이어졌다. 그동안 하이얼의 적수로 여겨졌던 메이디가 대대적인 구조조정으로 주춤한 모습을 보였고, 그 사이 하이얼은 업계 1위로서의 자리를 확고히 할 수 있었다. 하이얼은 냉장고 27.6%, 세탁기 34.8%, 에어컨 8.6%의 시장점유율을 기록하며, 냉장고, 세탁기 부문 업계 1위, 에어컨 부문 3위 자리를 지켰다(2012년 기준).

한편, 중국 에어컨시장에서 하이얼의 입지는 상대적으로 낮음에도 불구하고 최근 그 활약상은 괄목할 만하다. 중국 에어컨시장에서 하이얼의 시장점유율은 8.6%로 1위 기업인 거리(44.8%)에 크게 뒤지지만, 무섭게 성장하고 있는 에너지 절약형 에어컨시장에서만큼은 2위 업체와 2배 이상의 격차를 벌리며 독주를 이어가고 있다.

후발주자들의 행보를 주목하라!

매출액 1,000억 위안을 돌파하며(2012년 기준) 명실상부 중국의 대표적인 백색가전업체로 자리잡은 '거리'(Gree)는 유독 에어컨사업에 집중하는 모습이다. 하지만 중국 에어컨 시장점유율이 50%에 달하는 등 에어컨업계 내 영향력이 워낙 독보적이다 보니 다른 백색가전업체들보다 규모나 명성 면에서 결코 뒤지지 않는다.

1991년 설립한 거리는 현재 전 세계 9개 지역에 대규모 생산기지를 두고 있으며 직원이 8만 명에 육박한다. 2012년 거리는 12년 연속 미국 〈포춘〉이 선정한 중국 100대 상장기업에 선정되었으며 8년 연속 글로벌 에어컨 판매량 1위라는 대기록을 세우기도 했다.

이처럼 거리가 승승장구할 수 있었던 것은 정부 보조금 정책에 의존하지 않고 스스로 기업경쟁력을 높이고자 끊임없이 기술 개발과 품질 제고에 주력했기 때문이다. 현재 거리가 보유하고 있는 기술 특허 수는 8,000여 개에 이르며 이 가운데 직접 개발한 발명 특허만도 2,000여 개나 된다.

하이얼, 거리와 함께 중국 3대 백색가전업체로 꼽히는 메이디의 행보도 주의 깊게 살펴볼 만하다. 2012년 메이디는 조직 개편, 인사 교체, 주식 거래 중지 등 대대적인 구조조정을 단행하며 힘든 한 해를 보냈다. 메이디가 뼈를 깎는 고통을 감행한 데는 다 이유가 있다. 무엇보다 메이디는 규모 확장에 중점을 둔 성장에서 벗어나 질적 성장의 필요성을 절감했다. 미래의 2보 전진을 위해 당장의 1보 후퇴를 감내한 것이다. 하지만 여전히 메이디가 기술력에 있어서 하이얼 등 경쟁사에 비해 크게 떨어진다는 업계의 냉정한 평가는 메이디 스스로 해결해야만 하는 숙제가 아닐 수 없다. ★

화학·에너지·제약

Chapter 4

17 에너지업계 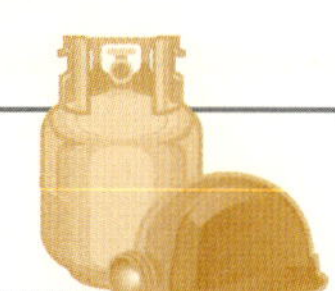

18 석유화학업계 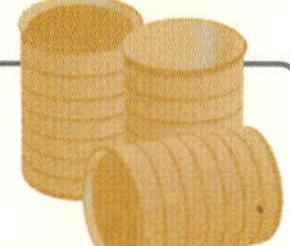

19 정유업계 

20 화학섬유업계 

21 대체에너지업계 

22 제약업계 

❶ 중국, 2012년 클린에너지 투자 20% 증가.
❷ 전력감독위원회, 국가에너지국(能源局)으로 흡수 통합.
❸ 중국, 2012년 석탄 수입량 2.9억 톤으로 세계 최대 석탄 수입국 등극.
❹ 중국 자체 기술로 개발한 심해 석유시추선 '오션오일(海洋石油) 981호' 정식 출항.

▶ 중국 지역별 전력 소비량

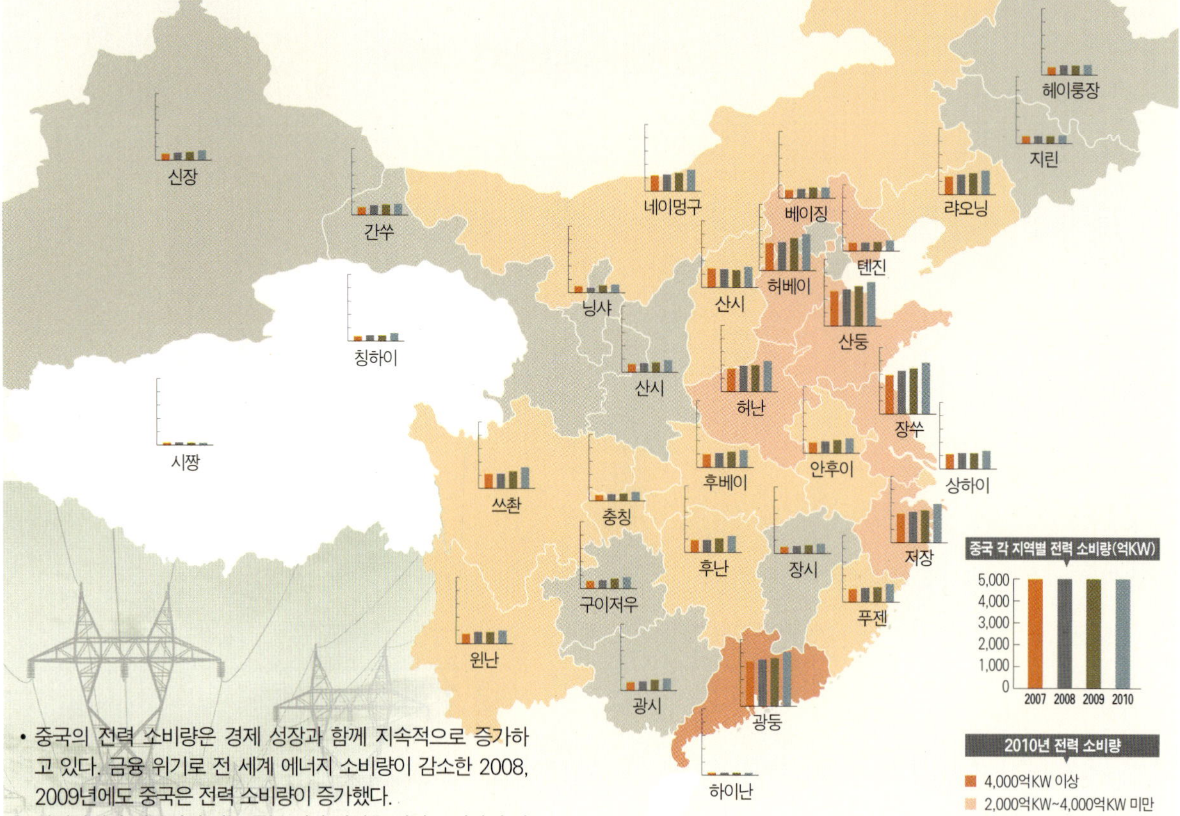

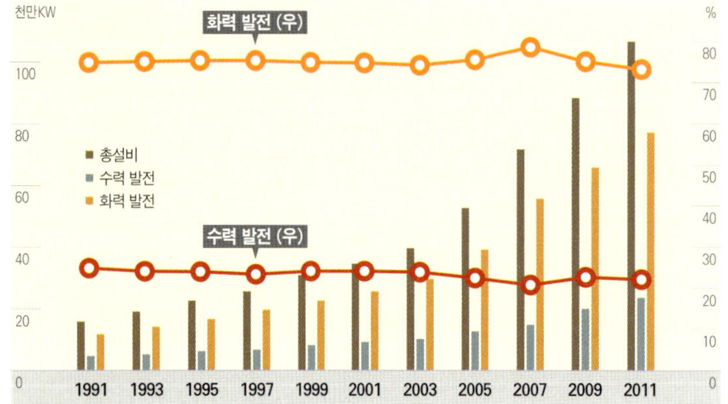

중국 각 지역별 전력 소비량(억KW)
5,000 / 4,000 / 3,000 / 2,000 / 1,000 / 0
2007 2008 2009 2010

2010년 전력 소비량
■ 4,000억KW 이상
■ 2,000억KW~4,000억KW 미만
■ 1,000억KW~2,000억KW 미만
■ 500억KW~1,000억KW 미만
   500억KW 미만

- 중국의 전력 소비량은 경제 성장과 함께 지속적으로 증가하고 있다. 금융 위기로 전 세계 에너지 소비량이 감소한 2008, 2009년에도 중국은 전력 소비량이 증가했다.
- 산업단지가 집중되어 있는 동부 연안 지역은 전력 소비량이 많은 반면, 상대적으로 낙후되어 있는 서부 및 내륙 지역은 전력 소비량이 적다.

자료: 국가통계국

▶ 발전 설비 중 화력 및 수력 발전 비중 추이

- 중국은 다른 자원에 비해 풍부하게 매장된 석탄을 바탕으로, 전력의 70% 이상을 화력 발전(대부분 석탄 사용)으로 생산하고 있다.
- 중국은 양자강, 황하, 메콩강 등 유량이 풍부한 강이 있고, 서부 지역은 히말라야로 이어지는 고산지대로 수력 발전을 위한 최적의 요건을 갖추고 있다. 그러나 높은 개발 비용으로 수력 자원 개발은 미흡한 실정이다.

자료: 국가통계국

▶ 중국 산업별 전력 사용 비중 (%)

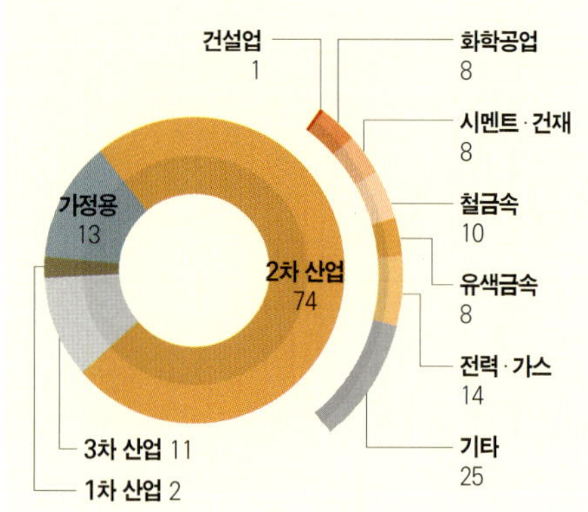

- 중국은 대부분의 전력이 2차 산업에 사용되고 있다.
- 2차 산업 중에서도 전력·가스, 철금속, 시멘트·건재, 화학공업 등의 산업이 많은 전력을 소비하고 있다.

자료: 국가통계국

중국의 천연가스 주요 생산 지역과 서기동수 운송망 (생산량 2010년 기준)

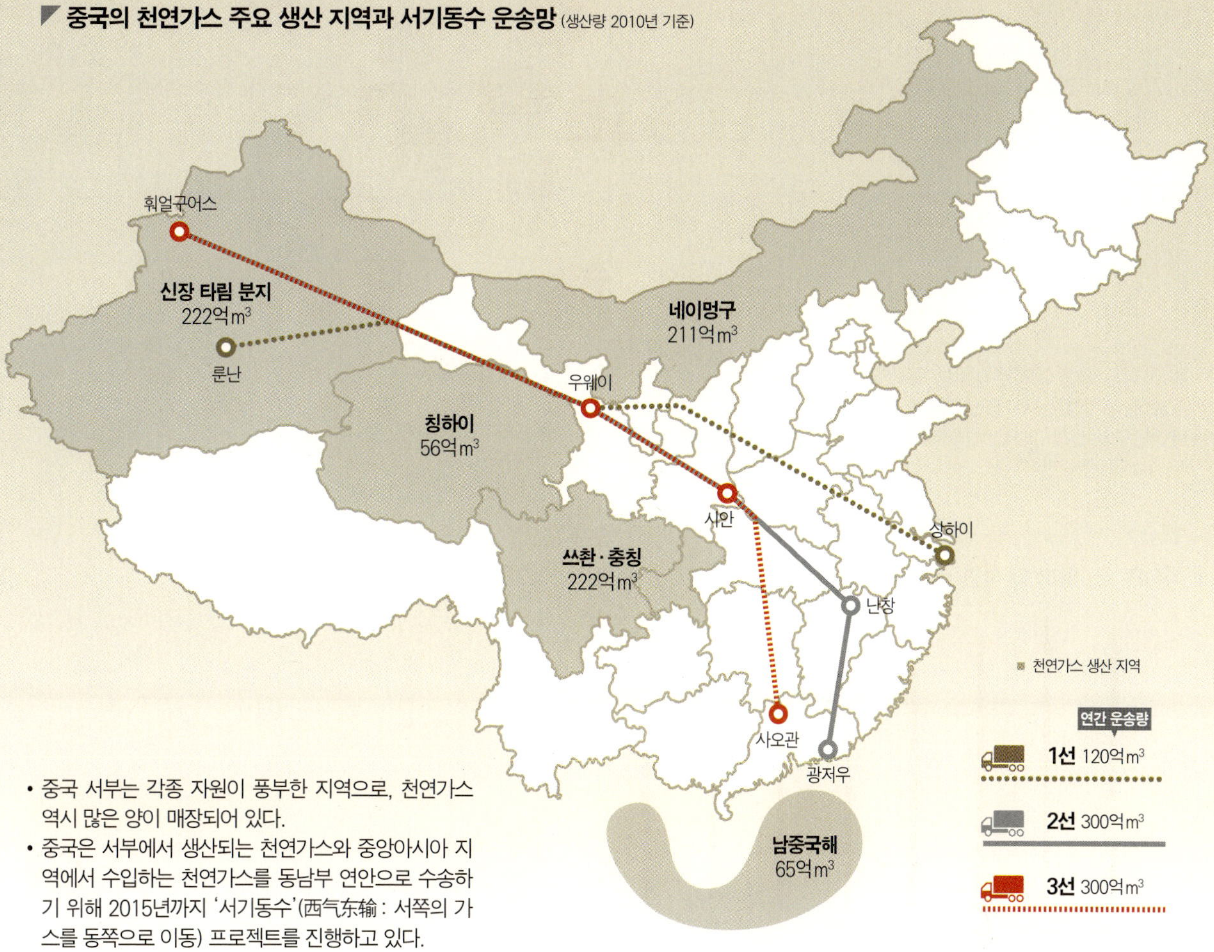

- 중국 서부는 각종 자원이 풍부한 지역으로, 천연가스 역시 많은 양이 매장되어 있다.
- 중국은 서부에서 생산되는 천연가스와 중앙아시아 지역에서 수입하는 천연가스를 동남부 연안으로 수송하기 위해 2015년까지 '서기동수'(西气东输 : 서쪽의 가스를 동쪽으로 이동) 프로젝트를 진행하고 있다.

중국 천연가스 생산 및 소비 추이

(십억ft³)

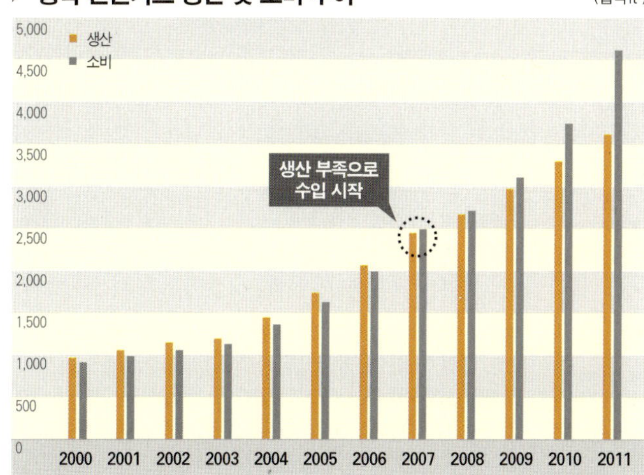

- 과거 중국은 천연가스 수송관이 낙후되어 있고 가격이 낮아서 천연가스 생산량이 많지 않았다.
- 하지만 서기동수 프로젝트로 수송관이 건설되고 천연가스 가격이 점진적으로 오르면서 천연가스 생산량도 늘어날 전망이다.

자료: EIA

국가별 에너지 총소비량 중 천연가스 비중

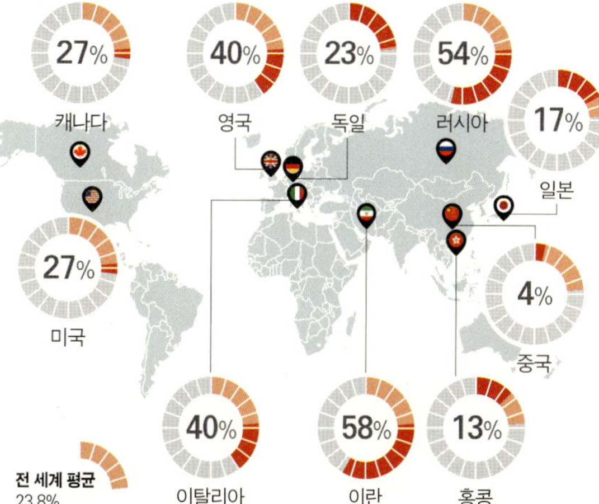

- 중국의 천연가스 사용 비중은 4%에 불과해 전 세계 평균인 23.8%에 크게 미치지 못하고 있다.

자료: BP Statistical Review

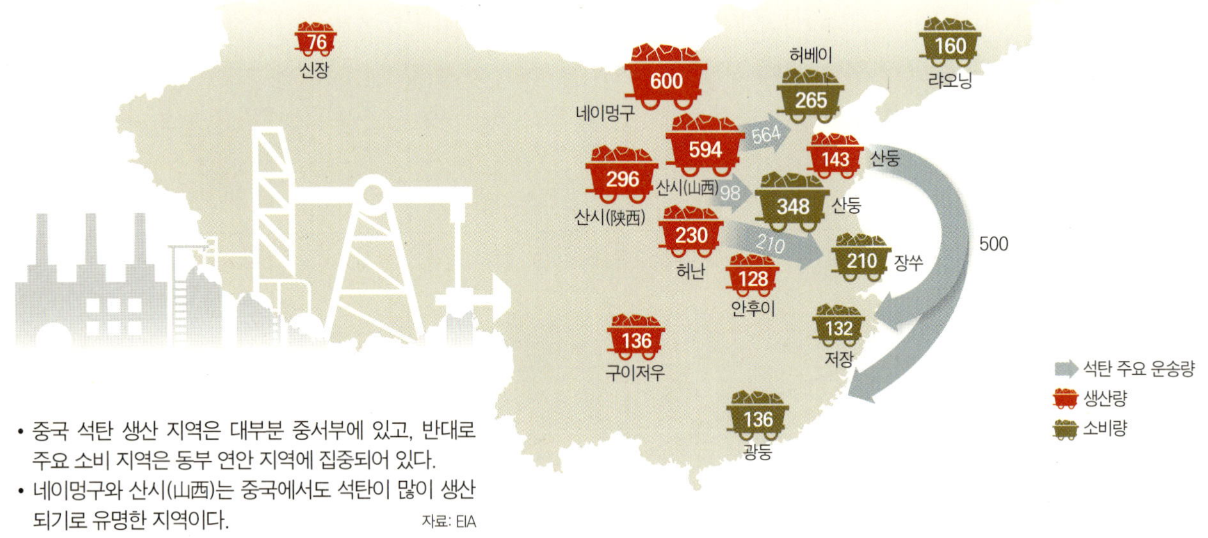

▼ 중국의 석탄 주요 생산과 소비 지역 (백만 톤)

- 중국 석탄 생산 지역은 대부분 중서부에 있고, 반대로 주요 소비 지역은 동부 연안 지역에 집중되어 있다.
- 네이멍구와 산시(山西)는 중국에서도 석탄이 많이 생산 되기로 유명한 지역이다.

자료: EIA

▼ GDP 1조 달러 당 석탄 소비량

(억 톤)

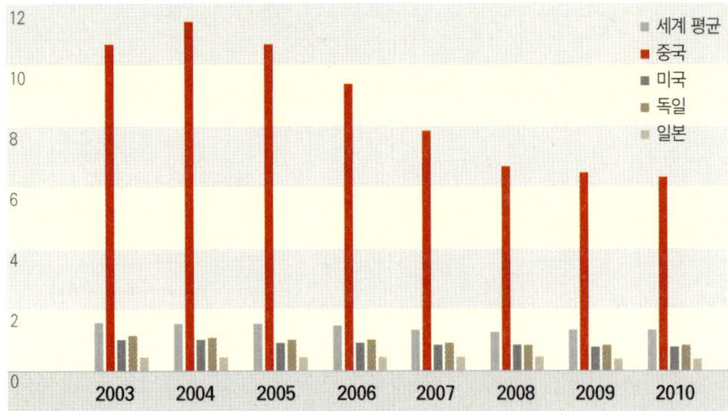

- 중국이 GDP 1조 달러를 올리는데 사용하는 석탄 소비량은 미국, 독일, 일본 등 선진국에 비해 매우 높은 편으로, 중국 경제가 석탄에 크게 의존하고 있음을 의미한다. 하지만 최근 기술 발전과 석탄 사용 억제 정책에 따라 소비량이 점차 감소하는 모습을 보이고 있다.

자료: EIA

▼ 중국의 석탄 생산 및 소비량 추이

(백만 톤)

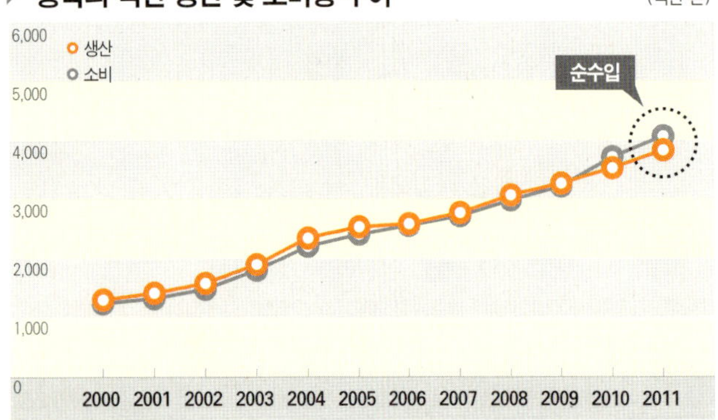

- 중국은 2009년부터 석탄 소비량이 생산량을 뛰어 넘어, 그 해에 1.14억 톤의 석탄을 수입했다.
- 2011년 중국은 일본을 제치고 세계 최대 석탄 수입국이 되었다.

자료: EIA

▼ 셰일가스 개념도와 전 세계 매장량

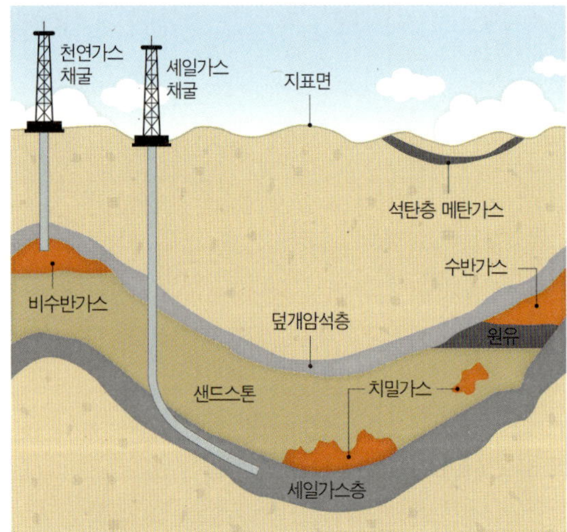

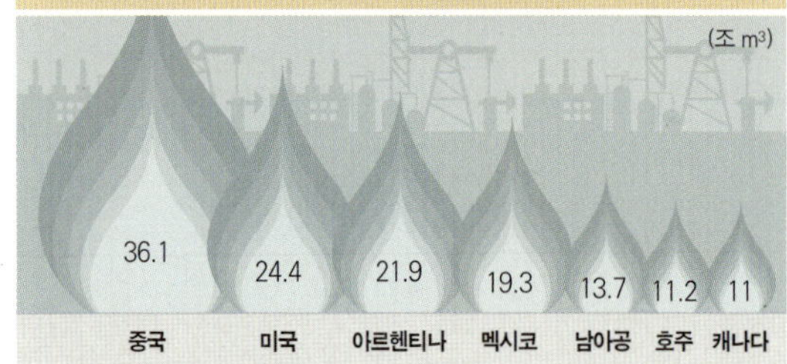

- 진흙이 쌓여 만들어진 퇴적암층인 셰일층에 존재하는 천연가스인 셰일가스는 63빌딩 높이의 7배나 되는 거리를 지하로 파고들어가 암석층에서 가스를 뽑아낸다. 일반적인 수반, 비수반 가스에 비해 채굴이 어렵지만 최근 수평시추 기술이 발달함에 따라 새로운 에너지원으로 떠오르고 있다.
- 현재는 미국과 캐나다를 중심으로 개발 중이지만 조만간 매장량이 가장 많은 중국과 제3국의 셰일가스 개발이 본격화될 전망이다. 중국은 세계에서 셰일가스가 가장 많이 매장된 지역(전 세계 셰일 가스 매장량 중 19%)으로, 중국 셰일가스 매장량의 40%가 쓰촨 지역에 매장되어 있다.

자료: EIA

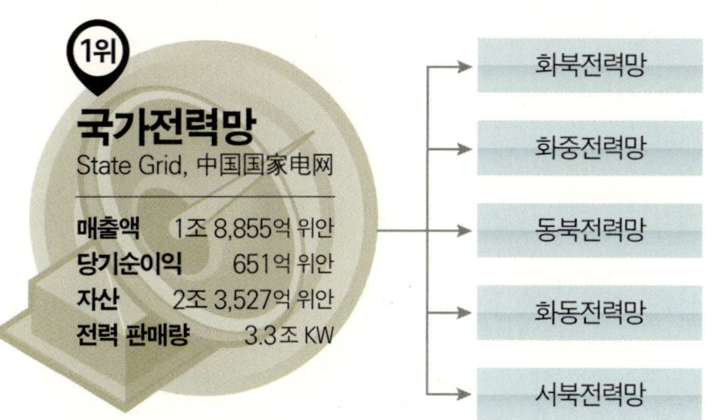

- 국가전력망은 중국 송전망의 80%를 차지하고 있는 대형 국영기업으로, 고성능의 고압선을 이용해 지방의 전력을 도시로 송전.
- 2012년 미국 〈포춘〉의 '세계 500기업' 7위에 선정된, 세계 최대의 전력기업.

▼ 국가전력망 경영 실적

- 중국 경제가 성장하면서 전력 수요가 증가하고, 전력 사용료 인상 등으로 매출이 지속적으로 상승하고 있다.
- 국가전력망의 순이익률은 약 2.2%, 자산 대비 수익률은 약 1.6%이다.

▼ 중국 송전 권역별 구분

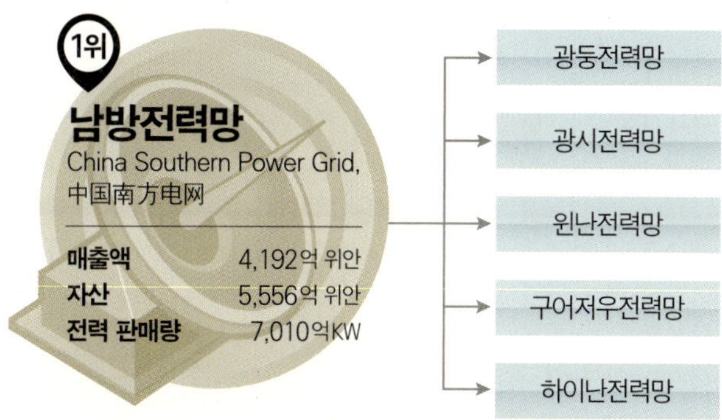

- 남방전력망은 남부 5개 성에 전력을 공급하는 국유 송전회사로, 중국 총인구의 17.8%에 해당하는 2.3억 명에게 전력을 공급.
- 해외 진출의 선두주자로 메콩 강 경제권(GMS: 태국, 미얀마, 라오스, 캄보디아, 베트남)에 중국 대표 협력사로 진출.

전기

▼ 중국 핵심 발전기업 (발전 용량)

- 중국은 2000년 창왕(厂网)분리 정책(발전소와 전력망을 각기 다른 회사로 분리)을 실시한 이후 화녕, 따탕, 화띠엔, 궈띠엔, 중국전력투자 등 5대 핵심 발전 그룹이 설립되었다.

채굴 및 개발

공급 및 판매

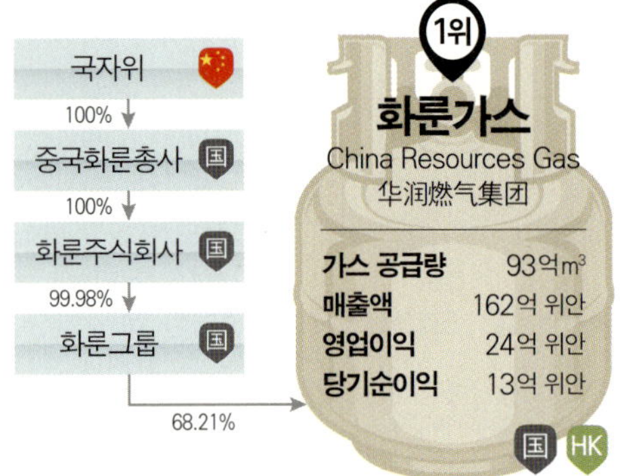

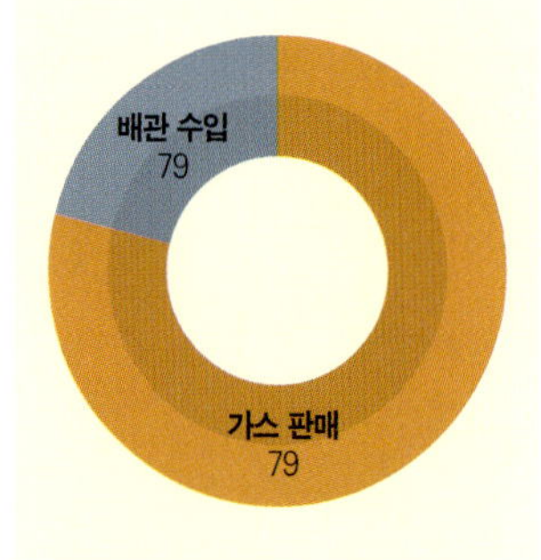

- 중국 최대 규모의 도시가스 공급업체.
- 현재 전국 18개 성, 2개 직할시의 1,000만 가구에 90억m³ 이상의 가스를 공급.

- 화룬가스는 영업 호조와 인수·합병으로 매년 매출액과 순이익이 각각 45%, 38% 씩 급증하고 있다.
- 하지만 대규모의 인수합병 과정에서 비용이 증가해 영업이익률은 15%대에 머무르고 있다.

- 화룬가스의 주요 매출원은 가스 판매로, 도시가스 사용자(2012년 1,400만 세대)가 증가하면서 가스 판매가 매출에서 차지하는 비중이 점차 높아지고 있다.

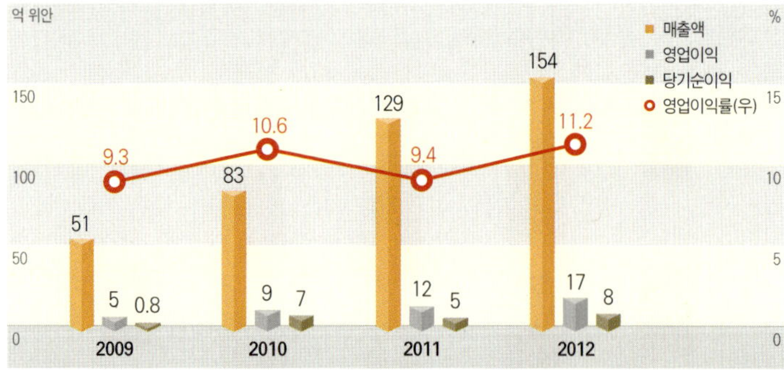

- 중국 최대 종합 에너지회사.
- 200여 개의 도시에 도시가스를 공급하며, 차량용 LPG 충전소 160개, LPG 판매소 68개, 천연가스 광구 1개, 천연가스 수송관 1개 보유.

- 중국가스홀딩스는 도시가스 배관 수입 및 가스 판매 수입이 지속적으로 상승한 반면, 소득세와 이자 비용이 하락하면서 2012년 영업이익률이 전년 대비 2%p 가량 상승했다.

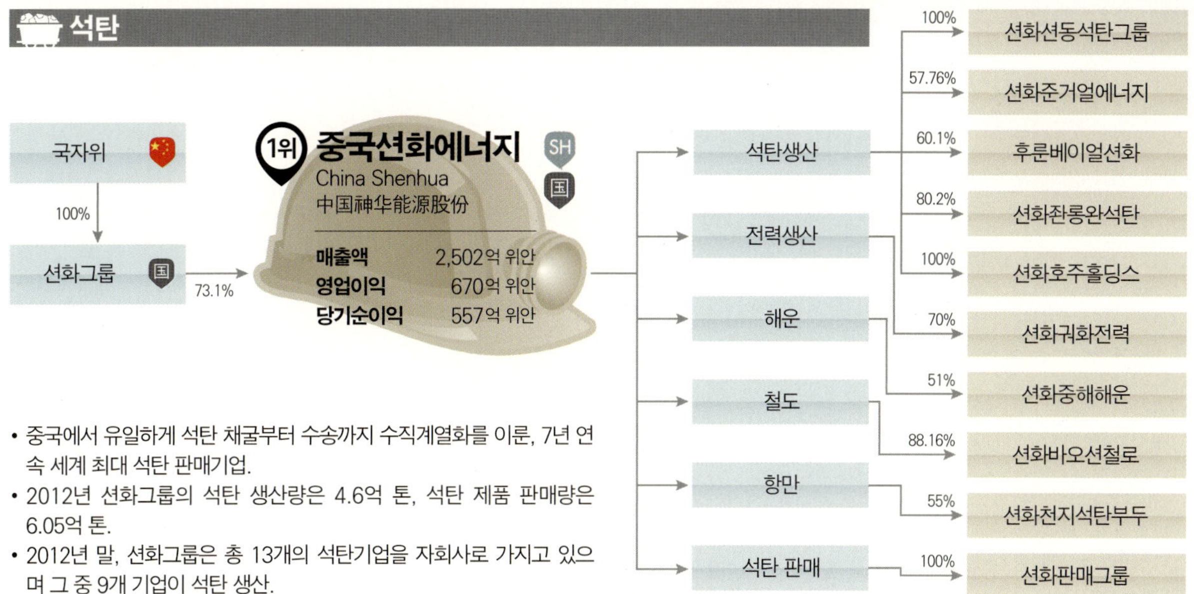

- 중국에서 유일하게 석탄 채굴부터 수송까지 수직계열화를 이룬, 7년 연속 세계 최대 석탄 판매기업.
- 2012년 선화그룹의 석탄 생산량은 4.6억 톤, 석탄 제품 판매량은 6.05억 톤.
- 2012년 말, 선화그룹은 총 13개의 석탄기업을 자회사로 가지고 있으며 그 중 9개 기업이 석탄 생산.

▼ 중국선화에너지 경영 실적

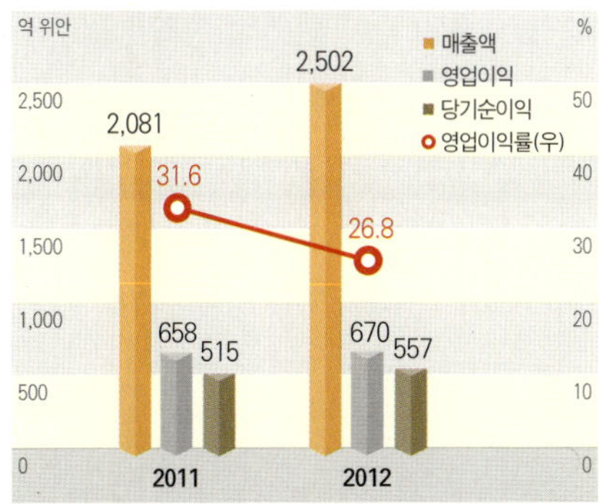

- 중국선화에너지는 중국의 석탄 수요가 감소하고 석탄 가격이 낮아지는 상황에서 오히려 비용이 증가해 영업이익률이 점차 하락하고 있다.

▼ 중국선화에너지 매출 구성 (2012년) (%)

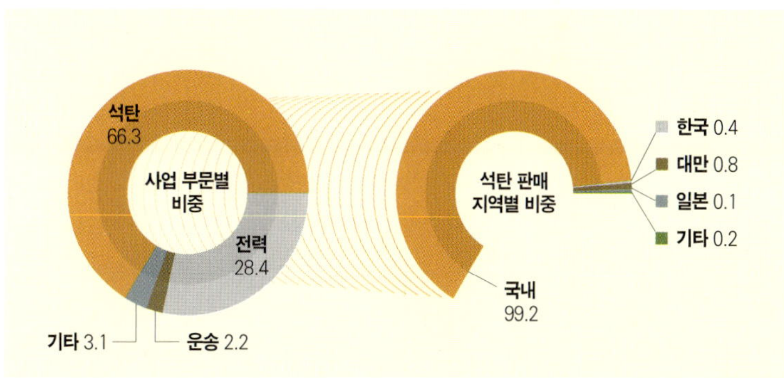

- 2012년에는 석탄 판매 매출이 20억 위안 감소했고, 전력 판매와 운송 매출이 각각 25억과 10억 위안 증가했다.
- 중국선화에너지는 매출에서 석탄 판매 비중이 가장 높지만, 석탄 가격이 하락하면 전력 등 다른 사업 부문의 원가가 낮아지는 효과를 가져와 안정적인 매출 증대로 이어진다.

- 석탄의 생산, 무역, 화공, 채굴 장비, 발전 등 석탄 관련 사업을 영위하는 대형 에너지기업.
- 회사가 보유한 광산의 석탄 매장량은 전 세계 상장 석탄회사 중 5위, 중국 2위.
- 중국 최대의 석탄 수출 기업이자 중국 최대의 코크스 생산업체.

▼ 중국석탄에너지 경영 실적

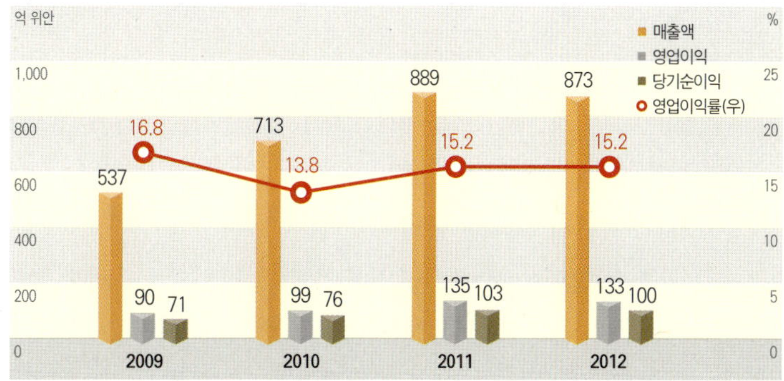

- 2010년 중국석탄에너지는 판관비와 생산설비의 감가상각비가 증가하며 영업이익률이 감소했다.
- 매출은 2008년부터 계속 증가했으나, 2012년 석탄 가격이 하락하면서 감소했다.

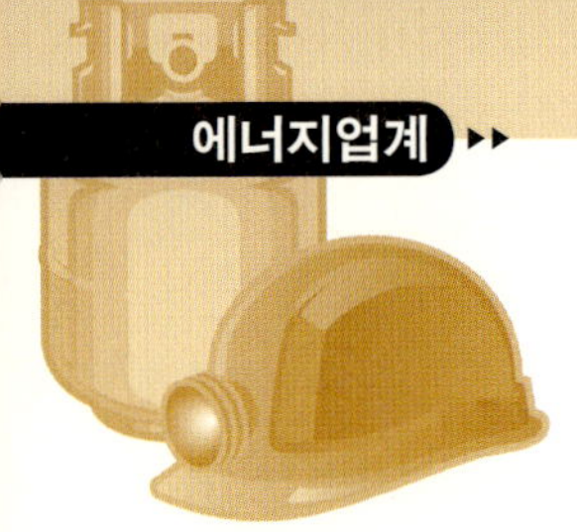

13억 중국인, 에너지 먹는 하마

13억 인구를 보유하고 매년 8%대의 가파른 경제 성장을 하는 중국은 에너지 소비에 있어서도 세계 최고 수준이다. 국제에너지기구 IEA에 따르면 중국은 미국에 이어 두 번째로 많은 석유를 소비한다. 전 세계 소비의 절반을 차지하는 중국의 석탄 사용량도 두말 할 것 없이 세계 최대 규모이다.

중국의 에너지 소비 구조를 살펴보면, 석탄이 90조Btu로 전체 에너지 소비의 70%를 차지한다. 석유는 19%로 석탄의 뒤를 잇는다. 최근 중국은 에너지원의 다원화를 추진하고 있기는 하지만 수력 6%, 천연가스 4%, 원자력 1%, 신재생에너지 0.3%로 여전히 석탄과 석유 의존도가 높다. 12.5규획(중국의 12차 5개년 경제 개발 계획)에서 중국 정부는 비(非) 화석연료 비중을 11.4%까지 올리는 것을 목표로 정했다. 또한 2023년까지 석탄의 비중을 59%까지 낮추고 에너지 효율을 향상시켜 단위 GDP당 이산화탄소 배출량을 감소시키겠다는 복안이다.

중국 에너지원의 새로운 대안은?

2012년 1월까지 알려진 중국의 천연가스 매장량은 107조 입방피트로 2009년보다 27조 입방피트가 늘어나 아시아·태평양 지역에서 두 번째로 높은 매장량을 보유하고 있다. 천연가스에 대한 생산과 수요 역시 증가하고 있는데, 2011년 중국의 천연가스 생산량은 전년 대비 9% 증가한 3.6조 입방피트였고, 소비량은 이보다 1조 입방피트 높은 4.6조 입방피트였다.

중국의 천연가스 생산량은 과거 10년 동안 두 배 정도 증가했지만 소비량은 더 빠르게 늘어나 2007년부터 천연가스 수입국이 되었다. 천연가스 소비량 중 수입 비중이 2010년 12%에서 2011년 22%로 대폭 상승한 것이다. 환경오염의 대안으로 중국 정부는 천연가스 소비 비중을 점차 늘려 나가고 있는 바, 2020년까지 10%가량 증가시킬 계획이다.

천연가스 사용에 있어서 가장 높은 비중을 차지하는 부문은 단연 공업 분야로 2011년 기준 약 34%를 차지했다. 하지만 최근에는 전력, 공공시설, 가정 부문의 소비도 빠르게 증가하고 있다. 천연가스는 정부의 정책적 지원과 민간의 수요를 바탕으로 2035년까지 매년 5% 이상씩 증가할 전망이다. 이러한 수요의 증가에 대비해 중국 정부는 자국 내는 물론 러시아와 중앙아시아로부터 대형 수송관을 건설하여 천연가스를 동부 연안으로 공급한다는 계획이다.

세계 1위 석탄 생산국이자 소비국

세계에너지협의회(WEC)의 발표에 따르면 2011년 중국의 채굴 가능 석탄 매장량은 1,280억 톤(전 세계 13%)으로 미국과 러시아에 이어 세계 3위의 석탄 매장량을 보유하고 있다. 중국은 2010년

35억 톤, 2011년 38억 톤을 생산하며 세계 최대 석탄 생산국의 자리를 유지하고 있다. 뿐 만 아니라 2011년 중국의 석탄 소비량은 40억 톤으로 세계 소비량의 절반 가까이를 차지했고, 이 때문에 2009년부터는 석탄을 수입해야 하는 상황에 이르렀다. 2011년에는 그 수입량이 2.4억 톤까지 증가했다. 주요 수입 국가는 대부분 아시아지역 국가로 인도네시아와 호주로부터의 석탄 수입량이 50%를 넘는다. 이렇듯 풍부한 석탄 매장량에도 수입이 점차 증가하는 데에는 중국 내 석탄 생산 비용의 상승, 점결탄 매장량 부족, 석탄 운송 상의 병목 현상 등이 원인으로 꼽힌다.

중국 석탄산업에서는 '선화그룹'(神华集团)을 빼놓을 수 없다. 선화는 중국 최대 석탄 생산·판매 기업으로, 1995년 중국 서부 자원 개발 계획에 따라 설립되었다. 그 후 석탄 생산은 물론 철도, 항만, 해운, 발전소, 액화석탄(煤制油) 등 수직계열화를 통해 세계 최대 석탄업체로 자리매김 했다.

석탄을 사용한 발전 설비가 절대적

중국의 전력설비 및 사용량 증가도 기하급수적이다. 2011년 중국 발전 설비 용량은 총 1,073GW로 세계 최대 규모이며, 이는 2005년 519GW의 설비가 6년 만에 2배 이상 증가한 것이다. 급증하는 중국 동남부지역의 전력 수요를 충족시키기 위해 향후 10년간 중국의 발전 설비 용량은 지속적으로 증가해 2030년에는 설비 용량이 현재의 2배인 2,390GW까지 상승할 전망이다.

발전설비별 에너지원을 살펴보면 화석연료를 사용한 발전 설비가 전체의 75%를 차지하고 있고, 특히 석탄이 65%나 된다. 하지만 최근 붉어지는 환경오염 문제로 중국은 향후 천연가스, 수력 및 신재생에너지를 사용한 발전 설비를 점차 증가시킬 계획이다. 중국의 실제 발전량은 미국의

뒤를 이어 세계 두 번째 규모로 2010년 발전량은 3,965TWh에 달하였다. 미국 에너지정보처(EIA)는 중국의 발전량이 2035년 9,583TWh로 2010년보다 3배가량 증가할 것으로 관측하고 있다.

한국에 한국전력이 있다면 중국에는 국가전력망(State Grid)이 있다. 국가전력망은 2002년 국무원의 창왕분리(발전소와 송전망 분리) 정책의 일원으로 설립된 중국 최대의 송전회사로 매년「포춘」선정 500대 기업에서 10위 안에 포함되는 글로벌 기업이기도 하다. 현재 중국 내 80% 이상의 지역에서 10억 명의 인구에 전력을 공급하고 있고, 회사의 인력만 189만 명에 달한다.

중국에서도 셰일가스 열풍

최근 세계 에너지시장에서 가장 뜨거운 감자는 단연 셰일가스이다. 셰일가스는 셰일층에서 개발·생산되는 가스로, 셰일(shale)의 한자어가 혈암(頁岩)이기에 중국에서는 예옌치(혈암가스, 页岩气)라고 불린다. 전통적인 천연가스가 한곳에 모여 있는 것과는 달리 셰일가스는 암석층 사이에 갇혀있기 때문에 시추가 어렵다. 하지만 최근 다양한 시추 방식이 개발되면서 새로운 에너지원으로 떠오르고 있다. 전 세계 채굴 가능한 셰일가스 매장량은 약 187조 세제곱미터로 알려져 있다. 이 중에서 19%가 중국에 매장되어 있다. 현재 중국의 셰일가스 생산량은 54만 세제곱미터이고 주요 생산지역은 중국 중서부 쓰촨분지이다.

셰일가스 탐사 및 개발을 촉진하기 위해 중국 자원국은「셰일가스 발전 '12.5규획'」을 발표했고, 재정부에서는 보조금 지급을 결정했다. 셰일가스가 13억 에너지 먹는 하마의 입을 얼마나 충족시켜줄 수 있을지 기대된다. ★

석유화학업계

❶ 중국, 석유 대외 의존도 상승을 타개하기 위해 석탄화학산업 도입.
❷ 중국, 내수 경기 호전으로 석유화학산업 성장률 회복세 돌입.
❸ 2012년 중국의 석유화학 수출품 중 합성고무 제품이 25%로 1위.

▶ 석유화학기업 세계 톱 10

● 매출액　○ 석유화학이 회사 매출에서 차지하는 비중(우)

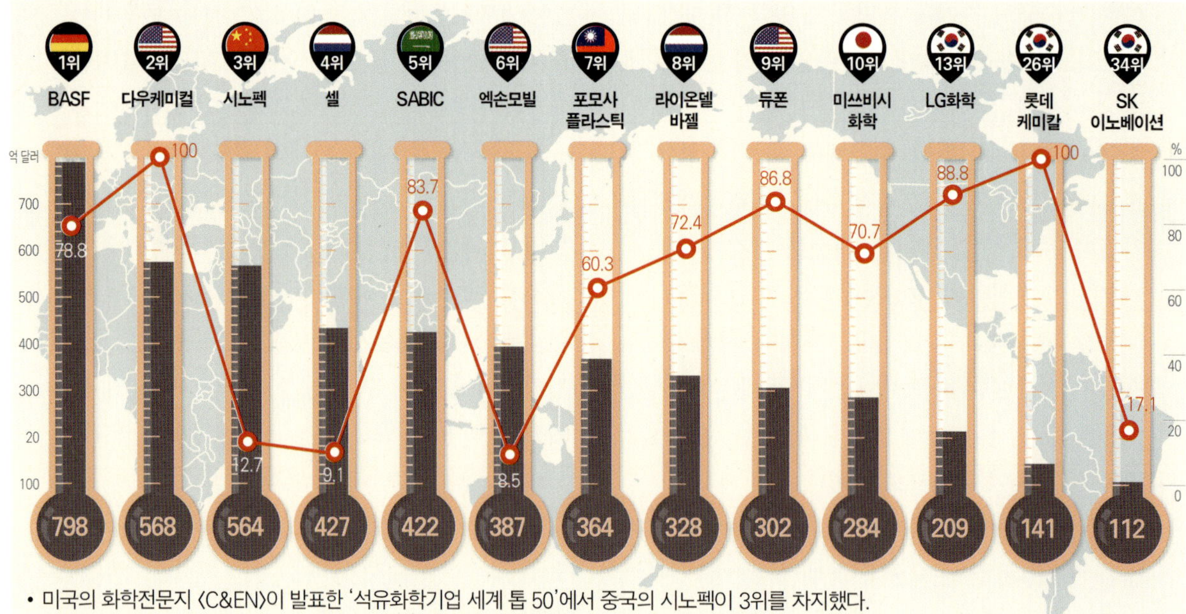

- 미국의 화학전문지 〈C&EN〉이 발표한 '석유화학기업 세계 톱 50'에서 중국의 시노펙이 3위를 차지했다.
- 50위권 안에는 미국 11개, 일본 9개, 독일 6개, 네덜란드 4개, 한국 3개의 기업이 올라 있다.

자료: 〈C&EN〉 2013 'Global Top 50'

▶ 석유화학산업 밸류체인

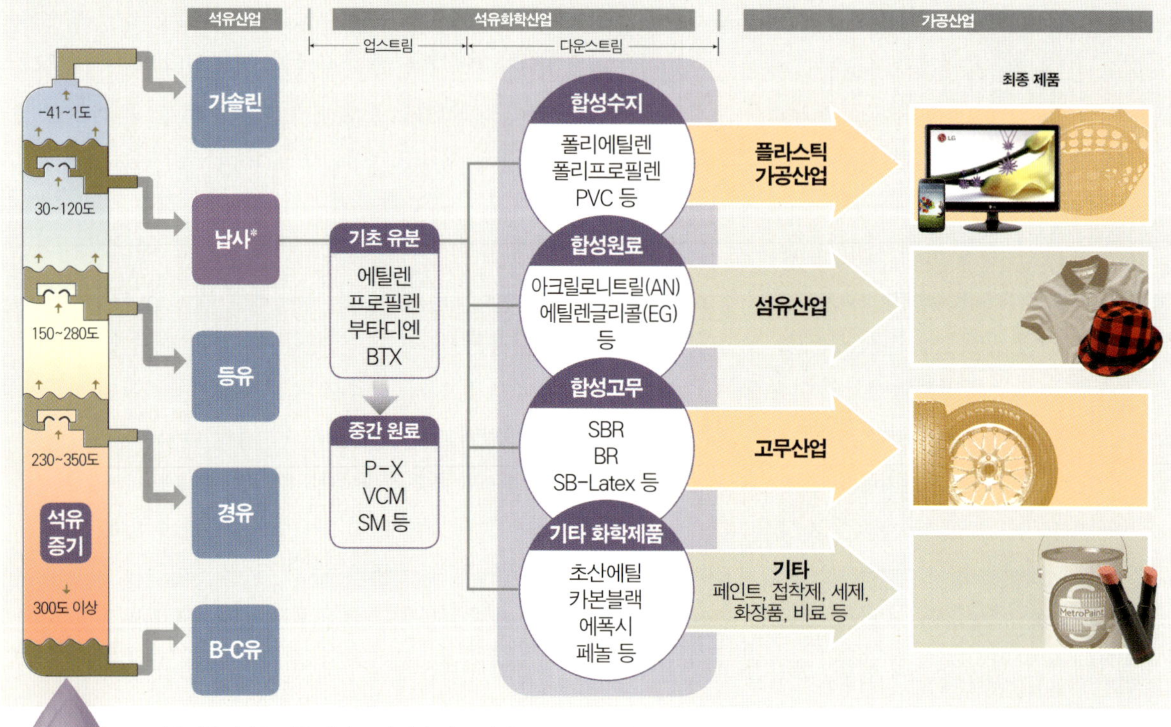

- 석유화학산업은 원유에서 분리되어 나온 납사(Naptha)를 이용해 에틸렌, 프로필렌 등 기초 유분과 합성수지, 합성고무 등의 석유화학 제품을 만드는 것을 말한다. 즉, 납사를 직접 만드느냐, 아니면 시장에서 판매되는 납사를 구입해 화학제품을 만드느냐에 따라 석유산업과 석유화학산업을 구분한다.

자료: 한국석유화학협회(KPIA)

납사(Naptha): 나프타의 또 다른 명칭이 납사이다. 납사는 에틸렌, 프로필렌 등의 업스트림 석유화학 제품을 만드는데 사용된다.

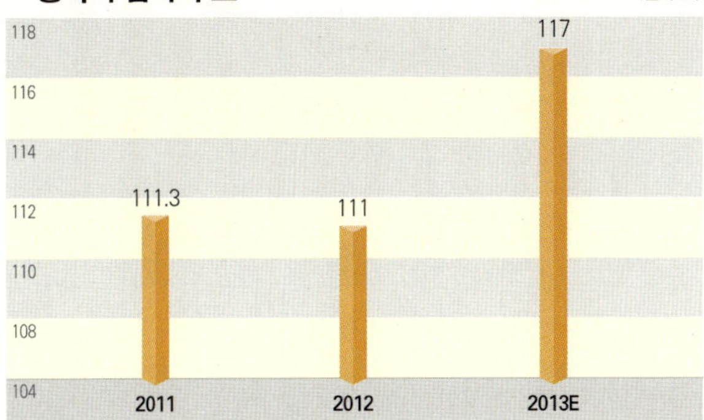

- 중국의 내수 경기가 회복되면서 합성수지 수요가 증가해, 2013년에는 납사 수요가 117만b/d까지 증가할 것으로 예상된다.

*b/d: 하루 당 생산 배럴
자료: IEA 〈Oil Market Report 2012〉

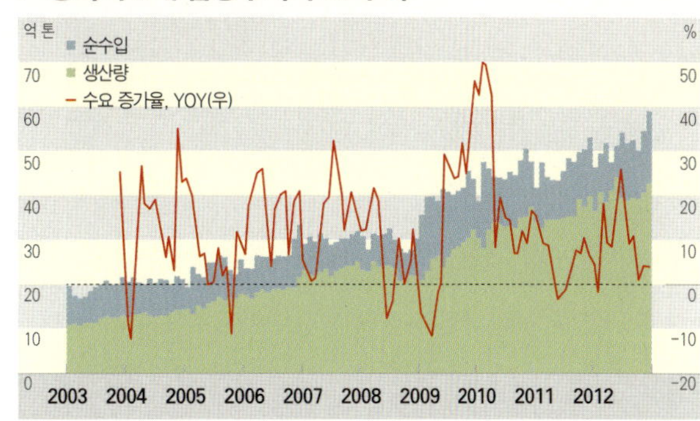

- 중국의 5대 합성수지는 폴리에틸렌(PE), 폴리프로필렌(PP), PS, PVC, ABS이다.
- 2012년 중국의 5대 합성수지 수요는 전년 대비 9.2% 증가했다. 생산량은 전년 대비 11.4%, 수입량은 2.1% 증가했다.

자료: China Petroleum and Chemical Industry Association

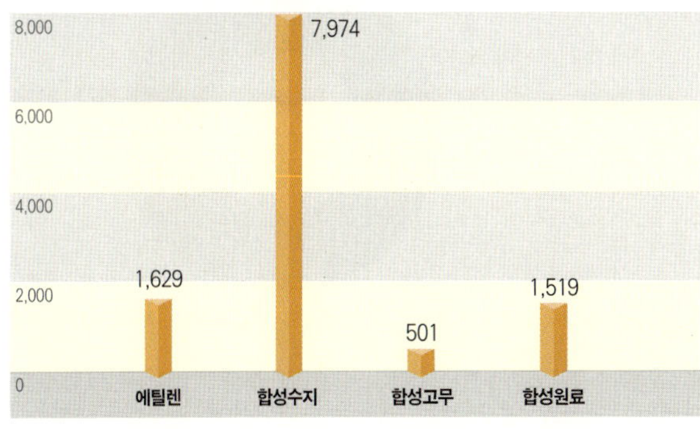

- 2012년 중국에서 가장 많이 사용된 석유화학 제품은 플라스틱 생산 원료인 합성수지이다.
- 에틸렌은 총 소비량의 92%를 중국산 제품으로 충당하고 있다.

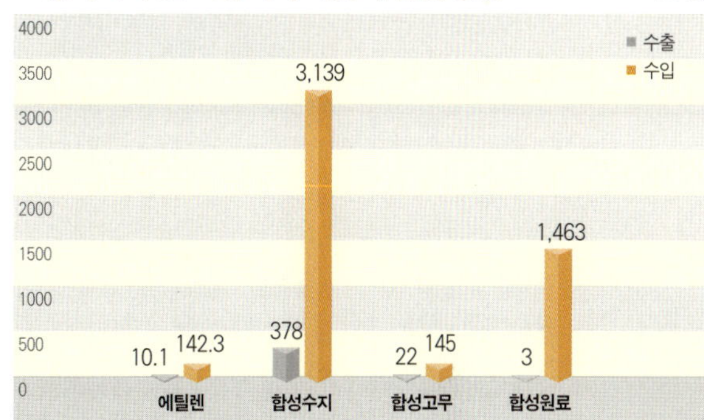

- 중국은 석유화학 다운스트림 제품(합성수지, 합성원료, 합성고무 등)을 생산하고 있지만, 생산량이 수요를 따라잡지 못하고 있다.
- 중국은 2012년에 1,487만 톤의 에틸렌을 생산했지만, 공급 부족으로 142.3억 톤의 에틸렌을 수입했다.

자료: 중상정보망

▶ 중국의 주요 석유화학공업단지

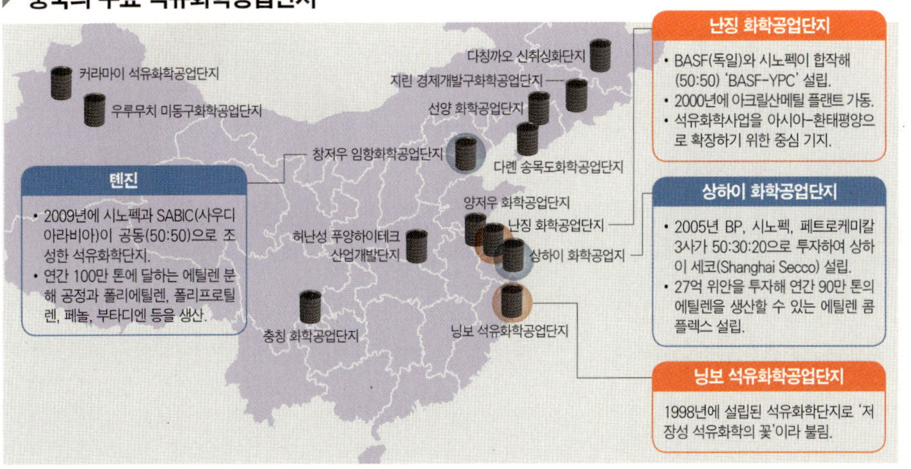

- 중국은 석유화학산업 발전 초기에 기업을 중심으로 투자했다. 하지만 2000년 이후부터는 산업 효율성을 증대시키기 위해 지역 중심으로 투자하고 있다.
- 상하이, 난징, 쑤저우, 광저우 등 연안 지역은 중국의 석유화학공업단지로 각광받고 있는 곳이며, 이 지역들은 지방 정부의 적극적인 투자와 인근 지역 대학의 우수한 인재를 흡수하면서 석유화학산업 발전의 거점으로 성장하고 있다.

자료: 따오커바바

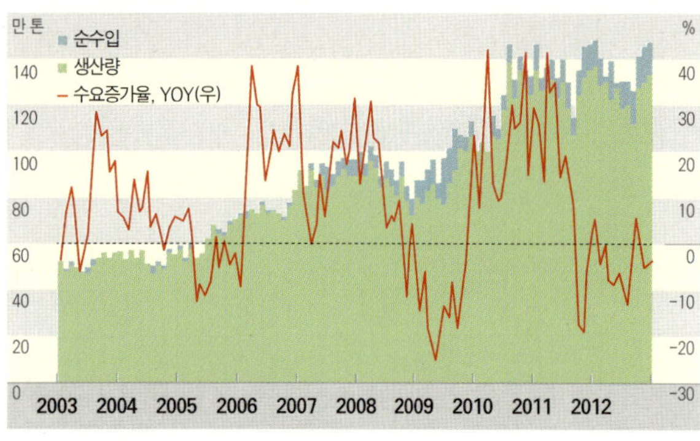

- 2010년 이후 중국은 에너지의 대외 의존도를 낮추기 위해 석유화학 제품 원료를 자체적으로 해결하는 방안을 모색하면서, 에틸렌 생산량이 대폭 증가했다.
- 유럽 재정 위기의 영향과 2010년 공급 과잉에서 비롯된 재고 발생으로 2011년에는 에틸렌 수요가 전반적으로 감소했다.

자료: China Petroleum and Chemical Industry Association

- 중국은 2016년까지 에틸렌 설비를 계속 증설할 예정이다.
- 2017년 중국의 에틸렌 설비 글로벌 비중은 16.6%까지 상승해, 에틸렌 주요 생산국으로 부상할 전망이다.

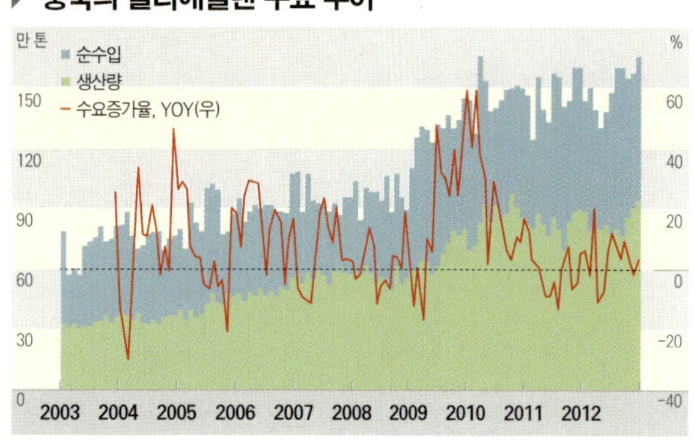

- 중국은 2012년 폴리에틸렌 수요가 2011년 대비 3.1% 상승했다.
- 유럽 재정 위기가 있기 전인 2010년의 수요 증가 폭(28.4%)보다 현저히 낮은 수준이지만, 최근 중국의 가전, 건설, 농업화공품 업계의 경기가 호전되면서 폴리에틸렌 수요도 조금씩 증가하고 있다.

자료: China Petroleum and Chemical Industry Association

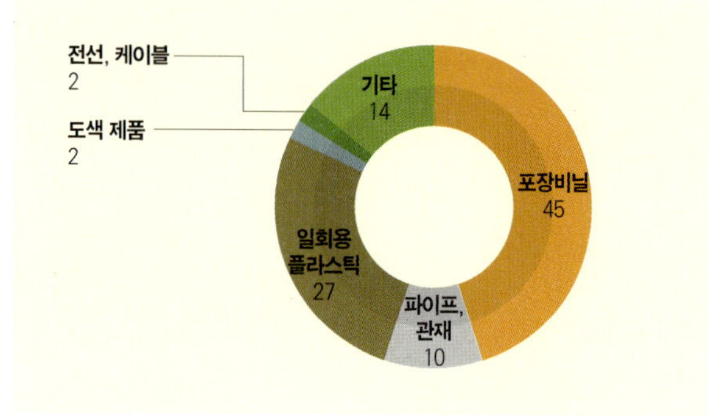

- 중국에서 폴리에틸렌은 포장비닐 생산에 가장 많이 사용된다. 포장비닐은 국내외 수요가 모두 크다.
- 폴리에틸렌이 두 번째로 많이 사용되는 곳은, 중국 내 수요가 높은 일회용 플라스틱 생산이다.

자료: 상하이 석유화학 제품 교역시장 정보부

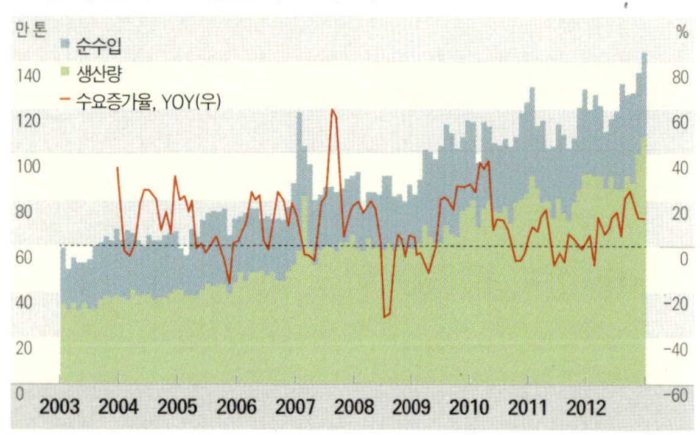

- 2012년 중국의 폴리프로필렌(PP) 생산량은 1,122만 톤으로 전년 대비 12.7%, 수요는 1,486만 톤으로 전년 대비 11.2% 상승했다.
- 중국의 하이테크 제품 생산 증가는 폴리프로필렌 수요 증가로 이어지고 있다.

자료: China Petroleum and Chemical Industry Association

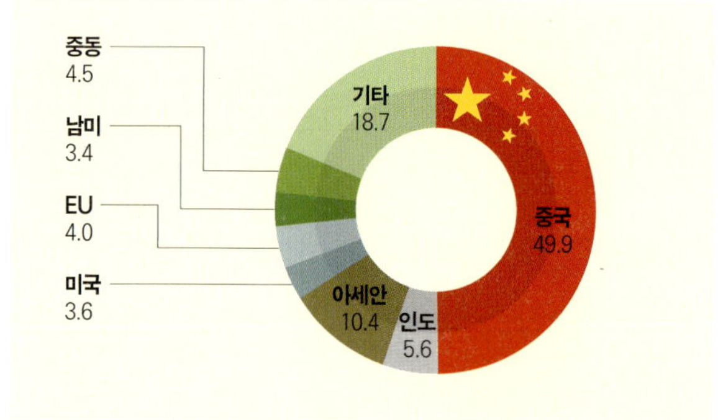

- 한국 석유화학 제품은 중국시장에 대한 수출 의존도가 50%에 육박한다.

자료: KITA

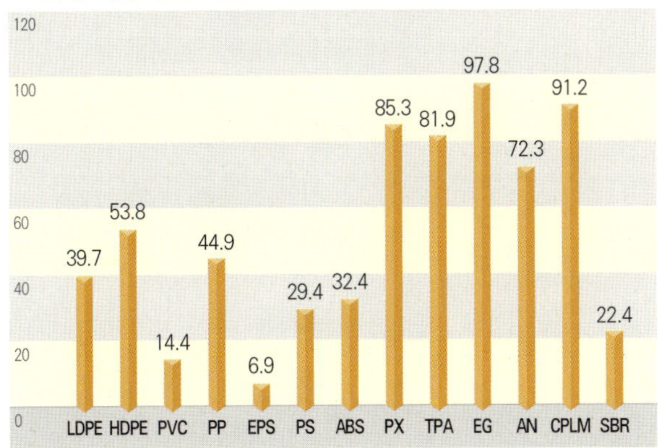

- EG, CPLM, PX, AN 등 대다수 한국 석유화학 제품은 중국 수출 비중이 절대적으로 높다.

자료: 페트로켐, 2012년 연간 기준

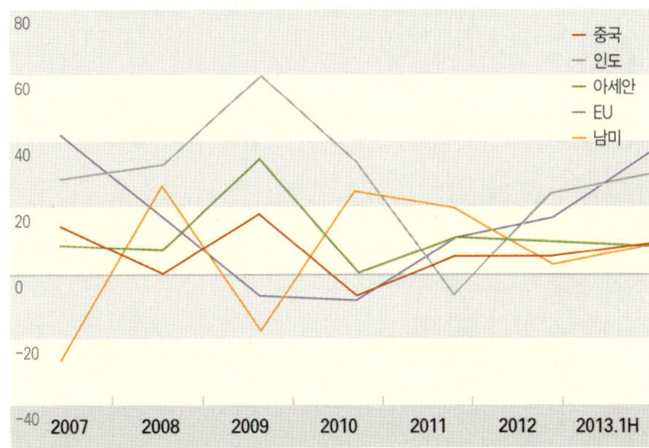

- 한국 석유화학 제품의 중국시장에 대한 수출의존도는 여전히 높지만, 과거에 비해 수출 증가율이 점차 낮아지고 있다.
- 대신 한국과 FTA를 체결한 EU나 인도, 중남미 지역이 높은 수출 증가율을 기록하고 있다.

자료: KITA

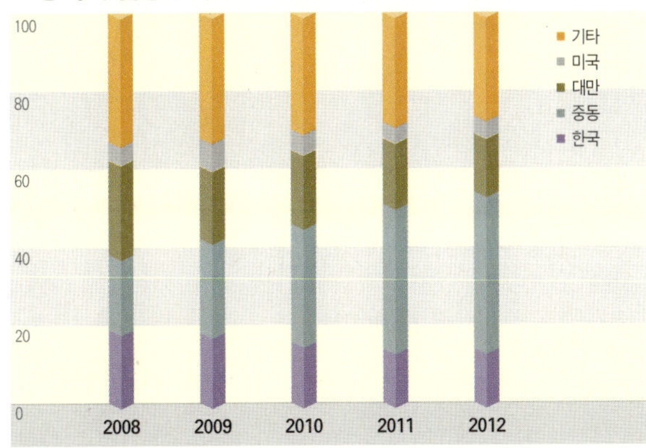

- 중국의 합성수지와 EG 국가별 수입 비중은 한국이 2011년 14.3%에서 2012년 13.9%, 중동이 같은 기간 37.1%에서 39.9%로 변화했다.
- 중국 합성수지와 EG 수입에서 한국이 차지하는 비중은 계속 감소하는 반면, 중동이 차지하는 비중은 꾸준히 증가하는 추세이다.

자료: KITA

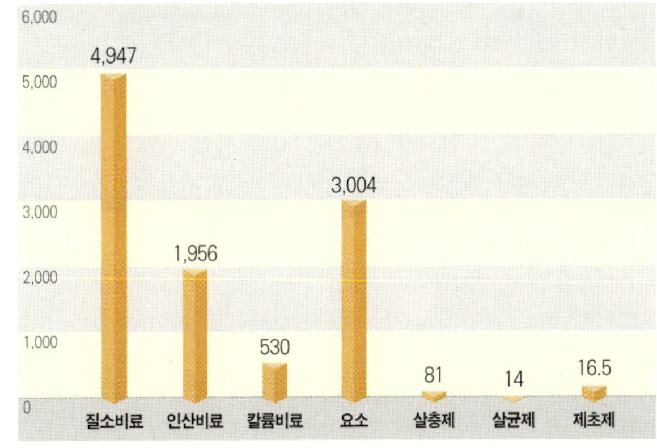

- 중국 대다수 석유화학기업은 농업용 화학비료를 생산하며 석유화학 사업을 시작했다.
- 중국 석유화학 제품 중 농업용 석유화학 제품(7,432만 톤)을 제외하고 가장 많이 생산되는 제품은 합성수지(5,247만 톤)로, 두 제품 간에 생산량 격차가 매우 크다.

자료: 중상정보왕, 국가통계청

▶ '석탄화학' 사업에 대한 중국 정부의 정책 변화

2005년 11월	2007년 11월	2009년 5월	2011년 7월	2011년 9월	2012년 3월
산업구조조정을 위한 임시 규정	**석탄산업 정책**	**석유화학산업의 구조조정 및 활성화 계획**	**석탄화학 상용화 시범 프로젝트 계획**	**12.5규획**	**12.5규획**
• 석탄의 청정 활용 산업화 장려.	• 수자원 및 석탄이 풍부한 지역을 중심으로 석탄화학산업 개발을 유도하고, 대형 석탄기업의 화학, 소재, 수송연료 사업화 장려.	• 진행 중인 석탄화학 상용화 기술 개발에 집중. • 석유화학산업의 연료 다변화 추진.	• 적정 프로젝트 규모가 CTO*는 60만 톤/년, CTMEG*는 20만 톤/년. • 시범설비 가동률은 가동 후 3년 이내에 90%에 도달.	• 시범사업에서 준수해야 할 석탄화학 시범 프로젝트 기술 기준 제정.	• CTO 프로젝트 추진 지역을 석탄과 물이 풍부하고 제품 운송이 용이한 지역으로 제한. • 계획 기간 내에 에틸렌과 프로필렌 원료의 20% 이상을 석탄으로 다변화할 계획.

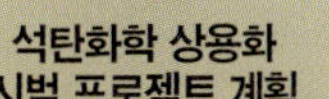

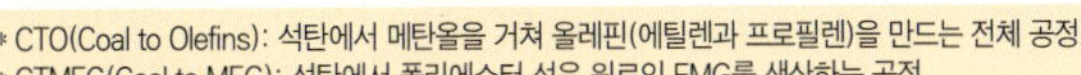

* CTO(Coal to Olefins): 석탄에서 메탄올을 거쳐 올레핀(에틸렌과 프로필렌)을 만드는 전체 공정.
* CTMEG(Coal to MEG): 석탄에서 폴리에스터 섬유 원료인 EMG를 생산하는 공정.

자료: CICC

1위

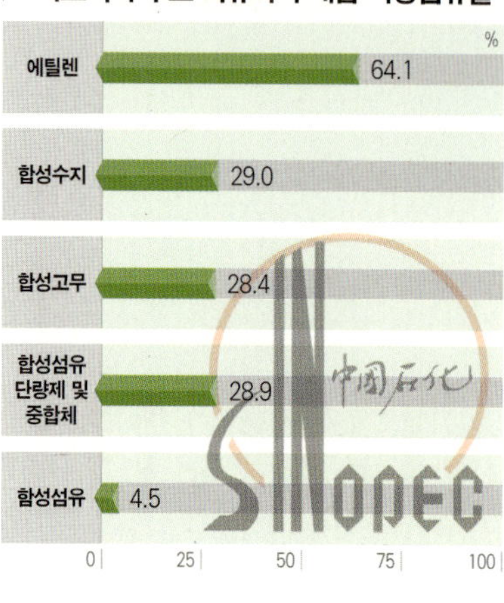

国 SH HK NY LD

시노펙
Sinopec
中国石油化工股份

매출액	2조 5,056억 위안
영업이익	1,009억 위안
화학매출	4,205억 위안

↑ 75.8%

国 시노펙그룹

주요 석유화공업 계열 · 자회사

— 55.6% → NY SH HK **상하이 시노펙** **매출** 930억 위안 **영업이익** 6.4억 위안 →
- 상하이금창공정플라스틱(74.3%)
- 저장금용아크릴섬유(75%)
- 상하이시노펙투자발전(100%)
- 중국금산연합무역(67.33%)

— 100% → **양쯔 시노펙** →
- BASF차이나(50%)
- 양쯔BASF스티렌(40%)
- 난징양쯔Eastman화공(50%)
- 난징양쯔시노펙BOC가스(50%)

— 42% → SH HK 시노펙의정화학섬유

— 75% → 하이난 정유화공

— 100% → 칭다오 시노펙

— 94% → 중위엔 시노펙

- 2012년 미국 〈포춘〉이 선정한 세계 5위 기업.
- 석유화학 계열 자회사들을 통한 '규모의 매출'로 중국 석유화학업계 1위.

▮ 시노펙의 주요 석유화학 제품 시장점유율

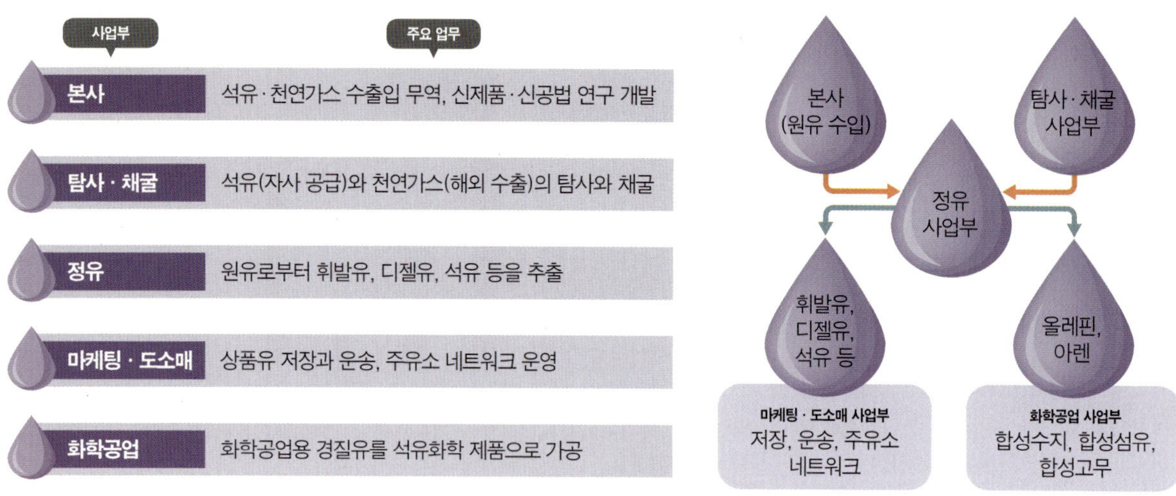

- 시노펙은 정유 과정에서 추출된 에틸렌에서는 확실한 규모 우위와 자원 우위를 확보하고 있다. *중국 전체 생산량 대비 시노펙 생산량 비중.

▮ 시노펙 5대 사업 부문

사업부	주요 업무
본사	석유 · 천연가스 수출입 무역, 신제품 · 신공법 연구 개발
탐사 · 채굴	석유(자사 공급)와 천연가스(해외 수출)의 탐사와 채굴
정유	원유로부터 휘발유, 디젤유, 석유 등을 추출
마케팅 · 도소매	상품유 저장과 운송, 주유소 네트워크 운영
화학공업	화학공업용 경질유를 석유화학 제품으로 가공

- 시노펙은 탐사 · 채굴, 정유, 마케팅 · 도소매, 화학공업, 본사 등 5개 사업부로 구성되어 있다.

자료: 중국 삼성경제연구원

▮ 시노펙 사업부별 매출 추이

(백억 위안)

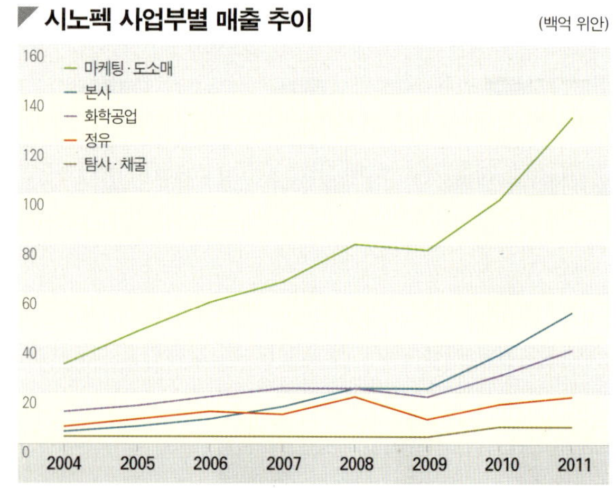

- 2007~2011년간 화학공업사업부의 매출 성장률은 10.8%로 상대적으로 완만하게 성장했다. 화학공업사업부의 전체 매출액 비중은 2004년 21.3%에서 2011년 15.0%로 하락했다.

▮ 시노펙 주요 석유화학 제품 매출 추이

(백만 위안)

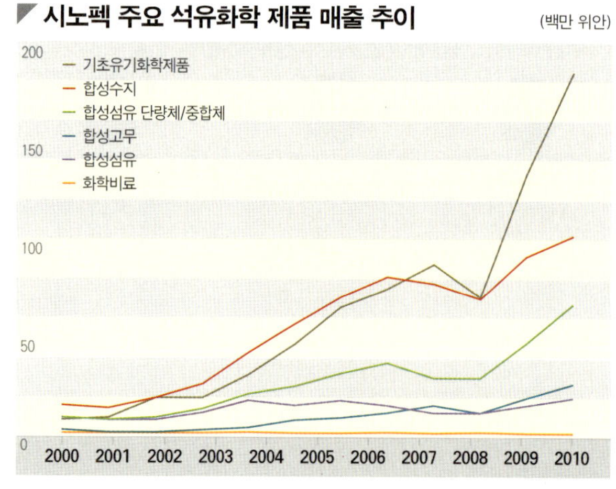

- 화학비료 제품의 생산 비용이 증가하고 시장 경쟁이 심화되면서 시노펙은 화학비료 생산을 축소하고 있다.

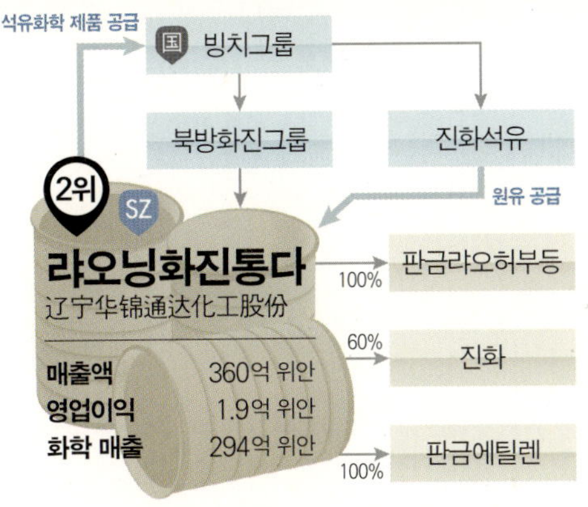

- 중국 100대 석유화학기업에 선정.
- 주요 제품: 정유, 부타티엔, 화학비료, 폴리올레핀, 알킬, ABS, PE. PP.

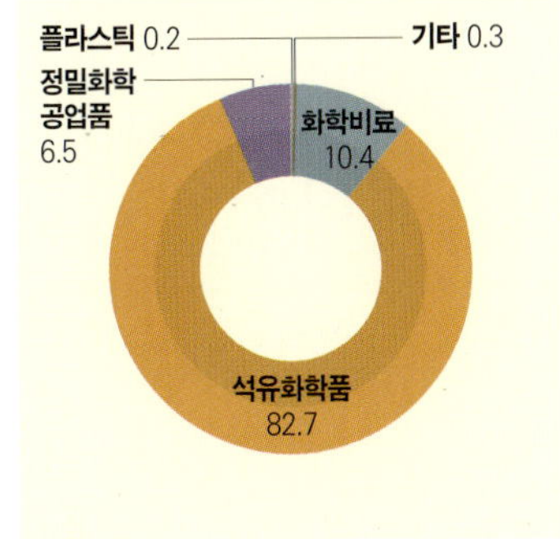

- 석유화학품이 매출의 80%를 차지한다.
- 기업 초기에 주력 생산제품이었던 화학 비료의 매출은 현재 전체 매출의 10% 에 불과하다.

- 2012년 국내외 경제 불황으로 당기순 이익이 전년 대비 97% 수준으로 하락 했다.

- 주요 제품: 비료, 화공품, 염소화학, 암모니아, 에틸 렌, 인.
- 후베이이화화공의 화학비료는 '국가검사면제' 대상 이며, 미국과 싱가포르 등지로 수출.
- 후베이이화화공의 '펜타에리트리스'(Pentaerythrite) 제품의 시장점유율은 33%로 한국과 일본에도 수출.

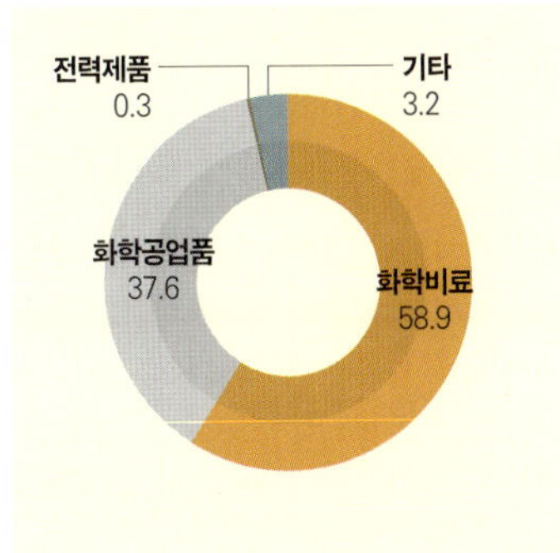

- '후베이성 농업 발전의 일등 공신'으로 불리는 후베이이화화공은 전체 매출의 60%가 화학비료에서 나온다.

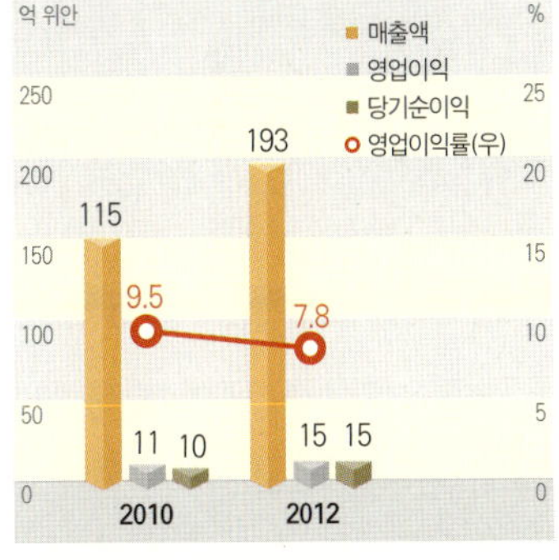

- 후베이이화화공은 2010년에 매출이 전 년 대비 31% 상승했다.
- 인산암모늄의 가격 상승과 더불어, 자 회사 구이저우이화화공 지분 50%를 인 수하면서 요소와 인산암모늄 매출이 대 폭 증가했기 때문이다.

- 중국 동종업계 내에서 가장 먼저 ISO9001, ISO14001, OHSMSI8000 인증을 받은 기업.
- 주요 제품: 이소시아네이트(MDI) (전 세계 단 7개 기업만 생산)

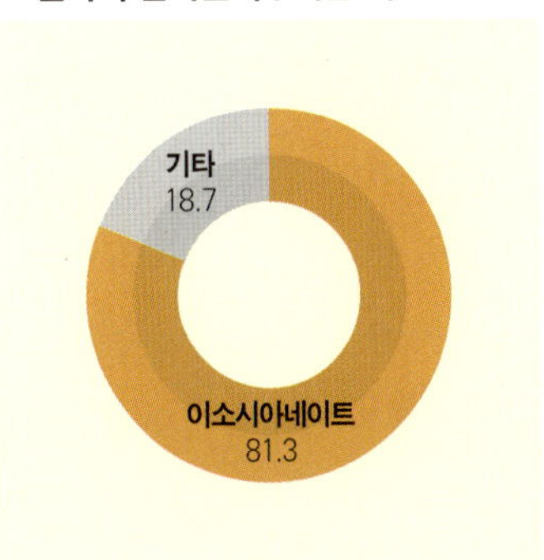

- 폴리우레탄의 주원료인 이소시아네이 트가 전체 매출에서 차지하는 비중이 81.3%이다.

- 2012년에 제품 가격 상승 및 판매량 증 가로 매출이 전년 대비 16% 상승했다.

개혁·개방 이후 또 다시 대변혁을 맞이한 중국 석유화학업계

중국의 석유화학산업은 중화인민공화국 건국 초기 당시 새롭게 떠오른 신흥 산업 분야였다. 당시 중국은 정책적으로 남동 연안지역의 경제 발전을 우선 도모하는 시기였고, 이에 따라 석유화학산업도 풍부한 자원을 바탕으로 무궁무진한 발전을 이룰 수 있는 기회를 맞이했다. 그러나 당시 중국에는 가장 중요한 요소인 '기술'이 없었다. 따라서 중국은 기술력을 확보하기 위해 중화인민공화국 건국과 함께 '대외 경제 개방'을 진행했다. 그리고 이를 통해 해외의 우수한 석유화학업체들의 투자를 받아들여 신기술 습득과 설비 도입을 이끌었다. 이로 인해 유전 개발, 석유화학 제품의 대량 생산 및 제품의 다양화가 이루어지기 시작했다.

개혁·개방으로 중국은 석유화학산업에서 엄청난 성과를 거뒀다. 개혁·개방 초기인 1978년 합성수지 생산량이 33만 톤에 불과하던 것이, 2008년에는 3,714만 톤으로 30년이라는 세월 동안 무려 100배 이상 성장을 이뤄낸 것이다.

개혁·개방 이후 적극적인 신기술 도입으로 석유화학 생산 기술도 비약적으로 발전했다. 이로 인해 전 세계에 걸쳐 다양한 산업에서 중국 석유화학 제품에 대한 수요가 늘어났다. 특히 중국산 플라스틱제품에 대한 수요 급증이 가장 눈에 띈다. 특히 합성수지는 2008년 터진 글로벌 금융 위기에도 불구하고 중국의 내수시장 장려 정책 덕택에 11.8%라는 두 자릿수 성장을 기록해 세계를 놀라게 했다.

변두리의 작은 공장이 대륙을 지배하는 거함이 되다

상하이시노펙의 기원은 1972년 '상하이석유화공공장'으로 거슬러 올라간다. 그 후 1993년 중국이 국영기업을 주식회사로 전환하는 과정에서 '상하이석유화공공장'은 '상하이석유화공주식유한회사'(이하 '상하이시노펙')로 사명을 변경했다. 이제 상하이시노펙는 홍콩, 뉴욕, 상하이 주식시장에 동시에 상장한 세계적인 석유화학기업으로 성장했다.

상하이시노펙의 주요 생산품으로는 석유제품, 중간화공원료, 합성수지 및 플라스틱, 합성섬유 원료 및 합성섬유 등이다. 기업의 모회사는 정유업계의 대표 주자인 시노펙이다. 2012년 매출은 930억 위안이며 석유화학 제품의 매출은 전체 매출의 44%를, 석유제품의 매출은 41%를 차지한다.

큰 형님 시노펙과 함께 세계 제패를 꿈꾸는 '양쯔시노펙'(扬子石化有限公司)은 1983년에 설립된 '양쯔석유화공회사'(扬子石油化工公司)를 그 전신으로 한다. 당시 양쯔석유화공회사는 난징시 북부인 양쯔강 중하유(长江中下游)에서 설립되어, 주로 석유연료제품을 생산·판매 했다. 선전(深圳)에 상장된 주식회사였으나 2006년 상장을 폐지하고 2007년에 '시노펙양쯔석유화공유한회사'(이하 '양쯔시노펙')로 사명을 바꾼 뒤 시노펙에 합병되어 지금에 이르고 있다. 회사의 주요 생산품으로는 에틸렌, PTA, 플라스틱, 에틸렌글리콜, 부타디엔 등이 있다. 양쯔시노펙은 주로 외국의 유명 석유화학기업인 BP, BASF, Eastman 등과 합자 형식으로 중국 내에서 다수의 석유화학업체를 설립해가며 글로벌화에 주력하고 있다.

한국 석유화학업체들은 지금 중국시장 집중 공략 중

2008년 글로벌 금융 위기와 2010년 유럽 재정 위기 등으로 인해 세계 석유화학시장은 꽁꽁 얼어붙었다. 특히 최대 수요국인 중국의 에너지 자급자족 정책 및 그동안 비축해온 재고 과잉 문제가 불거지면서 글로벌 석유화학산업이 막막한 상태에 놓이고 만 것이다.

그러나 최근 중국의 재고 과잉 문제가 조금씩 해결되면서 서서히 숨통이 트이는 분위기이다. 이에 따라 한국의 석유화학업체들도 중국으로의 진출에 힘을 쏟고 있다. 한국 석유화학업계 1위 기업인 LG화학은 2012년 전체 매출의 40%를 중국 수출에서 달성했다. 또한 중국기업인 '해양석유'와 함께 합성수지 'ABS'를 생산하고, 톈진(天津)에 위치한 합성 고무공장의 생산 규모를 연간 6만 톤으로 확대시키는 등 중국 석유화학시장에서의 행보를 늦추지 않고 있다.

한편, 같은 LG 계열인 LG상사는 2013년 7월경 중국 '보위엔그룹'(博源, Boyuan)이 소유한 '보다스디'(博大实地) 지분 29%를 인수하면서 중국 내 유연탄 원료를 이용해 연간 94만 톤의 요소를 생산할 수 있는 규모를 갖추게 되었다. 이로써 LG상사는 한국기업으로는 최초로 중국 석탄화학시장에 뛰어든 기업이 되었다.

금호석유화학은 2012년경 중국 충칭(重庆)에 고무제품 내열성을 강화시키는 불용성 유황 생산공장을 설립했다. 이곳을 통해 2015년까지 생산 규모를 4만 톤으로 확대할 예정이다.

제일모직은 중국의 '지린석화'와 기술 수출 협약을 체결했다. 이를 통해 제일모직은 ABS 20만 톤 생산을 위한 기술과 운영 노하우를 지린석화에 제공하고 그 대가로 약 3,000만 달러의 기술료를 받게 되었다.

석유화학산업의 대항마, 위기인가 기회인가!

중국의 석유화학산업은 거대한 내수시장과 해외의 적극적인 투자 덕택에 단기간에 급부상 할 수 있었다. 그러나 석유화학산업 발전의 이면에는 미국에 이어 세계 2위 원유 수입국가가 되는 등 '석유 에너지 대외 의존도' 부담 문제가 도사리고 있다. 이에 따라 중국은 석유화학산업을 대체할 수 있는 방안을 강구하기 시작했고, 그 결과 자체적으로 충분한 매장량을 자랑하는 석탄산업을 부활시키려는 계획을 세워두고 있다. 그러나 중국은 과거에 석탄을 상업화 하려다 실패한 경험이 있다. 그 이유는 석탄을 가공할 때 나오는 불순물의 분리 공정이 너무 어렵고, 또한 석탄으로 인한 환경오염 문제가 심각하게 대두되었기 때문이다.

아무튼 중국의 석탄화학산업의 부활은 글로벌 석유화학업체들을 긴장시키고 있다. 전 세계 석유화학 수요의 50% 이상을 차지하는 중국이 석탄으로 석유화학을 대체할 경우 글로벌시장의 막대한 타격은 불을 보듯 빠르기 때문이다.

중국의 석탄화학산업 부활 못지않게 최근 북미를 중심으로 일고 있는 셰일가스 열풍도 석유화학업계에게는 위협 요인이다. 셰일가스로 생산되는 석유화학 제품은 나프타로 생산되는 석유화학 제품보다 훨씬 저렴하기 때문에 석유화학 원료가 가격경쟁력에서 뒤처질 수 있기 때문이다. 글로벌 석유화학업계는 셰일가스를 원료로 석유화학 제품 생산이 완료되는 2016년을 긴장 속에서 기다리고 있다. ★

① 2013년 미국 〈포춘〉 선정 '세계 500대 기업' 중 정유업계 순위에서 시노펙과 페트로차이나 4위와 5위 차지.
② 중국해양석유, 캐나다의 넥센사 인수. 중국 정유업계 사상 최대 규모 (151억 달러) M&A.
③ 중국, 석유에 대한 높은 대외 의존도와 수요에도 불구하고, 석유제품에 대한 수입 제한 조치는 여전히 엄격.
④ 세계적인 경기 침체를 틈타 중국기업의 해외 정유사 M&A 더욱 활발.

▮ 〈포춘〉 선정 정유기업 세계 톱 10

(억 달러)

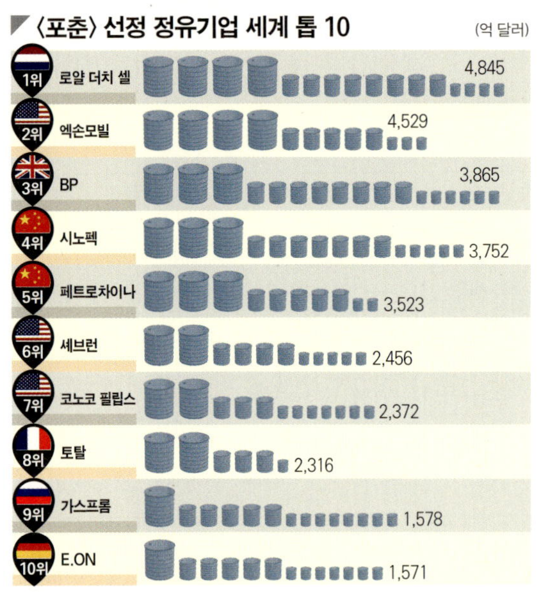

• 세계적인 경제전문지 〈포춘〉이 선정한 '세계 500대 기업'에서 정유업만을 추린 자료를 보면 중국의 시노펙과 페트로차이나가 4위와 5위에 올라 있다.
• 〈포브스〉의 '글로벌 2000' 내 정유업계 순위에서도 페트로차이나와 시노펙이 3위와 9위를 차지했다.

자료: 2013 〈포춘〉 '세계 500대 기업'

*〈포브스〉와 〈포춘〉의 기업 순위가 다른 까닭은 〈포춘〉은 매출액을 기준으로, 〈포브스〉는 매출액, 이익, 자산, 시장가치 항목의 평균 가중치를 계산해 순위를 매기기 때문이다.

▮ 〈포브스〉 선정 정유기업 세계 톱 10

	기업명	국가
1	엑손모빌	미국
2	로얄 더치 셸	네덜란드
3	페트로차이나	중국
4	페트로브라스	브라질
5	BP	영국
6	셰브런	미국
7	가스프롬	러시아
8	토탈	프랑스
9	시노펙	중국
10	코노코 필립스	미국

자료: 2012 〈포브스〉 '글로벌 2000'

▮ 석유 생산과 소비량 톱 10 국가

(백만 배럴/d)

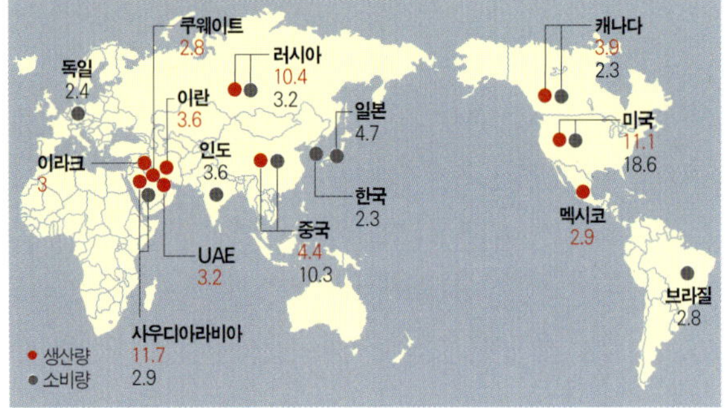

• 중국은 미국에 이어 세계에서 두 번째로 석유를 많이 소비하는 국가이다.
• 2011년 중국의 석유 소비 증가율은 5.5%로, 세계 1위였다.

자료: eia

▮ 중국의 에너지 공급원별 소비 비중

(%)

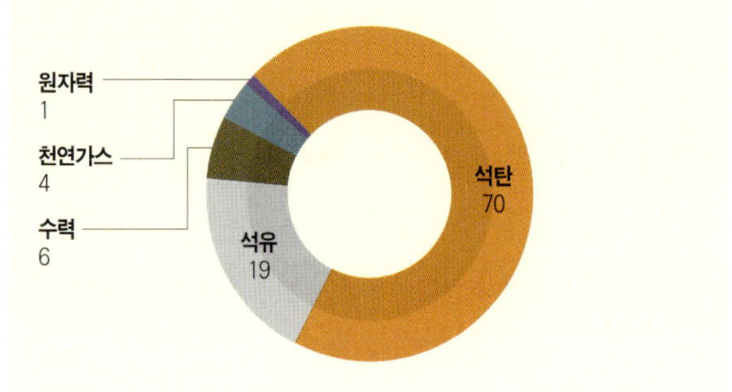

• 중국은 에너지원을 다변화하기 위해 많은 노력을 기울이고 있지만, 여전히 석탄과 석유 두 화석연료의 소비 비중이 압도적으로 높다.

자료: eia

▮ 중국의 석유 소비량과 대외 의존도 추이

• 중국 경제가 발전함에 따라 석유 수요와 대외 의존도가 높아지고 있다. 국제에너지기구(IEA)는 2020년에 중국의 대외 석유 의존도가 80%에 달할 것으로 예상했다.

자료: 중상정보망

▮ 중국 주요 유전 분포 및 생산량

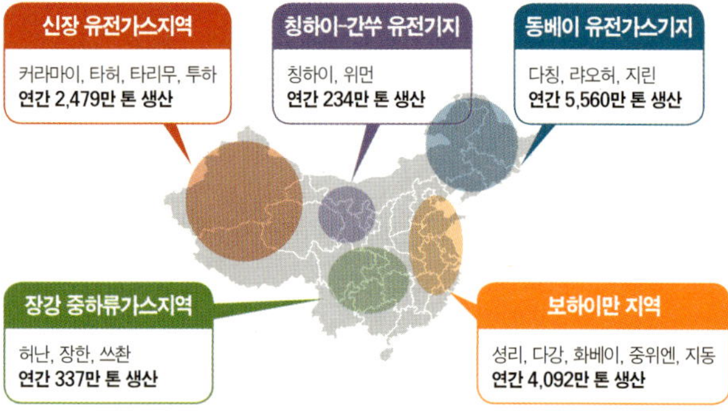

• 중국에너지망에 따르면 다칭유전이 연간 원유 생산량 4,000만 톤으로 중국 유전기지 내 석유 생산량 1위를 차지했다. 성리유전이 2,755만 톤으로 그 뒤를 잇고 있다.

자료: 다오커바바(道客巴巴) 2010년 〈중국 석유 분포도〉

▶ 중국의 원유 수출입 현황 (2011년 기준)

• 한국은 중국이 생산하는 원유를 가장 많이 수입
하는 국가이자, 중국에 가솔린, 납사(나프타) 등
의 석유제품을 가장 많이 수출하는 국가이다.
한국과 중국 두 나라는 석유산업의 중요한 사업
파트너이다.

자료: 국토자원부, 중국해관

중국의 원유 주요 수입국		(만 톤)
4위	러시아	1,972
5위	예멘	1,815
6위	이라크	1,377
7위	수단	1,299
8위	베네수엘라	1,152
9위	카자흐스탄	1,121
10위	쿠웨이트	954

중국의 원유 주요 수출국		(만 톤)
3위	북한	54
5위	태국	24
6위	말레이시아	12
7위	인도네시아	8
8위	싱가포르	8
9위	호주	6
	기타 국가	18

▶ 중국의 주요 석유제품 수입량

(2011년 기준, 만 톤)

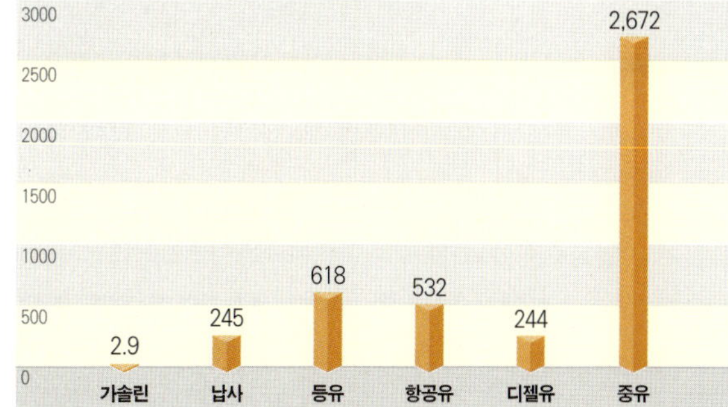

• 중국은 석유제품 중 석탄에 비해 열효율이 2배 뛰어나고 열손실율
도 적어 석탄의 대체제로 각광 받고 있는 중유를 가장 많이 수입하
고 있다.

자료: 중상정보망

▶ 중국의 석유제품별 최대 수입국

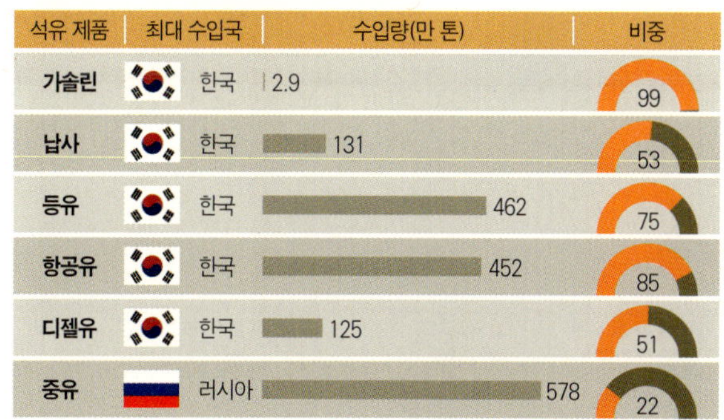

석유 제품	최대 수입국	수입량(만 톤)	비중
가솔린	한국	2.9	99
납사	한국	131	53
등유	한국	462	75
항공유	한국	452	85
디젤유	한국	125	51
중유	러시아	578	22

• 중국은 중유를 제외한 대부분의 석유제품을 한국에서 수입하고 있다.
• 그러나 중국은 높은 석유 대외 의존도에도 불구하고 석유제품이 수
입제한 품목에 걸려 있어, 중국 내 수입 석유제품 소비량은 4.5%에
불과하다.

자료: 중상정보망, 제일재정일보

▶ 중국 셰일가스 매장 지역

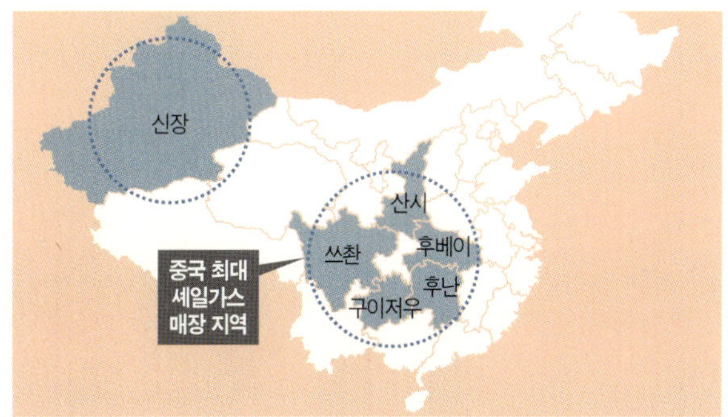

• 중국은 세계에서 셰일가스가 가장 많이 매장되어 있는 국가이다(매
장량 36.1조 m³).
• 쓰촨성, 구이저우성, 후난성, 후베이성, 산시성, 신장에 중국 셰일가
스 매장량의 68.9%가 매장되어 있다.

자료: 중국 국토자원부

▶ 중국 석유제품 수출량

(2011년 기준, 만 톤)

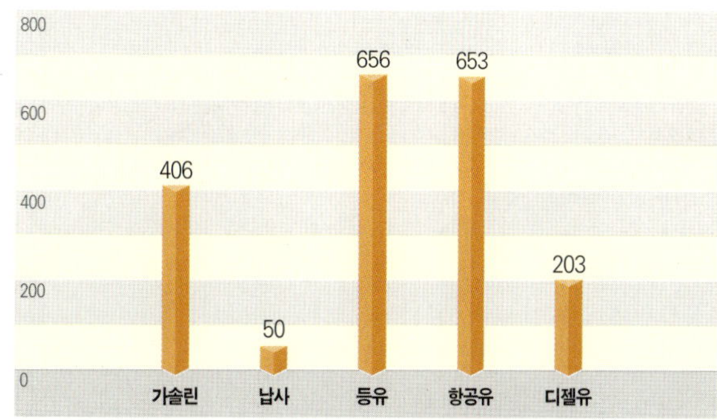

• 가솔린은 인도네시아, 납사는 일본, 등유는 홍콩으로 주로 수출된다.
• 중국 석유제품은 원가 상승으로 수출 경쟁력이 약화되면서, 수출량
이 전반적으로 감소세를 보이고 있다.

자료: 중상정보망, 제일재정일보

▼ 중국 정유업계 M&A 역사

2005년

▶ **페트로차이나**: 14.2억 달러를 투자해 캐나다에너지사가 보유하고 있던 에콰도르 오일가스 및 파이프라인 인수.

▶ **페트로차이나**: 아프가니스탄 석유회사의 전체 지분을 41.8억 달러에 인수.

2006년

▶ **중국해양석유**: 나이지리아 남부의 니제르 델타 부근에 있는 심해 유전 'OML130광구' 지분 45%를 23억 달러에 인수.

2008년

▶ **시노펙**: 캐나다의 탕가니카(Tanganyika)사를 130억 위안에 인수.

▶ **중국해양석유**: 노르웨이의 해상굴착회사 아윌코(Awilco offshore ASA)사 지분을 약 25억 달러에 매입.

2009년

▶ **시노펙**: 서아프리카와 중동에 석유가스 자산을 보유하고 있는 스위스의 아덱스(Addax) 석유공사를 72억 달러에 인수.

2009년

▶ **페트로차이나**: 자회사인 페트로차이나국제사업을 통해 일본석유유한회사의 주식 49% 인수.

2010년

▶ **중국해양석유**: 미국의 체사피크(Chesapeake) 에너지의 셰일가스 생산 프로젝트 지분 33.3%를 10억 8,000만 달러에 인수.

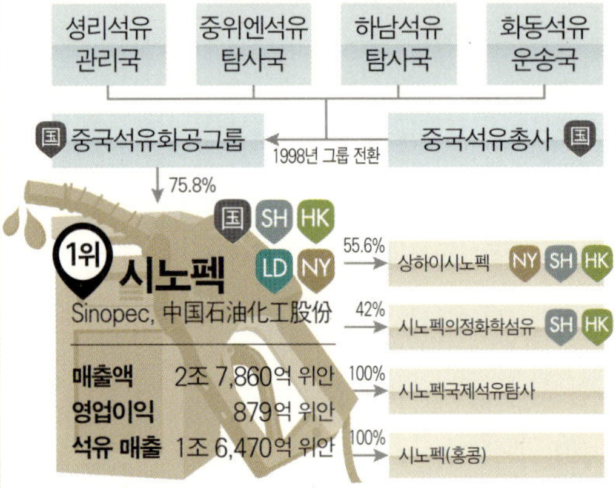

- 미국 〈포춘〉이 선정한 '2013년 글로벌 500대 기업'에서 중국기업 중 가장 높은 4위, 중국기업연합회가 매출 기준으로 집계한 '중국 500대 기업' 순위에서 9년 연속 1위.
- 석유 정제 및 유통에 중점을 둠.

▼ 시노펙 매출 구성 (%)

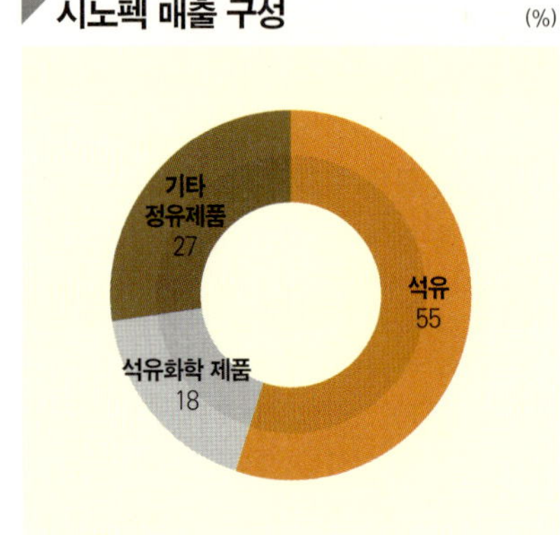

- 시노펙은 전체 매출 중 55%가 석유에서 나온다. 이 중 디젤유가 차지하는 비중이 35%이다.
- 에틸렌, 합성수지, 합성고무 등의 석유화학 제품은 전체 매출의 18% 차지한다.

▼ 시노펙 경영 실적 (백억 위안, %)

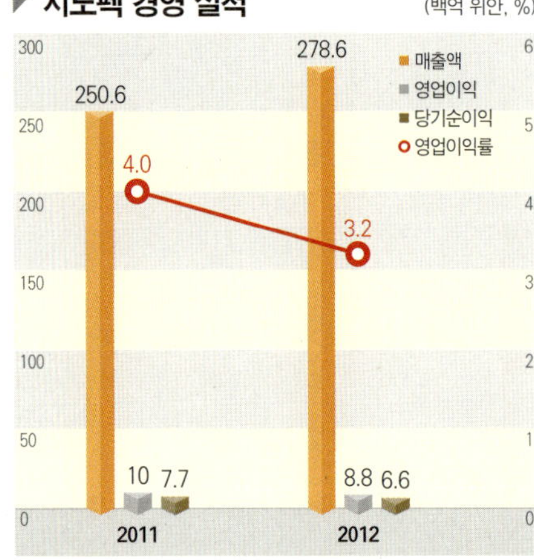

- 2011년 캐나다의 데이라이트 에너지를 인수하는 등 해외기업과 M&A를 활발히 추진하면서 비용이 증가해 영업이익이 하락했다.

▼ 시노펙 주가 추이 (%)

- 2012년 시노펙은 중국의 도시가스 사업체인 '차이나가스 홀딩스'를 인수하기로 결정했다가 번복하면서 주가가 하락했다.
- 2013년에는 앙골라 유전 지분 인수, 미국 아파치로부터 이집트 에너지 사업 지분 인수 계획 등을 밝히면서 주가가 대폭 상승했다.

▼ 정유사별 주유소 개수와 점유율

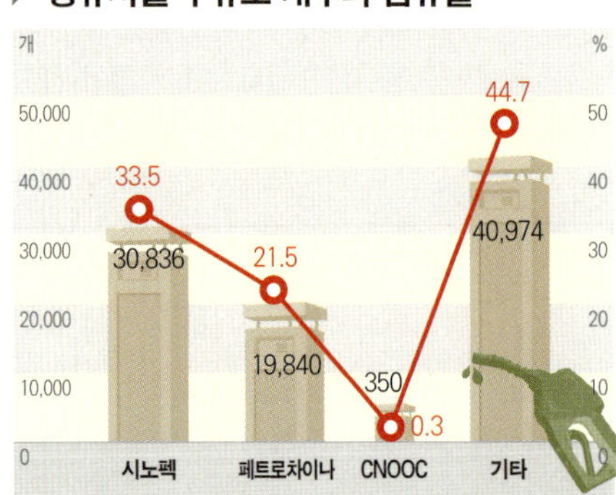

- 2012년 중국의 주유소는 총 9만 2,000개이다. 이 중 시노펙, 페트로차이나, 중국해양석유 3사가 50% 이상을 점유하고 있다.
- 외국 정유기업의 주유소는 3,000개로 전체의 5%에 불과하다.

자료: 각 회사 애뉴얼 리포트

▼ 주요 정유업체의 원유 정제량 추이 (천만 배럴)

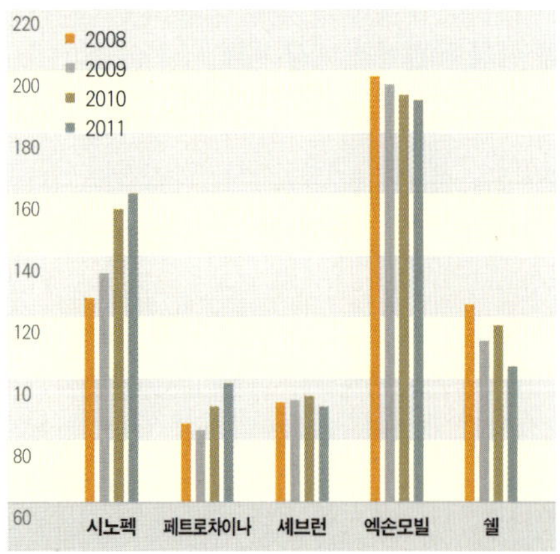

- 2008년 금융 위기 이후 글로벌 정유업체들의 원유 정제량은 하락세에 접어든 반면, 시노펙은 증가세를 유지하고 있다.

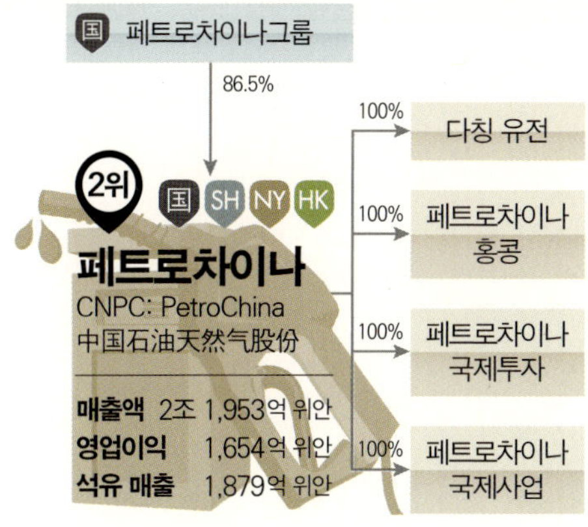

- 정부의 전폭적인 지원을 바탕으로 해외 자원 확보에 적극적으로 나서는 기업으로, 2013년 현재 29개국에서 80여 개 에너지 개발 프로젝트를 추진 중.

페트로차이나 매출 구성 (%)

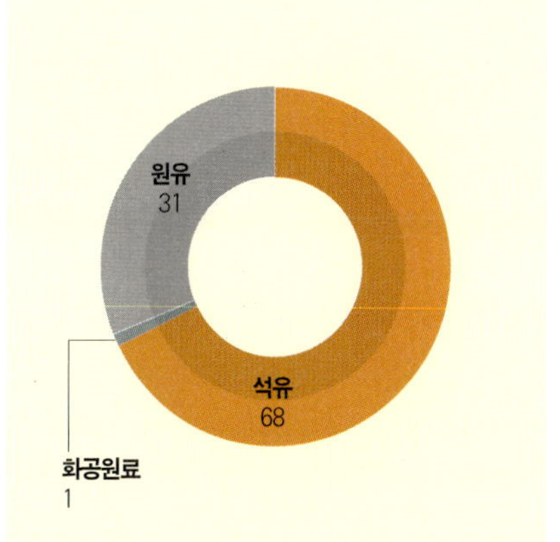

- 페트로차이나 전체 매출 중 68%는 석유제품 매출로, 그 중 디젤유가 57%를 차지한다.
- 천연가스 매출은 전체 매출의 0.3%에 불과하다.

페트로차이나 경영 실적

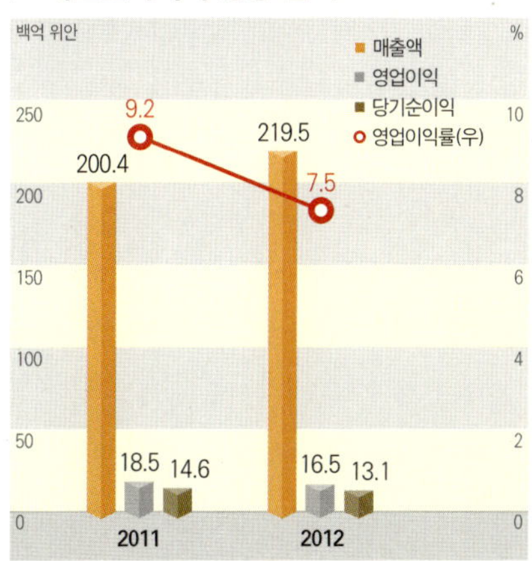

- 2011년 유럽 재정 위기 이후 페트로차이나는 유럽 석유기업을 M&A하면서 매출 대비 영업이익이 급격히 하락했다.

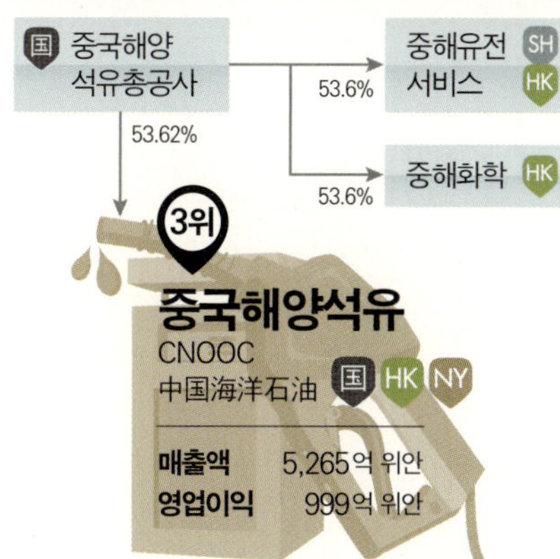

- 중국 영해 유전 개발을 위해 외국회사와 합작해 설립. 원유 탐사와 생산에 무게 중심을 둠.
- 중국 M&A 최대 인수 금액(151억 달러)으로 캐나다의 메인 석유기업인 넥센사를 인수한 업계 내 작은 거인.

중국해양석유 매출 구성 (%)

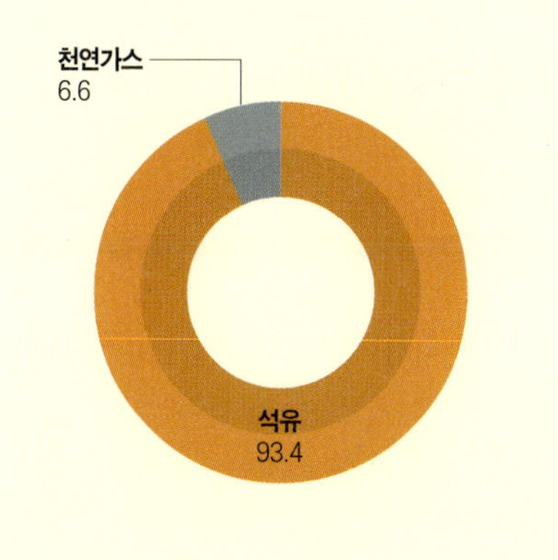

- 석유는 중국해양석유 매출 중 가장 큰 비중을 차지하며, 이 석유는 대부분 연안 지역이나 해양에서 시추한 것이다.

중국해양석유 경영 실적

- 2011년 해외 수출 매출이 전년 대비 55% 성장하면서 총 매출이 대폭 상승했다.

국영 정유사들의 민영화는
현실적으로 가능한가?

중화인민공화국의 군대를 가리켜 흔히 '인민해방군'이라 부른다. 1950년대 인민해방군의 주요 임무 중에는 국방의무뿐 아니라 마오쩌둥이 1952년 8월에 명령한 '석유 개발사업'도 포함돼 있었다. 중국인들은 중국 석유산업의 시작을 바로 이 때부터라고 생각한다. 당시 인민해방군의 군 복무 활동에서 석유산업이 비롯되었다는 것이다.

중국은 1950년대 말 위면, 신장, 칭하이, 쓰촨 등 4곳에 석유천연가스 기지를 설립했다. 이곳은 지금도 풍부한 석유 매장량으로 각광받는 지역이다. 당시 중국 전역의 석유 생산량은 약 373만 톤 가량 되었는데, 이곳의 생산량이 276만 톤으로 전국 생산량의 74%를 차지했다. 또한 중국은 상하이, 신장, 란저우, 다롄 등 8개 지역에 가공량이 최대 100만 톤에 달하는 정유공장을 설립하는 등 정유산업에 적극적인 투자를 단행했다.

1960년부터 1978년까지 13년 동안 중국의 정유능력은 18.6%라는 빠른 성장률을 나타냈다. 1970년대에 이르러 중국의 연간 정유 가공량은 1억 톤이 넘었으며 이는 1950년대의 정유능력 대비 5배 이상 증가한 규모이다.

중국의 석유 무역의 시작은 1973년 일본에 석유를 수출하면서부터이다. 그 당시 중국은 석유 선물의 직거래뿐만 아니라 외국인의 투자를 유치하기 위해 정부 부처 중 하나였던 석유 관련 부서를 기업화 했다. 이에 따라 설립된 곳이 '중국해양석유총회사'(지금의 '중국해양석유총회사')와 '중국석

유화학공업총회사'(지금의 '시노펙')이다. 그리고 뒤를 이어 '중국씬성석유유한책임회사'(지금의 시노펙그룹과 합병)도 설립했다. 이들 기업의 성장으로 중국은 1985년경 연간 정유 가공량 1.25억 톤으로 세계 정유량 6위를 기록했다. 2000년대 이후의 정유능력은 1.87억 톤 이상을 기록했다.

30년 만에 세계 5대 정유업체로 성장한 '시노펙'

중국이 정유산업에 투자를 늘리기 위해 정부기구 내 석유부서를 기업화 하면서 가장 처음 설립한 기업은 '시노펙그룹'(中国石油化工集团)이다. 시노펙은 현재 중국 정유업계 1위를 영위하고 있다. 시노펙의 역사는 1983년 중국 국무원의 계획으로 설립된 '중국석유화공총회사'(中国石油化工总公司)부터 시작된다. 이후 시노펙은 '중국석유화공주식유한회사'(中国石油化工股份有限公司)를 자회사로 설립하여 상장 및 해외 무역을 개시했다.

시노펙은 2000년 이후부터는 미국 〈포춘〉에서 선정하는 세계 500대 기업 순위에 꾸준히 이름을 올리는 거물 기업으로 성장했다. 시노펙은 석유제품의 생산뿐 아니라 유전 확보 및 기업들의 인수·합병 등을 통해 경쟁력을 꾸준히 키워 나가고 있다. 2000년에 홍콩, 뉴욕, 런던 주식시장에 상장했고, 2001년에는 상하이증권거래소에 A주를 발행했다.

2000년 3월에는 중국 정부가 정유산업 발전을

위해 설립한 '중국씬성석유유한회사'(中国新星石油有限公司)를 인수·합병했고, 2007년에는 '잔장동흥'(湛江东兴) 등 5개의 로컬 정유업체를, 그리고 2009년에는 스위스의 석유회사 Addax를 인수하는 등 몸집불리기가 한창이다. 시노펙의 원유 생산량은 가공량 2.2억 톤, 판매량은 1.7억 톤이다.

페트로차이나와 중국해양석유의 성장도 눈부셔

시노펙에 이은 중국 정유업계의 또 다른 핵심 축은 1999년 설립한 '페트로차이나'(中国石油天然气股份有限公司)이다. 페트로차이나의 역사는 1955년 중화인민공화국의 석유공업부에서 시작된다. 그 후 1998년 현대화 건설 정책에 따라 페트로차이나그룹으로 거듭났으며, 지금은 뉴욕, 홍콩, 상하이 주식시장에 상장되어 있다. 페트로차이나는 내수 뿐 아니라 해외에서도 적극적인 경영을 펼치고 있다. 2003년 카자흐스탄의 유전 개발 및 기업 합작 프로젝트를 진행했고, 2005년 인도의 천연가스업체와 함께 시리아 석유업체의 지분을 인수하기도 했다. 2009년에는 싱가포르 석유업체의 지분 45.51%를 취하는가 하면, 2012년에는 호주의 천연가스업체 지분 19.9%를 사들여 다국적기업으로서의 면모를 갖추고 있다. 페트로차이나는 2012년 기준 원유 1.3억 톤 생산능력을 갖추고 있으며, 석유도 1.15억 톤을 판매한 바 있다.

'중국해양석유'(中国海洋石油)도 주목해야 할 정유사이다. 중국해양석유는 1967년 중국 정부의 석유부해양탐사 지휘부가 모체이다. 1982년 중국 정부는 석유 파동을 대비해 중국 대륙 연안에 석유 개발 프로젝트를 수행할 목적으로 중국해양석유를 설립했다.

중국해양석유는 현재 영국의 BP, 미국의 ARCO, SANTAFE MOBIL, TEXACO, NEXXON 등 거대 글로벌 석유기업들과 합작 방식으로 중국 남해 개발사업을 진행하고 있다. 캐나다의 OPTI, NEXEN 등 해외기업 인수 프로젝트도 적극 추진 중이다. 2012년 기준 중국해양석유의 원유 생산량은 5,186만 톤이며, 원유 가공량은 3,000만 톤이다. 석유 판매량은 1,021만 톤에 이른다.

중국 정부의 결단 시기가 가까워지고 있다

중국 정유시장은 1992년부터 민간자본의 투자가 허용되기 시작했다. 그러나 1998년 국영기업 설립을 본격화 하면서 지금은 국영기업만이 원만한 경영을 할 수 있도록 정책의 초점이 맞춰져 있어 민영기업의 경영은 여전히 어려운 상황이다.

전문가들은 2015년까지 중국의 석유제품 수요량이 3.2억 톤에 이르고 있고, 원유에 대한 대외 의존도 또한 2011년에 이미 53%를 넘어서고 있어 원활한 공급 대책이 필요한 시점이라고 주장한다. 실제로 2011년경 중국 정부가 석유제품 수입을 허가한 기업은 40개인데, 대부분이 국영기업이기 때문에 중앙 정부의 입김이 절대적인 상황이다. 중국 정유업계에서는 정부의 석유제품에 대한 수입 제한 조치를 풀어줄 것을 요구하고 있다.

최근 중국 정부의 입장은 많이 누그러진 상태이다. 일단 석유가격 결정 시스템을 개선하여, 가격 조정 기준일 수를 평균 22일에서 10일로 단축했고, 2013년부터 시행할 예정이었던 휘발유 블렌딩용 화학제품에 대한 소비세 부과 시행을 지역에 따라 유예할 방침이다.

정유업계에서는 국영기업의 민영화를 요구하고 있지만, 단기간 내에 바뀌기는 쉽지 않을 전망이다. 그러나 원유 수요량이 증가하고 대외 의존도가 높은 상황에서 국영기업의 민영화는 불가피하다는 게 업계 전문가들의 주장이다. ★

세계 각국의 정상들이 자원외교를 위해 동분서주하고 있다. 중국도 자원외교의 선봉에 서 있다. 2002년 이후 중국은 일본을 제치고 미국에 이어 세계 2위 석유 소비국이 되었다. 경제 성장과 더불어 석유 및 에너지 소비량이 증가하게 되었고, 결국 자급자족식의 에너지 공급으로는 국내 소비를 감당할 수 없는 지경에 이르렀다. 특히 중국의 석유 대외 의존도는 56%까지 상승했다. 경제 성장의 페달을 멈추지 않기 위해서 가장 기본적으로 충족되어야 할 것이 에너지, 즉 석유의 안정적인 공급이다. 중국은 막강한 '차이나 머니'를 바탕으로 전 세계 자원을 싹쓸이하고 있다.

미국을 제치고 중동 석유의 큰손이 되다

중동은 중국의 석유 수입에 있어서 가장 중요한 지역이다. 2004년 중국이 수입한 석유 중 절반에 해당하는 50%가 중동에서 수입된 것이다. 중동산 석유는 수입 규모가 계속 성장하고 있을 뿐 아니라 각종 석유 개발 프로젝트를 중동과 중국이 공동으로 진행하기도 한다.

2009년 이란의 핵 개발에 강경 대응하기 위한 G20프로젝트에서, 중국은 이란 제

재에 미온적인 태도를 취했다. 이는 이란이 중국의 최대 석유 공급국이기 때문이다. 이란은 2011년 말 중국에 1억 배럴의 석유를 공급하는 대신 석유 값을 무기로 지불하는 조건을 제시하기도 했으며, 실제로 중국은 이란에 무기를 공급하고 있다.

중국의 지원에 대한 이란의 보답이라고 볼 수 있을까, 최근 2년 동안 이란에서 추진하고 있는 11개 석유 관련 프로젝트에서 중국은 3개 프로젝트를 공동 진행할 수 있는 자격을 얻었다. 반면 미국은 현재 2개의 프로젝트에만 참여하고 있다.

전쟁은 미국이 하고 혜택은 중국이 누린다

이라크전쟁 이후 중국이 이라크 석유의 최대 수혜자로 떠오르고 있다. 종전 후 이라크 유전 개발의 주도권은 미국의 대형 정유사들에 넘어갔었다. 하지만 미국의 대형 정유사들은 이라크의 정치 불안과 취약한 인프라, 이라크 정부가 제시하는 낮은 수익 배분 등의 문제로 이라크 내 유전 개발에 대한 지분을 매각하거나 사업을 축소하고 있다.

반면, 중국은 2003년 이후 에너지 확보를 위해 이라크 유전 개발 수주에 막대한 자본을 쏟아붓고 있다. 중국은 이라크 정부가 발주한 12개 유전 중 3개를 수주받았고, 중국 석유업체들은 매년 이라크 유전에 20억 달러가 넘는 자금을 투입하고 있다. 미국 언론은 중국의 이라크 유전 개발에 대해 "전쟁은 미국이 하고 혜택은 중국이 누린다"고 비판하기도 했다.

돈과 석유의 맞교환, 중국과 러시아의 '에너지 밀월'

세계 최대 석유 보유국이자 생산국인 러시아는 석유 개발에 필요한 자금이 부족한 상황이다. 최근 러시아는 유럽, 미국, 일본, 중국 등과 에너지 및 석유개발 사업을 공동으로 진행하며 교류하고 있지만, 자금 확보 문제는 쉽게 해결되지 않고 있다. 2009년 2월 17일, 중국과 러시아는 '중국-러시아 원유관' 사업을 공동 진행하기로 서명했다. 중국국가개발은행은 러시아에 250억 달러를 대출해주고 그 대가로 러시아의 최대 석유사인 로즈네프트(Rosneft)사와 트랜스네프트(Transneft)사는 향후 20년 동안 중국에 3억 톤 규모의 원유를 공급하기로 했다. 러시아는 자금 조달의 문제를 해결하고 중국은 안정적으로 석유를 확보하는, 이른 바 '돈과 석유의 맞교환'이 이뤄진 것이다.

2013년 10월 드미트리 메드베데프(Dmitry Medvedev) 러시아 총리와 리커창(李克强) 중국 총리가 베이징에서 제18차 중·러 총리 회담을 열고 에너지, 통신, 교육 등 21개 협력 문서에 서명했다. 두 나라는 에너지 협력에 방점을 찍었다. 로즈네프트는 러시아산 석유를 중국에 공급하는 계약에 관한 양해각서를 체결했으며, 이를 통해 러시아는 중국에 연 1,000만 톤의 석유를 10년간 공급하게 되었다.

검은 대륙을 향한 아낌없는 대외 원조의 속내

아프리카는 세계 8대 산유지역이다. 중동과 남미에 이어 세 번째로 많은 석유를 보유하고 있다. 아프리카는 석유 생산량에 대한 제한이 없기 때문에, 중국은 아프리카 석유에 눈독을 들이고 있다. 중국은 아프리카의 농업 개선, 전력·통신·도로·항만 등의 건설을 지원하며 이를 석유와 맞바꾸는 외교를 진행하고 있다.

중국의 대 아프리카 교역은 2000년 100억 달러에서 2012년 약 2,000억 달러로 12년 만에 20배 이상 증가했다. 중국이 아프리카로부터 수입한 물품 중 석유와 철광석, 구리 등의 원자재가 80%를 차지하고 있다. 2009년을 기점으로 중국은 아프리카에서 미국을 제치고 최대 교역대상국으로 부상했다. 2012년 중국-아프리카 교역액(1,984억 달러)은 미국-아프리카 교역액(997억 달러)보다 2배 많았다. 지역적으로는 석유가 풍부한 나이지리아, 앙골라와의 교역 규모가 높다.

중국 – 아프리카 교역 추이 (십억 달러)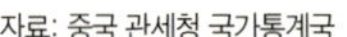 자료: 중국 관세청 국가통계국

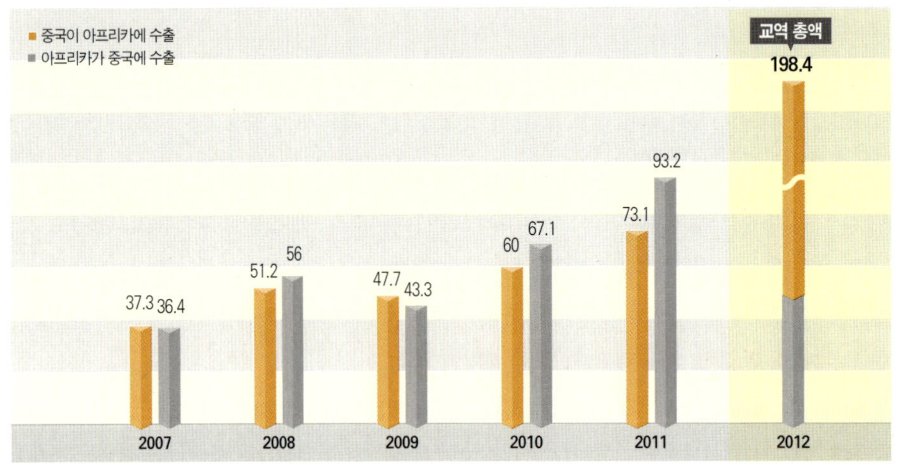

중국은 아프리카에 언제든 지갑을 열 준비가 되어 있다. 중국의 아프리카 원조 금액은 총 183억 달러로(2009년 기준), 이는 중국의 전체 해외 원조 금액인 약 400억 달러의 45.7%에 해당한다. 중국의 아프리카 직접 투자액은 2007년 15.74억 달러에서 2011년 31.73억 달러로 2배 가까이 증가했다. 투자 대상은 인프라, 석유 개발, 금융회사 지분 인수 등의 대형 프로젝트 위주이다.

앙골라는 사우디아라비아에 이어 중국에 원유를 두 번째로 많이 수출하는 국가이다. 앙골라는 2002년, 27년 동안 진행되었던 장기 내전을 끝내고 산업 발전을 위해 세계 각국의 도움을 기다리고 있는 상황이다. 중국은 2003년 11월 베이징에서 앙골라 재무부장관과 함께 향후 중국 정부가 앙골라의 사회 재건설 프로젝트에 필요한 자금 지원에 서명했다. 또 2004년 3월에는 중국 상무부와 앙골라 재무부가 정식으로 '중-앙 대출 협정'을 체결하여, 중국 수출입은행이 앙골라 정부에

20억 달러 규모의 상업 대출을 허락했다. 중국 정부는 앙골라의 공항, 항구 등 건설에 참여하면서 앙골라 유전에 투자 및 개발을 진행할 수 있게 되었다. 시노펙과 CNPC는 2011년 미국 마라톤석유그룹이 보유한 '앙골라 32호 유전'의 지분 10%를 인수했으며, 프랑스 토탈(Total)사의 '앙골라 31호 유전'의 지분 5%를 사들이면서 20~30억 배럴에 상당하는 석유를 확보하게 되었다.

중국은 수단과의 교역에도 적극 나서고 있다. 중국은 의료, 교육, 인프라 건설 등 수단의 사회 재건설을 돕고 있다. 2007년에 중국은 수단 정부에 180억 달러를 제공했다. 수단 정부는 100억 달러는 사회 재건설에, 80억 달러는 석유산업 개발을 위해 사용했다. 이후 남수단 정부가 수립되면서 처음으로 수출한 석유를 사들인 기업이 CNPC의 자회사인 중국연합석유회사였다. 중국 외무부장관인 양제츠(楊洁篪)는 수단에 대한 지지를 천명했으며, 동시에 향후 양국이 석유 개발사업을 함께 해나가길 희망한다고 밝혔다. ★

아프리카 주요 자원 및 중국 진출 현황

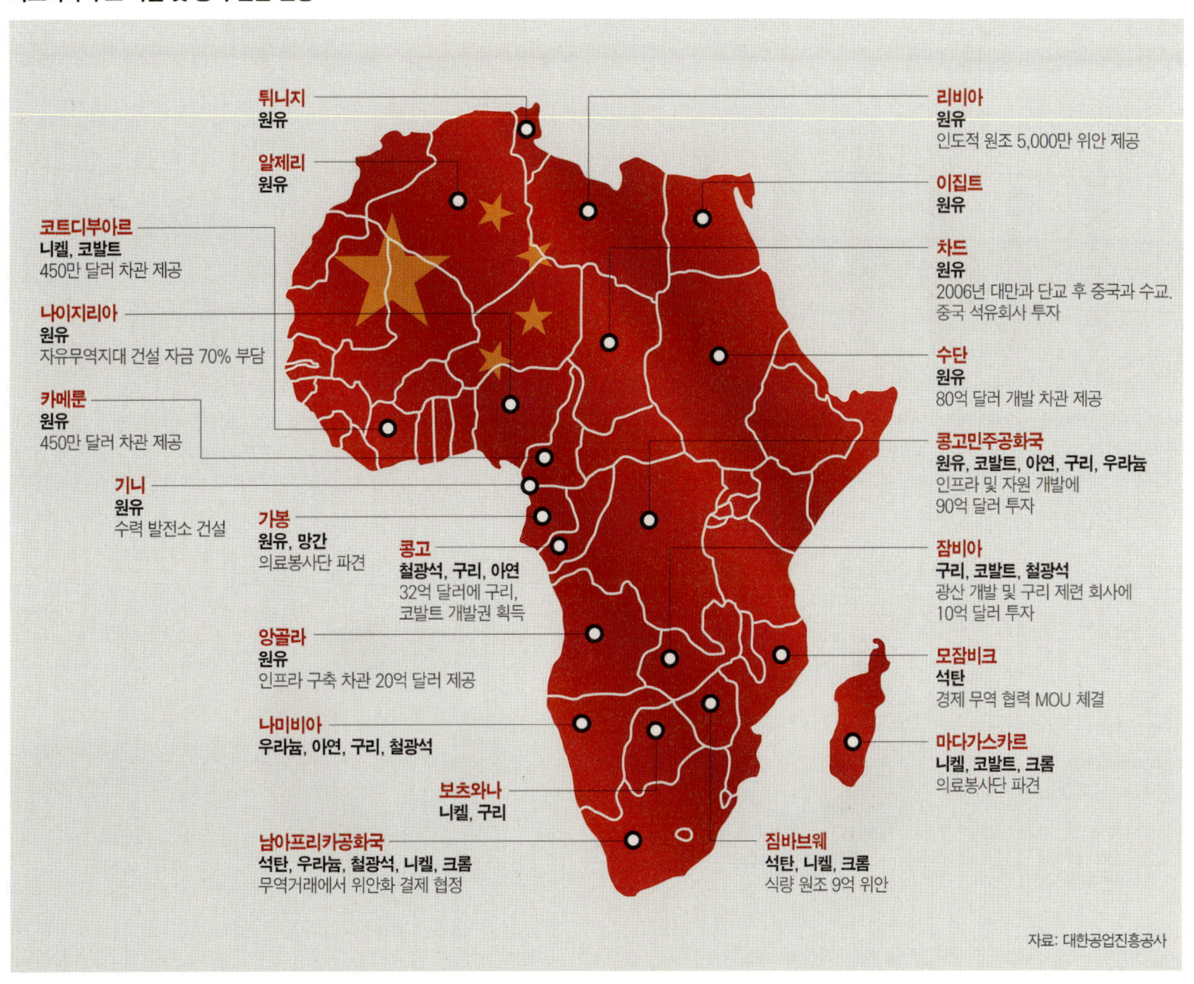

자료: 대한공업진흥공사

20

화학섬유업계

❶ 중국, 전 세계 화학섬유의 66%를 생산하며 독주 체제 강화.
❷ 중국, 화학섬유 원료 자급률 2010년 49%에서 2011년 59% 상승.
❸ 중국 면화 가격, 세계시장보다 톤 당 5,000위안 높아 중국 면화기업 수출 부진.
❹ 중국, 12.5규획을 통해 고성능 산업용 섬유 적극 육성.

▼ 중화학섬유 지역별 생산량과 생산 비중

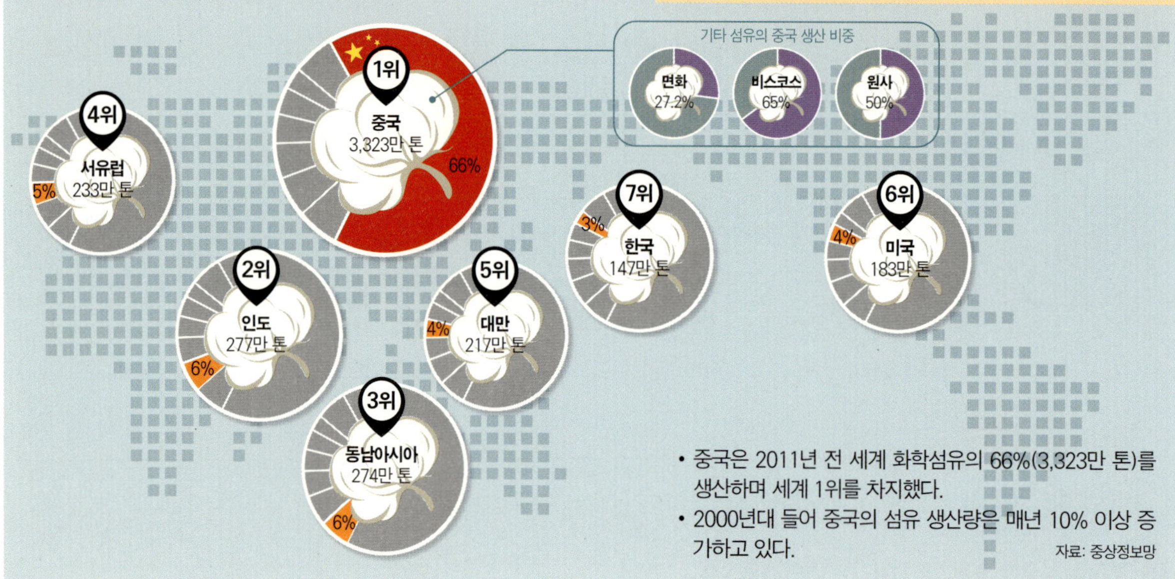

- 중국은 2011년 전 세계 화학섬유의 66%(3,323만 톤)를 생산하며 세계 1위를 차지했다.
- 2000년대 들어 중국의 섬유 생산량은 매년 10% 이상 증가하고 있다.

자료: 중상정보망

▼ 중국 화학섬유 생산량 추이

- 중국의 화학섬유 생산량은 2011년 유럽 재정 위기로 유럽 수주 물량이 급격히 감소하면서, 2008년에 이어 또 한 번 감소했다.
- 중국은 화학섬유 생산량 감소에도 불구하고 여전히 세계 1위 화학섬유 생산국이다.

자료: 중국방직재료교역센터(CTMEC)

▼ 화학섬유 제품별 생산량

(만 톤)

- 폴리에스테르(테틸렌)는 화학섬유 역사에서 가장 오래된 섬유이자, 값비싼 면의 대용품으로 수요가 가장 큰 제품이다.
- 중국의 화학섬유 생산량 중 폴리에스테르가 차지하는 비중은 80%가 넘는다.

자료: 국가통계국

▼ 중국의 화학섬유 국가별 수입 비중

(%)

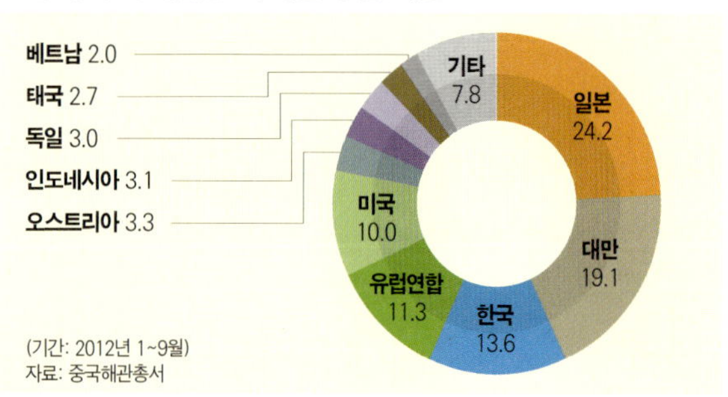

- 일본, 대만, 한국은 중국이 화학섬유를 수입하는 주요 국가이다. 2012년 1~3분기까지 이 세 나라를 통해 수입한 화학섬유 제품은 총 30.75억 달러로, 전체 수입의 56.9%를 차지한다.

▼ 중국의 화학섬유 국가별 수출 비중

(%)

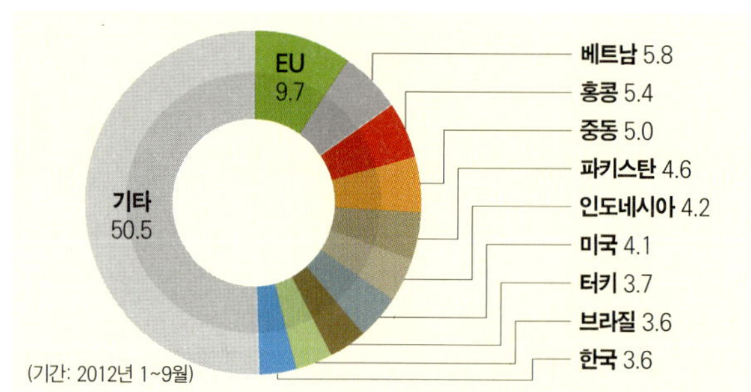

- 중국의 화학섬유 수출은 수입과 달리 전 세계를 대상으로 골고루 이루어지고 있다.

자료: 중국해관총서

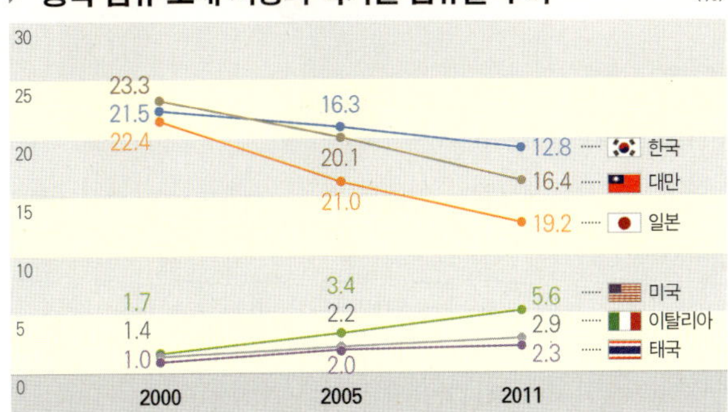

▌ **중국 섬유 소재 시장의 국가별 점유율 추이**

- 중국은 범용품 섬유 소재(중저가의 일반 섬유 소재) 생산능력이 확대됨에 따라, 범용품 중심의 수출 구조를 지닌 한국과 대만에서 섬유 소재를 수입하는 비중이 점차 줄어들고 있다.

자료: 중국무역통계, 산업연구원

▌ **중국의 테틸렌 계열 화학섬유 가격과 국제유가 추이**

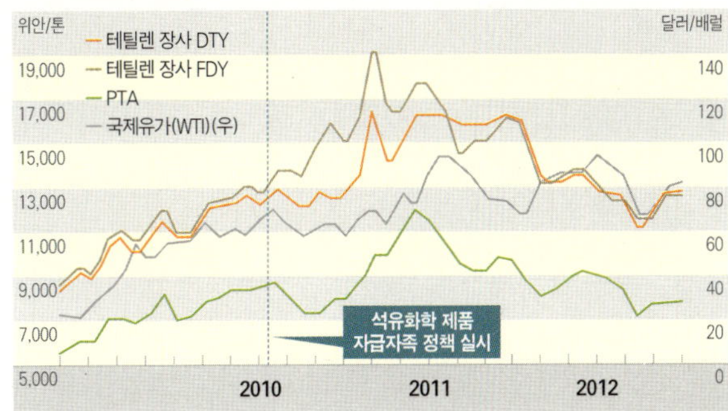

- 석유를 원료로 하는 화학섬유는 국제유가의 영향을 많이 받는다. 중국 화학섬유 가격도 국제유가와 등락을 함께 했다.
- 중국 정부가 2010년 석유화학 제품 자급자족 정책을 실시하면서 테틸렌 원료의 자급이 가능해지면서, 중국 화학섬유 가격이 국제유가와 분리되고 있다.

자료: 중국화학섬유공업협회

▌ **중국의 테틸렌 생산량 추이** (위안/톤, 달러/배럴)

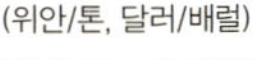
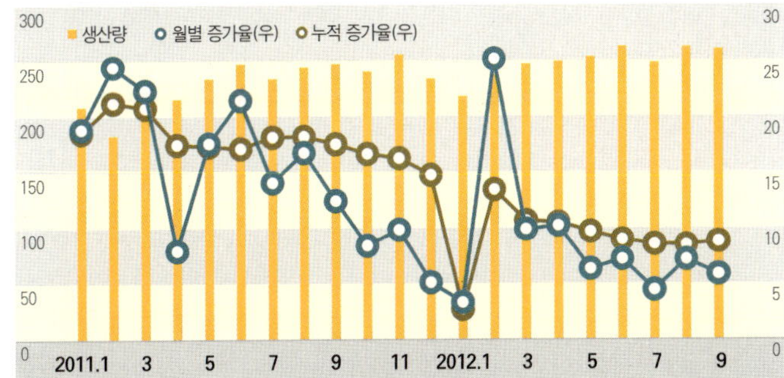

- 테틸렌 원료인 PX, PTA, MEG 등에 대한 투자가 늘어나 원료 공급이 원활해지자 중국의 테틸렌 생산량은 성장세를 보였다.
- 그러나 2011년 들어 시작된 방직업계의 불황으로 린넨 등 테틸렌을 사용한 섬유 제품 생산이 줄어들면서 테틸렌 생산량 증가율도 하락하고 있다.

자료: 국가통계국(国家统计局)

▌ **중국의 면화 가격 추이** (위안/백 톤)

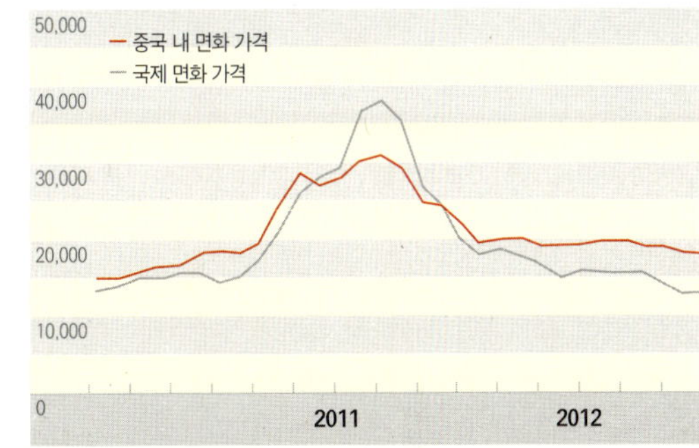

- 중국 정부는 농가 소득 보전을 위해 비싼 값에 면화를 사들이고, 수입 면화에는 많은 세금을 붙이고 있다.
- 중국 내 면화 가격은 국제 면화 가격(세금을 포함한 가격)보다 비싸, 중국 섬유업체들이 큰 타격을 입고 있다.

자료: 중국면화협회

▌ **고성능 산업용 섬유의 특성과 용도**   자료: 한국화섬협회

		탄소섬유	파라계 아라미드	메타계 아라미드	초고분자량 폴리에틸렌	PPS	PBO
소재 특성	내열성	V	V	V		V	V
	난연성	V					V
	고강도	V	V	V	V		V
	고탄성	V	V	V	V		V
	내마모성				V		
	내절창성		V		V		V
	내부식성	V			V		
	화학특성	V	V		V	V	
	내후성				V		
용도	항공·우주	V	V				
	자동차·운수	V	V		V	V	
	에너지·환경	V					
	해양·인프라	V	V		V		V
	군방·소방		V		V		V
	스포츠	V					

▌ **중국의 고성능 산업용 섬유 생산량** (백 톤/연)

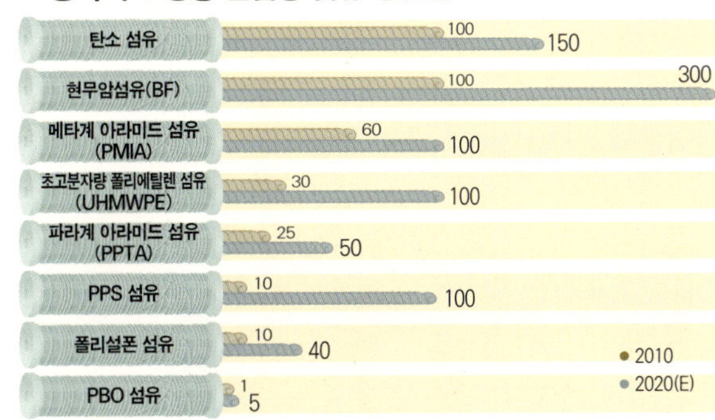

- 중국의 고성능 산업용 섬유산업은 아직까지 일본, 미국, 유럽 제품과 큰 격차를 보이고 있지만, 정부의 적극적인 지원과 방위산업, 우주·항공산업 등의 발전에 힘입어 품질이 꾸준히 향상되고 있다.

자료: 중국화섬협회

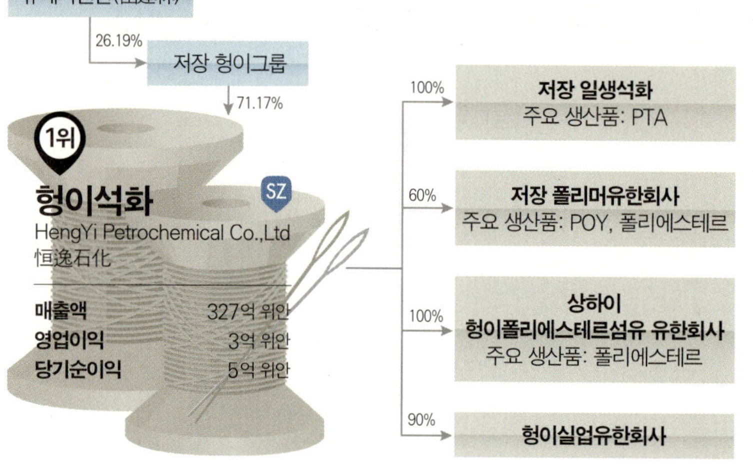

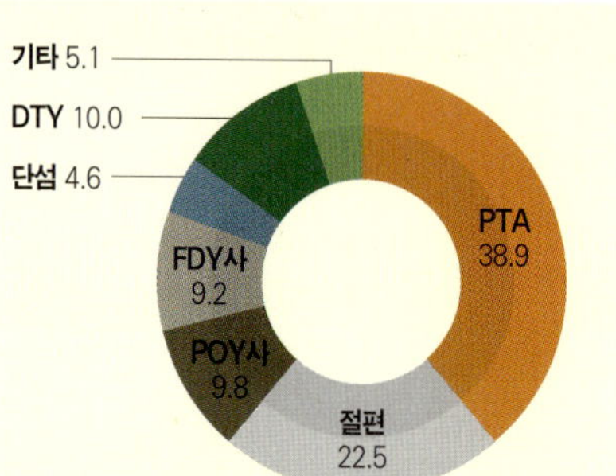

• PTA: 폴리에스테르 섬유의 기초 원료.
• POY: 원사를 부분적으로 길게 늘여 유연성을 줄인 제품.
• FDY: 가공이 되지 않은 장섬유.
• DTY: 원사에 곱슬 가공을 한 스트레치사.

• 중국에서 최초로 폴리에스테르 섬유를 생산한 기업으로, 중국 최대 테레프탈산과 폴리에스테르 생산.

• 폴리에스테르 섬유의 주원료인 PTA를 가장 많이 생산, 판매하고 있다.

▼ 헝이석화 경영 실적

• 헝이석화는 2011년에 세기광화과학주식유한회사(世纪光华科技股份有限公司)를 통해 우회상장했다(2010년까지 경영 실적은 세기광화 것이고, 2011년부터 헝이석화의 경영 실적이다).

▼ 헝이석화 주가 추이

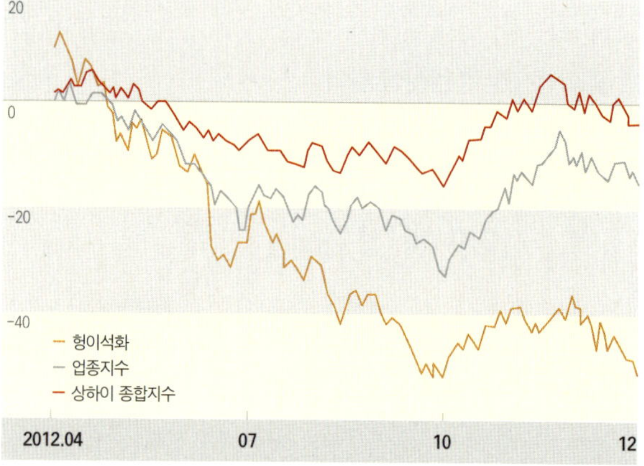

• 2012년 2분기 이후 업스트림기업(화학원료기업)의 제품 가격 하락과 다운스트림기업(의류기업)의 불황으로 헝이석화 주가는 하락하는 추세이다.

▼ 헝이석화 자산 – 부채

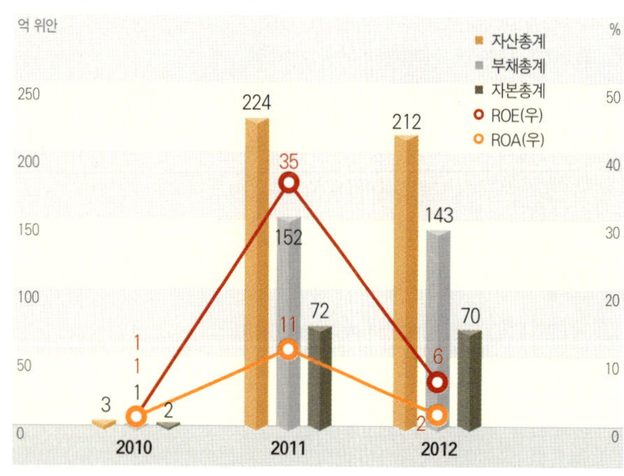

• 헝이석화는 2011년 우회상장하면서 자산이 대폭 증가했다.

▼ 중국의 12.5규획 기간의 화학섬유산업 발전 목표

	목표	2010년 (억 위안)	2015년 (억 위안)	연평균 증가율(%)
업계 성장	화학섬유 생산능력(만 톤)	3,450	4,600	5.9
	화학섬유 생산량(만 톤)	3,090	4,100	5.8
	화학섬유 가공량(만 톤)	2,987	3,900	5.5
	화학섬유의 섬유 가공 총량(%)	70	76	
구조 조정	화학섬유 원료 자급률(%)	59	70	8.0
	화학섬유 차별화율(%)	46	60	
	첨단원단 및 제품 원료자급률(%)	70	85	
	고성능섬유 생산능력(만 톤)	5.5	16	23.8
	바이오섬유 생산능력(만 톤)	0.6	20	100.0
기술 발전	R&D 투자 비율(%)	1.0	1.5	
	노동 생산율(만 위안/1인)	20.1	32.3	10.0
	신제품 생산액 비중(%)	14	20	

• 중국 정부는 12.5규획 기간(2011~2015년)에 고부가가치 제품 중심의 고성능 산업용 섬유를 적극 육성하고 있다.

자료: 중국방직공업발전보고서 2011/2012

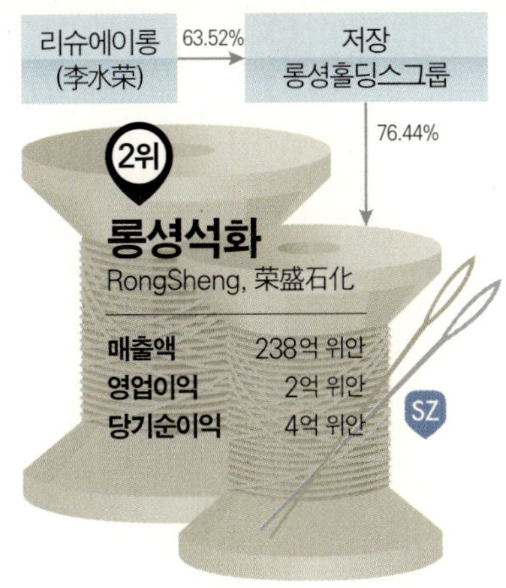

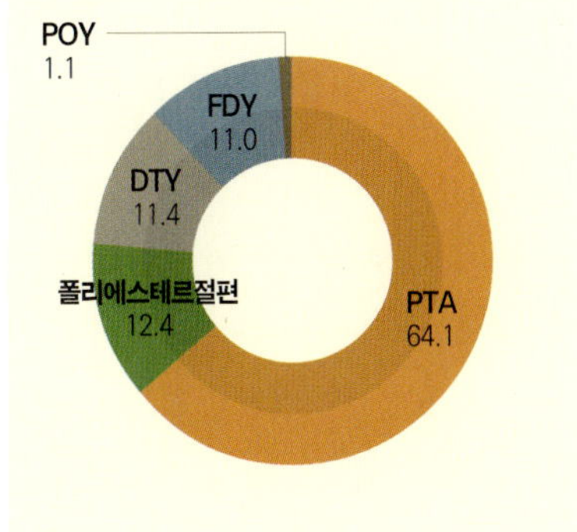

▨ 롱성석화 매출 구성 (%)

▨ 롱성석화 경영 실적

- 2012년 중국 500대 화학공업기업 15위에 선정.

- 롱성석화 역시 전체 매출에서 폴리에스테르 섬유의 주원료인 PTA가 차지하는 비중이 가장 높다.

- 롱성석화는 2011년 폴리에스테르 섬유 수요가 증가하면서 매출이 전년 대비 51% 상승했다.
- 2012년에는 제품 가격 하락, 자회사들의 경영난으로 인한 대출 증가로 영업이익률이 10%나 하락했다.

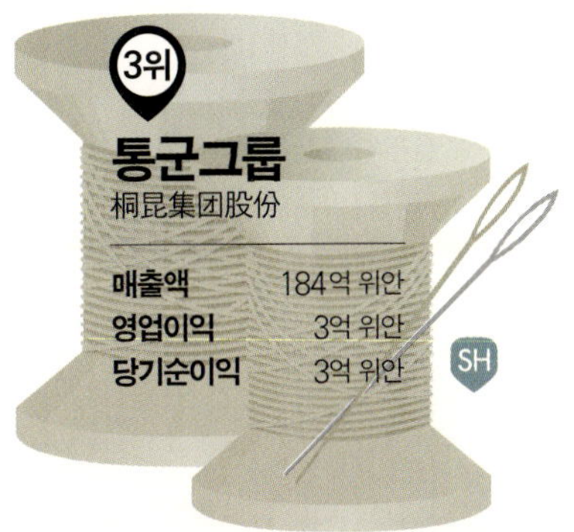

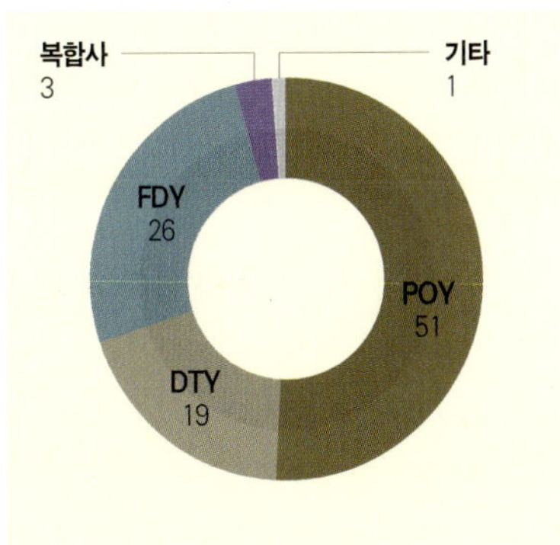

▨ 통군그룹 매출 구성 (%)

▨ 통군그룹 경영 실적

- 'Golden Cock'이라는 이름으로 자사 폴리에스테르 제품을 브랜드화시켜 판매.
- 'Golden Cock'은 화학섬유업계에서 높은 지명도와 명성을 자랑하고 있으며, 미국과 유럽, 한국 등 40개국으로 수출.

- 폴리에스테르 계열 제품(POY, DTY, FDY)이 전체 매출에서 차지하는 비중이 90% 이상이다.

- 의류업계의 불황과 석유화학 제품의 전반적인 가격 하락으로 2012년 그룹의 섬유화학 매출이 전년보다 8.4% 감소했다.

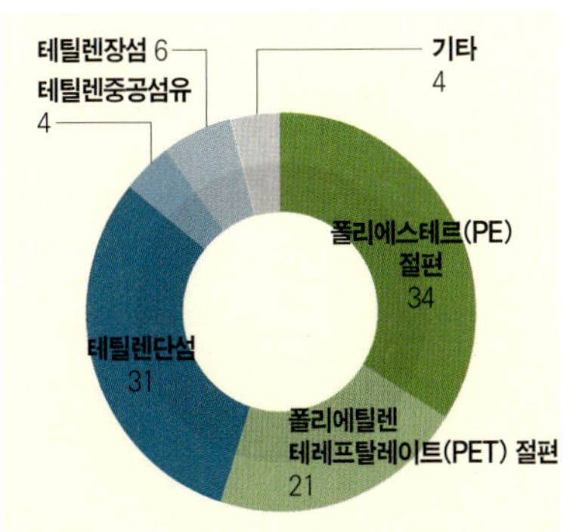

▨ 중국석화의정 매출 구성 (%)

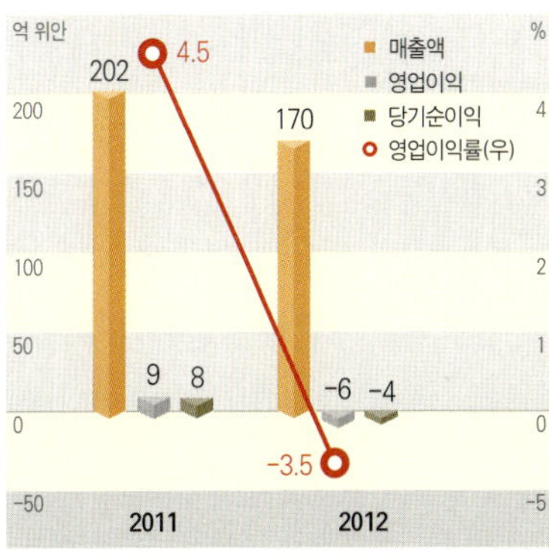

▨ 중국석화의정 경영 실적

- 중국 최대 정유사 시노펙에서 석유화학 제품을 공급받아 화학섬유 제품을 생산하는 기업.

- 중국석화의정은 모회사 시노펙에서 폴리에스테르 원료를 안정적으로 공급받기 때문에 폴리에스테르 제품이 매출에서 차지하는 비중이 매우 높다.

- 2012년, 중국의 의류 수출 감소는 섬유 제품 가격 하락으로 이어졌다.

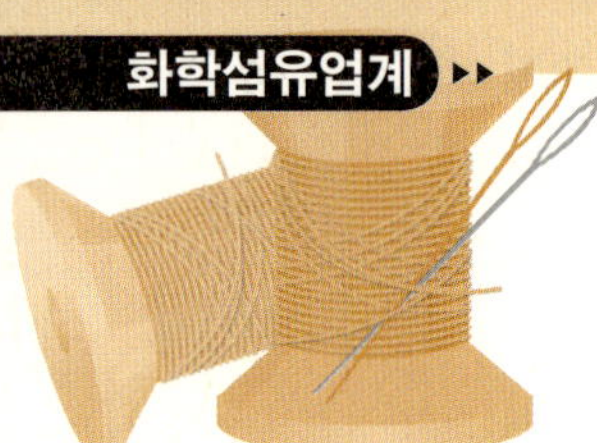

짧은 역사에도 생산 규모는 단연 세계 1위

중국에서 화학섬유는 신흥 공업에 해당된다. 13세기 남송(南宋)시대에 주거비(周去非)는 『영외대답』(嶺外對答: 중국 광서 등 특수 지역 사람들의 생활과 풍토 등을 다룬 서적)에서 백성들이 누에를 이용하여 어떻게 실을 만들어 내는지 기술한 바 있으나 그것은 전통 섬유에 가까운 기록이다. 실제로 중국은 1930년대까지 화학섬유산업의 발전 정도가 '제로'에 가까운 수준이었다.

중국에서 화학섬유가 산업화되기 시작한 시기는 일본이 중국 동북지역을 침략한 1940년대이다. 일본의 '동양방'(东洋纺) 섬유회사가 랴오닝성 단둥(丹东)지역에 비스코스 생산공장을 설립하면서 중국의 화학섬유산업이 비로소 눈을 뜨기 시작한 것이다. 이후 1945년 해방과 함께 동양방의 비스코스 생산공장은 운영을 중단했으나, 1950년대 들어 중국 특유의 대량 생산 기술력을 바탕으로 공장이 재가동 되었다.

1950년대부터 1960년대까지는 중국 화학섬유산업의 태동기에 해당된다. 비스코스 섬유공장 재가동을 계기로 중국은 일본에서 나일론 생산기계를 들여와 나일론 섬유의 생산 및 아크릴, 폴리프로필렌 등 다양한 섬유제품을 생산하기 시작했다. 제품 개발을 바탕으로 1960년대부터 1980년대에는 원활한 원료 확보와 제품 유통을 위해 상하이, 랴오닝, 톈진(天津), 쓰촨, 장쑤(江苏)성에 화학섬유공장을 세웠는데, 그 당시 중국의 화학섬유 생산량은 45만 톤에 달했다.

1980년대부터 1990년대까지 중국 화학섬유산업은 가장 눈부신 성장을 이뤘다. 우선 생산량이 45만 톤에서 1992년경 211만 톤으로 급증했다. 또한 섬유 품종의 다양화가 이루어졌으며, '상하이석화', '다칭석화'(大庆石化), '옌샨석화'(燕山石化) 등의 기업들이 본격적으로 성장한 시기이기도 하다.

중국 화학섬유업계의 리더들

'헝이석화'(恒逸石化)는 1974년에 작은 양말공장으로 시작한 민영기업이다. 헝이석화는 당시 양말공장으로 벌었던 자본으로 1983년 방직기계를 사들이면서 직물 염색이 가능한 '샤오산선염공장'(萧山色织厂)으로 변모하면서 섬유기업으로써의 역사를 써내려가기 시작했다. 헝이석화는 초기에는 주로 방직, 염색, 탄성 가공 등 비교적 낮은 기술력을 요구하는 사업을 위주로 회사를 키워나갔다. 1990년대 들어 '저장헝이그룹유한회사'(浙江恒逸集团有限公司)를 설립하면서 본격적으로 기술설비 투자를 단행했다. 2001년부터는 용체직방선(熔体直纺线, 원료를 용해 후 바로 원사로 만드는 작업) 기술 투자에 나서면서 중국에서 처음으로 폴리에스테르 계열 섬유를 생산하는 기업이 되었다. 2005년에는 테틸렌 생산의 주 원료인 PTA장치에 투자하여 역시 중국에서 처음으로 PTA사업에 진출하기도 했다. 헝이석화는 주식시장에서의 자본 회수를 통해 자회사로부터 PTA

565만 톤을 생산해 선두업체로서의 입지를 다졌다. 섬유산업에서 가장 관건이 되는 원료 생산까지 이끌어낸 헝이석화의 잠재력은 중국 화학섬유업계 1위 기업의 반열에 올려놓는 밑거름이 되었다. 헝이석화는 최근 3년 동안의 자산 규모가 연평균 50% 이상씩 성장하는 중이다.

'룽성석화주식유한회사'(荣盛石化, 이하 '룽성석화')는 1989년 설립된 '룽성화학섬유그룹'(荣盛化纤集团有限公司)을 모회사로 한다. 룽성석화는 2010년 11월 심천증권거래소에 상장하면서 투자자들의 눈에 포착되기 시작했다. 주요 제품은 테틸렌 생산 원료인 PTA와 테틸렌의 일종인 FDY, POY, DTY 등이다. 연간 생산능력은 폴리에스테르 100만 톤, FDY와 POY 각각 57만 톤, DTY 25만 톤 정도이다. 이밖에 자회사 및 지분 투자회사를 통해 PTA 420만 톤을 생산하고 있다. 룽성석화는 2010년 중국 시장점유율 6.62%에서 2012년 8.87%로 서서히 성장 브레이크를 걸고 있는 중이다.

중국 화학섬유업계 3위 '통쿤그룹'(桐昆集团股份有限公司)은 1981년 통상현(桐乡县)의 작은 화학섬유공장에서 시작했다. 꾸준히 성장가도를 달려온 통상현은 1991년 도산 위기에 처하면서 경영진이 전면 바뀌는 구조조정을 겪게 되었다. 이를 계기로 회사의 생산 시스템에도 큰 변화가 찾아왔다. 당시 새 경영진은 공장에 폴리프로필렌 섬유 생산 장비를 새로 도입하는 투자를 단행했고, 이로 인해 회사의 경영실적이 서서히 호전되면서 지금의 통쿤그룹으로의 성장 발판을 마련하게 된 것이다. 통쿤그룹은 테틸렌제품으로 유명한 회사이다. 회사의 테틸렌제품에 'Golden Cock'이라는 브랜드를 붙여 판매를 시작했으며, 현재 'Golden Cock' 제품은 중국에서 '국가검수면제제품'으로 분리될 정도로 큰 신뢰를 얻고 있다. 통쿤그룹을 소개하면서 한 가지 더 주목할 사실은, 과감한 설비 투자를 단행해 생산기계의 대부분을 해외로부터 수입해 제품의 질과 생산량을 한 차원 높였다는 점이다. 통쿤그룹이 갖추고 있는 생산설비의 80%는 독일과 일본에서 들여온 것이다.

회복의 시그널이 감지되고 있다

정부의 '에너지 대외 의존도 감소 정책'(에너지와 석유 제품의 수입을 줄이자는 정책) 덕분에 중국의 화학섬유업계는 국제유가의 변화 추이와 분리될 수 있었다. 그러나 글로벌 경기 침체로 인해 방직 및 의류시장이 꽁꽁 얼어붙으면서 중국의 화학섬유업계에도 여전히 찬바람이 몰아치고 있다.

최근 중국 정부는 내수 경기 부양책을 통해 화학섬유산업의 발목을 잡고 있던 규제를 완화하는 등 회복을 위한 노력을 경주하고 있다. 그러나 중국 화학섬유업계에 봄날이 찾아오기에는 좀 더 시간이 필요하다는 게 전문가들의 진단이다.

아무튼 회복의 시그널이 여기저기서 감지되고 있는 것만은 사실이다. 원료 자급 규모 확대를 통해 기업의 원료 확보가 원활해지자 화학섬유 생산량이 다시 예년 수준을 회복하고 있는 것도 그 한 예일 것이다. 2011년 기준 중국의 화학섬유 생산량은 3,223만 톤으로 글로벌 생산량의 66%를 차지하면서 1위 자리를 고수하고 있다. 또한 2012년 중국 소비재 평균 소비액은 전년 동기 대비 14.2%의 증가율을 보였으며, 그 가운데 방직과 의류 소비액은 전년 동기 대비 18.2% 증가하며 소비재 평균 소비액 증가율을 상회했다.

내수시장의 소비 심리가 아직 살아있고, 무엇보다 세계 패션업계로부터의 주문이 중국 화학섬유업계로 몰릴 것이라는 분석도 여기저기서 제기되고 있다. 중국의 화학섬유업계가 다시 비상하게 된다면 일본은 물론 한국의 화학섬유산업에 미치는 영향도 대단히 클 전망이다. ★

21

대체에너지업계

❶ 2013년, 중국 최대 태양광기업 썬텍 파산 신청.
❷ 미국과 유럽, 중국 태양광 패널에 반덤핑 과세 부과.
❸ 중국, '12.5규획' 발표, 풍력 발전 1억KW, 태양광 발전 1,500억 KW 전력 생산 목표.
❹ 중국 풍력 발전 설비 용량 62GW로 세계 최대 규모.

태양광

태양광 산업 주요 분야

태양전지의 핵심 소재로, 모래 등에 있는 규소를 용융해서 만듦.

고순도 실리콘을 녹여 블록 형태로 만든 뒤(잉곳), 얇은 막 형태로 자름(웨이퍼).

서로 연결된 여러 장의 태양전지에 백시트, 유리, 부품 등과 함께 압력을 가해 넓은 판 형태로 만든 것.

표면에 음극과 양극을 띤 캐리어가 생성되는데, 이러한 캐리어가 이동하면서 전류를 발생시킴.

중국 태양광 주요 업체 및 생산 제품

범례: 주력 제품 / 일반 제품 / 생산 라인

기업명	다결정 실리콘	잉곳	웨이퍼	태양전지	태양광모듈	태양광시스템
잉리	생산 라인	생산 라인	생산 라인	생산 라인	주력 제품	생산 라인
썬텍파워				일반 제품	주력 제품	일반 제품
트리나		생산 라인	생산 라인	생산 라인	주력 제품	
LDK	생산 라인	생산 라인	주력 제품	생산 라인	일반 제품	
린양			생산 라인	생산 라인	주력 제품	
징코	생산 라인	생산 라인	일반 제품	생산 라인	주력 제품	
SCI			생산 라인	주력 제품	생산 라인	일반 제품
DAQO	주력 제품	생산 라인	일반 제품	생산 라인	생산 라인	
GCL	주력 제품	생산 라인	일반 제품	생산 라인		일반 제품
Rene	생산 라인	생산 라인	주력 제품	생산 라인	생산 라인	
CSUN				주력 제품	일반 제품	
JA솔라				주력 제품	일반 제품	

- 국내외 시장의 수요를 바탕으로 중국 태양광 산업은 이미 완벽한 밸류체인을 구축한 상태이다.

중국 폴리실리콘 생산 추이

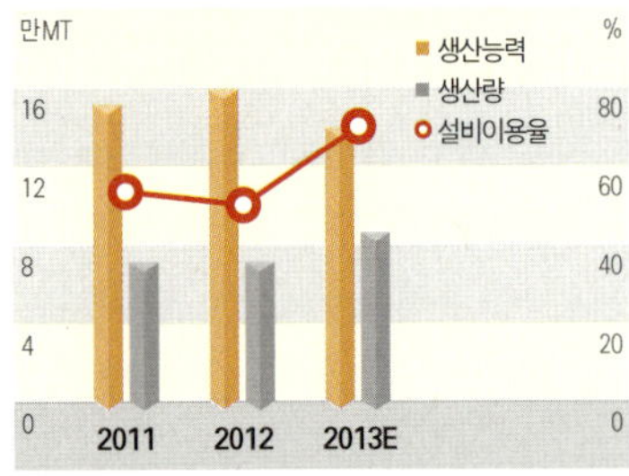

- 2012년 중국의 폴리실리콘 생산능력은 15.8만MT로, 전 세계 폴리실리콘 생산능력의 43%를 차지하고 있다.
- 실제 태양광 패널 생산량도 6.9만MT로, 전 세계 태양광 패널의 32%가 중국에서 생산된다.

중국 태양광 모듈 생산능력 추이

- 2012년 중국의 태양광 모듈 생산능력은 37GW로, 전 세계 태양광 모듈 생산능력의 51%를 차지하고 있다.
- 이는 중국 태양광업계가 불황 및 구조조정으로 전년 대비 생산능력이 25% 정도 감소한 수치이다.

전 세계 태양광 패널시장 비중 (%)

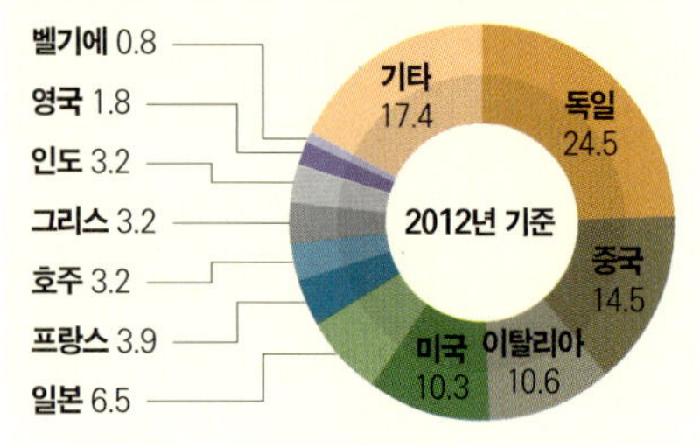

- 태양광 패널의 전통적인 강호는 독일, 이탈리아, 프랑스 등 유럽 지역이었으나 미국, 일본, 중국 등으로 시장의 중심이 점차 이동하고 있다.
- 유럽의 경우 독일은 여전히 발전하고 있는 추세이지만 이탈리아, 스페인 등의 국가는 유럽 재정 위기로 시장이 크게 위축된 상태이다.

풍력

세계 주요국 풍력 발전 신규 설비 용량 및 비중 (2011년 기준)

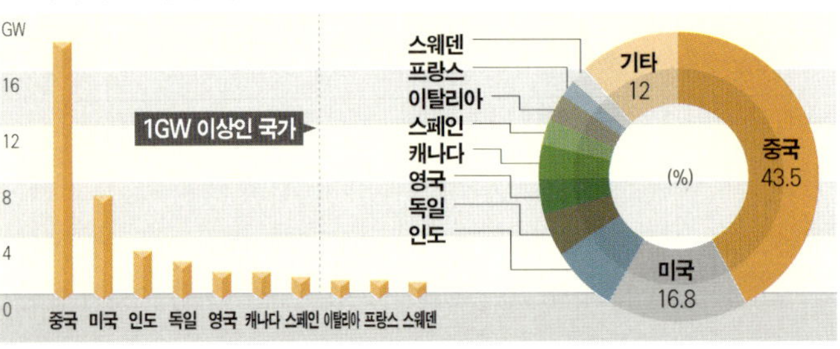

- 2011년 기준으로 풍력 발전 신규 설비 용량이 1GW가 넘는 국가는 총 7개국이다.
- 중국의 풍력 발전 신규 설비 용량은 2010년보다 감소한 18GW 수준이다.
- 중국을 비롯한 10개국의 풍력 발전 신규 설비 용량 비중이 88%인 점으로 보아, 풍력 발전이 일부 국가에 국한되어 있음을 알 수 있다.

중국 주요 풍력 발전업체의 신규 설비 용량 (GW)

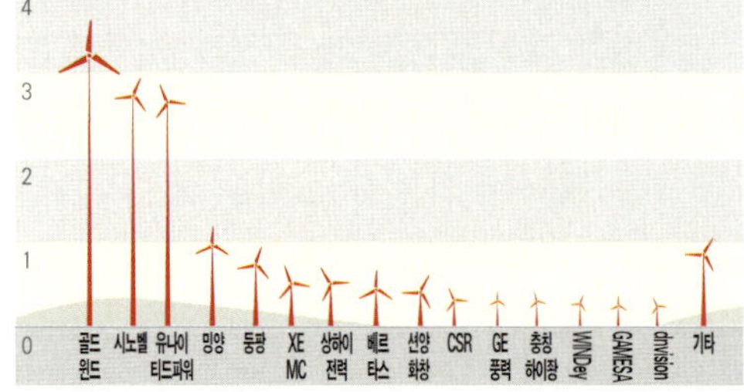

- 2011년 골드윈드와 시노벨의 풍력 발전 신규 설비 용량은 전년 대비 다소 감소했으나, 여전히 중국 1, 2위 자리를 지키고 있다.
- 상위 4개 업체인 골드윈드, 시노벨, 유나이티드파워, 밍양은 전 세계 10대 풍력 장비 제조업체이다.

▶ 중국 풍력 발전소 분포도

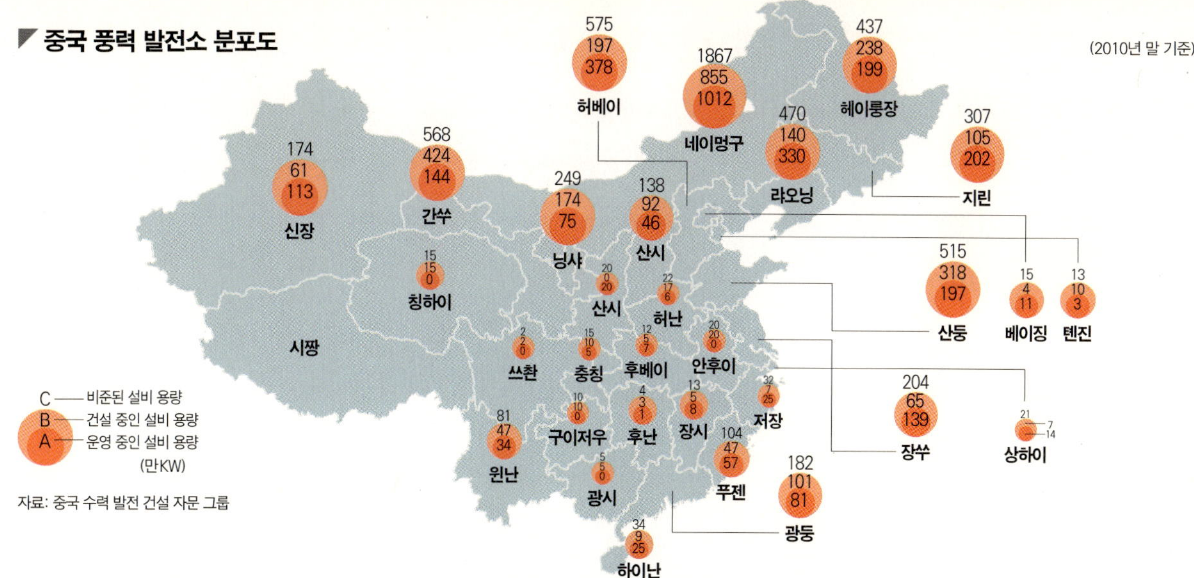

자료: 중국 수력 발전 건설 자문 그룹

⚛ 원자력

▶ 중국 원자력 발전소 분포

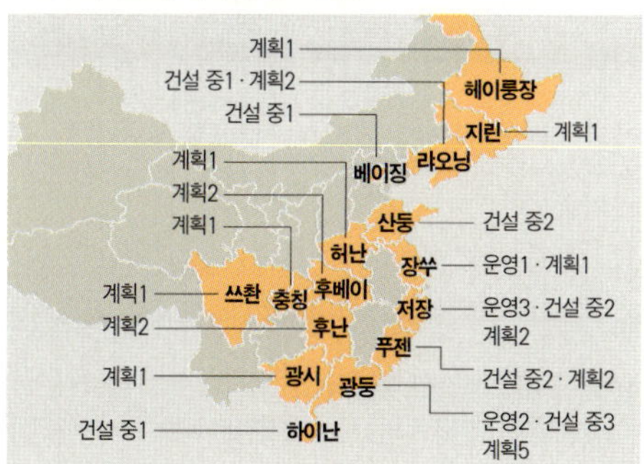

- 2013년 2월 말 기준, 중국 원자력발전 설비 용량은 총 1,476만KW이며 17기의 발전 설비가 운영 중이다. 건설 중인 설비는 29기로 총 3,178만KW 규모이다.

▶ 중국 원자력 발전 산업구조

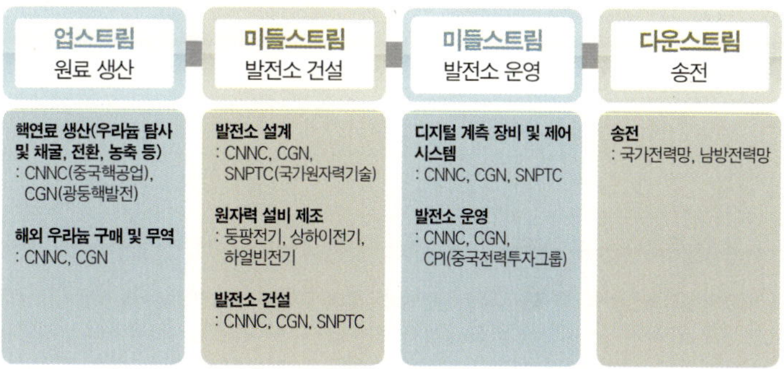

- 중국 원자력 발전 산업의 업스트림과 미들스트림 부분은 CNNC(중국핵공업), CGN(광동핵발전), SNPTC(국가원자력기술)가 독점적 지위를 가지고 있으며, 다운스트림의 송전 부분은 국가전력망, 남방전력망이 독점하는 구조이다.

▶ 중국 발전 형태별 비중 (%)

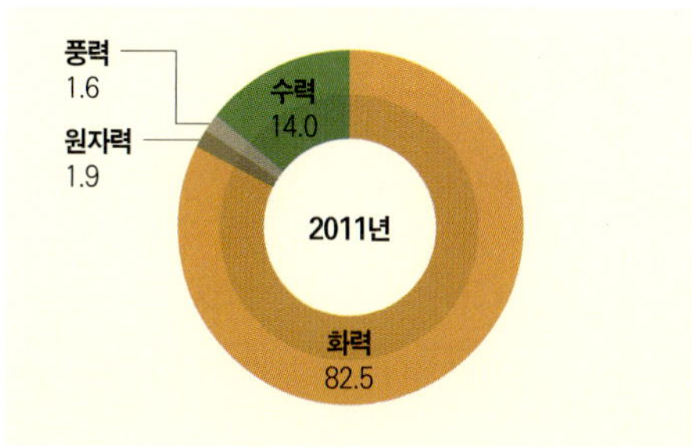

- 2011년 중국의 발전량은 4조 7,217억KW이며, 이중 원자력 발전량은 874억KW로 약 1.9%를 차지하고 있다.
- 최근 중국은 환경 문제를 해결하기 위해 화력 발전 비중을 줄이고 원자력, 수력 발전을 늘린다는 계획을 가지고 있다.

자료: 중국전력기업연합회

▶ 발전 방식별 온실가스 배출량

(전력 KWh 당 탄소배출량(g))

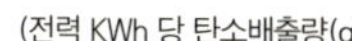
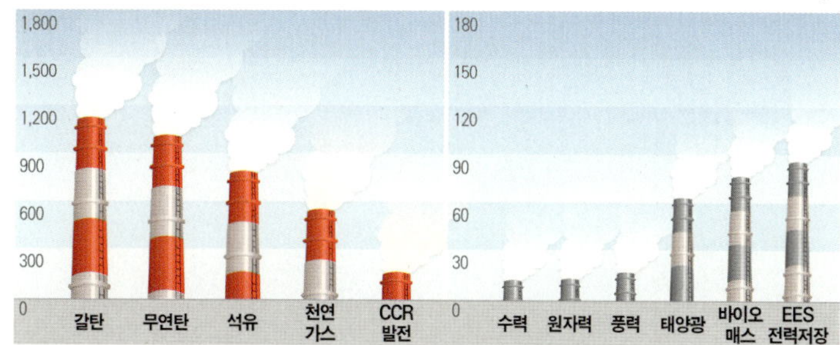

- 석탄, 석유, 천연가스 등 화석연료를 이용한 발전에 비해 수력, 원자력, 풍력과 같은 신재생에너지를 이용한 발전의 온실가스 배출량이 현저히 낮다.
- 신재생에너지를 이용한 발전은 KWh당 탄소배출량이 100g에 못 미치지만 석탄을 이용한 발전은 1,000g 수준에 육박한다.
- 최근 중국은 온실가스 배출량을 줄이기 위해 수력, 원자력, 풍력, 태양광을 통한 발전을 크게 늘리는 것을 목표로 하고 있다.

자료: IAEA

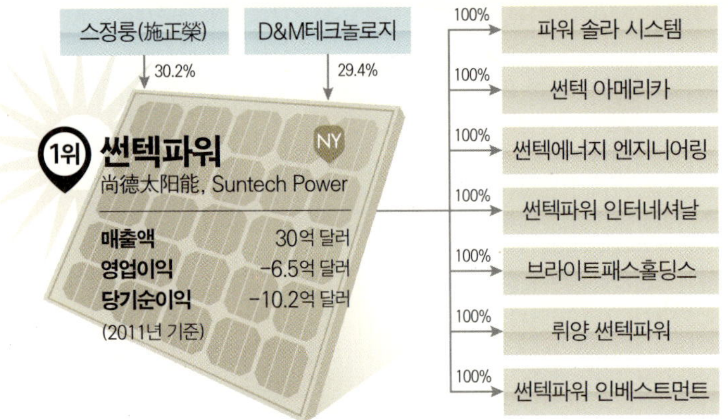

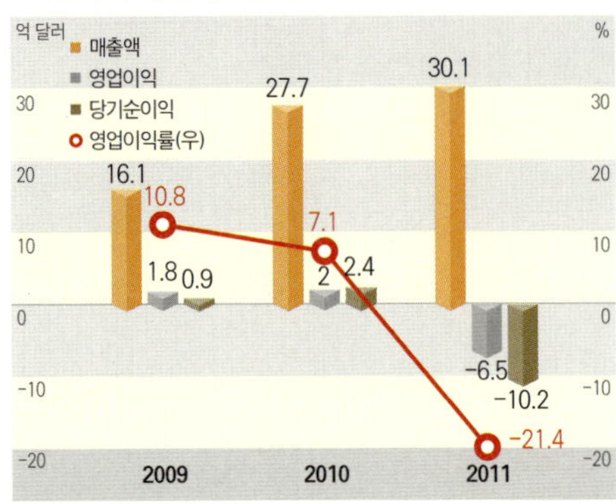

- 2005년 세계 4대 태양전지 제조기업으로 선정(150조 와트 규모의 태양전지 생산).
- 2005년 중국 민영기업 최초로 미국 뉴욕 거래소에 상장.
- 2013년 지속적인 적자에 결국 파산 신청.

- 2011년 썬텍파워는 태양광 산업의 전반적인 구조조정과 미국 반덤핑 소송의 영향으로 10억 달러에 달하는 천문학적인 규모의 적자를 냈다.

썬텍파워 주가 추이

- 세계 태양광 산업의 '무서운 신인'으로 등장, 일약 슈퍼스타로 발돋움한 썬텍파워는 빠른 성장만큼이나 몰락도 빨랐다.
- 썬텍파워의 주가는 2005년 상장 이후 연이은 상한가로 40달러 대를 돌파하고 2008년 초에는 90달러 대에 육박했다. 하지만 2008년 미국 발 금융 위기로 전 세계 태양광 시장이 공급 과잉 상태로 들어서면서 썬텍파워의 주가는 곤두박질치기 시작했고, 2013년에는 1달러 대까지 떨어졌다.

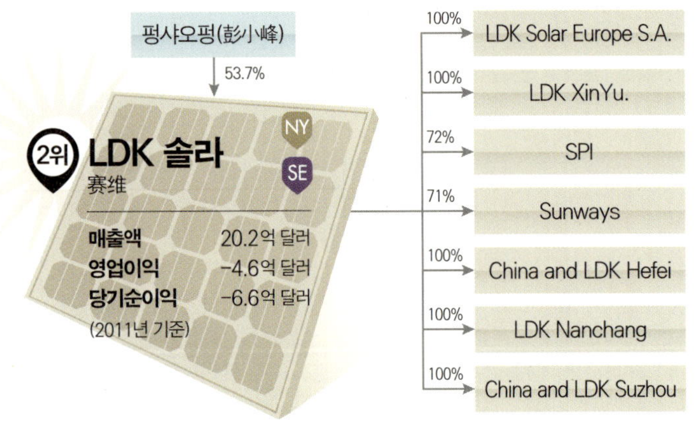

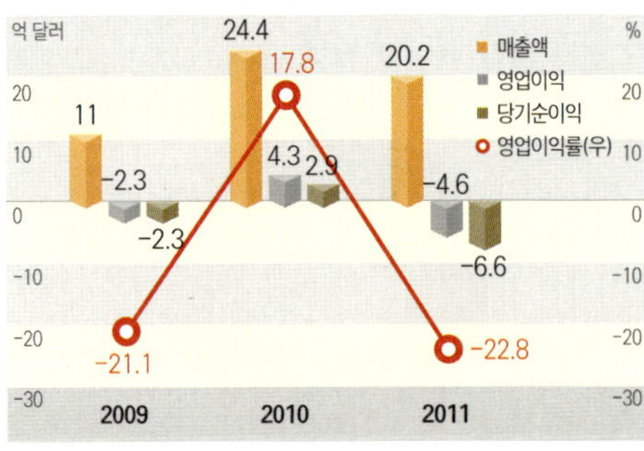

- 아시아 최대의 폴리실리콘 생산업체.
- 중국 신재생에너지업계에서 최대 규모의 기업공개를 하며 미국 뉴욕 거래소에 상장.

- 2008년 미국 발 금융 위기로 태양광 산업은 최악의 시기를 맞고 있다.
- 중국 2위 업체인 LDK 솔라 역시 폴리실리콘 가격 폭락, 미국·유럽의 중국 태양광 제품에 대한 반덤핑 제소로 적자를 면치 못하고 있다.
- 최근 썬텍파워의 파산에 이어 다음은 LDK 솔라 순서 아니냐는 우려가 시장에 번지고 있다.

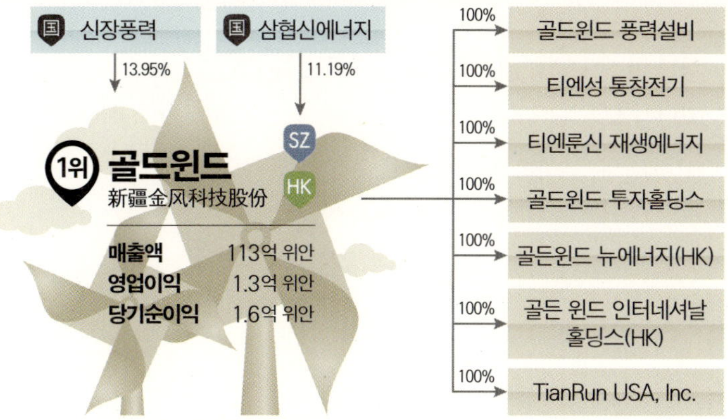

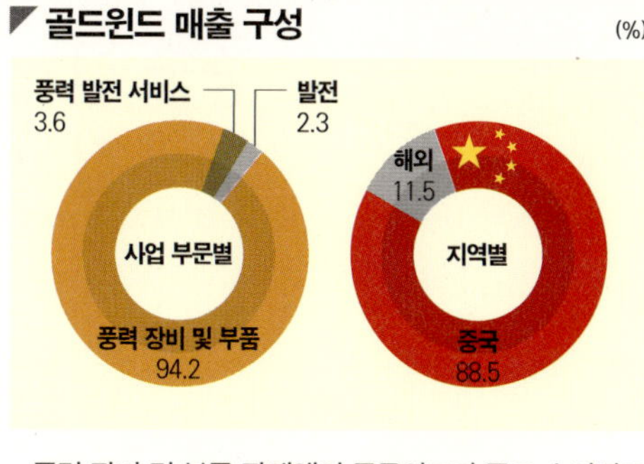

- 2012년 골드윈드가 보유한 풍력 발전 설비는 12,000대, 발전 용량은 15GW.
- 2012년 중국에 2,521MW 규모의 설비를 증설하면서 풍력 발전 시장 19.5% 점유.

- 풍력 장비 및 부품 판매액이 골든윈드의 주요 수익원으로 2012년 106억 위안의 매출을 올렸다.
- 지역별로 살펴보면 중국시장 매출이 88.5%로 대부분을 차지하고 있지만, 해외 판매 역시 11.5%로 비중이 결코 낮지 않다.

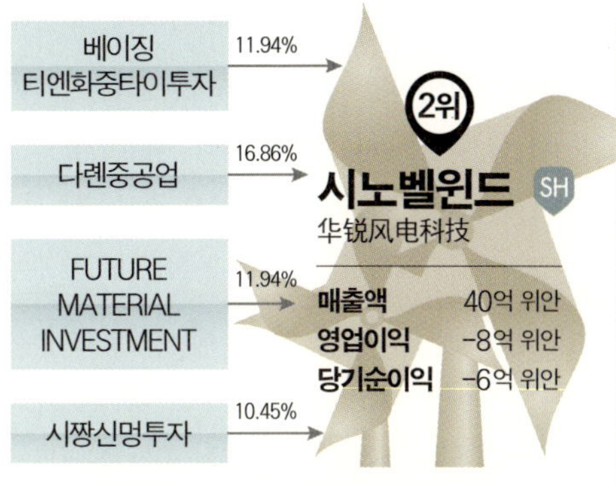

- 5MW, 6MW급 풍력 발전 모듈을 자체 개발했으며, 전 세계 다양한 풍력 환경에 설치 가능한 풍력 설비를 중국 최초로 자체 설계, 개발, 제조, 판매.
- 2011년까지 총 12,989MW의 발전 설비 용량을 보유하고 있으며, 중국 내 풍력 누적 설비 규모 면에서는 최대 기업.

골드윈드 경영 실적

- 풍력 등 신재생에너지의 핵심 시장인 유럽이 채무 위기로 흔들리면서 풍력 기업들도 2011년부터 매출 감소 현상을 보이고 있다.
- 골드윈드 역시 2012년 매출이 전년 대비 11.8% 감소했고, 영업이익과 순이익은 각각 80%, 76% 감소했다.

골드윈드 주가 추이

(%)

- 2012년 풍력 발전업계는 힘든 한 해를 보냈다. 경쟁은 점차 치열해지는 가운데 시장은 오히려 얼어붙어 업계 내 모든 업체의 실적이 하락했다.
- 골드윈드 주가와 업종지수 모두 상하이 종합지수를 크게 하회했다.

시노벨윈드 경영 실적

- 최근 풍력산업은 경쟁이 치열해지면서 모듈 가격이 지속적으로 낮은 수준을 유지하고 있다. 이에 따라 풍력기업들의 매출과 영업이익은 크게 감소하고 있다. 시노벨 역시 매출액이 50% 이상 감소하고 영업이익은 적자를 기록하는 등 어려운 시기를 겪고 있다.

원자력

- 중국 최대의 원자력 발전기업.
- 따야(大亚)만 원자력 발전 기지는 현재 중국에서 가장 큰 발전 용량을 가진 원자력 발전소.

- 주요 사업 분야는 핵 관련 군수산업, 원자력 발전, 핵연료 순환 등.
- 중국 원자력 발전소 건설의 주요 투자자.

중국 신재생에너지시장에 낀 먹구름은 언제 걷힐 것인가?

12.5규획 기간(2011~2015) 동안 중국 정부는 내수 시장 확대와 7대 신흥 산업 육성이라는 두 가지 목표를 정한 바 있다. 7대 신흥 산업 가운데 하나인 신재생에너지산업에서 12.5규획 기간 동안 중국 정부의 전폭적인 지원이 이어지고 있다. 중국의 신재생에너지산업은 크게 태양광, 풍력, 원자력으로 대표된다.

2012년 중국의 태양전지 생산량은 8GW를 넘어 전 세계 53%를 차지했다. 중국은 태양광산업의 딜레마인 양두재외(兩头在外, 원재료와 시장이 모두 외부에 있는 상황) 문제를 해결하기 위해 2015년까지 중국 내 태양광발전설비를 500만KW로 증가시키는 것을 계획하고 있다. 풍력 발전의 경우 12.5규획 기간 동안 9,000만KW의 발전 설비를 갖출 계획이다.

과거 11.5규획 기간에는 맹목적으로 용량 증대에만 힘썼다면, 12.5규획 기간에는 '질'(質)과 '양'(量)을 동시에 고려한다는 복안이다. 과거 급속한 성장으로 단순히 용량만을 증가시키는 것이 얼마나 큰 역효과를 가져 오는지 절실히 깨달은 것이다.

한편, 중국은 풍부한 석탄자원 때문에 원자력발전 분야는 그동안 별 관심을 받지 못했다. 하지만 화석연료로 인한 환경오염 문제가 심각하게 대두되면서 석탄을 대체할 새로운 에너지로 원자력이 서서히 주목받고 있다. 중국에서는 2020년까지 원자력발전소 건설이 최고 피크를 맞이할 전망이다. 중국 정부는 12.5규획 기간 동안 원자력발전 용량을 3,000만KW까지 끌어올린다는 계획이다.

풍력, 태양광, 원자력…… 서로 엇갈리는 운명

중국 신재생에너지학회 풍력위원회(CWEA)의 발표에 따르면, 2011년 중국(대만, 홍콩, 마카오 제외)의 풍력설비 신규 증가량은 11,409대, 17.6GW으로, 전년(18.9GW) 대비 약 6.9% 감소한 수준이었다. 이는 중국 풍력시장이 그 동안의 빠른 성장에서 점차 안정화 시기로 접어들었음을 암시한다. 2011년 말까지 중국의 누적 풍력설비는 45,894대, 누적 용량은 62.3GW로 세계 최대 풍력시장으로서의 지위를 누려왔다. 2011년 중국은 풍력 발전을 통해 715억KWh의 전력을 생산했으며, 이는 중국 전체 발전량의 1.5%를 차지한다.

한편, 중국 태양광산업은 2004년 이후 폭발적인 성장을 거듭해왔다. 2007년 중국은 세계 최대의 태양전지 생산국이라는 타이틀을 획득했고, 2010년에는 태양전지 모듈 생산량이 10GW에 달해 전 세계 생산의 45%를 차지하기도 했다. 2011년 신규 증가 태양광설비 용량은 2,700MWp이며 누적 설비량은 3,500MWp이다.

중국에서 태양광산업이 본격적으로 시작된 것은 2009년경으로, 당시 '태양광 건축물 시범 프로젝트', '금태양 시범 프로젝트' 등을 통해 정부 차원에서 태양광산업에 다양한 지원이 이어졌다. 2011년 중순부터 태양광 관련 비용과 가격이 크게 하락하면서 해당 기업마다 수익을 내기 시작했다.

하지만 곧이어 과잉 투자된 설비가 시장의 수요를 크게 넘어서면서 태양광업체들은 적자를 면치 못하게 되었다. 실제로 폴리실리콘의 경우

740위안/kg까지 치솟던 가격이 1/3에도 못 미치는 220위안/kg 수준으로 떨어지기도 했다. 웨이퍼와 태양광모듈의 가격도 크게 하락하면서 태양광산업의 매출 총이익률을 10% 이하로 떨어뜨렸다. 그 이후로도 시장이 크게 호전되는 기미가 보이지 않고 있어 향후 중국의 태양광산업은 큰 조정이 불가피하다.

LDK 솔라, 중국 태양광업계 맏형으로 급부상, 그러나 위기 봉착

중국 토종 태양광업체는 '썬텍'(尚德, Suntech), 'LDK 솔라', '잉리', '트리나' 등이 메이저로 꼽히는데, 그 중 따거(큰 형)인 썬텍이 2013년 3월 파산신청에 들어가 충격을 주고 있다. 이제 둘째였던 LDK 솔라가 큰 형 노릇을 해야 하는 상황이 된 것이다. 중국 성공 신화의 주인공이자 젊은 갑부로 유명한 평샤오펑(彭小峰)이 이끄는 LDK 솔라는 2007년 뉴욕증권거래소에 상장한 이후 130억 위안을 투입해 연 생산량 16,000톤에 달하는 세계 최대 규모의 폴리실리콘공장을 설립했다. 2008년에는 '바이스더태양광'(百世德太阳能高科技有限公司)이라는 회사를 설립해 박막형 태양전지 개발에 20억 달러를 투자하기도 했다. LDK 솔라는 과감한 투자로 일약 세계 최대 잉곳 생산업체로 발돋움했다.

하지만 2008년 금융 위기는 전 세계 태양광산업에 혹독한 겨울을 가져왔고 LDK 솔라도 피해갈 수는 없었다. 2009년 3분기 부채 비율이 85.2%까지 상승했고 극심한 현금 부족에 시달렸다. 여기에 최대 고객인 독일의 Q-Cells가 2.4억 달러짜리 계약을 파기함에 따라 한때 파산 위기에 놓이기도 했다. 당시 LDK 솔라는 폴리실리콘공장의 15% 지분을 15억 위안에 매각하고 급한 불을 끌 수 있었다.

중국 태양광업계의 '태양'은 다시 떠오를 것인가?

2011년 10월 미국 태양전지업체인 '쏠라월드'(SolarWorld)가 중국의 75개 태양광업체의 덤핑 및 보조금 지급 행위에 대한 조사를 요청했다. 미국 정부는 조사에 착수해 이듬해 5월 중국산 태양전지제품에 대해 최대 249%의 반덤핑 과세 부과 결정을 내렸다.

유럽 역시 중국산 태양전지제품에 대한 수입 제한 조치를 취했다. 2012년 9월부터 EU는 본격적으로 반덤핑 조사에 착수했다. 사실 미국으로 수출하는 중국산 태양전지제품의 비율은 그렇게 높지 않기 때문에 이로 인한 중국 태양광산업의 영향은 제한적이다. 하지만 유럽의 경우는 다르다. 유럽은 전통적으로 글로벌 태양광산업의 중심지 역할을 해왔고, 중국의 대 유럽 수출 비중도 높아 반덤핑 과세가 적용될 경우 중국 태양광산업에 미칠 영향은 막대하다. 반덤핑 과세가 적용된다면 유럽에서 중국산 태양광제품들은 가격경쟁력을 상실해 시장에서 아예 퇴출당하게 될 지도 모른다. 그렇게 된다면 안 그래도 힘든 시기를 겪고 있는 중국 태양광업체들의 줄 도산이 예상된다. 여기에 태양광을 전략 산업으로 정한 중국 정부의 입장도 난처해지게 된다. 중국 리커창 총리의 유럽 순방 역시 태양광 반덤핑 과세를 막기 위해서였다는 후문이 전해진다.

대내적으로는 공급 과잉, 대외적으로는 반덤핑 과세! 지금 중국 태양광업계가 직면한 난제들이다. 태양광업계의 위기로 중국 신재생에너지산업 전체가 위축되는 것이 아닌가 하는 우려의 목소리도 높다. 중국의 대부분의 산업은 성장 속도가 매우 빠른 만큼 하락 속도도 가파르다.

중국 태양광업계의 '태양'은 다시 떠오를 것인가? 어느 누구도 예측할 수 없는 미래가 중국 태양광업계를 더욱 불안하게 만들고 있다. ★

❶ 중국, 제약산업 집중 발전을 위해 제약기업 간 인수 · 합병 적극 추진.
❷ 의약품의 주 소비처인 2, 3급 병원은 외국 의약품 선호.
❸ 중국, 12.5규획 기간 7대 신성장 분야로 바이오의약산업 지정. 하지만 기술력과 투자는 부족한 상태.

1인 평균 의료비 지출 규모 국가별 비교

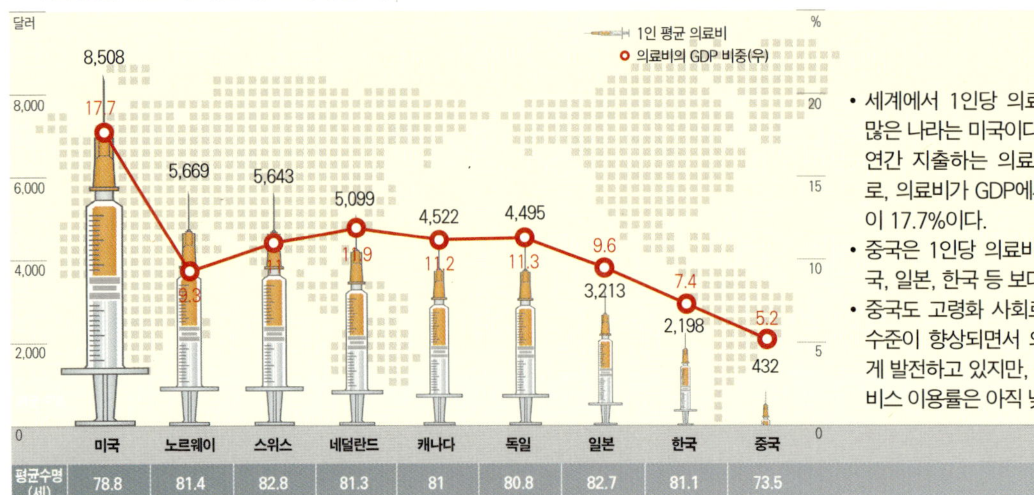

- 세계에서 1인당 의료비 지출이 가장 많은 나라는 미국이다. 미국인 한 명이 연간 지출하는 의료비는 8,508달러로, 의료비가 GDP에서 차지하는 비중이 17.7%이다.
- 중국은 1인당 의료비 지출 규모가 미국, 일본, 한국 등 보다 현저히 낮다.
- 중국도 고령화 사회로 접어들고 소득 수준이 향상되면서 의료 산업이 빠르게 발전하고 있지만, 중국인의 의료 서비스 이용률은 아직 낮은 수준이다.

세계 의약품 판매 규모 추이

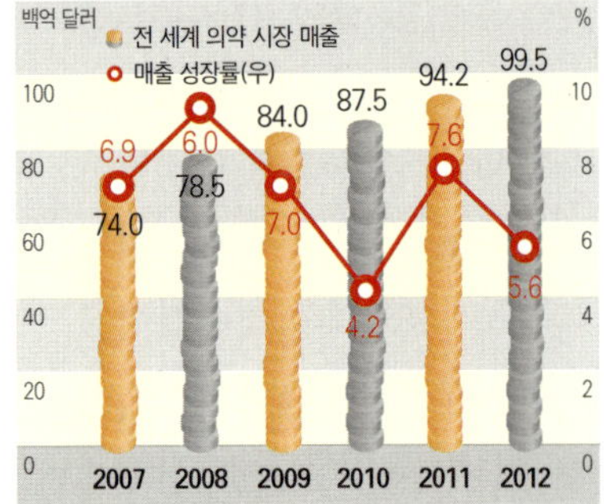

- 2011년 유럽 재정 위기로 유럽 지역의 보건 품과 위생품 수요가 감소하면서 해당 연도의 매출 성장률이 3% 하락했다. 자료: WIND

중국 의약품 수출입 추이 (억 달러)

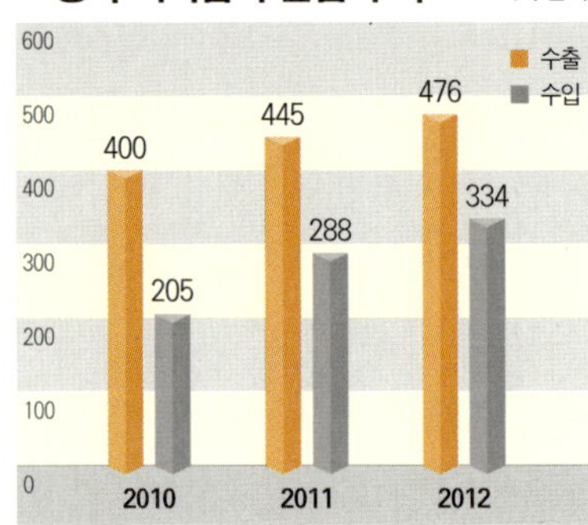

- 중국은 고령화 사회에 진입하고 소득 수준이 향상됨에 따라 외국산 의약품과 건강 제품 수입이 꾸준히 증가하고 있다.

자료: WIND

중국 의약품 판매 규모 추이 (억 위안)

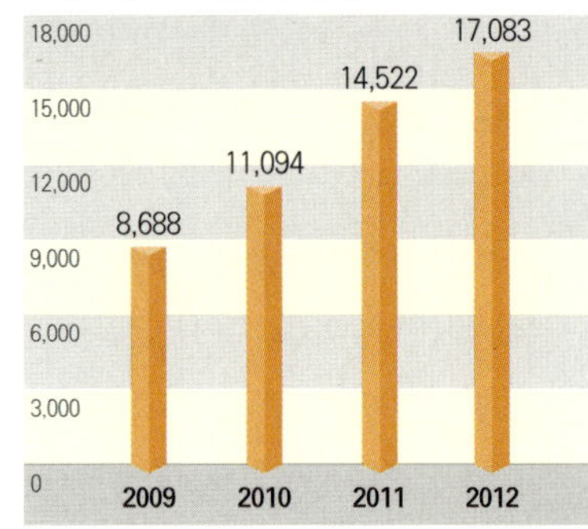

- 중국 제약시장은 2009년에는 미국, 일본, 프랑스, 독일에 이어 세계 5위, 2011년에는 프랑스와 독일을 제치고 세계 3위 규모로 성장했다.

중국 의약품 유통 경로

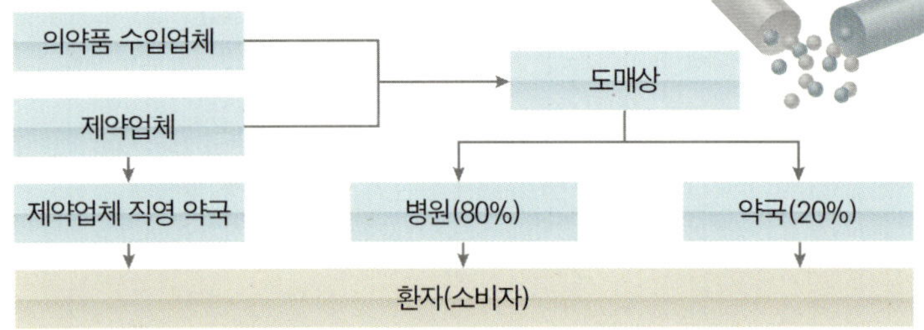

- 중국은 의약품 유통 경로가 한국과 다르다. 중국 유통법 상 제약업체는 의약품을 도매상에게만 납품할 수 있으며, 도매상이 병원과 약국에 의약품을 납품한다. 그리고 병원과 약국이 환자에게 의약품을 판매한다. 단, 제약업체가 직접 운영하는 자사 약국이 있다면 도매상을 거치지 않고 바로 약국에 납품할 수 있다.
- 중국 의약품은 유통 단계를 여러 번 거치기 때문에 의약품 가격의 10~15%는 유통 단계에서 발생한다. 또 의약품의 80%를 판매하는 병원도 마진을 붙여 판매하기 때문에 생산자가 공급하는 단가와 최종 소비자 가격은 차이가 크다.

자료: 의약망, 보하이증권연구소

중국 의약품 제품별 매출 비중 (%)

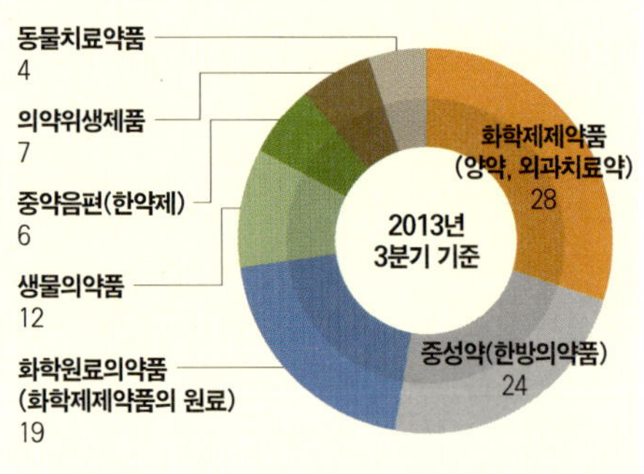

- 최근 웰빙 트렌드와 소비자들의 천연 제품에 대한 수요가 높아지면서 한방 약재를 알약, 연고, 캡슐 등의 제형으로 가공한 중성약 매출 비중이 꾸준히 상승하고 있다.

자료: 중싱증권

중국 중성약과 화학제제약품 매출 추이 (억 위안)

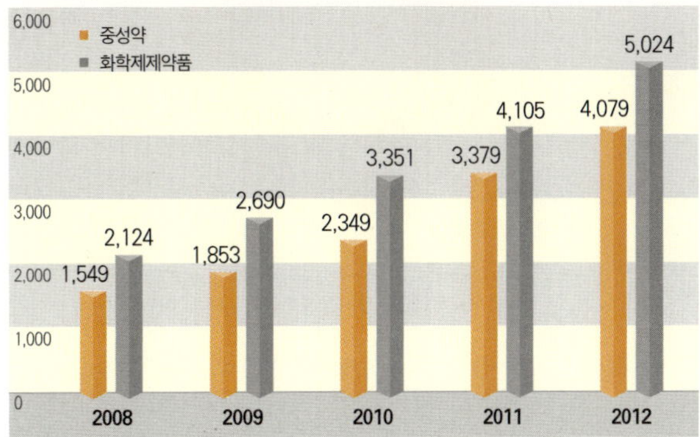

- 의약품 중 중성약은 매출이 빠른 속도로 증가하고 있다.
- 양약보다 자연에서 얻은 약제를 선호하는 세계적인 트렌드에 비추어 보면, 향후 중성약 매출은 더욱 커질 것으로 보인다.

자료: WIND

중국의 중성약 수출국 비중 (%)

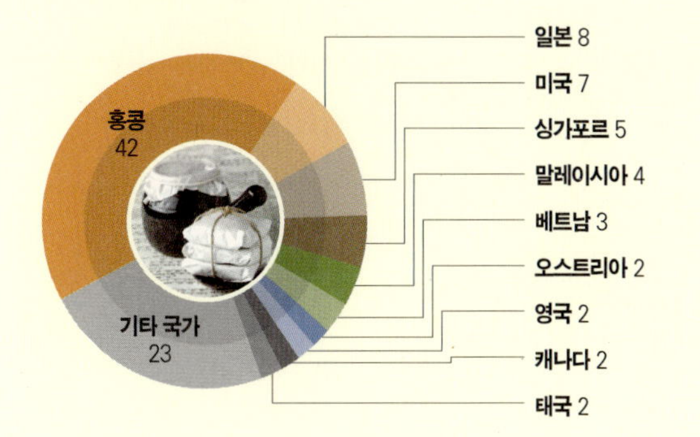

- 중국 중성약은 같은 동아시아에 위치한 홍콩과 일본에 가장 많이 수출되고 있다. 웰빙 개념이 보편화된 미국은 중성약에 대한 선호도가 높아 중국의 중성약 수출 대상 3위국이다.

자료: Modern chinese medicine

중국 바이오의약품 매출 추이

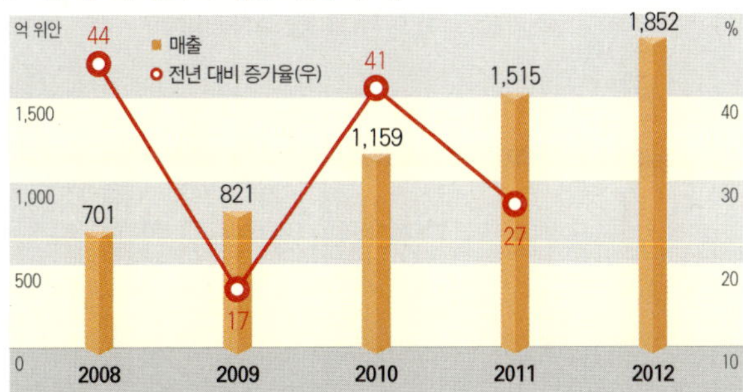

- 바이오의약품(생물의약품)은 중국 의약품 전체 매출에서 차지하는 비중이 10%에 불과하지만, 꾸준한 신약 연구 개발로 매출 증가율이 높다. 그러나 중국은 아직 고리스크 산업에 대한 투자 비중이 낮기 때문에 바이오의약산업 역시 투자 규모가 크지 않다.

자료: WIND

중국 약사 수 추이 (만 명)

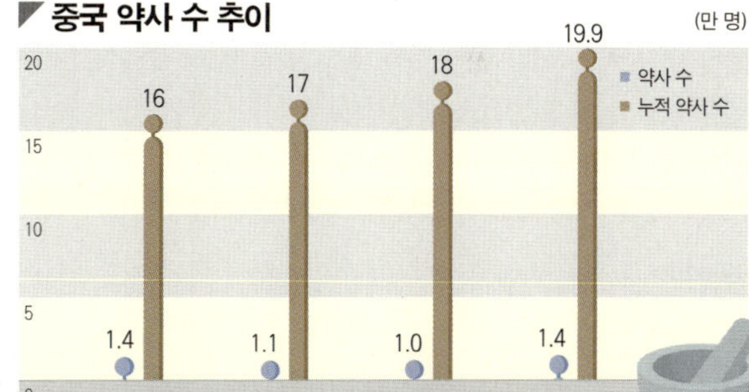

- 중국은 현재 약사 3명이 1만 명을 응대하고 있다.
- 중국은 2015년까지 인구 대비 100만 명의 약사가 필요하다.

자료: 뉴스 시나닷컴

중국 지역별 병원 보유 현황 (개)

* 병원에는 종합병원, 중의(한방)병원, 전문병원, 중·서양의학결합병원, 민족병원, 특수병원, 간호원이 포함됨.

- 중국 지역별 병원 보유 현황을 보면 산둥에 제일 많은 병원이 있고, 허난과 쓰촨이 그 뒤를 잇는다.
- 중국 병원은 대부분 정부 소유로, 부족한 예산을 메우기 위해 의약품 가격에 높은 마진(약 16%)을 붙여 환자에게 판매하고 있다.

중국의 10대 사망 질환

순위	사망 원인	비율(%)
1	심혈관계질환	20
2	만성폐쇄성질환	15
3	허혈성 심장질환	8
4	기관지, 폐암	4
5	위암	4
6	간암	3
7	교통사고	3
8	식도암	3
9	고혈압 관련 심장질환	3
10	하부 호흡기 감염	2

- 중국은 심혈관계질환 사망자가 가장 많고, 담배 소비량이 증가하면서 폐질환으로 인한 사망률이 그 뒤를 잇고 있다. 영양 과다 섭취로 생기는 심장질환, 고혈압, 당뇨병 환자도 급격히 증가하는 추세이다. 이들은 지속적인 치료가 요구되는 질환들로 관련 의약품의 높은 성장세로 이어질 전망이다.

자료: WHO

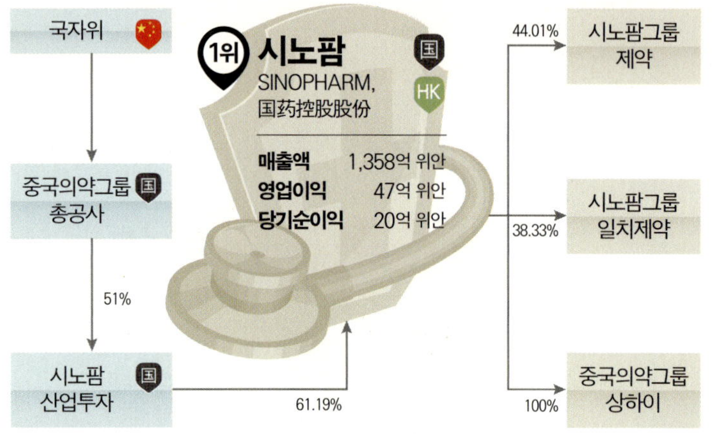

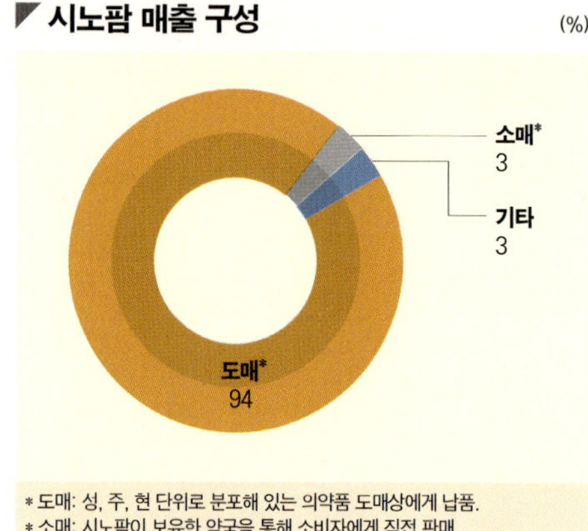

- 시노팜은 2005년부터 7년 연속 매출 1위 기업으로, 마취 약품 시장의 90% 이상을 점유.
- 하지만 의약품 생산 비용이 높아 매출 대비 이익은 낮은 상태.

- 중국은 의약품 유통구조법에 의거, 제약사는 도매상에만 의약품 판매가 가능하다. 시노팜의 전 매출 중 94%가 도매에서 이루어지며, 기업의 직영 소매점을 통한 매출은 3%에 불과하다.

▼ 시노팜 경영 실적

- 중국은 소득 수준 향상과 고령화로 매출이 꾸준히 상승하고 있다. 하지만 의약품 생산 비용이 높아 매출 대비 이익이 낮은 상태이다.
- 중국 정부가 2015년까지 의약기업의 인수·합병을 추진하고 있어 매출이 급상승할 것으로 전망된다.

▼ 시노팜 자산 – 부채

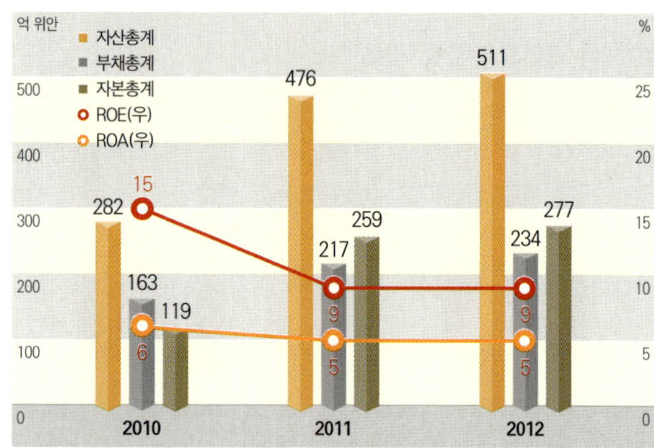

- 중국은 2010년 의약업계의 집중적 발전을 위해 대형 제약사와 중소 제약사의 합병을 추진했다.
- 시노팜도 이 시기에 기업 인수·합병을 진행해 자본 규모가 증가했다.

▼ 시노팜 주가 추이 (2013년 1분기)　(%)

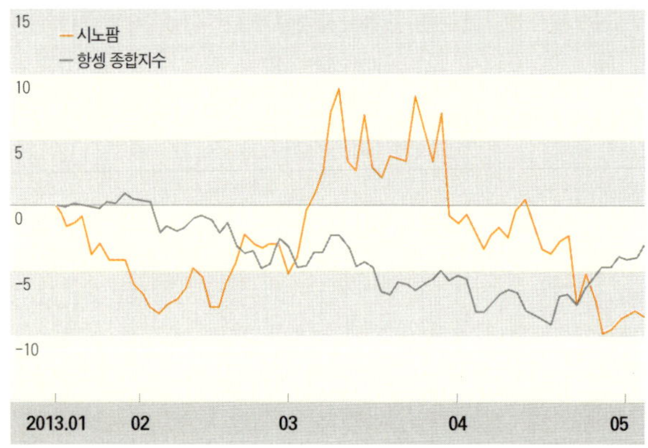

- 중국 정부의 의약기업 인수·합병 추진 정책에 따라 주가가 상승하고 있다.
- 2013년 1월에는 저장성에서 조류독감이 발병하면서 주가가 상승했다.

▼ 제약기업 세계 톱 10　(억 달러)

순위	국가	회사명	영업 매출
1위(132위)	미국	존슨앤존슨	672
2위(148위)	미국	화이자	612
3위(162위)	스위스	노바티스	576
4위(197위)	스위스	로슈그룹	506
5위(214위)	미국	머크그룹	473
6위(219위)	프랑스	사노피	462
7위(253위)	영국	글락소스미스클라인	419
8위(261위)	미국	애벗래버러토리스	399
9위(413위)	영국	아스트라제네카	280
10위(446위)	중국	시노팜	262

- 2013년 미국 〈포춘〉이 선정한 '세계 500대 기업' 순위에서 시노팜은 중국 의약기업 최초로 500대 기업에 선정되었다.
- '세계 500대 기업' 순위에서 제약기업만 뽑아 정리한 순위에서 시노팜은 10위를 차지했다.

( ) 안은 세계 500대 기업 순위 / 자료: 〈포춘〉

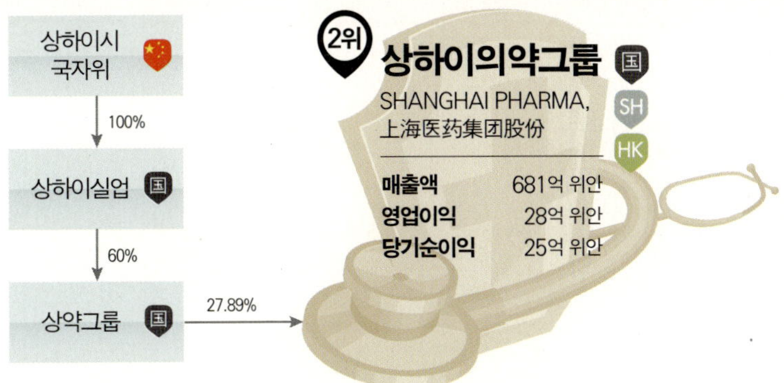

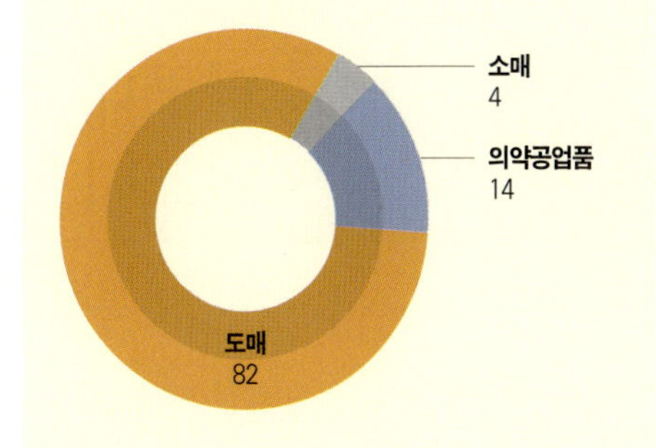

- 상하이의약그룹은 매출 규모로 중국 2위 제약사로, 화동 지역과 상하이시 의약품 시장점유율 1위.
- 상하이의약그룹은 의약품, 건강 제품, 화학 약품 등 다양한 제품을 취급.

- 시노팜과 마찬가지로 주요 매출은 의약품 도매에서 발생한다. 하지만 시노팜과 달리 상하이의약그룹은 의약공업품(파스, 반창고, 붕대 등)이 매출의 14%를 차지하고 있다.

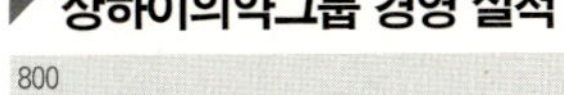

▶ 상하이의약그룹 경영 실적

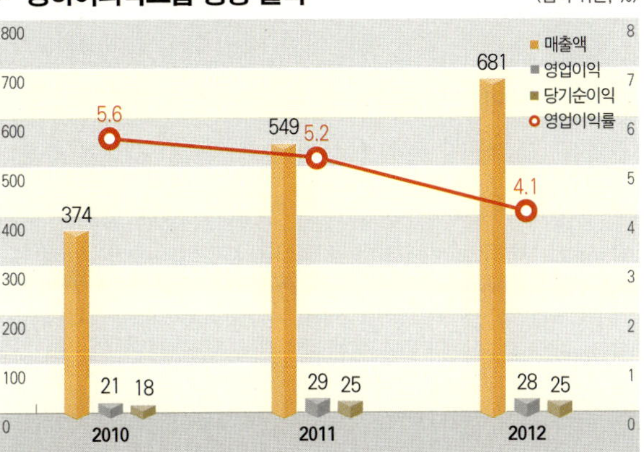

- 2010년에는 신종플루 발생으로 매출이 상승했다.
- 2012년에는 전 세계적인 불경기로 의약품 수주가 감소하면서 매출 성장률이 소폭 감소했다.

▶ 상하이의약그룹 주가 추이

- 2012년 4분기 의약 시장의 전반적인 주문 감소와 2013년 1, 2분기에 원활하지 못했던 약재 출고로 주가가 하락했다.
- 2013년 1월에 저장성에서 발병한 조류독감으로 주가가 상승했다.

* 업종지수는 2012년 4월~2013년 4월까지 1% 미만으로 소폭 변동해 그래프가 직선 추이.

▶ 중국산 비타민C 원료 가격 추이

- 중국은 풍부한 옥수수 생산량과 노동력을 바탕으로 전 세계 비타민C 원료(옥수수 추출물을 발효·합성시켜 만든 물질)의 90%를 생산하고 있다.
- 중국은 '비타민C의 석유수출국기구'(OPEC)라고 불릴 정도로 시장에서 막강한 영향력을 행사하지만, 비타민C 원료 가격이 올라도 떨어져도 마음 편히 웃지 못한다.
- 비타민C 원료 가격이 등락할 때마다 가격을 조작했다며 국제 사회로부터 공격을 받기 때문이다.

• 2004년 중국산 비타민C 원료 가격은 1kg 당 4.57달러로, 세계 평균가보다 0.06 달러 낮았다. • 미국 상무부는 중국에 비타민C 원료 반덤핑 소송을 제기했다.	• 2007년부터 중국은 자국의 식품 안전성 기준을 높이면서 비타민C 원료의 품질 관련 기준도 상향 조정했다. • 중국 정부는 2007년 베이징올림픽을 위해 대기 오염 감소 캠페인을 추진하며 비타민C 생산 공장의 가동을 일시 중지시켰다. • 비타민C의 주원료인 옥수수가 바이오에너지 수요 확대에 따라 가격이 급등하면서 비타민C 원료 가격이 폭등했다. • 일련의 사건으로 비타민C 원료 가격이 폭등하자, 미국은 중국 비타민C 원료 제조사들이 담합을 통해 가격을 조종했다며 중국 4대 비타민 제조사들을 반독점법 위반 혐의로 제소했다.	• 비타민C 원료 가격이 상승하자 기업들이 경쟁적으로 비타민C 원료 생산 공장을 세우기 시작했다. • 비타민C 원료의 주 소비 지역인 북미와 유럽의 수요가 급감하자, 이번에는 공급 과잉으로 비타민C 원료 가격이 30% 급락했다. • 이번에는 전 세계가 중국 비타민C 원료에 반덤핑 소송을 제기했다.

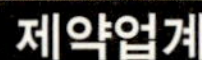

인구대국의 고령화를
비즈니스 기회로

중국 역사에는 '연단술사'라 불리는 사람들이 등장한다. 연단술사는 중국에서 처음으로 화학을 연구한 사람들이다. 화학을 다루다보니 이들의 발명품 중에는 화약도 있다. 그런데 화약은 처음부터 의도해서 만들어진 것이 아니라 황제를 위해 '장생불로초'를 조제하기 위해 화학 실험을 하다가 우연히 개발하게 된 것이다. 당시 그들의 화학 실험은 기록으로 남겨져 후대에 전해졌고, 이를 기화로 중국에서 화학의 역사가 시작된 것이다. 장생불로초처럼 중국 역사 속에 등장하는 모든 약은 황실을 위해 조제되었고, 그렇게 중국에서 제약의 역사가 태동한 것이다.

글로벌 제약사와의 교류로 사업의 스펙트럼을 넓히는 중국 제약업계

제약산업은 그 나라의 인구 규모 및 복지 정책과 밀접한 관련이 있다. 13억 인구대국답게 중국의 제약시장은 스케일부터가 다르다. 제약산업은 개혁·개방 이후 성장률 16.6%를 유지하면서 빠른 발전을 보여왔다. 특히 WTO 가입을 계기로 제약 선진국들과의 교류가 활발히 진행되고 있다. 해외 투자도 급물살을 타고 있다. 전체 제약 관련 투자 55.7억 달러 가운데 27.5억 달러가 해외 투자일 정도이다. 하지만 글로벌 제약산업에서 지식재산권 보호가 강화되면서 중국 복제약(제네릭) 시장은 다소 어려움을 겪기도 했다. 향후 복제약

시장은 특허가 만료되는 약품 위주로 시장이 재편될 수밖에 없는 실정이다.

한편, 인구가 많고 땅덩이가 넓을수록 복잡해지는 시장 분야가 바로 유통이다. 중국의 제약 유통 구조도 그 예외는 아닐 것이다. 약품의 도매와 소매 유통이 뒤엉켜 있다 보니 약값에 거품이 형성된 예가 적지 않다. 또 도시를 중심으로 제약 소매 시장이 집중되어 있어, 제대로 혜택을 받지 못하는 제약 사각지대도 상당수 존재한다. 이처럼 성장 일변도로 내달려온 중국의 제약산업이 해결해야 할 당면과제 또한 적지 않아 보인다.

인수·합병으로 몸집을 불리는 중국 1위 제약사

'시노팜'은 '중국의약그룹총공사'(中国医药集团总公司)의 자회사로 중국 최대 국영 제약사이다. 지난 2009년 홍콩증권거래소에 상장했고, 2005년 이후 7년 연속 중국 제약 시장점유율 1위를 차지하고 있다. 2011년에는 1,000억 위안 이상의 매출을 달성하면서 초대형 제약사로서의 입지를 굳혔다.

시노팜의 매출 가운데 94%는 도매상과의 거래로부터 발생한다. 취급 제품으로는 약품, 보건품, 위생품, 의료기기 등 제약을 넘어 의약 분야까지 폭넓게 포진돼 있다. 시노팜은 유통 단계에서 발생하는 비용을 절감하기 위해 자체적으로 물류센터를 건설하기도 했다. 이로써 시노팜의 거래처

들은 일반 물류 운송 비용보다 저렴하게 의약품을 공급받을 수 있게 되었다.

최근 중국 제약업계에서는 제약사간 인수·합병이 한창이다. 물론 그 중심에 1위 기업 시노팜이 있다. 시노팜은 인수·합병을 통해 회사의 외형을 키우는 데 공력을 쏟고 있다. 외형 확장은 중국을 넘어 글로벌기업으로 발돋움하기 위해서 반드시 거쳐야 하는 통과의례이다. 특히 우수한 기술력을 보유한 중소 제약사를 인수함으로써 시노팜의 자금력을 통해 신기술이 사장되지 않고 새로운 약품으로 출시되는 것은 중국 제약산업 전체를 놓고 볼 때 긍정적인 일이다.

시노팜은 해외시장 개척에도 적극적이다. 우선 지난 2010년 일본의 메디팜홀딩스와 의약 물류산업 관련 제휴를 맺었다. 물류 서비스가 발달한 일본을 통해 자사의 물류 서비스 시스템을 개선하려는 취지에서다. 2011년에는 이탈리아 GVS사와 투자 계약을 맺기도 했다. 시노팜은 GVS사로부터 투자를 이끌어내 자금의 융통에 도움을 얻고, GVS사는 시노팜의 방대한 유통 경로를 이용해 중국시장 진출에 탄력을 받는다는 복안이다.

한국 제약사들과도 제휴 관계 활발

'상하이의약그룹주식유한회사'(上海医药集团股份有限公司, 이하 '상하이의약')는 '상하이시 국자위'가 운영하는 제약사이다. 현재 상하이의약은 상하이와 홍콩 증권거래소 2곳에 상장했고, 2012년 기준 600억 위안 이상의 매출을 달성해 시노팜을 잇는 거대 제약사로 발돋움하고 있다. 상하이의약의 주 매출원은 도매 형태의 판매에서 이루어지고 있다.

상하이의약은 상하이시국자위의 지원으로 상하이와 화동 일대 제약시장을 평정하고 있다. 지역적인 수혜를 톡톡히 누리고 있는 것이다. 중국에서는 이처럼 제약사가 지역적 기반이 견고할 경우 경영실적의 안정화에 커다란 보탬이 된다.

상하이의약은 중국 중의약으로 1980년대 명성을 떨친 '쩡다청춘보약유한회사'(正大青春宝药有限公司)의 주식 20%를 사들이면서 사업 스펙트럼을 넓혀 나가고 있다. 아울러 해외시장 개척 및 기술 개발을 위해 다국적 제약사와의 협력에도 적극적이다. 상하이의약은 동아제약, GSK, 노바티스, 화이자제약 등 한국 제약사들과도 끈끈한 파트너십을 발휘하고 있다.

상하이의약의 주요 제품으로는 화학약품, 바이오의약품, 중성약(한방제약), 의료공업품 등이 있다. 특히 바이오의약품 등 고기술을 요하는 제품 개발을 위해 중국 중앙연구원 및 국가기관급 기술센터 3곳과 성급(省级) 기술센터 14곳 및 국내외 유명 연구소들과 기술 제휴를 이어가고 있다.

성장한 만큼 당면 과제도 한 가득

최근 중국은 가처분 소득이 증가하고 인구가 고령화됨에 따라 그 어느 때보다 제약산업에 대한 기대가 커지고 있다. 기대에 걸맞게 산업은 외형적으로 성장하고 있지만, 그 못지않게 여러 문제점도 속속 들어나고 있다.

특히 대형 제약사를 중심으로 과열되고 있는 인수·합병의 부작용에 대해서 일부 전문가들은 우려를 표시하고 있다. 대형 제약사 3~4업체 아래로 중소 제약사 10~20업체를 포진시킴으로서 제약산업의 전반적인 발전을 이끌어내자는 게 인수·합병의 취지이다. 그러나 무리한 인수·합병은 언제나 독과점의 폐해를 몰고 온다. 아울러 기술력이 뛰어난 중소 제약사들을 잠식시킴으로써 산업 생태계 질서를 교란시키는 부작용을 초래할 수도 있다. 향후 중국 제약업계가 풀어가야 할 당면 과제가 아닐 수 없다. ★

금융 · 증권

23 은행업계

❶ 공상은행, 2012년 미국 BoA 제치고 세계 1위 은행 등극.
❷ 글로벌 경기 침체로 제조업 수익은 감소, 하지만 은행 수익은 여전히 증가.
❸ 저금리 기조로 은행 예금 기피 현상 심화.
❹ 중소기업, 은행 통한 대출 어려워 사채에 의존.

은행 세계 톱 10 (기본자산 기준)

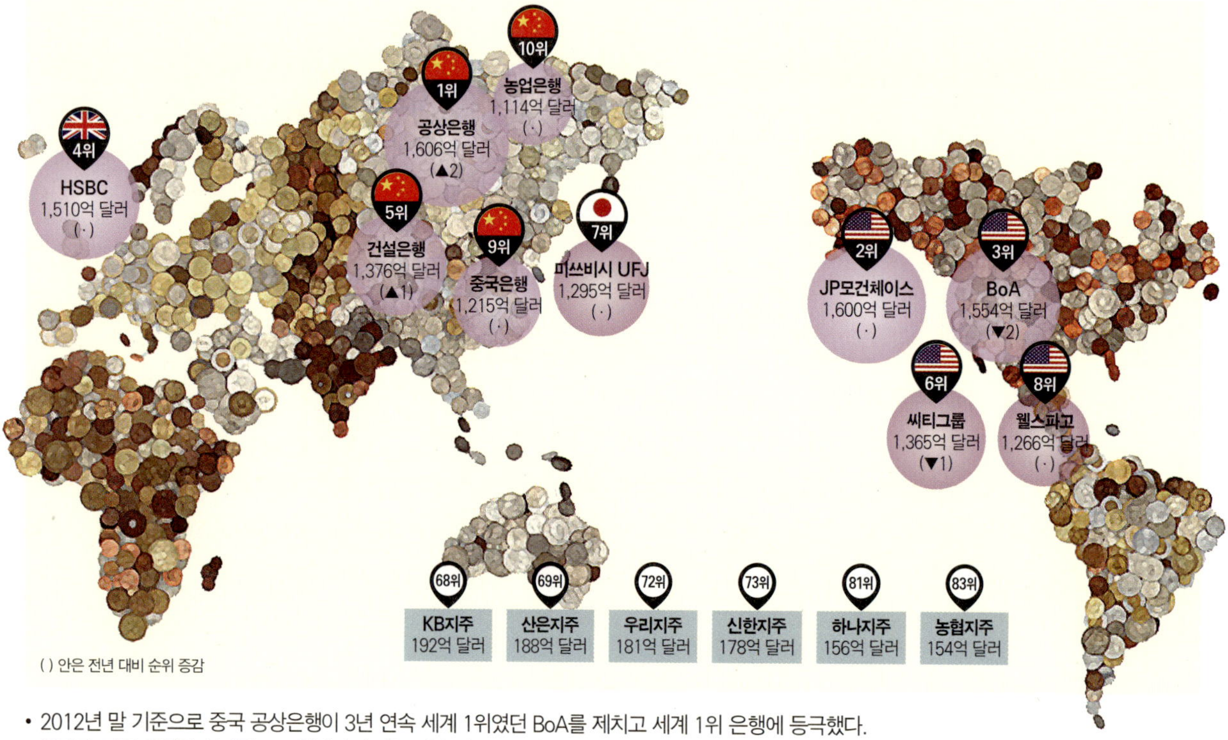

- 2012년 말 기준으로 중국 공상은행이 3년 연속 세계 1위였던 BoA를 제치고 세계 1위 은행에 등극했다.
- 유럽과 미국 은행이 상대적으로 침체되어 있는 가운데, 중국 정부로부터 독점적 지위를 보장받는 중국계 은행들은 중국 경제 성장에 힘입어 규모가 계속 커지고 있다.

자료: 〈The Banker〉, 2013년 7월 호

중국의 금융 시스템

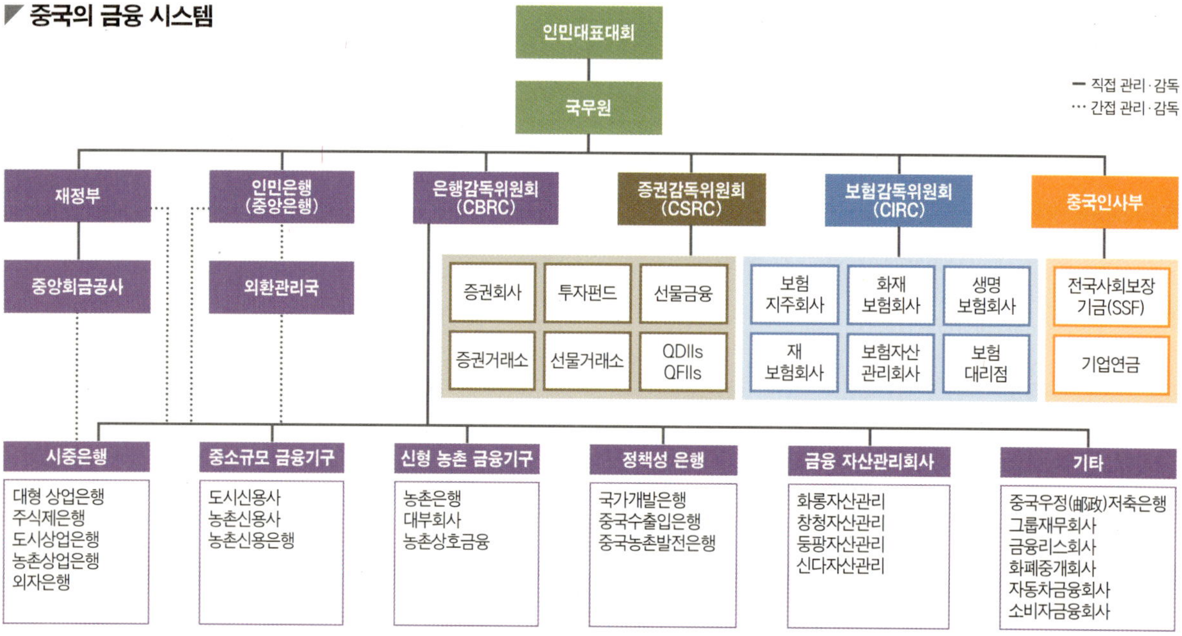

- 중국 국무원(한국 행정부에 해당) 산하의 재정부, 인사부, 인민은행과 은행, 증권, 보험에 대한 3대 관리감독위원회가 중국 금융시스템의 통제자 역할을 하고 있다.
- 그 아래에는 다양한 금융회사들이 존재한다. 중국 금융의 핵심 은행은 인민은행, 은행감독위원회(CBRC), 재정부, 외환관리국의 직·간접적인 감독을 받는다.

▶ 중국 은행 유형별 시장점유율 (자산 기준) (%)

▶ 중국 사회융자총액 비중 추이 (%)

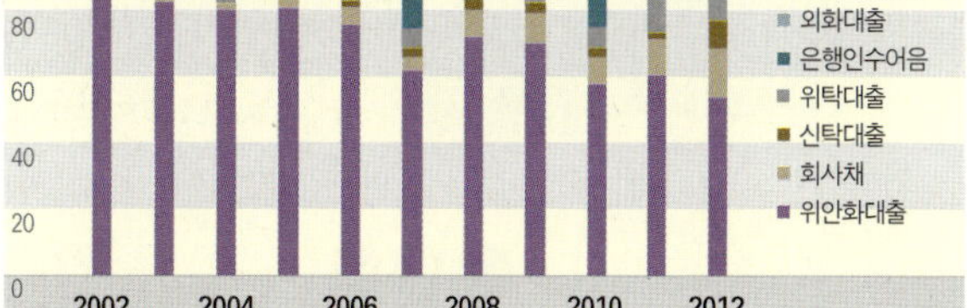

- 2012년 말 기준으로 중국 은행업 금융기관의 총자산은 전년 대비 20조 위안 증가한 133조 위안으로 중국 GDP의 2.6배에 달한다.
- 유형별로 살펴보면 국유 대형 상업은행 비중은 44.9%로 지속적으로 감소하고 있는 반면, 민영 상업은행 비중은 계속 늘어 17.6%까지 증가했다.

자료: 중국 은행감독위원회(CBRC)

※ 국유 대형 상업은행은 공상은행, 건설은행, 농업은행, 중국은행, 교통은행 5개 사.

- 중국의 유동성 공급 지표인 '사회융자총액'은 2012년 15.7조 위안으로 전년 대비 약 2.93조 위안 증가했다.
- 과거 유동성의 80% 이상을 공급하던 위안화 대출은 2012년 8.2조 위안으로 54%까지 축소되었다.
- 하지만 은행은 여전히 중국의 가장 중요한 유동성 공급 채널이다.

자료: 인민은행

▶ 중국 은행업계 수입 구조 (%)

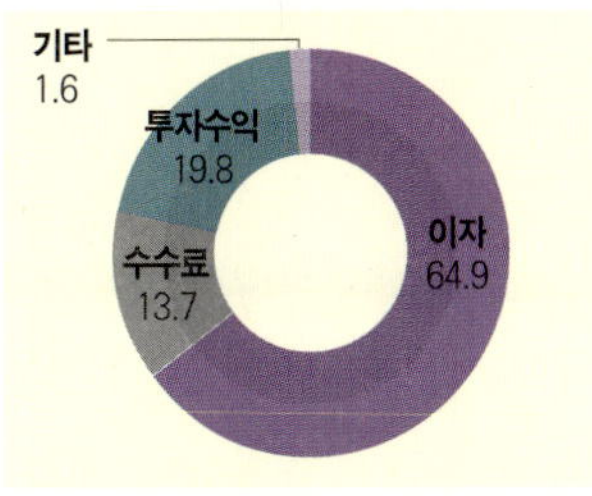

▶ 중국 상업(시중)은행 부실채권(NPL) 추이

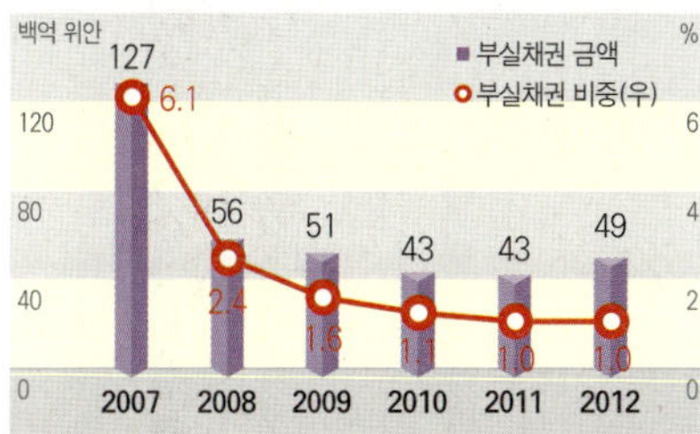

▶ 중국과 주요국의 기준금리 변화

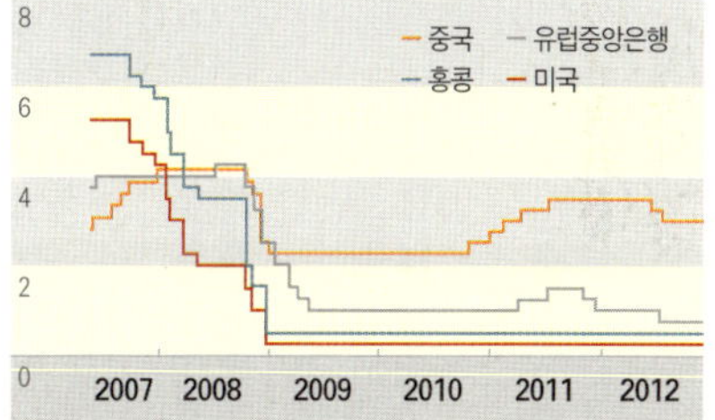

- 중국 은행업계는 정부로부터 일정한 마진폭(3%)의 예대 금리를 보장받고 있기 때문에, 이자 수입 비중이 절대적으로 높다.
- 향후 금리 자유화 개혁이 진행되면 이자 수입 비중이 감소할 것으로 예상된다.

자료: 중국 은행감독위원회(CBRC)

- 2012년 중국 상업은행의 부실채권 규모는 전년 대비 647억 위안 증가한 4,929억 위안으로 총 대출 중 부실채권이 차지하는 비중은 1%이다.
- 중국 은행업계의 부실채권 비중은 1% 이하로 낮지만, 부실채권에 대한 분류 기준이 명확하지 않아 실제로는 이 보다 높을 것으로 예측된다.

자료: 중국 은행감독위원회(CBRC)

- 2008년 미국 발 금융 위기는 전 세계적으로 기준금리 인하의 기폭제가 되었지만, 상대적으로 경제 상황이 양호했던 중국은 비교적 낮은 폭의 금리 인하를 단행했다.
- 상대적으로 높은 중국의 금리는 마이너스 금리 방지와 물가 안정에는 도움이 됐으나, 핫머니(투기성 단기 자본) 유입을 불러일으키고 있다.

자료: 톰슨로이터 (※ 중국 기준금리는 1년 만기 예금 금리)

▶ 세계 10대 기업공개(IPO) (십억 달러, 모집액 기준)

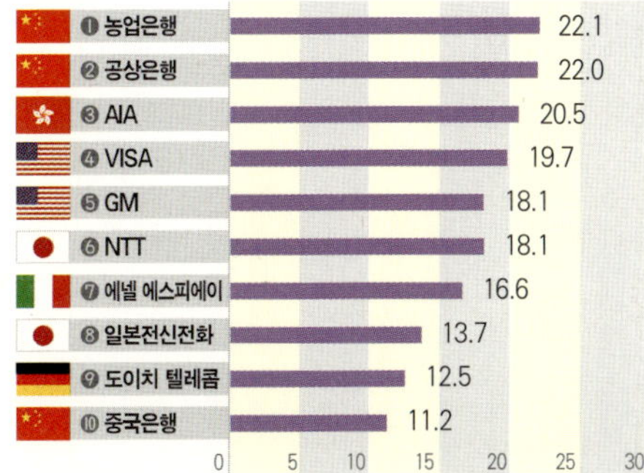

▶ 중앙회금공사(中央汇金公司)

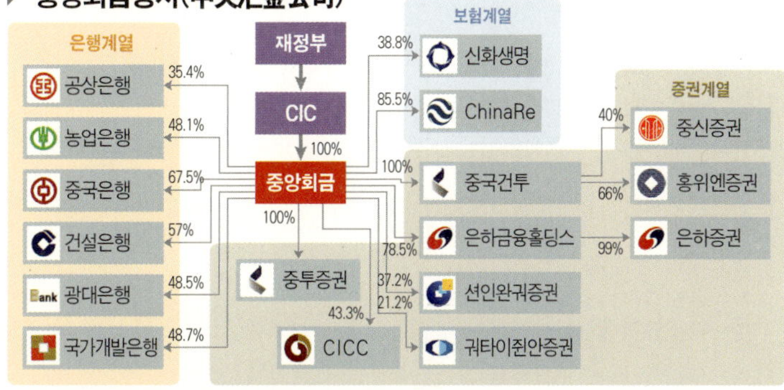

- 최근 중국 대형 은행들이 연이어 상장되면서 세계 IPO 시장을 뒤흔들고 있다.
- 중국 대형 은행은 IPO를 통한 자금 조달과 13억 인구의 높은 저축률에 힘입어 세계 금융시장의 주역으로 등장하고 있다.

자료: 톰슨로이터

- 중국 금융계의 핵심 기관 중 하나인 중앙회금공사(中央汇金公司)는 중국 국유 금융사를 이해하는데 꼭 알아야 할 포인트이다.
- 중앙회금공사는 재정부 소속의 중국 국부펀드 CIC의 자회사로, 은행, 증권, 보험회사들을 자회사로 두고 있다.
- 특히 중국 4대 국유 대형 상업은행(공상, 농업, 중국, 건설 은행)의 지분을 모두 보유하면서, 지주회사 역할을 하고 있다.

1위 공상은행

ICBC, 中国工商银行

총자산	17.5조 위안
영업이익	3,075억 위안
당기순이익	2,387억 위안
자기자본비율(ROE)	23.0%
총자산이익율(ROA)	1.5%
부실채권비율(NPL)	0.85%

주주	지분
중앙회금공사	35.4%
재정부	35.3%
전국사회보장기금	3.9%
골드만삭스	2.5%
노무라증권	1.4%
JP모건체이스	1.2%

国 SH HK

- 공상CS자산운용
- 공상은행리스
- 충칭공상농촌은행
- 저장공상농촌은행
- **해외 지점** 미국, 영국, 한국, 일본 등 전 세계 33개국에 분포

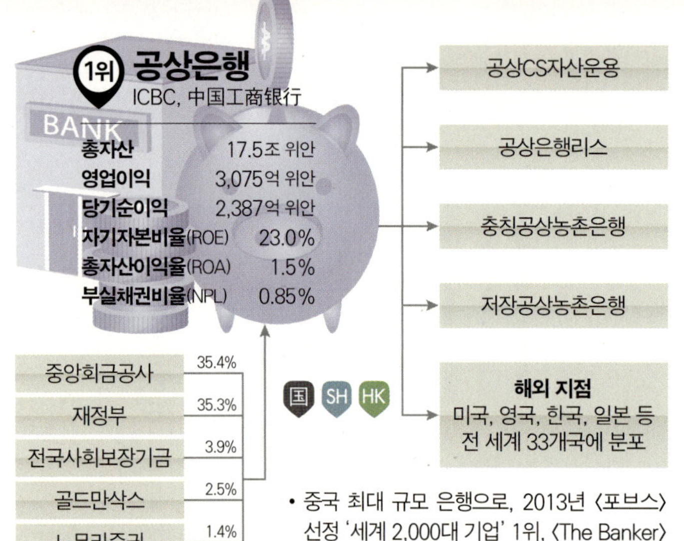

- 중국 최대 규모 은행으로, 2013년 〈포브스〉 선정 '세계 2,000대 기업' 1위, 〈The Banker〉 선정 세계 1위 은행.

공상은행 경영 실적

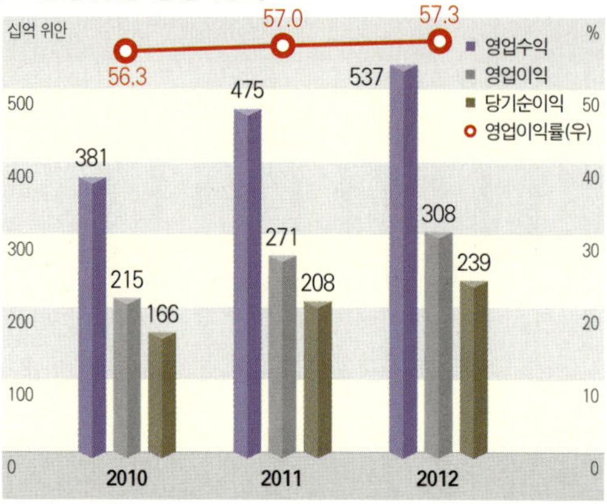

- 2009년 미국 발 금융 위기로 영업수익이 다소 감소했으나 이후 영업수익 및 순이익이 꾸준히 증가하고 있다.
- 2012년 영업이익은 전년 대비 13.5% 상승하며 3,075억 위안을 달성했다.

공상은행 자산-부채

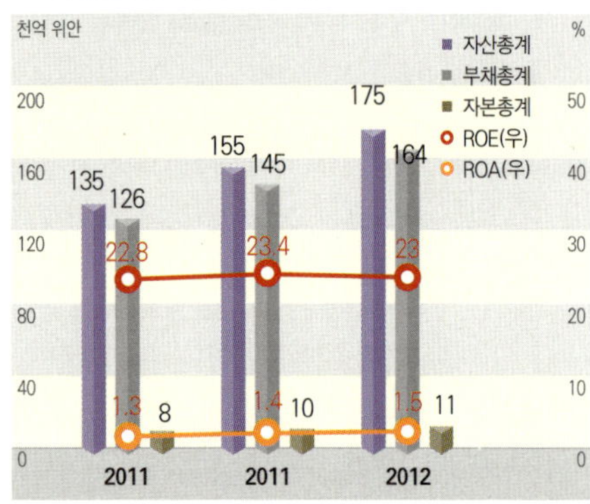

- 중국 공상은행의 자산 규모는 매년 두 자릿수로 증가해 2012년에는 17.5조 위안이었다.
- 이는 한국의 4대 은행지주사(우리, 신한, KB, 하나)의 2012년 자산을 모두 합친 것보다 2.6배 큰 규모이다.

공상은행 대출 규모

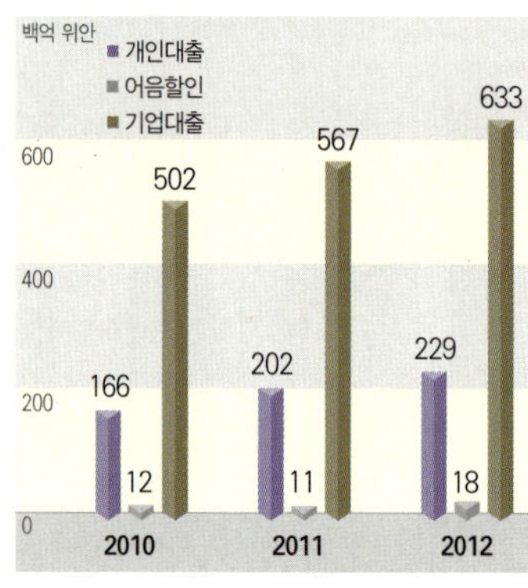

- 2012년 공상은행의 대출 중 약 72%인 6.3조 위안이 기업에 대출되었다.

공상은행 예금 규모

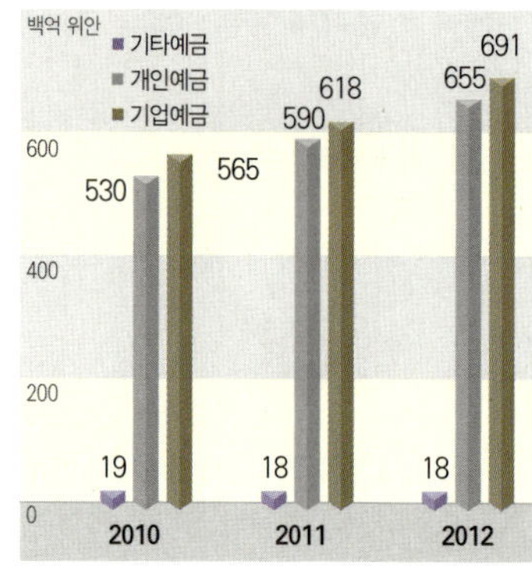

- 2012년 공상은행은 기업예금이 6.9조 위안, 개인예금이 6.6조 위안이었다.
- 기업예금과 개인예금이 전체 예금에서 차지하는 비중은 비슷한 수준이다.

2위 건설은행

CCB, 中国建设银行

총자산	14조 위안
영업이익	2,502억 위안
당기순이익	1,936억 위안
자기자본비율(ROE)	22.0%
총자산이익율(ROA)	1.5%
부실채권비율(NPL)	0.99%

주주	지분
중앙회금공사	57.2%
테마섹	7.2%
국가전력망	1.2%
바오스틸	0.9%

国 SH HK

- 건신자산운용
- 건신금융리스
- 건신신탁
- 건신생명보험
- **해외 지점** 미국, 영국, 한국, 홍콩 등 전 세계 13개국에 분포

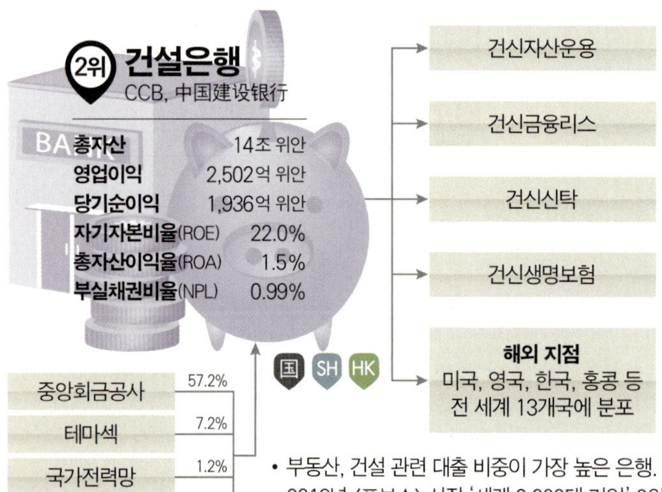

- 부동산, 건설 관련 대출 비중이 가장 높은 은행.
- 2013년 〈포브스〉 선정 '세계 2,000대 기업' 2위, 〈The Banker〉 선정 세계 5위 은행.

건설은행 자산-부채

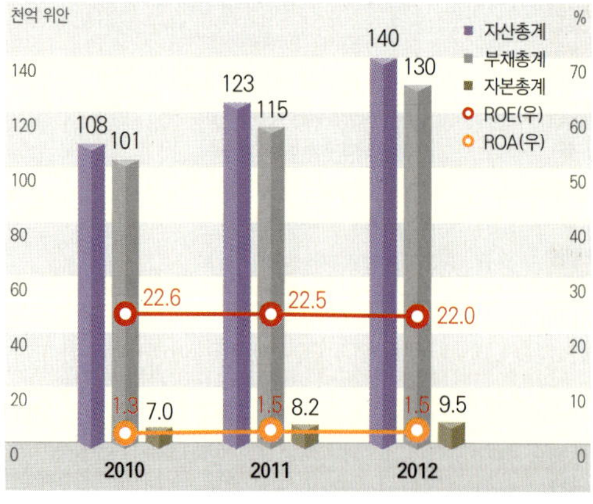

- 건설은행의 자산 규모 역시 매년 두 자릿수의 증가율을 보이며 빠르게 성장하고 있다.

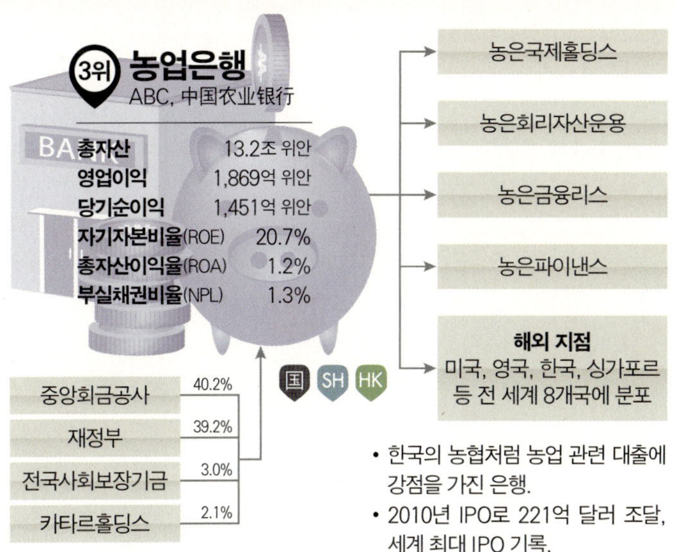

- 한국의 농협처럼 농업 관련 대출에 강점을 가진 은행.
- 2010년 IPO로 221억 달러 조달, 세계 최대 IPO 기록.

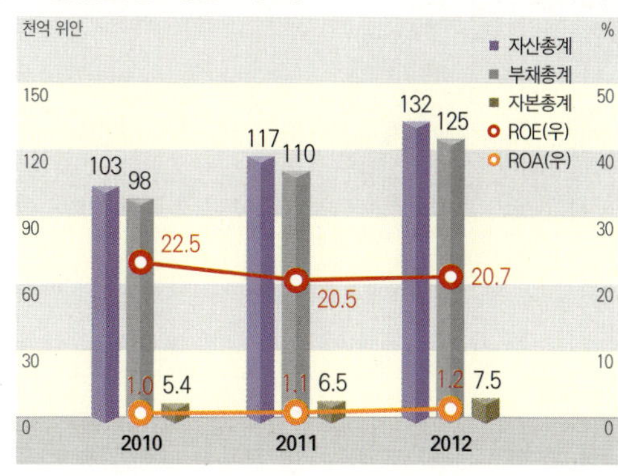

- 농업은행 역시 매년 두 자릿수의 자산 증가율을 기록하고 있다.
- 2012년 자산 규모가 13.4% 증가하면서 7%대 성장에 그친 중국은행을 제치고 자산 순위 3위에 올랐다.

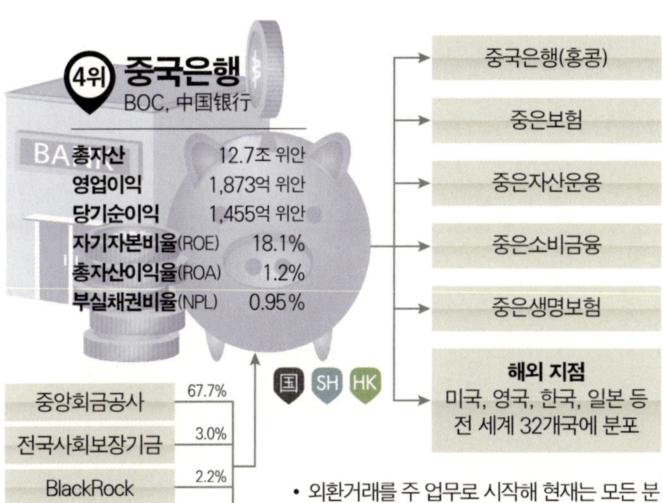

- 외환거래를 주 업무로 시작해 현재는 모든 분야의 금융 서비스를 제공하는 은행.
- 서울, 대구, 안산 등 한국에 4개 지점 운영.

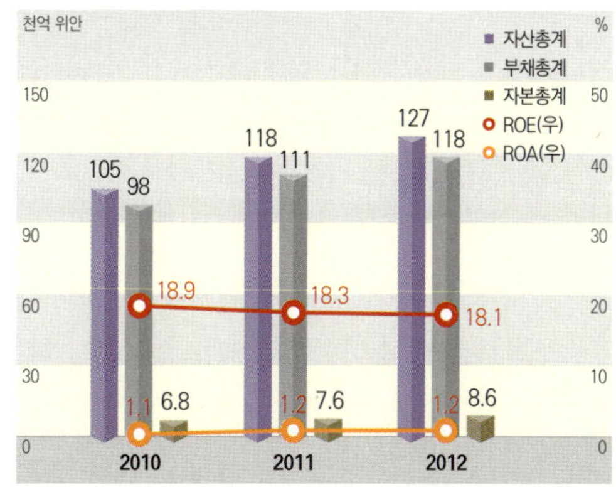

- 2012년 중국은행은 자산 규모가 7% 증가하면서 다른 국유 상업은행에 비해 낮은 자산 증가율을 보였다.
- 중국은행은 예금과 대출의 기업 고객 의존도가 높은 편이다. 그래서 상대적으로 부진했던 중국 경기의 영향을 가장 크게 받은 것으로 보인다.

▶ 중국 10대 상업(시중)은행 (자산총액 기준, 2012년) (억 위안)

순위	은행명	자산총액	순이익	시가총액
1	공상(工商)은행	175,422	2,387	14,509
2	건설(建设)은행	139,728	1,936	11,501
3	농업(农业)은행	132,443	1,451	9,094
4	중국(中国)은행	126,806	1,455	8,151
5	교통(交通)은행	52,734	585	3,669
6	초상(招商)은행	34,082	453	2,967
7	흥업(兴业)은행	32,510	349	1,800
8	민생(民生)은행	32,120	383	2,230
9	푸파(浦发)은행	31,457	343	1,850
10	중신(中信)은행	29,599	314	2,007

- 중국 4대 국유 상업은행들이 10조 위안 이상의 자산을 확보하며 절대적인 우위를 보이고 있다.
- '주식제(股份制) 상업은행'으로 불리는 민영은행(교통은행 제외)들이 중하위권을 지키고 있다.

▶ 중국의 중앙은행 '인민은행'

- 많은 사람들이 중국은행(BOC)을 한국의 한국은행에 해당하는 중국의 중앙은행으로 오해하는 경우가 많다. 하지만 중국은행은 일반적인 상업(시중)은행이고, 중국의 중앙은행은 '인민은행'(人民银行)이다.
- '미스터 위안화'라고 불리는 저우샤오촨(周小川)이 2002년부터 줄곧 인민은행 총재 자리를 지키고 있다.
- 인민은행이 보유한 외환은 2012년 말 기준으로 3.3조 달러로, 전 세계 중앙은행이 보유한 금을 두 번 살 수 있는 천문학적인 규모이다.

- 1948년 설립된 인민은행은 중화인민공화국 초기에는 중앙은행과 시중은행의 역할을 겸했으나, 1984년 현재의 4대 국유 상업은행을 분리한 후에는 통화 정책 수립과 집행, 화폐 발행 같은 업무만 전담하고 있다.

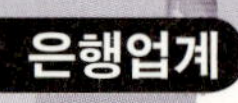
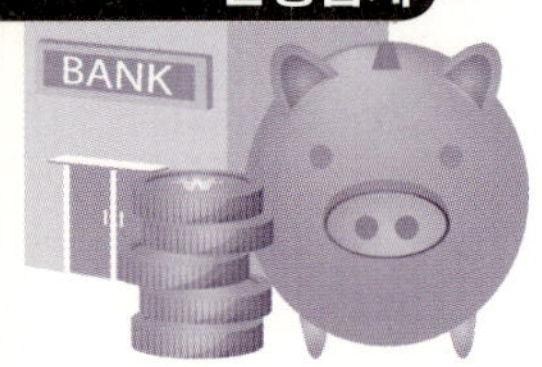

세계의 돈줄을 쥐고 있는 중국의 공룡 은행들

중국 전체 금융산업에서 은행업이 차지하는 비중은 절대적이다. 2012년 말 기준 중국 GDP 대비 중국 은행업계 총자산의 비중이 무려 256%나 된다.

순이익 측면에서 보면, 2012년 기준 상위 12개 은행의 순이익이 전년보다 19% 증가한 1조27억 위안(삼성전자 순이익의 7.6배)을 기록했는데, 이는 중국 전체 상장회사 순이익의 절반에 해당한다. 그런데 상위 12개 상업은행을 제외한 나머지 상장회사들의 순이익은 2010년과 비교했을 때 오히려 감소한 것으로 나타났다. 중국 은행들이 경기에 영향을 받지 않고 이익을 취하고 있음을 방증하는 대목이다.

이처럼 '은행만 돈을 벌고 기업은 돈을 벌지 못하는 현상'의 원인으로 중국 은행산업구조가 대형은행으로 쏠리고 있기 때문이라는 지적이 제기된다. 2012년 말 중국 은행업계의 총자산 규모 133조 위안 가운데 상위 12개 은행의 자산이 약 82조 위안으로 62%를 차지했다. 문제는 중국 중소기업들은 대형은행에서 대출을 받기가 매우 힘든 실정이라서 중소 규모의 은행들에 의존할 수밖에 없다는 점이다. 하지만 주요 대형은행들이 시중 자금을 싹쓸이해 간 탓에 정작 중소은행들은 자금난에 허덕이고, 이는 다시 대출 금리를 높이는 악순환을 초래하고 말았다. 결국 중소기업들은 울며 겨자 먹기로 높은 이자 부담을 떠안고 사금융에서 대출을 받을 수밖에 없는 노릇이다.

글로벌 은행업계 1, 2, 3위가 모두 중국 은행들

중국의 대형은행들이 글로벌 은행업계 순위를 석권하고 있다. 2012년 전 세계 은행 시가총액 '톱 10'에서 공상은행, 건설은행이 1, 2위를, 농업은행과 중국은행이 6, 7위를 거머쥐었다. 또한 2012년 영국 〈더 뱅커〉(The Banker)지의 글로벌 은행업계 순위(세전이익 기준)에서도 공상은행, 건설은행, 중국은행이 각각 1, 2, 3위를 자치해 선진국 은행들을 무색케 했다.

대형은행 가운데 맏형은 외환 업무와 시중은행 업무를 담당하던 중국은행이었는데, 공상은행이 2006년 10월 27일 상하이와 홍콩에서 상장하면서 중국 최대 은행으로 등극했다. 2012년 말 공상은행의 총자산은 17.5조 위안에 달하는데 이는 한국 4대 금융 지주사(우리, 신한, KB, 하나)의 자산 합계의 2.6배에 해당하는 어마어마한 액수이다. 공상은행은 글로벌 은행업계 순위에서 자산, 시가총액, 순이익에서 3관왕을 달성하고 있어 중국을 넘어 세계 최대 은행으로 자리매김하고 있다.

중국의 대형 상업은행*은 공상은행, 농업은행, 중국은행, 건설은행, 교통은행(동시에 주식제 상업은행으로 분류되기도 함)으로 총 5개이다. 이들은 모두 중국인민은행(이하 '인민은행')에서 분리되어 나온

상업은행 Commercial Bank

투자은행(Investment Bank)의 반대 개념으로 한국의 시중은행과 같은 의미. 주식제 상업은행이란 주식 시장에 상장된 모든 은행을 의미하나, 일반적으로는 5대 국유 상업은행을 제외한 나머지 상장 은행을 지칭.

형제들이다. 인민은행은 한국으로 치면 중앙은행의 직책을 맡고 있는 한국은행과 같은 금융기구로서, 1948년 화북은행, 북해은행, 서북농민은행이 합병해서 설립했다. 인민은행은 1998년 말 국무원의 요구에 따라 내부 관리 시스템 구조에 중대 개혁을 실시한 적이 있다. 당시 관리상의 절차 및 여러 문제들로 인해서 구조 개혁은 실패로 돌아갔다. 이에 인민은행은 산하의 상업은행 직책과 기능을 지금의 4대 상업은행에 이관시켰다. 그리고 인민은행은 지금까지 줄곧 중앙은행의 역할만 담당하고 있다.

중국 5대 상업은행들의 실체는 결국 공기업!

중국의 은행산업은 전형적인 개발도상국 정부 주도형 구조를 띠는 바, 이는 과거 한국과 비슷하다. 우선 공상은행, 건설은행, 중국은행, 농업은행은 중국 정부의 지분이 50%를 넘어서는 국영 상업은행으로써, 산업 대출, 주택·건설 자금 대출, 외환 거래, 농업 자금 대출 등 각각의 고유 업무를 담당한다. 총 3,000여 개의 은행이 포진해 있는 중국 은행산업에서 이들이 차지하는 비중은 절반에 이른다. 최근에는 이들 은행 간의 고유 업무가 점점 모호해 지고 있는데, 과거 한국의 주택은행, 기업은행, 외환은행, 농협이 걸어온 길과 비슷하다.

한편, 중국 금융 시스템을 이해하는데 빼 놓을 수 없는 기관 가운데 하나가 바로 '회금공사'(中央汇金投资有限责任公司)이다. 회금공사는 대형 국유 은행들의 지분을 보유하고 있는 최대 주주 기관이다. 회금공사는 중국 국무원 산하 기구로 4대 대형은행 뿐 아니라 주요 보험사들과 증권사들의 지배 주주 역할도 함께 하고 있다. 결국 공상은행을 비롯한 중국 대형은행들은 주식회사 형태로 상장되어 있지만 실제로 50% 이상의 주식이 국가에 귀속되어 있는 공기업인 셈이다.

중국의 금리 자유화 허울과 재테크(리차이) 열풍

중국 은행업계의 중요한 화두는 금리 자유화이다. 중국은 1990년대 말부터 금리 자유화 개혁을 시작해 현재 예금과 대출 금리(이하 '예대금리') 상하한을 제외한 모든 금리가 자유화된 상태이다. 하지만 중국 금융산업에서 은행의 영향력이 절대적이기 때문에 은행의 예대금리가 다른 금리에 미치는 영향 역시 절대적이다. 따라서 예대금리가 자유화되지 않는 이상 중국의 금리는 사실상 정부(인민은행)에 의해 통제되는 것이나 다름없다.

2000년 이후 중국의 예금금리를 살펴보면, 대체적으로 3% 정도로 낮은 수준을 유지했다. 이는 기업 대출의 이자 부담을 줄여 경제 성장을 달성하고자 하는 중국 정부의 의지가 반영된 것이다. 하지만 문제는 매년 10% 가까운 초고속 성장을 하는 국가의 이자율치고는 너무 낮다는 점이다.

중국에는 "위에는 정책이 있고 아래는 대책이 있다"(上有政策下有对策)라는 우스갯소리가 있다. 이 말처럼 중국 정부의 저금리 정책에 따라 은행 예금이 줄어드는 대안으로 새로운 투자처가 생겨났다. 바로 '재테크'(리차이, 理财)이다. 한국의 재테크와 명칭이 같은 이 투자처는 채권, 주식, 신탁 등의 방식으로 투자되는 일종의 실적배당형 상품으로, 은행 예금에 비해 높은 수익률을 보장한다.

이에 따라 중국에서는 신규 대출 비중은 감소하고 채권과 신탁 등의 직접 투자 비중이 증가하고 있다. 문제는 이러한 재테크 상품들이 높은 수익률을 위해 점차 부동산이나 비상장기업 신용 대출 등에 유입되고 있어 부실 위험이 크다는 점이다. 중국에서도 한국의 저축은행 사태와 같은 일이 벌어질 수도 있음을 경고하는 목소리가 여기저기서 들려온다. ★

① 외국인 투자 규모의 지속적인 확대는 중국 주식시장 개방의 청신호.
② 중국, 전 세계 IPO 시장에서도 미국과 경쟁.
③ 중국, 연 7% 이상 경제 성장, 하지만 주가는 지지부진.
④ 주식시장 침체가 계속되면서 114개 증권사의 영업이익이 전년 대비 4.7% 감소, 순이익은 16.5% 감소.

▸ 세계 주식시장 순위 (시가총액 기준)

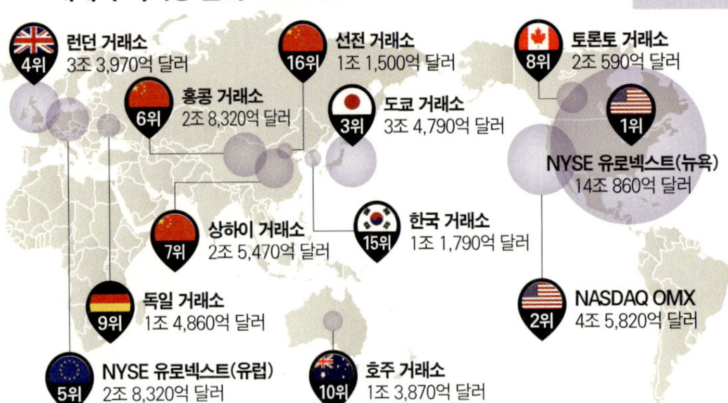

- 중국은 상하이 거래소와 선전 거래소를 합하면 시가총액 기준으로 세계 자본 시장점유율이 7%로, 6%대인 일본 증시를 넘어 세계 2위 규모이다.
- 여기에 홍콩 거래소까지 합치면 중국의 세계 자본 시장점유율은 12%에 달한다.
- 한국 거래소의 시가총액은 1조 1,794억 달러로, 상하이 거래소의 절반 수준이다.

자료: 세계거래소연맹(WFE)

▸ 세계 자본 시장점유율 (%)

▸ 중국의 주식시장

	A주	B주	H주
상장 증시	상하이와 선전 증시에 상장되어 있는 주식		홍콩 증시에 상장되어 있는 중국기업 주식
투자 자격	중국인만 투자 가능	외국인만 투자 가능	중국인 개인 투자 불가능
거래 화폐	위안화(RMB)	USD, HKD	HKD
상장 종목 수	2,455개	108개	171개
특징	A는 메인보드(상하이, 선전), 중소판(선전), 창업판(선전)으로 구분	거래 종목과 거래량이 적음	상하이, 선전 A주에 비해 중국 본토의 정치·경제적 상황에 영향을 덜 받음

- 중국 주식시장은 내외 구분이 확실하다. 내국인은 상하이와 선전의 A주 시장에, 외국인은 상하이와 선전의 B주와 홍콩 H주 시장에 투자할 수 있다.
- 핫머니가 국내로 유입되거나, 국내 자금이 해외로 유출되는 것을 막기 위한 시스템이다. 중국 자본 시장이 개방됨에 따라 외국인 투자 적격 제도(QFII), 국내 적격 기관투자자(QDII) 제도 등을 도입하면서 점차 그 구분이 완화되고 있다.

▸ A주와 H주 시가총액 비교

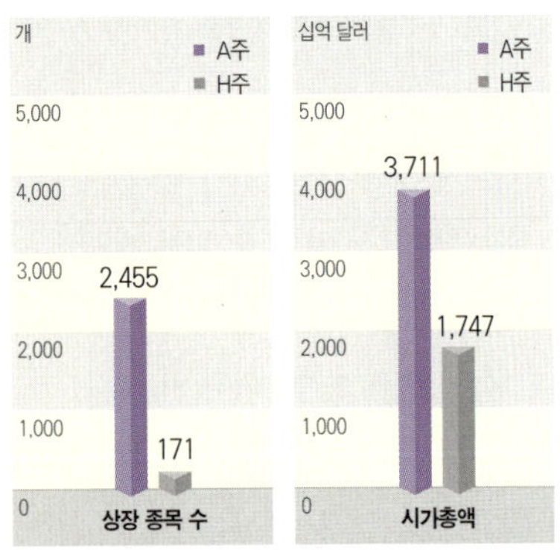

- 2012년 9월 기준, A주의 시가총액(3조 7,110억 달러)은 H주의 2배 이상이다.
- 단, H주는 상장 종목 수가 171개에 불과해 종목 당 시가총액은 H주가 훨씬 높다.

자료: 중국증권관리감독위원회(CSRC)

▸ A주와 H주 산업별 비중 (%)

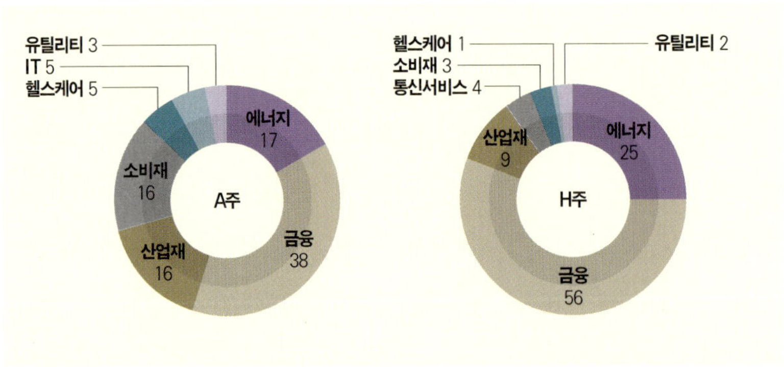

- 2000년대 들어서 국유 상업은행이 천문학적인 규모의 IPO를 진행한 후, 중국기업의 시가총액에서 금융업 비중이 가장 높아졌다.
- 특히, 홍콩에 상장된 기업은 대부분 은행, 정유사 등 대형 국유기업이라서 금융과 에너지업의 비중이 절대적이다.

자료: 중국증권관리감독위원회(CSRC)

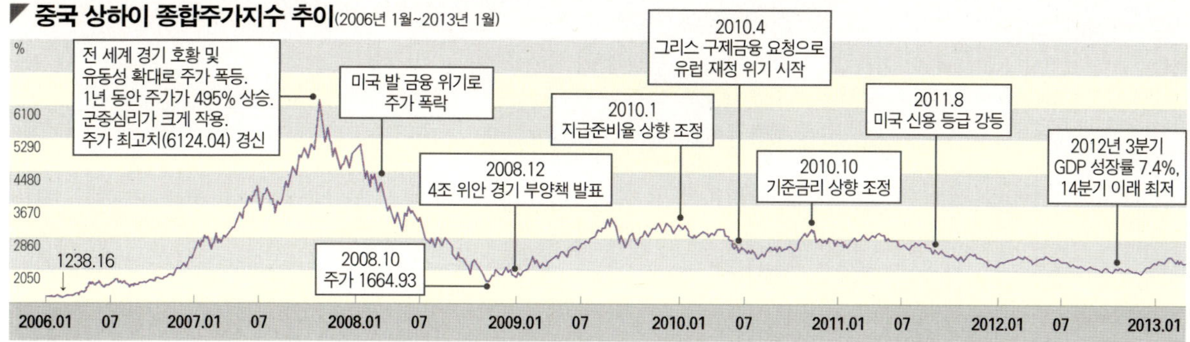

- 중국의 주가지수는 2007년 10월 6,000포인트를 상회한 적도 있었으나, 2008년 미국발 금융 위기를 겪은 이후 줄곧 하락세를 보이고 있다.
- 매년 8%가 넘는 중국 GDP 성장률과 중국기업들의 두 자릿수가 넘는 이익성장률을 고려해 보면, 중국의 주가지수는 실물 경제를 반영하기 보다는 외부적 충격이나 정부 정책에 더 크게 반응하는 것으로 보인다.

자료: WIND

외국인 투자 적격 제도(QFII)와 국내 적격 기관투자자(QDII)

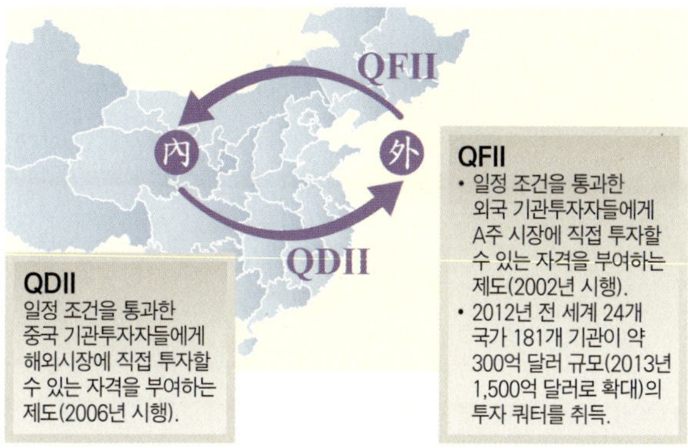

- 중국 주식시장의 내외 구분을 완화하는 제도로 QFII와 QDII가 있다. 하지만, 둘 다 모두 상한선이 존재하며 기관투자자에 국한된다. 최근 상하이, 선전 등 일부 도시 거주자를 대상으로 개인의 외국 투자를 허용하는 QDII2 제도 도입이 진행 중이다.

QFII 인가 기관투자자의 국가별·업종별 비중 (%)

- 한국이 인가받은 QFII 투자 쿼터 비중은 약 10%이다. 최근 한국은행, 국민연금, 한국투자공사(KIC) 등 국책 기관도 QFII 인가를 획득했다.
- QFII 투자 쿼터를 획득한 기관은 자산운용사가 55%로 가장 큰 비중을 차지한다. 자산운용사 외에 상업은행, 증권사, 보험사 등이 그 뒤를 잇고 있다.

자료: 중국증권관리감독위원회(CSRC)

중국 금융업종별 자산 규모 비중 추이 (%)

- 중국은 증권업이 상대적으로 늦게 발달했기 때문에 전체 금융업종의 자산 규모 비중에서 은행이 차지하는 비중이 90%로 절대적이다. 반면 증권은 1.3%에 불과하다.
- 중국 금융업은 은행 중심의 간접금융에 집중되어 있고, 기업이 자금을 조달하는 데 있어 직접금융시장에 대한 의존도가 미미하다.

자료: 중국은행연합회, 보험연합회, 증권업협회

중국 증권업의 매출 구성 (%)

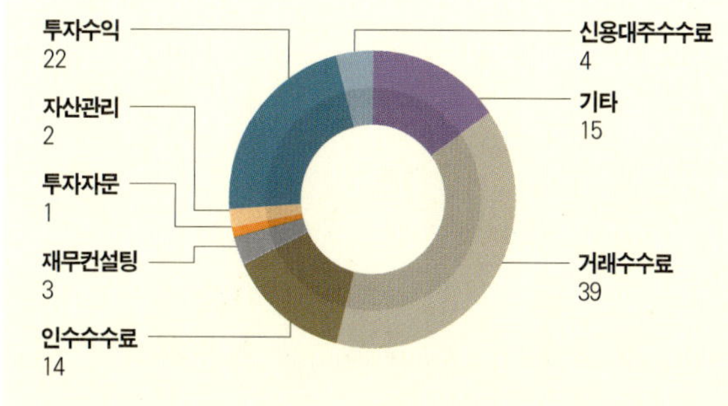

- 일반적으로 선진국 증권사는 자기매매와 투자수익이 수입에서 차지하는 비중이 가장 큰 반면, 중국 증권사는 거래수수료가 주수입원이다.
- 따라서 중국 증권사는 증시 거래량에 따라 수익성이 크게 좌우된다.

자료: 중국증권업협회

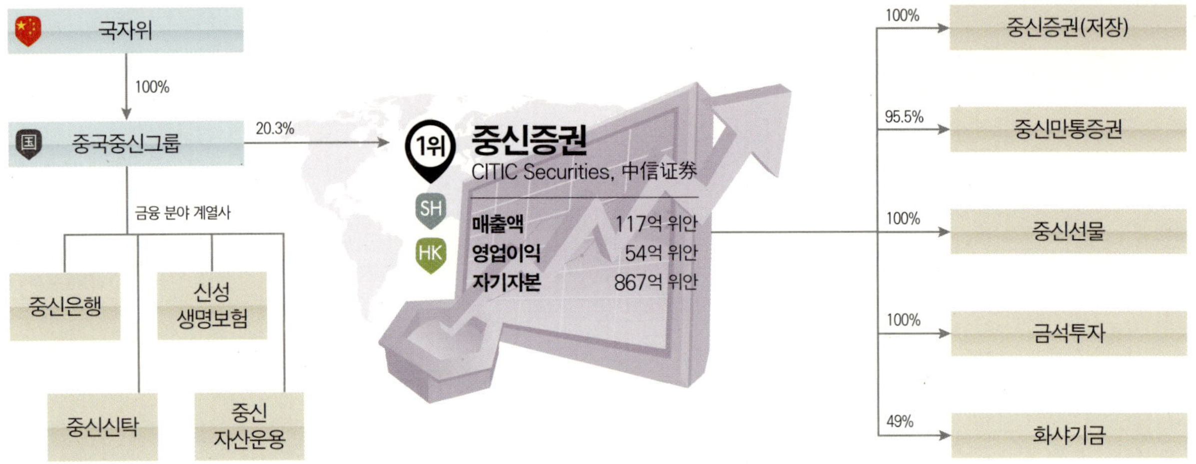

- 중국 최대 국유기업인 중신그룹 산하의 증권회사.
- 2013년 중국 증권사 최초로 유럽계 증권사인 CLSA증권을 인수하며 해외시장 진출 본격화.

◤ 중신증권 경영 실적

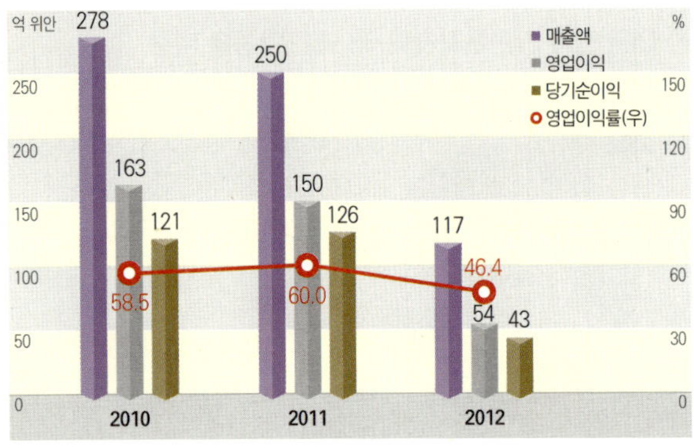

- 2012년 중신증권은 자회사인 화샤기금 주식 51%를 매각했다. 화샤기금이 연결대상에서 제외되면서 자산관리 관련 매출이 급감했다.
- 최근 중국 주식시장의 부진이 길어지면서 중개(브로커리지) 수입도 전년 대비 20% 가량 감소해 매출 감소에 일조했다.

◤ 중신증권 매출 구성 (%)

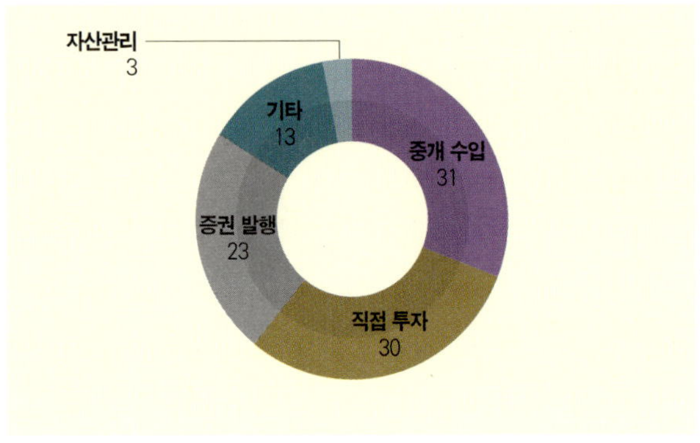

- 중신증권은 중개 수입, 직접 투자, 증권 발행 매출이 비교적 균형 잡힌 모습을 보이고 있다.
- 2012년 화샤기금의 지분 매각으로 자산관리 수입이 크게 급감해, 전체 매출에서 자산관리 매출이 차지하는 비중이 3% 수준으로 떨어졌다.

◤ 중신증권 자산 – 부채

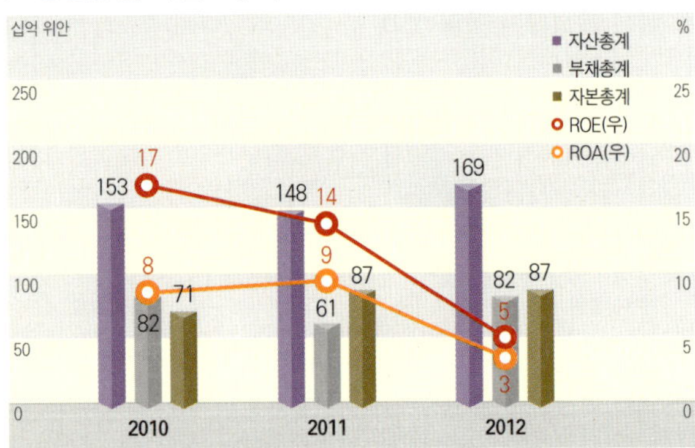

- 2010년 중신건투증권과 중신산업기금이 합병한 이후 두 회사가 중신증권의 재무제표에서 제외되면서, 자산총액이 전년 대비 26% 감소한 1,532억 위안으로 떨어졌다.
- 2012년 말 중신증권의 자산총계는 1,685억 위안이며 자기자본 규모는 867억 위안이다. 중신증권의 자기자본 규모는 한국 상위 5개 증권사의 자기자본 합계와 유사한 수준이다.

◤ 중신증권 주가 추이 (%)

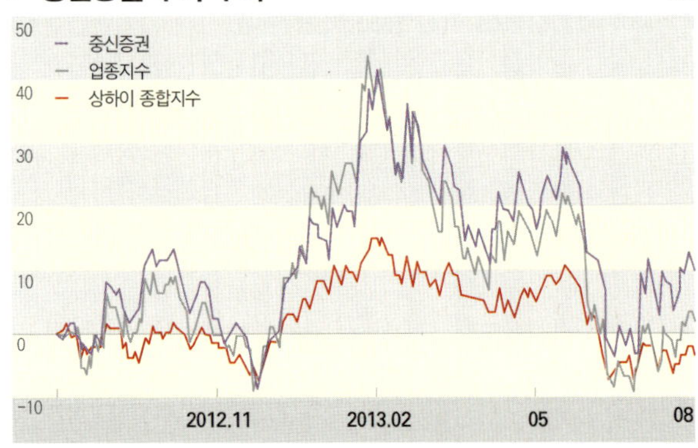

- 중신증권의 주가는 업종지수와 대체적으로 일치한다.
- 2013년 초 상하이 종합지수가 2,400선을 넘어서자 업종지수와 중신증권 주가가 크게 상승했다.
- 하지만 6월부터 미국의 출구 전략과 중국 경제의 느린 회복 속도로 상하이 종합지수가 크게 하락하면서 중신증권 주가도 크게 떨어졌다.

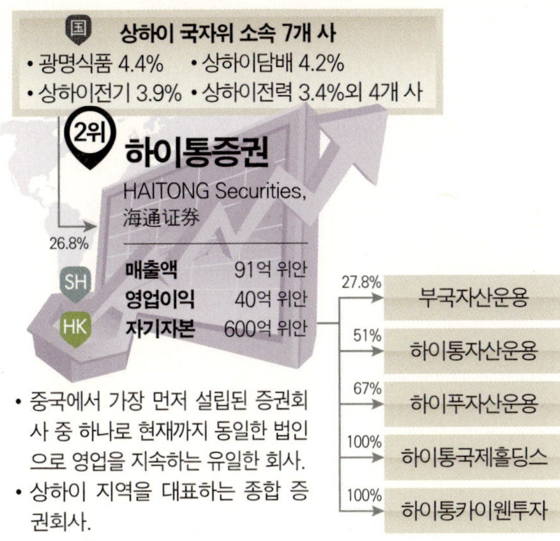

- 중국에서 가장 먼저 설립된 증권회사 중 하나로 현재까지 동일한 법인으로 영업을 지속하는 유일한 회사.
- 상하이 지역을 대표하는 종합 증권회사.

▶ 하이통증권 경영 실적

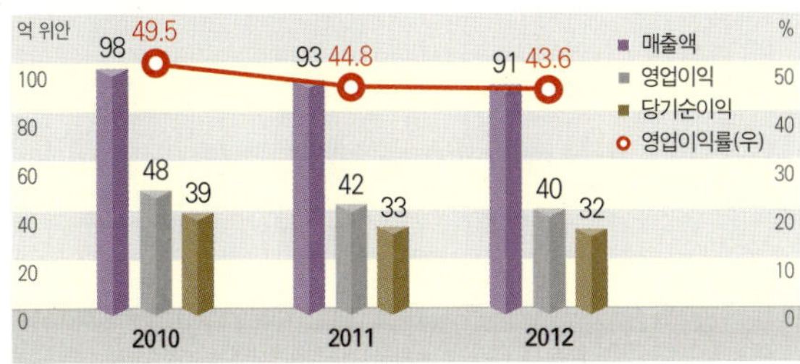

- 유럽 재정 위기 등으로 주식시장의 불황이 장기화되어 중개 수입이 감소했음에도 불구하고 하이통증권은 자기자본 투자, 해외 업무, 직접 투자 부문의 매출 증대로 수익이 크게 감소하지 않았다.

▶ 하이통증권 매출 구성

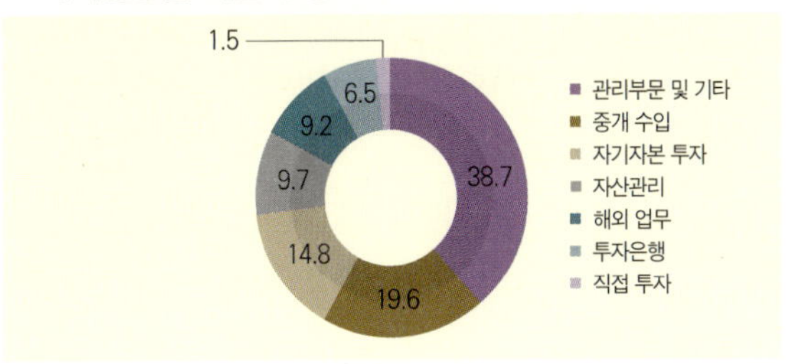

- 과거 중개 수입 비중이 60%가 넘었던 하이통증권은 최근 자기자본 투자, 해외 투자, 직접 투자 등 수입원의 다양화를 모색하고 있다.

▶ 하이통증권 주가 추이

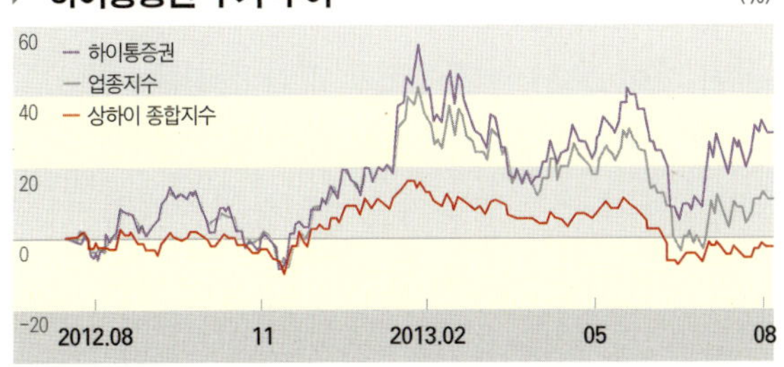

- 중신증권이 상대적으로 부진했던 가운데 하이통증권은 업종지수와 상하이 종합지수를 뛰어넘는 주가 수익률을 보이고 있다.

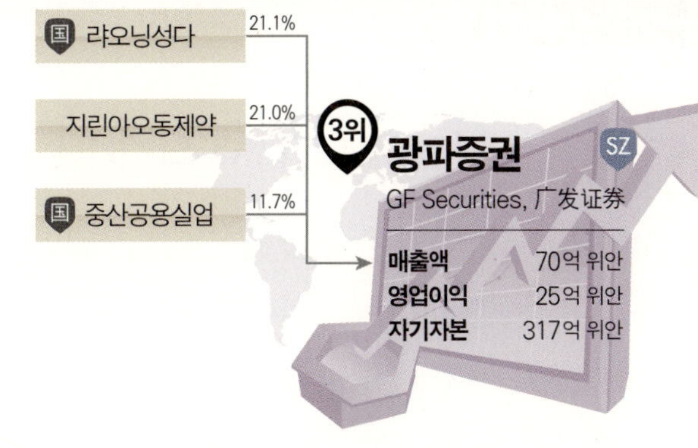

- 1991년 광파은행 증권부로 출발해 1999년부터 광파은행에서 독립되어 운영.

▶ 중국 증권사 톱 10

(억 위안)

순위	회사명	상장 증시	매출액	자산총계
1	중신(中信)증권	SH, HK	117	1,685
2	하이통(海通)증권	SH, HK	91	1,263
3	광파(广发)증권	SZ	70	900
4	궈타이쥔안(国泰君安)	비상장	64	899
5	화타이(华泰)증권	SH	59	793
6	궈신(国信)증권	비상장	55	578
7	인허(银河)증권	비상장	51	581
8	짜오샹(招商)증권	SH	47	755
9	중신지엔터우(中信建投)	비상장	43	485
10	선인완궈(申银万国)	비상장	40	492

- 중국 증권업은 중신증권과 하이통증권이 1, 2위 자리를 공고히 하고 있는 가운데, 3위 자리를 두고 치열한 각축전이 벌어지고 있다.

자료: WIND, 중국증권업협회

▶ 중국 증권사와 영업점 추이

- 2012년 말 중국 증권업계는 114개의 증권사가 영업을 하고 있다.
- 2003년 133개까지 늘었다가 증시 불황으로 2006년에 104개로 줄어든 이후, 다시 증가하는 추세이다.
- 10년 간 증권사 개수는 14% 줄었지만 영업점은 75% 증가했다.

자료: 중국증권감독위원회

증권산업에서도 G2로 발돋움하는 저력

중국의 주식시장은 1990년 상하이증권거래소와 1991년 선전증권거래소 설립을 통해 개장의 신호탄을 쏘아 올렸다. 1992년 1월 13일, '흥업부동산주식유한회사'(興业房产股份有限公司)가 상하이에서 상장한 것을 시작으로 본격적인 기업 상장이 시작되었다.

중국증권업협회에 따르면, 중국에는 현재 총 114개의 증권사가 있는 바, 이들은 모두 2012년 말 기준으로 1,294억 위안에 이르는 매출을 달성했다. 매출액은 증권 거래 대리 업무 504억 위안, 증권 투자 209억 위안, 증권 발행 주간 업무 177억 위안, 자문수수료 35억 위안 등으로 이루어져 있다. 2012년 말 기준 114개 증권회사의 총자산은 1.7조 위안, 순자산은 6,943억 위안이다.

상하이와 선전 거래소는 상장기업 숫자가 빠르게 증가하면서 세계적인 주식시장으로 발돋움하고 있다. 2012년 말 기준 상하이와 선전 거래소에 상장된 회사는 총 2,494개로 전년 대비 152개가 늘었다. 이 가운데 메인보드에 상장된 회사는 전년보다 23개 증가한 1,438개, 중소판 상장사는 55개 증가한 701개이다. 그리고 중국의 나스닥으로 불리는 창업판은 전년보다 74개가 증가한 355개 회사가 상장되어 가장 높은 성장세를 보이고 있다. 상하이, 선전 두 거래소에 상장된 기업의 시가총액은 약 23조 위안이며 이는 중국 GDP의 44%에 육박하는 수준이다. 또한 단일 국가 규모로는 NYSE 유로넥스트, 나스닥 OMX 등의 미국 거래소 다음으로 세계에서 가장 큰 시가총액 규모를 형성하고 있다.

업계 2인자 자리를 놓고 벌이는 치열한 경쟁

중국 증권업계는 1999년 한석규가 주연한 한국 영화 〈넘버3〉와 닮은 면이 많다. 현재 '중신증권'(中信证券)이 2012년 기준 매출액 117억 위안, 당기순이익 43억 위안을 달성하며 '라오따'(老大, 첫째) 자리를 공고히 하고 있다. 그 다음인 '라오얼'(老二, 둘째) 자리를 두고 '하이퉁'(海通), '광파'(广发), '궈타이쥔안'(国泰君安), '화타이'(华泰) 등의 넘버3 증권사들이 치열한 경쟁을 벌이고 있다. 최근 몇 년 간 하이퉁증권이 견실한 성장을 하면서 암묵적인 2인자 자리를 차지하고 있지만 그 차이가 절대적인 것이 아니라서 언제 또 순위가 바뀔지 모르는 상황이다.

명실상부 중국 증권업의 라오따인 중신증권은 1995년 설립되어 1999년 중국 정부의 주식회사화 개혁의 일환으로 주식유한회사로 전환하면서 그 규모를 점차 늘려나가기 시작했다. 2003년 상하이에 이어 2011년 홍콩에서 각각 상장을 마쳤다. 2011년 영국 〈파이낸셜타임즈〉가 선정한 중국 최고 투자 업무 금융기관의 영광을 수상하기도 했다. 증신증권은 투자은행, 주식 거래 중개, 자산관리, 리서치를 주 업무로 하고 있으며 특히 투자은행 업무에 중점을 두어 2012년 368억 위안의 주식 인수, 2,153억 위안의 채권 인수 그리고 19건의 M&A 업무를 수행했다. 또한 세계적인 증권사로 발돋움하기 위해 최근 프랑스 크레디리요네증권(CLSA)을 12억 달러에 인수하는 등 글로벌화의 기초를 착실히 다지고 있다. 중신증권은 금융기구 400여개, 기업 700여개, 개인 350만여 명을 고객층으로 보유하고 있어 무엇보다도 안정성을 담보하고 있다. 중신증권의 주요 자회사는 계열 증권사인 중신증권(저장)(中信证券(浙江))과 중신완통증권(中信万通证券), 선물 업무를 담당하는 중신증권선물(中证期货) 그리고 투자 업무를 담당하는 중신증권국제(中信证券国际)와 진스투자(金石投资) 등이 포진해 있다.

라오얼의 위치를 차지하고 있는 하이통증권은 중신증권보다 2년 빠른 1993년에 설립되어 2007년 주식회사로 변경하고 홍콩과 상하이의 증권거래소에 상장했다. 증권 대리 거래, 증권 인수, 투자 자문, 위탁 투자 등을 주요 업무로 하고 있으며 2012년 기준 91억 위안의 매출액과 32억 위안의 당기순이익을 달성했다. 하이통증권은 최근 브로커리지 중심의 영업에서 벗어나 자산 운용 및 투자 관련 분야로까지 사업 영역을 넓히고 있다.

중국 주식시장 진입의 좁은 문 'QFII'

중국은 여느 개발도상국가와 마찬가지로 자본 시장 개방에 조심스러운 모습을 보이고 있다. 이는 자본 시장을 개방할 경우 대량의 핫머니가 중국으로 유입되어 물가 상승을 일으킬 수 있다는 우려 때문이다. 따라서 주식시장의 경우에도 내국인이 위안화를 통해 투자가 가능한 A주와 외국인이 미국달러나 홍콩달러를 통해 투자가 가능한 B주로 구분되어 운영되고 있다. 하지만 B주의 경우 상장기업 수가 100여개에 불과하고 거래량도 작아 실질적으로 외국인 기관투자자가 투자하기에 녹록하지 않은 상황이다. 이에 외국인 기관투자자들은 지속적으로 굳게 닫힌 문을 두드렸고 중국은 2002년 QFII(적격 외국인 투자자)라는 좁은 문을 열어주었다.

2003년 5월에 UBS와 노무라를 시작으로 2012년 7월 말 기준 전 세계 181개 기관이 296억 달러 규모의 QFII 한도를 승인 받아 놓은 상황이다. 이 가운데 미국이 16%로 가장 큰 비중을 차지하고 있고, 영국, 홍콩, 일본, 한국, 대만 등이 뒤를 잇고 있다. 한국은 2008년 푸르덴셜자산운용을 시작으로 지금까지 미래에셋자산운용, 삼성투신운용 등 총 17개 회사가 QFII 한도를 승인 받았다. QFII 승인을 받은 기관투자자들의 절반 이상은 자산운용사이며 은행, 증권사, 보험사들도 승인을 받아 중국 A주에 투자하고 있다. 투자 가능 영역은 주식 50% 이상, 예금 20% 이하, 주가지수선물 10% 이하, 채권(규정 없음)에 국한된다. 2012년 5월 기준 실제 운용되는 자산은 주식이 74%로 가장 큰 부분을 차지하고 있고 채권과 예금이 각각 14%와 10%를 차지한다.

QFII는 2012년 8월 기준 A주 시가총액 대비 약 1.17%를 차지하여 여전히 그 비중이 낮은 상황이다. 하지만 2012년 4월 중국 증권관리감독위원회가 QFII 한도를 기존의 300억 달러에서 800억 달러로 상향 조정하였고 홍콩에 설립된 중국계 투자기관을 대상으로 하는 RQFII 한도 역시 2,700억 위안으로 증가시키는 등 중국 자본 시장의 좁은 문이 점점 열리고 있다는 시그널이 감지되고 있다.

향후 중국 자본 시장의 문이 다시 굳게 닫힐 가능성은 크지 않아 보이지만 언제쯤 문이 활짝 열리게 될지 역시 가늠하기 어려운 상황이다. 전 세계 큰손들을 중국 증권업계로 끌어들일 수 있는 중국 정부의 과단성 있는 묘안이 절실해 보인다. ★

보험업계

❶ 생명보험, 은행 판매 채널 축소로 수입 증가세 주춤.
❷ 화재보험, 대형 보험사들의 새로운 성장동력으로 부상.
❸ 중국, '1가구 1자녀' 정책으로 노령층 부양이 사회 문제로 부상.
　의료, 연금 보험 등 보험 수요 증가 예상.

▼ 중국과 세계 1인당 평균 보험료 추이

(달러)

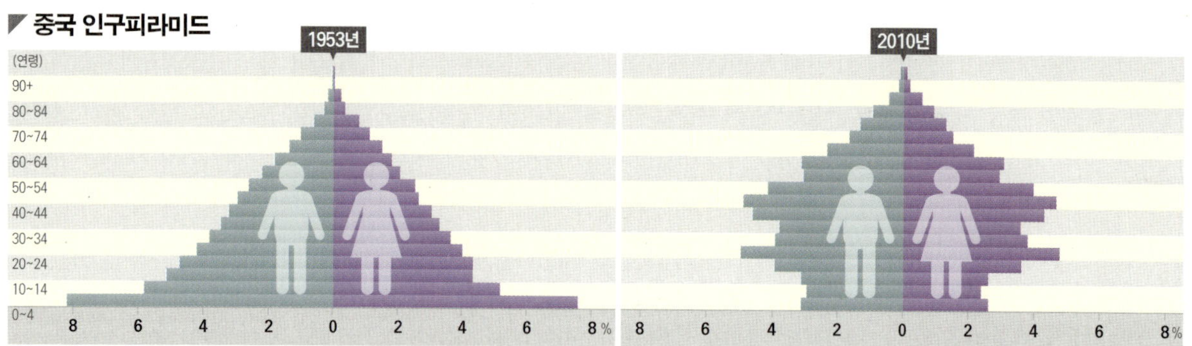

• 지난 10년 간 중국의 1인당 보험료는 빠르게 증가했다. 하지만 세계 평균과 비교해 볼 때 여전히 큰 차이가 존재한다.

▼ 세계 주요 국가 GDP 대비 보험료 비중

• 중국은 GDP 대비 보험료 비중이 3%로 한국, 영국, 일본 등 10%를 넘는 국가에 비하면 상당히 낮은 수준이다.

▼ 중국 인구피라미드

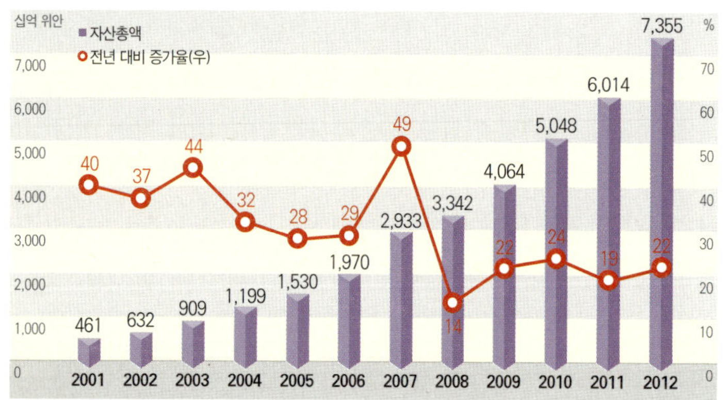

• 중국 정부는 1978년 개혁·개방과 함께 식량난과 가난을 해결하기 위해 '한 자녀' 정책을 실시했다. 한 자녀 정책은 가정의 자녀 양육 부담을 줄여주면서 2000년대 말까지 지속적으로 낮은 임금의 노동자를 공급하는데 일조했다.
• 하지만 최근 한 자녀 정책 이후 출생한 세대들이 노동 인구층으로 편입되면서, 중국은 급격한 노동력 감소와 인건비 상승에 시달리고 있다.
• 게다가 중국은 인위적인 인구 정책으로 다른 개도국보다 일찌감치 노령화 문제에 직면했다. 향후 중국은 의료, 연금 보험 등 보험 수요가 급격히 증가할 것으로 예상된다.

▼ 중국 보험업 자산총액 추이

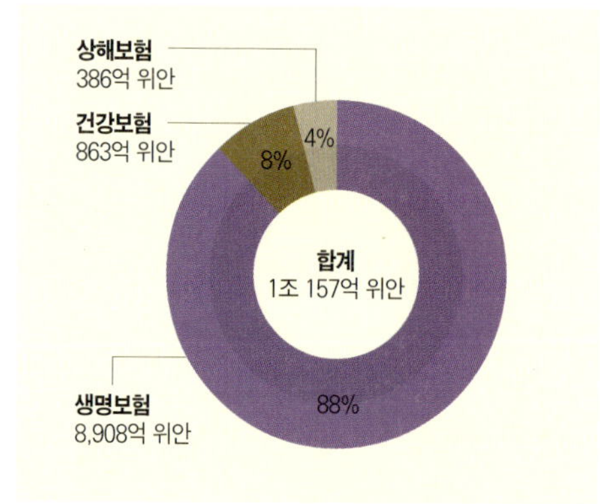

• 2001년 4,610억 규모에 불과하던 중국 보험업 자산총액은 매년 20% 넘는 빠른 성장을 통해, 2012년에는 그 규모가 7조 위안을 돌파했다.

자료: CEIC, 다이와증권

▼ 중국 생명보험사의 수입보험료 구성

• 2012년 중국 생명보험사의 수입보험료는 1조 157억 위안 규모이며, 이 중 생명보험(만기환급형이 대부분)이 차지하는 비중이 88%로 가장 높다.

	순위	기업명	수입보험료
중국계	1위	중국인수 (ChinaLife)	3,227
	2위	핑안생명 (Pingan)	1,288
	3위	신화생명 (NCI)	977
	4위	태평양생명 (CPIC)	935
	5위	중국인민생명 (PICC)	640
	6위	타이캉생명 (Taikang)	616
외국계 (한국계 제외)		AIA (미국)	87
		AXA (프랑스)	48
		메트라이프 (미국)	47
한국계		중항삼성 (Samsung Air China)	3

	순위	기업명	수입보험료
중국계	1위	중국인민재산보험 (PICC)	1,930
	2위	핑안화재 (Pingan)	988
	3위	태평양화재 (CPIC)	696
	4위	중화연합 (China United)	246
	5위	중국인수 (ChinaLife)	235
	6위	대지화재 (ChinaRe)	179
외국계 (한국계 제외)		AIG (미국)	11
		리버티뮤추얼 (미국)	7
		그루파마 (프랑스)	7
한국계		삼성화재	5
		현대해상	1
		LIG화재	1

- 중국 보험시장은 외국기업에 대한 개방도가 낮은 편이다. 화재보험은 독자 진출이 가능하나 고객을 중국 내 거주하는 외국인으로 제한하고 있으며, 생명보험은 중국 회사와 합작 설립만 가능하다.
- 삼성생명은 2005년 중국항공사인 중국국제항공과 합작해 '중항삼성'이라는 생명보험회사를 설립했다. 중항삼성은 2012년 158억 원의 당기순손실을 기록했다.

▼ 중국의 사회보험 구성 (%)

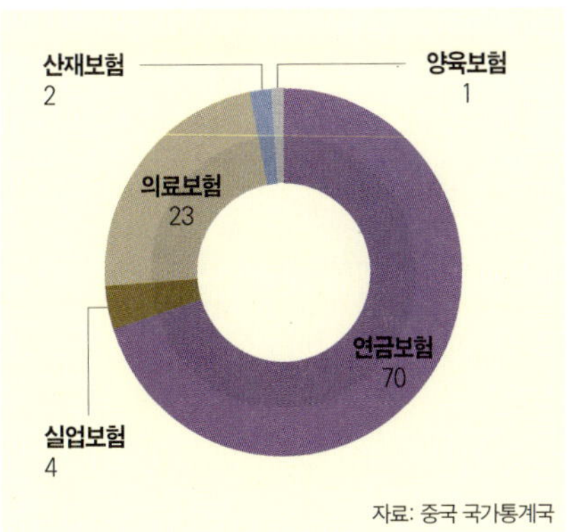

- 연금보험(국민연금), 의료보험(건강보험), 실업보험, 산재보험, 양육보험(출산보험)이 중국의 5대 사회보험이다. 이 중 연금보험과 의료보험이 차지하는 비중이 90%가 넘는다.

▼ 기업과 개인의 사회보험료 부담율 (%)

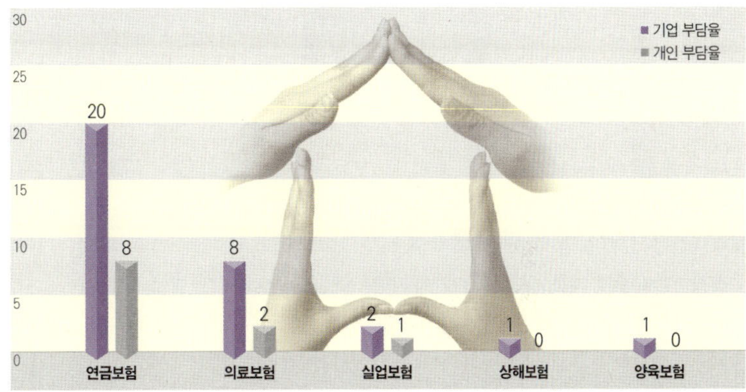

- 5대 사회보험은 근로자의 급여를 기준으로 기업과 개인이 일정 비율씩 부담한다.
- 그런데 기업이 부담하는 비율이 30%가 넘어 근로자의 사회보험금이 인건비 부담의 한 요소로 지적되고 있다.

▼ 중국 연금·의료 보험 구조

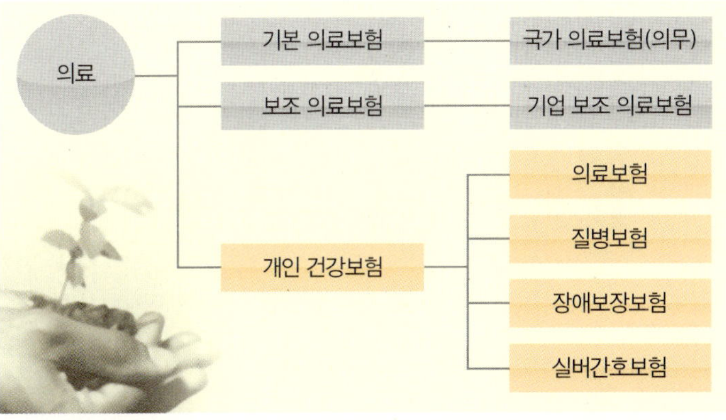

- 중국의 5대 사회보험에서 가장 비중이 큰 연금보험과 의료보험은 의무 보험 부문과 기업이 복지 차원에서 지원하는 부문, 그리고 시중 보험사를 통해 가입하는 개인 부문으로 나누어진다.

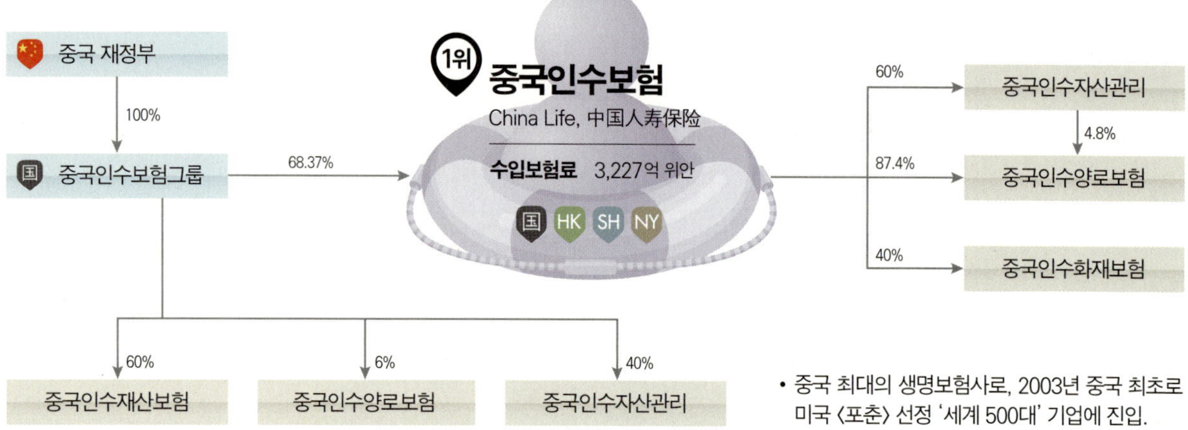

- 중국 최대의 생명보험사로, 2003년 중국 최초로 미국 〈포춘〉 선정 '세계 500대' 기업에 진입.

중국인수보험 경영 실적

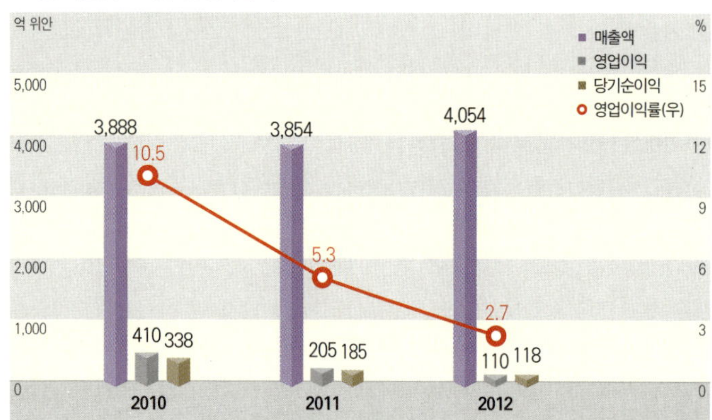

- 중국인수보험은 매출이 대체적으로 완만한 상승세를 유지하고 있다. 하지만 2009년 이후 자산 운용 수익률이 지속적으로 하락해 이익은 오히려 감소하는 모습을 보이고 있다.

중국인수보험 매출 구성

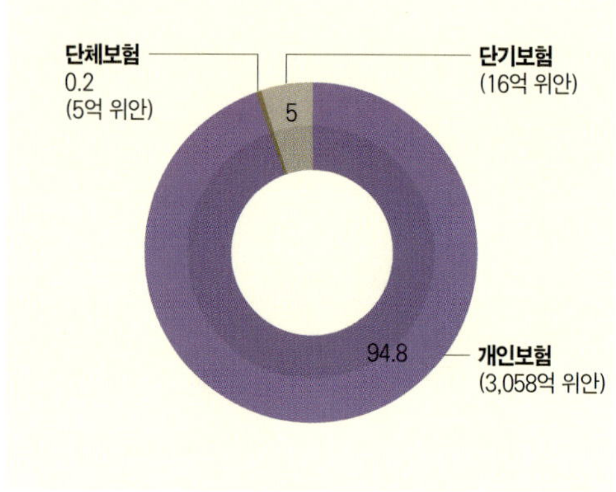

- 보험 매출 중 개인보험이 3,053억 위안으로 약 95%를 차지하고 있다.
- 기업 고객을 대상으로 하는 단체보험은 그 비중은 미미하지만 최근 빠른 증가율을 보이고 있다.

중국인수보험 자산 - 부채

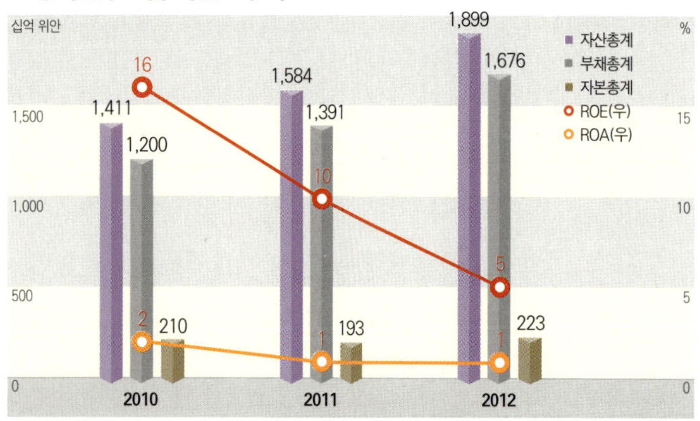

- 중국 보험업이 성장하면서 1위 업체인 중국인수보험은 자산이 꾸준히 증가하는 추세이다.
- 하지만 2011년부터 이익이 크게 감소해 ROE가 10% 이하로 낮아지고 있다.

중국인수보험 주가 추이

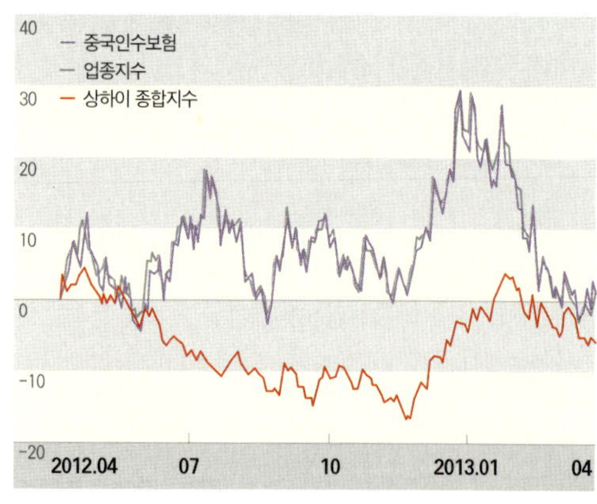

- 중국인수보험은 시가총액이 A주에 상장된 보험사 시가총액의 약 50%를 차지하고 있어서, 업종지수와 매우 유사한 움직임을 보이고 있다.

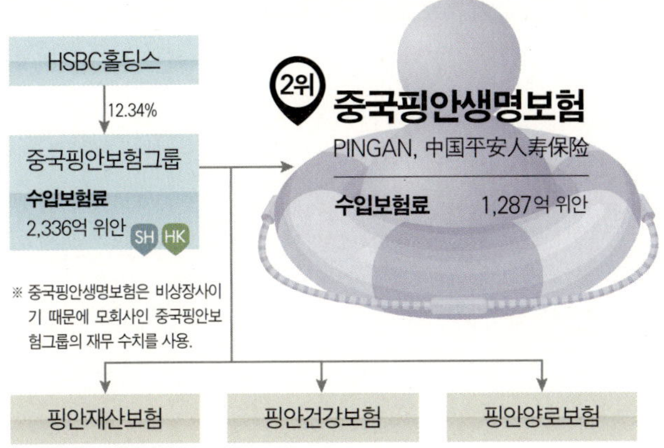

- 중국 금융·보험업 최초로 외자를 도입한 중국 최대의 민영 금융회사.
- 최근 영국 런던 금융가의 대표적인 랜드 마크인 '로이즈 보험 빌딩' 매입.

▣ 중국핑안보험그룹 경영 실적

- 은행 외에도 다양한 판매 채널을 보유하고 있는 중국핑안보험그룹은 2011년 은행 채널에 대한 규제 강화 속에서도 다른 보험사들과 달리 빠른 성장세를 보이고 있으며, 영업이익률도 높게 유지하고 있다.

▣ 중국핑안보험그룹 자산 – 부채

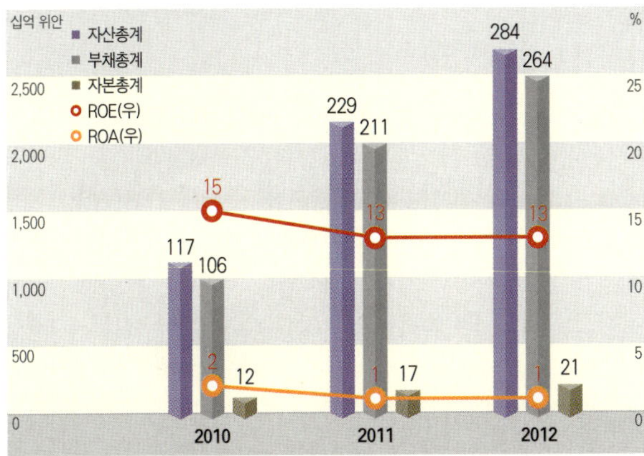

- 2011년 중국핑안보험그룹은 선전발전은행을 인수하면서 자산 규모가 1.17조 위안에서 2.29조 위안으로 2배 가량 증가했다.

▣ 중국핑안보험그룹 구조

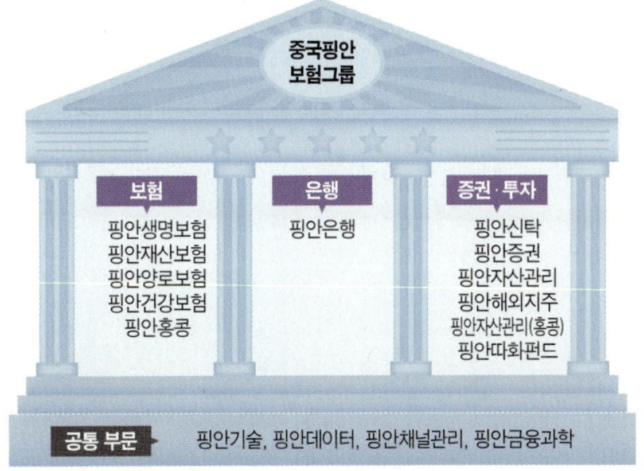

- 중국핑안보험그룹은 중국 최대 민영 금융그룹으로 보험, 은행, 증권·투자의 3대 부분에 다양한 자회사를 보유하고 있다.

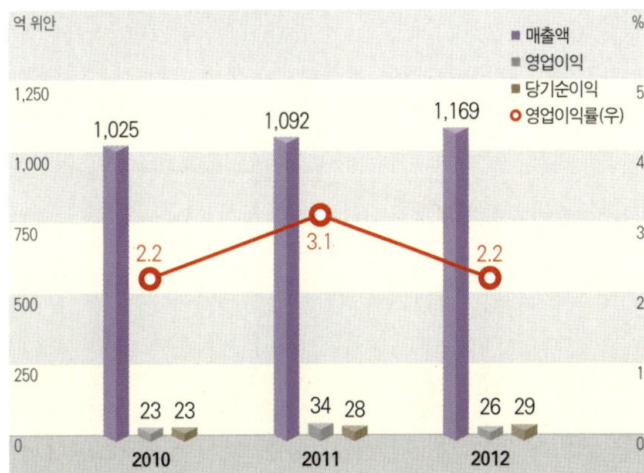

- 중국 중앙회금공사의 보험계열 자회사 중 하나로 바오스틸과, 스위스리(재보험회사)의 투자를 받고 있음.

▣ 신화생명보험 경영 실적

- 2010년까지 빠른 성장을 지속하던 신화생명보험은 2011년 중국 본토(A주)와 홍콩(H주) 증시에 상장했고, 최근에는 비교적 완만한 성장세를 보이고 있다.

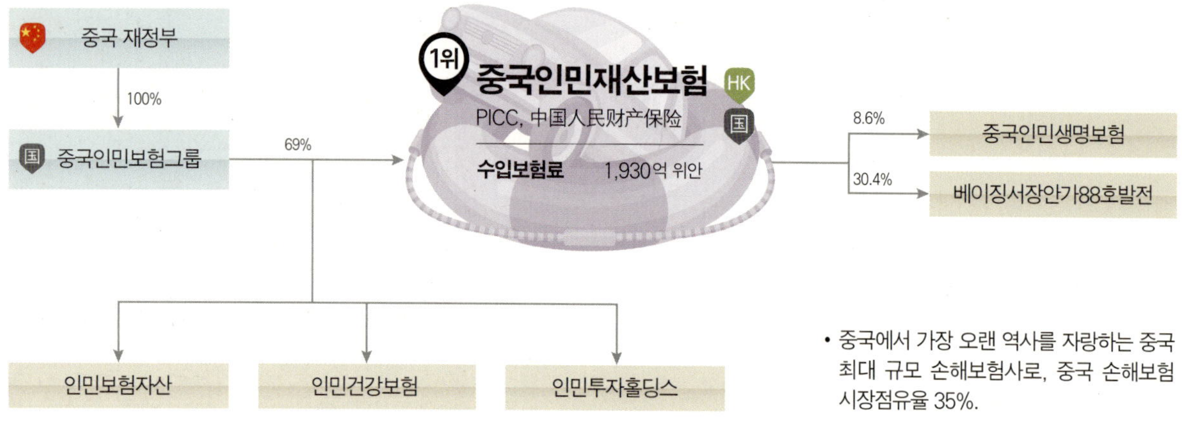

• 중국에서 가장 오랜 역사를 자랑하는 중국 최대 규모 손해보험사로, 중국 손해보험 시장점유율 35%.

▌ 중국인민재산보험 경영 실적

• 2007년 이후 영업·관리 비용이 하락하면서 영업이익이 지속적으로 증가했다. 그 결과 회사의 영업이익률도 가파르게 상승하고 있다.

▌ 중국인민재산보험 매출 구성

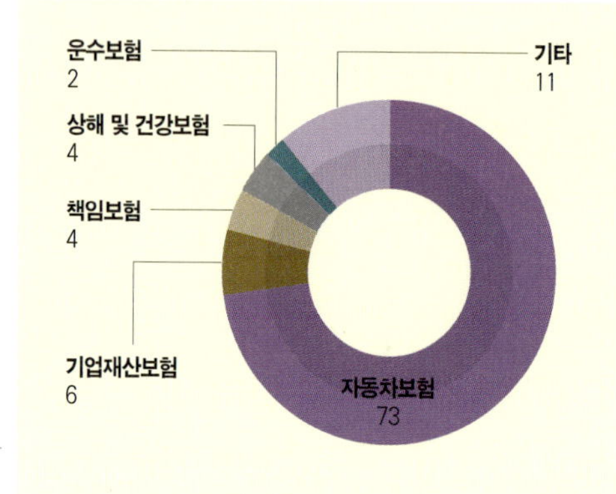

• 수입보험료에서 자동차보험이 73%로 가장 높은 비중을 차지하고 있고 나머지 보험들은 각각 10% 내외이다.

▌ 중국인민재산보험 자산 - 부채

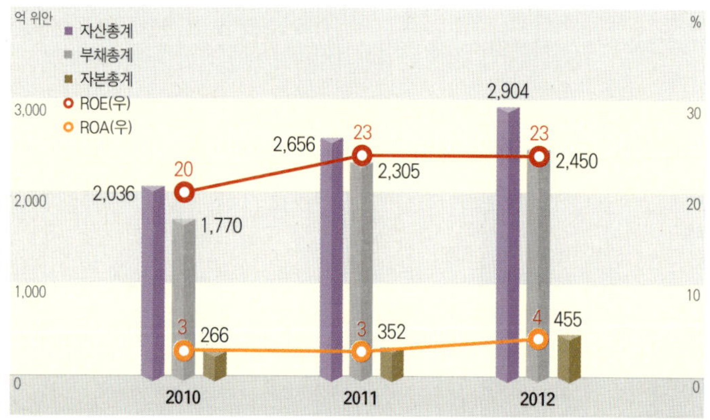

• 수입보험료와 이익률 상승으로 회사의 ROE 역시 빠르게 증가했다.
• 2012년에는 ROE가 20%를 넘어서고 있다.

▌ 중국인민재산보험 주가 추이

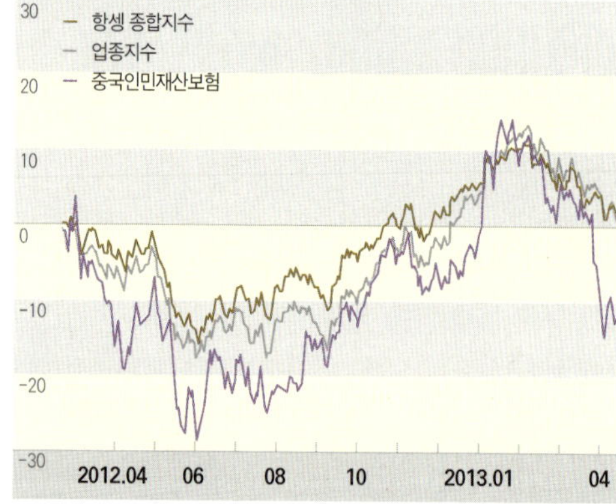

• 2012년 6월 보호예수 주식의 매각 제한이 해제됨에 따라 중국인민재산보험 주가는 업종지수와 항셍 종합지수를 크게 하회했다.

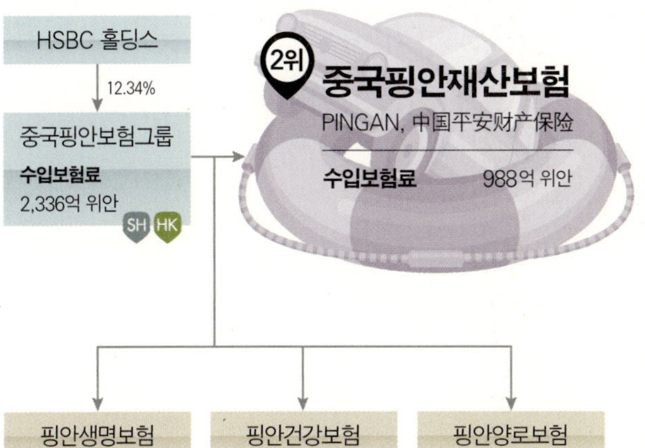

- 중국핑안재산보험은 2013년 중국에서 최초로 VIP서비스를 출시해, 해당 고객에 대한 전방위적 자산관리 서비스를 제공하고 있음.

▶ 중국핑안보험그룹 지사 분포

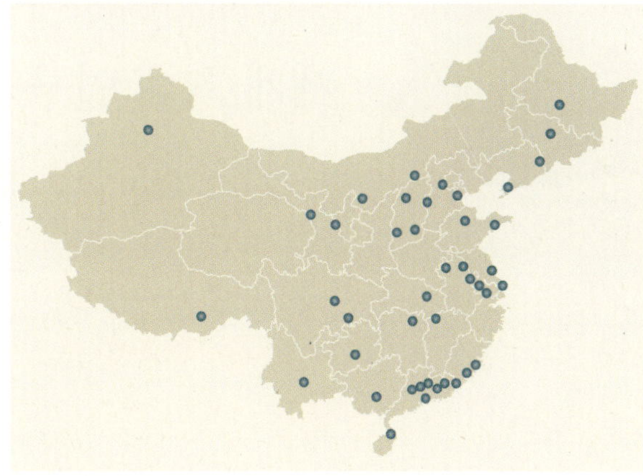

- 중국은 동남부 연안 지역이 서북부에 비해 크게 발전했고 인구도 이 지역에 밀집되어 있다. 중국핑안보험그룹의 지사 역시 동남부 연안을 중심으로 분포해 있다.

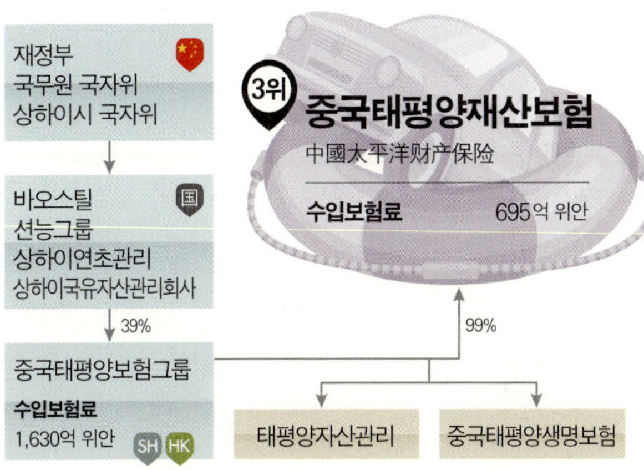

- 2011년 미국 〈포춘〉, 〈포브스〉와 영국 〈파이낸셜타임스〉의 세계 500대 기업에 선정.

▶ 중국태평양재산보험 경영 실적

- 2009년 이후 보험업계의 자산운용 수익률이 지속적으로 하락하면서 회사의 이익도 하락하고 있다.

▶ 중국태평양재산보험 자산 – 부채

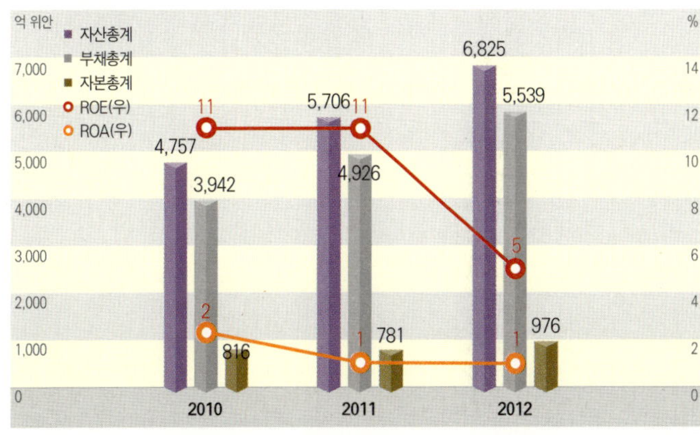

- 중국태평양재산보험의 ROE는 2009년부터 2011년까지 10% 수준을 유지하다가 2012년 순이익이 감소하면서 5%대로 급감했다.

▶ 중국태평양재산보험 주가 추이

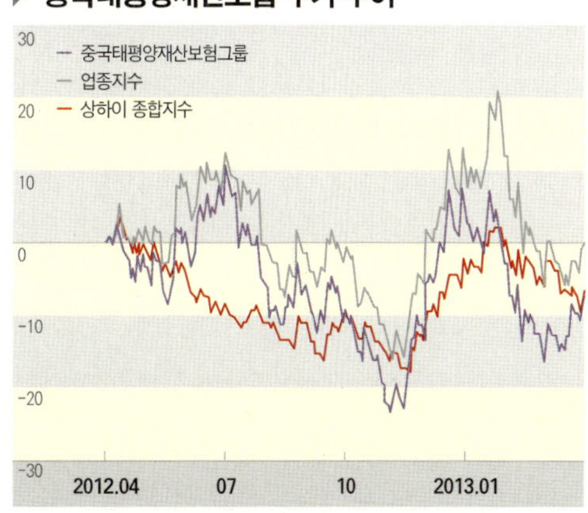

- 2012년 7월 해당 주식의 대규모 블록딜(가격과 물량을 미리 정해놓고 특정 주체에게 일정 지분을 묶어 일괄 매각하는 기법)이 발생하면서 주가가 크게 상승했으나, 이후에는 계속 업종지수를 하회하고 있다.

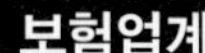

세계 최대 인구만큼 성장 여지도 무궁무진

중국의 보험업계는 파란만장한 정치적 격변 속에서 큰 변동을 겪어왔다. 1949년 중화인민공화국 설립 이전까지만 해도 중국에서는 외국계 보험사들이 시장을 장악하고 있었다(약 62%). 하지만 중화인민공화국이 설립된 이후 정부는 기존 보험업에 대해 전면적인 구조조정을 단행했다. 이에 따라 외국계 보험사들은 1950년 9.8%의 시장점유율을 보이다가 1952년 말에 전면 퇴출되었다.

중국 보험업계는 1951년과 1952년 민관 합작 형태의 '태평보험'(太平保險)과 '신풍보험'(新丰保險)이 각각 설립되면서 본격 출범했다. 하지만 1956년 중국 정부는 '중국인민보험'(PICC)을 설립하면서 모든 보험 업무를 이곳에 일임했다. 이로 인해 태평보험과 신풍보험은 결국 합병되고 말았다. 이후 약 20년 간 중국 정부가 사회주의 노선을 강화해온 탓에 보험업계는 사실상 빈사 상태에 빠졌다.

1977년 마오쩌둥이 전면 퇴진하고 개혁·개방 세력인 덩샤오핑이 등장하면서 중국 보험업계 역시 긴 암흑기를 벗어나기 시작했다. 이후 다양한 보험사들이 등장했고, 「보험업법」이 제정됐으며, '보험관리감독위원회'(中国保险监督委员会)가 설립되는 등 굵직한 제도 개혁도 함께 진행되었다.

2001년 중국이 WTO에 가입함에 따라 보험시장에도 개방화 바람이 불기 시작했다. 2004년에는 외국계 보험사에 대한 영업 제한이 완화되어 외국기업이 합자 보험사의 지분을 51%까지 보유할 수 있게 되었다. 2005년 말부터는 화재보험에 한해 외국계 독립법인의 설립이 허용되자 해외 보험사들이 중국시장 진출을 가속화해 나갔다. 2012년 기준 중국 보험산업은 수입보험료 1.5조 위안, 총자산 7.3조 위안의 규모를 형성하고 있다.

중국 보험업계의 양대 산맥

'중국인수보험'(Chinalife, 中国人寿保险)은 중국 최대 상업보험그룹이다. 2011년 기준 총수입보험료는 3,573억 위안, 총자산은 2조 위안이며 중국 시장점유율은 34.7%에 달한다. 중국인수보험의 전신은 1949년에 설립된 '중국인민보험'(PICC, 中国人民保险公司)이다. 과거 중국인수보험은 중국인민보험의 생명보험 사업부문이었다.

1950년대 중반부터 중국에 사회주의 노선이 강화되면서 1959년 중국인수보험은 사업을 전면 중단하고 만다. 중국 보험산업은 이로부터 20년 후인 1978년에 들어서야 점차 회복하기 시작했고, 중국인수보험도 1982년부터 생명보험사업을 재개했다. 그리고 1995년까지 약 13년 동안 중국인수보험의 생명보험사업은 해마다 40% 내외의 높은 성장률을 기록했다. 2003년 기업 구조조정을 통해 그룹화를 진행한 뒤 뉴욕과 홍콩 증시에도 상장했다. 이는 당시 세계 최대 규모의 IPO로써 화제를 모았다.

'중국인민재산보험'(PICCP&C, 中国人民财产保险)

역시 1949년에 설립된 중국인민보험(PICC)을 그 전신으로 한다. 중국인민보험은 1996년에 생명보험 부문은 '중국인수보험'(ChinaLife)으로, 재보험 부문은 '중국재보험'(ChinaRe)으로 그리고 화재보험 부문은 '중국인민재산보험'으로 각각 분리되었다. 그리고 화재보험 부문인 중국인민재산보험이 원래의 이름을 승계하게 되었다. 중국인민재산보험 역시 중국인민보험그룹의 핵심 자회사로, 2003년 홍콩 증시에 상장했다. 이는 중국 대형 국유 금융사의 최초 해외 상장에 해당된다. 2012년 현재 중국인민재산보험은 중국 최대 화재보험사로, 시장점유율이 34.9%에 달한다.

한 자녀 정책과 연금 고갈 위협

1990년대 이전까지 중국에서는 단일 연금(양로보험)제도를 실시해왔다. 하지만 경제가 발전함에 따라 지금은 기본연금, 기업보조연금(企业补充养老保险), 개인연금의 3가지 제도가 혼재해 있다. 중국의 연금은 국가기관이나 공공기관(학교, 병원 등) 근로자를 위한 공무원 연금과 일반 사기업 근로자들의 연금(이하 '기업 근로자 연금')으로 구분된다. 국가기관이나 공공기관에서 근무하는 근로자들은 연금을 납입할 필요가 없고 국가가 전부 부담한다. 일반 사기업의 근로자들은 기업과 근로자가 일정 비율로 연금을 분납한다. 두 제도에 대한 근로자의 부담 차이가 커서 공무원에 대한 차별 대우라는 불만이 여기저기서 제기되고 있다. 실제로 기업 근로자 연금은 사업주가 20%, 근로자가 8%를 부담하는데, 이는 세계에서 열다섯 번째로 높은 수준이다. 중국의 보험침투도와 보험밀도가 세계 평균보다 크게 낮은 점을 고려한다면 기업과 개인의 부담이 상당히 크다는 사실을 알 수 있다.

중국 연금보험이 직면하고 있는 또 하나의 문제는 바로 기금 고갈 위협이다. 1978년 중국 정부는 한 가정에 한 자녀 출산만을 허용하는 산아제한 정책을 실시했다. 그리고 그 첫 세대인 빠링허우(1980년 이후 출생자)가 현재 혼인 적령기를 맞이했다. 이러한 한 자녀 세대들이 결혼을 하게 되면 최소 4명의 노인을 부양해야 되는 바, 이는 다시 연금 기금의 고갈 문제를 낳는다. 2012년 말 기준 중국의 연금 가입자 수는 4.8억 명이고 1.3억 명의 연금 수령자가 있다. 2015년에는 연금 수령 대상인 60세 이상이 2.21억 명으로 전체 인구의 16%를 차지해 기금 고갈 문제는 더 심각해지고 젊은 세대의 부담도 한 층 커질 전망이다.

투자처 확대로 인한 수익성 개선 기대

2012년 10월 중국 보험업계는 '투자신정 13조'(投资新政13条) 정책 발표에 따라 자금에 대한 운용 방안에 변화가 이루어졌다. 과거 보험 자금은 높은 신용 등급의 채권, 채권형 펀드, MMF 등 안전 자산에 대한 투자만이 허용되었으나 이번 조치로 인해 주식 및 선물 등 다양한 자산에 대한 투자가 가능해졌다. 특히 리스크 헤지 수단이나 이자율 관련 상품에 대한 투자 허용이 가장 큰 관심을 불러일으키고 있다. 이번 조치로 인해 보험사들의 수익성이 한 층 개선될 전망이다.

한편, 중국 보험시장은 여전히 초기 단계에 머물러 있다. 장기적으로 노령화, 중산층 확대, 도시화 등의 요인과 현재의 낮은 시장침투율을 고려해 보면 중국 보험업의 성장은 앞으로도 기대해 볼 만 하다. 보험침투도와 보험밀도는 보험산업이 국민경제에서 차지하는 수준을 나타내는 지표이다. 중국의 보험침투도는 2010년 기준 세계 평균의 절반 수준이고 보험밀도는 25%에 머물러 있다. 이는 곧 중국의 보험산업이 아직도 발전할 여지가 충분히 남아 있음을 의미한다. ★

❶ 일부 자산운용사, MMF 환매 당일(T+0) 환매금 지급 방식을 도입하며 공격적으로 영업.
❷ 2012년 주식시장 부진으로 채권형 펀드 인기.
❸ 2012년 중국 최고 수익률 펀드는 QDII(해외 투자) 펀드.
❹ 2012년 투자수익률 부진으로 14개 자산운용사 CEO 사임.

▼ 중국 펀드 시장 규모

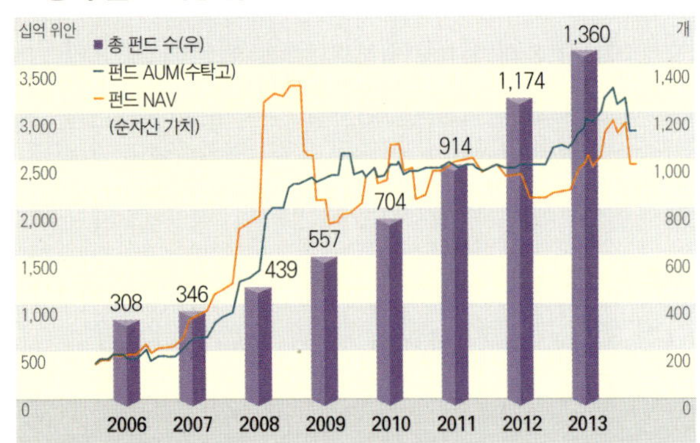

- 2007년 중국 증시가 6,000선까지 폭등하면서 중국 펀드 규모(수탁고, 순자산) 역시 크게 증가했다.
- 2008년 증시가 급락하면서 주춤했던 펀드 규모는, 2012년 역외 ETF, 단기채권펀드 등 신상품이 대거 출시되면서 다시 증가하고 있다.

자료: WIND

▼ 운용사 수 증가 추이 (개)

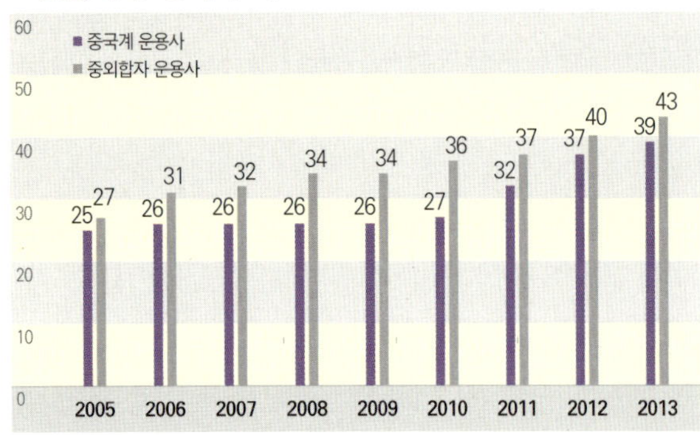

- 자산운용업계는 자본 시장 개방도가 가장 높은 분야이다. 2013년 82개 운용사 중 43개가 중외합자 운용사이다.

자료: 증감위

▼ 펀드별 수익률 추이 (%)

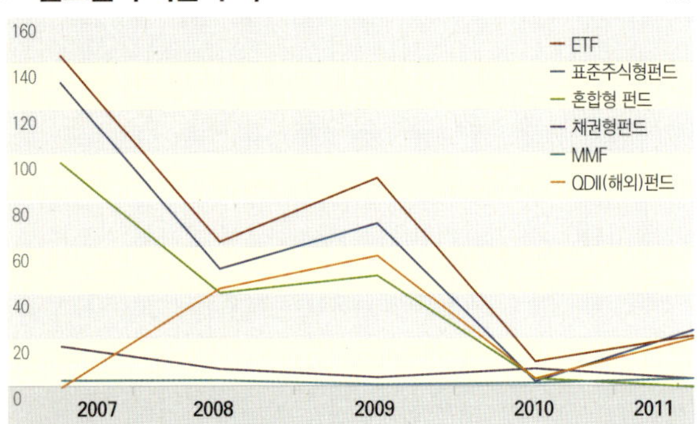

- 2007년 이후 주식시장이 폭락하면서 중국 펀드수익률은 급격히 하락했다.
- 2009년 중국 정부가 4조 위안 규모의 경기부양책을 발표하면서 수익률이 잠시 상승했으나, 2010년 유럽 재정 위기 이후 다시 급락하고 있다.

자료: 중국은하증권 펀드연구센터

▼ 펀드 운용자산(AUM) 기준 상위 20개 운용사

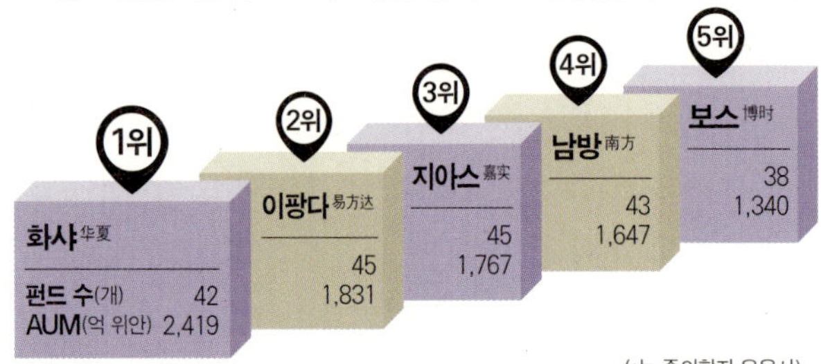

(*는 중외합자 운용사)

순위	운용사	펀드수	AUM
6	광파(广发)	32	1,197
7	공상CS(工银瑞信)*	33	1,187
8	중국은행(中银)*	27	816
9	부국(富国)*	34	810
10	화안(华安)	38	808
11	회티엔푸(汇添富)	29	766
12	상투모건스텐리(上投摩根)*	23	762
13	인화(银华)	30	750
14	평화(鹏华)*	38	722
15	대성(大成)	35	697
16	초상(招商)	32	629
17	건설은행(建信)*	31	607
18	교통슈레이더(交银施罗德)*	27	533
19	롱통(融通)*	19	531
20	궈타이(国泰)*	36	520

- 2012년 「증권투자기금 관리공사 관리 방법」이 개정되기 전까지 중국 자산운용사는 '최대주주 및 관계인의 지분'이 50%를 넘을 수 없었다.
- 단, 중외합자 운용사는 중국 운용사 지분이 50%를 넘을 수 있어, 자산운용업계에 중외합자 운용사 비중이 높아졌다.

자료: WIND

▼ 주식형 펀드 자산 구성 (%)

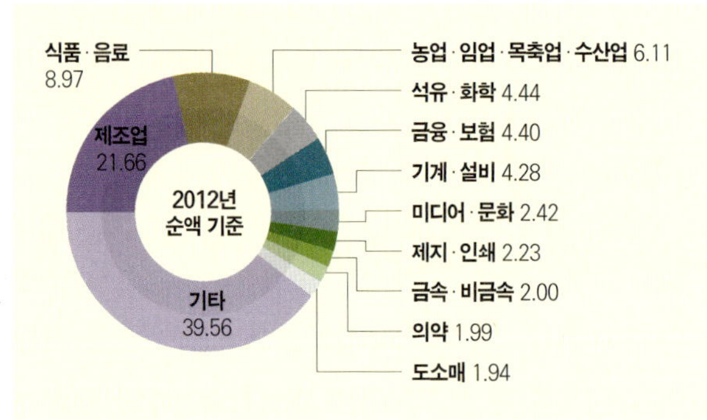

- 2012년 중국 주식형 펀드의 투자 자산을 살펴보면 제조업이 21.66%로 가장 높았으며 식품·음료, 농업·임업·목축·수산업 등이 그 뒤를 잇고 있다.

자료: WIND

* 2012년 순액 기준

▌채널별 펀드 판매 비중

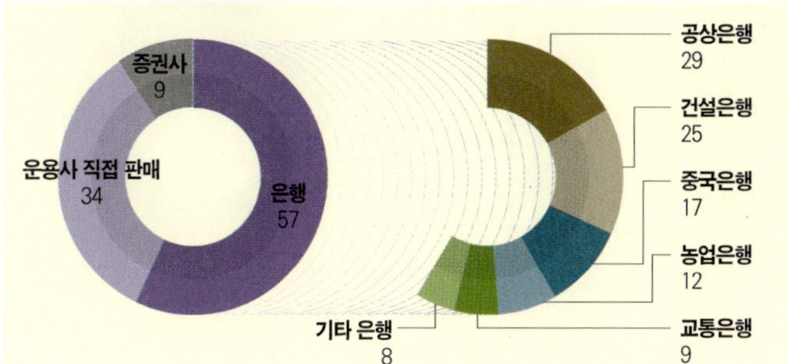

- 펀드 판매 채널은 은행, 증권사를 통한 대리 판매와 운용사의 직접 판매로 구분된다.
- 핵심 채널은 은행(57%)이다. 이중 상위 5개 은행(공상, 건설, 중국, 농업, 교통 은행)의 판매 비중이 92%에 달한다.

자료: WIND

▌개인 투자자 수익률 분포

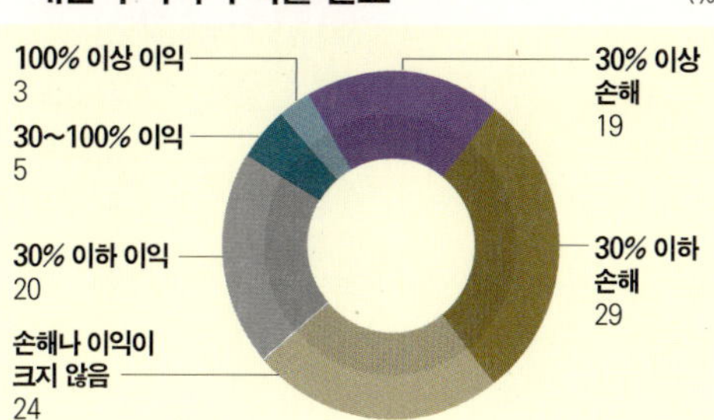

- 중국 펀드 상품은 주식형 비중(46%)이 높아 주식시장의 영향을 많이 받는다.
- 28%의 투자자만이 펀드 투자에서 이익을 봤고, 72%의 투자자가 손실이 났거나 원금을 유지한 정도였다.

자료: 중국증권투자기금업협회, 2012년 펀드투자현황분석 자료

▌간접 금융 상품별 비중

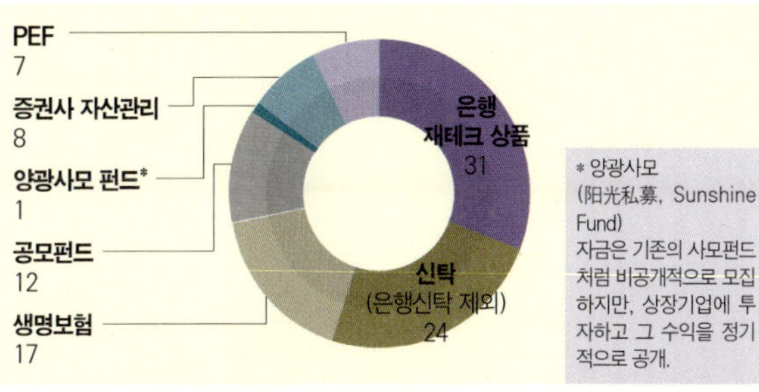

* 양광사모
(阳光私募, Sunshine Fund)
자금은 기존의 사모펀드처럼 비공개적으로 모집하지만, 상장기업에 투자하고 그 수익을 정기적으로 공개.

- 중국의 간접 금융 상품 규모는 총 22조 위안으로 중국 GDP(51조 위안)의 44%에 달한다.
- 간접 금융 상품 중 비교적 높은 금리와 안전성을 보유한 은행 재테크 상품(리차이)과 신탁 투자의 성장이 두드러진다. 신탁 투자는 최근 3년간 성장률이 70%에 달한다.

자료: WIND

▌신탁 자산 규모 추이

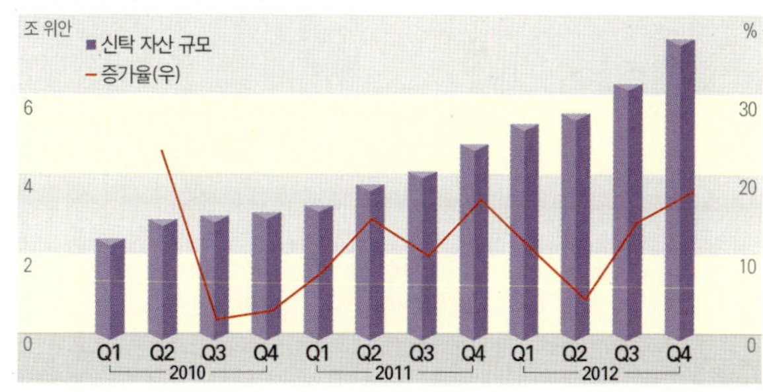

- 최근 몇 년간 은행의 저금리 기조와 은행 대출 규모 제한 정책으로 중국의 신탁 자산 규모는 크게 증가했다.
- 2010년 1분기 2조 위안 수준이었던 신탁 자산 규모는 2012년 말 7조 위안 대로, 매년 20% 이상 증가했다.

자료: 중국신탁업협회

▌신탁 상품 투자 자산 구성

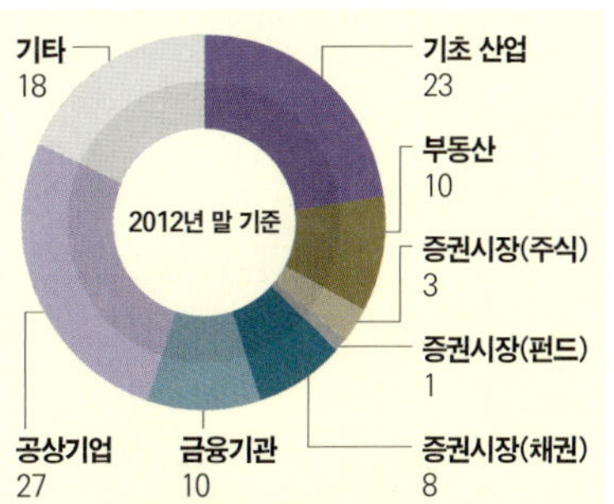

- 신탁 상품은 채권(공상기업에 대한 대출과 지분 투자) 투자가 27%로 가장 높은 비중을 차지하고 있다.
- 중국 신탁 상품은 채권, 기초 산업 등 리스크가 큰 자산에 대한 투자 비율이 높은 편이다.

자료: 중국신탁업협회

▌신탁 자산 위탁 방식

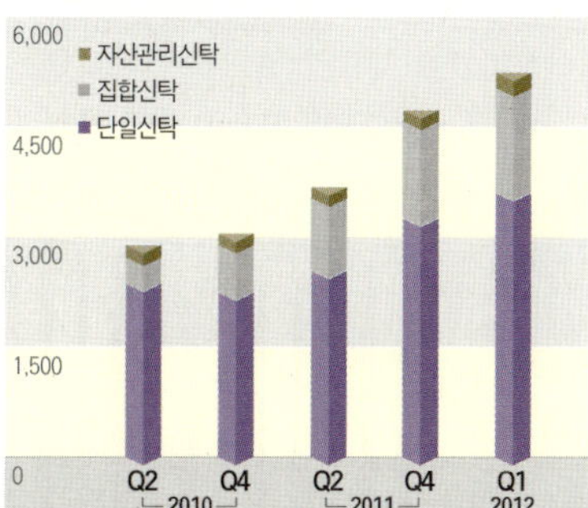

- 신탁 자산의 위탁 방식은 단일신탁(1인의 위탁인이 운용 방식을 선택), 집합신탁(1인 이상의 위탁인이 신탁회사에 관리 방식을 일임), 자산관리신탁(기업 등의 기관이 자금을 위탁)으로 나뉜다.
- 2012년 1분기 기준으로 단일신탁(3.6조 위안, 68%) 방식의 비중이 가장 높다.

자료: 중국신탁업협회

▌신탁 투자수익률

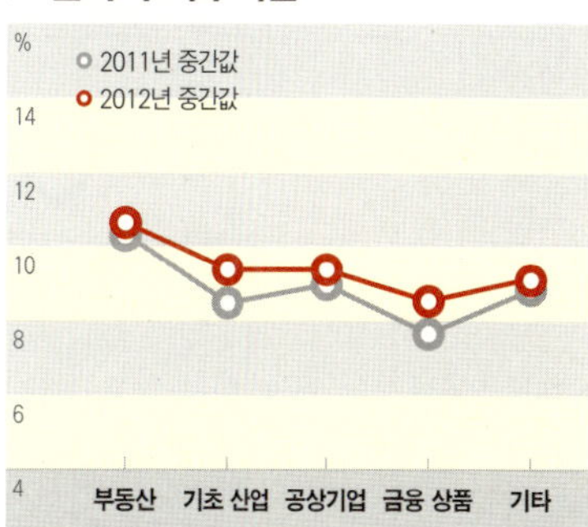

- 신탁 투자의 평균 수익률은 10%로, 3% 수준의 은행 금리에 비해 투자수익률이 월등히 높다.
- 높은 수익률 탓에 많은 예금이 신탁 투자로 유입되고 있으며, 은행 역시 상품 중개 수수료를 통해 안정적인 수입을 올릴 수 있기 때문에 신탁 상품 판매를 선호하고 있다.

자료: 중신증권

1위

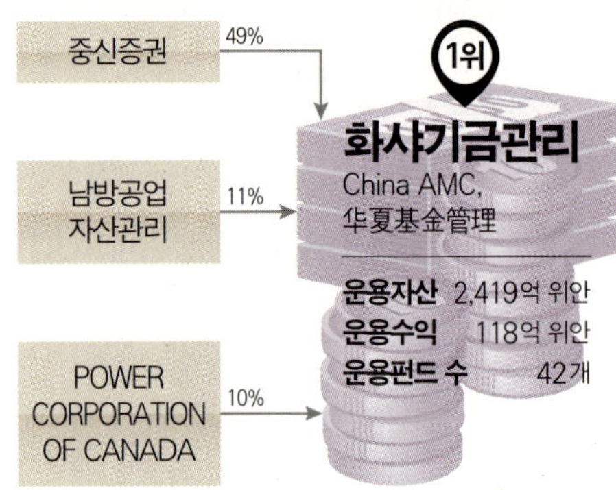

▶ 운용자산(AUM) 규모 추이 (억 위안)

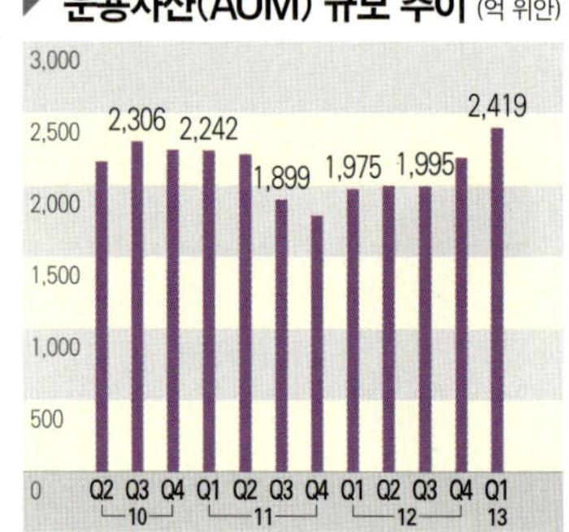

▶ 운용 펀드 구성 (%)

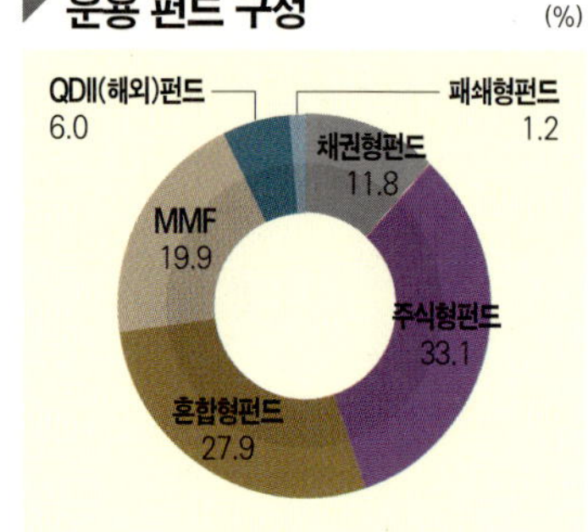

- 1998년 설립되어 중국 증권감독관리위원회 비준을 받은 최초의 자산운용사.
- 중국 최대 증권사 중신증권의 자회사.
- 2013년 3월 말 기준으로 운용펀드의 누적 배당액이 820억 위안 초과.

- 화샤기금관리는 중국 자산운용사 중 최초로 운용자산 2,000억 위안을 돌파했으며, 수년간 업계 1위 자리를 지키고 있다.

- 화샤는 주식형을 위주로 채권형, 혼합형 등 비교적 균형 잡힌 펀드를 운용하고 있다.

2위

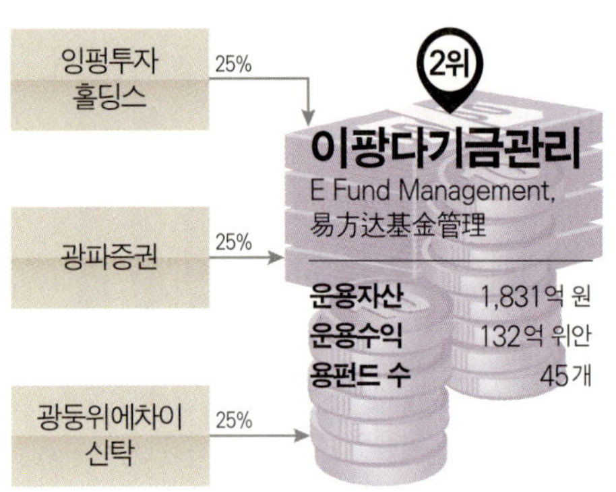

▶ 운용자산(AUM) 규모 추이 (억 위안)

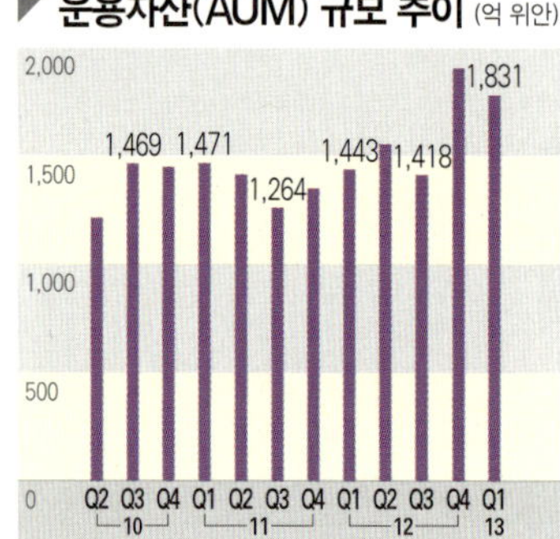

▶ 운용 펀드 구성 (%)

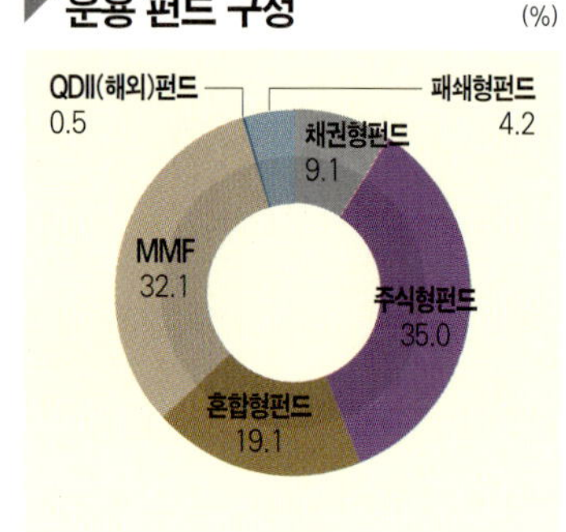

- 2001년 설립된 이팡다기금관리는 2013년 3월 말 45개의 펀드를 운영 중.
- 전국사회보장기금(SSF)의 포트폴리오, 기업연금 등 다양한 자산관리 업무 진행 중.

- 2012년 2, 3분기 이팡다기금관리는 지아스기금관리에 2위 자리를 내주며 주춤했으나, 4분기 출시한 '위에위에리리차이(月月利理财) 채권형 펀드'의 흥행 성공으로 운용자산 규모가 증가했다.

- 이팡다기금관리는 주식형 펀드와 MMF 비중이 비교적 높은 편으로, 두 펀드의 합계가 총운용 규모의 3분의 2를 차지한다.

3위

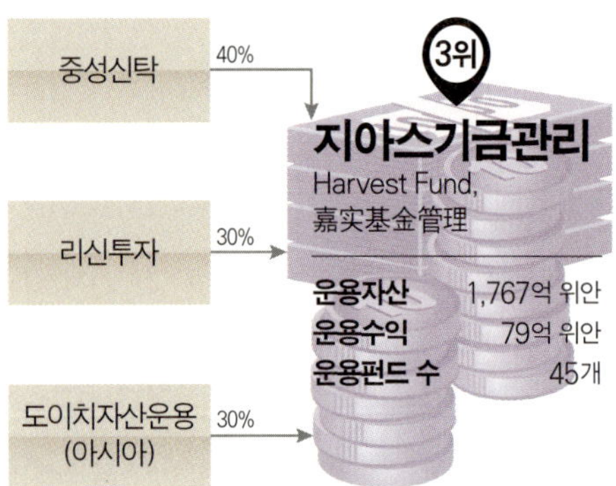

▶ 운용자산(AUM) 규모 추이 (억 위안)

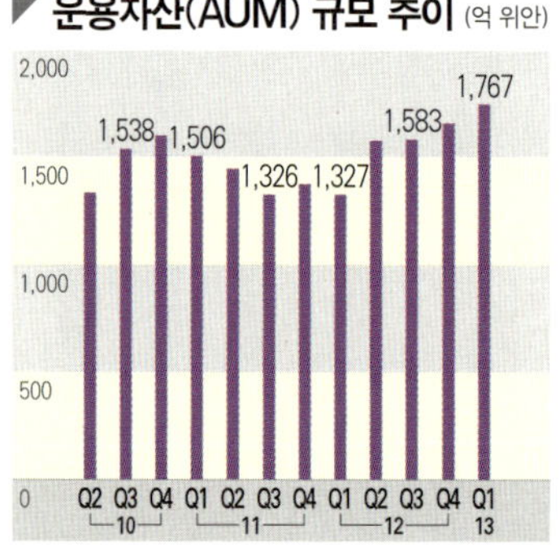

▶ 운용 펀드 구성 (%)

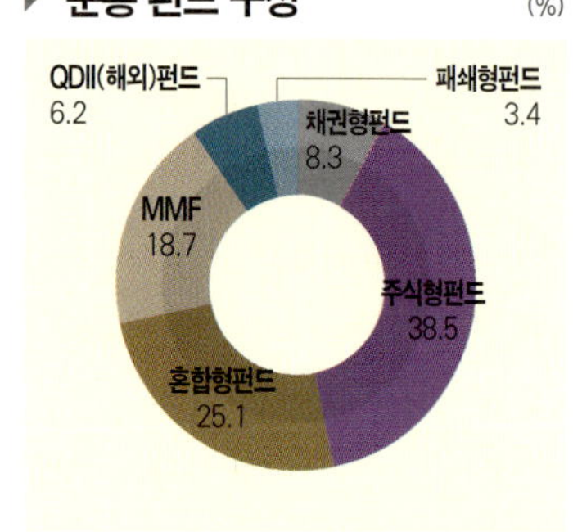

- 1999년 중국 자산운용사 태동기에 설립.
- 2002년부터 전국사회보장기금(SSF) 위탁 운용사로 선정.
- 도이치뱅크 자산운용이 2005년 지분 투자.

- 지아스기금관리는 지난 몇 년 동안 안정적으로 업계 2위 자리를 지켰지만, 최근 이팡다기금관리의 맹렬한 추격에 결국 2위 자리를 내주고 말았다.

- 지아스기금관리는 주식형펀드 비중이 38%에 달하는 반면 채권형펀드는 8%에 불과해, 주식시장 등락에 영향을 많이 받는 편이다.

1위

핑안신탁투자
平安信托投资

중국핑안 보험그룹 → 99.9%

매출액 132억 위안
당기순이익 27억 위안

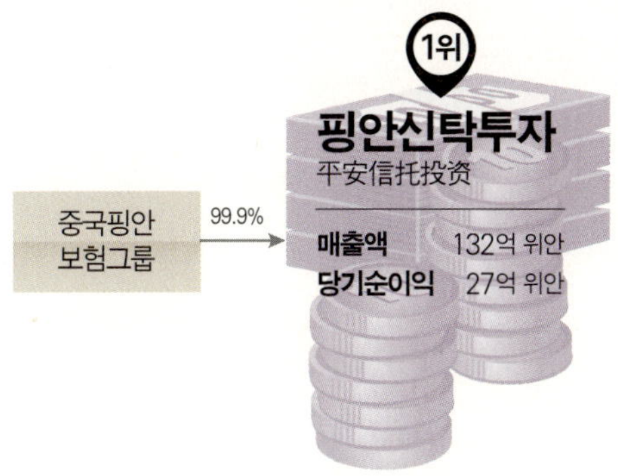

- 핑안신탁투자는 중국 최대 민영금융사인 핑안보험 그룹의 자회사로, 중국에서 최초로 비준한 38개 신탁회사 중 하나.
- 핑안신탁투자의 위험 자산 부실률은 0.21%로 중국 신탁회사 중 가장 낮은 수준.

▥ 핑안신탁투자 경영 실적

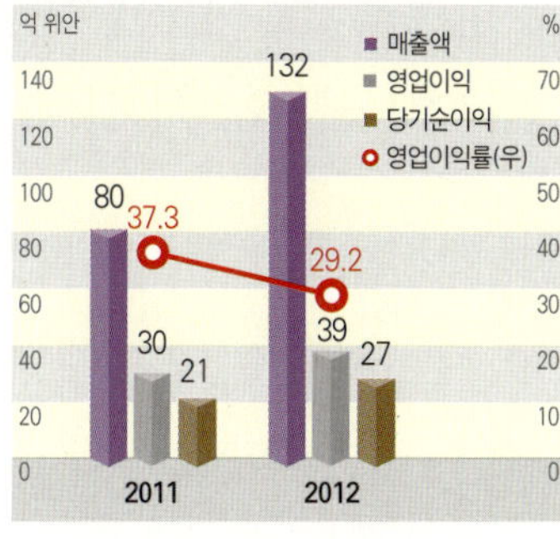

- 2012년 핑안신탁투자의 매출액은 131억 위안으로 크게 증가했다.
- 하지만 투자 상품의 수익률 저하로 영업이익률은 다소 감소했다.

▥ 신탁 상품 구성 (%)

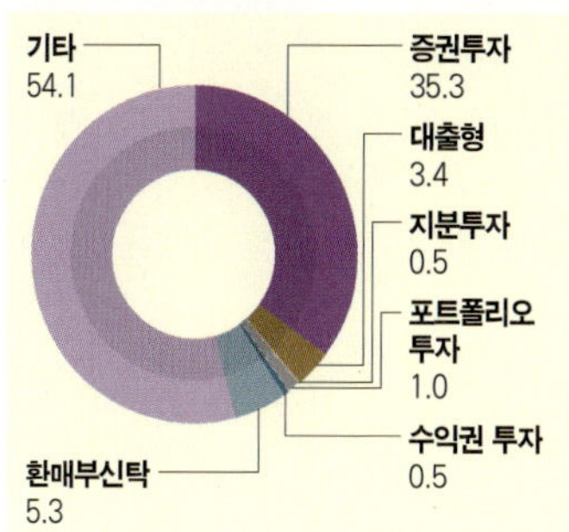

- 핑안신탁투자의 신탁 상품은 기타 신탁 상품을 제외하고는 유가증권에 투자하는 증권투자신탁 상품이 35.3%로 가장 높은 비중을 차지하고 있다.

2위

중신신탁
Citic Trust, 中信信托

중국 중신주식 → 40%
중신싱예 투자그룹 → 30%

매출액 45억 위안
당기순이익 27억 위안

- 중신그룹의 금융자회사로, 중국 은행관리감독위원회의 감독을 받는 주요 신탁회사.
- 중국 신탁회사 중 자산관리 규모 최대.
- 중국 신탁협회 이사장을 맡고 있는 기업.

▥ 중신신탁 경영 실적

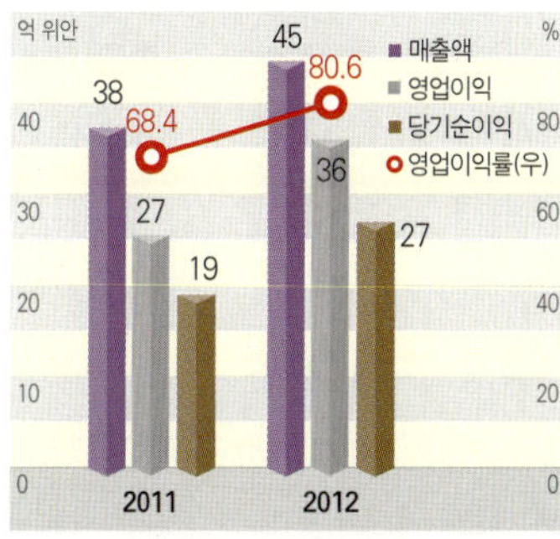

- 중신신탁은 중국 최대 기업 중 하나인 중신그룹을 배경으로 빠르게 성장하고 있으며, 영업이익률이 80%에 달한다.
- 2012년 기준 순이익은 핑안신탁투자와 동일한 수준이다.

▥ 신탁 상품 구성 (%)

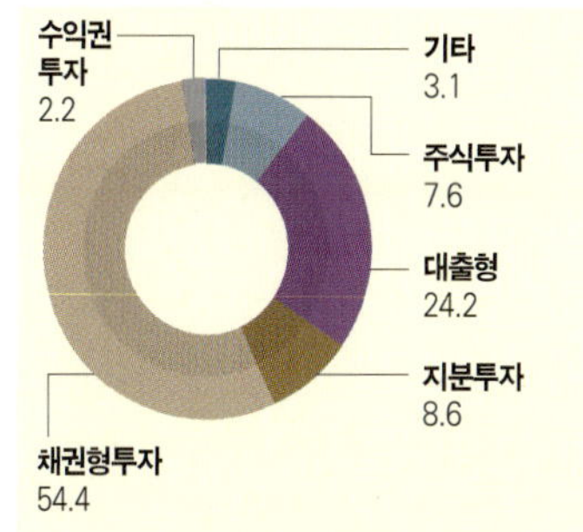

- 중신신탁의 경우 채권형투자신탁 상품이 54.4%로 절반이 넘고, 대출형신탁 역시 24.2%로 비교적 안정적인 투자를 선호하는 모습을 보인다.

3위

징웨이 방직기계 → 36.6%

중롱국제신탁
Zrt, 中融国际信托

중즈 기업그룹 → 32.22%

매출액 38억 위안
당기순이익 15억 위안

하얼빈 투자그룹 → 23.36%

- 1987년 설립된 하얼빈국제신탁투자가 전신.
- 2002년 중롱국제신탁으로 사명 변경.

▥ 중롱국제신탁 경영 실적

- 최근 4년 동안 중롱국제신탁은 빠른 속도로 성장해 2012년에는 매출액 38억 위안, 순이익 15억 위안을 달성했다.

▥ 신탁 상품 구성 (%)

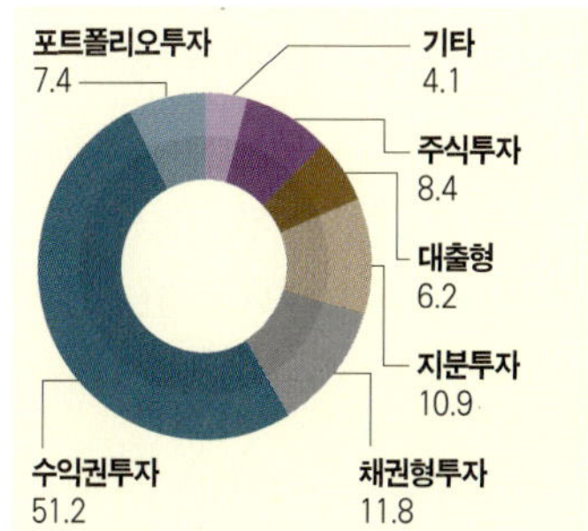

- 중롱신탁은 수익권투자신탁 비중이 가장 높고, 나머지 상품은 10% 내외로 고른 분포를 보이고 있다.

재테크에 눈 뜨기 시작한 중국인들,
자산시장의 기회인가 위기인가!

중국 경제가 시장경제체제를 받아들이면서 빠르게 성장하자 막대한 자본 수요가 발생하기 시작했다. 이러한 상황에서 외국계 금융사들은 중국 토종 금융사와 공동으로 펀드를 만들어 운용하는 등 시장 공략에 나섰다. 1987년 HSBC은행과 SC은행은 '중국신기술창업투자'(中国新技术创业投资公司)와 연합하여 홍콩에 '중국 부동산 펀드'를 설립했는데, 업계에서는 이것을 가리켜 중국 금융 산업 최초의 펀드사업으로 보고 있다.

1997년 중국 국무원 산하 증권감독관리위원회에서는 「증권투자기금관리잠정방법」을 발표했는데, 이는 중국 자산운용 규정의 기초가 되었다. 2001년 9월에는 중국 최초의 개방형펀드인 '화안창신'(华安创新)이 설립되었고 이로써 기존 폐쇄형펀드에서 개방형펀드로 도약의 발판이 마련되었다. 2004년에는 「증권투자기금법」이 정식으로 시행되면서 중국 자산운용업 관련 법규가 한층 개선되어 관련 산업의 발전을 도모했다.

2011년 말까지 중국 자산시장에서 운용되는 펀드 수는 모두 914개로 집계되었다. 그 가운데 개방형펀드(ETF, QDII펀드 포함)가 857개로 전체의 93.8%를 차지했다. 운용 중인 펀드 자산을 살펴보면, 총운용 펀드 규모 2.19조 위안 가운데 개방형펀드가 2.1조 위안으로 95.9%를 차지하고 있어 중국 자산운용시장이 이미 대중화, 보편화되었음을 알 수 있다. 이에 편승해 최근 중국 자산운용사들은 MMF(Money Management Fund, 초단기공사채형 펀드)에 대해 당일 환매금 지급 서비스를 도입해 은행 예금 등 다른 금융 상품과의 경쟁을 꾀하고 있다.

중국 자산운용업계에 들려오는 희소식들

2013년 3월 국무원이 사회보장기금(SSF)의 광동성 정부 양로금 위탁 운영을 비준하였다. 이로 인해 광동성 양로금(養老金. 퇴직 후 근무처에서 지급하는 연금) 1,000억 위안이 사회보장기금을 통해 다양한 금융 상품에 투자될 수 있게 된 것이다. 해당 자금에 대한 운용은 비교적 안정적인 투자 수익 보장을 위해 국채, 은행 예금, 회사채, 금융채 등 고정 수익 상품에 투자될 예정이고 약 30~40% 규모가 주식 운용으로 허용될 것으로 보인다. 이에 따라 400억 위안 정도가 주식시장에 투입될 전망이다. 비록 이 규모가 중국 주식시장에 당장 큰 영향을 미치지는 않겠지만, 향후 더 많은 지방정부의 양로금이 이와 같은 방식으로 주식과 채권에 투자될 것으로 전망된다.

최근 홍콩증권거래협회는, 중국 정부가 '2차 적격 국내 기관투자자'(QDII2)에 대한 논의를 이미 마친 상태이고 머지않아 관련 감독기관의 심의를 통과할 것이라고 밝혔다. 기존에 시행되고 있는 QDII(Qualified Domestic Institutional Investor)는 중국의 자산운용사, 증권사, 보험사, 은행 등이 해외에 투자할 수 있게 허용하는 제도이다. 이번에 새로 시행될 QDII2는 기존의 범위를 기관투자자에서 개인으로 확장하는 것을 골자로 하고 있다. 이 제도가 시행될 경우 자격을 갖춘 일부 개인들이 해외에 직접 투자가 가능해지는 것이다. 아직까지는 구체적인 사항이 공개되지 않았지만 QDII2가 시행될 경우 기존의 대형 금융기관이 아닌 중소형 운용사들이 크게 수혜를 받게 될 전망이다. 그리고 이들이 국내외 다양한 투자 수단을 통해 수익을 확보함으로 자산운용업의 전반적인 발전에도 큰 도움이 될 것으로 기대된다.

급상승 중인 신탁 투자 인기

중국 금융시장에서 가장 뜨거운 분야는 바로 신탁 상품이다. 최근 5년 동안 중국 신탁 자산의 규모는 2007년 1.2조 위안에서 2011년 말 4.8조 위안으로 4배가량 증가했고, 2012년 말에는 7조 위안를 기록했다. 2011년 말 중국 신탁회사는 모두 63개로 총자산이 1,624억 위안이며 순이익은 237억 위안이다.

　이처럼 중국 신탁업이 폭발적으로 성장하고 있는 이유는 2008년 하반기부터 시작된 '은행-신탁재테크합작' 때문이다. 인민은행(중국 중앙은행)의 저금리 기조 때문에 마이너스 금리 상황에 이르자 은행들은 앞 다퉈 고금리 재테크 상품을 출시했고 이러한 재테크 상품들은 대부분 신탁회사에 의해 운영되었다. 은행 이자율이 3% 수준인 것을 감안하면 5~10% 대의 재테크 상품에 고객들의 자금이 쏠리는 것은 당연한 결과였다.

　문제는 신탁회사의 자금이 고수익을 위해 부동산, SOC, 기업 대출 등 고위험 프로젝트에 투자된다는 점이다. 인지도가 낮은 신탁회사의 경우 좀 더 높은 수익으로 고객을 유치하기 위해 고위험 자산에 투자하게 됨에 따라, 금융 지식이 높지 않은 중국인들의 피해 위험이 커지고 있다.

그림자금융의 위협

최근 무디스 등 세계 금융기관들이 입을 모으는 것은 바로 중국 '그림자금융'(Shadow Banking)의 위험성이다. 그림자금융이란 비은행 금융기관들이 고수익을 목적으로 운용하는 금융 상품을 가리키는 말로, 이들은 은행과 같은 엄격한 규제를 받지 않아 고위험에 노출되어 있다. 중국의 경우 채권과 주식시장의 규제가 비교적 엄격해서 금융이 개방되어 있는 국가에 비해서 안정적이라는 것이 일반적인 인식이었다. 하지만 최근 저금리와 은행 대출에 대한 제한으로 대규모 자금이 그림자금융으로 쏠리고 있다. 무디스에 따르면 신탁 대출, 비금융기관 대출, 장부 외 대출 등 중국의 그림자금융 규모가 29조 위안에 달한다고 한다. 이는 중국 GDP의 50%에 해당하는 수준이다.

　중국의 그림자금융은 은행에서 판매하고 신탁회사가 운영하는 재테크(理財) 상품이 그 핵심이다. 이러한 재테크 상품은 기본적으로 은행의 수신과 여신에 포함되지 않기 때문에 금융당국은 정확한 규모를 짐작하기가 어렵다. 재테크 상품은 높은 수익을 목표로 하기 때문에 기업채, 주식, 부동산, SOC 투자, 기업 대출 등 고위험 자산에 투자하는 게 일반적이다. 그 가운데 지방정부의 SOC 투자에 투입되는 자금은 지방정부가 20%에 육박하는 높은 수익을 보장해 주기 때문에 신탁 투자자 입장에서는 안정적인 수익원으로 꼽히지만 지방정부는 SOC 투자를 통해 수익을 올리기 쉽지 않으므로 결과적으로 지방정부의 부채를 증가시키는 원인이 되고 있다. 그리고 신탁 상품을 통한 투자는 지방정부의 부채 비율에 포함되지 않기 때문에 전문가들 사이에서는 신탁 투자가 향후 중국 금융 위기의 도화선이 될 수도 있다고 경고한다. 신탁 상품이 중국의 자산운용시장을 키울 촉매제가 될 것인지, 검은 그림자가 될 것인지 좀 더 지켜볼 일이다. ★

엔터테인먼트 · 레저 · 교육

영화·엔터테인먼트 업계

❶ 중국 영화시장 연평균 30%씩 고속 성장, 미국에 이어 세계 2위 규모.
❷ 중국 극장 수 세계 2위, 스크린 디지털화율 세계 1위.
❸ 중국 미디어 시장점유율 1위는 TV. 신문은 시장점유율(4위)이 하락하면서 광고 시장에서 핵심 미디어에서 보조 미디어로 전락.

▼ 영화시장 규모 세계 톱 10

(박스오피스 기준, 억 달러)

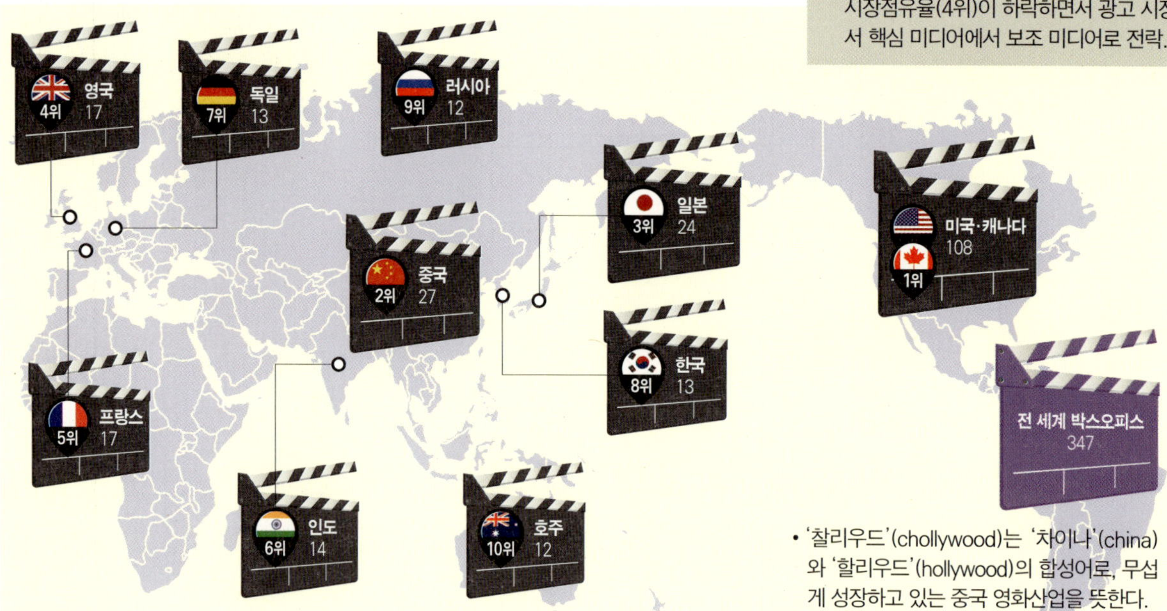

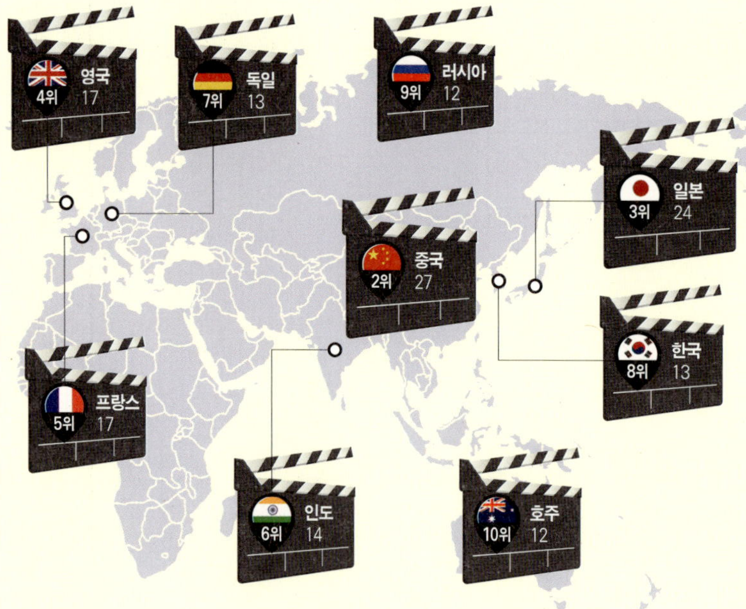

• '찰리우드'(chollywood)는 '차이나'(china)와 '할리우드'(hollywood)의 합성어로, 무섭게 성장하고 있는 중국 영화산업을 뜻한다.
• 2012년 중국 영화산업은 일본을 제치고 세계 2위에 올랐다.

자료: 〈Theatrical Market Statistics 2012〉, MPAA

▼ 영화 제작국 세계 톱 10

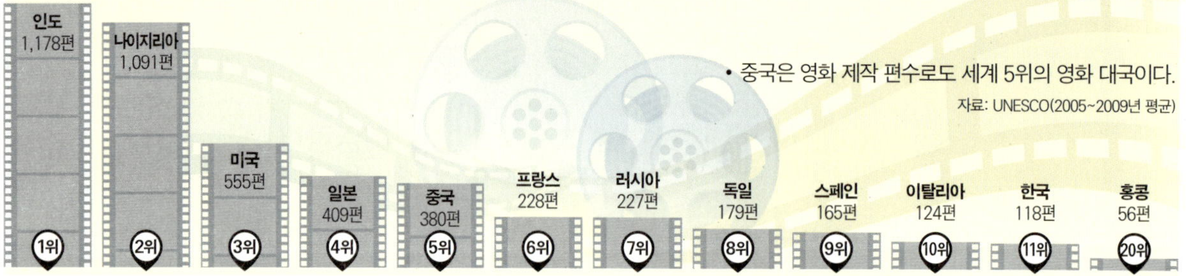

• 중국은 영화 제작 편수로도 세계 5위의 영화 대국이다.

자료: UNESCO(2005~2009년 평균)

▼ 중국 박스오피스 수입 추이

(억 위안)

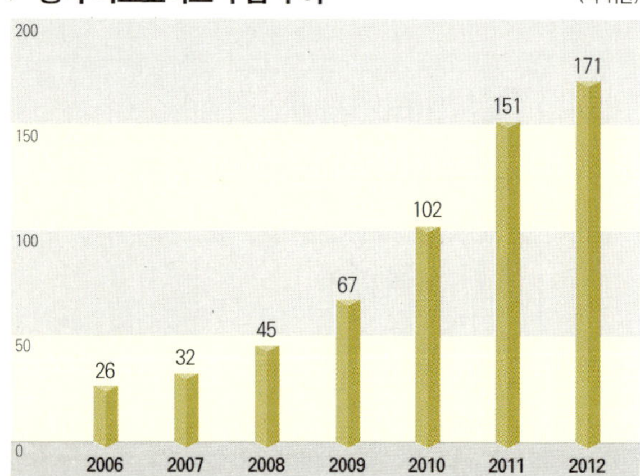

• 중국 영화 박스오피스 수입은 2000년 8억 위안에서 2012년 171억 위안 규모로 빠르게 성장하고 있으며, 연평균 성장률이 29%에 이른다.

자료: 당대영화(当代电影)

▼ 중국 영화의 시장점유율 추이

(%)

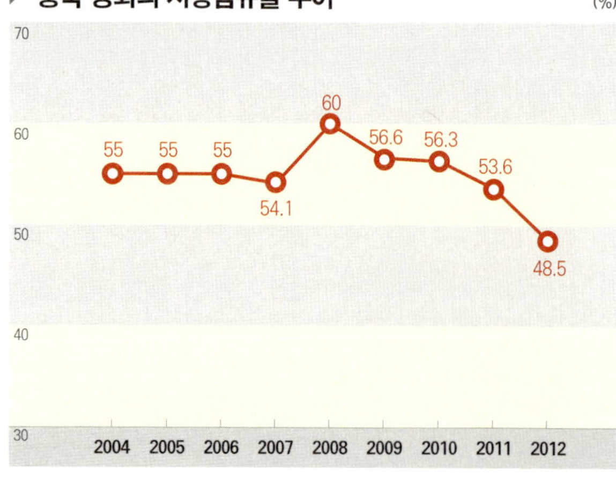

• 중국은 과거 외국영화 수입 편수를 1년에 20편으로 제한했었다.
• 하지만 2011년 3월, 외국영화 수입 제한 조치를 완화하기 시작하면서 2012년에는 중국 영화의 시장점유율이 50% 이하로 내려갔다.

자료: 당대영화(当代电影)

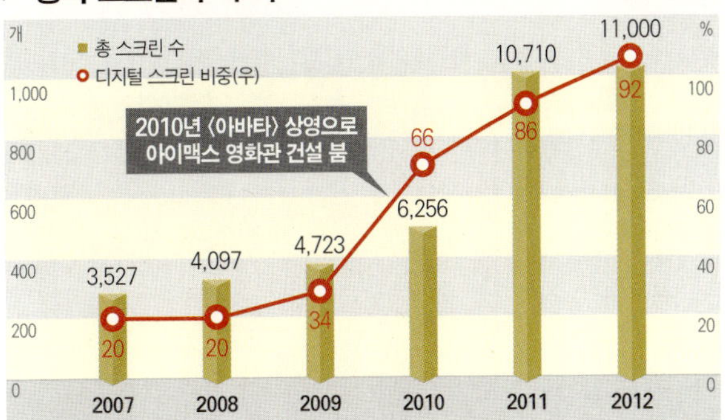

▶ 중국 스크린 수 추이

- 중국의 극장 수는 2,800개 이상, 스크린 수는 1만 개를 넘어섰다. 이는 미국(4만 개)에 이어 세계 2위 규모에 해당한다.
- 2012년 중국 각 도시에 646개의 영화관이 신설되었고, 3,832개의 스크린이 추가되었다. 중국의 스크린 디지털화율은 92%로 세계 1위 수준이다.

자료: 영화진흥위원회

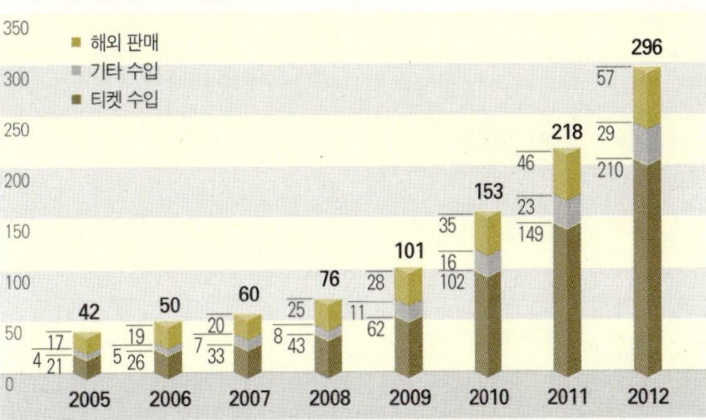

▶ 중국 영화 총매출 및 수익 구조

- 중국은 뉴미디어의 빠른 발전과 저작권에 관한 엄격한 관리체계 확립으로, 뉴미디어에 대한 영화판권 수입(기타 수입)이 새로운 수익 창출 통로로 부상하고 있다.

자료: 국무원 발전연구중심

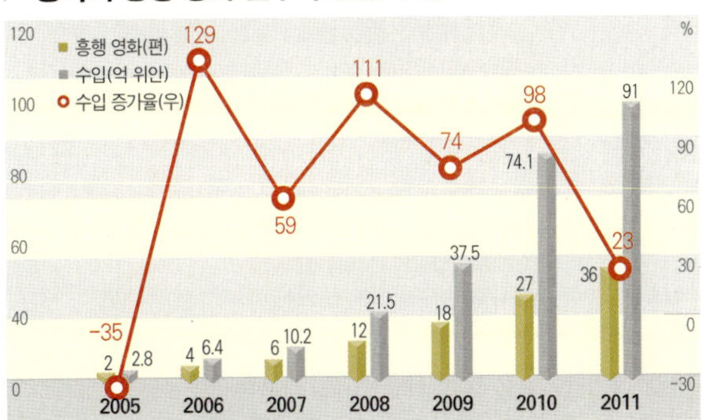

▶ 중국의 흥행 영화 편수와 흥행 수입

- 2004년 이후 중국에서 흥행 영화(1억 이상의 박스오피스 수입을 기록한 영화)의 수가 급증하고 있다.
- 2011년 1억 위안 이상의 흥행 수입을 올린 영화는 36편에 달하고, 박스오피스 수입은 91억 위안에 달한다.

자료: 중국전영왕(电影网)

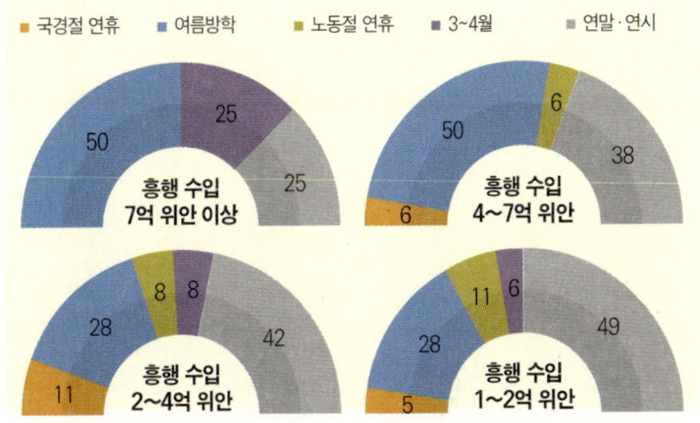

▶ 중국 영화 성수기

- 중국 영화 성수기는 '허수이당'(贺岁档)로 불리는 연말·연시와 여름방학, 노동절 연휴, 국경절 연휴 기간 등이 있다.
- 1억 위안 이상의 흥행 수입을 올린 영화를 기준으로 살펴보면 성수기 중에서도 여름방학과 연말·연시 두 기간의 합이 항상 70%가 넘는다.

자료: 중국전영왕(电影网)

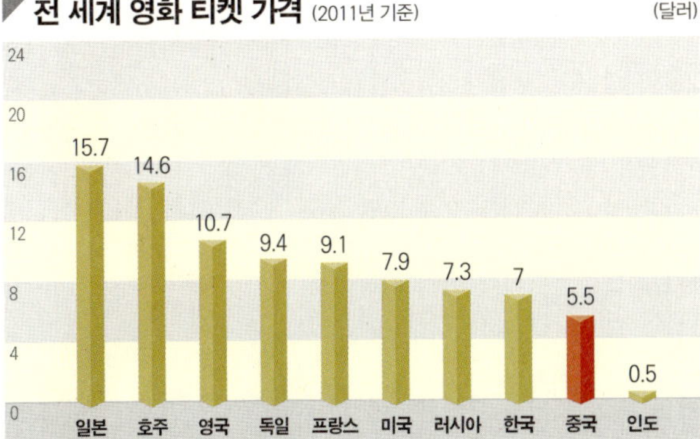

▶ 전 세계 영화 티켓 가격 (2011년 기준)

- 세계에서 영화 티켓 가격이 가장 비싼 나라는 일본으로 약 15.7달러에 달한다. 중국은 영화 티켓 가격이 5.5달러 수준으로 주요 선진국에 비해서는 낮은 편이다.

자료: 이은컨설팅(艺恩咨询)

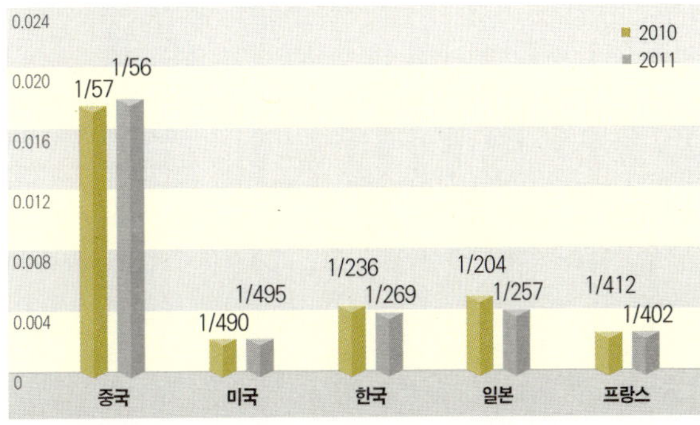

▶ 주요 국가 월 소득 대비 티켓 가격

- 소득 대비 영화 티켓 가격을 살펴 보면 중국의 영화 티켓 가격은 월 소득의 56분의 1(2011년 기준)로 다른 나라에 비해 월등히 비싼 편이다.

자료: 이은컨설팅(艺恩咨询)

- 연간 최고 흥행작들은 총 박스오피스 수입의 약 6~8% 정도를 점유하고 있다.
- 중국 영화 역대 흥행 순위 1위는 〈아바타〉로 2억 2,280만 달러(약 14억 위안)에 달하는 수입을 올렸다.

자료: 중국 광영(广影)총국

▼ 중국 미디어 산업 총생산액 추이

- 중국 미디어 산업은 GDP 성장 속도보다 빠른 속도로 성장하고 있으나, 최근 3년은 경기 침체에 따라 성장률이 소폭 하락했다.

자료: KOCCA

▼ 중국 미디어 산업 시장 구조 (%)

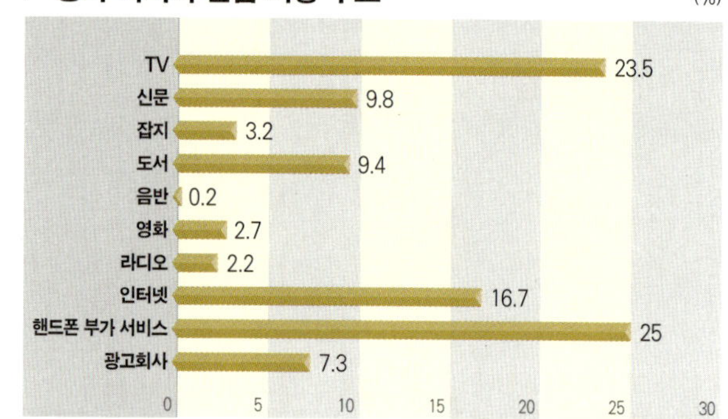

- 전통 미디어 중 TV시장은 시장점유율이 가장 높다.
- 2012년 주요 신문은 전년 대비 광고 수입이 15~20% 하락했다. 광고 시장에서 신문은 핵심 미디어에서 보조 미디어로 전락한 상태이다.

자료: KOCCA

▼ 중국인 1일 평균 TV 시청 시간 (분)

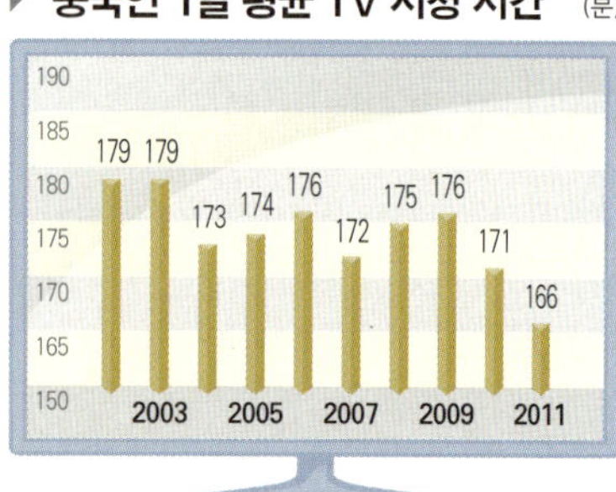

- 중국인 1일 평균 TV 시청 시간은 2002년 179분에서 2011년 166분까지 계속 하락하고 있다.
- TV 시청 시간이 하락하는 주요 원인은 뉴미디어의 등장으로 젊은 세대의 TV 시청 시간이 줄어들었기 때문이다.

자료: CSM동관증권

▼ 중국 TV 시청자 연령 구조 (%)

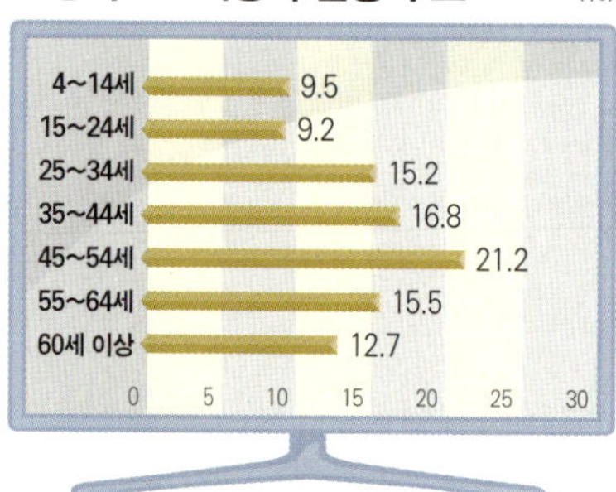

- 중국 TV 시청자의 연령별 구조를 살펴보면 45~54세의 중장년층이 21.2%로 가장 높게 나타나고 15~24세의 젊은층이 가장 낮게 나타난다.
- 이는 최근 중국 젊은이들이 TV보다는 인터넷 미디어를 선호하기 때문이다.

자료: CSM동관증권

▼ 중국 인기 프로그램 제작 국가별 비중

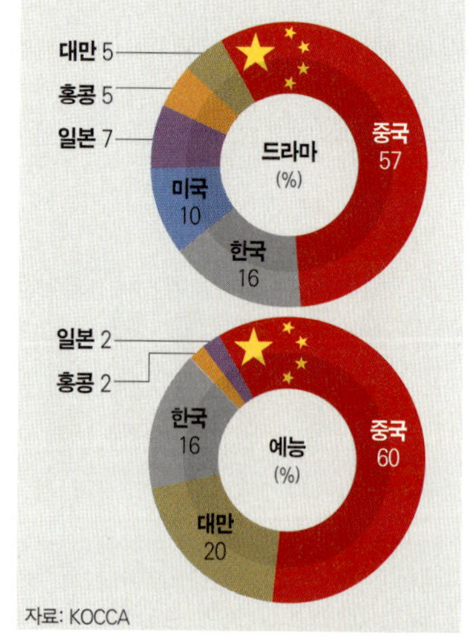

자료: KOCCA

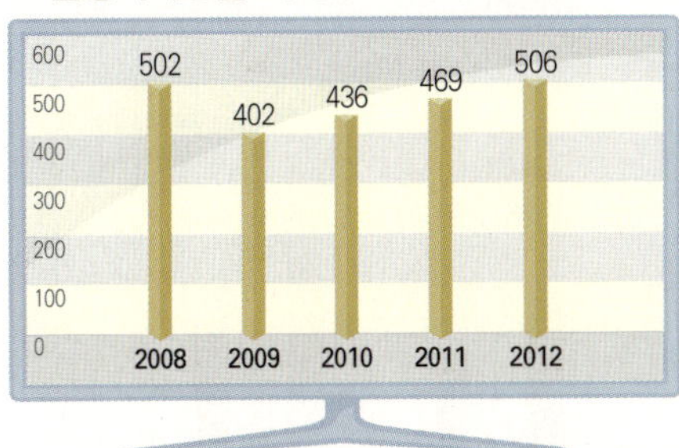

- 중국에서 방영하는 드라마는 완성된 드라마에 대해 광전총국 소속 드라마 심의위원회의의 심의를 거쳐 발행허가증을 취득해야 한다.
- 2012년 중국 드라마 총 제작 편수는 506편으로, 중국은 전 세계적으로 가장 많은 드라마를 제작하는 국가이다.

자료: 국가광전총국 드라마 관리사

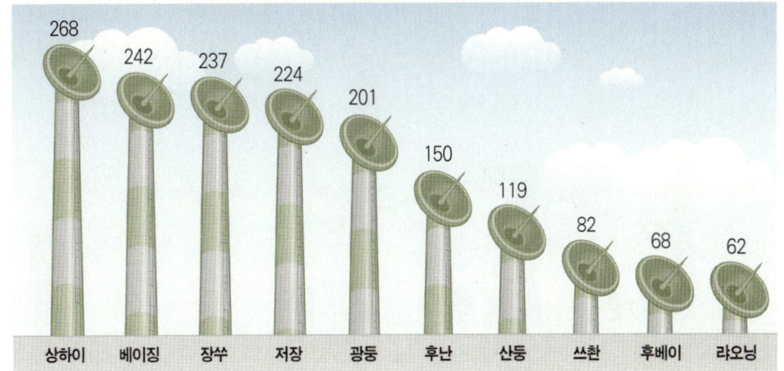

- 상하이, 베이징, 장쑤, 저장, 광둥 지역은 TV·라디오 방송 수입이 평균 200억 위안을 넘어서고 있다.
- TV·라디오 방송 수입 중 광고 수입은 45.3%, 유선 네트워크 수입은 23.6%, 기타 수입은 31.1%이다.

자료: 국가광전총국 규획재무사

중국 드라마 밸류체인

	콘텐츠 제작사		콘텐츠 유통사	플랫폼
사업자	지상파(CCTV), 성급 위성TV			지상파TV, 성급 위성TV, 지역TV, 온라인, VOD
	화이브라더스, 환락전매, 저장화책영시, 저장해윤영시 등			
	드라마 제작사		유통사	
사업자 수	• A급 인증: 132개 • 전체: 4,678개		200개 이상	• 지상파: 1개 • 성급 위성TV: 35개 • 기타: 300개 이상
진입 장벽	낮음		보통	• TV: 정부 통제 높음 • 온라인: 정부 통제 보통
수요 자금	• A급: 높음 • 전체: 낮음		낮음	
주요 업체	• 국영: CITVC(CCTV 제작사), 상해TV프로덕션 등 • 민영: 화이브라더스, 저장화책영시, 저장해윤영시, 소마분등, 금영마영 등		• 전문 유통사: 선화미디어 등 • 드라마 제작사: 화이브라더스, 저장화책영시, 저장해윤영시, CHNPEC(CCTV 자체 유통사) 등	• 지상파: CCTV • 성급위성TV: 상하이미디어그룹, 후난TV, 안후이위성TV, 산둥위성TV 등 • 온라인: 유쿠, 소후 등

- 중국 방송국은 대부분 사전 제작된 드라마를 외부에서 구매하고 있다.

영화·드라마 제작

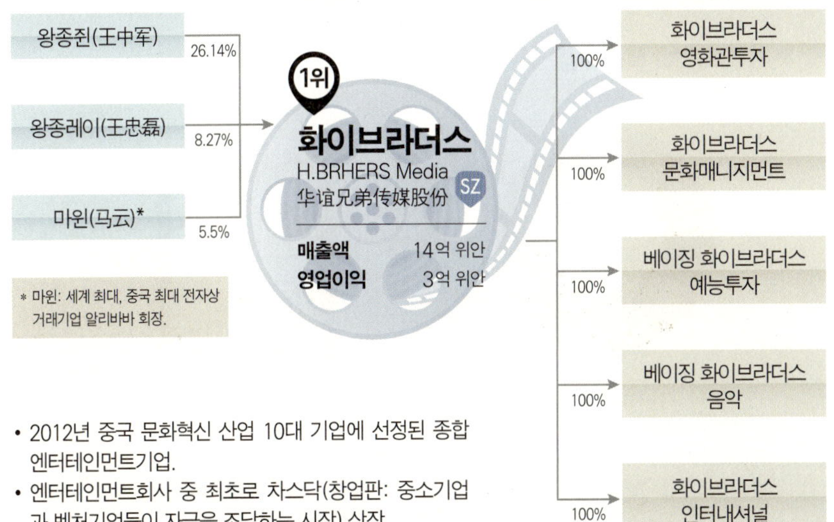

* 마윈: 세계 최대, 중국 최대 전자상 거래기업 알리바바 회장.

- 2012년 중국 문화혁신 산업 10대 기업에 선정된 종합 엔터테인먼트기업.
- 엔터테인먼트회사 중 최초로 차스닥(창업판: 중소기업과 벤처기업들이 자금을 조달하는 시장) 상장.

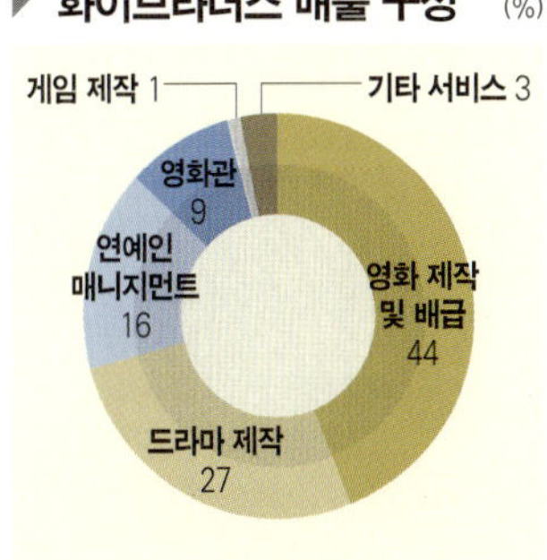

- 화이브라더스 수입은 대부분 영화와 드라마 제작 및 배급에서 발생한다.
- 최근 시작한 영화관 사업은 점차 매출 비중이 늘어나고 있으며, 화이브라더스가 제작한 영화의 극장 점유율을 높이는데 기여하고 있다.

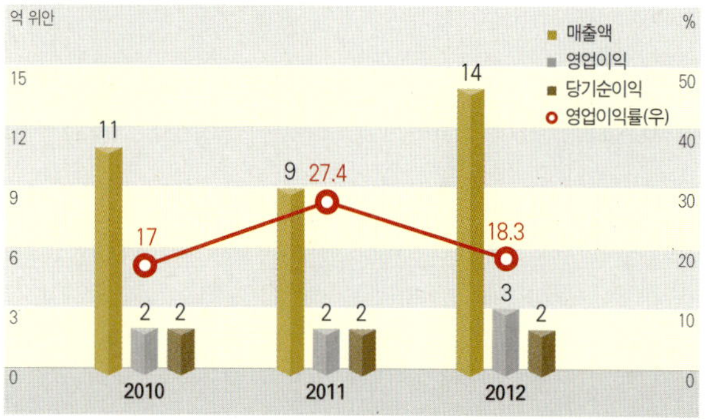

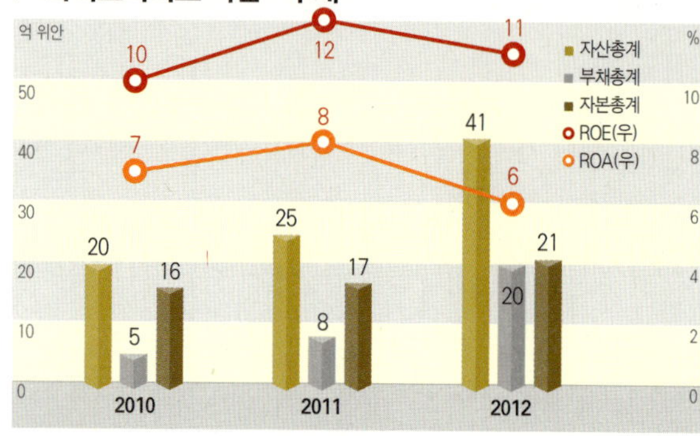

- 화이브라더스의 수익은 영화 흥행에 크게 좌우된다.
- 2010년에는 〈탕산대지진〉, 〈페이청우라오2〉, 2012년에는 〈화피2〉, 〈차이니스조디악〉 등의 영화가 흥행에 성공하면서 매출이 10억 위안을 돌파했다.

- 화이브라더스는 2009년 차스닥에 상장하면서 자산이 크게 증가했다.
- 2012년에는 IT, 통신, 부동산 등으로 사업 분야를 확장하면서 자산 규모가 41억 위안까지 크게 증가했다.

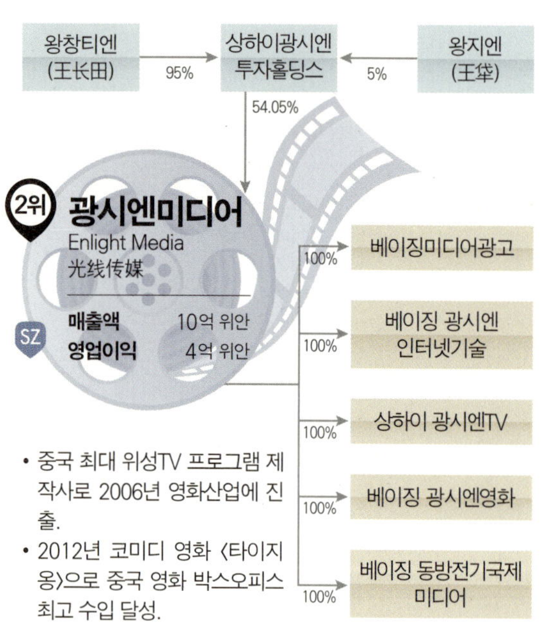

- 중국 최대 위성TV 프로그램 제작사로 2006년 영화산업에 진출.
- 2012년 코미디 영화 〈타이지옹〉으로 중국 영화 박스오피스 최고 수입 달성.

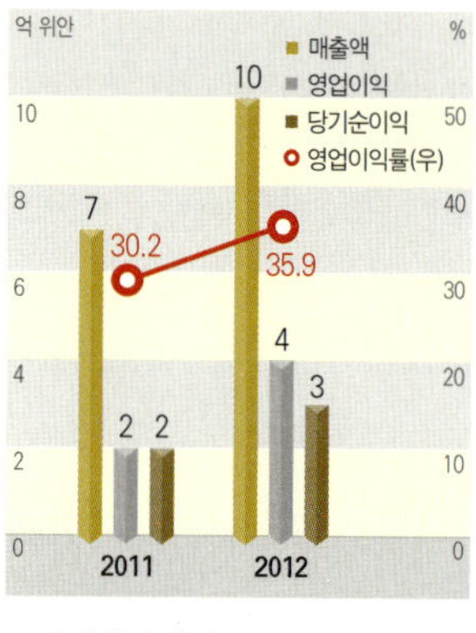

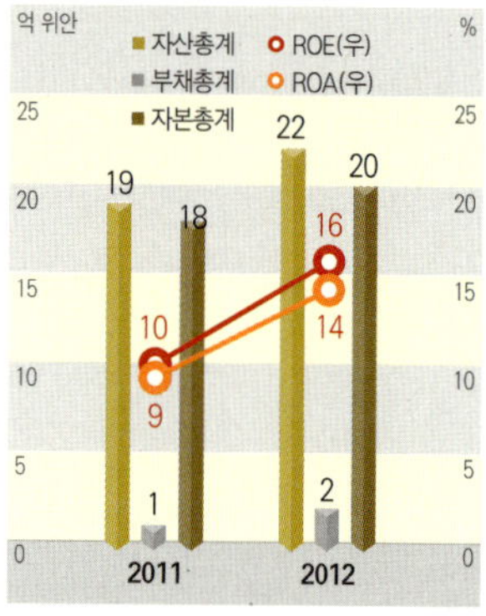

- 광시엔미디어는 최근 위성TV의 시청률이 높아지면서 수익이 크게 증가하고 있다.
- 2006년 시작한 영화 배급사업도 최근 안정화되면서 영업이익률도 크게 높아지고 있다.

- 광시엔미디어는 2011년 차스닥에 상장하면서 자산이 20억 위안 규모로, 2010년(4억 위안)보다 5배 가량 증가했다.

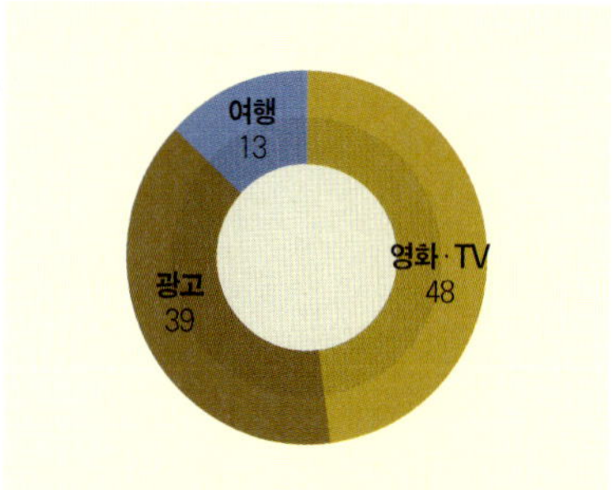

- 중국 국영방송국인 CCTV의 자회사.
- 우시(无锡)에 위치한 드라마제작소가 유명 여행지로 선정.

- CTV미디어 매출의 절반 가량은 영화 및 TV 프로그램 제작 수입이며, 나머지는 광고 및 회사가 보유한 영화제작소 입장권 수입이다.

- 중국 TV 방송이 점차 민간에 개방되면서 광고 시장의 경쟁이 치열해 지고 있다.
- 광고 시장에서 독점적 지위를 누리던 CTV의 영업이익률도 지속적으로 하락하고 있다.

완다영화관
1위
Wanda Film
万达电影院线

박스오피스 수입
24.5억 위안

- 완다영화관은 아시아 최대 영화관으로 중국 박스오피스 수입의 15%를 점유.
- 완다영화관을 보유하고 있는 완다그룹은 부동산개발, 호텔, 문화·여행, 백화점 등의 사업을 영위하고 있는 대기업.
- 2012년 미국 2대 영화관 체인업체 AMC 엔터테인먼트를 26억 달러에 인수.

▶ 완다그룹 구조

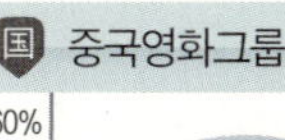 国 상하이영화그룹(SFG)

상하이리엔허영화관
2위
Shanghai United Circuit
上海联和电影院线

박스오피스 수입
16.5억 위안

- 상하이영화그룹 산하의 영화관 연합체.
- 2013년 8월 말, 222개의 가맹 영화관과 총 1,075개의 스크린 보유.

 国 중국영화그룹(CFGC)
60%

싱메이영화관
3위
China Film Stellar Theater Chain
中影星美电影院线

박스오피스 수입
16.2억 위안

- 중국영화그룹 소속의 영화관 체인.

중국중앙방송국
CCTV, 中国中央电视台

45개 TV 채널 보유
전국 273개 방송국 보유

- 중국 국영방송국으로 전 세계에서 가장 많은 채널 보유.
- 2013년 광고 수입 158억 위안.

편집위원회
- 주임 편집실
- 프로그램 센터
- 인터넷미디어 센터
- 광고경제 정보센터

CCTV-1: 종합 채널
CCTV-2: 경제 채널
CCTV-3: 예술 채널
CCTV-4: 국제 방송(중국어)
CCTV-5: 스포츠 채널
CCTV-6: 영화 채널
CCTV-7: 군사, 농업 채널
CCTV-8: 드라마 채널
CCTV-9: 영어 채널
CCTV-10: 과학, 기술 채널
CCTV-11: 가극 채널
CCTV-12: 사회, 법 채널
CCTV-뉴스: 24시간 뉴스 채널
CCTV-아동: 아동 채널
CCTV-음악: 음악 채널
CCTV-F: 프랑스어 채널
CCTV-E: 스페인어 채널
CCTV-H: HDTV 채널

▶ 중국의 TV 방송 구조

방송국 (중앙방송국, 성급 방송국, 성도와 지급 방송국 포함) **342개**

유선TV 방송국 (현급 TV 방송국) **2,000개 이상**

- 중국의 기본 방송 구조는 유선TV 방송이 중심이 되며, 대부분 공중파 및 위성TV를 지역방송국에서 유선TV로 재전송하는 구조이다. 중국에서 전국적으로 방송하는 채널 수는 CCTV가 25개, 성급의 위성TV 방송 채널이 35개이다.

후난 위성TV (망고 TV)
▶ 방송 개시: 1997년
▶ 주요 프로그램
콰이러따번잉(快乐大本营): 예능 프로그램
톈톈샹상(天天向上): 토크쇼

- CCTV에 이어 전국 평균 시청률 2위, 낮 시청률 전국 1위 방송국.
- 〈대장금〉, 〈궁〉, 〈미안하다 사랑한다〉 등 다수의 한국 드라마 방영.

장쑤 위성TV
▶ 방송 개시: 1997년
▶ 주요 프로그램
페이청우라오(非诚勿扰): 남녀 맞선 프로그램

- 2008년 상반기 〈페이청우라오〉로 위성TV 중 가장 빠른 시청률 증가 기록.
- 2012년 연말가요대전에 한국 가수 싸이 초청.

안후이 위성TV
▶ 방송 개시: 1997년
▶ 주요 프로그램
왕즈비엔칭와(王子变青蛙): 중국 최고 시청률(8%)을 기록한 청춘 드라마

- 후난, 둥팡, 장쑤, 저장과 함께 중국 5대 위성TV 방송국.

세계 2위 영화시장의 장막이 서서히 올라가고 있다

중국 영화산업은 지난 10년 동안 급성장을 거듭해오고 있다. 중국 전역에 기하급수적으로 늘어나는 스크린 수는 이를 방증한다. 2012년 기준 신규 스크린 증가 수는 3,832개로, 이는 매일 10.5개의 스크린이 생긴 꼴이다. 2002년에 1,845개에 불과했던 스크린 수가 2012년 13,118개(한국 2,616개)로 6배 넘게 증가한 것이다.

스크린 수 증가는 자연스럽게 박스오피스* 수입 상승으로 이어졌다. 2012년 중국 박스오피스 총수입은 전년 대비 30% 증가한 170.7억 위안을 달성했다. 이 가운데 중국영화 수입이 전년 대비 18% 증가한 82.7억 위안으로 총수입의 48.5%를 차지했고, 외국영화는 전년 대비 45% 증가한 88억 위안을 벌어 들였다.

개별 영화 수입 역시 증가하여 5억 위안 이상의 박스오피스 수입을 거둔 영화가 8편에 달했다. 이 가운데 〈타이지옹〉(泰囧)은 중국영화로는 최초로 10억 위안을 넘는 기록을 세우기도 했다. 이처럼 중국 영화시장에서도 양극화 현상이 문제로 지적되곤 한다. 상위 10개 영화에서 발생하는 매출이 63.5억 위안으로 총매출의 37%에 달한다.

박스오피스

'box'와 'office'(사무실)의 합성어로, 영화 한 편이 벌어들이는 흥행 수입을 뜻한다. 영화가 처음 대중화되기 시작할 무렵 극장 앞에는 지금의 매표소처럼 상자 같은 것을 놓고, 그 안에 들어가 표를 팔았다. 따라서 박스오피스는 '표를 파는 곳'이라는 뜻으로 쓰이게 되었고, 그 의미가 확대되어 '영화 한 편이 벌어들이는 흥행 수입'을 뜻하게 되었다.

중국의 영화·엔터테인먼트 업계를 좌지우지 하는 화이브라더스

'화이브라더스'(华谊兄弟)는 영화·음반 제작, 배급, 매니지먼트, 광고 및 영화관 운영 사업까지 관할하는 종합 엔터테인먼트그룹이다. 화이브라더스는 이름 그대로 왕종쥔(王中军), 왕중레이(王中磊) 두 형제가 시작한 영화사이다. 1994년 설립 후 중국 최고 감독인 펑샤오강(冯小刚)의 영화에 투자하면서 영화계에 발을 들였다. 이후 펑샤오강 감독의 영화가 허수이당(贺岁档) 기간에 연이어 히트를 치면서 영화제작사업에서 크게 성공했다. 중국 연예계에서는 "펑샤오강의 영화가 상영되는 해는 수익이 대박이고 그의 영화가 상영되지 않는 해는 쪽박"이라는 이야기가 나올 정도로 펑샤오강은 중국 영화계의 블루칩이다.

2012년 9월부터 2013년 말까지 화이브라더스는 19편의 영화와 740회 분량의 드라마를 시장에 공급했다. 이를 위해 약 10억 위안의 비용을 투자했다. 일반적으로 중국에서 드라마는 30~40%의 수익률을 기록하는데 흥행에 성공할 경우 그 수익률이 60%까지 상승하기도 한다.

화이브라더스는 영화와 드라마 제작 이외에도 연예인 매니지먼트를 통해 부가 수익을 창출하고 있다. '하이룬(海润)미디어', '오렌지스카이(橙天)엔터테인먼트', '폴리보나'(保利博纳) 등과 함께 중국 최대 연예 매니지먼트 기획사로 발돋움하고 있는 것이다. 또한 화이브라더스는 안정적인 배급망 확보를 위해 영화관사업에도 뛰어 들었는데, 14개 영화관에 150개의 스크린을 보유하고 있다.

허수이당 기간에는 중국영화만 상영하라?

중국 영화시장에서는 연말에서 연초가 되는 기간인 허수이당이 최고 성수기이다. 허수이당의 시초는 중국 최고의 흥행 감독으로 꼽히는 펑샤오강이 1999년 12월에 내놓은 〈갑방을방〉(甲方乙方)이라는 영화가 꼽힌다. 〈갑방을방〉은 당시 3,000만 위안의 박스오피스를 기록하며 중국 영화시장을 들썩이게 했다.

중국영화는 2011~2012년 허수이당 기간에 무려 41.4억 위안의 박스오피스 수입을 올렸고, 관객 수도 무려 1.1억 명에 달했다. 재미있는 점은 바로 이 허수이당 기간에는 외국영화가 거의 상영되지 않는다는 것이다. 여름방학과 휴가철인 7월과 8월 및 12월과 1월은 중국영화 보호기간이라는 것이 중국 영화업계에서는 공공연한 사실이다. 실제로 지금까지 중국영화가 할리우드 대작과 함께 상영되어 흥행에 성공한 적은 전무하다. 2012년의 경우에도 상위 10개 중국영화 중 4편은 여름 보호기간에, 4편은 허수이당 기간에 상영되었다.

중국은 지난 수십 년 동안 외국영화 상영이 매년 20편을 넘지 못하도록 하는 수입 제한 제도를 운영해오고 있다. 물론 한국에서도 스크린쿼터제와 같은 방식으로 자국영화를 보호하고 있지만 중국의 보호장벽의 높이는 세계적으로도 유명하다.

미국 할리우드가 엄청난 영화시장으로 성장한 중국의 자국영화 보호 행태를 내버려둘 리가 없다. 2007년 미국은 중국 영화시장 수입 제한 조치를 WTO에 제소했고, 2009년 WTO는 중국의 이러한 조치가 국제 무역 규정에 위배된다는 판결을 내렸다. 이에 중국은 2011년 3월부터 외국영화에 대해 한 단계 완화된 수입 제한 조치를 취하기 시작했다. 그러나 중국 정부의 외국영화 수입 규제는 앞으로도 계속 이어질 것이라는 게 업계 전문가들의 공통된 견해이다.

지금 중국에서는 중외 합작 영화 바람

최근 중국에서는 〈아이언맨3〉의 중국판이 뜨거운 논란거리가 되고 있다. 미국판에서는 등장하지 않는 중국 미녀스타 판빙빙(范冰冰) 등 중국 영화배우들이 등장함은 물론 영화 속에서 아이언맨이 중국 음료를 마시는 웃지못할 장면이 연출되고 있기 때문이다. 이처럼 할리우드를 필두로 한 메이저 영화제작사들이 최근 중국과의 합작에 열을 올리고 있다. 이는 중국시장이 미국에 이어 세계 두 번째로 큰 영화시장이라는 이유도 있겠으나, 그 이면에는 중국의 외국영화 수입 제한 조치를 피하기 위한 방편으로도 해석된다.

아울러 중외 합작영화는 수익률 배분에 있어서도 외국영화와 계산법이 다르다. 실제로 해외에서 제작된 영화가 정식으로 수입될 경우 제작사는 박스오피스 수입의 25%만을 가져 갈 수 있지만, 중외합작으로 제작된 영화의 경우 중국영화로 분류되어 제작사가 43%에 달하는 수입을 취할 수 있게 된다. 따라서 외국 영화제작사에게 있어서 중국 영화사와의 합작은 뿌리칠 수 없는 유혹인 셈이다.

한편, 중국 영화업계는 자체 제작한 중국영화를 외국계 합작 제작사를 통해 전 세계로 배급한다는 복안이다. 중국 정부 역시 이를 통해 중국 문화를 세계에 알리겠다는 목적으로 별다른 제재를 가하지 않고 있다. 오월동주(吳越同舟) 모양새를 하고 있는 중외 합작 영화제작 시스템이 향후 누구에게 더 큰 이익을 가져다줄지 세계 영화계 안팎으로 관심을 모으고 있다. ★

❶ 텐센트, '리그오브레전드'(LOL) 개발사인 미국 라이엇게임즈 인수.
❷ 차이나모바일, '앱 내 결제'(IAP) 시스템 개발로 모바일 결제 접근성 향상.
❸ 중국 최대 게임쇼 '2013 차이나 조이'(China Joy)에 30여 개국 400여 개 업체가 참가하며 세계적인 게임쇼로 발돋움.
❹ 2012년 중국 게임시장 규모, 전년 대비 35% 증가한 600억 위안.

▶ 세계 게임시장 톱 7 (2012년 매출 기준)

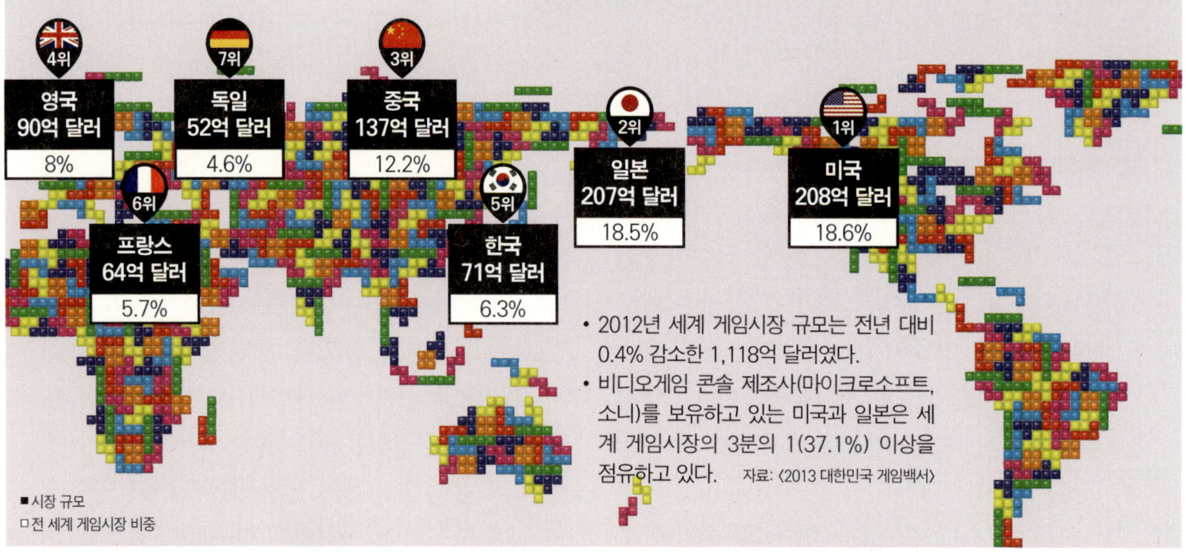

• 2012년 세계 게임시장 규모는 전년 대비 0.4% 감소한 1,118억 달러였다.
• 비디오게임 콘솔 제조사(마이크로소프트, 소니)를 보유하고 있는 미국과 일본은 세계 게임시장의 3분의 1(37.1%) 이상을 점유하고 있다. 자료: 〈2013 대한민국 게임백서〉

▶ 게임 유형별 세계 게임 시장점유율 (%)

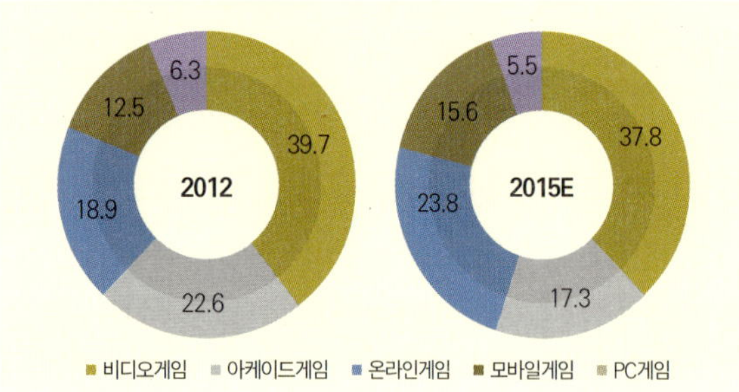

• 비디오와 아케이드 게임은 줄어들고 온라인과 모바일 게임은 더 확대될 것으로 보인다.
• 온라인게임은 가장 높은 성장률을 기록하고 있는 게임 유형으로, 중국(30.4%, 1위)과 한국(25.9%, 2위)이 주도하고 있다. 자료: PWC

▶ 지역별 세계 게임 시장점유율 (%)

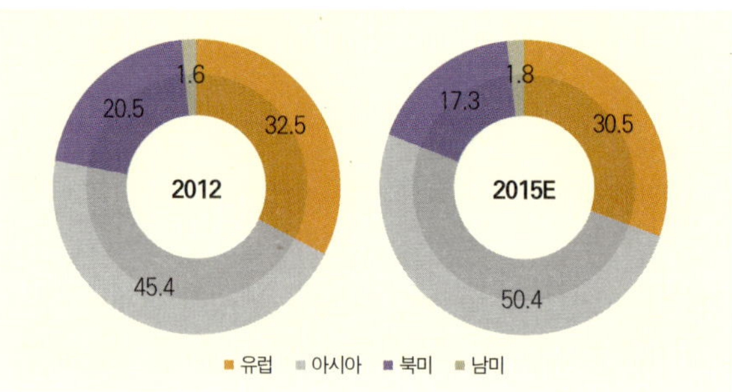

• 유럽과 북미에서 강세를 보여왔던 비디오와 아케이드 게임의 시장 규모가 축소됨에 따라 두 지역의 게임시장 내 비중도 감소할 것으로 예상된다.
• 반면, 아시아 지역은 온라인과 모바일 게임 규모가 크게 증가하면서 전 세계 게임시장 내 비중이 점차 증가하고 있다.

▶ 게임 유형별 세계 게임시장 규모 (억만 달러)

• 2013년 이후 가장 빠른 성장이 예상되는 분야는 온라인게임이다.
• 온라인게임의 시장 확대 추세에 따라 2017년에는 콘솔게임과 온라인게임의 시장 규모가 거의 비슷한 수준에 이를 것으로 예측된다. 자료: PWC

▶ 한중일 게임시장 구조 (2011년 매출 기준) (백만 달러)

• 아시아 게임시장은 한중일 3개국이 76%를 차지하고 있다.
• 중국은 한국과 게임시장 구조가 거의 비슷해, 한국의 중요한 수출 시장이면서 동시에 강력한 경쟁 대상이다. 자료: PWC

▶ 중국의 게임시장 규모

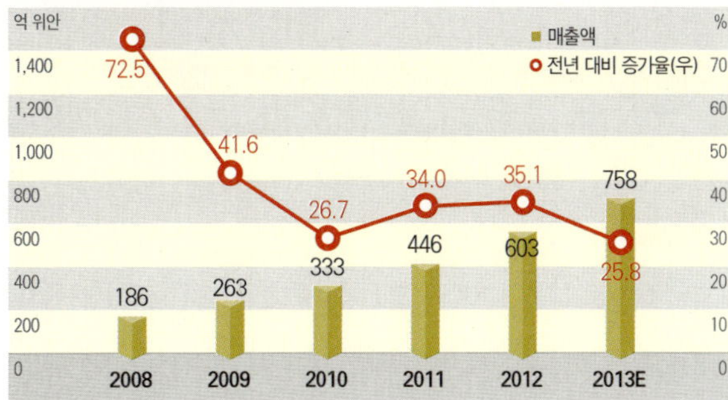

- 2012년 중국의 게임시장은 총 603억 위안으로 전년 대비 35% 증가했다.
- 중국의 게임시장은 2017년 1,352억 위안 규모까지 증가할 것으로 예상되고 있다.

자료: GPC, IDC and CNG 2012

▶ 한국의 게임 수출 국가별 비중

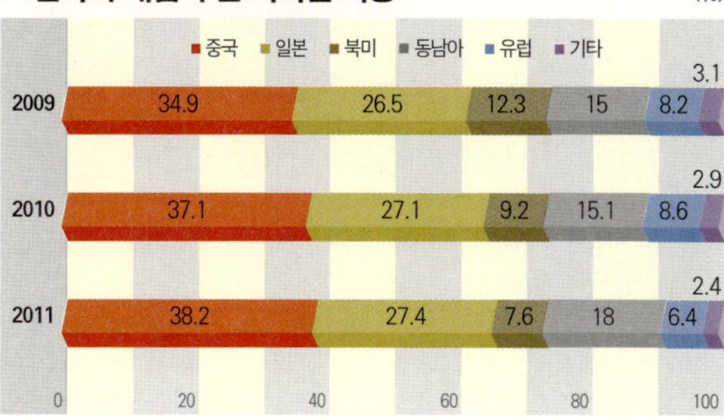

- 한국의 게임 수출은 유형별로는 온라인게임(96%)에, 지역별로는 아시아(86%)에 집중되어 있다.
- 중국은 한국 게임의 최대 수입국이다.

자료: PWC

▶ 중국의 온라인게임 이용자 수

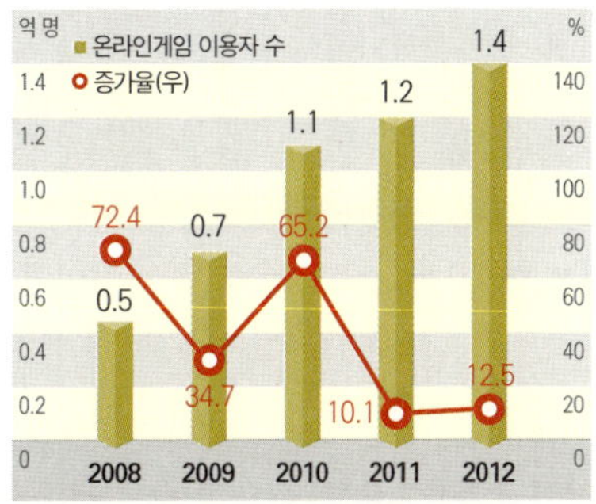

- 온라인게임(클라이언트게임: 게임이 설치된 PC에서만 가능한 게임) 이용자 수는 1.4억 명에 달하지만, 웹게임과 모바일게임의 빠른 성장에 따라 증가율이 급격히 떨어지고 있다.

자료: GPC, IDC and CNG 2012

▶ 중국의 웹게임 이용자 수

- 설치가 간단해 인터넷이 되는 곳이면 어디에서나 쉽게 플레이가 가능한 웹게임은 이용자 수가 2012년 2.7억 명에 달한다.
- 증가율도 30% 이상을 유지하고 있다.

자료: GPC, IDC and CNG 2012

▶ 중국의 모바일게임 이용자 수

- 모바일게임 이용자 수는 웹게임이나 온라인게임에 뒤지지만, 최근 3G 이용자 증가와 함께 빠르게 성장하고 있다.

자료: GPC, IDC and CNG 2012

▶ 중국의 온라인게임 이용자 연령

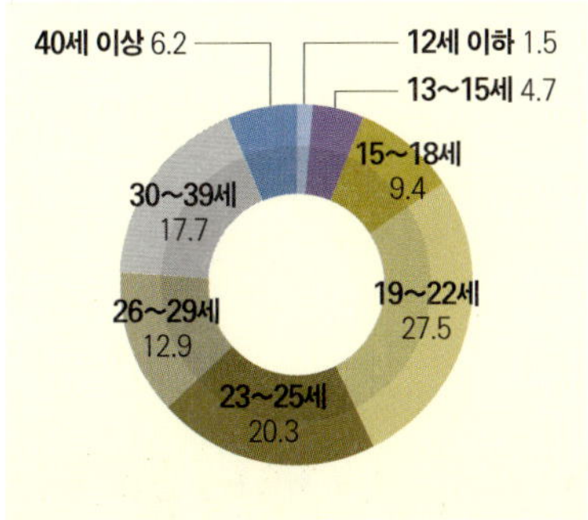

- 중국의 온라인게임 이용자는 '빠링허우'(80년대 이후 출생자) 세대가 약 76%를 차지하고 있다.
- 특히, 대학교 진학 연령층인 19~25세 비중이 약 48%에 이른다.

자료: 중국게임산업연보(2012)

▶ 중국의 온라인게임 이용자 직업

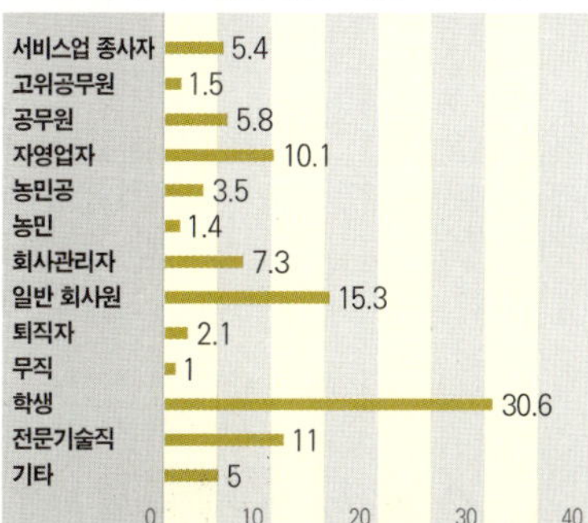

- 중국의 온라인게임 이용자 중 가장 높은 비중을 차지하는 계층은 학생이다.
- 중국 대학생들은 기숙사 주거 비율이 높아서, 게임에 대한 부모들의 통제에서 자유로운 편이다.

자료: 중국게임산업연보(2012)

▶ 중국의 모바일게임 이용 시간

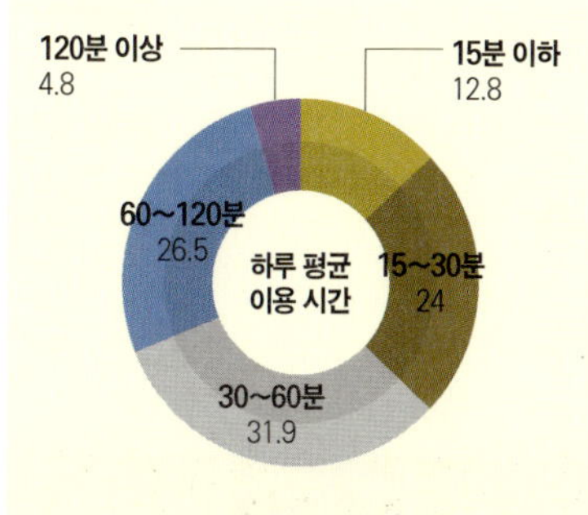

- 중국의 모바일게임 이용자들의 하루 평균 이용 시간은 30~60분이 31.9%로 가장 높았다.

자료: 중국게임산업연보(2012)

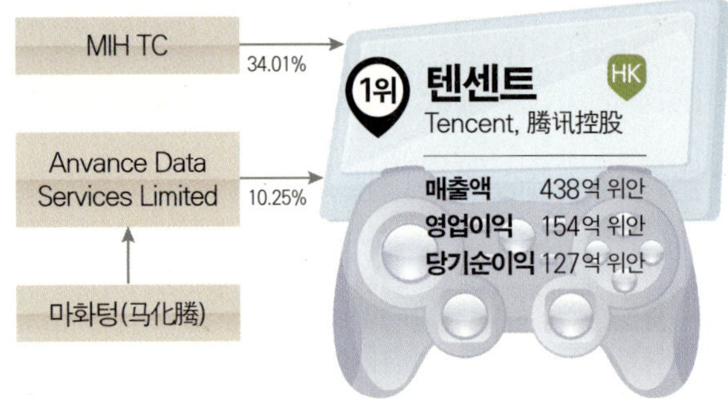

- 텐센트게임즈는 텐센트의 4대 인터넷 사업 부문의 하나로, 중국 최대 게임 퍼블리싱회사.
- 텐센트게임즈는 QQ메신저의 폭넓은 사용자를 바탕으로 '크로스파이어', '던전앤파이터' 등의 한국 온라인게임을 서비스하면서 폭발적으로 성장.

▼ 텐센트 매출 구성 (%)

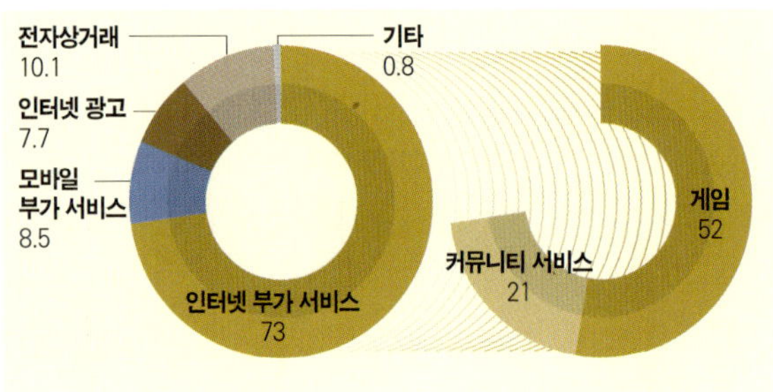

- 텐센트는 인터넷 부가 서비스, 즉 게임과 커뮤니티 서비스 수익이 전체 매출의 73%를 차지한다.
- 게임 부문 매출액은 전체 매출의 53%를 차지한다.

▼ 텐센트 게임 부문 매출 추이 (억 위안)

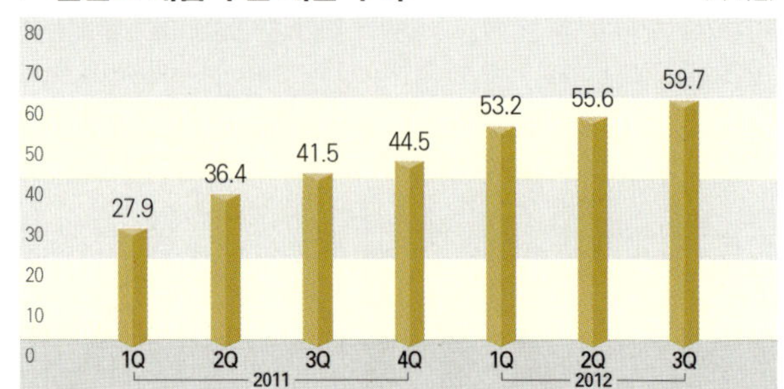

- 2012년 텐센트는 전 세계 게임회사 중 매출 순위 5위를 기록한데 이어, 2013년 상반기에는 블리자드, EA, MS, 소니 등을 제치고 세계 1위를 차지했다.

▼ 텐센트의 신작과 업그레이드 게임 비중 (2012년 기준) (%)

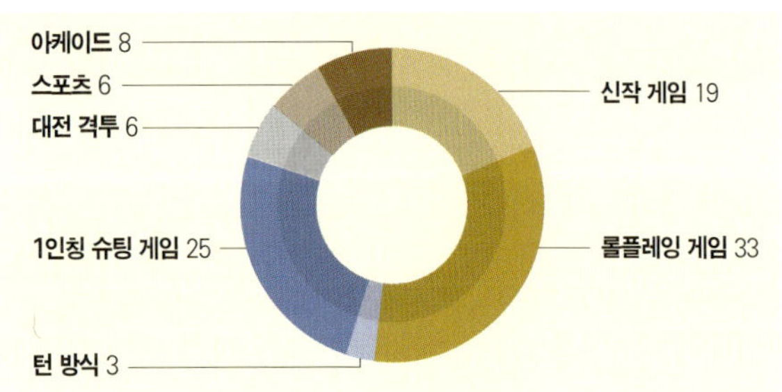

- 2012년 텐센트는 총 36개의 신작과 업그레이드 게임을 출시했다.
- 이 중 롤플레잉게임(RPG)이 12개, 1인칭 슈팅 게임(FPS)이 9개였다. 이 두가지 게임 방식이 차지하는 비중은 58%에 달한다.

▼ 텐센트의 게임별 온라인 광고비 지출액 (2012년 기준) (만 위안)

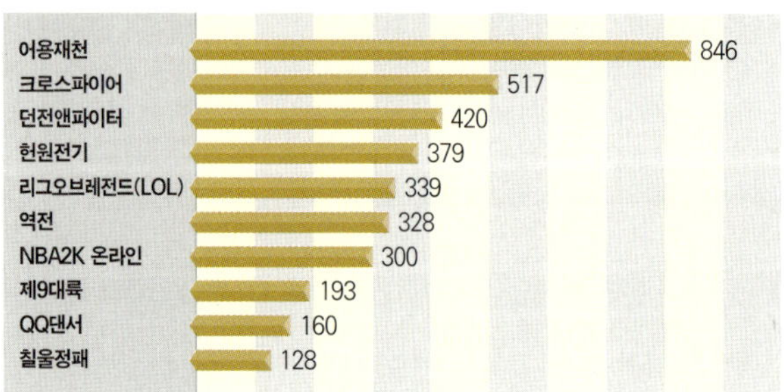

- 텐센트는 2012년 6월 퍼블리싱한 '어용재천'에 총 846만 위안의 온라인 광고비를 투입했으며, 그 뒤로는 한국 게임인 크로스파이어와 던전앤파이터에 많은 온라인 광고비를 지출했다.

▼ 중국 온라인 · 모바일 게임 순위 (2013년 7월 기준)

자료: barchina.net

온라인게임

모바일게임

- 텐센트가 인수한 미국 라이엇게임즈의 리그오브레전드, 텐센트가 퍼블리싱한 한국 게임 크로스파이어 등 1~5위까지가 텐센트 게임이다.
- 모바일게임은 QQ떠우저우, 삼국살, 피싱조이까지 텐센트가 자체 개발한 게임이 선전하고 있다.

- 2001년 중국 최초로 자체 개발한 온라인게임 '대화서유'를 선보인 MMORPG(수십 명이 참여할 수 있는 롤플레잉 게임의 일종) 시장의 선두 업체.
- 미국 블리자드사와 합작을 통해 2009년 월드오브워크래프트(WoW)의 중국 독점 퍼블리셔로 선정.

■ 넷이즈 매출 구성 (%)

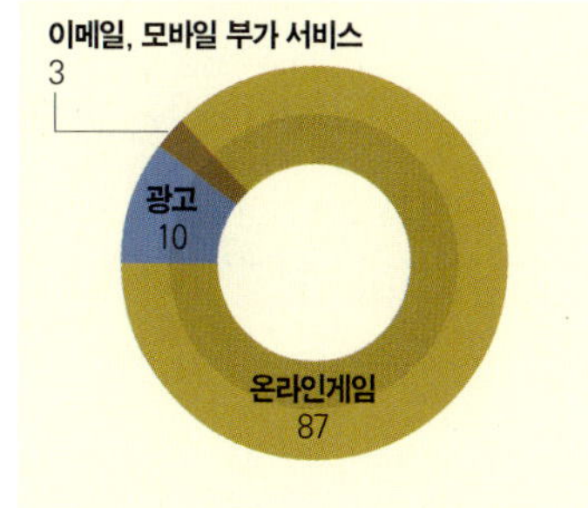

- 인터넷 포털(www.163.com), 이메일(163메일)로 시작한 넷이즈는 게임 부문이 블리자드사의 월드오브워크래프트(WoW)를 퍼블리싱하며 급성장해, 현재는 게임 부문이 전체 매출의 86%를 차지한다.

■ 넷이즈 게임 부문 매출 추이

- 2012년 넷이즈 게임 부문 매출은 73억 위안으로 전년 대비 11% 증가했으나, 매년 30% 이상 성장하고 있는 중국 게임시장과 전년 대비 44% 성장한 텐센트에 비해서는 초라한 성적표라고 할 수 있다.

- 2천 명에 달하는 개발 및 운영 인력을 통해 게임 퍼블리싱뿐만 아니라 개발에도 집중.
- 한국의 엑토즈소프트, 아이덴티티게임즈와 미국의 모치미디어 인수 등 해외시장도 적극적으로 진출.

■ 샨다게임즈 매출 구성 (%)

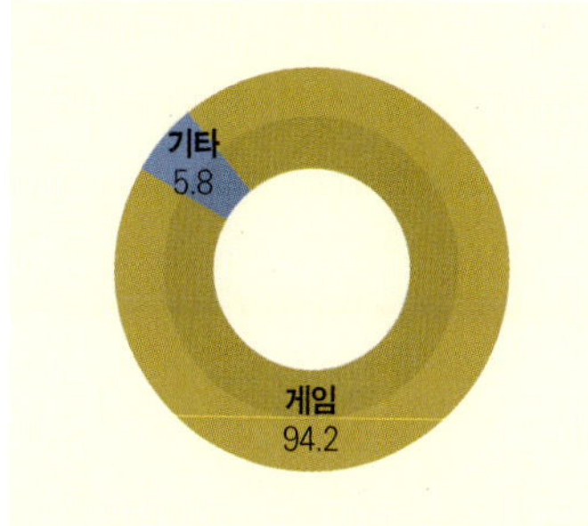

- 샨다게임즈는 매출의 94%가 게임 부문에서 발생하기 때문에 최근 게임 부문의 매출 감소가 회사 매출에 직접적인 영향을 주고 있다.
- 게임 부문의 매출은 대부분 '미르의 전설2'와 '월드오브레전드'에서 발생한다.

■ 샨다게임즈 게임 부문 매출 추이

- 2000년대 초반부터 중국 게임 퍼블리셔 1위 자리를 유지해 오던 샨다게임즈는 텐센트와 넷이즈에 자리를 내주고, 3위로 떨어진 상태이다.
- 특히 2012년에는 무료 게임을 대거 출시하면서 매출이 감소하고 있다.

- 자체 제작에 비교적 강점을 가지고 있는 게임회사로 2009년 4월 나스닥에 상장.
- 김용의 소설을 바탕으로 제작한 '천룡팔부'(天龙八部)는 중국이 자체 개발한 롤플레잉 게임 중 최고로 꼽힘.

■ 창유닷컴 매출 구성 (%)

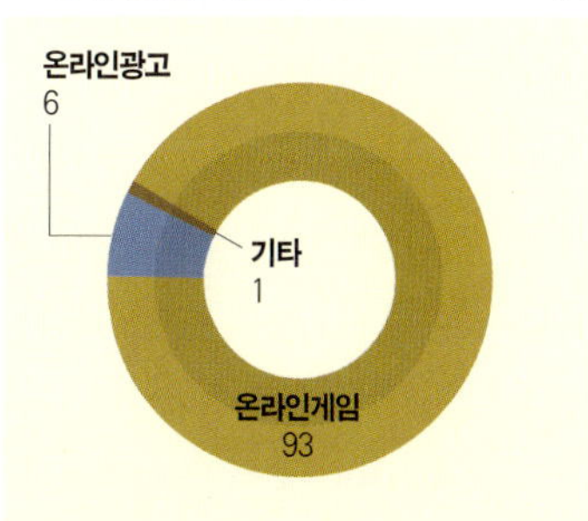

- 창유닷컴은 중국 주요 포털인 소후의 자회사로 매출의 90% 이상이 게임에서 발생한다.
- 2012년 12월 말 창유닷컴의 MMOG 동시 접속자 수는 110만 명이며 유료 이용자 수는 220만 명에 달한다.

■ 창유닷컴 게임 부문 매출 추이

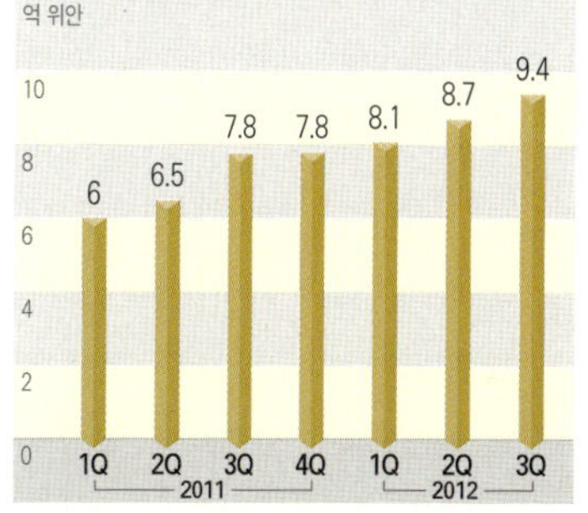

- 창유닷컴은 자체 개발한 게임의 성공에 힘입어 사용자와 매출이 지속적으로 증가하고 있다.
- 2012년 4분기에는 10.9억 위안의 매출을 달성하며 샨다게임즈를 누르고 3위를 차지했다.

강호의 고수 게임메이커들이
중국으로 모여들고 있다

퍼블리싱에서 개발로 선회하는 중국 게임업체들

게임산업에서 가장 중요한 것 가운데 하나는 바로 게임 유저의 숫자이다. 이러한 점에서 13억 인구를 가진 중국이 글로벌 게임업계에서 가장 뜨거운 시장으로 떠오르는 것은 당연한 일이다.

중국 게임산업의 시작은 1994년으로 거슬러 올라간다. 당시 중국 최초의 게임 전문 잡지인 〈전자게임소프트웨어〉(电子游戏软件)가 창간되었고 베이징진판(金盘)전자가 '콘도르돌격대'(神鹰突击队)라는 중국 최초의 토종 게임을 내놓았다. 이후 1999년까지 중국 게임시장은 싱글플레이게임이 주류를 이뤘다. 그리고 당시 주요 개발사였던 진판, 진산(Kingsoft), 무비아오(Object)에서 출시한 '8.1독수리'(八一战鹰), '검협정연'(剑侠情缘), '철갑폭풍'(铁甲风暴) 등이 큰 인기를 끌었다.

1990년대 말부터 중국에서도 온라인게임의 열풍이 불기 시작했다. 중국 최초의 MMORPG인 '만망지왕'(万网之王)이 출시된 것도 이 시기였다. 2000년대로 넘어서면서 기존 싱글플레이게임 제작사였던 진산, 무비아오 등이 온라인게임업체로 전향했고, 포털사이트 넷이즈도 '대화서유'(大话西游) 등 온라인게임을 개발하기 시작했다.

하지만 당시 중국 온라인게임산업은 개발보다는 퍼블리싱에 주력했기 때문에 상대적으로 완성도가 높은 한국게임들이 중국시장을 장악할 수 있었다. 한 때 중국시장의 70%를 점유하던 한국게임들은 최근 그 점유율이 크게 떨어지고 있다.

이는 퍼블리싱에 주력하던 중국 게임업체들이 그동안 쌓아온 기술력과 자본을 통해 자체적인 개발 및 해외 게임업체들의 인수·합병에 나섰기 때문이다. 실제로 한국의 '카트라이더', '오디션' 등을 모방해 제작한 게임들이 중국에서 큰 인기를 끌고 있으며, '리그오브레전드'(LOL), '드래곤네스트'와 같이 중국에서 인기를 얻고 있는 게임을 제작한 개발사들이 중국 게임업체에 인수되었다.

중국 〈게임산업보고〉의 자료에 따르면, 2012년 중국 게임시장 규모는 603억 위안으로 전년 대비 35.1% 증가했다. 그 가운데 온라인게임시장이 569억 위안으로 전체 시장의 94.5%를 차지하고 있으며 모바일게임시장이 32억 위안으로 그 뒤를 잇고 있다. 2012년 중국 토종 게임은 전년 대비 3% 증가한 440개이며, 지역별로 보면 광둥지역이 150개로 중국 내 최대 게임 개발지역으로 나타났다.

중국 게임시장 1위 텐센트의 행보 주목

중국 게임업계의 '빅 3'를 꼽으라면 단연 '텐센트'(腾讯), '넷이즈'(网易), '샨다게임즈'(盛大)가 떠오른다. 이 가운데 넘버원은 1998년에 설립된 중국 최대의 종합 인터넷기업인 텐센트이다. 텐센트의 최대 무기는 바로 인스턴트 메시징 프로그램인 QQ인데, 2011년 말까지 사용자 수가 무려 7.1억 명에 달했다. 2007년 텐센트가 중국 온라인게임

시장에서 차지하는 비중은 고작 6%에 불과했다. 하지만 QQ 플랫폼을 이용하여 불과 2년 만인 2009년 중국 게임업계의 양대 산맥인 샨다게임즈와 넷이즈를 제치고 시장점유율을 30%까지 끌어 올리며 1위 자리에 올라서게 되었다.

텐센트의 성공 배경에는 한국 게임을 퍼블리싱한 것이 크게 한몫했다. 2009년 넥슨의 '던전앤파이터'를 시작으로 '아키에이지', '블레이드소울', 'C9', '크로스파이어' 등의 게임을 중국에서 서비스하면서 큰 인기몰이를 하였다. 이 가운데 '던전앤파이터'와 '크로스파이어'는 지금까지도 중국 게임시장에서 톱 랭킹을 유지하며 텐센트의 매출에 크게 기여하고 있다.

텐센트는 한국 게임시장에도 영향력을 행사하고 있는데, 최근 한국에서 인기를 얻고 있는 '리그오브레전드'는 텐센트가 지난 2011년 인수한 라이엇게임즈가 개발한 게임이다. 뿐만 아니라 한국 모바일 메신저 카카오톡에 720억 원을 투자해 지분 14%를 인수했고, 국내 벤처캐피탈과 함께 500억 원 규모의 펀드를 조성해 한국 개발사에 투자하는 등 한국 게임시장에서도 적지 않은 영향력을 행사하고 있다.

중국 게임시장의 태풍의 눈, 모바일게임

최근 중국 게임시장의 화두는 단연 모바일게임이다. 중국 모바일게임시장은 2012년 32억 위안 규모로 전년 대비 90.6% 증가하며 중국 게임시장에서 가장 빠른 성장률을 보이고 있다. 이 가운데 인터넷에 접속해 다른 유저들과 함께 플레이하는 방식의 인터넷모바일게임시장 규모는 17억 위안으로 전년 대비 86.8% 증가해 업계를 경악시켰다.

중국 모바일게임시장이 이렇게 급성장하는 원인으로는 3G·4G 서비스와 스마트폰 보급에 기인한다. 중국 3G·4G 이용자 수는 4년 만에 3억 명에 도달했고 2017년에는 7억 명에 육박해 기존 인터넷 이용자 수를 훨씬 뛰어 넘을 것으로 예상된다. 뿐만 아니라 2012년 약 130만 대를 판매한 스마트폰은 2013년에는 165만 대로 판매량을 대폭 늘리며 모바일게임시장의 성장동력으로 작용하고 있다.

이러한 성장세를 기다리고 있는 것이 바로 텐센트의 '위챗'(微信) 게임센터이다. 한국의 카카오톡 격인 위챗은 머지않아 카카오톡 게임과 같은 형식의 모바일게임 플랫폼을 본격적으로 운영할 방침이다. 하지만 현재 중국 모바일게임이 아직 성숙한 단계가 아니기 때문에 여기에 들어가는 게임 중 일부는 텐센트의 한국 내 자회사인 텐센트코리아를 통해 한국에서 소싱될 것으로 업계는 전망하고 있다.

구글은 중국 스마트폰 OS의 80% 이상을 점유하고 있지만 구글과 중국 정부 간의 마찰로 인해 구글플레이가 모바일게임 퍼블리셔시장에서 차지하는 비중은 10%에 불과하다. 나머지는 삼성, 레노버 같은 스마트폰업체와 바이두, 텐센트 등의 써드파티(Third party: 다른 회사 제품에 이용되는 소프트웨어나 주변기기를 개발하는 회사) 그리고 이동통신사가 시장을 나눠 먹고 있다.

이러한 상황에서 자연스럽게 대두되고 있는 것이 바로 결제 문제이다. 중국 대표 통신사인 차이나모바일은 2012년 12월 앱 결제 방식(IAP: In-App Purchase)을 자체 개발해, 향후 차이나텔레콤, 차이나유니콤과 함께 공동으로 진행할 방침이다. 이 방식은 사용자의 앱에서 다양한 부가가치 서비스에 대한 개별 결제가 가능하다. 비용은 휴대폰 요금과 함께 청구되어 기존 인터넷 뱅킹 같은 3자 결제 방식 등의 복잡한 과정이 필요 없다. 중국 통신 3사의 이러한 조치는 향후 중국 모바일게임의 안정적인 결제를 보장함으로써 모바일게임시장의 성장에 디딤돌이 될 전망이다. ★

29 여행·호텔 업계

❶ 중국, 해외여행 지출 규모 미국과 독일을 제치고 세계 1위.
❷ 중국, 2013년 10월부터 저가 해외 여행을 규제하는 '여유법'(旅遊法) 시행. 한국은 여유법 영향으로 중국 관광객 감소. 명동과 제주도 등 대표적인 중국 관광객 쇼핑 지역 매출 30% 가량 감소.
❸ 중국의 저가 호텔과 여관, 경제형 호텔 체인으로 변환.

관광객이 가장 많이 방문한 국가

- 2012년 관광객이 가장 많이 찾은 국가는 8,300만 명이 방문한 프랑스였다.
- 중국은 프랑스와 미국에 이어 3위를 차지했다.

자료: UNWTO, 2012년 기준

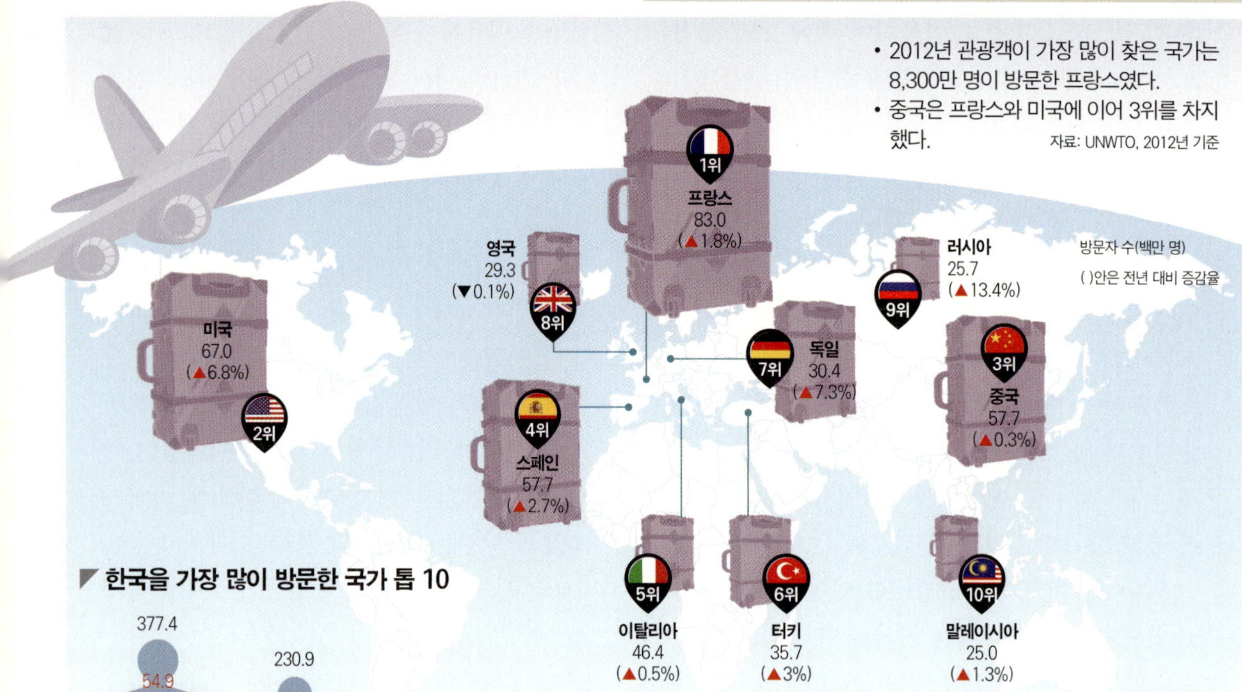

방문자 수(백만 명)
( )안은 전년 대비 증감율
1위 프랑스 83.0 (▲1.8%)
2위 미국 67.0 (▲6.8%)
3위 중국 57.7 (▲0.3%)
4위 스페인 57.7 (▲2.7%)
5위 이탈리아 46.4 (▲0.5%)
6위 터키 35.7 (▲3%)
7위 독일 30.4 (▲7.3%)
8위 영국 29.3 (▼0.1%)
9위 러시아 25.7 (▲13.4%)
10위 말레이시아 25.0 (▲1.3%)

한국을 가장 많이 방문한 국가 톱 10

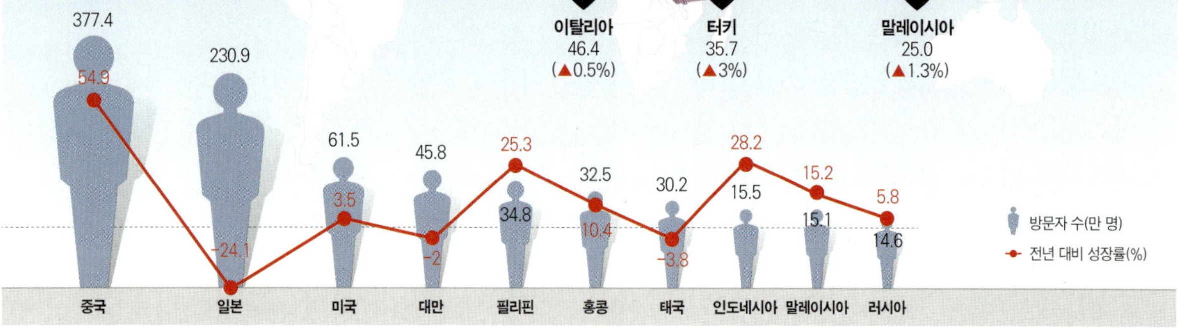

방문자 수(만 명)
전년 대비 성장률(%)
중국 377.4 54.9
일본 230.9 -24.1
미국 61.5 3.5
대만 45.8 -2
필리핀 34.8 25.3
홍콩 32.5 10.4
태국 30.2 -3.8
인도네시아 15.5 28.2
말레이시아 15.1 15.2
러시아 14.6 5.8

- 2013년 중국은 일본을 제치고 한국을 가장 많이 방문한 국가 1위를 차지했다.
- 방사능 우려와 중·일 갈등, 위안화 절상 등으로 일본에서 한국으로 발길을 돌리는 중국 관광객이 크게 늘었다.

자료: 관광지식정보시스템(기간: 2013년 1~10월)

관광 수입 톱 10 국가

- 많은 문화 유적과 천혜의 자연 경관을 갖춘 중국(마카오와 홍콩 제외)은 세계에서 네 번째로 관광 수입을 많이 올린 국가이다.

관광 지출 톱 10 국가

- 2011년 중국은 최고의 관광 지출국으로 부상했다.
- 2012년 한 해 동안 중국인이 해외여행에서 쓴 돈은 1,020억 달러로 2011년에 비해 40%나 증가했다.

십억 달러
1위 미국 126.2 | 중국 102
2위 스페인 55.9 | 독일 83.8
3위 프랑스 53.7 | 미국 83.5
4위 중국 50 | 영국 52.3
5위 이탈리아 41.2 | 러시아 42.8
6위 독일 38.1 | 프랑스 37.2
7위 영국 36.4 | 캐나다 35.1
8위 호주 31.5 | 일본 27.9
9위 태국 30 | 호주 27.6
10위 터키 25.6 | 이탈리아 26.4
120 100 80 60 40 20
20 40 60 80 100 120

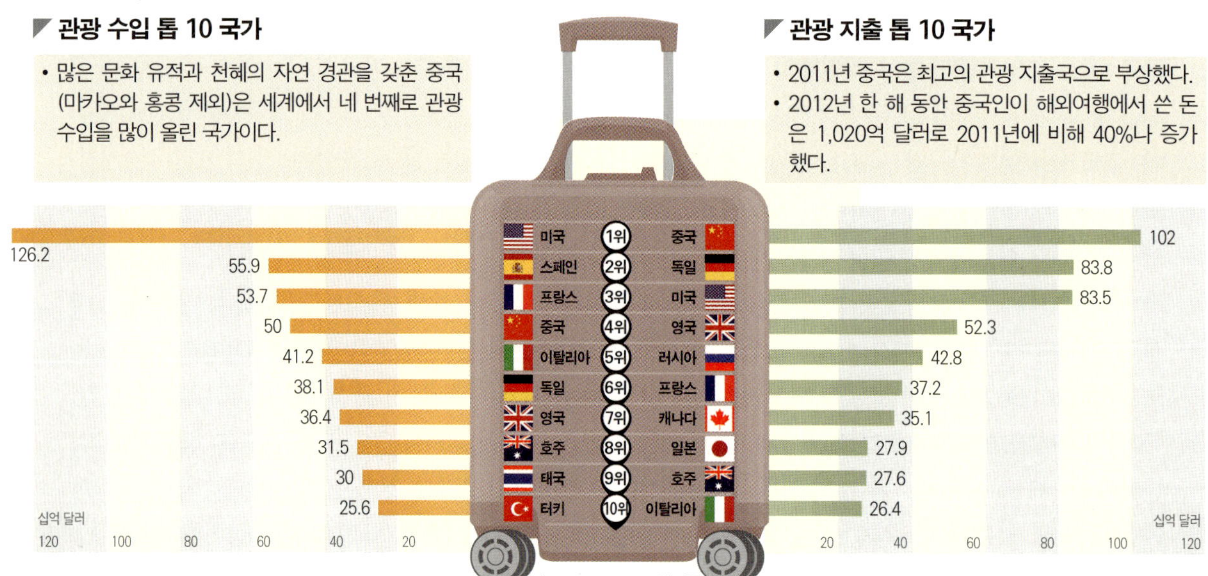

자료: UNWTO, 2012년 기준

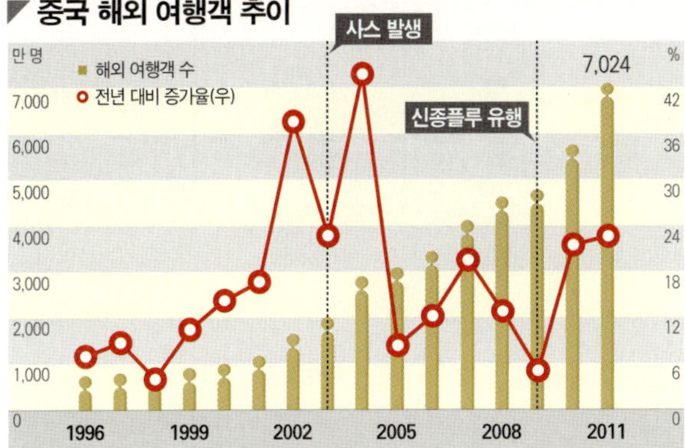

▶ 중국 해외 여행객 추이

- 2000년 이후 중국의 해외 여행객은 매년 10% 이상 빠른 속도로 증가하고 있다.
- 2003년 사스와 2009년 신종플루로 해외 여행객 증가율이 하락했으나, 2010년부터 다시 큰 폭으로 상승해 2011년에는 전년 대비 22.4% 증가한 7,024만 명을 기록했다.

▶ 국가별 중국 방문자 수

(만 명)

- 2011년 중국을 방문한 외국인 중 한국인이 419만 명으로 1위를 차지했다.
- 한국을 포함한 일본, 러시아 등 인접 국가들이 중국을 많이 방문하고 있다.

▶ 중국인 평균 여행 횟수와 소비 금액

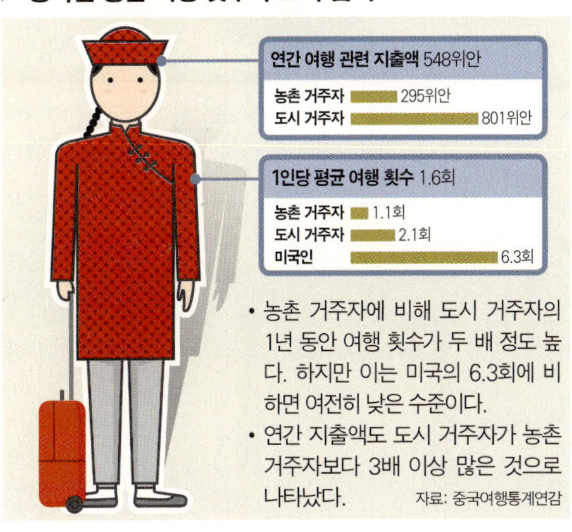

- 농촌 거주자에 비해 도시 거주자의 1년 동안 여행 횟수가 두 배 정도 높다. 하지만 이는 미국의 6.3회에 비하면 여전히 낮은 수준이다.
- 연간 지출액도 도시 거주자가 농촌 거주자보다 3배 이상 많은 것으로 나타났다.

자료: 중국여행통계연감

▶ 중국 10대 관광지 (방문자 수 기준)

(만 명)

- 한 해 동안 여행객이 가장 많이 찾은 관광지는 베이징 자금성이다.
- 상대적으로 교통이 불편한 중서부 지역보다는 대도시 지역인 베이징과 상하이 주변 관광지를 많이 찾은 것으로 나타났다.

▶ 중국 호텔 분류

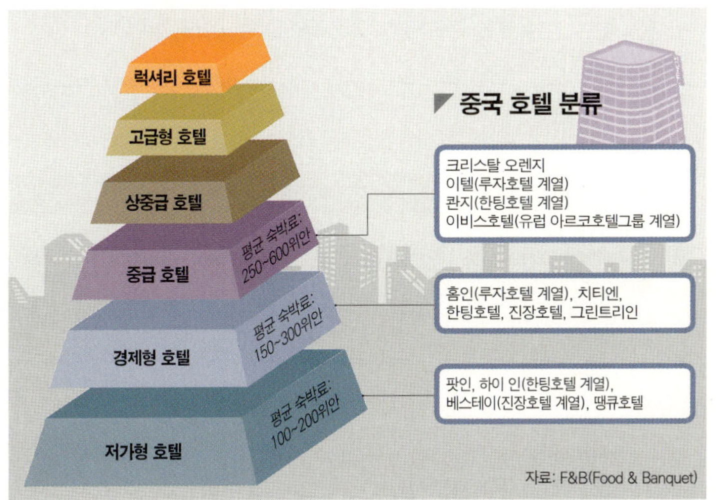

▶ 중국 숙박시설별 시장점유율

(%)

- 중국의 숙박시설은 여전히 저소득층을 대상으로 하는 여관이나 여인숙이 가장 많다.
- 독립·기타 호텔의 비중은 27% 수준으로, 향후 이들이 체인형 호텔에 가맹한다면 경제형 호텔 체인 시장은 급속도로 발전할 것으로 보인다.

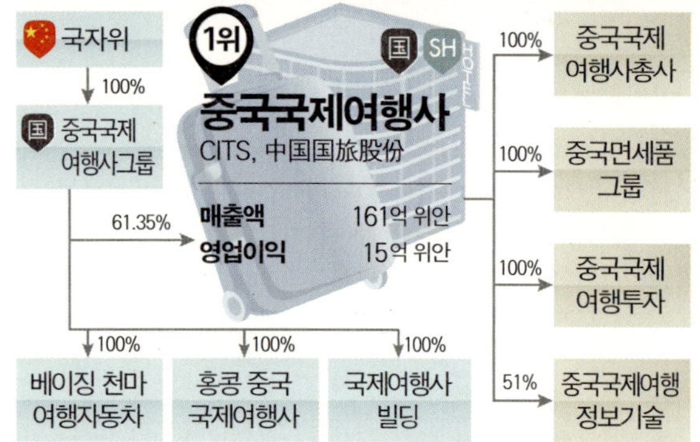

- 중국 〈포춘〉이 선정한 '중국 500대 기업' 내 유일한 여행 관련 기업.
- 중국 최초로 유엔세계관광기구(UNWTO)에 가입.

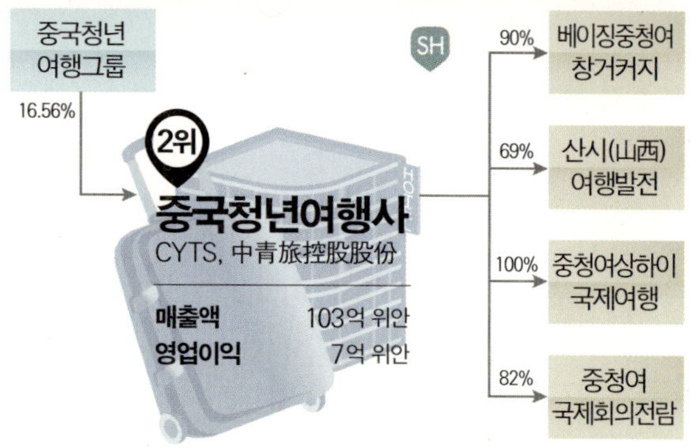

- 여행사 최초로 중국 증시에 상장한 기업.

▼ 중국국제여행사 매출 구성 (%)

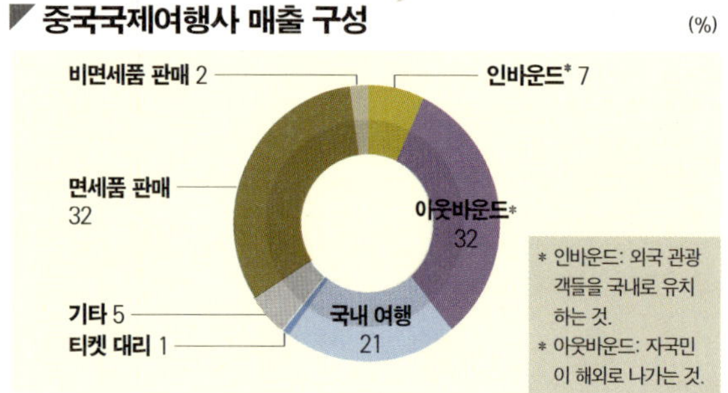

- 중국국제여행사의 매출 중 가장 큰 비중을 차지하는 것은 인·아웃 바운드와 국내 여행 서비스 업무로, 매출의 60%를 차지한다.
- 면세품 판매 역시 매출에서 차지하는 비중이 크다.

▼ 중국청년여행사 매출 구성 (%)

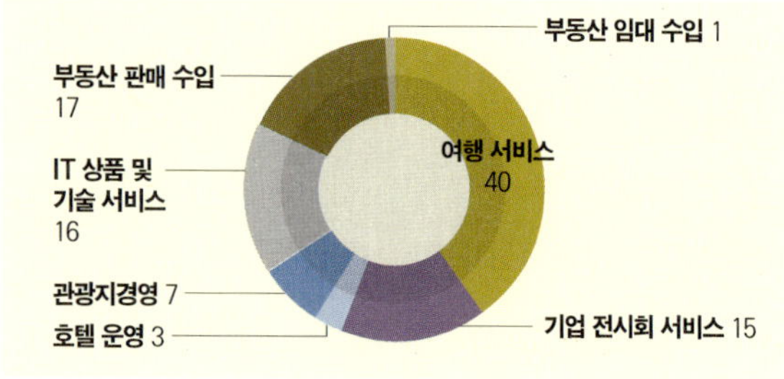

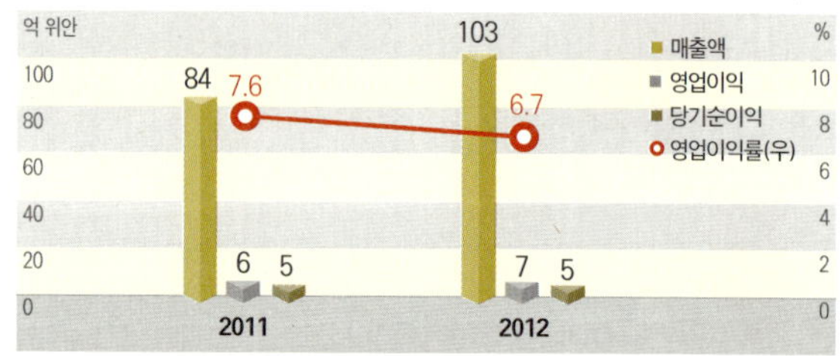

- 중국청년여행사는 여행 서비스 이외에도 전시회 서비스, 관광지 경영, 호텔 운영, 부동산 판매 등 다양한 분야에서 매출이 발생하고 있다.

▼ 중국국제여행사 경영 실적

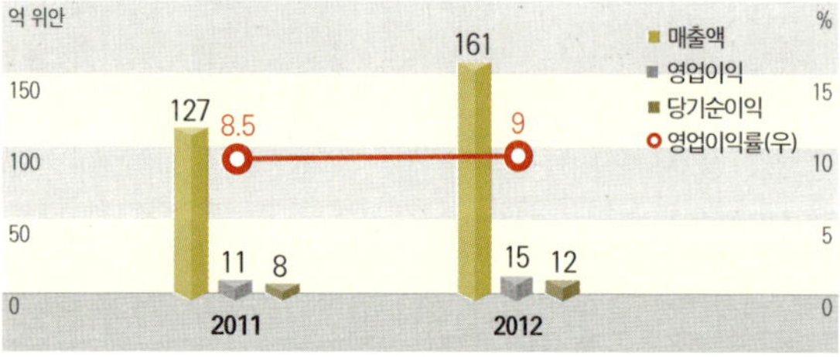

- 2010년 상하이 엑스포와 광저우 아시안 게임을 계기로 매출액과 영업이익이 꾸준히 증가하고 있다.

▼ 중국청년여행사 경영 실적

- 중국청년여행사는 2008년 이후 4년 동안 연평균 22%의 높은 성장세를 유지하며 2012년 매출 100억 위안을 돌파했다.

▼ 중국 온라인 여행사

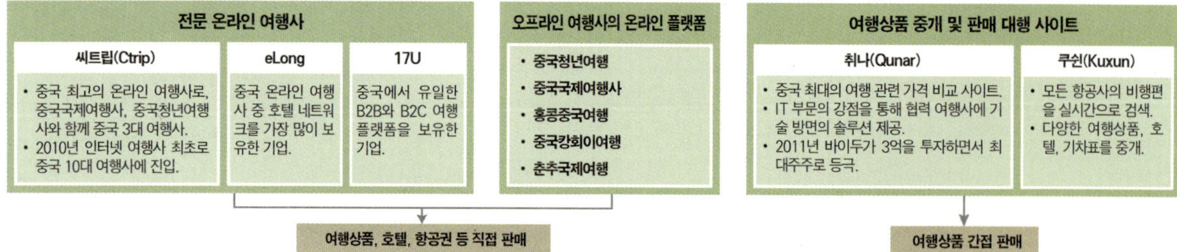

- 최근 중국 여행업계 최대 화두는 온라인 여행사(OTA)이다. 중국의 온라인 여행사는 여행상품, 호텔, 항공권 등을 직접 판매하는 전문 온라인 여행사와 기존 오프라인 여행사의 온라인 사이트, 그리고 여행상품을 간접 판매하는 가격 비교 사이트 두 축으로 나눌 수 있다.

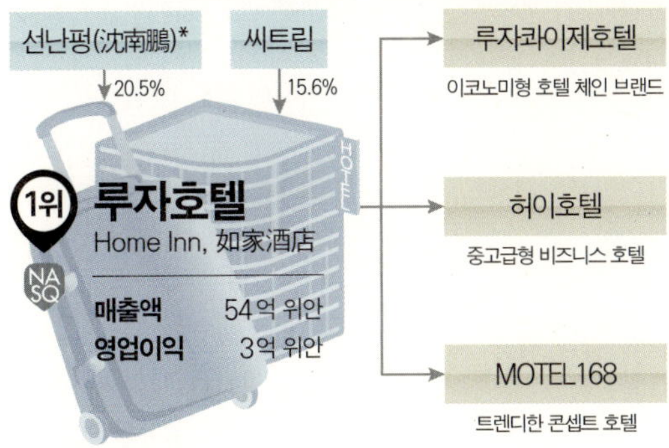

* 선난펑: 씨트립 창업자

- 중국 최대 호텔 그룹인 서우뚜그룹과 시트립 여행사가 공동 출자해 2002년 설립.
- 2006년 중국 호텔 체인으로는 처음으로 나스닥 상장.
- 매출은 대부분 직영 호텔(90%)에서 발생하고 가맹 호텔에서 받는 로열티 수입이 약 10%.

▍루자호텔 경영 실적

- 루자호텔은 2010년 이후 직영 호텔 비중을 크게 증가시켰다. 이로 인해 매출은 큰 폭으로 증가했지만 투숙률이 감소하면서 영업이익률이 하락했다.

▍경제형 호텔 체인 시장점유율

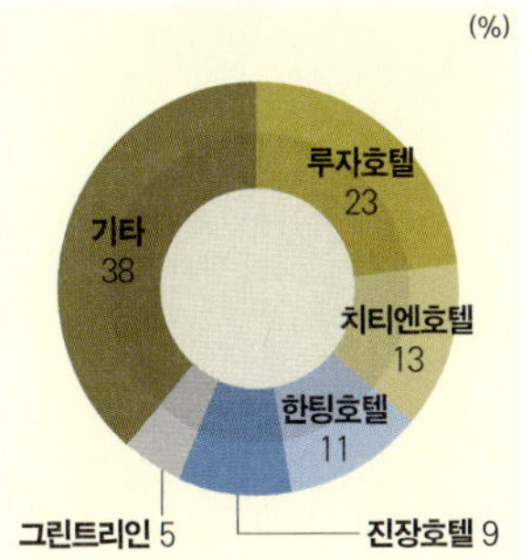

- 최근 중국 호텔업계의 화두는 경제형 호텔 체인이다.
- 루자호텔, 치티엔호텔, 한팅호텔 등 상위 10개 호텔 체인의 점유율이 70%가 넘는다.

자료: CICC Reoprt

- 한팅호텔, 한팅인, 한팅익스프레스 등 최저가 이코노미 호텔부터 비즈니스 호텔까지 세분화하는 전략을 폄.
- 직영 호텔 매출이 차지하는 비중이 91%, 가맹 호텔은 9%.

* 지치: 한팅과 씨트립 창업자

▍한팅호텔 경영 실적

- 2011년 신규 호텔 개점에 따른 비용 상승으로 영업이익률이 10% 가량 하락했다.
- 하지만 2012년 투숙률이 92%대로 증가하면서 영업이익률이 다소 상승했다.

▍경제형 호텔 상위 10개사 점유율 추이 (%)

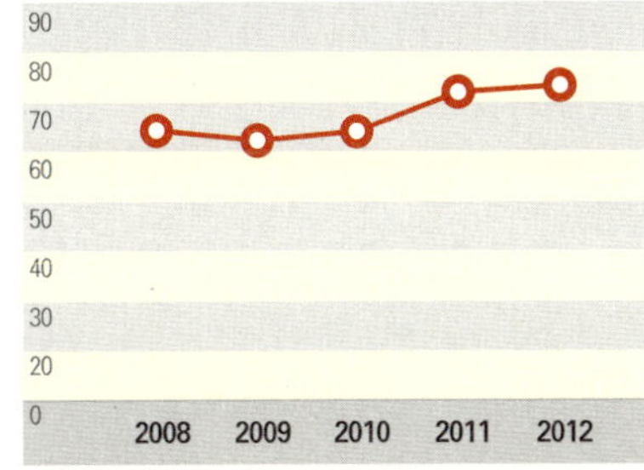

- 경제형 호텔 체인은 인지도와 전국적인 네트워크가 중요하기 때문에 상위 업체들이 하위 업체들을 인수·합병하는 방식으로 그 규모를 키워가고 있다.

- 치티엔 호텔은 룸 면적, 설비를 상대적으로 작게 설계해 관리 비용을 절감함.

▍치티엔호텔 매출 구성 (%)

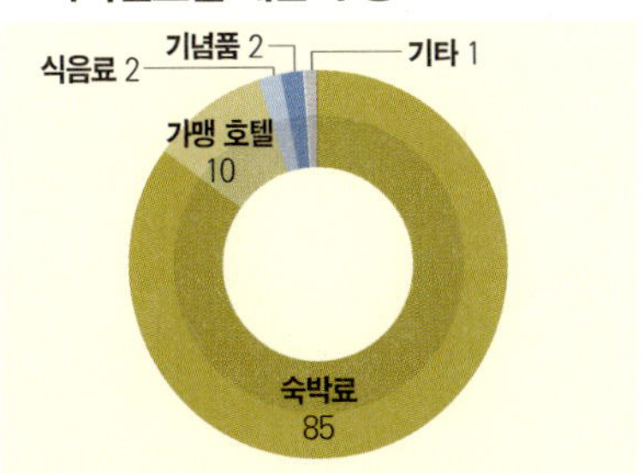

- 치티엔호텔의 주요 매출은 다른 호텔체인과 유사하게 직영 호텔의 숙박료, 식음료, 기념품 판매 등에서 나온다.

▍치티엔호텔 경영 실적

- 최근 몇 년간 치티엔호텔의 성장세는 엄청나다. 하지만 투숙률 감소와 비용 상승으로 영업이익률이 크게 증가하지 않고 있다.

중국 여행시장의 성장은 지금부터다!

중국 여행산업의 발전은 크게 세 시기로 나뉜다. 첫 번째 단계는 개혁·개방으로 시장경제를 받아들이며 여행업이라는 개념이 태동한 1978년부터 1989년까지이다. 두 번째 단계는 중국인의 해외여행과 외국인의 중국여행이 본격적으로 시작된 1990년부터 1994년까지이다. 그리고 그 이후부터 지금까지가 세 번째 단계로, 이 시기에는 민영 여행사들이 국영 여행사의 독점에서 벗어나 각자의 생존방식을 찾아 발전하기 시작했다.

중국 여행산업의 시장 규모는 지난 15년 동안 지속적으로 증가해 1996년 2,500억 위안에서 2011년 2조 2,500억 위안으로 연평균 18%의 성장세를 보였다. 세부적으로 살펴보면 같은 기간 중국 국내 여행자(In Bound)가 1,638만 명에서 26억 명으로 급증했고, 해외여행자(Out Bound)도 759만 명에서 7,024만 명으로 10배나 늘어났다. 중국을 여행하는 외국인 여행자도 5,770만 명으로 큰 폭으로 증가했다.

중국 정부는 여행산업의 발전을 위해 매년 5월 19일을 '중국 여행의 날'로 정하고, 2011년에는 '중화 문화 여행'이라는 테마를 만들어 전국에 200개가 넘는 중국 문화 관련 여행 노선을 개발하는 등 지원을 아끼지 않고 있다.

중국 여행업계의 리더

'중국국제여행사'(CITS)는 1954년 설립된 중국 최대 여행사로, 여행사로는 유일하게 중국 500대 기업에 포함된 곳이기도 하다. 중국국제여행사가 설립될 당시만 해도 중국 정부에는 여행 관련 행정부서가 따로 존재하지 않았고 그래서 중국국제여행사가 정부의 역할을 대신하기도 했다.

개혁·개방 이후 중국 여행산업에도 큰 변화가 찾아왔다. 1982년 중국국제여행사와 국가여행국(国家旅游局)은 정기분개(政企分开: 정부와 기업의 분리) 원칙에 따라 분리·운영되기 시작했다. 이어 1998년에는 완전 분리되어 중국국제여행사는 중앙 정부가 직접 관리하는 기업으로 출범하게 되었다. 현재 중국국제여행사는 해외 10여 개 지역에 14개의 지사를 두고 있고, 전국에 걸쳐 122개 자회사 및 회원사를 보유하고 있다. 아울러 전 세계 1,400여개 여행사들과 제휴 관계를 맺고 있다.

2012년 말에는 중국 최고 휴양지로 꼽히는 하이난(海南)섬의 면세 관광 정책에 힘입어 면세품 판매 수입이 크게 증가하기도 했다. 2012년 중국국제여행사의 하이난섬 지역 면세점의 영업이익은 20억 위안으로 전년 대비 무려 102% 상승했다.

돌풍을 일으키는 온라인 여행사들

여느 나라와 마찬가지로 최근 중국에서도 온라인 여행사(OTA, Online Travel Agent) 돌풍이 거세다.

중국 여행업계에서 선두권을 달리는 온라인 여행사들은 저마다 자체 오프라인 사업부 및 여행지 접객 시스템을 구축하고 있다.

중국의 온라인 여행사는 크게 두 부류로 구분되는데, 하나는 직접적인 여행 서비스를 제공하는 형태이고, 다른 하나는 간접적인 서비스만을 제공하는 형태이다. 그리고 전자는 다시 전문 온라인 여행사와 기존 여행사의 온라인서비스 사업 부문으로 나뉜다.

전문 온라인 여행사의 선두 주자는 단연 '씨트립'(Ctrip)이다. 씨트립은 호텔 예약, 항공권 구매, 여행상품 판매, 기차표 판매 및 여행 자문에 이르기까지 여행 관련 전방위 서비스를 제공하는 여행사이다. 씨트립은 이미 중국 온라인여행시장에서 50% 이상의 점유율을 차지하고 있다. 뿐만 아니라 국내외 여러 여행사 그리고 여행 서비스 제공자들과의 협력을 통해 그 사업 범위를 확장해 나가고 있다. 씨트립은 베이징, 상하이, 광저우, 선전 등 주요 도시 뿐 아니라 산야(三亞), 샤먼(厦門), 리장(麗江) 등 유명한 여행지에서도 10대 여행사 반열에 이름을 올리고 있다.

중국 온라인 여행사의 두 번째 부류인 간접 서비스 제공사들은 자체적인 여행 서비스는 제공하지 않고 단지 다른 여행사들에게 거래 플랫폼을 제공하는 형태로 운영된다. 대표적인 간접 서비스 제공사인 '취나'(Qunar)는 자사 홈페이지에서 항공권, 호텔, 기차표, 여행상품 등의 검색, 가격 비교 등을 위한 데이터를 올려놓을 뿐이다. 즉, 취나는 개별 여행사의 상품들을 수집해서 제공하는 역할만을 할 뿐 실제 거래에는 관여하지 않는다.

이처럼 온라인 여행사의 빠른 발전을 통해 중국의 여행 행태 역시 크게 변화하고 있다. 수십 명이 빨간 모자를 쓰고 깃발 든 가이드를 따라다니던 단체 여행에서, 개인 자유여행으로 그 모습이 변화하고 있는 것이다. 온라인 여행사를 통한 개인 자유여행은 국내 뿐 아니라 해외여행에서도 하나의 트렌드가 되고 있다.

황금연휴인 노동절 연휴 축소로 여행업계도 비상?

2008년부터 중국의 대표적인 황금연휴(黃金周)인 노동절 연휴가 기존 3일(대체근무로 실제는 5일 휴무)에서 1일로 축소되었다. 대신 단오절, 청명절, 중추절의 연휴가 신설되었다. 이로써 기존 1주일에 달하는 장기 연휴가 3일의 단기 연휴로 바뀐 것이다.

중국 정부가 이렇게 연휴를 재조정한 데에는 몇 가지 이유가 있다. 첫째 최대 일주일에 달하는 장기 연휴에 여행객이 집중되는 것을 방지하기 위해서이다. 여행객이 집중되는 바람에 여행지의 수입이 단기간에만 몰리는 현상이 초래되었고, 아울러 여행지마다 시설이 심각하게 파손되는 일이 빈번해졌다. 둘째는 중국의 전통 명절을 계승하기 위한 정부 차원의 복안도 한몫했다.

업계에서는 이러한 연휴 조정이 여행사들에게 큰 충격을 줄 것으로 예상했다. 하지만 예상과는 달리 오히려 여행사들에게는 새로운 기회로 작용하고 있다. 기존 황금연휴 여행은 일반적으로 가족여행 위주였다. 한 가족이 시간을 맞춰 여행을 할 수 있는 유일한 시기였던 것이다. 이 때문에 해당 기간 동안 모든 관광지는 인산인해를 이루었고 바가지요금이 극성을 부리는 등 온갖 부작용이 속출했다. 자연스럽게 여행지에 대한 호감이 반감될 수밖에 없었고, 이는 다시 여행업계에 심각한 위기로 다가왔다. 하지만 장기 연휴가 단기 연휴로 전환된 이후 여행객들의 선택이 많아져 상대적으로 분산되고 기존 가족 단위 여행이 친구와 연인, 직장 동료와의 여행으로 바뀌면서 여행사들도 다양한 여행상품을 개발해 판매할 수가 있게 된 것이다. ★

❶ 중국 인터넷시장 초고속 성장, 2015년 중국 인터넷 사용자 8억 명 예상.
❷ 세계 인터넷 10대 기업에 텐센트, 바이두, 알리바바 등 중국기업 대거 포진.
❸ Q존, 시나웨이보, 텐센트웨이보 등의 소셜미디어 급부상.
❹ 2020년 중국 전자상거래시장, 미국·일본, 영국 3국 시장을 합한 것보다 커질 것으로 전망.
❺ 알리바바, 중국판 트위터 시나웨이보 지분을 인수하며 본격적으로 사업 확장.

중국 인터넷 이용자 추이

(억 명)

- 2006: 1억 3,700만
- 2012: 5억 6,400만
- 2015E: 8억

- 2006년 중국의 인터넷 보급률은 10.5%에 불과했으나 6년 만에 4배 이상 성장해, 2012년에는 42.1%를 기록했다.

중국의 인터넷 이용 현황 (2012년 기준)

자료: CNNIC

항목	수치	지표	비율
중국 전체 인구	1,349,585,838명	도시 / 농촌	72.4% / 27.6%
인터넷 사용자 수	564,000,000명	인터넷 보급률	42.1%
인터넷쇼핑 사용자 수	242,000,000명	인터넷쇼핑률	42.9%
모바일인터넷 사용자 수	419,970,000명	모바일인터넷 사용률	74.5%
SNS 사용자 수	275,050,000명	SNS 사용률	48.8%

중국 지역별 인터넷 보급률 (홍콩 제외)

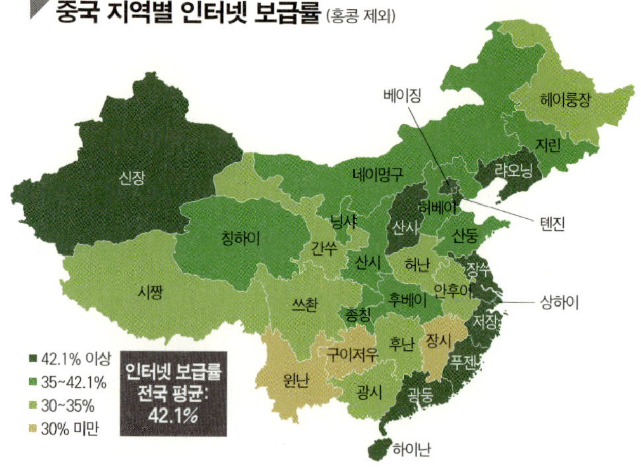

- 2012년 중국의 인터넷 보급률은 42.1%로 1년 전에 비해 3.8% 증가했다. 인터넷 보급률이 가장 높은 지역은 베이징(72.2%)이다.
- 중국의 인터넷 보급률은 동고서저(東高西低) 즉, 경제가 발달한 동부 연안 지역을 중심으로 보급률이 높은 편이다.
- 서부 지역에서는 신장이 중국 정부가 추진 중인 '광대역 인터넷 보급 및 속도 향상 프로젝트'에 적극 참여하며, 빠르게 인터넷 보급률을 높이고 있다.

자료: CNNIC

전 세계 인터넷기업 순위 (2004년 VS 2011년)

순위	국가	기업명	2004년 시장가치 (십억 달러)	2004년 매출액 (백만 달러)
1	미국	eBay	62	3,271
2	미국	Yahoo!	45	3,575
3	미국	IAC/Interactive	37	4,188
4	일본	Yahoo! Japan	36	1,101
5	미국	Google	30	3,189
6	미국	Amazon.com	17	6,921
7	미국	Apple	14	8,279
8	일본	Rakuten	8	445
9	미국	Monster	3	846
10	미국	WebMD	2	134
11	일본	Index	2	357
12	중국	Shanda	2	157
13	한국	NCSoft	2	280
14	한국	NHN	1	253
15	일본	For-side.com	1	85
	합계		262	33,000

순위	국가	기업명	2011년 시장가치 (십억 달러)	2011년 매출액 (백만 달러)
1	미국	Apple	327	76,283
2	미국	Google	198	29,321
3	미국	Amazon.com	830	34,204
4	중국	Tencent	45	1,898
5	미국	eBay	42	9,156
6	중국	Baidu	22	1,207
7	일본	Yahoo! Japan	22	2,995
8	미국	Yahoo!	22	6,324
9	미국	Priceline.com	11	3,080
10	중국	Alibaba.com	11	568
11	미국	Netflix	11	2,162
12	일본	Rakuten	11	3,204
13	한국	NHN	8	1,062
14	미국	Expedia	7	2,955
15	중국	Netease	5	573
	합계		667	117,000

중국 웹사이트 순위

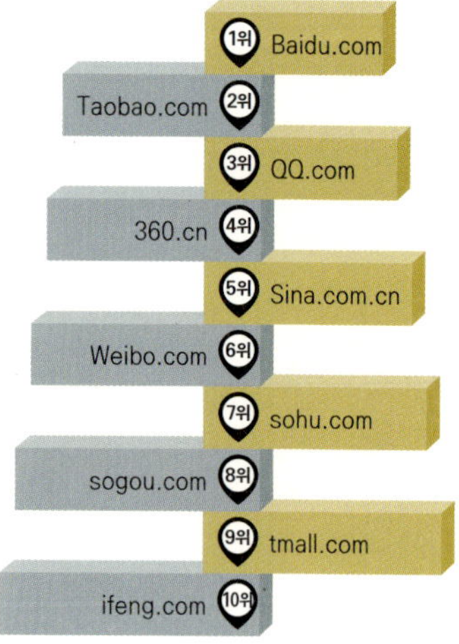

- 중국 웹사이트 순위에서 검색 엔진 바이두가 1위, 전자상거래업체 타오바오가 2위, 포털 사이트 QQ닷컴이 3위를 차지했다.

자료: Chinarank.org.cn

- 2004년 전 세계 인터넷기업 톱 15을 보면 중국기업으로는 온라인게임사 산다(Shanda)가 유일하게 이름을 올렸다.
- 하지만 2011년에는 텐센트(Tencent), 바이두(Baidu), 알리바바(Alibaba) 등 중국기업이 대거 순위권 안에 진입했다.

▶ 중국 인터넷 이용자 연령별 비중 (%)

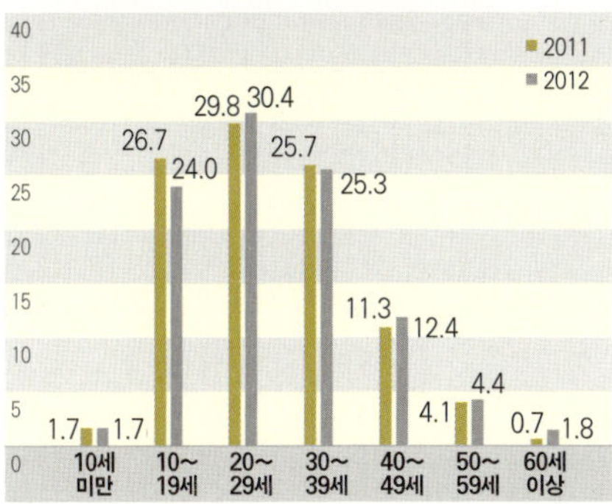

- 2012년 중국 10대 인구가 전년 대비 감소하면서 10~19세 인터넷 이용자 비중도 감소했다.
- 인터넷 이용자를 연령대로 나누어 보면 20대 비중이 30%로 가장 높다.

▶ 전 세계 인터넷 속도 (Mbps)

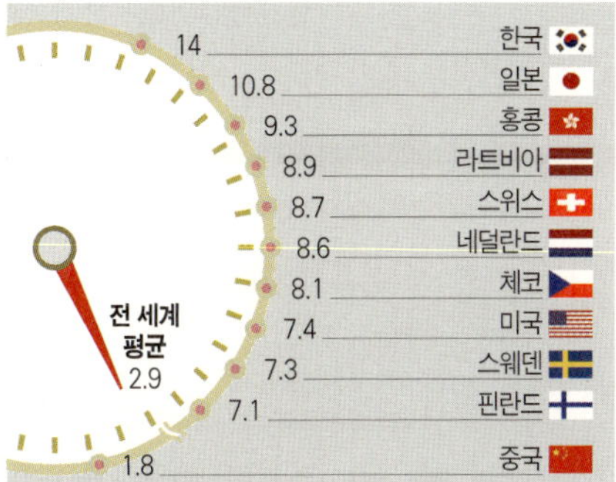

- 인터넷 속도는 한국이 14Mbps로 전 세계에서 가장 빠르며 중국은 1.8 Mbps로 91위에 머무르고 있다. 한국을 포함해 상위권은 국토 면적이 작고 인구 밀도가 높아 인터넷 인프라를 구축하기가 상대적으로 수월한 국가들이다. 자료: Akamai

▶ 카카오톡 vs 라인 vs 위챗

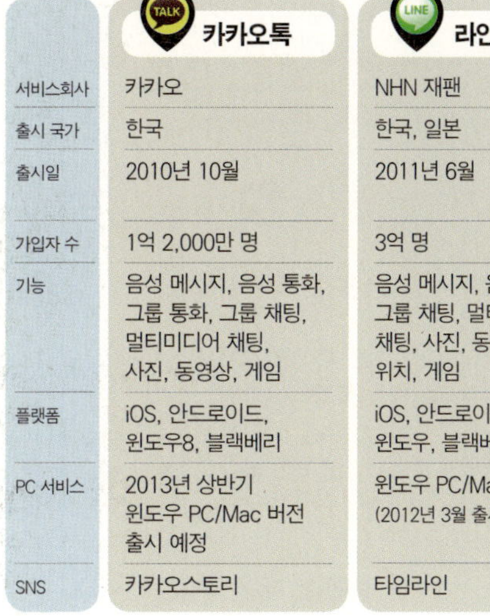
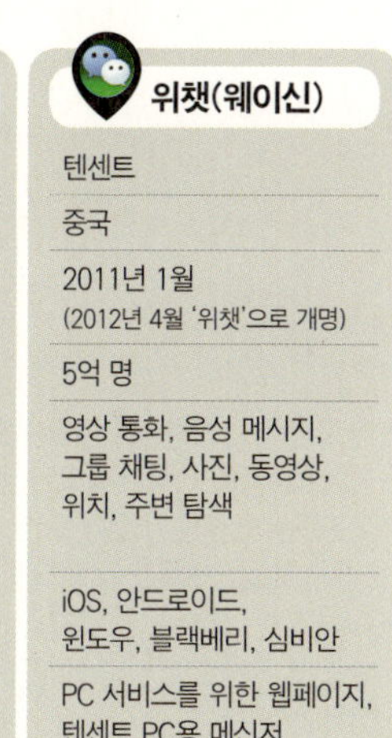

	카카오톡	라인	위챗(웨이신)
서비스회사	카카오	NHN 재팬	텐센트
출시 국가	한국	한국, 일본	중국
출시일	2010년 10월	2011년 6월	2011년 1월 (2012년 4월 '위챗'으로 개명)
가입자 수	1억 2,000만 명	3억 명	5억 명
기능	음성 메시지, 음성 통화, 그룹 통화, 그룹 채팅, 멀티미디어 채팅, 사진, 동영상, 게임	음성 메시지, 음성 통화, 그룹 채팅, 멀티미디어 채팅, 사진, 동영상, 위치, 게임	영상 통화, 음성 메시지, 그룹 채팅, 사진, 동영상, 위치, 주변 탐색
플랫품	iOS, 안드로이드, 윈도우8, 블랙베리	iOS, 안드로이드, 윈도우, 블랙베리	iOS, 안드로이드, 윈도우, 블랙베리, 심비안
PC 서비스	2013년 상반기 윈도우 PC/Mac 버전 출시 예정	윈도우 PC/Mac 버전 (2012년 3월 출시)	PC 서비스를 위한 웹페이지, 텐센트 PC용 메신저 'QQ메신저'와 연동
SNS	카카오스토리	타임라인	모멘트

- 한국, 일본, 중국 스마트폰 이용자를 기반으로 모바일 메신저 경쟁이 한층 더 가열 될 것으로 예상되는 가운데, 특히 위챗의 성장이 가히 위협적이다.
- 위챗은 중국 내 4억 명의 가입자를 기반으로 싱가포르, 홍콩 등 화교권 국가에서 폭발적인 성장세를 보이고 있다. 2013년 기준 위챗의 기업가치는 무려 40~50조 원에 달한다.

▶ 위챗 사용 지역 (녹색이 짙을 수록 사용량이 많은 지역)

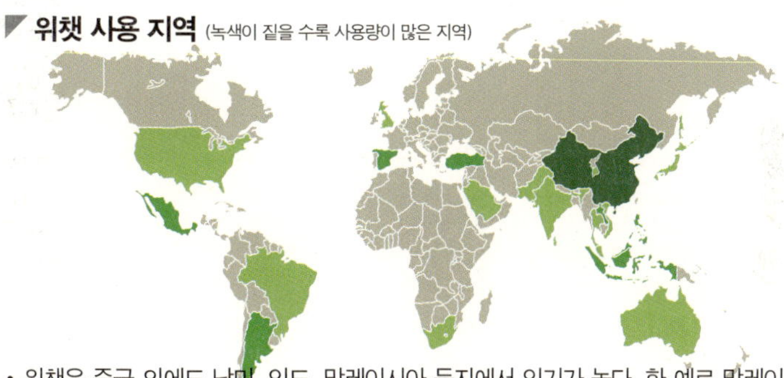

- 위챗은 중국 외에도 남미, 인도, 말레이시아 등지에서 인기가 높다. 한 예로 말레이시아의 경우, 2012년 6월 서비스 지원 이래 6개월 만에 사용자가 400% 증가했다.

▶ 전 세계 소셜미디어 브랜드 가치 순위 (십억 달러)

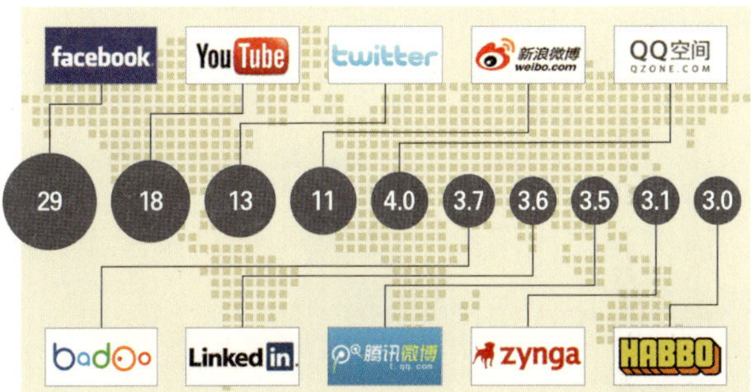

- 〈2012년 세계 소셜미디어 브랜드 가치 평가 보고서〉에 따르면 전 세계 소셜미디어 중 페이스북의 브랜드 가치가 291억 달러로 가장 높다. 중국 소셜미디어 브랜드도 10위권 안에 세 개(텐센트의 Q존과 텐센트웨이보, 시나닷컴의 시나웨이보)나 포진해 있다. 자료: BV4, HWZ 소셜미디어관리연구소

▶ 중국 소셜미디어 이용자 연령 비중 (%)

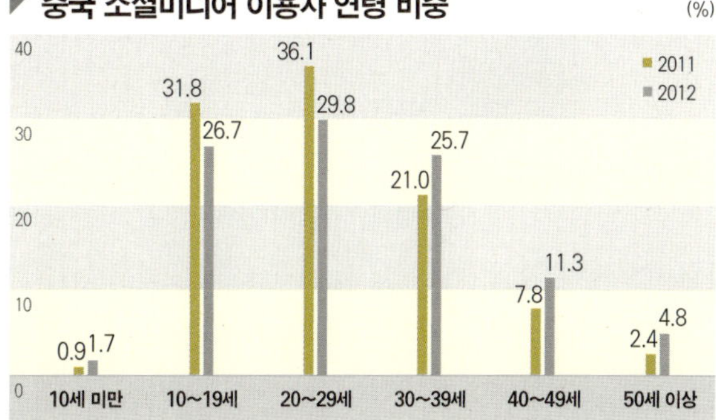

- 중국의 2012년 SNS 이용자 수는 3.09억 명으로 2011년 말 6,000명에서 5배 가까이 성장했다. 중국 소셜미디어 이용자의 주 연령층은 10대와 20대로 전체 이용자의 57%를 차지한다.
- 2012년에는 30대 이용자 비중이 크게 증가하면서, 30대가 소셜미디어 주 이용자로 부상했다.

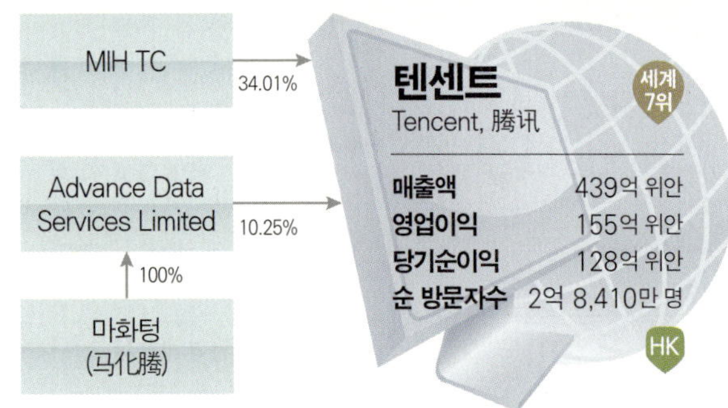

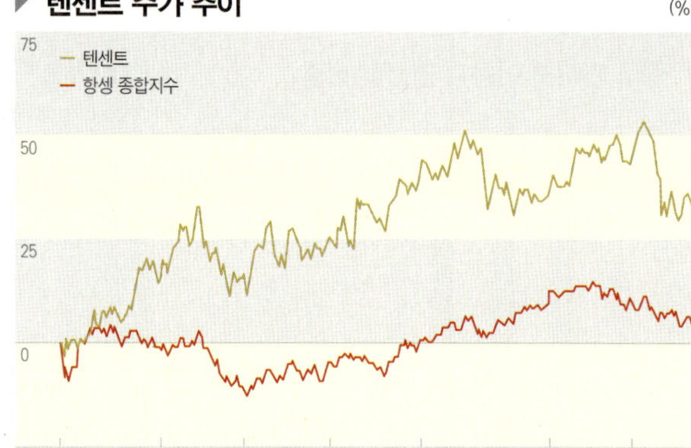

텐센트 주가 추이 (%)

- 시가총액(950억 달러, 2013년) 기준으로 구글과 아마존에 이어 전 세계에서 세 번째로 규모가 큰 인터넷기업.
- 1998년에 설립된 텐센트는 메신저, 온라인게임으로 시작해 전자상거래, 포털, 모바일 등 인터넷 전반에 걸쳐 사업 영역을 확장.
- 대표적인 서비스는 중국 인터넷 메신저 시장의 80%를 차지하는 QQ, 중국판 트위터인 텐센트웨이보, 중국판 페이스북인 큐존 등.
- 2012년에는 한국의 카카오에 720억 원을 투자해 2대 주주로 등극.

- 텐센트는 그동안 강세를 보여 온 게임 및 인터넷 부가 서비스 외에도 광고 서비스와 전자상거래 부문이 빠르게 성장하며 주가 상승세를 이어 가고 있다.

자료: WIND

텐센트 경영 실적

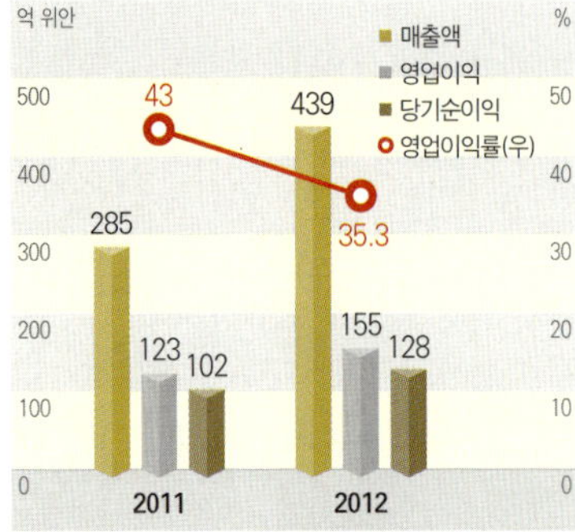

텐센트 매출 구성 (%)

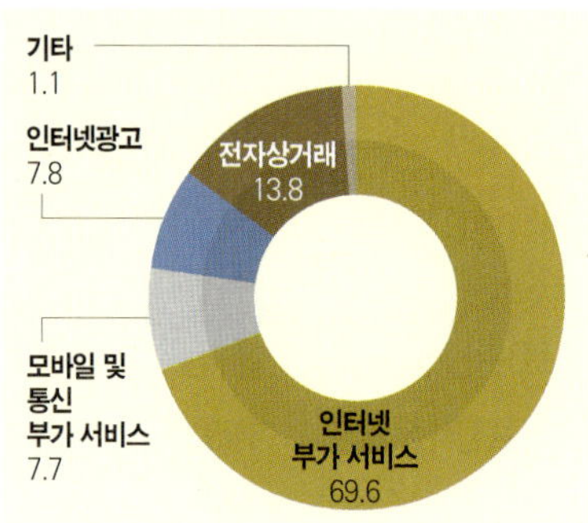

큐존 이용자 연령 분포 (%)

- 2012년 텐센트는 온라인게임 부문에서만 229억 위안의 수익을 창출하며 매출이 크게 증가했다. 하지만 모바일 환경 변화 대응을 위한 투자가 급증하면서 영업이익률은 감소했다.

자료: WIND

- 텐센트의 효자 사업은 게임을 비롯한 인터넷 부가 서비스 부문으로 2012년에만 319억 위안의 매출을 창출, 전년 대비 38.9% 성장했다.

자료: 텐센트 애뉴얼 리포트

- 중국 최대 소셜네트워크인 큐존의 주 이용자는 빠링허우다.
- 빠링허우는 중국 정부가 한 자녀 정책을 추진한 이후 태어난 중국판 신세대로 중국 경제를 이끌어갈 새로운 세대로 분류된다.

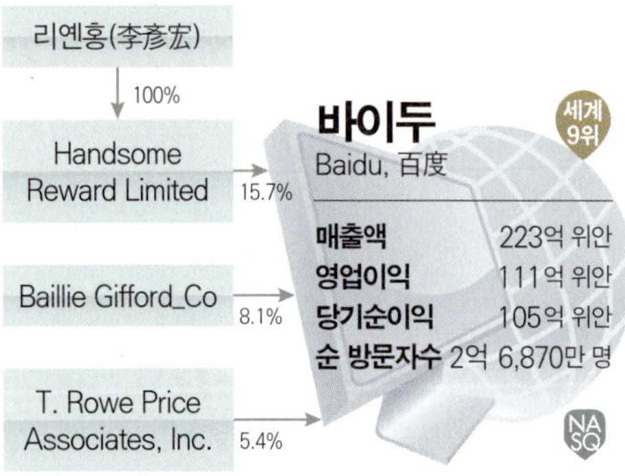

바이두 경영 실적

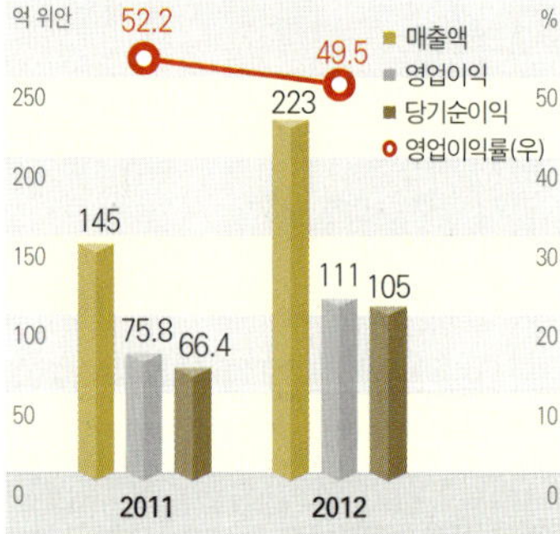

중국 검색 엔진 시장 (%)

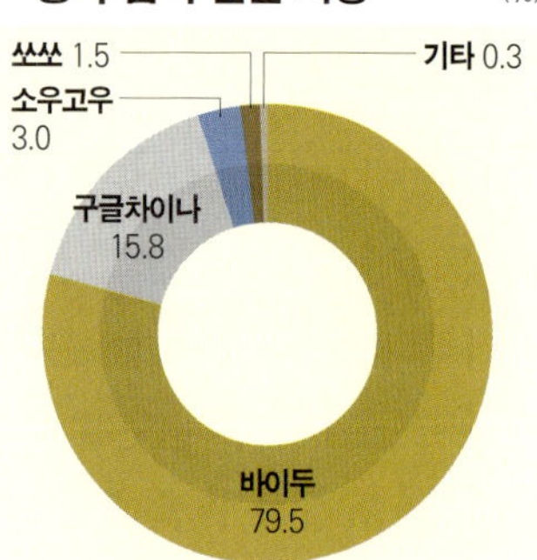

- 파란 곰 발바닥을 로고로 쓰는 바이두는 중국 최대 인터넷 검색 사이트이자 구글, 야후와 함께 세계 3대 검색 엔진 중 하나.

- 2012년에 바이두는 R&D 부문에만 23억 위안이 넘는 자금을 투자했다.

자료: WIND

- 바이두의 시장점유율은 79.5%로 압도적인 우위를 점하고 있다. 그 뒤를 구글차이나, 소후닷컴의 소우고우와 텐센트의 쏘쏘가 잇고 있다.

자료: iRESEARCH Inc

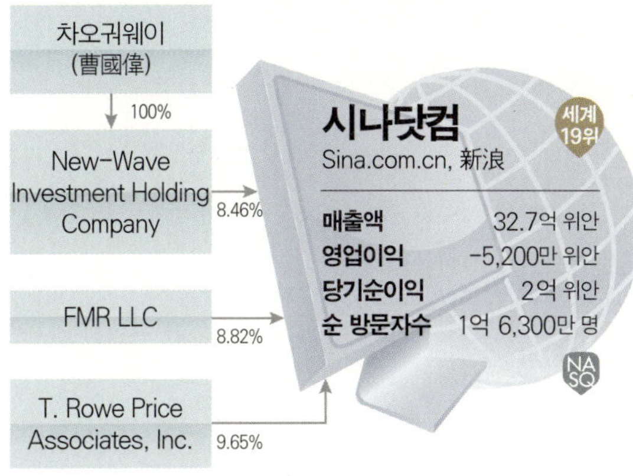

시나닷컴 경영 실적

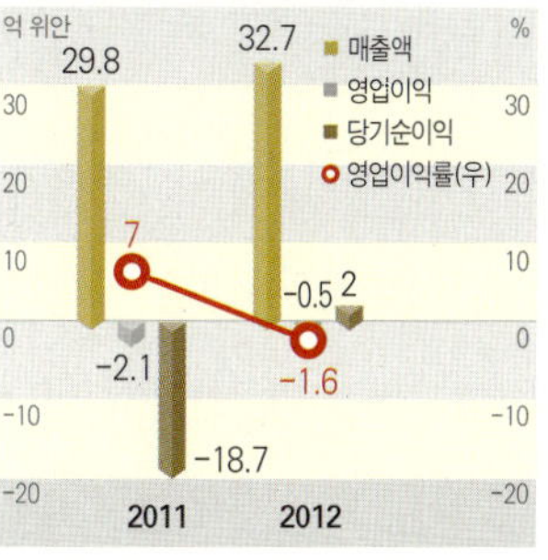

시나닷컴 매출 구성 (%)

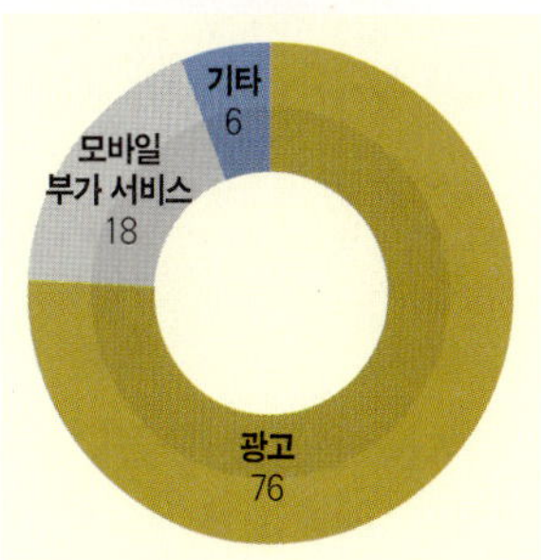

- 중국 인기 포털 사이트인 시나닷컴은 검색, 인터넷 뉴스 서비스 외에도 중국의 대표 SNS인 시나웨이보를 서비스.

- 2011년 시나닷컴은 중국 부동산 정보그룹(CRIC) 등에 투자한 지분의 가치가 하락하고, 웨이보 플랫폼 구축에 투자를 확대하면서 적자를 냈다.

- 시나웨이보가 빠르게 보급되고 웨이보(중국어로 마이크로 블로그를 의미)에 광고하려는 기업이 급증하면서 시나닷컴의 광고 수익도 크게 증가했다.

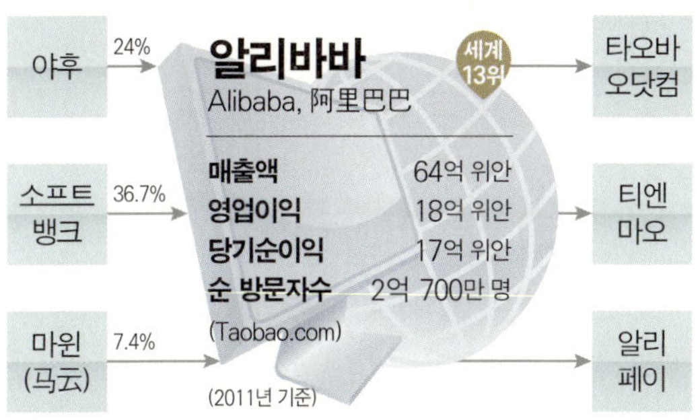

알리바바 구조

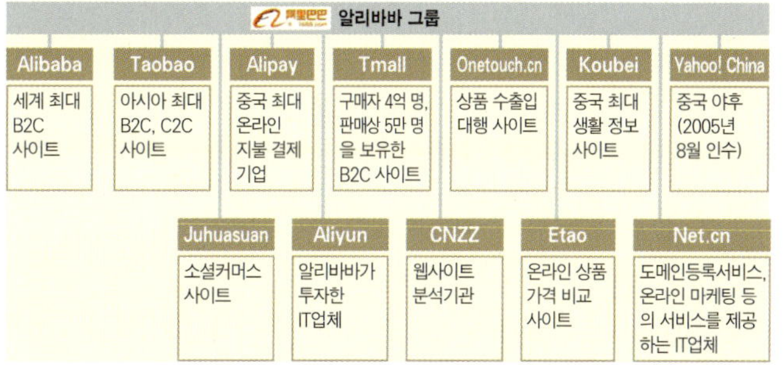

- 알리바바 그룹 산하의 타오바오닷컴과 티엔마오의 2012년 매출 총계는 1조 1,000억 위안으로 전자상거래의 대명사인 아마존과 이베이 매출을 합친 액수보다도 큼.
- 2013년 미국 또는 홍콩에 상장을 추진 중인 알리바바의 예상 IPO 규모는 약 79조 2,000억 원에 육박. 이는 현재 페이스북의 기업가치를 뛰어넘는 수준.

- 알리바바 그룹은 B2C, C2C, 공동구매, 신용거래, 웹사이트 분석, 무역 등 전자상거래와 관련된 모든 서비스를 제공하고 있다.
- 타오바오의 연간 거래 규모는 중국 GDP의 2%에 달한다.
- 최근 알리바바는 시나웨이보(18%)와 중국 최대 맵핑 플랫폼 업체 오토나비 지분(28%)을 인수하는 등 사업 영역을 전방위적으로 확대하고 있다.

중국 온라인 동영상 서비스시장 규모

중국 온라인 동영상 서비스 사이트
시장점유율 톱 5

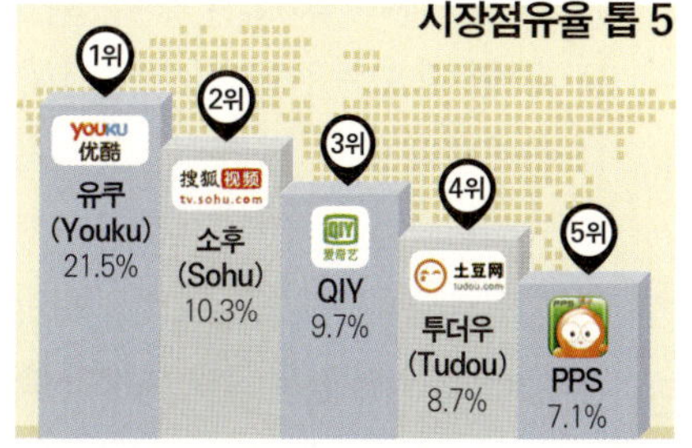

- 2008년 유튜브가 티베트 시위 영상 문제로 중국에서 쫓겨나면서 업계 판도에 변화가 일기 시작.
- 온라인 동영상 서비스에 익숙해진 중국 네티즌은 유튜브 접속이 불가능해지자 유쿠와 투더우로 몰림.

- 중국 온라인 동영상 서비스시장은 최근 몇 년간 가파른 성장세를 보여왔다.
- 유쿠와 투더우 등 선발 기업에 이어 바이두와 소후닷컴 등 인터넷 대기업까지 속속 동영상 서비스시장 진출을 선포하면서 치열한 경쟁이 예고되고 있다.

- 2012년 중국 동영상 서비스업계 1위 유쿠는 업계 4위 투더우(Tudou)를 인수하며 '유쿠투더우'로 재탄생했다.
- 유쿠투더우는 춘추전국 시대에 접어든 중국 동영상 서비스시장에서 우위를 점하게 되었다.

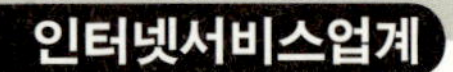

인터넷 유저 수 세계 1위,
SNS와 전자상거래 등에서도 막강 위력 발휘

중국은 인터넷산업이 성장할 수 있는 최적의 인프라를 갖추고 있는 국가이다. 인터넷 잠재 유저가 그들의 인구 수 만큼인 13억 명이나 되기 때문이다. 실제로 중국의 인터넷 사용률은 하루가 다르게 급증하고 있어, 세계 IT업계를 소름 돋게 하고 있다.

지금으로부터 6년 전까지만 해도 중국의 인터넷 보급률은 겨우 10%에 불과했다. 당시만 해도 중국 대륙에서 자유자재로 이메일을 보내고 인터넷서핑을 하는 것은 일부 IT 호사가들의 특권이었다. 하지만 2012년 중국의 인터넷 보급률은 42.1%로 수직 상승했고, 인터넷 유저 수는 무려 5억 6,000만 명에 육박하며 세계 최대 인터넷 유저 보유국으로 급부상 했다. 2015년 중국 인터넷 유저 수는 8억 명에 이를 전망이다.

중국 인터넷 보급률 상승과 휴대폰 사용자 수가 증가하면서 모바일인터넷 유저 수도 빠르게 증가하고 있다. 2012년 중국 모바일인터넷 유저는 4.2억 명으로 중국 전체 인터넷 사용자의 75%를 차지한다.

카피캣으로 악명 높은 중국 SNS업체들의 급성장

최근 중국 인터넷시장의 핫 키워드는 '웨이보'와 '인터넷쇼핑'이다. 중국판 트위터인 웨이보 가입자 수는 2012년에만 3.09억 명으로 전년 대비 5,900만 명이 증가했고 중국 전체 인터넷유저 가운데 웨이보 사용자 비율도 55%에 달한다. 중국 인터넷쇼핑자 수도 2012년 전년 대비 4,800만 명이 증가하며 2억 4,000만 명을 기록했다.

중국 인터넷시장이 가파르게 성장하면서 중국판 카피캣(Copy Cat, 잘 나가는 제품을 그대로 모방해 만든 제품을 비하하는 말)들이 범람해 논란이 되고 있다. 중국판 트위터와 페이스북인 웨이보, Qzone, 런런왕(人人网), 그리고 중국판 유튜브로 일컬어지는 유쿠 등이 그것이다. 그런데 이들을 단순히 '모방꾼' 정도로 넘기기에는 그 실력과 성장 속도가 만만치 않다. 중국판 트위터의 대표 주자인 텐센트 웨이보와 시나 웨이보의 가입자 수는 2012년 누적 기준 각각 5억 명과 4억 명에 육박하면서 그 방대한 규모를 자랑했다. 또 연평균 110% 가까이 성장하는 중국 인터넷 동영상 1위 기업인 유쿠는 2012년 업계 2위인 투더우(Tudou)를 인수하면서, 유튜브에 이어 글로벌 동영상 부문 2위 자리를 견고히 지켰다.

시나 웨이보와 텐센트 웨이보는 중국 마이크로블로그의 양대 산맥이다. 중국 가입자 수를 넘어 전 세계 가입자 수까지 합하면 그 규모는 어마어마하게 늘어난다. 최근 한국 연예인들도 중국 팬들과의 교류를 위해 웨이보 계정을 개설하는 추세이다. 〈강남스타일〉로 일약 월드스타 대열에 오른 싸이의 경우 개설 3개월 만에 800만 명에 가까운 팔로어를 보유해 한국 연예인 중 가장 많은 팔로어 수를 기록했다.

특히 텐센트 웨이보의 행보가 눈부시다. 서비스 제공 초기까지만 해도 텐센트 웨이보는 후발주자로서 시나 웨이보의 뒤를 쫓는 입장이었다. 하지만 텐센트는 부가적 기능을 과감히 없애고 최대한 간단하고 편리한 방식으로 운영되면서 빠른 속도로 규모를 확장해나갔다. 그 결과 2012년 텐센트는 가입자 수 5억 명을 기록하며 시나 웨이보(4억 명)를 역전했다. 텐센트는 웨이보 이외에도 여러 사업 분야에 걸쳐 두각을 나타내고 있는데 그 중에서도 특히 게임 부문에서의 활약이 두드러진다. 게임 개발 및 퍼블리싱에 주력하고 있는 텐센트는 2012년 게임 부문 매출액 319억 위안을 기록하며 EA와 액티비전 블리자드를 제치고 글로벌 1위에 등극했다.

카카오톡, 라인과 함께 중국판 모바일 메신저로 유명한 위챗(중국명: 웨이신(微信))도 텐센트의 대표 효자사업이다. 현재 위챗은 중국 이외에도 남미, 인도, 말레이시아 등지에서 가입자를 빠르게 확보하며 파죽지세의 인기몰이를 하고 있다.

하지만 이처럼 잘나가는 웨이보도 경영면에서는 골머리를 썩고 있다. 2011년 시나닷컴은 웨이보 플랫폼 구축작업 투자 확대 등 대규모 비용이 발생하면서 적자를 기록했고, 2012년에도 수익률은 크게 개선되지 못했다. 시나 웨이보는 유료 회원제 전환 등 상업화를 통해 수익 개선을 유도하고 있지만 오히려 이용자들의 불만을 사고 있는 형편이다.

중국판 빌 게이츠 '리엔홍'과 '마윈'의 활약

대다수의 중국인들은 중국 인터넷산업의 리더로 바이두의 리엔홍(李彦宏)과 알리바바의 마윈(马云)을 꼽는다.

바이두 CEO인 리엔홍은 명문대 출신 엘리트에 출중한 외모까지 갖춘 중국 최고 부호이다. 리엔홍은 인터넷업계의 대표적인 유학파로 중국 명문대인 베이징대학교를 졸업한 뒤 뉴욕주립대에서 유학했다. 유학시절 미국 인터넷산업의 발전을 목격한 리엔홍은 1999년에 오늘날 중국 최대이자 글로벌 3대 검색 엔진인 바이두를 창업했다. 현재 바이두는 중국 검색시장 80%에 가까운 독점적인 위치에 있으며 인터넷 동영상 사이트 '아이치이'(爱奇艺)를 인수하는 등 사업 확장에도 집중하고 있다. 2012년 〈포브스〉가 발표한 전 세계 억만장자 순위에서 리엔홍은 개인자산 102억 달러로 86위에 등극해, 중국 최고 부호로서의 면모를 과시했다.

알리바바의 CEO 마윈은 중국 인터넷업계의 신화적인 존재로 일컬어진다. 마윈이 설립한 알리바바 그룹은 한국에는 다소 생소한 기업일 수 있지만 전 세계 5대 인터넷기업 중 하나이자 시가총액이 672억 달러에 달하는 세계 최대 전자상거래업체이다. 2012년 알리바바 그룹의 연간 거래액은 1,700억 달러로 미국 최대 전자상거래업체 아마존과 이베이 매출의 합보다도 많은 액수를 기록했다. 2013년 5월 10일, 마윈은 타오바오 10주년 기념행사에서 공식 퇴임을 선언하며 경영 일선에서 물러났다. 하지만 불과 18일 만에 물류업계 진출을 선언해 중국인들을 놀라게 했다. 마윈은 '차이냐오네트워크과학기술주식회사'(菜鸟网络, 이하 '차이냐오')를 설립해 '인타이그룹'(银泰集团), '푸춘그룹'(富春集团) 등 택배업체들과 함께 '차이나 스마트 물류 네트워크' 구축 사업을 진행할 계획이다.

하지만 알리바바와 제휴한 택배업체들이 현재 중국 택배시장의 50%를 점유하고 있고, 알리바바 산하의 '타오바오닷컴'(淘宝网)과 '티엔마오'(天猫)도 전자상거래 시장점유율 50% 이상을 웃돌아 '차이냐오'의 설립 자체가 독과점이라는 업계의 비판에 직면해 있어 향후 귀추가 주목된다. ★

❶ 중국, 2012년에 최초로 교육 부문 재정 지출이 GDP에서 차지하는 비중 4% 돌파.
❷ 중국 정부 2020년까지 유치원 취학률 95% 목표, 영유아 교육시장의 성장 예상.
❸ 중국, 외국어 보습 학원 5만 개 이상, 대부분 영어 교육.
❹ 중국의 온라인 교육시장 규모 매년 20%씩 성장.
❺ 중국, 2013년 재미 유학생 전년 대비 21% 증가한 23만 6,000명. 미국 내 유학생 수 1위 차지.

▶ 국가별 1인당 교육 재정 지출 규모와 교사 1인당 학생 수

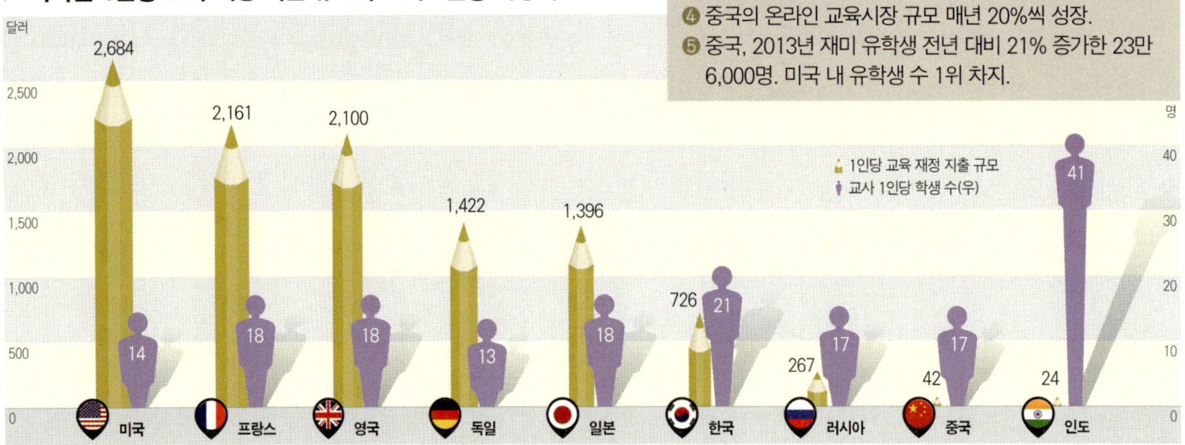

• 중국의 1인당 연평균 교육 재정 지출 규모는 42달러로 미국, 프랑스, 일본 등의 선진국에 비해 현저히 낮은 수준이다(2009년 기준).
• 하지만 교사 1인당 학생 수는 17명으로 선진국과 유사한 수준이다(2012년 기준).

자료: 중국 교육부, World Bank

▶ 중국의 교육 부문 재정 지출 추이

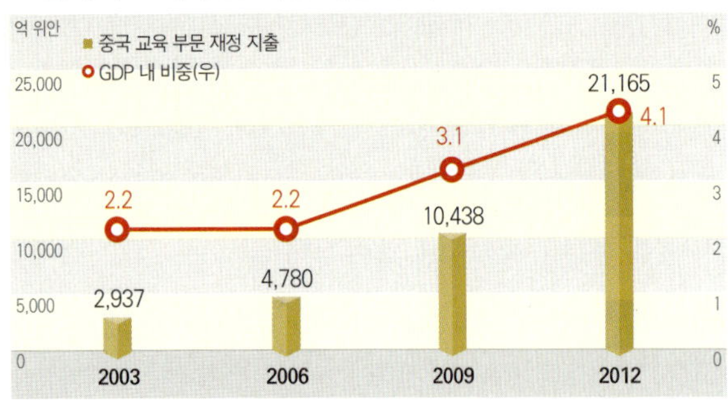

• 중국의 교육 부문 재정 지출은 2012년 2조 1,165억 위안으로, 처음으로 GDP의 4%를 돌파했다.
• GDP 내 교육 부문 재정 지출 규모는 국제 사회에서 교육 수준을 평가할 때 기준이 되는 자료로, 4%는 최저선에 해당한다. 자료: 중국 교육부

▶ 중국 대학 신입생 전공 분포

(2012년 기준, %)

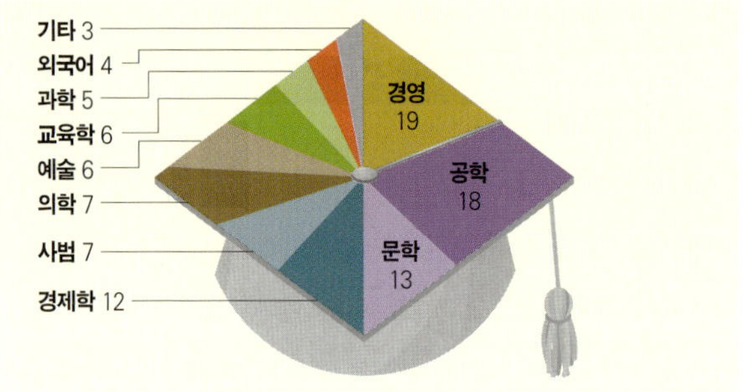

• 중국 대학 신입생이 가장 선호하는 전공은 경영학(19%)과 공학(18%)이다.
• 대학원생도 공학(35%)과 경영학(13%) 전공자 비중이 가장 높다.

자료: 중국통계연감(2012)

▶ 전 세계 고등교육 이수율

(%)

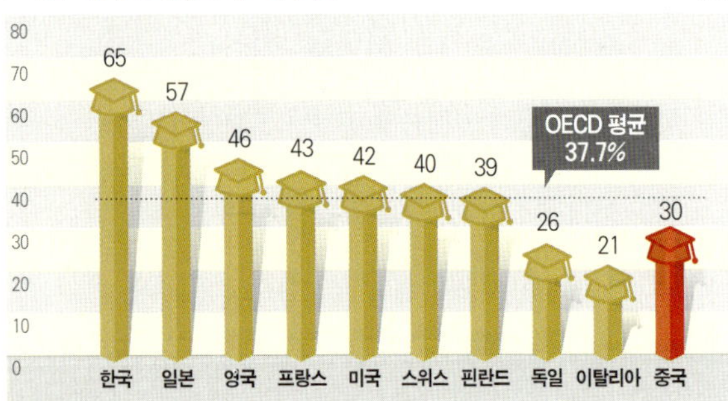

• 2000년 6%에 불과했던 중국의 고등교육(대학) 진학률은 빠른 속도로 증가하고 있다. 하지만 대학 진학률이 높아진 반면 경제 성장률은 둔화되면서, 대졸 취업난이 심화되고 있다.

＊25~34세 인구 중 초급대학 이상의 교육을 받은 비중
＊중국은 고등교육 대상인 18~22세 인구의 고등교육기관 진학률

▶ 중국의 영어 교육시장 규모 추이

(억 위안)

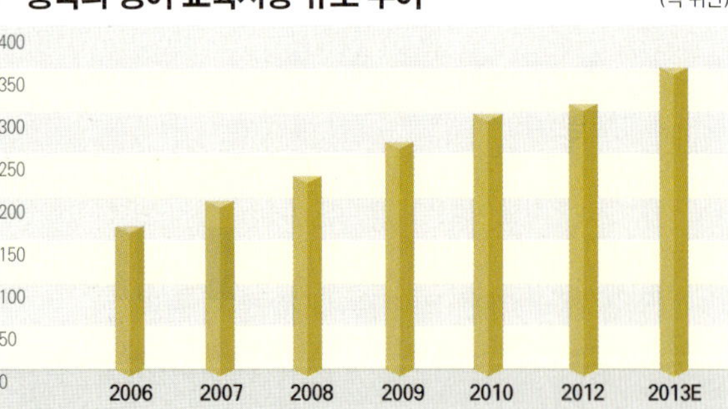

• 중국은 WTO 가입과 베이징올림픽 개최로 영어 교육의 중요성이 고조되고 있다.
• 영어를 할 수 있는 인력은 높은 급여를 받을 수 있다는 점이 부각되면서, 중국의 영어 교육시장이 급성장하고 있다.

자료: 〈OECD Education at a Glance 2012〉

▼ 중국 해외 유학 대상국 톱 10 (2010년 기준)

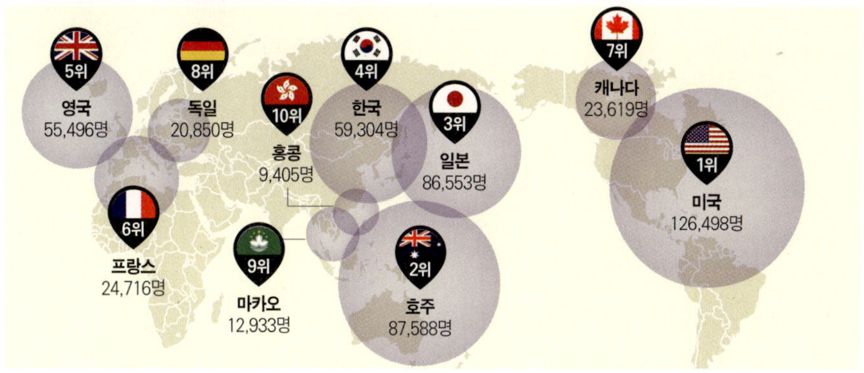

- 중국은 해외 유학생이 매년 20% 이상 증가하고 있다.
- 현재 중국의 자비 유학생 수는 전체 유학생의 92%를 차지한다. 이는 중국인들의 유학에 대한 욕구가 매우 높다는 것을 나타낸다.

자료: UNESCO

▼ 비영어권 국가 영어숙련도(EPI) 순위

순위	국가	EPI	
우수	1	스웨덴	68.91
우수	2	덴마크	67.96
우수	3	네덜란드	66.32
우수	4	핀란드	64.37
우수	5	노르웨이	63.22
우수	6	벨기에	62.46
우수	7	호주	62.14
양호	8	헝가리	60.39
양호	9	독일	60.07
양호	10	폴란드	59.08
양호	11	체코	58.9
양호	12	싱가포르	58.65
양호	13	말레이시아	57.95
양호	14	인도	57.49
양호	15	스위스	57.39
양호	16	슬로바키아	56.62
양호	17	파키스탄	56.03
양호	18	스페인	55.89
양호	19	포르투갈	55.39
보통	20	아르헨티나	55.38
보통	21	한국	55.35
보통	22	일본	55.14
보통	23	프랑스	54.28
보통	24	이탈리아	54.01
보통	25	홍콩	53.65
보통	26	우루과이	53.42
보통	27	인도네시아	53.31
보통	28	이란	52.92
보통	29	러시아	52.78
보통	30	대만	52.42
보통	31	베트남	52.14
보통	32	터키	51.19
보통	33	페루	50.55
보통	34	코스타리카	50.15
미흡	35	모로코	49.4
미흡	36	중국	49
미흡	37	카타르	48.79
미흡	38	멕시코	48.6
미흡	39	칠레	48.41
미흡	40	베네수엘라	47.5

▼ 한국 내 외국인 유학생 및 중국인 유학생 추이 (명)

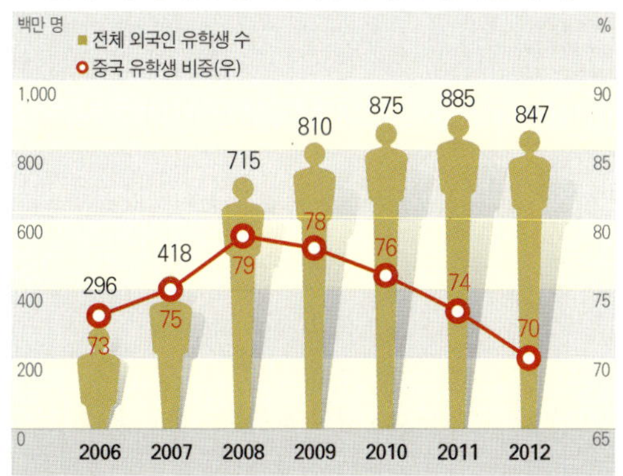

- 2010년 이후 북한의 도발로 인한 안보 문제, 외국인 유학생을 위한 시스템 미비 등의 원인으로 한국 내 중국인 유학생 수와 비중이 감소하고 있다.

자료: UNESCO

▼ 중국 내 외국인 유학생 비중 (%)

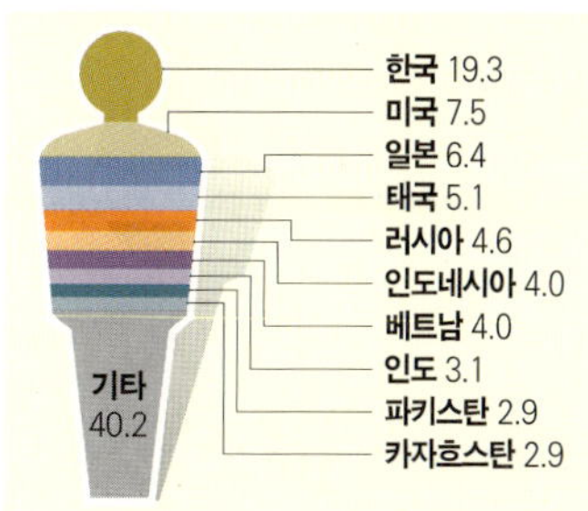

- 중국 내 외국인 유학생 수 1위 국가는 한국(6만 3,488명)으로, 재중 유학생 수가 2011년 대비 12.21% 증가했다.
- 중국 내 성별 유학생 수는 베이징이 7만 7,706명으로 1위를 차지했다.

▼ 중국 온라인 교육시장 규모

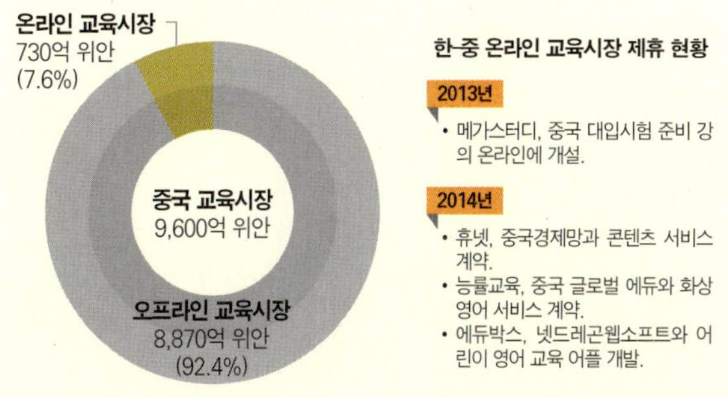

- 중국의 온라인 교육시장 규모는 현재 730억 위안이며, 매년 20%씩 고속 성장하고 있다.
- 컴퓨터와 스마트폰을 사용하는 세대가 교육 대상이 되면서 온라인 교육 수요가 더욱 증가할 것으로 전망된다.

자료: 딜로이트(Deloitte)

▼ 중국 유아교육용품 시장 규모

(억 위안)

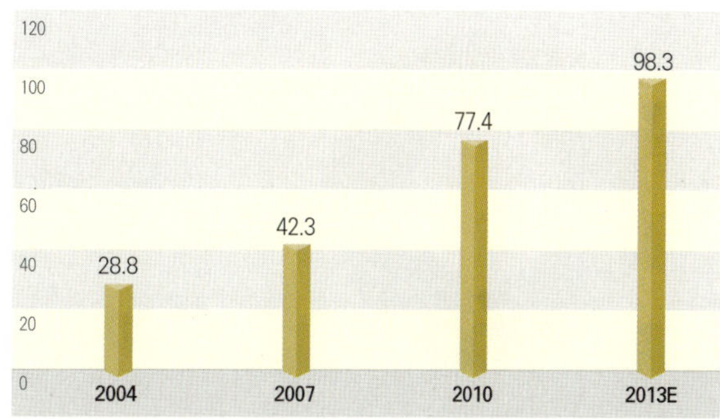

- 2010년 중국 유아교육용품 시장 규모는 약 77억 위안으로 전년 대비 25% 증가했다.
- 2011년 중국의 유치원 수는 약 18만 개(공립 유치원이 30%)이다. 중국 정부는 2020년까지 유치원 취학률을 95%까지 올릴 계획이다.

자료: 후에이총교육망, 중국 교육부

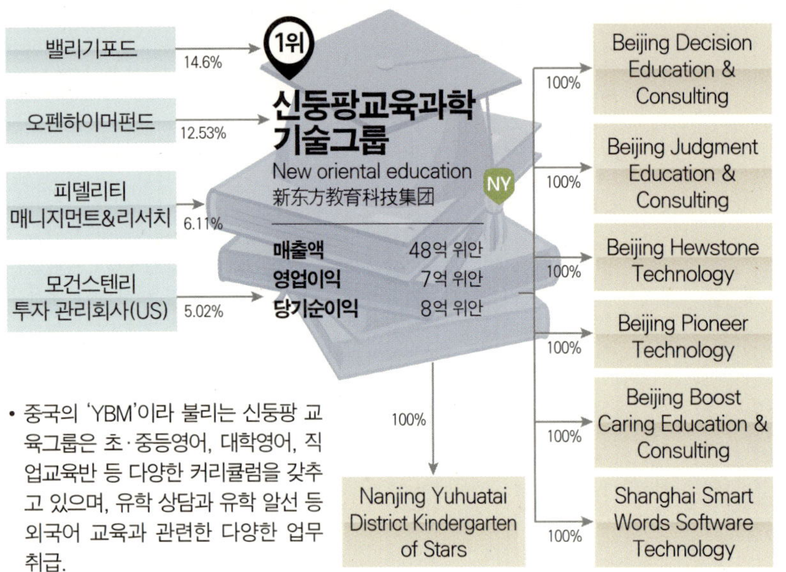

- 중국의 'YBM'이라 불리는 신둥팡 교육그룹은 초·중등영어, 대학영어, 직업교육반 등 다양한 커리큘럼을 갖추고 있으며, 유학 상담과 유학 알선 등 외국어 교육과 관련한 다양한 업무 취급.

▶ 신둥팡교육과학기술그룹 매출 구성 (%)

- 신둥팡교육과학기술그룹은 전국에 32개의 서점을 직접 운영하고 있으며, 교재 및 출판 사업이 매출에서 차지하는 비중이 10%이다.

▶ 신둥팡교육과학기술그룹 경영 실적

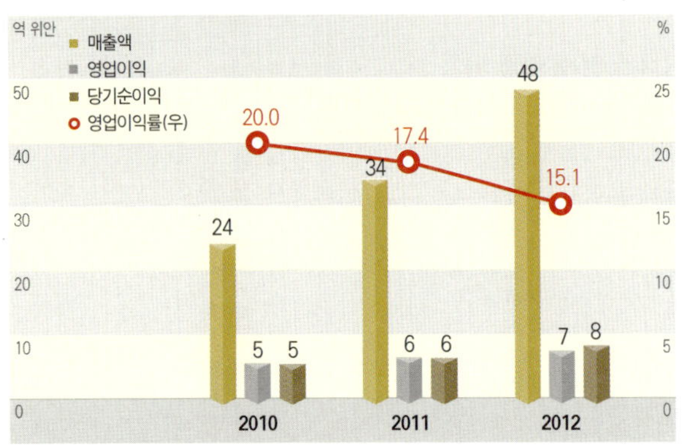

- 영어 교육에 대한 수요가 증가함에 따라 매출 역시 상승세를 보이고 있다.
- 초·중·고·대학생의 방학 기간에 맞춘 유학 프로그램을 운영하면서 방학기간의 매출이 타기간에 비해 2배 정도 높은 편이다.

▶ 신둥팡학원 전국 분포 현황 (2012년 기준) (개)

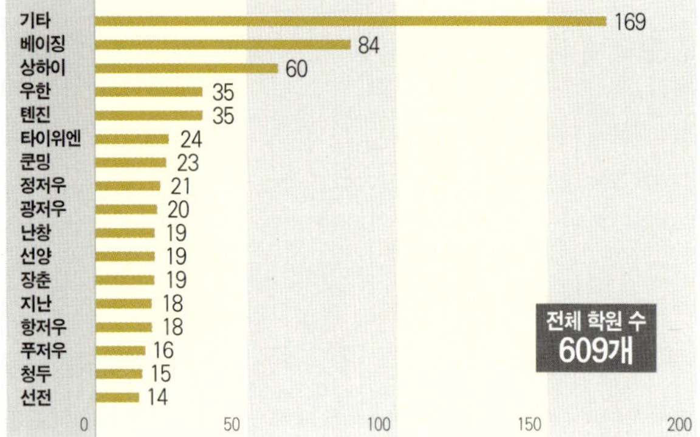

- 신둥팡학원은 학원 수가 2006년 111개에서 2012년 609개로 큰 폭으로 증가했다.
- 학원이 가장 많이 개설된 지역은 베이징과 상하이로 내국인뿐만 아니라 외국인 수강생도 많다.

▶ 신둥팡학원 학원생 수강 강의 비중 (%)

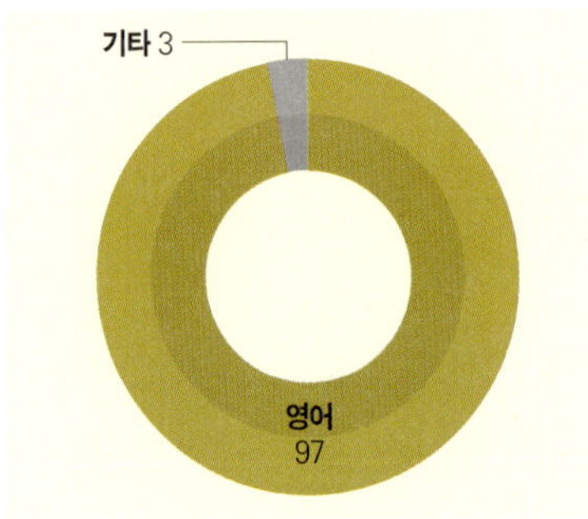

- 신둥팡학원은 전체 수강생의 97%가 영어 수업을 수강하고 있는 것으로 나타났다. 기타 언어로는 스페인어, 한국어, 일본어, 독일어, 프랑스어가 있다.
- 수강료는 성인 기준으로 300위안부터 3,000위안까지 다양하다.

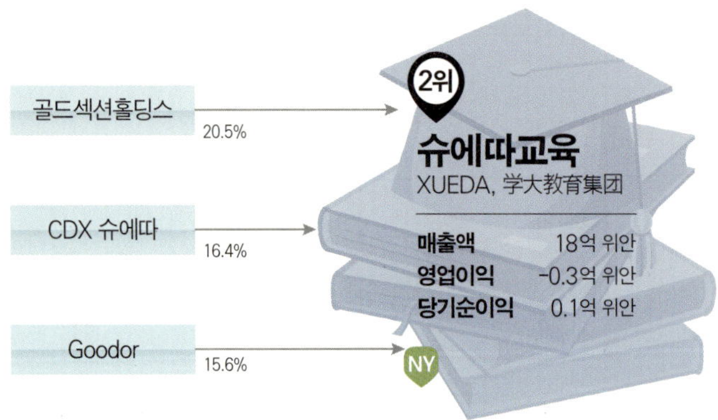

- 2001년에 설립된 슈에따교육은 청소년 입시 전문 교육 기관으로, 2011년에 베이징대학과 칭화대학 합격자를 302명 배출.
- 전국 60여 개 도시에 약 300개 학원을 운영하고 있으며, 중국 최초(2001년도 9월)로 온라인 강의 시작.

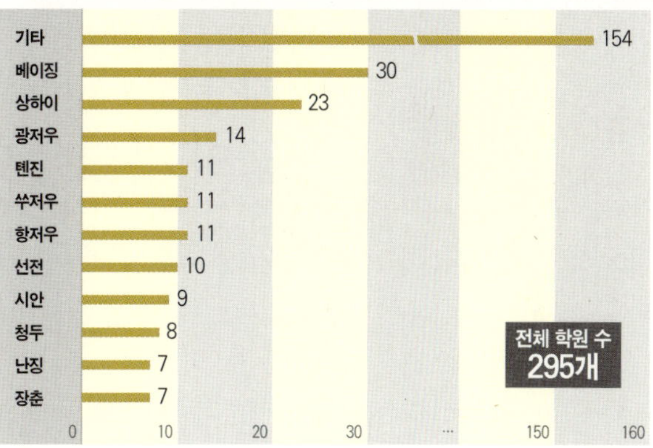

▶ 슈에따교육 경영 실적

(억 위안, %)

▶ 슈에따교육 전국 학원 분포 현황 (2012년 기준)

(개)

- 2012년, 슈에따교육은 교육 기관 추가 설립으로 많은 비용을 지출했다.
- 교육업계 종사자의 급여가 인상됨에 따라 1:1 맞춤교육을 실시하는 슈에따교육은 비용이 큰 폭으로 상승하면서 영업이익률이 마이너스로 떨어졌다.

- 슈에따교육은 본사가 베이징에 있으며, 중점 사업 지역은 신둥팡교육과학기술그룹과 마찬가지로 베이징과 상하이이다.

▶ 슈에따학원 수강생 규모와 구성 (명)

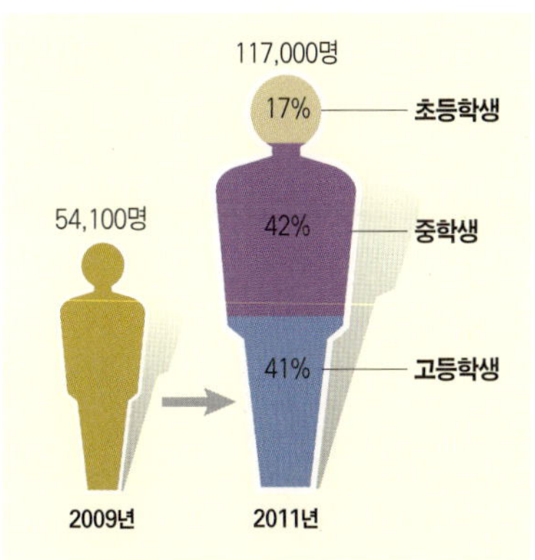

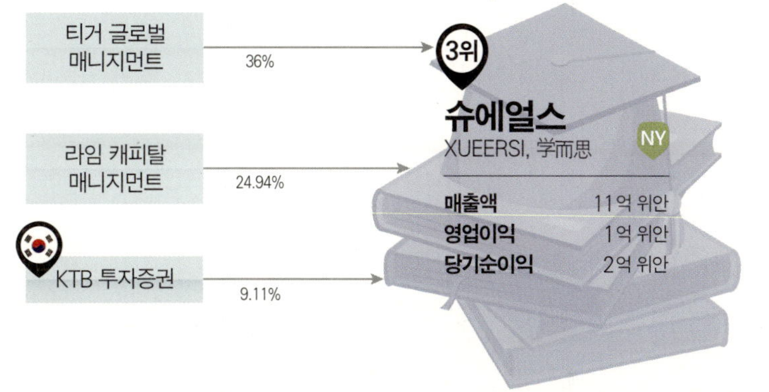

- 슈에따학원의 2011년 수강생 수는 11만 명으로, 2009년도 대비 100% 증가했다.
- 주요 수강생은 중·고생이다.

- 3세~18세의 유아 및 청소년을 대상으로 하는 교육 기관.
- 한국 KTB 투자증권의 자회사인 KTB 캐피탈이 대주주 중 하나.
- KTB 캐피탈은 2010년 1,000만 달러를 투자해 5,000만 달러 이상의 평가 이익을 봄.

▶ 슈에얼스 경영 실적

(억 위안, %)

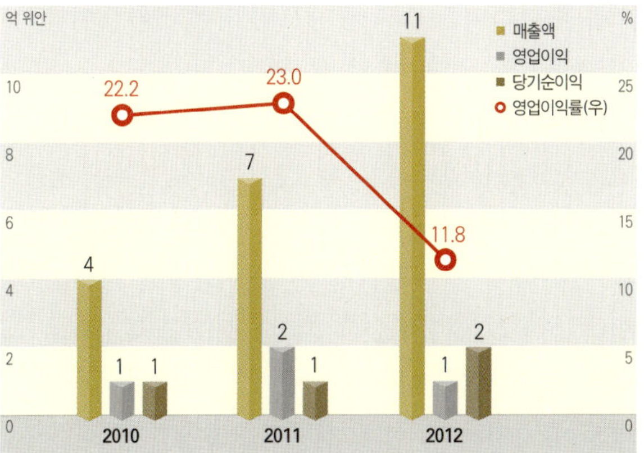

▶ 슈에얼스 매출 구성

(%)

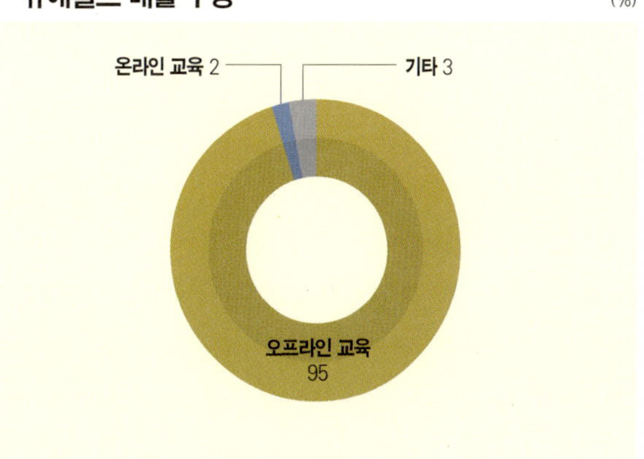

- 중국의 명문 칭화대학과 베이징대학에 300여 명의 합격자를 배출한 것이 알려지자, 2012년 매출이 4억 위안 가량 증가했다.

- 슈에얼스는 중국에서 최초로 온라인 교육을 시작했으나, 여전히 오프라인 교육이 매출 비중이 가장 크다.

맹자 모의 교육열을 계승한
중국의 사교육시장은 급성장 중!

중국 사교육 역사의 시작은 언제부터 일까? 그 옛날 공자가 도를 전파하던 시절까지 거슬러 올라가는 것은 지나친 비약일까?

고대 중국의 교육 목적은 두 가지였다. 하나는 군주에게 최고의 가르침을 선사하여 나라의 부국강병을 이루는 것이었고, 다른 하나는 무지한 백성들을 일깨워 그들이 더욱 인간답게 삶을 영위할 수 있도록 하는데 있었다. 물론 당시의 교육은 왕족과 귀족들을 중심으로 이루어졌고, 이러한 중국의 사교육 역사는 청나라 집권기까지 이어졌다.

그리고 청나라 집권 말기인 19세기 후반부터는 중국에 서양 문물이 유입되기 시작하면서 교육체계도 바뀌기 시작했다. 우선 고등교육에서 사설교육기관이 그 모습을 체계적으로 변화시켜 나갔다. '사립대학'의 형태가 처음 등장한 것도 이 무렵이다. 동오대학(东吴大学, 지금의 쉬저우대학(苏州大学))은 중국 사립대학의 기원을 이룬다. 당시 동오대학에서는 문과, 이과, 의과, 법과 등으로 커리큘럼이 나눠지면서 서양식 교육체계가 자리 잡는 기틀이 마련됐다.

그 후 문화대혁명 시기를 거치면서 동오대학을 포함한 모든 사립교육기관들은 잠시 그 모습을 감추게 된다. 그리고 개혁·개방 시기인 1978년이 되면서 사립교육기관들이 다시 모습을 드러내기 시작했다. 그리고 1978년부터 2000년대까지 무려 1,300여 곳의 사립교육기관들이 들어섰다. 이 가운데 20여 곳은 정부의 비준 하에 종합대학의 자격을 부여 받아 4년제 대학이 되었고, 200여 곳은 전문대학으로, 그리고 그 나머지 기관은 사립학원의 형태로 계속 그 모습을 유지하고 있다.

중국의 사교육시장을 급성장시켜온 일등공신 학원들

'신둥팡교육그룹'은 1993년 11월 중국 베이징에서 처음 설립되었다. 당시 학원장은 베이징대학 영문과에 재학 중인 위민홍(俞敏洪)이었다. 그는 작은 공간에서 영어를 가르치며 보습학원 형태로 운영을 시작했는데, 이것이 지금 중국 교육산업의 리더인 신둥팡교육그룹의 기원이 되었다. 위민홍은 청년시절 대학 졸업 후 미국 유학을 준비했지만, 여러 사정으로 유학길에 오르지 못하게 되자 방향을 전환해 중국 본토에 영어학원을 차리게 되었다. 그리고 중국에서 최고 영어 강사로 이름을 날리며 보습학원 규모의 영어학원을 지금의 대형 사교육기관으로 성장시킨 것이다.

신둥팡교육그룹은 지난 10여 년 동안 중국의 외국어교육산업의 초석을 다지는 데 혁혁한 공을 세웠다. 또 지금은 외국어교육은 물론 해외 유학 업무까지 진행하면서 사세를 확장해 나가고 있다. 아울러 신둥팡교육그룹은 중국의 사교육기업 가운데 가장 먼저 미국에 상장한 기업으로도 명성이 자자하다. 현재 신둥팡교육그룹 산하 학원에서는 영어 이외에도 일본어, 한국어, 스페인어, 프랑스어, 이탈리아어, 독일어 등 다양한 언어를 가르치며 중국 제1의 외국어학원으로서의 면모를 다져 나가고 있다. 중국의 해외 유학파들 가운데 약 80%는 신둥팡학원을 거쳐 배출되었다고 하니, 중국인들이 외국어 교육에 있어서 신둥팡교육그룹에 보내는 신뢰는 각별하다.

2012년 기준 신둥팡교육그룹 산하의 중국 전역 교육기관 수는 609곳에 이르며, 운영하는 서점만도 전국에 32곳이나 된다. 또한 2003년 9월에는 '베이징신둥팡양저우외국어학교'(北京新东方扬州外国语学校)를 설립하여 사립학교 운영에도 나서고 있다. 2012년 통계에 따르면, 신둥팡학원의 오프라인 강좌 수강생 수는 1,500만 명, 온라인 강좌 수강생 수는 650만 명 이상이 된다고 한다. 이렇듯 중국의 사교육시장 선두에 자리하고 있는 신둥팡교육그룹은 2010년 World Brand Value Lab에서 선정한 '중국 500대 기업' 가운데 94위에 이름을 올리기도 했다.

'슈에따교육'은 2001년 9월에 설립한 중국 2위 사교육기관이다. 전국 학원 수가 300여 곳, 수강생은 약 11만 명에 이른다. 또한 이들을 가르치는 강사가 무려 8,000명이나 된다. 슈에따교육은 초·중·고생들의 학습을 보충해주는 보습학원 개념의 사교육기관이다. 특히 한국의 1대1 교육, 혹은 소수 정예반 방식인 '개성화교육'(个性化教育)을 중국에서 처음 실시하면서 커다란 센세이션을 일으키기도 했다. 2012년에는 슈에따교육의 전체 수강생 가운데 95.5%가 대학입시에 합격하면서 그 명성이 중국 전역으로 뻗어나갔다.

'슈에얼쓰(学而思)교육'은 2003년에 설립된 교육학원이다. 슈에얼쓰교육의 대표인 장방신(张邦鑫)이 중학생 보습학원으로 시작해 지금의 대형 사교육기관으로 성장시켰다. 보습학원 운영 초기에는 초·중생을 대상으로 하다가 2006년부터 대학입시를 위한 온라인 강좌를 개설하면서 학원의 규모가 급성장했다. 슈에얼쓰교육은 2010년

뉴욕증권거래소에 상장하면서 브랜드 가치를 드높이는 계기를 마련했다. 아울러 신둥팡교육그룹 국제사업부 총책임자인 조세프 카우프만(Joseph Kauffman)을 수석 재무관으로 영입하면서 글로벌 시장으로의 진출을 선언했다.

중국 도시 가계소득의 절반이 사교육비

중국 정부는 WTO 가입 이후 교육을 서비스산업에 포함시켜 집중 육성·발전시켜나가고 있다. 최근 중국 정부는 교육 부문에 재정 지출을 2조 위안까지 증가시켜 화제가 되기도 했다. 현재 중국의 사교육시장 규모는 9,600억 위안 정도이며, 특히 초·중·고생을 대상으로 한 입시시장은 매년 30% 이상의 성장률을 이어가고 있다.

2012년 기준 중국의 초·중·고생은 모두 합쳐 약 2억 명 가량 되는 것으로 집계됐다. 특히 대도시에 거주하는 청소년 가운데 90% 이상은 방과 후 학원을 다니고 있는 것으로 나타나 이들이 한국 못지않는 사교육시장의 첨병 역할을 하고 있다. 또한 중국 도시를 기준으로 한 가정 당 자녀 교육을 위해 지출하는 비용은 전체 가계소득의 50%를 육박할 정도라고 한다. 중국 전체 가정 가운데 1/3 이상이 "자녀가 방과 후 학원에서 공부하는 것을 희망한다"라는 설문 자료도 있다.

중국의 교육시장을 성장시켜온 촉매제로는 온라인강의가 꼽힌다. 이를테면 한국의 메가스터디가 여기에 해당된다. 온라인강의의 성장은 급속도로 커지는 중국의 인터넷 보급률이 뒷받침한다.

중국의 젊은 부모들은 역사적으로 거슬러 올라가 보건대 모두 맹자 모(母)의 후예들이다. 그들의 교육열이 왜 높을 수밖에 없는지 납득이 가는 대목이다. 중국 정부의 인구 제한 정책으로 한 가정 당 한 자녀만 낳는 것이 보편화 되면서 교육열은 더욱 치솟을 전망이다. ★

Chapter
7

32 음료·식품 업계 

33 제과·라면 업계 

34 주류업계 

35 패션업계 

36 생활용품업계 

37 화장품업계 

❶ 중국 정부, 12.5규획 기간(2011~2015년) 동안 '식품 안전성 제고'를 식품 분야 최우선 과제로 지목.
❷ 2012년 중국 농산물 가공식품, 전체 식품 매출 중 58% 차지.
❸ 2012년 중국 식품산업 매출 전년 대비 20% 상승.
❹ 중국 유기농 식품시장 10년 새 200% 상승.
❺ 중국 분유시장, 2008년 '멜라민 분유 파동' 이후 외국산 분유 점유율 50% 이상.

▸ 1인당 연간 음료 소비량 (2012년 기준)

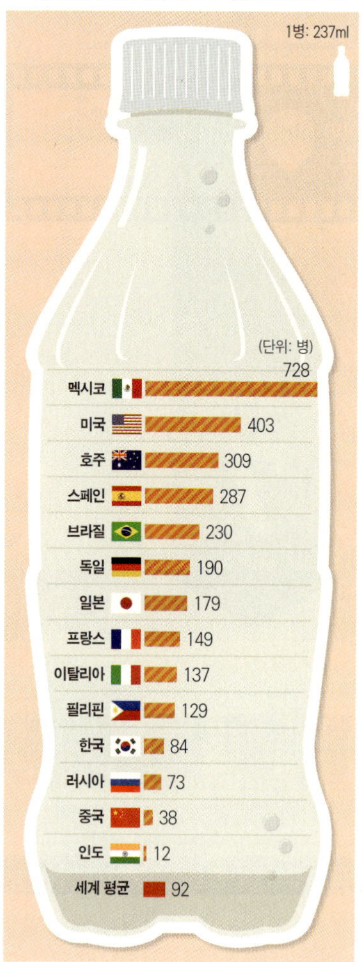

• 중국인의 1인당 연간 음료 소비량은 38병으로, 미국과 독일 등 선진국에 비해 상당히 낮은 수준이다.
자료: Coca-Cola

▸ 1인당 연간 생수 소비량

(리터)

• 중국 생수시장은 세계 3위 규모로 1997년 이후 연평균 30%씩 성장하고 있다.
• 중국은 수돗물 품질에 대한 불신이 깊고, 1인당 생수 소비량이 선진국보다 낮기 때문에 향후 생수시장이 성장할 가능성이 높다.
자료: European Federation of Bottled Waters, 2010년 기준

▸ 지역별 생수시장 1위 기업

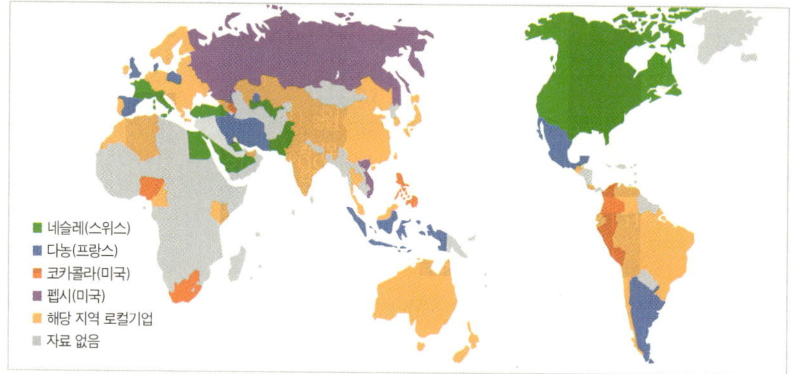

• 세계 생수시장은 코카콜라, 펩시, 다농, 네슬레 4개 사의 점유율이 35.2%에 이른다.
자료: Euromonitor

▸ 중국 음료 제품 판매액 비중

(%)

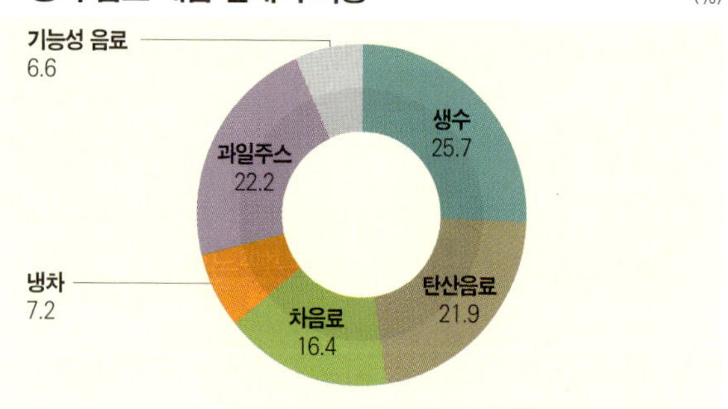

• 중국 음료시장은 생수, 과일주스, 탄산음료의 시장점유율이 각각 20%가 넘는다.
• 차음료, 기능성 음료 비중은 증가하고 있으며, 탄산음료의 점유율은 지속적으로 하락하고 있다.

▸ 한국과 중국 1인당 유제품 소비량

(kg)

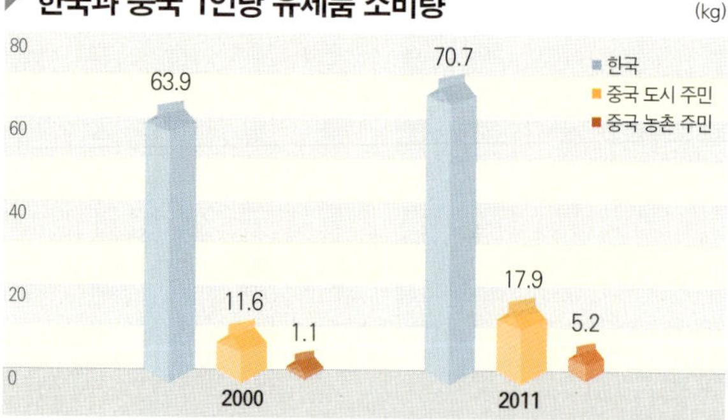

• 중국 도시 주민 1인당 연간 유제품 소비량은 세계 평균의 약 20% 수준으로, 중국 유제품시장은 성장 가능성이 매우 높다.
자료: 농협경제연구소

▼ 중국 우유 생산량

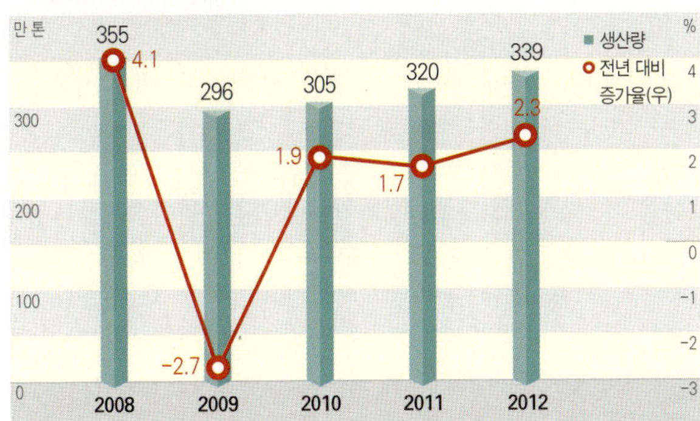

- 중국은 세계에서 우유 가격이 비싼 나라에 속한다.
- 2012년 중국은 쇠고기 가격이 20% 이상 오르면서 젖소를 식용으로 출하하는 농가가 늘어났고, 이상 고온현상으로 우유 생산량이 평균 30% 감소했다.

자료: 낙농진흥회

▼ 중국 유제품 수입량

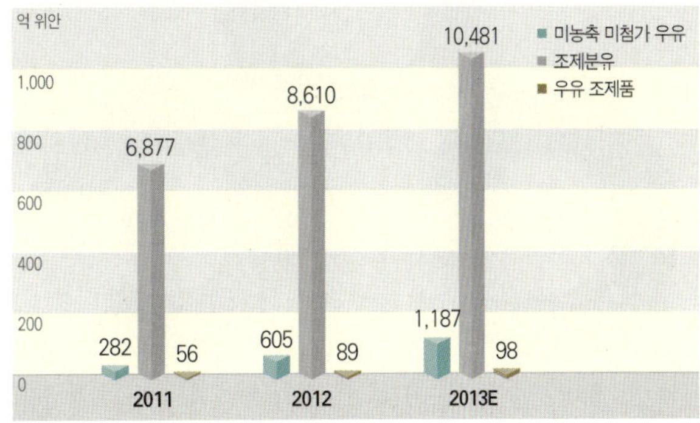

- 중국은 유제품 소비 증가와 중국산 유제품의 안전성에 대한 우려 등으로 유제품 수입량이 급증하고 있다.

자료: 중국해관총서

▼ 중국 식품시장 제품별 생산량 (2012년 기준)

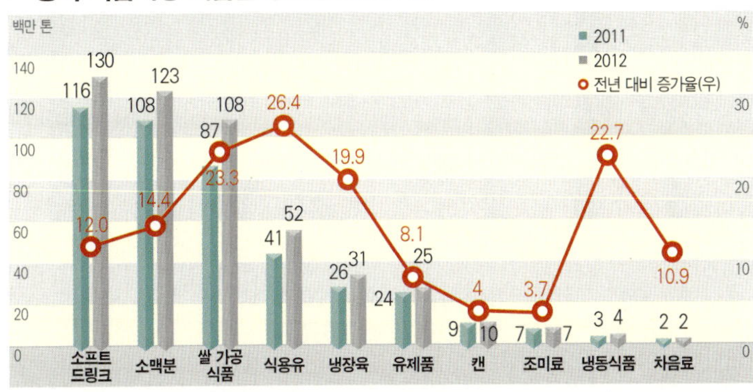

- 중국 식품시장은 10% 이상 성장해, 2012년 중국 GDP 성장률인 7.8%를 상회했다.
- 20% 이상 높은 성장을 보인 제품은 쌀 가공 식품, 식용유, 냉동식품 등이 있다.

자료: 중국식품공업협회

▼ 중국 식품시장 매출 구성 (2012년 기준)

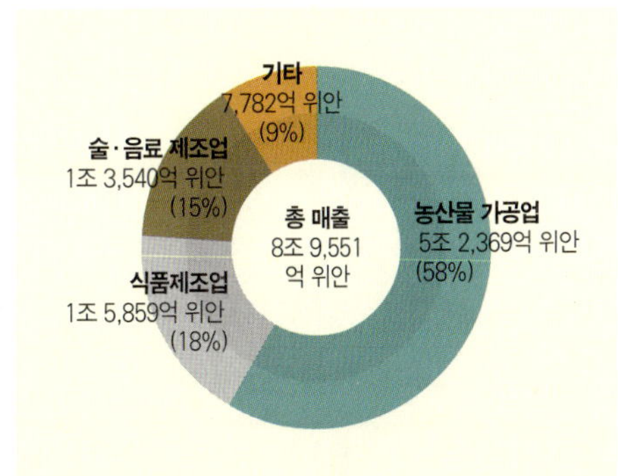

- 2012년 중국 식품시장 총매출은 8조 9,551억 위안으로, 매출 비중이 가장 높은 것은 농산물 가공업(쌀, 콩, 옥수수 등 가공)이다.

자료: 중국식품공업협회

▼ 한국의 대 중국 유제품 수출량

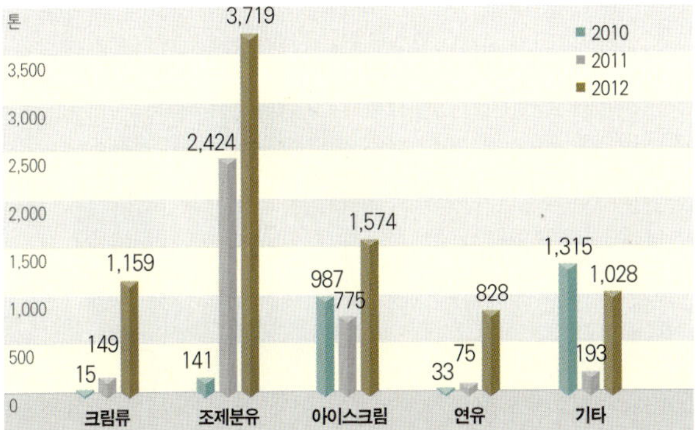

- 한국은 2008년 서울우유가 중국에 시유제품을 수출하며 대 중국 유제품 수출이 본격화되었다.
- 멜라민 파동 이후 지리적으로 가까운 일본 조제분유가 인기를 끌었으나, 후쿠시마 원전 사고 이후 대체 상품으로 한국 조제분유의 수입량이 증가하고 있다.

▼ 중국 분유 시장점유율 (%)

- 1998년부터 2008년까지 중국 분유사업은 연평균 17.4%씩 고속 성장했다.
- 그러나 2008년 멜라민 분유 파동 이후 4년간은 연평균 성장률이 1.29%에 불과하다.
- 중국은 외국산 분유가 시장의 50% 이상을 점유하고 있다.

자료: AC닐슨, 2012년 기준

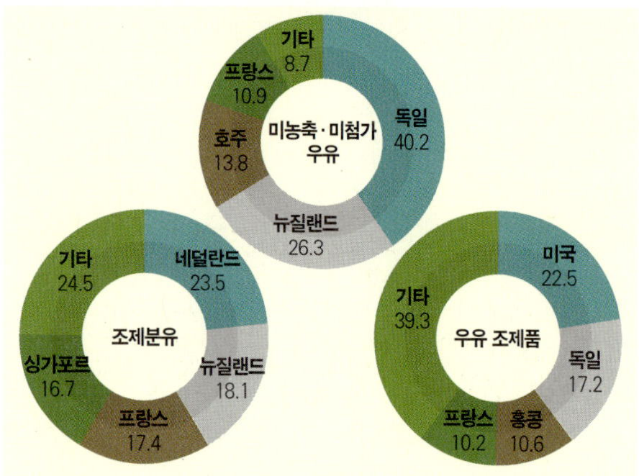

▼ 중국 주요 유제품 국가별 수입 비중 (%)

- 멜라민 파동 이후 중국은 낙농 선진국으로부터 유제품 수입을 지속적으로 늘리고 있다.

자료: 중국해관총서

▼ 중국 유제품 관련 사고 일지

일자	사고 내용
2008년 9월	산루그룹의 분유를 먹은 영유아 6명이 사망, 30만 명 이상 증세를 호소하며 멜라민 분유 파동이 일어남.
2010년 5월	쓰촨성 일대에서 멍니우 우유와 똑같은 가짜 우유 4,000개 유통.
2011년 2월	피혁 폐기물, 동물 털 등을 이용하여 단백질 함량을 맞춘 피혁 우유 생산.
2011년 4월	충칭 지역에서 기준치를 초과한 멜라민 분유 유통.
2011년 7월	유제품 품질 기준 완화로, 품질 기준이 국제 표준 뿐만 아니라 1986년 기준보다 낮아지며 논란.
2011년 12월	멍니우 우유에서 발암물질인 곰팡이 독소 검출.
2013년 1월	성위안 유사분사 제품의 분유를 먹던 아동 사망.
2013년 6월	이리 분유에서 기준치를 초과한 수은 검출.
2013년 6월	박테리아에 감염된 뉴질랜드 분유 중국에 유통.

▼ 중국 건강식품(건강음료 포함) 시장 규모

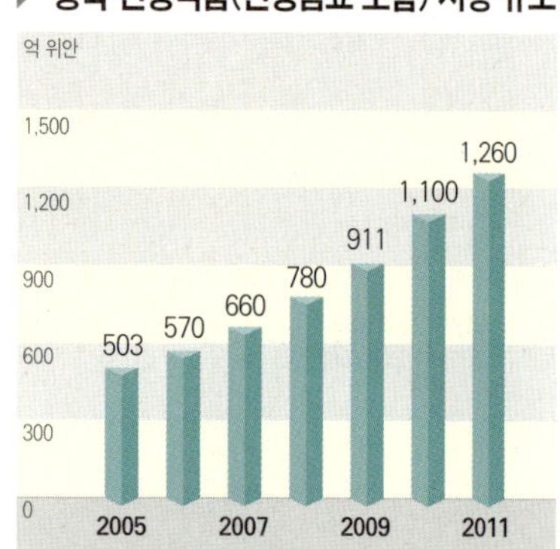

- 웰빙에 대한 인식이 확산됨에 따라 건강음료에 대한 수요가 증가하고 있다.
- 중국의 건강음료시장에 천호식품, 이롬 등 한국기업의 진출이 활발하다.

자료: 중국보건협회, 까오화증권연구

▼ 중국 유기농 식품 매출 추이

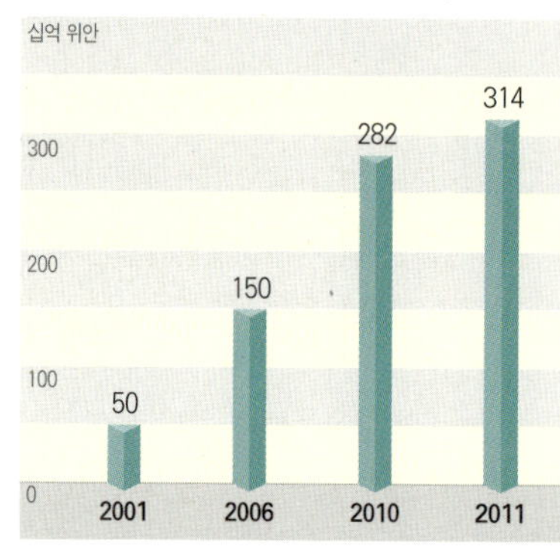

- 중국의 소득 수준이 향상되고 먹거리 불안이 커지면서 유기농 식품 매출이 증가하고 있다.
- 부동산개발회사 완다, 식품기업 후이위안, 온라인 쇼핑몰 징둥, IT기업 렌샹(레노버) 등 대기업들도 유기농 농업에 투자하고 있다.

▼ 중국 차음료 생산량 추이

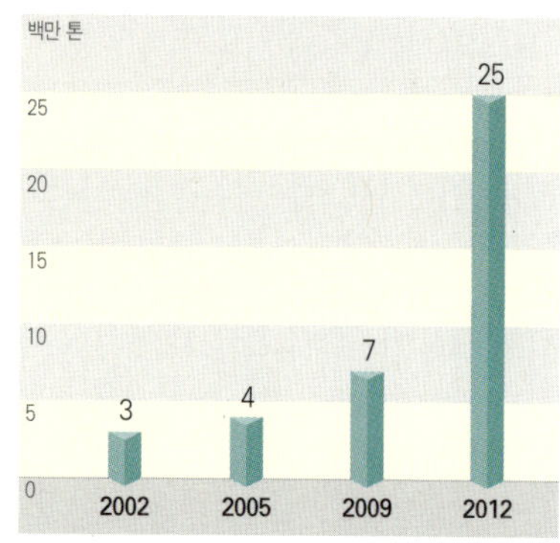

- 중국 차음료 생산량은 10년 사이 8배 이상 성장했다.
- 중국 차음료시장은 로컬 브랜드의 점유율이 96%에 이른다(2010년 기준).

자료: 중국보건협회, 까오화증권연구

🧤 식료품·냉동식품

- 중량그룹, 〈포춘〉'세계 500대 기업'에 19년 연속 선정(2012년 393위).
- 1952년 중국양곡수출입공사, 중국유지수출입공사, 중국식품수출입공사를 합쳐 설립된 중량그룹은 중국 주요 농산물의 수출입 루트를 책임지고 있음.
- 중량그룹은 농산물 무역, 식품 생산 및 가공, 부동산, 호텔, 바이오매스 에너지 개발 등 다양한 분야에 진출해 있음.
- 중량홀딩스는 식용유 원료와 쌀 가공품 생산.
- 중국식품은 중량그룹 내 식품 브랜드를 운집한 회사로, 코카콜라, 미닛메이드, 르콩트 초콜렛 등의 중국 공급사.

▼ 중량홀딩스 매출 구성 (%)

- 중량홀딩스는 중국 1위 식용유 원료 생산기업으로 유지 종자가 매출의 62%를 차지하고 있다.
- 화룬, 칭다오, 버드와이저, 아사히 등 국내외 유명 맥주회사에 가공 맥아를 공급하고 있다.

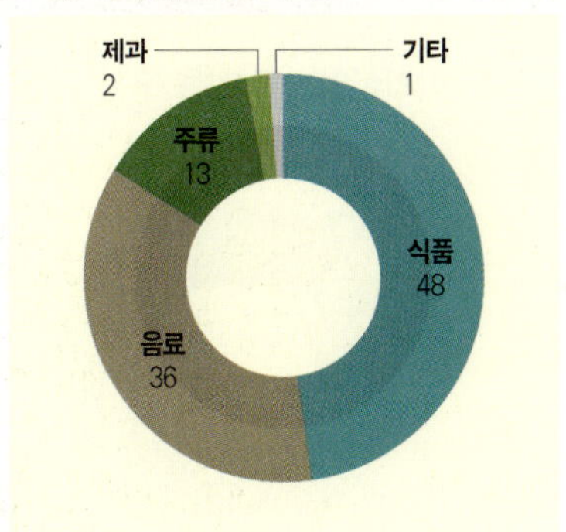

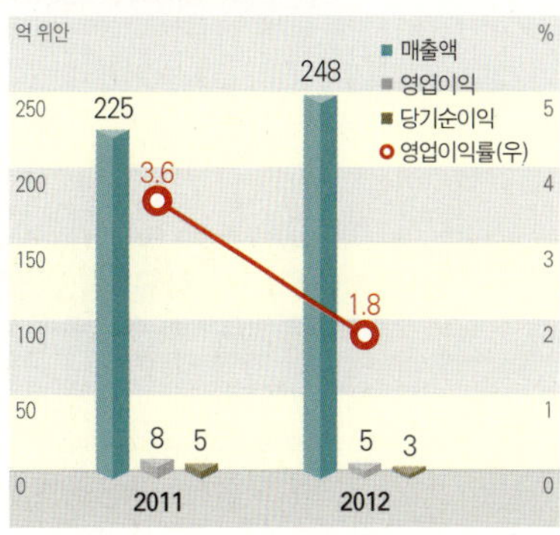

- 2009년 유지 종자 가격 폭등으로 영업이익률이 대폭 하락했던 중량홀딩스는, 2011년은 유지 종자를 가장 저렴한 시점에 대량 구매해 영업이익률이 전년 대비 다소 상승했다.

- 중국식품은 식품과 음료가 전체 매출에서 차지하는 비중이 84%가 넘는다.
- 식품류의 대표적 제품은 푸린먼 식용유, 제과류의 대표적 식품은 르콩트 초콜릿이다.

- 중국의 전반적인 식료품 소비 증가로 중국식품의 매출도 증가하고 있다.
- 2011년 음료 32.8%, 주방용품 및 조미료 28.9%까지 매출이 상승하는 등 한 해 동안 전체 매출이 전년 대비 40% 상승했다.

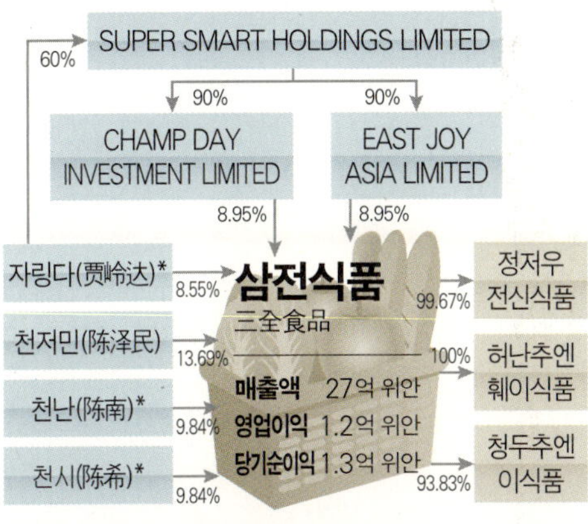

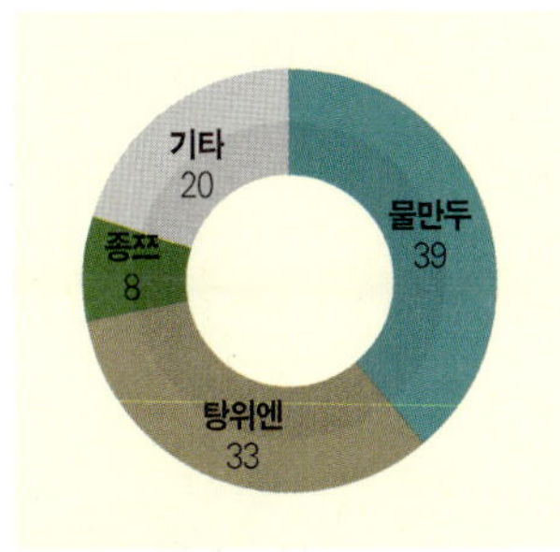

- 2012년 중국 냉동식품업계 1위 기업.
- 본사는 허난성 정저우시. 정저우는 농업, 축산업(양돈) 등으로 유명한 지역으로 육가공식품업계 1위인 슈앙훼이도 정저우에 위치.

- 탕위엔(汤圆): 중국인들이 정월 보름(원소절)에 먹는 찹쌀 가루로 만든 경단.
- 종쯔(粽子): 찹쌀을 삼각형이나 원추형으로 만들어 연 잎에 싸서 쪄먹는 음식.

- 중국인들이 주식으로 즐기는 물만두의 매출 비중이 가장 높다.

- 2011년 삼전식품은 유통망이 대폭 확대되면서 매출이 전년 대비 36% 상승했다.
- 하지만 최근 경쟁이 치열해지며 매출 증가율이 하락세를 보이고 있다.

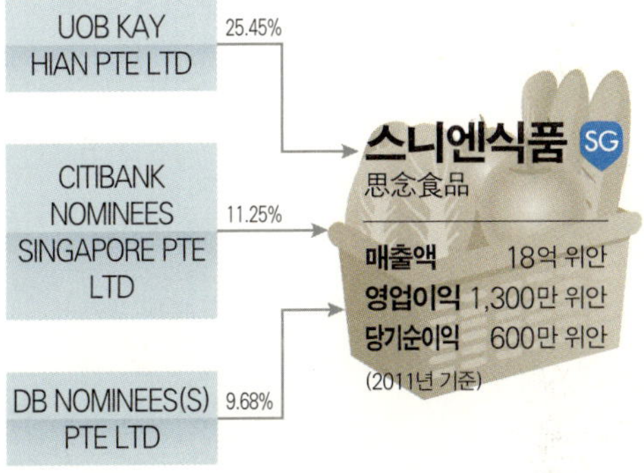

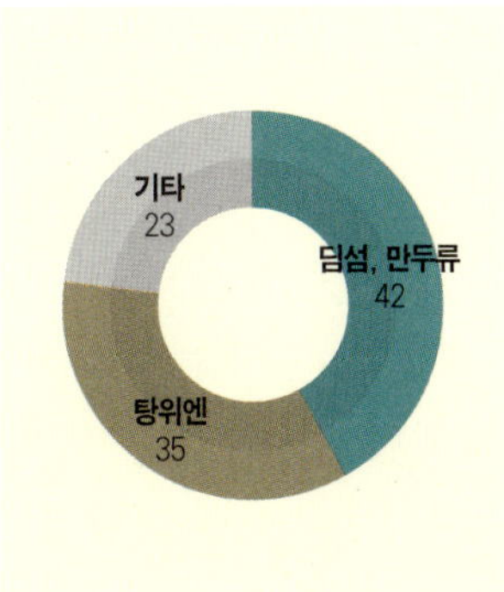

- 2008년까지 중국 냉동식품업계 1위였으나, 지금은 삼전식품에 밀려 2위.
- 싱가포르 증시에 상장.

- 스니엔식품 역시 만두류 매출 비중이 가장 높다.

- 2011년 물만두 제품에서 황색포도상구균이 발견되면서 매출이 하락세에 있다.
- 2011년 원료비 상승으로 매출 대비 영업이익이 감소했다.

후허하오터투자

8.70%

1위 이리실업그룹
Yili, 伊利实业集团

SH

매출액	420억 위안
영업이익	16억 위안
당기순이익	17억 위안

- 베이징올림픽 공식 후원기업으로 올림픽 선수단에 우유 공급.
- 미국 유제품시장 34%를 점유하고 있는 미국 최대 유제품기업 DFA와 제휴.

▌이리실업그룹 매출 구성 (%)

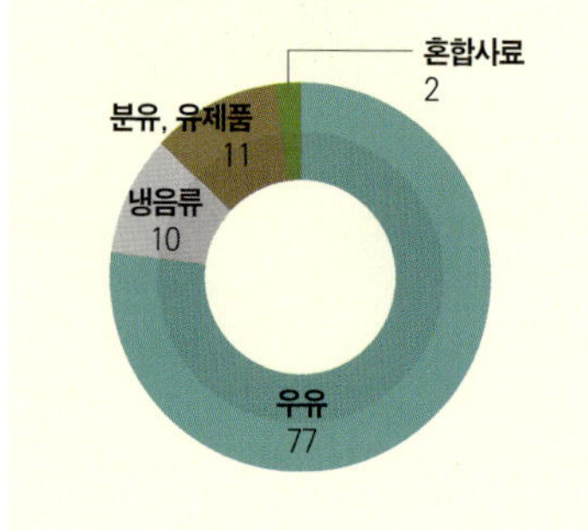

- 이리실업그룹은 중국 우유 시장의 40%를 점유하고 있으며, 우유 제품이 매출에서 차지하는 비중이 가장 높다.

▌이리실업그룹 경영 실적

- 2008년 멜라민 분유 사건으로 마이너스를 기록했던 영업이익은 회복했지만, 2012년 6월 영유아용 분유에서 수은 함량이 기준치를 초과한 제품이 발견되어 리콜 조치를 취했다.

중량그룹 28.05%

중량홍콩 28.03%

중량홀딩스 19.66%

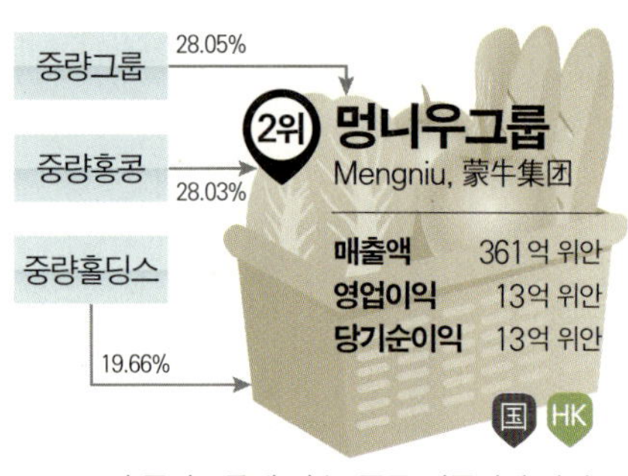

2위 멍니우그룹
Mengniu, 蒙牛集团

매출액	361억 위안
영업이익	13억 위안
당기순이익	13억 위안

国 HK

- 2009년 중량그룹에 인수. 중국 식품업계 최대 규모(61억 홍콩 달러)의 인수 사례로 꼽힘.
- 야스리를 인수하며 단숨에 분유업계에서 시장점유율 10% 확보.
- 프랑스 유제품업체 다농과 요구르트 합작회사 설립.

▌멍니우그룹 매출 구성 (%)

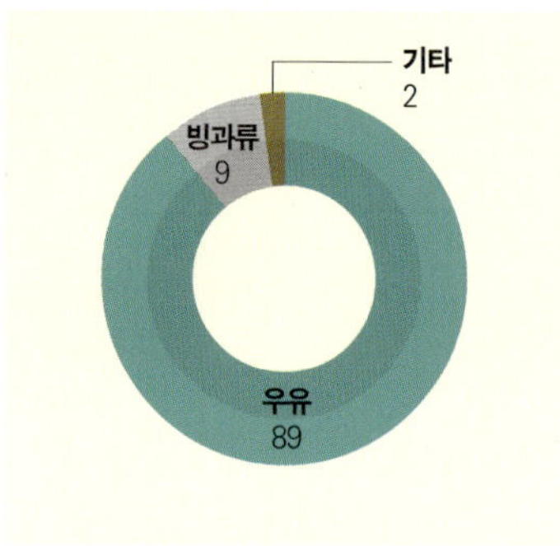

- 멍니우그룹은 중국 우유 시장의 30%를 점유하고 있으며, 우유 제품이 매출에서 차지하는 비중이 90%에 육박한다.

▌멍니우그룹 경영 실적

- 2012년 상반기, 멍니우 우유에서 기준치를 초과한 아플라톡신(간암 유발 독소 물질)이 검출되며 매출이 하락했다.

베이징 국자위 ↓ 100%

베이징국유자본 경영관리센터 ↓ 100%

베이징수도 농업그룹 ↓ 51.14%

베이징기업 (식품) 41.33%

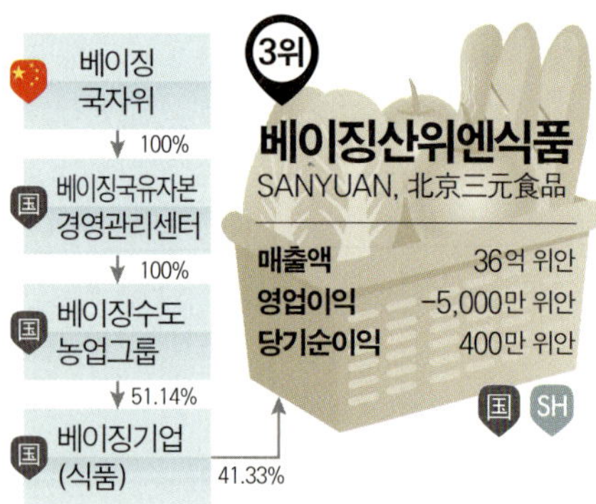

3위 베이징산위엔식품
SANYUAN, 北京三元食品

매출액	36억 위안
영업이익	−5,000만 위안
당기순이익	400만 위안

国 SH

- 베이징 자산감독위원회가 운영하는 국영기업으로 중국 우유 시장의 약 20%를 점유.
- 2008년 멜라민 분유 사건 당시 유일하게 영업이익 증가.
- 멜라민 분유 사건으로 파산 위기에 직면한 산루그룹 인수.

▌베이징산위엔식품 매출 구성 (%)

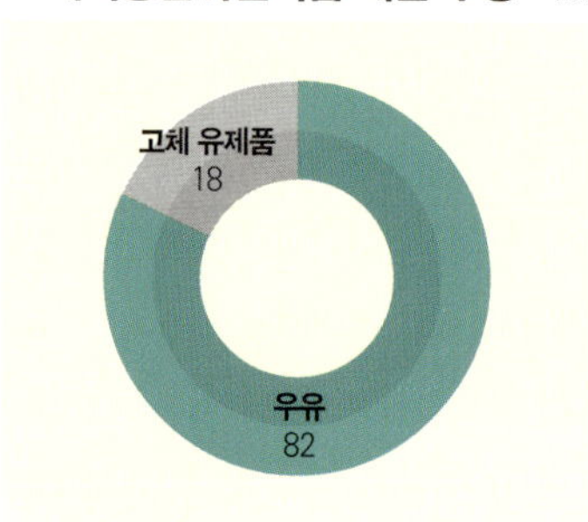

- 베이징산위엔식품 역시 액상 우유 제품이 전체 매출에서 차지하는 비중이 82%로 아주 높다.

▌베이징산위엔식품 경영 실적

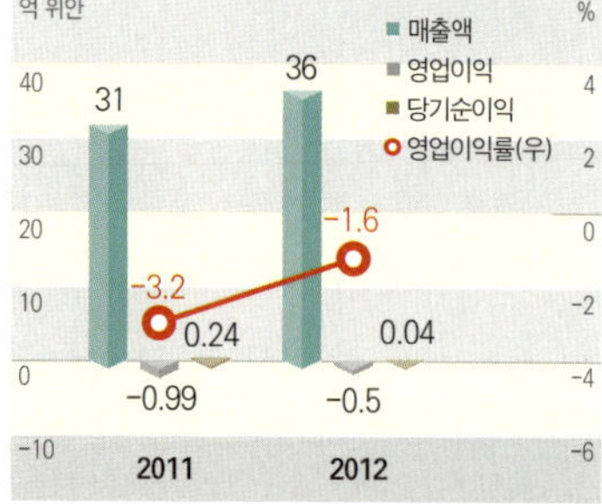

- 멜라민 분유 사건 이후 산루그룹을 인수하면서 식품사업을 시작했으나, 산루그룹의 도산으로 영업이익이 마이너스를 기록하고 있다.
- 신제품 빠바오죽(중국식 팥죽) 등의 원료비가 상승하며 경영난이 지속되고 있다.

1위 캉스푸주식
TINGYI, 康師傅控股

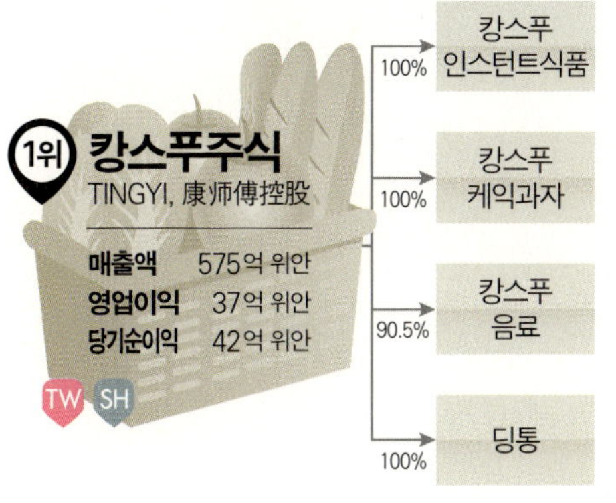

- 중국 차음료시장 51% 점유, 중국 음료업계 1위 기업.
- 중국 라면업계 1위 기업.

▎캉스푸주식 매출 구성 (%)

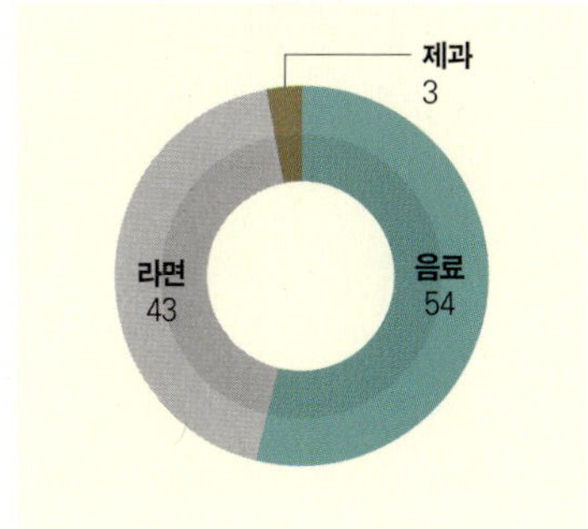

- 중국인의 여름을 지킨다는 '빙홍차'가 대표적인 제품이다.

▎캉스푸주식 경영 실적

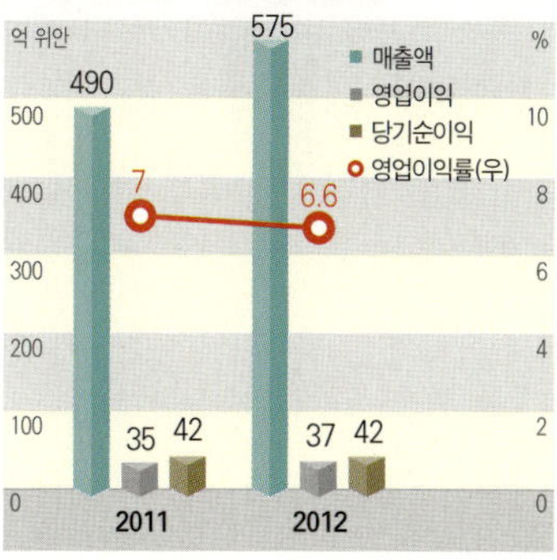

- 매출은 상승하는 추세이지만 업계 내 경쟁이 심화되며 영업이익률이 하락하고 있다.

홍콩 홍다오그룹

2위 자두어바오
加多宝集团

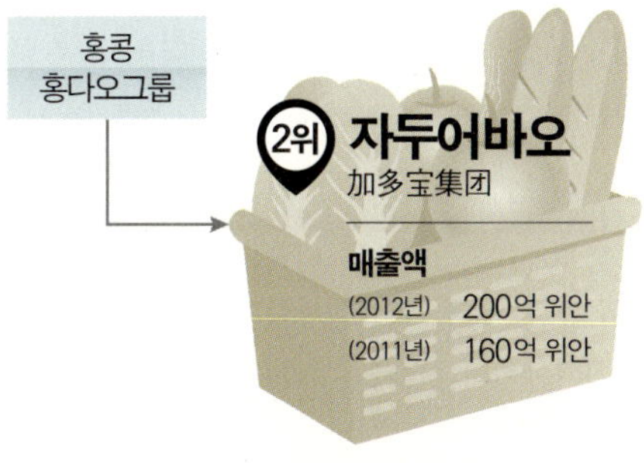

- 중국의 국민 음료 '왕라오지'를 생산하는 기업으로, 중국 냉차 시장의 80%를 점유.
- 광저우제약과의 상표권 분쟁에서 패소하며 위기를 맞는 듯 했으나, '왕라오지' 상표를 변경하고도 적극적인 홍보로 매출이 상승(분쟁 상대인 광저우제약보다 매출이 5배 큼).

▎왕라오지 상품권 분쟁 일지

- '중국의 코카콜라'라 불리는 '왕라오지'(王老吉)는 광저우 지역에서 생산된 차를 원료로 한 음료이다.
- 왕라오지는 2020년까지 예상 매출이 600억 위안에 이른다.
- 중국 차음료시장에는 자두어바오의 '빨강 캔 왕라오지'와 광저우제약의 '녹색팩 왕라오지' 두 제품이 있었다.

- **분쟁 1차:** 2010년 광저우제약이 왕라오지 상표권 소송을 제기, 자두어바오가 상표권 위반으로 50만 위안 배상.
- **분쟁 2차:** 자두어바오가 '왕라오지' 제품을 '자두어바오'로 상표 변경.
- **분쟁 3차:** 광저우제약이 자두어바오의 빨강 캔 사용 금지 소송을 제기했지만 패소.
- **분쟁 4차:** 광저우제약이 자사 제품을 빨강 캔으로 변경해 자두어바오가 소송 제기.

자두어바오 제품(좌) 광저우제약 제품(우).

브랜드를 바꾼 자두어바오 제품.

훼이위엔주 스홀딩스 41.9%
Sino Fountain Limited 22.84%
Entie Commercial Bank 22.84%

3위 훼이위엔주스
汇源果汁

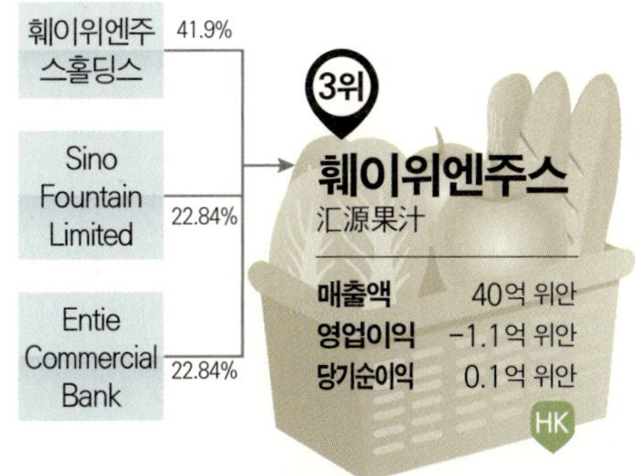

- 중국 과즙음료 전문기업으로 2012년에 매출 40억 위안으로, 음료업계 3위 차지.

▎훼이위엔주스 매출 구성 (%)

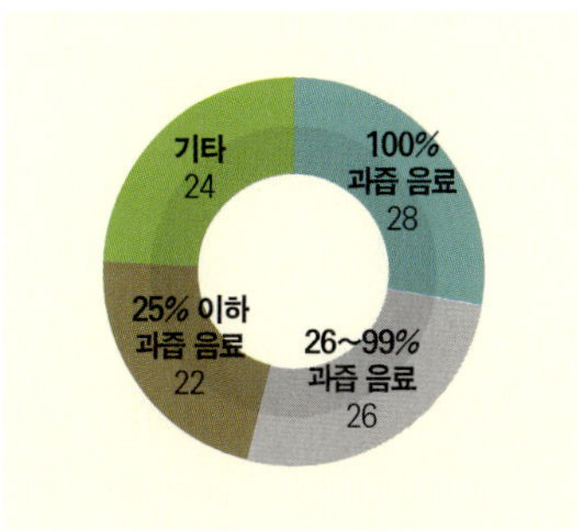

- 과즙을 다량 함유하고 있는 제품 순으로 소비자의 사랑을 받고 있다.

▎훼이위엔주스 경영 실적

- 중국인들의 건강에 대한 관심이 높아지면서 과즙음료 매출도 증가하는 추세이다.
- 2011년 경기 침체로 음료 수요 하락, 원료비 상승 등으로 영업이익이 마이너스를 기록했다.

13억 중국인들의
입맛을 끌어당길 승자는 누구인가?

"왕이민위천, 민이식위천."(王以民为天, 民以食为天. 왕은 백성을 하늘로, 백성은 '식'(食)을 하늘로 삼는다.) 이는 일찍이 제나라 재상 관중(管仲)이 왕에게 직언한 말이다. 아주 먼 옛날부터 중국에서 음식은 왕이 통치하는 데 있어서 가장 근본적으로 챙겨야 할 덕목이자 나라의 부국강병과 태평성대를 결정짓는 중요한 요소였다.

근대로 넘어오면서 중일전쟁 등 커다란 격변을 겪은 중국인들은 식량 부족이 얼마나 큰 사회적 혼란을 야기하는지를 뼈저리게 느꼈다. 이에 따라 중화인민공화국 설립 이후 '식품표준화사업'을 시행해 나갔다. 공화국 초기에 처음 실시한 식품표준화사업은 '빠이펀, 지우얼미'(八一粉, 九二米)이다. 즉 100kg의 밀로 81kg의 밀가루를 만들고, 현미 100kg당 백미 46kg을 생산하는 것이다. 이를 통해 중국은 10억 인구가 먹을 수 있는 주식인 흰쌀과 밀가루를 확보하는데 고군분투했다.

1978년 개혁·개방 이후 중국은 다량의 캔 음식 개발을 통해 장기간 식품 보관 및 운송법을 터득하면서 거대한 대륙을 아우르는 식료품 유통에 전기를 마련하게 된다. 식품의 보관과 운송법이 진일보하면서 식량 사각지대에서 굶주림을 호소하는 인민들을 줄일 수 있었다.

급성장한 중국 식료품업체들…… 그러나 위기 봉착
중량그룹(COFCO)은 음료, 술, 인스턴트 식품 등을 취급하는 중국 최대 종합 식품업체이다. 중량그룹의 시작은 1949년 톈진(天津)에 설립된 '화베이대외무역회사'(华北对外贸易公司, 이하 '화베이')를 기원으로 한다. 당시 화베이는 주로 대외무역사업을 해오다가 1952년경 '중국양곡수출회사'(中国粮谷出口公司), '중국식품수출회사'(中国食品出口公司), '중국유지수출회사'(中国油脂出口公司)로 분리되면서 식료품사업으로 본격 진출하게 된다. 당시 중국은 대량 생산한 곡식을 수출하는데 역점을 두었기 때문에 위 3개 업체의 명칭 어디에도 '수입'이란 단어는 찾아 볼 수가 없다. 중국은 1960년대 이후 이른바 '3년 대기근'이 발생하면서 곡식을 본격 수입하기 시작했고, 당시 위 회사들이 합병되어 '중량회사'(中粮公司)가 설립된 뒤 지금의 중량그룹에 이른 것이다.

중량그룹은 2004년에서 2007년까지 '신중량계획'(新中粮计划)을 수립해 기업의 개편을 추진했다. 해외 투자를 유치하고, 사업영역을 호텔과 부동산으로까지 확장해 나간 것이다. 현재 중량그룹에 소속된 자회사로는 '중국식품'(中国食品), '멍니우우유회사'(蒙牛), '중량홀딩스'(中粮油控股) 등이 있으며, 모두 해당 업계 '톱 3' 안에 드는 회사로 성장했다. 중량그룹은 식품회사 중에서 유통망이 잘 갖춰진 업체로도 유명하다. 이에 따라 코카콜라 등 해외 유명 브랜드들은 중량그룹과의 합자회사 형태로 중국시장에 진출해 있다.

중국 고유의 역사와 문화를 함께 느낄 수 있는

식료품업체로 삼전식품이 있다. 1960년대 들어 삼전식품은 대표이사로 재직 중인 천저민(陈泽民)이 명절 음식인 냉동 가공용 탕위엔을 내놓으면서 선풍적인 인기를 끌었다. 삼전식품은 냉동 만두와 연잎 밥인 '쫑즈'(粽子) 등 내놓는 식품마다 성공을 이어가더니 결국 2012년 업계 1위를 차지하는 영광을 누렸다.

'이리실업그룹'(伊利实业集团, 이하 '이리실업')은 중국 유제품시장 1위 기업이다. 1950년 '후이민 구우유농장'(回民区合作奶牛场)으로 시작한 이리실업은 당시 1,160마리의 젖소로 매일 700kg의 우유를 생산하는 소규모 농장이었다. 개혁·개방 이후 중국인들의 우유 섭취 증가로 크게 성장한 이리실업은 2008년 베이징올림픽을 계기로 글로벌 유제품기업으로 발돋움 했다. 당시 베이징올림픽 참가 선수들에게 우유를 공급하면서 브랜드 가치를 끌어올린 것이다. 그러나 '멜라민 분유 사건'에 연류되면서 회사의 이미지가 커다란 타격을 입게 되었다. 이리실업은 지금까지도 이미지 쇄신에 중점을 두고 있지만, 당시의 악몽에서 완전히 벗어나지는 못한 듯하다.

**위생 문제로 곤란을 겪는 중국업체들,
그 틈새시장을 노리는 한국 브랜드들**

'멜라민 분유', '썩은 계란의 유통', '양고기로 둔갑한 쥐고기', '냉동만두에 들어간 재활용 단무지' 등 중국에는 식료품 안전 문제가 끊이지 않고 터지고 있다. 해마다 중국 정부가 관련 법규를 강화해 나가고 있지만 이러한 부조리가 근절되지 않고 있는 것이다.

상황이 이러하다보니 중국인들도 자국 식료품에 대한 불신이 쉽게 수그러들지 않는 분위기이다. 이에 따라 중국 내에서 해외 브랜드 식료품 소비가 날이 갈수록 증가하고 있다. 특히 한국산 식료품들이 큰 인기를 모으고 있는 바, 업계에서는 이를 두고 '식료품의 한류' 바람으로 보고 있다. 한국산 식료품이 안전하고 고급스럽다는 이미지가 13억 중국인의 입맛을 자극하고 있는 것이다.

한국 식품업체들이 중국 식료품시장에 본격적으로 진출한 지는 대략 10년에서 15년 정도 되었는데, 최근 들어 매출이 급신장하고 있다. 한국의 대표 브랜드인 농심은 중국법인 누적 매출이 2013년 하반기를 기점으로 10억 달러를 돌파했다. 10억 달러는 중국 현지에서 1봉지에 3.5위안 하는 신라면이 18억 개 가량 팔린 규모이다.

한때 한국산 식료품은 중국에서 비싼 제품으로 인식돼 대중화하는데 실패할 것이란 관측이 지배적이었다. 그러나 자국의 식료품들이 위생과 관련해서 여러 문제를 일으키면서도 가격은 가격대로 계속 오르자 중국 소비자들이 냉정하게 등을 돌린 것이다. 그리고 자국 식료품에 비해 상대적으로 더 이상 비싸지 않게 된 한국산 제품으로 지갑을 열게 된 것이다.

아울러 중국인들의 반일 감정 및 후쿠시마 원전사고로 이미지에 심각한 타격을 받고 있는 일본산 먹거리 등도 한국산 식료품 매출이 중국에서 크게 오르는 데 반사작용을 한 것으로 업계는 분석하고 있다.

이처럼 한국 식료품업체들에게는 중국시장이 엄청난 기회의 땅이 되고 있다. 중국의 도시화와 가계소비 증대 및 한국과의 다양한 문화 교류가 빈번해질수록 한국 식료품업체들의 중국향 매출은 더욱 급증할 전망이다. 반면 중국 식료품업체들의 실적은 상대적으로 위축될 것으로 업계는 내다보고 있다.

중국 대륙에서 펼쳐질 한국과 중국 식료품업체들 간의 격전이 앞으로 어떻게 전개돼 나갈지 관심을 불러일으킨다. ★

제과·라면 업계

❶ 중국 라면 소비량 세계 1위, 전 세계 라면 소비량에서 중국이 차지하는 비중 43%.
❷ 대만기업 캉스푸주식, 중국 라면 시장점유율 56.7%로 압도적 1위.
❸ 중국 스낵시장 규모 연평균 22% 성장.
❹ 오리온, 삼성전자와 현대자동차에 이어 한국기업으로는 세 번째로 중국시장에서 매출 1조 원 달성.

▶ 라면 소비량 세계 톱 10 국가

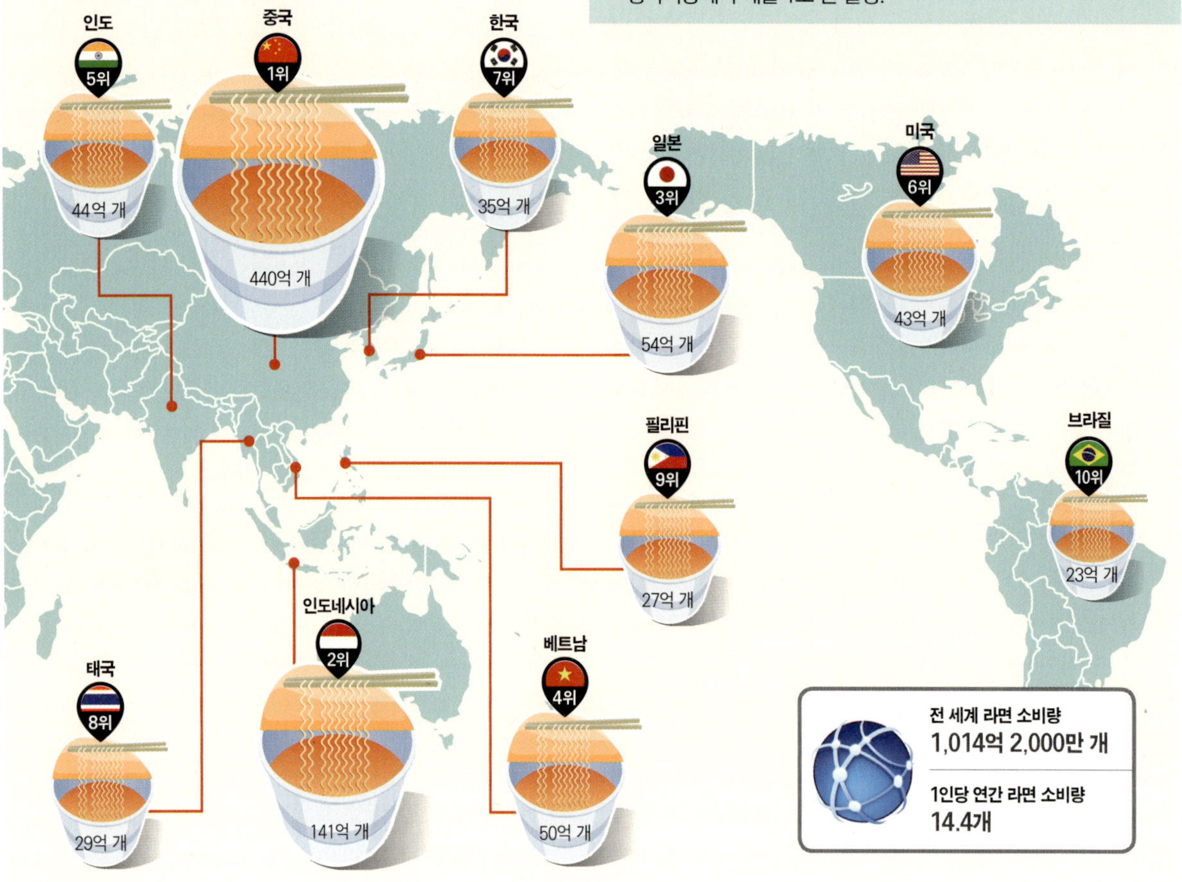

- 세계라면협회 조사에 따르면 세계에서 라면을 가장 많이 소비하는 국가는 중국이다.
- 중국공업정보부 조사에 따르면 중국은 하루에 1억 개의 라면을 소비하고 있는데, 이를 초단위로 풀어보면 1초에 1,300명이 라면을 먹고 있다는 계산이 나온다.

자료: 세계라면협회(WINA), 소비량: 2012년 기준, 봉지라면과 컵라면 합산.

▶ 1인당 연간 라면 소비량 톱 10 국가 (개)

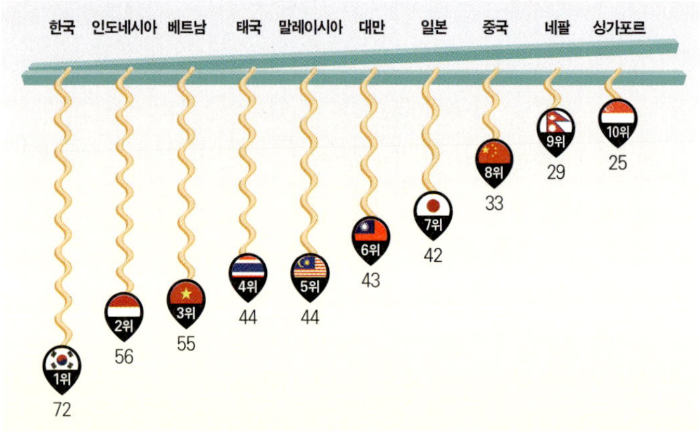

- 한국은 1인당 연간 라면 소비량이 72개로 압도적인 1위이다.
- 한국은 1인 가구 증가와 일본, 중국 등과 달리 식당에서도 라면을 팔기 때문에 1인당 라면 소비량이 큰 것으로 조사되었다.

자료: 세계라면협회(WINA), 2012년 기준

▶ 라면 소비량 국가별 비중 (%)

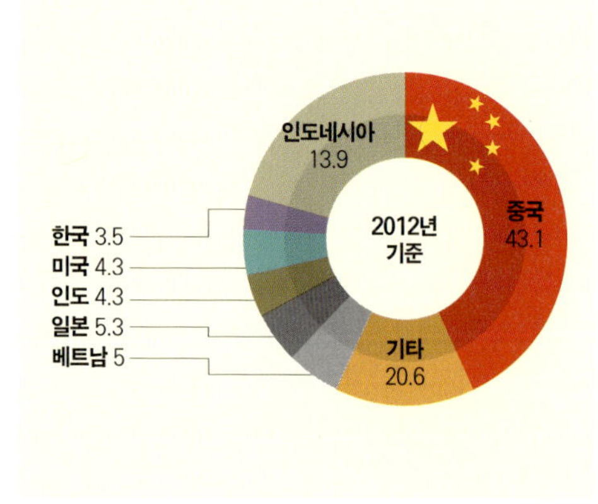

- 중국은 라면 소비 대국으로 전 세계 라면의 절반 가량을 소비하고 있다.

자료: 세계라면협회(WINA)

▶ **중국 라면시장 기업별 점유율 추이** (%)

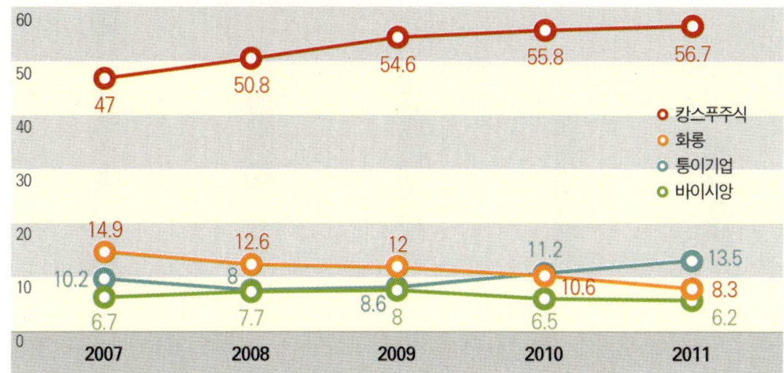

- 캉스푸주식의 중국 라면 시장점유율은 2007년부터 줄곧 45% 이상을 유지하고 있으며, 2위와의 격차도 점점 더 벌어지고 있다.
- 퉁이기업은 2010년 신제품 '라오탄쏸차이몐'(老壇酸菜牛肉面) 출시 이후 2위로 올라섰다.

자료: AC Nielsen

▶ **한국의 대 중국 라면 수출액 추이**

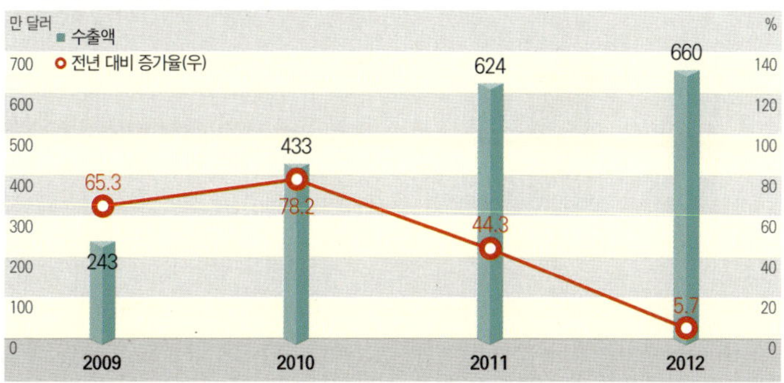

- 2012년 한국의 대 중국 라면 수출액 증가율은 5.7%로 지난 4년 중 가장 낮은 성장률을 기록했다.
- 그러나 중국 라면 총수입액 3,122만 달러 중 한국에서 수입한 라면은 660만 달러로, 한국은 중국의 라면 수입 3위 국가이다.

자료: KITA

▶ **중국과 한국 1인당 과자 소비액** (달러)

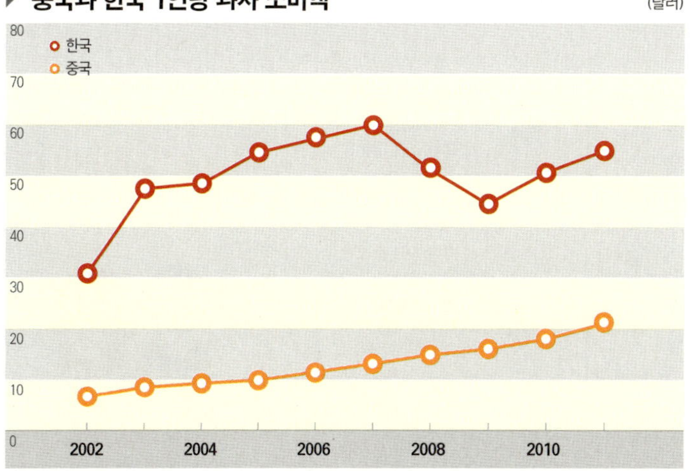

- 지난 몇 년간 중국 제과시장은 크게 성장했지만, 1인당 과자 소비액은 한국의 38.2% 수준에 불과하다.

자료: CEIC

▶ **중국의 지역별 라면 생산량 비중** (2011년 기준, %)

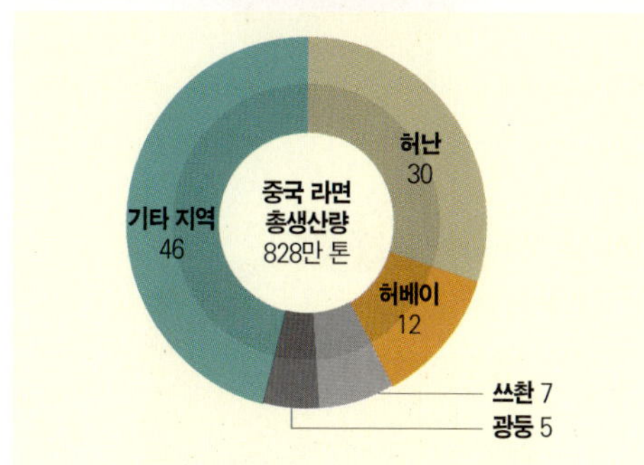

- 허난은 중국에서 라면을 가장 많이 생산하는 지역으로, 연간 245만 톤의 라면을 생산한다.
- 2011년 중국의 라면 총생산량은 828만 톤으로 전년 대비 22.8% 증가했다.

자료: 중국산업연구망

▶ **중국의 과자 생산량 추이**

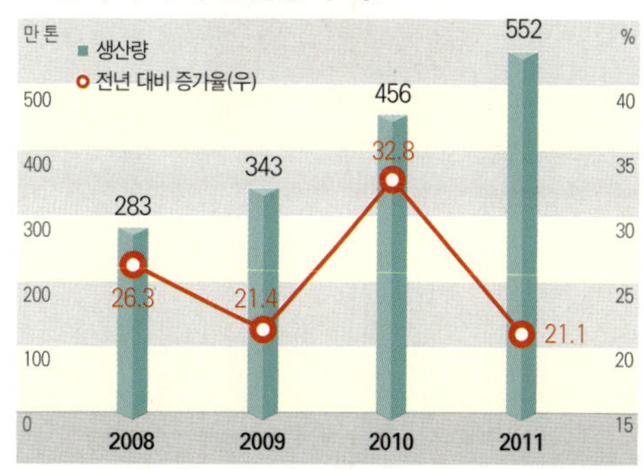

- 중국인들의 소득 수준이 향상되면서 과자 생산량도 꾸준히 증가하고 있다.

자료: 국가통계국

▶ **중국 스낵시장 톱 10 기업 국가별 비중** (%)

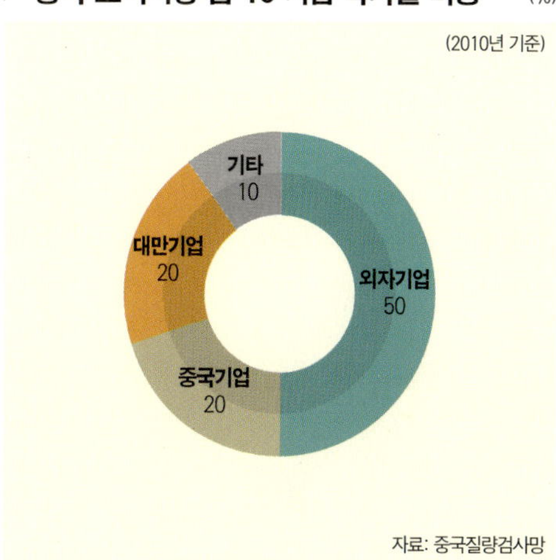

자료: 중국질량검사망

- 중국 스낵시장에서 외자 및 대만기업의 점유율이 70%로 로컬기업의 점유율은 20%에 불과하다.

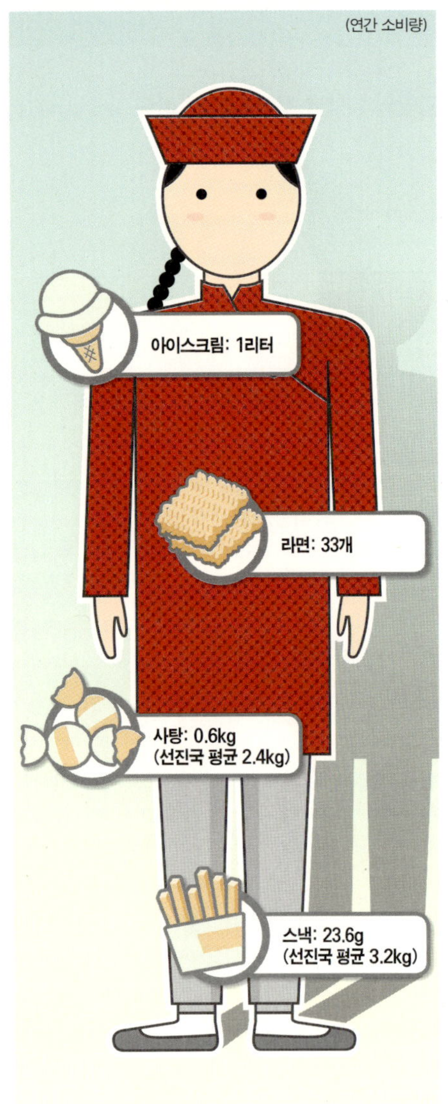

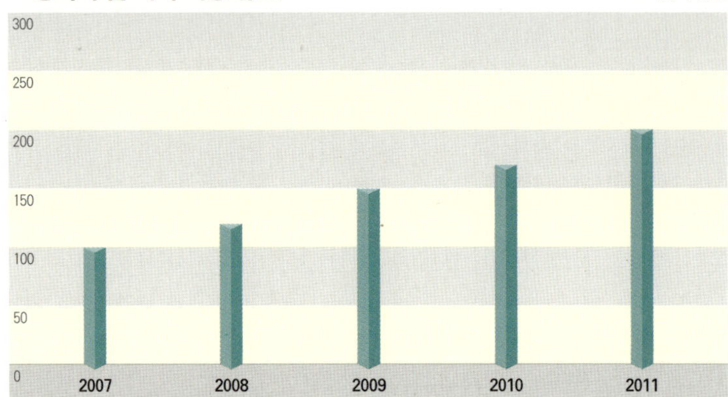

- 중국 소비자들은 중국기업의 연이은 식품 사고로 자국산 과자에 대한 신뢰도가 낮은 편이다.
- 2009년 멜라민 파동 이후 중국시장의 수입산 과자 수요량은 매년 증가하고 있다.

자료 중국시장조사네트워크

중국 아이스크림 시장 매출 규모

- 중국 아이스크림 시장 규모는 매년 25%씩 성장하고 있으며, 2010년 기준으로 중국은 아이스크림 소비 규모에서 세계 3위를 차지했다.

중국 아이스크림 시장 톱 10 브랜드

순위	국가	브랜드
1위	미국	하겐다즈
2위	영국	월스
3위	미국	빠시
4위	미국	DQ
5위	중국	멍니우
6위	스위스	네슬레
7위	중국	이리
8위	미국	로코코
9위	이탈리아	뉴시티
10위	일본	메이지

- 아이스크림 시장 역시 중국 브랜드의 입지가 좁다.
- 5위와 7위에 오른 멍니우와 이리는 중국의 대표적인 유제품기업으로, 두 기업의 중국 우유 시장점유율 합이 70%에 이른다.

중국 수입 과자 시장점유율 1위 기업 (%)

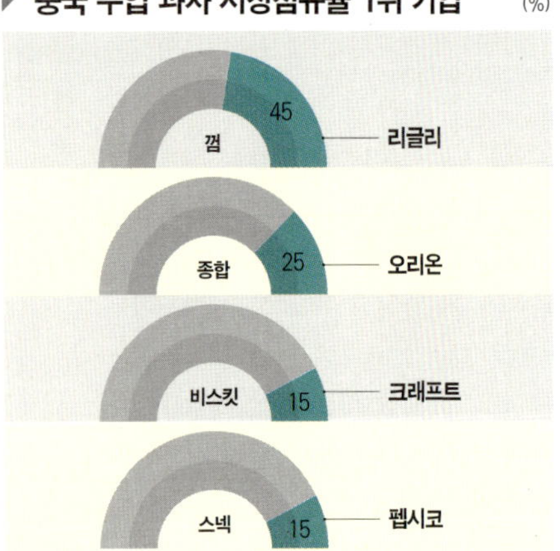

- 수입산 과자는 중국산 과자보다 2배 이상 비싼 가격에도 불구하고 우수한 품질을 바탕으로 가격 핸디캡을 극복하고 있다.

자료: 중국 간이음식 체인 브랜드협회

중국의 수입 과자 유통 경로

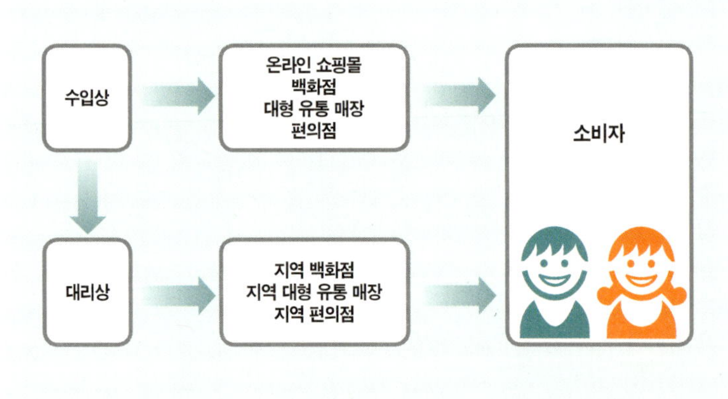

- 수입 과자는 전국 유통망을 가진 대형 고급 백화점, 대형 유통 매장, 편의점에는 수입 업체가 매장 물류를 통해 직접 납품하고, 지방 매장은 지역별 대리상을 통해 납품한다.

▶ 한국 제과 3사의 해외 사업 현황

	LOTTE the better way of life	**ORION**	**해태 CROWN**
진출 국가	중국, 러시아, 인도, 베트남, 벨기에, 파키스탄 등	중국, 러시아, 베트남, 인도네시아, 일본 등	중국, 대만 등
해외 생산 공장	• 중국: 베이징, 칭다오, 상하이 등 • 베트남, 인도, 러시아	• 중국: 상하이, 광저우, 선양 • 러시아: 트베르, 노보시비르스크 • 베트남: 호치민, 하노이	• 중국: 상하이
해외 사업 형태	• 수출, 합작 투자, 현지 법인 제휴 및 인수	• 수출, 현지 법인 및 생산 공장 설립	• 수출
사업 전략	• 현지 유력 기업 인수(현지 제품 판매 및 한국 제품 수출 병행) • 브랜드 수출을 통한 인지도 확보	• 현지 생산 및 현지화 전략 • 현지 유통 채널 확보에 주력	• 해외 판매 법인을 통한 직수출
해외 사업 실적	• 2012년 중국 매출 960억 원 • 부실 영업소 축소(45개 → 41개), 저수익 제품 철수 진행	• 2012년 중국 매출 1조 13억 원	• 중국 현지 유통망 장악에 어려움을 겪으며 2012년 5월 상하이 생산법인 '가서안제과상하이식품유한공사'의 모든 지분 매각

▶ 오리온 중국 매출 추이

(억 원)

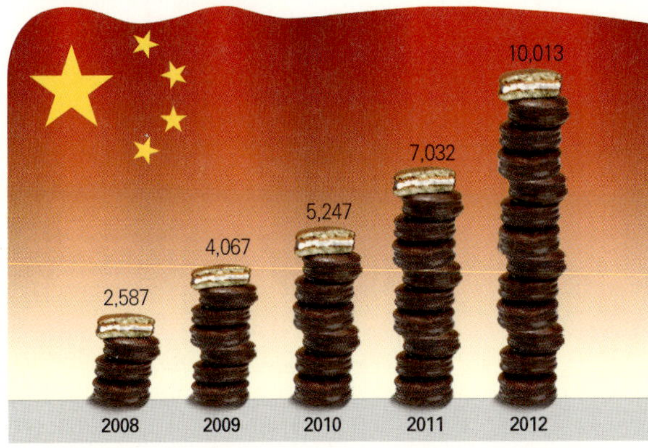

• 1995년 중국에 진출한 오리온은 2012년 중국시장에서 1조 원이 넘는 매출을 올렸다.
• 그 동안 중국시장에서 매출 1조 원을 달성한 한국기업은 삼성전자와 현대자동차가 유일했다.

자료: 오리온그룹

▶ 오리온 지역별 매출 비중

(2012년 기준, %)

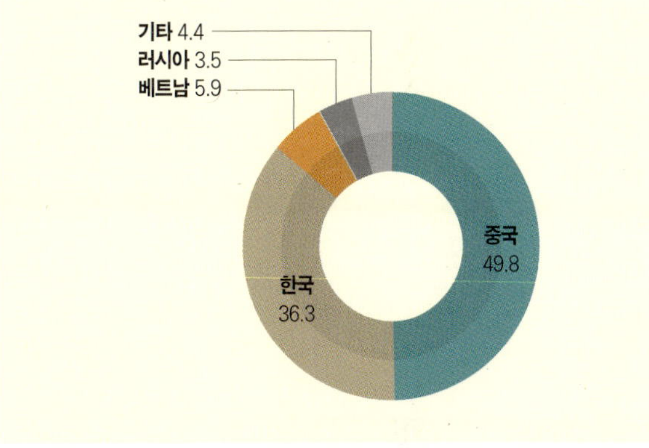

• 오리온 중국 매출은 최근 5년간 연평균 48%라는 높은 성장률을 기록했다.
• 2012년에는 처음으로 중국 매출이 한국 매출을 추월했다.

자료: 오리온그룹

▶ 오리온 지역별 영업이익 비중

(2012년 기준, %)

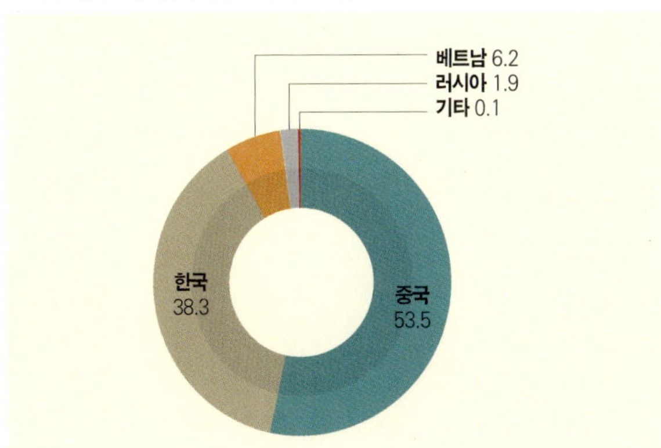

• 2012년 오리온의 영업이익 구조를 살펴보면 중국 비중이 한국보다 월등히 높았다.

자료: 오리온그룹

▶ 중국 내 오리온과 경쟁사의 유통 채널별 매출 비중

(2012년 기준)

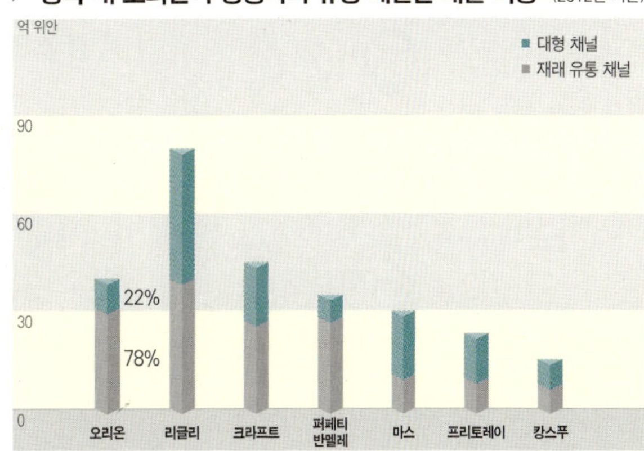

• 리글리, 크라프트 등 글로벌 경쟁사는 재래 유통 채널 비중이 50% 정도로 오리온보다 높다.
• 향후 오리온은 중국의 4급 도시에 진출하기 위해 재래 유통 채널 비중을 늘려나갈 계획이다.

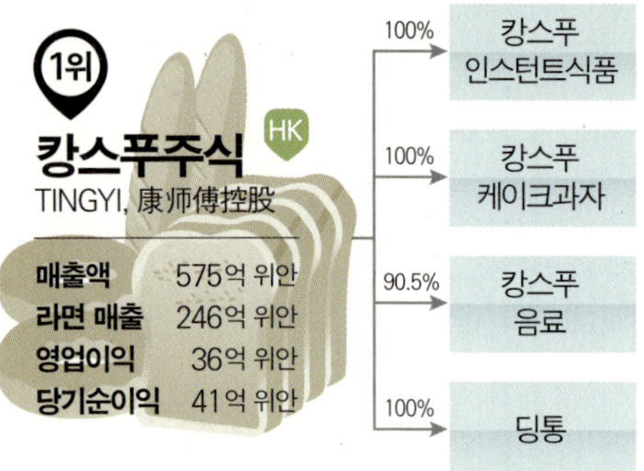

캉스푸주식 매출 구성 (%)

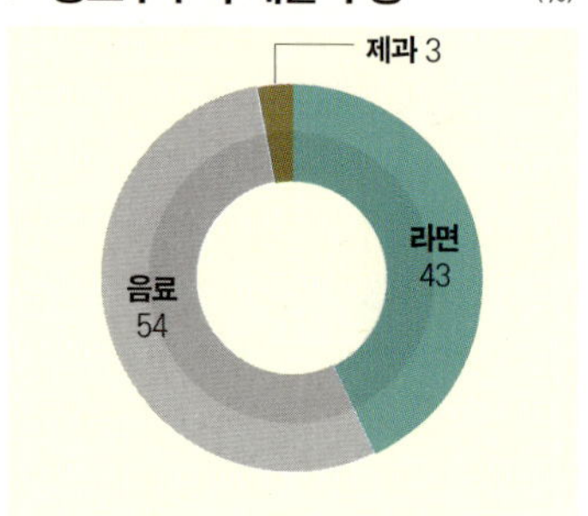

캉스푸주식 라면 매출 추이 (억 위안)

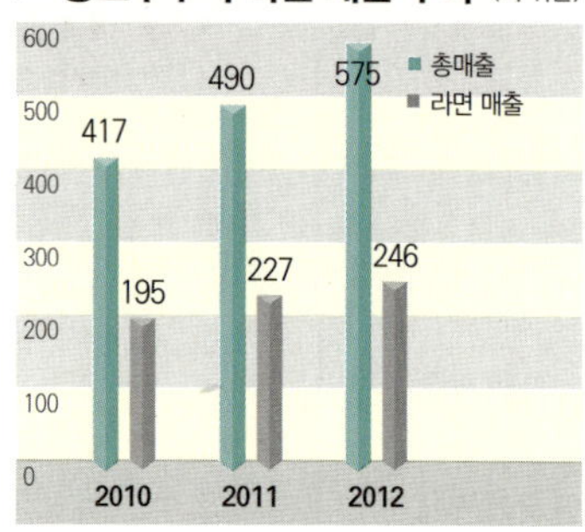

- 대만의 딩신국제그룹과 일본 산요푸드가 합작해 만든 회사로, 1991년 중국 본토에 진출.
- 중국 인스턴트 라면 역사의 시작이라 불리는 '홍사오니우러우몐'(红烧牛肉面: 달콤한 간장에 졸인 소고기맛 라면) 라면 개발.

- 캉스푸주식 매출 중 가장 큰 비중을 차지하는 것은 음료로, 가장 인기 있는 제품은 '빙홍차'이다.
- '홍사오니우러우몐'의 인기에 힘입어 라면 매출 비중도 43%에 달한다.

- 2012년 캉스푸주식은 매출이 전년 대비 17% 상승했다.
- 최근 4년 연속 캉스푸주식은 라면 매출 비중이 40% 이상이었으며, 2009년에는 49.7%까지 상승했다.

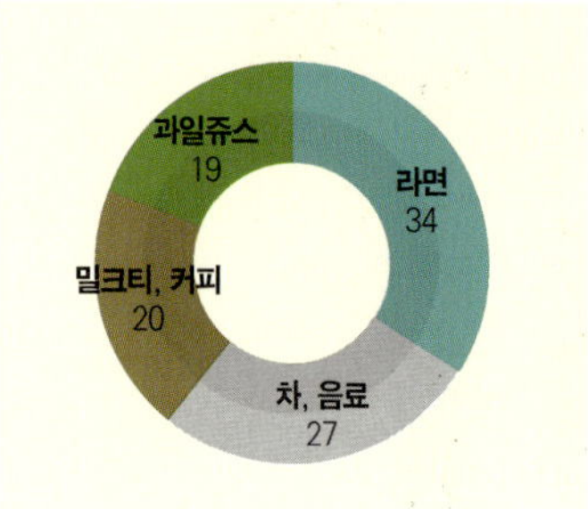

퉁이기업 매출 구성 (%)

퉁이기업 경영 실적

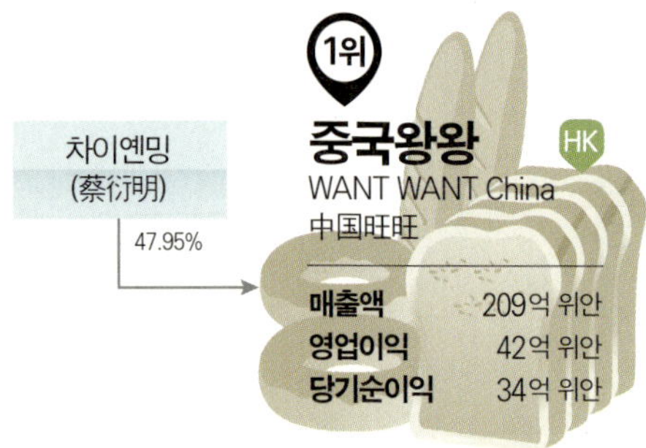

- 모회사는 대만의 퉁이기업으로 칭하이를 제외한 중국 모든 성과 도시에 생산기지가 있음.
- 대형마트와 식품점 위주로 상품 공급.
- 전속 모델은 남녀노소 고른 팬 층을 보유한 '주걸룬'(周杰伦).

- 라면 제품의 매출 비중은 34%로, 가장 인기 있는 제품은 '라오탄쏸차이몐'(老坛酸菜牛肉面: 새콤한 맛의 쇠고기 라면)이 있다.

- 2012년 퉁이기업은 '라오탄쏸차이몐' 매출이 전년 대비 22.5% 오르는 등 영업이익과 매출액이 전반적으로 상승했다.

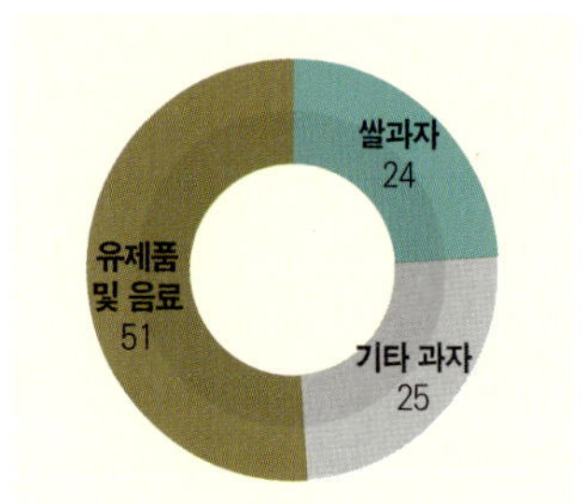

중국왕왕 매출 구성 (%)

중국왕왕 경영 실적

- 1992년 대만의 이란식품공업회사(台湾宜兰食品工业)가 중국에 설립.
- 중국판 쌀과자, '설빙'(雪饼)이 대표 제품으로, 중국 쌀과자 제품 시장점유율 66.8%로 1위.
- 차이옌밍 회장은 2012, 2013년 연속으로 〈포브스〉 선정 대만 부자 1위.

- 대표 제품인 쌀과자가 매출에서 차지하는 비중이 24%이다.
- 기타 과자 역시 옥수수 등의 곡물을 이용한 제품이다.

- 2012년 중국왕왕 전체 매출은 전년 대비 13% 증가했고, 스낵 매출은 14.8% 증가했다.

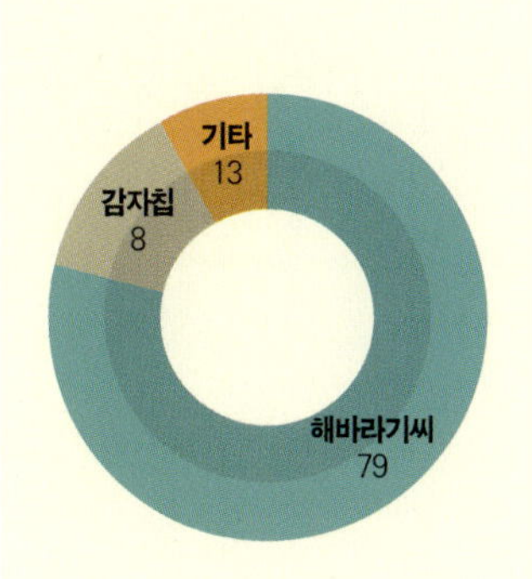

2위 차차식품 (HK)
洽洽食品

허페이 화친그룹
48.75%

매출액	27억 위안
영업이익	4억 위안
당기순이익	3억 위안

- 해바라기씨를 가공한 제품을 생산하는 기업.
- 차차식품의 해바라기씨 제품은 한국의 강냉이처럼 중국의 재래 간식.

- 매출이 대부분 해바라기씨 제품에서 나온다.
- 해바라기씨 제품은 버터맛, 소금맛, 일반 맛 등 다양한 제품이 생산되고 있다.

- 차차식품은 주력 제품인 해바라기씨 원재료 값에 매출이 민감하게 반응한다.
- 2011년과 2012년 매출 추이는 비교적 안정적이었다.

3위 캉스푸주식 (TW)(HK)
TINGYI, 康师傅控股

매출액	575억 위안
제과 매출	14억 위안
영업이익	36억 위안
당기순이익	41억 위안

- 100% 캉스푸 인스턴트식품
- 100% 캉스푸 케이크과자
- 90.5% 캉스푸 음료
- 100% 딩통

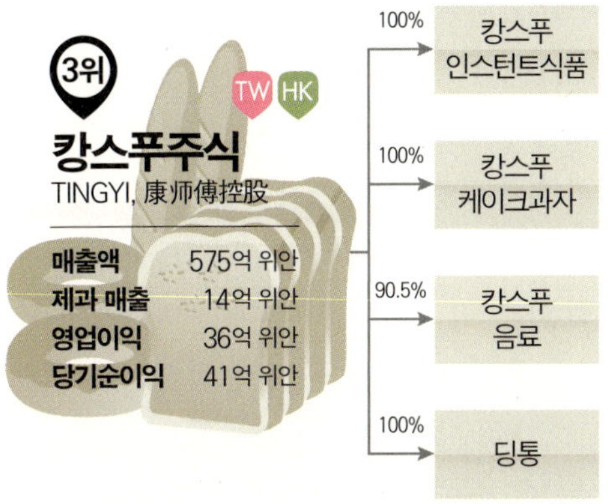

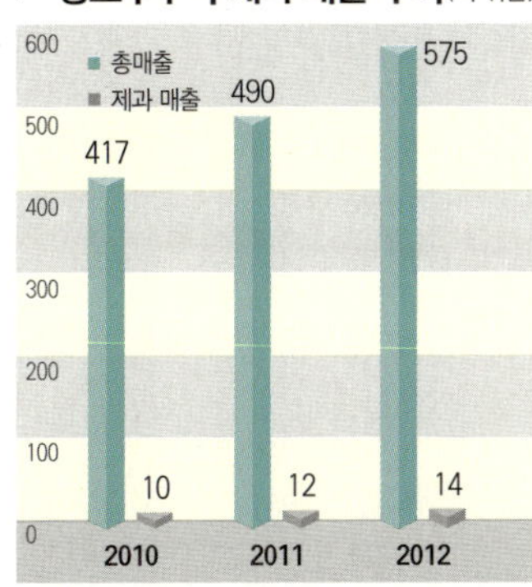

중국의 농심 캉스푸

캉스푸는 대만의 딩신국제그룹과 일본의 산요푸드가 합작해 만든 회사로, 딩신국제그룹과 산요푸드는 캉스푸 지분을 33%씩 보유하고 있다.
2012년 중국 라면 시장점유율이 56.4%에 달하며, 동종 업계에 트렌드를 이끌고 있다.
1991년에 중국에 진출하며 철저한 시장 분석과 마케팅 전략으로 단숨에 중국 라면과 제과시장을 석권했다. 캉스푸는 중국 지역별 입맛에 맞춘 라면을 개발하며 독점력을 유지하고 있다.
캉스푸의 모기업인 딩신국제그룹 회장인 웨잉자오(魏应交)는 개인 자산 400억 위안으로 중국 경제 정보 조사기관인 〈후룬연구원〉이 집계한 재중 외국인 부호 1위에 선정되었다.
캉스푸를 상징하는 브랜드 '마스터콩'은 중국 식품업계에서 브랜드 인지도가 가장 높다.

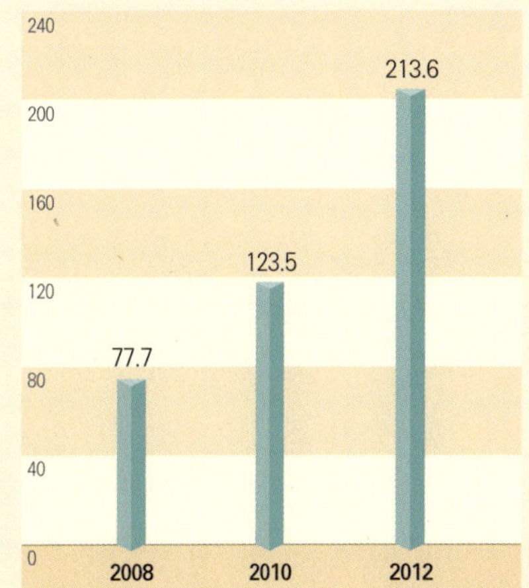

- 캉스푸주식의 제과 매출은 전체 매출의 3%에 불과하지만, 중국의 국민 과자로 불리는 샌드형 제품의 시장점유율은 20% 이상.
- 캉스푸주식의 케이크 제과는 시장점유율 27.8%.

- 2012년 캉스푸주식은 제과 매출이 전년 대비 16% 상승했으며, 2011년부터 10% 이상 상승하고 있다.

중국은 지금 웰빙 스넥 열풍

- 최근 확산되고 있는 중국인들의 '웰빙'(well-being)에 대한 욕구가 제과산업에도 영향을 미치고 있다.
- 중국 제과산업에서 웰빙 스넥시장은 규모가 매년 30%씩 빠르게 성장하고 있다.
- 중국에서 판매되는 웰빙 스넥은 해바라기씨, 견과류, 말린 고구마, 말린 과일, 콩 등이 있다. 이들의 수요는 지속적으로 확대되고 있으며, 특히 견과류 중 아몬드 소비량이 급격히 상승하고 있다.

라이이펀 매장 풍경

- 최근 4년 사이 중국의 아몬드 소비량은 2,500만 파운드에서 2억 5,000만 파운드로 10배 증가했으며, 캘리포니아산 피스타치오의 중국 수출은 700%나 증가했다.
- 견과류, 말린 과일, 말린 채소 등을 과자처럼 만들어 판매하는 '라이이펀'(来伊份) 사는 매장 수가 2002년 36개에서 2011년 2,500개로 빠르게 증가하며, 중국에 부는 웰빙 스넥 열풍을 만끽하고 있다.

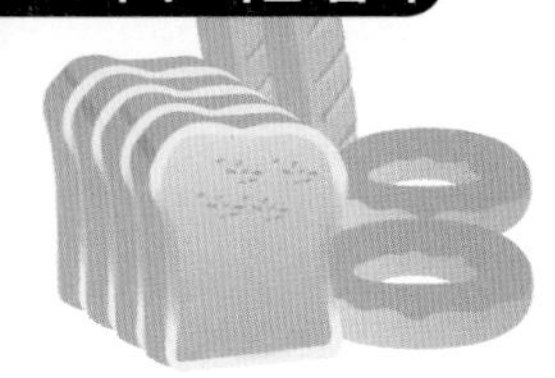

13억 명이 먹어치우는
산더미 과자와 라면시장을 돌아보다

중국 제과산업의 메카로 군림한 광둥성

1978년 개혁·개방 이전 중국의 제과산업은 구멍가게에 불과했다. 그도 그럴 것이 집집마다 아이들에게 과자를 사 먹일 만큼 가계소득이 풍요롭지 못했고, 그나마 생산된 과자들도 품질이 대동소이하고 생산량도 턱없이 적어 하나의 산업으로 여기기에 부족함이 많았다.

개혁·개방 이후 산업화의 물꼬가 터지면서 중국의 제과산업도 비약적인 발전을 이어갔다. 중국에서 제과산업이 크게 성장을 이룬 지역은 광둥성(广东省)이다. 이 지역을 중심으로 수많은 제과공장들이 들어서기 시작했고, 또 해외로부터 생산설비와 기술이 봇물 터지듯 밀려와 이곳에서 꽃을 피우게 된 것이다. 새로운 과자 원료와 발효기술이 도입된 곳도, 포장 용기를 개선하여 제품의 유통기한을 늘리고 신선함을 유지할 수 있도록 혁신이 이루어진 곳도 바로 광둥성인 것이다.

1990년대 초에 접어들면서 광둥의 주강삼각주(珠江三角洲)지역에는 30여 곳의 해외 제과업체들이 들어오면서 중국 제과산업이 기틀을 마련하게 되었다. 당시 광둥지역의 제과 생산량은 중국 전체 제과시장의 40%를 차지했다. 그리고 중국의 제과산업은 1990년대 이후부터는 광둥성에서 다른 지역으로 퍼져 나가기 시작했다. 저장(浙江), 푸젠(福建), 산둥(山东), 장쑤(江苏) 등 연해를 중심으로 한 지역들이 광둥성 제과산업을 모방하기 시작한 것이다. 일본, 싱가포르, 영국, 한국, 말레이시아, 미국 등 다양한 국적의 해외 제과업체들은 중국 로컬기업들과 합자 또는 공동 개발 형식으로 중국 제과시장에서 판로를 개척해 나갔다. 이들 글로벌 브랜드들의 영향으로 중국 로컬 제과업체들도 기술력을 향상시켜 제품의 질을 높이는 계기를 마련하였다.

캉스푸를 빼놓고 중국 라면업계를 논하지 말라!

중국의 라면산업을 소개하기 위해서는 '캉스푸홀딩스'(康師傅控股有限公司, 이하 '캉스푸')라는 회사를 함께 얘기해야만 한다. 1996년 대만과 상하이에 정식 상장했고, 2008년과 2009년 연속으로 〈포브스〉에서 '아시아 50대 상장기업'으로 선정된 글로벌 브랜드이다. 현재 캉스푸의 브랜드 가치는 9.16억 달러에 이른다.

캉스푸라면은 중국 시장점유율 56.7%를 차지하면서 압도적으로 1위를 달리고 있다. 캉스푸라면의 역사는 1988년으로 거슬러 올라간다. 지금의 캉스푸라면 창시자인 웨이인형(魏应行)이 홍콩 출장을 다녀오는 길에 기차 안에서 간단히 허기를 해결하기 위해 대만에서 사온 라면을 조리해 먹었다. 기차 안에서 라면을 조리해 먹는 웨이인형을 본 중국인들의 반응은 엄청났다. 중국인들은 기차 안에서 손쉽게 즉석으로 조리하는 라면의 매력에 푹 빠진 것이다. 특히 면류 음식을 즐겨먹는 중국인들로서는 인스턴트식품의 대표격인 라면에 군침을 흘리지 않을 수 없었다.

사업 수완이 남달랐던 웨이인형이 중국인들의

라면에 대한 폭발적인 반응을 그냥 넘길 리가 없었다. 그는 곧바로 중국에서의 라면사업 구상에 들어갔다. 치밀한 시장조사와 함께 수차례에 걸친 실험과 제작 공정에 들어가 마침내 중국 최초의 인스턴트라면 '홍샤오니우로우미엔'(红烧牛肉面)을 출시하게 된 것이다. 웨이인헝은 회사 이름을 캉스푸로 정하고 1992년부터 본격적으로 라면 판매에 들어갔다.

이렇게 중국의 라면 역사를 연 캉스푸는 사실 '대만딩신국제그룹'(顶新国际集团)이 모회사인 기업으로, 웨이인헝은 현재 딩신국제그룹의 부사장이다. 패밀리마트(CU)와 테스코 같은 글로벌 유통업체들은 딩신국제그룹과 손잡고 합자 형태로 중국에 진출해 있기도 하다.

캉스푸는 라면 이외에도 각종 편의식품을 판매하고 있다. 최근 AC 닐슨의 통계에 따르면, 캉스푸가 생산하는 차 음료는 50.1%, 생수는 19.6%, 과실주스는 18.4%의 중국 내 시장점유율을 기록하고 있다. 캉스푸의 스넥제품은 시장점유율 22.1%로 중국 스넥시장 3위를 점하고 있다.

'왕왕'은 1962년 대만에서 설립된 '이란식품공업주식유한회사'(宜兰食品工业股份有限公司)를 모태로 하는 업체로, 당시 회사의 주요 생산품은 대외 수출용인 '캔 식품'이었다. 회사는 1983년 일본의 '삼대미과제조상'(三大米果制造商)과의 계약으로 대만에서 '쌀과자' 시장을 개척했으며, 빠른 속도로 브랜드 인지도를 높였다. 그리고 대만시장을 넘어 1994년경 중국 후난성(湖南)에서 처음으로 제과사업을 시작했다.

왕왕은 쌀을 원료로 한 중국의 스넥시장에서 66%가 넘는 시장점유율로 동종 업계 1위를 달리고 있다. 이를 기반으로 세계 브랜드 가치를 평가하는 '월드 브랜드 랩'(World Brand Lab)에서 '2008년 세계 브랜드 랩 대상'을 수상하는가 하면, '중국 내 가장 경쟁력을 갖춘 브랜드'로 선정되는 영광을 누리기도 했다.

중국 제과와 라면 업계에도 웰빙 바람

최근 중국에서도 웰빙에 대한 인식이 확산되면서 제과와 라면산업도 녹색 구조로의 변화를 모색하고 있다. 특히 웰빙을 표방한 프리미엄 스넥시장 규모가 해마다 30%의 성장률을 기록하고 있다. 웰빙 스넥 가운데는 해바라기씨, 견과류, 말린 고구마와 과일, 콩 등이 인기가 높다. 특히 견과류 가운데 아몬드의 수요는 폭발적이다. 최근 4년 사이 중국의 아몬드 소비량은 2,500만 파운드에서 2억 5,000만 파운드로 급상승했다. 아울러 캘리포니아산 피스타치오의 중국향 수출이 무려 700%나 증가해 세계 스넥시장을 놀라게 했다.

한편, 세계 라면 소비의 43%가 중국에서 이루어진다. 하루에 소비되는 라면 양이 1억 개가 넘을 만큼 중국 라면시장은 활황을 이어가고 있다. 중국 내 라면 소비가 급증하면서 한국산 라면들의 인기도 급상승하고 있다. 중국에서 한류 드라마와 영화, 음악(K팝) 등이 사랑을 받으면서 젊은 세대들이 즐겨 먹는 한국산 라면 소비량도 덩달아 늘고 있는 것이다.

한국 라면업체들의 중국 현지 마케팅도 주목을 끌고 있다. 농심은 최근 중국에서의 라면 광고에 "츨부랴오라웨이, 페이하오한"(吃不了辣味, 非好汉)이라는 문구를 넣어 인기를 끌었다. 이것은 "매운 음식을 먹지 못하면, 진짜 사나이가 아니다"라는 뜻을 지닌 중국의 고사성어이다.

중국 대륙에서 치열한 시장 다툼을 벌이고 있는 글로벌 제과·라면 브랜드들은 어떻게 하면 중국인들의 입맛을 사로잡을 수 있을까에 사운(社運)을 걸고 있다. 중국 대륙이 충분히 그럴만한 가치가 있는 시장이라는 사실을 의심하는 이는 아마 없을 것이다. ✦

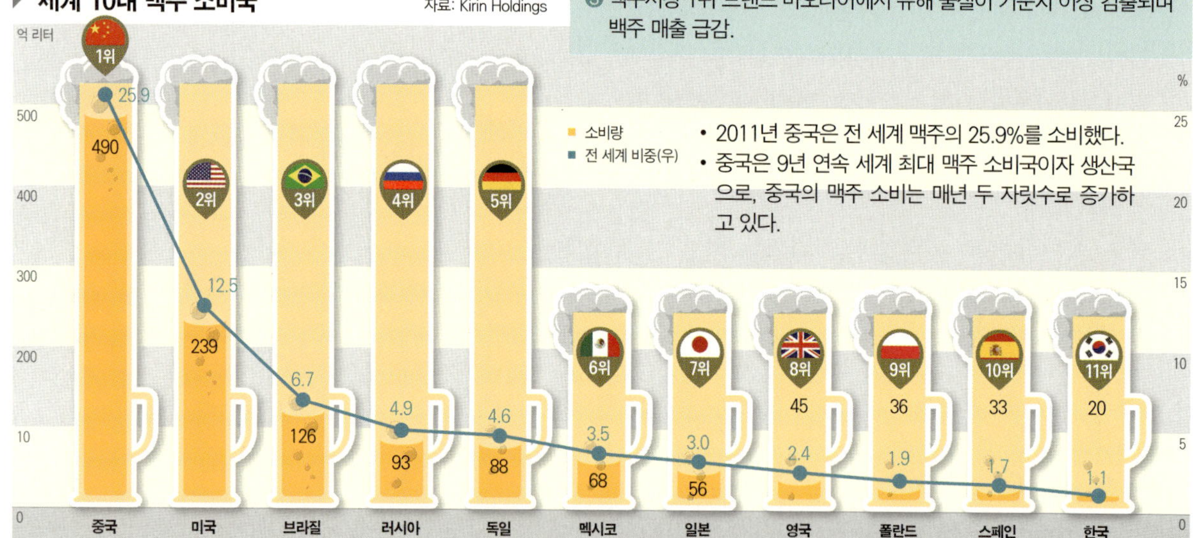

① 중국, 맥주 소비량 9년 연속 세계 1위. 전 세계 소비량의 약 26% 차지.
② 시진핑 정부의 반부패 청렴 정책으로 공무원의 3공 경비(접대비, 차량 구매비, 출장비) 사용이 크게 제한됨. 이로 인해 공무원과 군인 등 정부 기관의 고급 백주 소비가 급감하며 백주업계 일제히 주가 폭락.
③ 백주시장 1위 브랜드 마오타이에서 유해 물질이 기준치 이상 검출되며 백주 매출 급감.

▼ 세계 10대 맥주 소비국

자료: Kirin Holdings

- 2011년 중국은 전 세계 맥주의 25.9%를 소비했다.
- 중국은 9년 연속 세계 최대 맥주 소비국이자 생산국으로, 중국의 맥주 소비는 매년 두 자릿수로 증가하고 있다.

▼ 1인당 맥주 소비량 톱 10 국가

(리터)

- 전 세계에서 1인당 맥주를 가장 많이 마시는 나라는 체코이다.
- 중국의 1인당 맥주 소비량은 전년 대비 10.7% 증가하며, 세계 35위를 기록했다.

자료: BMC

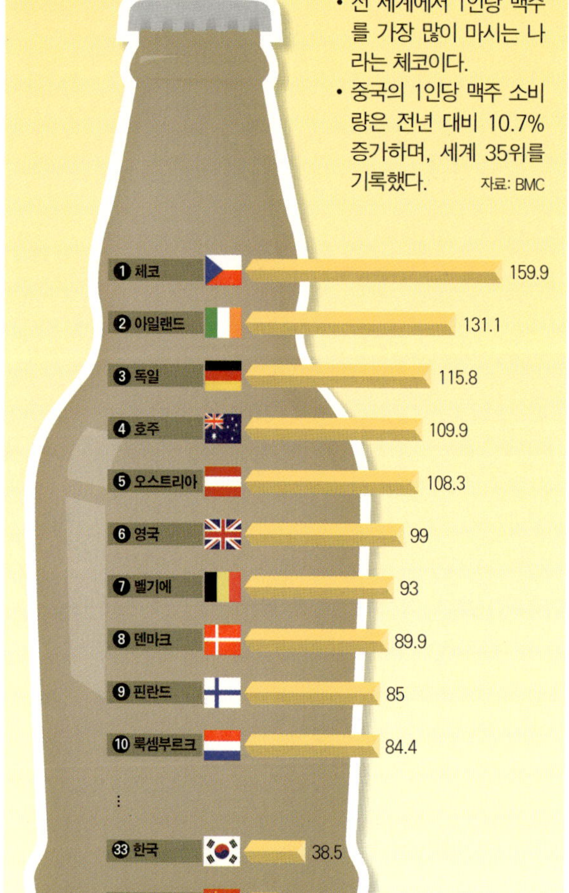

▼ 와인 생산 세계 톱 10 국가

(만 톤)

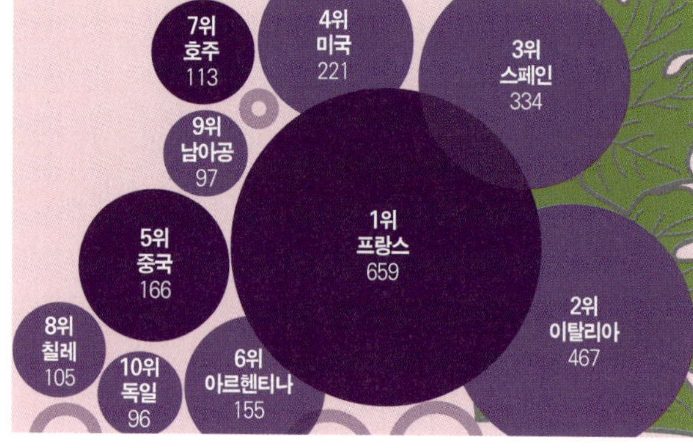

- 중국은 프랑스, 이탈리아, 스페인 등의 와인 생산 대국과 어깨를 나란히 하는 세계 5대 와인 생산국이다.

자료: FAO

▼ 와인 소비량 국가별 비중 (%)

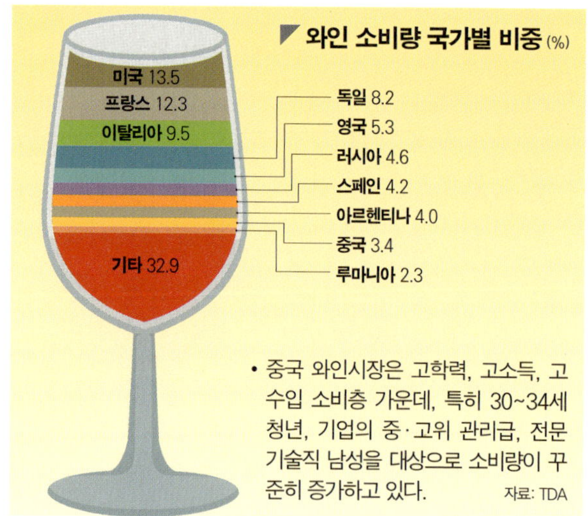

- 중국 와인시장은 고학력, 고소득, 고수입 소비층 가운데, 특히 30~34세 청년, 기업의 중·고위 관리급, 전문 기술직 남성을 대상으로 소비량이 꾸준히 증가하고 있다.

자료: TDA

▶ 중국 주류 시장 비중 (%)

백주(白酒, 바이주)
수수를 중심으로 곡물을 누룩으로 발효한 후 이를 증류시킨 술로, 무색이다. 흔히 '빼갈'이라 부르는 바이갈(白干兒)이 백주의 일종이다. 원료의 이름을 따 '고량주'(高粱=수수)라고 부르기도 한다. 대표적인 백주에는 구이저우의 마오타이주(茅台酒)가 있다.

황주(黃酒)
찹쌀이나 수수 등의 원료를 누룩을 띄워 발효시킨 술로 황색을 띤다. 40~80도의 독한 백주와 달리 알코올 도수가 10도 정도로 낮다. 대표적인 황주에는 저장의 사오싱주(紹興酒)가 있다.

- 한국 주류 시장이 소주와 맥주로 나뉘는 것처럼 중국 주류 시장은 맥주와 백주로 나뉜다.

자료: WIND

▶ 중국인 1인당 연간 주류 소비량 (리터)

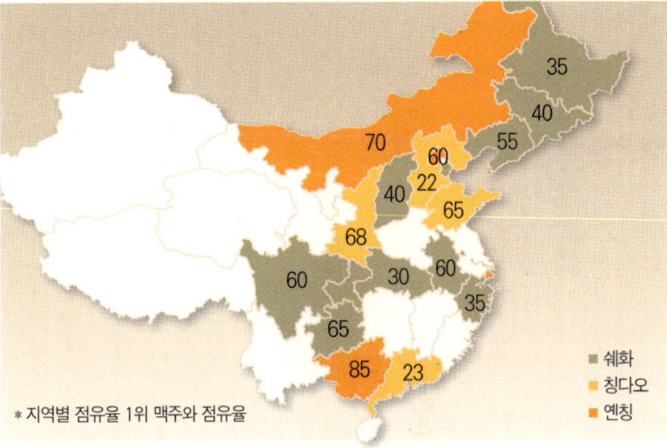

- 중국인이 가장 많이 마시는 술은 맥주로, 1인당 33.4리터를 마신다.
- 와인은 소비량이 증가하고 있지만, 맥주·백주와 비교하면 소비 수준이 낮은 편이다.

자료: WIND, 2010년 기준

▶ 중국 주류 브랜드 톱 10 (억 위안)

순위	제품명	종류	지역	브랜드 가치
1위	마오타이	백주	구이저우	748
2위	우량예	백주	쓰촨	713
3위	칭다오	맥주	산둥	412
4위	화룬쉐화	맥주	베이징	402
5위	옌칭	맥주	베이징	372
6위	양허다취	백주	장쑤	322
7위	루저우라오자오	백주	쓰촨	281
8위	랑주	백주	쓰촨	222
9위	시펑주	백주	산시	213
10위	구징궁주	백주	안후이	209

- 한 병에 한화 40만 원에 달하는 고가의 백주 브랜드인 마오타이와 우량예가 중국 주류 브랜드 가치 순위에서 1, 2위를 차지했다.

자료: 중국주류유통협회, 중화브랜드전략연구원, 2012년 기준

▶ 중국 3대 맥주의 시장점유율 1위 지역 (%)

- 중국 3대 맥주회사가 주요 시장을 장악하고 있고, 그 외 지역은 해당 지역의 지방 맥주회사가 차지하고 있다.
- 화룬그룹의 쉐화 맥주는 중국 전역에서 비교적 높은 시장점유율을 보이고 있다.

자료: WIND, 창장증권

▶ 중국 주류 수출과 수입액

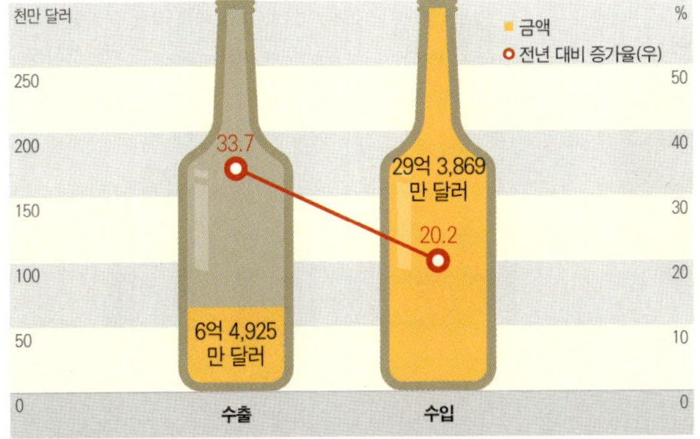

- 중국인의 소득 수준이 높아지면서 맥주와 와인 등 주류 수입이 증가하고 있다.

자료: 중국와인정보망, 2012년 기준

▶ 중국의 지역별 주류 총생산량과 총생산액 비중 (%)

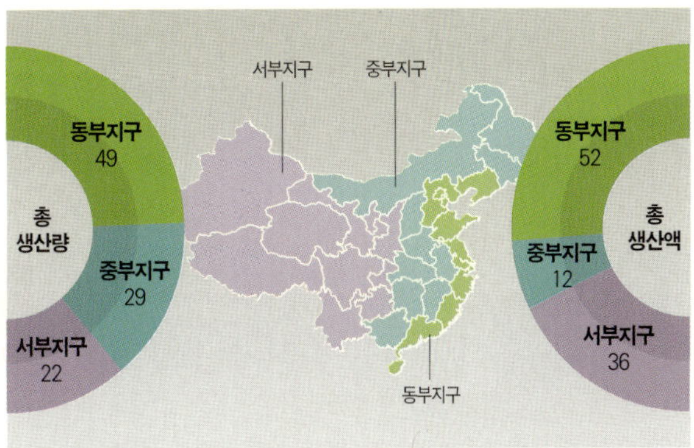

- 서부지구는 주류 총생산량은 가장 적지만 구이저우(마오타이), 쓰촨(우량예) 등지에 고급 백주회사들이 위치하고 있어 총생산액은 전국의 36%에 달한다.

자료: 중국와인정보망, 2012년 기준

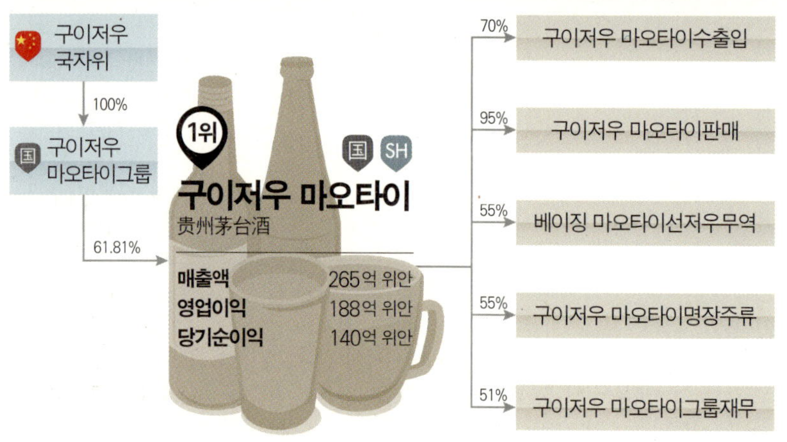

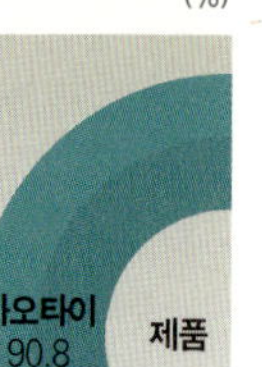

▸ 마오타이 매출 구성 (%)

- 주력 제품인 마오타이는 도수에 따라 53도, 43도, 38도로 구분되며, 기타 제품군으로 마오타이왕자주, 마오타이영빈주 등이 있다.
- 마오타이 제품에 대한 매출 의존도가 상당히 높다.

- 대표 브랜드인 마오타이는 1915년부터 국제박람회에서 15차례 수상, 5년 연속 '중국 명가주'에 선정되어 '국주'(国酒)라고 불리움.

▸ 마오타이 경영 실적

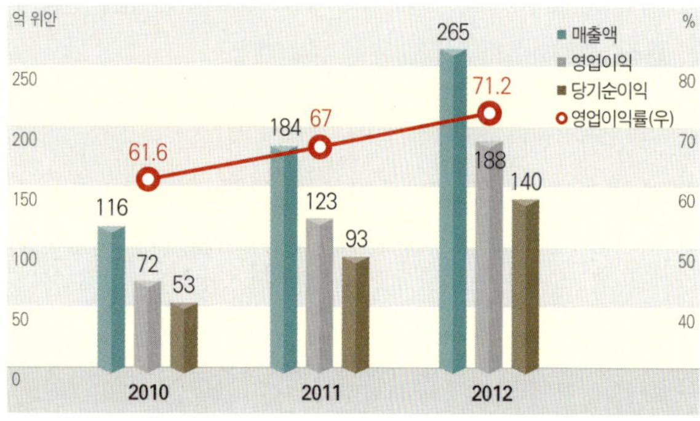

- 영업이익률이 2010년 영업세(稅) 상승으로 하락했으나, 2011년 마오타이 수요 증가에 따른 가격 상승으로 크게 개선되었다.
- 이 시기 마오타이는 전국 직영 체제를 도입해 소매 가격을 높게 유지했다.

▸ 마오타이 주가 추이 (%)

- 마오타이를 비롯한 백주업계는 지속적으로 상하이 종합지수보다 높은 수익률을 보였지만, 2013년 1월 정부가 공금을 이용한 고급 백주 구입 금지령을 발표한 후 수익률이 크게 떨어지고 있다.

- 쓰촨성 이빈 지역의 백주회사.
- 18년 연속 중국 식품업 브랜드 가치 1위.

▸ 이빈우량예 매출 구성 (%)

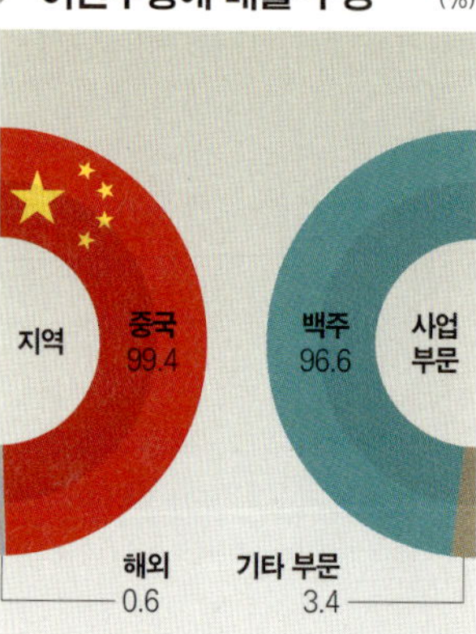

- 백주가 매출에서 차지하는 비중이 96.6%로 절대적이며, 인쇄, 병 제조 등의 기타 부문은 매출 비중이 아주 낮다.

▸ 이빈우량예 경영 실적

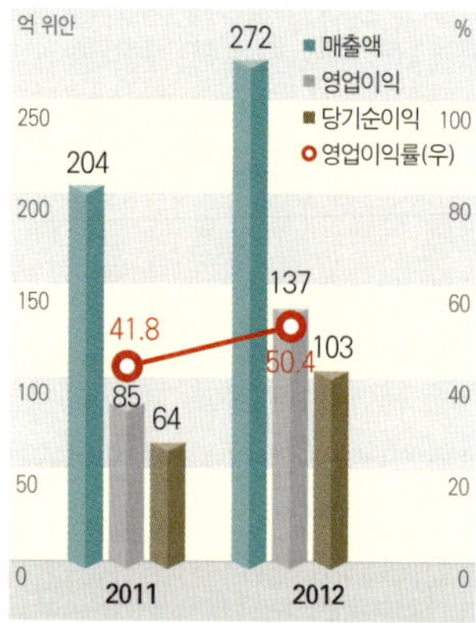

- 이빈우량예는 2012년 매출이 전년보다 33.7% 상승했으며, 영업이익 역시 9%P 상승해 50%를 넘어섰다.

- 화룬그룹의 쉐화 맥주는 중국 맥주 시장 22%를 점유, 7년 연속 판매량 1위를 지키고 있는 중국 최대 맥주 생산기업.
- 2013년 2월 중국 주요 맥주회사 중 하나인 진웨이(kingway) 맥주를 인수해 생산 규모를 확장.

▌ 화룬창업 매출 구성 (%)

- 뱅가드라는 대형슈퍼마켓 체인과 쉐화 맥주가 화룬창업의 주요 사업 부문이다.

▌ 세계 맥주회사 톱 10

순위	국가	맥주회사	생산량 (억 리터)	전체 생산량 대비 비중
1위	벨기에	AB인베이브	353	18.1%
2위	영국	SAB밀러*	190	9.7%
3위	네덜란드	하이네켄	172	8.8%
4위	덴마트	칼스버그	120	6.2%
5위	중국	화룬창업유한공사	106	5.4%
6위	중국	칭다오맥주그룹	79	4.0%
7위	멕시코	그루포 모델로	56	2.9%
8위	미국 캐나다	몰슨-쿠어스	55	2.8%
9위	중국	옌칭맥주	54	2.8%
10위	일본	기린	49	2.5%
24위	한국	OB맥주	12	0.6%
32위	한국	하이트진로	8	0.4

- 중국의 대표적인 맥주인 쉐화(화룬창업유한공사), 칭다오, 옌칭 모두 세계 맥주회사 톱 10 안에 이름을 올리고 있다.

*SAB밀러는 중국 생산량 제외.
자료: Joh. Barth & Sohn, 2012년 기준

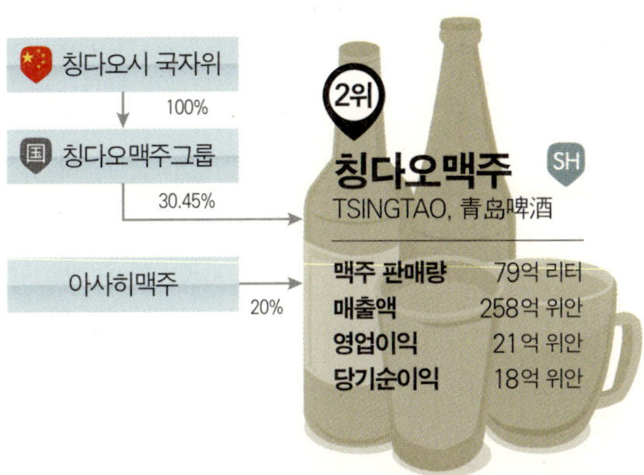

▌ 칭다오맥주 경영 실적

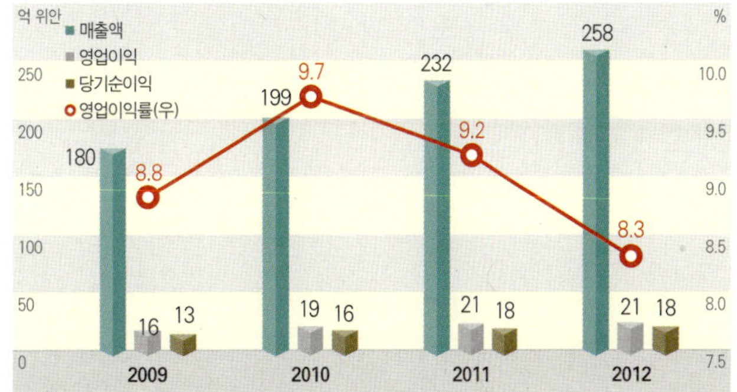

- 세계적인 맥주 관련 보고서 〈Barth Report〉 선정 세계 6대 맥주회사.
- 칼스버그(세계 4위 맥주회사)가 아시아 공략을 위해 중국 맥주회사 인수 계획을 발표. 유력한 후보가 칭다오맥주와 옌칭맥주.

- 칭다오맥주는 산둥을 비롯한 주력 판매 지역에서 시장점유율이 포화상태(50% 이상)에 달하면서 매출 성장세가 주춤하다.
- 화남 지역과 해외시장을 제외한 다른 지역의 이익률이 현저히 떨어져 영업이익률이 어느 정도 한계점에 다다른 상황이다.

▌ 옌타이장위와인 매출 구성

▌ 옌타이장위와인 경영 실적

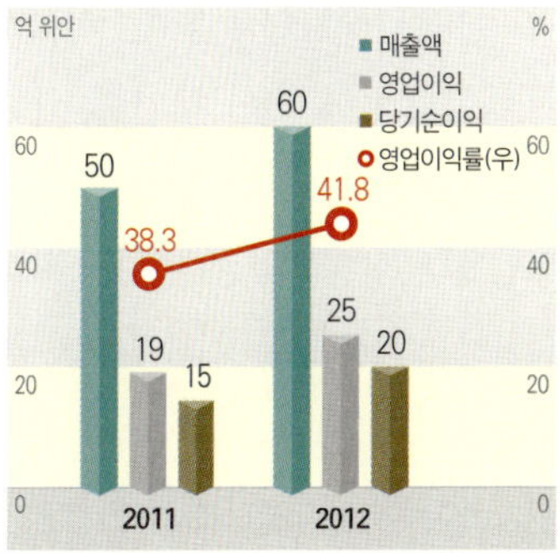

- 1892년 산둥성 옌타이 지역에 세워진 100여 년 전통의 와인기업.
- 영국 상류층 대상의 고급 슈퍼마켓 체인 '웨이트로스'에 와인 납품.
- 2013년 박근혜 대통령 중국 방문 시 장위와인이 만찬주로 등장.

- 옌타이장위와인은 와인과 브랜디가 매출의 주요 축이다.

- 중국 와인시장 규모가 점차 확대됨에 따라, 회사 매출도 안정적으로 성장하고 있다.

대륙인의 기질이 담긴 전통이자 문화가 거대 산업을 이루다

백주! 중국인들의 最高 애주이자 세계 最古의 술

우리에게는 고량주 또는 빼갈로 알려진 백주는 세계 최고(最古)의 주류 가운데 하나이자 전 세계 6대 증류주로 꼽힌다. 백주는 중국의 유구한 역사와 함께 발전해 왔다. 최근 양주, 맥주, 와인 등이 중국에서 빠른 속도로 발전하고 있으나 백주는 중국 농민이나 저소득층으로부터 꾸준한 사랑을 받으며 80% 이상의 높은 시장점유율을 차지하고 있다.

1949년 중화인민공화국 설립 이후 중국 백주 시장은 3단계의 발전 과정을 거쳐 왔다. 첫 번째는 공화국 설립부터 1978년 개혁·개방 이전까지의 시기이다. 건국 초기 10.5만 톤에 불과했던 백주 생산량은 1978년 143만 톤으로 약 15배 정도 증가했다. 당시의 생산은 계획경제체제 하에서 비교적 안정적으로 증가했다.

1980년대에 들어서면서 중국은 시장경제로의 변환기에 들어섰다. 자율을 강조하는 시장경제 하에서 백주 생산이 급속도로 증가하면서 5년 마다 50%를 넘는 성장을 이어갔다. 특히 1991년부터 1996년까지는 생산량이 801만 톤으로 최고조에 달했다. 시장은 성장을 거듭하면서 과열 양상을 보였고, 중국 정부는 부분적인 통제 정책을 펼치기도 했다. 이로 인해 백주 생산은 점차 안정된 모습을 찾아갔다. 특히 원재료인 곡류 절약, 저도수 백주 생산, 품종 다양화 등이 이루어지면서 백주의 품질도 개선되었다.

한편, 중국 시진핑 정권이 내세우는 최대 개혁 가운데 하나가 바로 공직기강이다. 이에 따라 시진핑이 중국 공산당 서기직을 승계한 뒤부터 중국에서는 연일 부정부패 관리를 고발하는 뉴스가 터져 나오기 시작했고, 공무원들의 공금 사용에 대한 조사도 철저히 이뤄지고 있다.

중국 공무원들의 공금 사용 문제는 이른바 '3공경비'(三公消費)라고 일컫는다. 공금을 이용한 해외 출장, 고급 관용차량 구입, 고급 술·담배 및 접대비 문제 등이 여기에 해당된다. 3공경비가 사회적으로 큰 문제를 일으키면서 정부에서도 관련 정책을 내놓기 시작했다. 대부분의 정책이 공금으로 고급 술과 담배의 구입을 금지하는 내용을 담고 있다.

이로 인해 중국 백주업계를 대표하는 마오타이는 매출에 큰 타격을 입게 되었다. 그동안 군 관련 구매가 마오타이 매출의 상당 부분을 차지하고 있었기 때문이다. 수요가 급감하자 1,500위안으로 소매가를 통제하던 마오타이가 가격을 낮추기 시작했고 이에 우량예(五粮液), 랑주(郎酒), 수정방(水井坊), 양허(洋河), 젠난춘(劍南春), 셔더(舍得), 펀주(汾酒) 등 고급 백주들의 가격도 하향 조정되었다. 중국 고급 백주업계는 지난 10년 동안 정치나 기업의 접대 문화에 의해 수요와 가격이 급등하여 큰 이익을 얻을 수 있었다. 하지만 최근 시진핑 정부의 반부패 청렴정치의 구호가 고급 백주업체들의 목을 쥐고 있어, 백주시장은 당분간 힘든 시기를 보내게 될 전망이다.

**세계 최대 맥주 주당 중국인들이
와인까지 맛보기 시작했다고?**

중국 맥주의 역사는 제국주의 침략과 함께 시작되었다. 당시 중국 산둥성 지방은 독일의 근거지였고 독일인들은 칭다오지역에 공장을 지어 맥주를 생산했다. 칭다오맥주는 맛에서도 상당한 수준에 이르러 1906년 독일 뮌헨 맥주 페스티벌에서 1위를 차지하기도 했다.

맥주는 공화국 설립 이후 약 20여 년의 정체기를 맞이하다가 1978년 개혁·개방 시기에 이르러 다시 성장하기 시작했다. 특히 개혁·개방을 맞아 서양의 다양한 문화가 중국에 유입됨에 따라 맥주에 대한 선호도 역시 크게 증가했다.

1980년대에는 중국 맥주시장의 성장률이 연평균 30%에 이르렀다. 그리고 1988년 말경에는 중국 전역에 813개의 회사에서 622만 킬로리터의 맥주를 생산해 미국과 독일에 이어 세계 3위의 맥주 생산 대국의 반열에 오르기도 했다.

2001년 WTO 가입은 중국 맥주산업의 개방을 한층 가속화시켰고, 시장 경쟁이 치열해 짐에 따라 중소 맥주업체들은 서로 인수·합병을 진행해 그 규모를 키웠다. 그리고 2002년 중국은 미국을 제치고 세계 최대의 맥주 생산국이 되었다. 그때부터 지금까지 계속해서 1위 자리를 유지해오고 있는 바, 명실상부 세계 최대의 맥주시장으로 군림하게 되었다.

최근 중국의 맥주시장은 쉐화맥주, 칭다오맥주, 옌칭맥주로 대표되는 국산 3인방과 글로벌 브랜드인 AB인베브의 간판스타 버드와이저가 4강 구도를 이루고 있다. 쉐화맥주는 2003년 칭다오맥주가 품질 향상, 브랜드 인지도 개선 등의 내부 정비에 들어간 틈을 타 적극적인 시장 확장에

나서면서 칭다오맥주를 제치고 중국시장 1위 자리를 차지했다. 2011년 기준 1,023만 킬로리터를 생산해 중국 1위(점유율 21%) 세계 5위(점유율 5.1%) 자리를 지키고 있다. 2위 칭다오맥주는 비록 생산량에서는 설화맥주에 뒤지지만 내부 정비를 통해 내실을 다져 중국 맥주업체 가운데 가장 높은 이익률을 향유하고 있다.

최근 중국 맥주시장은 과거에 비하면 다소 뜨뜻미지근한 시기를 이어가고 있다. 2012년 기준 전체 소비량이 4,900만 톤으로 전년 대비 3% 성장에 그쳤다. 이러한 시장의 반응에 따라 업체 간의 인수·합병을 통한 구조조정이 급물살을 타고 있다. 업계 1위인 화룬(쉐화맥주)이 53억 위안으로 진웨이(Kingway)맥주를 인수했고, 칼스버그는 중국 로컬업계 4위인 충칭맥주(重庆啤酒)의 지분 30%를 29억 위안에 인수해 총지분률 60%로 최대 주주의 자리에 등극할 예정이다. 이 밖에도 칭다오맥주는 일본의 산토리(三得利)맥주와 합작을 진행 중이다. 이러한 맥주업계의 인수·합병으로 업체마다 대형화가 진행되면서 업체 간의 가격경쟁력은 점차 약화되고 있으며, 반면 고정 비용의 감소로 인해 기업들의 수익은 향상될 것으로 전망된다.

중국에서 와인시장은 분명 백주나 맥주에 비하면 초라하다. 하지만 중국 가계소득이 늘어나면서 와인시장도 매년 두 자리 수 이상의 성장을 이어가고 있다. 와인시장의 성장에 따라 중국 내 와인 주조업체도 500여 개로 증가했고, 장위(张裕), 왕조(王朝), 장성(长城) 등 중국 토종 브랜드들의 경쟁력도 크게 향상되고 있다. 이들 3개의 브랜드에서는 중국 와인의 50% 정도를 생산하고 있으며 판매량에서도 50% 정도의 시장점유율을 차지하고 있다. 그동안 백주와 맥주에 취해 있었던 중국 주당들의 입이 와인 잔에까지 미치고 있는 것이다. ★

▶ 전 세계 의류 소비 규모

(백만 유로)

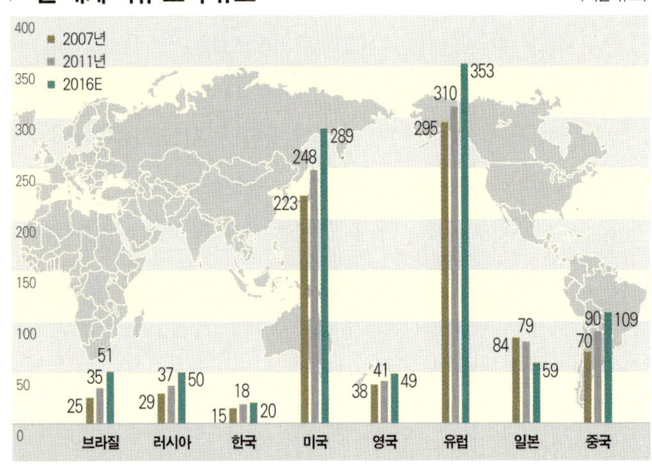

- 2007년 가장 많은 의류를 소비했던 유럽은 재정 위기 발생 이후 소비 심리가 동결되면서, 5년 동안 의류 소비가 5.1% 증가하는데 그쳤다. 이는 같은 기간 전 세계 의류 소비 평균 증가율인 11.1%에 한참 못 미치는 수준이다.
- 중국은 GDP 성장과 함께 소비자들의 소비 심리가 커짐에 따라 5년 동안 의류 소비가 28.1% 증가했다.

자료: Market Line Industry Profile

▶ 중국 의류 수출 추이

(억 달러)

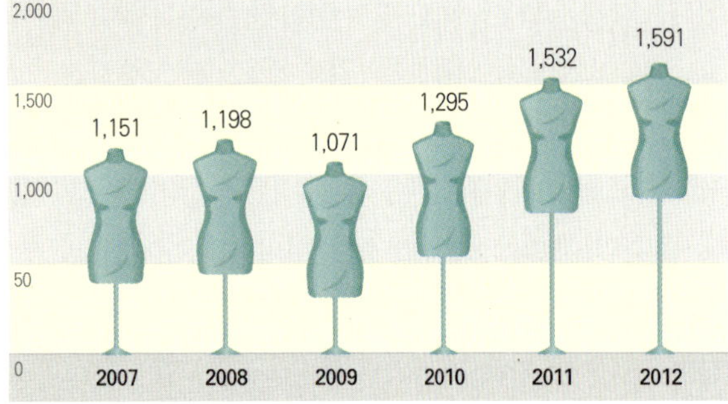

- 2008년부터 중국 의류업계는 인건비 상승과 위안화 절상으로 가격 경쟁력이 약화되었다.
- 2011년 유럽 재정 위기 이후 미국과 유럽의 의류 수주 규모가 감소해, 2012년 중국 의류 수출 규모 성장 속도도 둔화했다.

자료: WIND

▶ 중국 의류 수입 추이

(억 달러)

- 미국 발 금융 위기 여파로 2009년 중국의 의류 수입액은 전년 대비 19% 감소했다.
- 그러나 2010년 중국의 GDP가 10% 이상 성장하고 소비 심리가 풀리면서 의류 수입량도 증가 추세로 돌아섰다.

자료: WIND

▶ 중국 대형 백화점의 월별 의류 판매액 추이

(억 위안)

- 매년 1월 의류업계는 중국의 가장 큰 명절인 '춘절' 특수가 있다. 중국 대부분의 의류회사는 1월에 춘절맞이 이벤트를 진행하면서 한 해 중 가장 큰 매출을 올리고 있다.
- 특히 2012년 1월에는 기업마다 재고 문제를 해결하기 위해 가격을 낮추고 세일 등 이벤트 횟수를 늘려, 최근 5년 중 월 매출이 가장 컸다.

자료: 중국모방직산업협회

▶ 중국의 1인당 의류 소비 추이

(유로)

- 중국의 경제 성장과 더불어 중국 소비자들의 소비재 품목에 대한 소비가 상승하는 추세를 보이고 있다.
- 대표적인 소비재에 해당하는 의류는 향후 2016년까지 5년간 1인당 소비액이 약 18% 증가할 것이라고 예측되고 있다.

자료: Market Line Industry Profile

▶ 중국인의 해외 vs 국내 명품 소비 비중

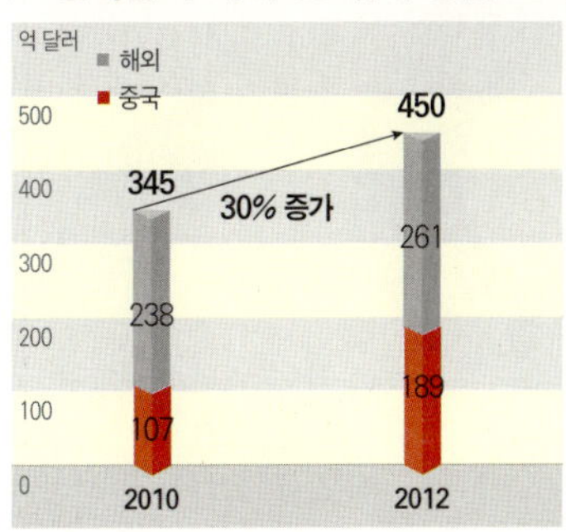

- 중국인들의 명품 구매는 해마다 20% 이상 증가하고 있다.
- 2012년 중국인이 해외에서 구매한 명품은 261억 달러에 달했다. 이는 명품을 중국에서 구매했을 때보다 해외에서 구매했을 때 가격이 30% 이상 낮아지기 때문이다.

▶ 중국인의 춘절 기간 해외 명품 구매액

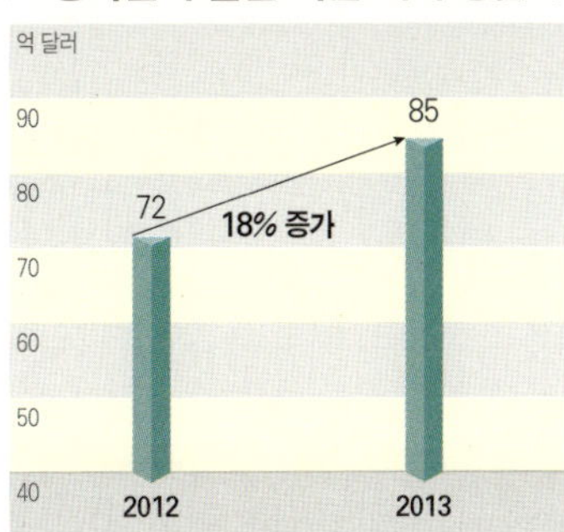

- 중국인은 2013년 춘절 기간(2월 9~15일)에 해외에서 85억 달러의 명품을 구입했다.
- 같은 기간 세계 명품 소비 총액은 162억 달러로 이 중 중국인의 소비가 52%를 차지한다.

자료: 〈2013년 중국 춘절 중국인 해외 사치품 소비 통계 보고〉

▶ 춘절 기간 중국인의 명품 주요 소비 지역 (2013년 2월 9~15일)

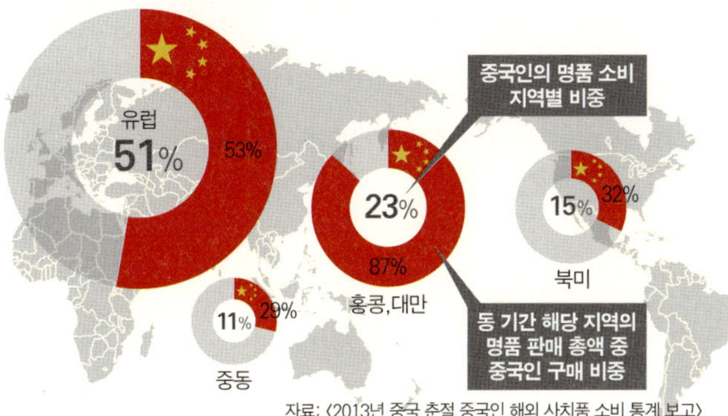

자료: 〈2013년 중국 춘절 중국인 해외 사치품 소비 통계 보고〉

▶ 중국과 한국 의류의 세계 시장점유율 (%)

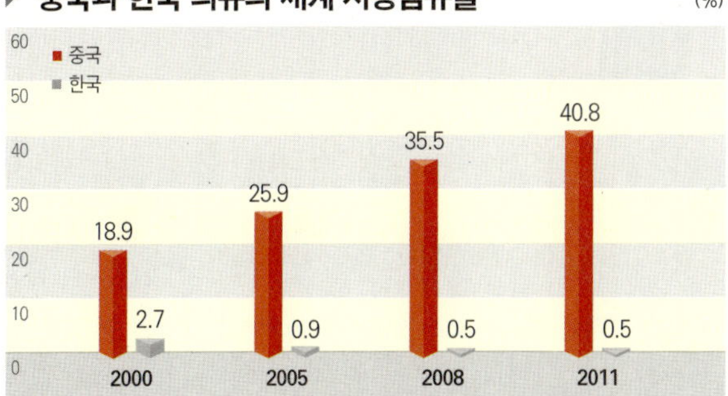

- 낮은 인건비와 봉제 비용을 바탕으로 가격경쟁력에서 우위를 확보한 중국 의류는 2011년 세계 시장점유율이 40.8%에 이른다.

▶ 대표적 명품의 중국 vs 해외 가격 비교

- 중국 내 명품 가격은 해외 현지가보다 최대 300%에서 최소 38% 비싸다.

자료: 중국망

▶ 중국 온라인 의류 쇼핑몰 매출 추이 (억 위안)

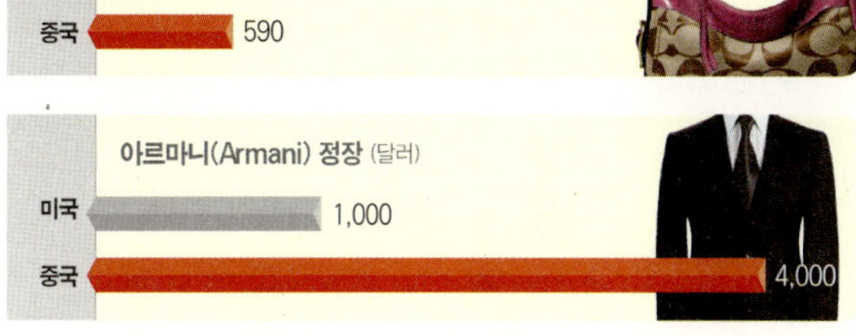

▶ 중국 온라인 의류 쇼핑몰 순위 (2011년 기준)

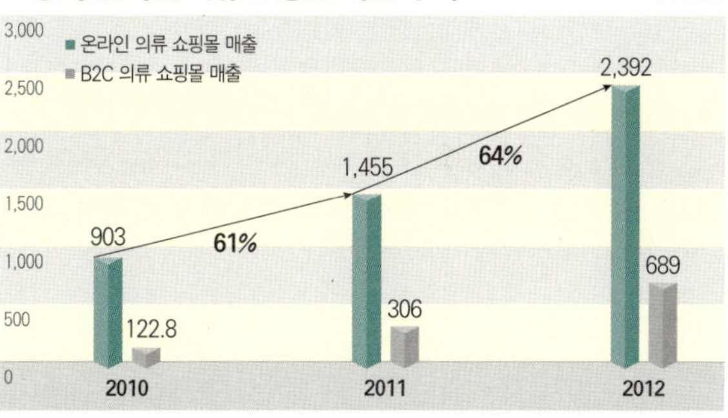

- 중국의 인터넷 보급률이 높아지고 소비자의 구매력이 커짐에 따라 온라인 의류 쇼핑몰이 빠른 속도로 성장하고 있다. 2012년 B2C방식의 온라인 의류 쇼핑몰 매출은 689억 위안으로 2011년에 비해 125% 증가했다.
- 매출이 대폭 증가한 이유는 스마트폰 보급으로 실시간 의류 구매가 더 많아졌기 때문이다. 이에 따라 중국 의류업계는 현재 오프라인 매장뿐만 아니라 온라인 매장 오픈에도 힘을 쏟고 있다.

자료: 텅화순(同花順)

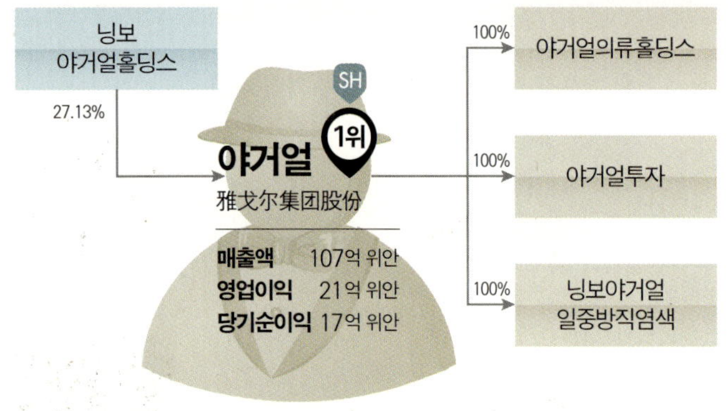

- 1979년 2만 위안의 자본금으로 설립된 중국 최대 의류 기업.
- 와이셔츠와 양복, 바지, 자켓, 넥타이, 티셔츠 등 6개 분야에서 선두를 점하고 있으며, 주력 상품인 와이셔츠는 중국 내에서 16년 동안 점유율 1위 기록.
- 의류업을 기반으로 부동산개발, 금융투자 등의 분야까지 사업 영역을 확장.

▍야거얼 매출 구성 (%)

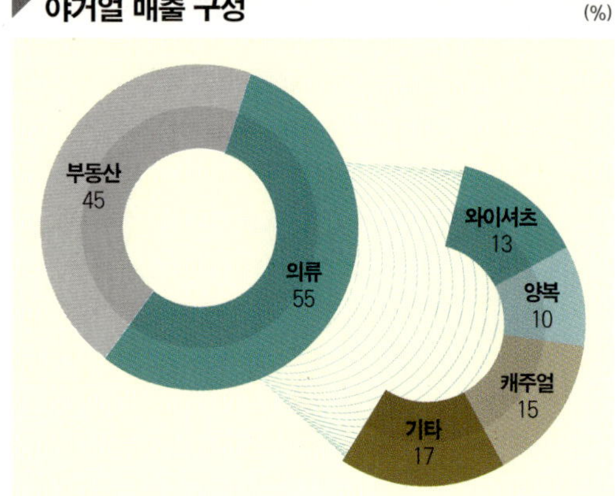

- 야거얼 총매출 중 의류 부문은 55%, 부동산 부문은 45%를 차지하고 있다.

▍야거얼 경영 실적

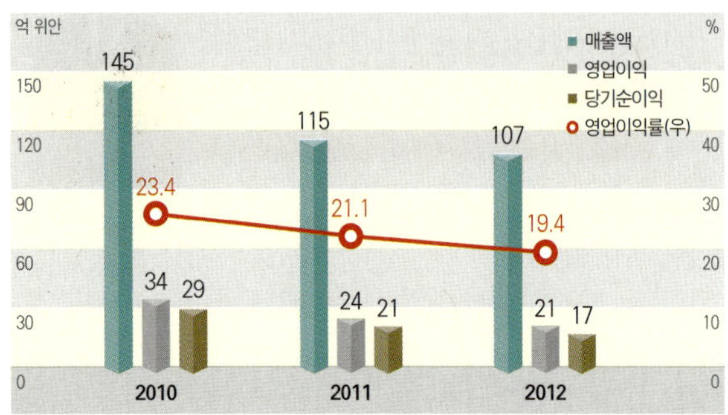

- 최근 중국의 남성복 시장이 일반 정장에서 캐주얼 정장 위주로 유행이 바뀌면서, 일반 정장의 대표 브랜드였던 야거얼의 매출도 하락하고 있다.
- 중국 정부의 고위 공직자 사치품 소비액 제한 정책으로 고가 의류 브랜드인 야거얼도 매출에 타격을 받고 있다.

▍야거얼 주가 추이 (%)

- 2012년 세계적인 경기 침체로 중국 의류업계도 주가가 전반적으로 하락했다.
- 2013년 1월에는 춘절 특수로 주가가 잠시 상승했으나, 주가 하락세를 반전시키지는 못했다.

- 최근 캐주얼 정장으로 중국의 젊은 화이트 컬러 계층에게 인기몰이 중인 기업.
- 2012년에는 효율적인 재고 관리를 통해 불황 속에서도 매출 상승세를 이어나감.

▍치피랑 매출 구성 (%)

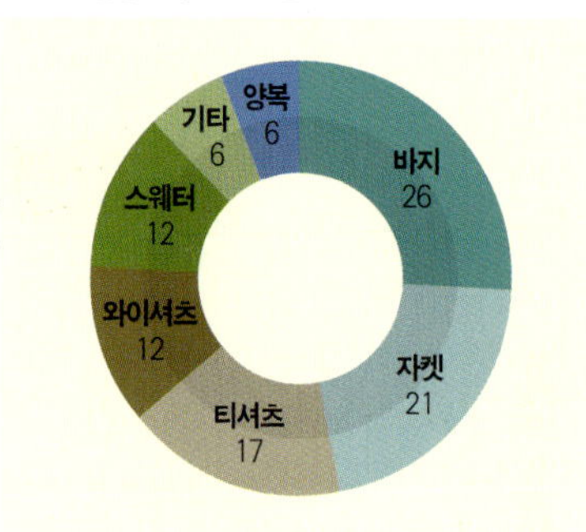

- 치피랑은 캐주얼 분위기의 정장 판매를 통해 소비자의 사랑을 받고 있다.
- 바지, 자켓, 티셔츠 등 모든 제품이 균등하게 매출을 내고 있다.

▍치피랑 경영 실적 (억 위안, %)

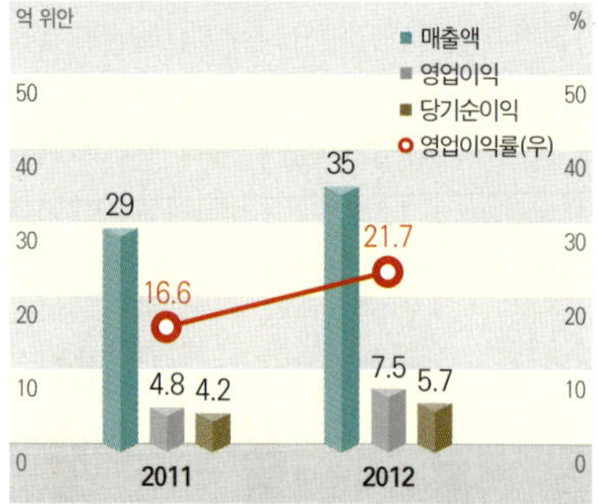

- 2012년의 중국 의류업계는 전반적으로 불경기였다. 치피랑그룹은 지역별 특별 판매와 집중적인 재고 관리를 통해 불황 속에서도 매출이 전년 대비 21.7% 상승하면서 양호한 실적을 올렸다.

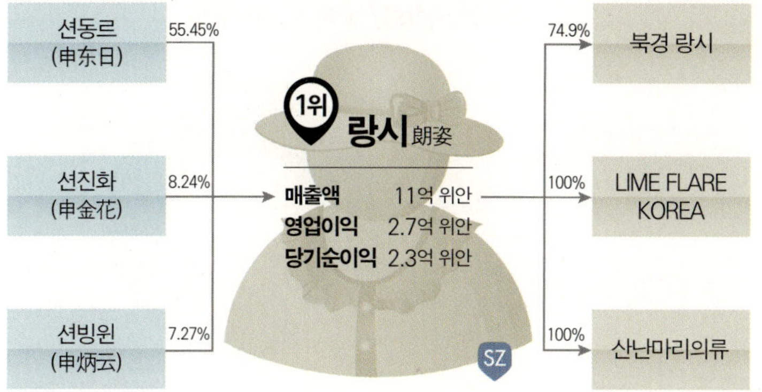

- 2012년 〈포브스〉의 '발전 가능성이 큰 중국 상장사'에 선정.
- 한국의 'LIME FLARE'의 모회사.

▮ 랑시 매출 구성 (%)

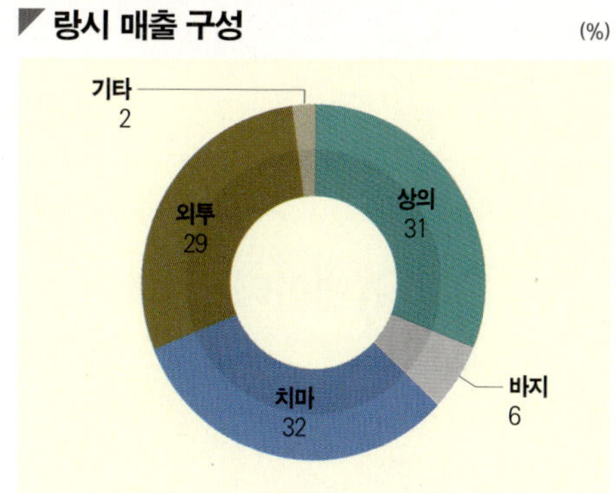

- 랑시는 젊은 여성층을 주 타깃으로, 우아한 느낌의 디자인을 선보이고 있다. 여성미를 한껏 느낄 수 있는 외투, 상의, 치마 등의 품목이 매출에서 차지하는 비중이 크다.

▮ 랑시 경영 실적

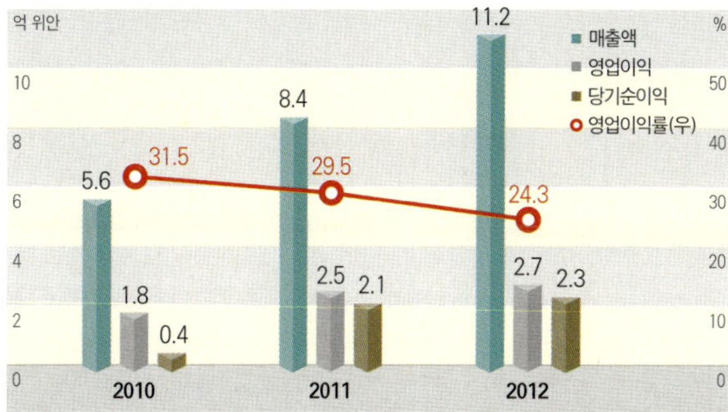

- 랑시는 2012년 3분기 이후 전국에 300개 이상의 매장을 확보하면서 매출이 전년 대비 30% 이상 증가했다.

▮ 랑시 주가 추이 (%)

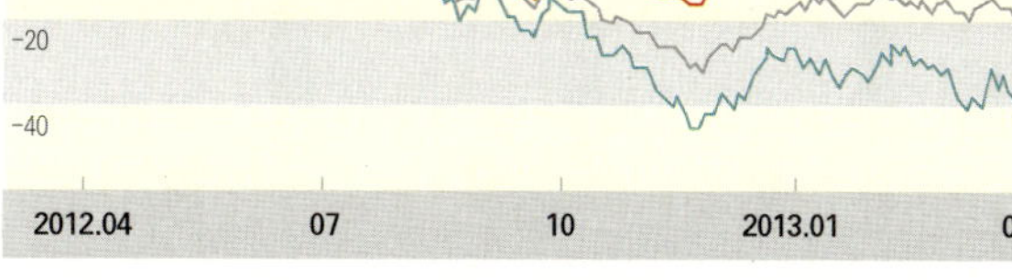

- 2012년 2분기 이후 경기 불황으로 의류업계는 주가가 하락했다.
- 랑시 역시 불경기와, 2012년 2분기에 새로 출시한 브랜드가 낮은 브랜드 인지도와 협소한 유통망으로 고전하면서 주가가 계속 하락하고 있다.

- 가죽 의류와 가죽을 활용한 액세서리, 오리털 의류 등을 생산하는 기업.

▮ 화스농업개발 매출 구성 (%)

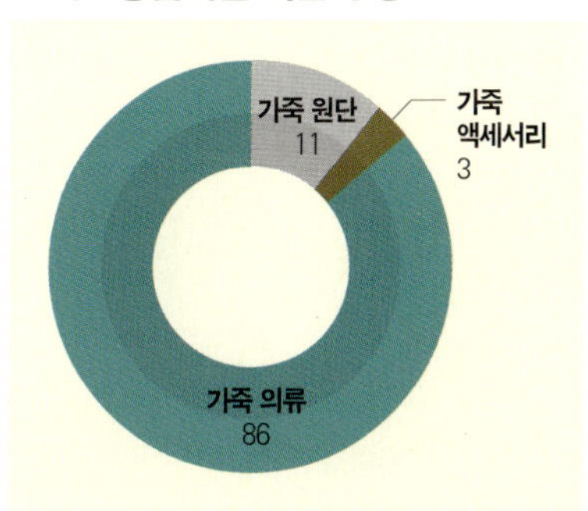

- 매출은 주로 가죽과 모피 의류에서 나온다.
- ODM(제조자 개발 생산), OBM(자가 브랜드 생산) 방식으로 해외 수주를 받아 판매하고 있다.

▮ 화스농업개발 경영 실적

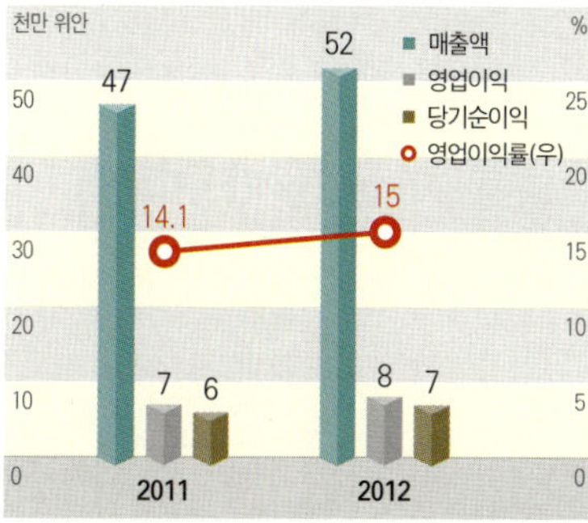

- 2012년 화스농업개발은 수출 물량이 증가하면서 매출이 전년 대비 10.6% 증가했다.
- 전체 매출에서 수출이 차지하는 비중은 78%이다. 화스의 주요 수출 지역은 러시아, 유럽, 일본, 미국, 한국 등이다.

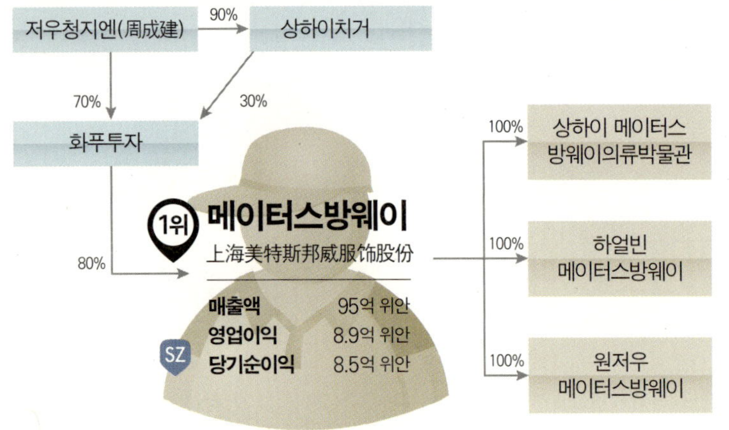

- 야거얼그룹과 의류업계 1, 2위를 다투는 기업.
- 10~20대를 대상으로 저렴한 가격대의 트렌디한 디자인의 의류를 판매.

▶ 메이터스방웨이 매출 구성 (%)

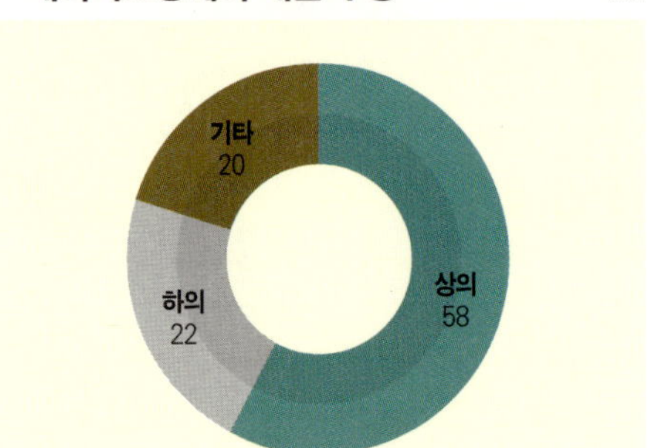

- 의류 중 상의는 가장 많이 구입하는 아이템으로, 메이터스방웨이 매출도 주로 상의 제품에서 나온다.
- 메이터스방웨이가 운영하는 ME&CITY 브랜드는 한국 의류와 스타일이 비슷해 젊은 소비자들이 선호한다.

▶ 메이터스방웨이 경영 실적

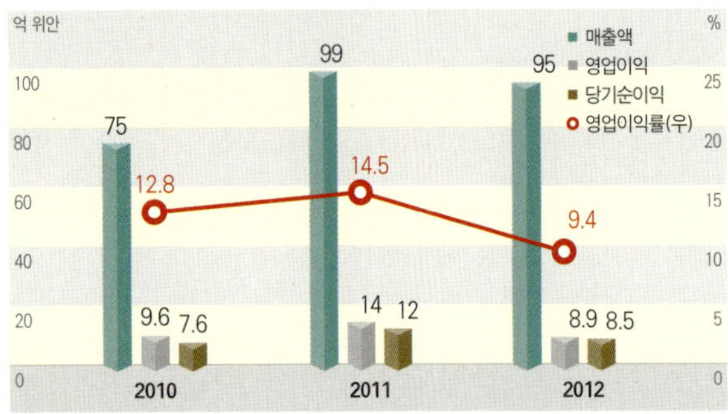

- 2010년 중국 GDP 성장으로 캐주얼 의류가 호황을 누리면서, 메이터스방웨이도 매출이 상승했다.
- 그러나 2012년 의류업계 불황으로, 캐주얼 의류 최고의 로컬 브랜드인 메이터스방웨이도 매출이 하락했다.

▶ 메이터스방웨이 주가 추이 (%)

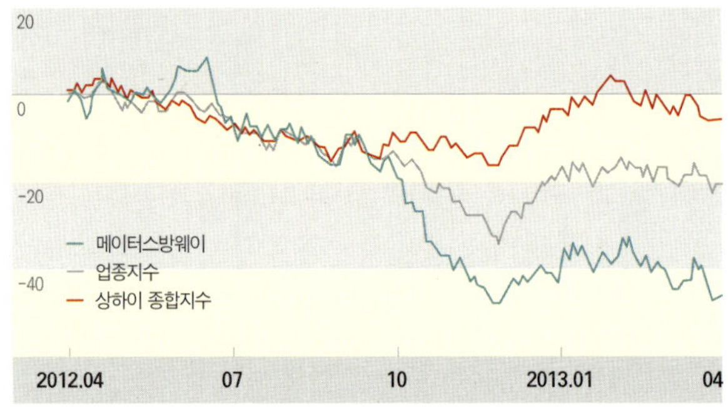

- 메이터스방웨이는 2012년 25.6억 위안 규모의 재고 발생으로 3분기에 구조조정을 실시했다.
- 2013년 1월에는 오리털 제품의 품질 미달 사건이 발생해 주가가 계속 업종지수와 상하이 종합지수를 하회하고 있다.

▶ 썬마 매출 구성 (%)

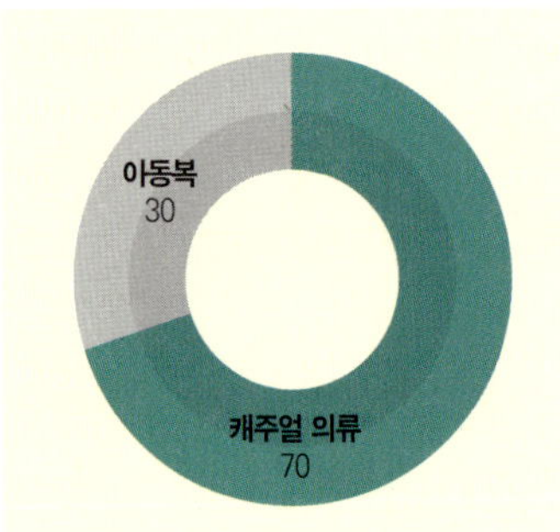

▶ 썬마 경영 실적

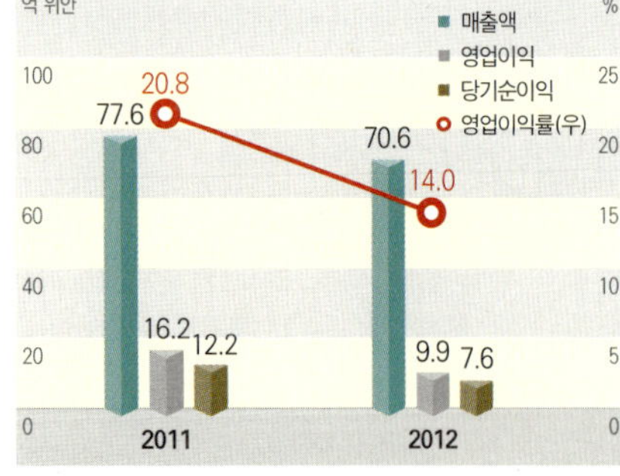

- 중국 캐주얼 의류 대표기업으로 2008, 2010년 슈퍼주니어M(중화권에서 활동하는 슈퍼주니어의 유닛 그룹)이 전속 모델로 활동.
- 2009년에는 영화 〈아이언맨2〉에 의상을 협찬.

- 썬마는 최근 중국 의류시장 내 규모가 커지고 있는 캐주얼 의류가 매출의 중심에 있다.
- 캐주얼 제품 중 외투가 전체 매출의 23.85%, 바지가 21.6%를 차지하고 있다.

- 업계 간 경쟁 심화, 재고량의 증가 등으로 2012년 매출이 전년 대비 8.4% 하락했다.
- 또 썬마는 유통망 확대를 위해 2012년 인터넷쇼핑몰을 오픈했으나 매출 대비 투자 비용이 더 많아 영업이익률이 하락했다.

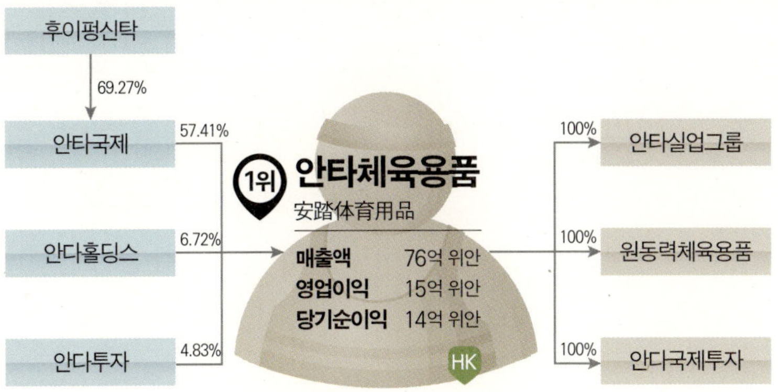

- 전 세계 브랜드 가치를 평가하는 〈World Brand Value Lab〉에서 2010년 84위 차지.
- 2009년 필라(FILA)의 중국 내 상표 사용권 및 판매권 인수.

안타체육용품 매출 구성 (%)

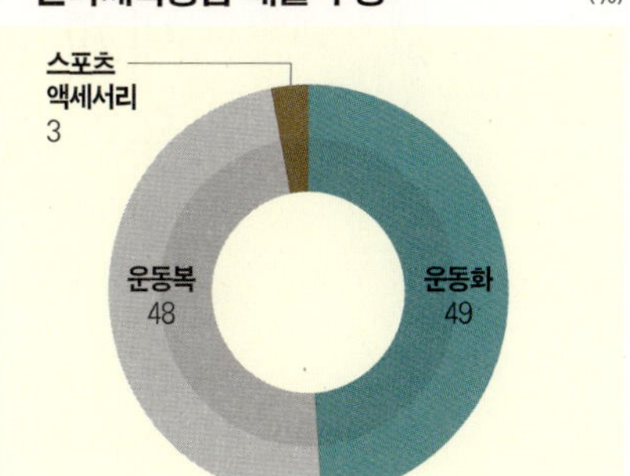

- 안타체육용품의 운동화는 다른 브랜드에 비해 가격 대비 땀 흡수력과 방수력이 좋아 소비자들이 선호한다.
- '나이키'와 유사한 로고도 소비자들이 안타체육용품 운동화를 찾는 이유 중 하나다.

안타체육용품 경영 실적

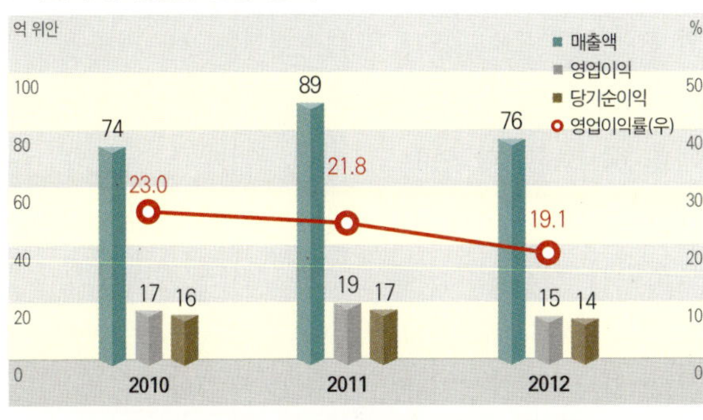

- 2008년 베이징올림픽 후원사였던 안타체육용품은 올림픽이 끝난 후 인기가 급상승하며 매출 상승세를 이뤘다.
- 그러나 2012년 의류업계의 전반적 불황으로 매출이 감소하고 재고량이 증가하면서 영업이익이 감소하기 시작했다.

2012년 중국 스포츠 용품 주가 추이 (%)

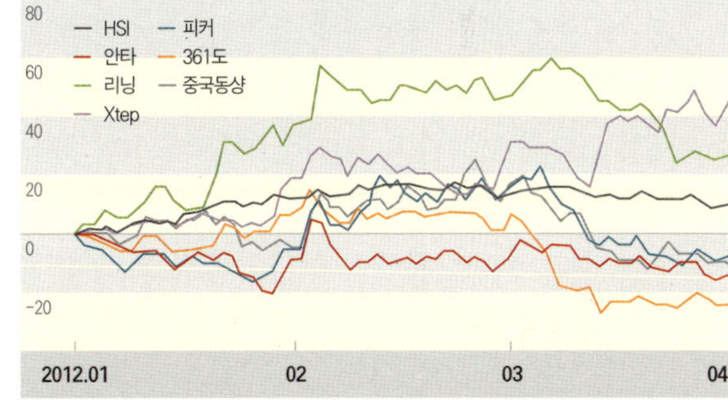

- 2012년 스포츠 의류업계는 전반적으로 불경기였다. 안타와 361도는 재고 문제로 동종 업계 평균보다 낮은 주가를 기록했다. 2011년 업계 1위를 달렸던 리닝은 스페인에 위치한 자회사가 파산하면서 주가가 하락세를 보이기 시작했다.
- 특히 안타는 2008년 올림픽 특수로 대리점을 대거 증설했으나 수요가 공급을 따라가지 못해 재고 물량이 대폭 증가(전년 대비 100%)했다.

- 전직 국가대표 체조선수 리닝(李宁)이 자신의 이름을 브랜드화시켜 만든 기업.
- 안타체육용품과 자웅을 겨루는 양대 스포츠 의류 기업.

리닝 매출 구성 (%)

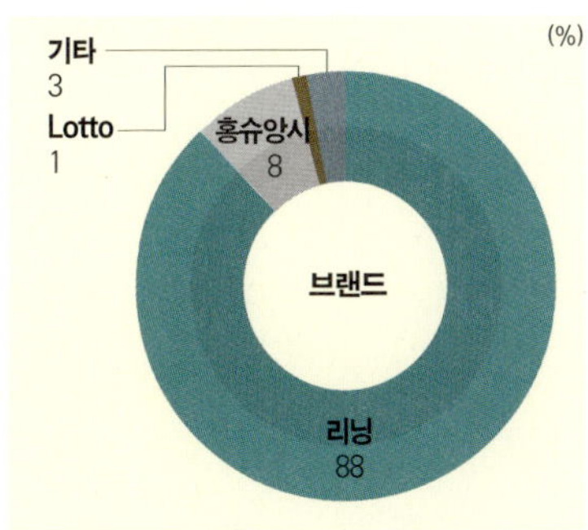

- 여러 브랜드를 함께 취급하고 있으나 리닝 브랜드가 매출의 88%를 차지할 정도로 가장 활발히 판매되고 있다.

리닝 경영 실적

- 2012년 리닝은 마이너스 영업이익을 기록했다. 중국 의류시장의 불황 뿐만 아니라 스페인에 위치한 리닝의 한 자회사가 파산하면서 마이너스 영업이익을 기록했다.

세계 패션의 중심이
유럽에서 중국으로 이동 중!

개혁·개방 이전 중국인들에게 옷이란 그저 '일하는 사람들이 입는 면으로 만든 제품'에 불과했다. 먹고 살기 바쁜 가난한 사람들의 머릿속에 '패션'이라는 개념이 생길 여유가 없었던 것이다. 그리고 1978년 개혁·개방의 회오리가 중국 전역을 휩쓸고 지나가면서 의식주 가운데 하나인 의복에서도 커다란 변화가 일기 시작했다. 이른바 '복장산업'이라는 명칭으로 정부의 '방직부'에 패션 업무가 추가되면서 패션이 하나의 산업으로서 첫발을 내딛게 된 것이다.

중국 패션 1번지, 광저우

중국의 패션산업은 엄밀히 말하면 국가의 계획이 아니라 광저우(广州) 사람들에 의해 태동했다고 보는 게 맞을 것이다. 광저우는 홍콩과 가까워 당시 홍콩에서 유행하던 의류와 액세서리 등이 보따리상('따오예'(倒爷)라 불림)들에 의해 쉽게 유입되었다. 광저우 사람들의 반응은 아주 좋았다. 광저우의 도심에 멋쟁이들이 거리를 활보하고 다니기 시작한 것이다. 그리고 따오예는 광저우를 넘어 전국을 돌며 장사를 시작했다.

1980년대에 이르러 중국 최초로 와이셔츠가 브랜드화 되어 팔리기 시작했다. 비록 국영기업 제품이 대부분이었지만, '의복의 브랜드화'야말로 중국 패션산업에서는 획기적인 사건이었다. 그리고 그 비슷한 시기에 피에르가르뎅 소속

12명의 디자이너들이 중국에서 '패션쇼'를 진행하는 등 패션산업 발전을 위한 준비 학습이 시작되었다.

1980년대 중반부터 '골드라이언'(金利来) 등의 외국 브랜드들이 합자 방식으로 중국에 진출했다. 외국 브랜드들이 중국에 들어오면서 패션에 대한 중국인들의 안목도 자연스럽게 넓어졌다. 그리고 정부 차원에서 패션산업을 키워야 한다는 목소리가 커져 갔다. 패션 관련 소규모 민영기업들이 생겨난 것도 이때의 일이다. 중국 정부는 우한(武汉)시에 '한쩡지에'(汉正街)라는 의류 도매시장을 설립하기도 했다. 한국의 동대문시장 같은 곳을 정부가 주도해서 세운 것이다.

패션에 대한 관심이 날로 커지면서 대학에 패션 관련 학과가 개설되었고, 드라마와 영화를 통해 의류와 액세서리에 대한 유행이 번지기 시작했다. 젊은이들 사이에 해외 유명 패션잡지들도 돌아다니는 등 중국인들이 패션을 하나의 문화로 받아들이기 시작했다.

중국 패션산업의 런웨이를 활보하는 토종 브랜드들

1979년 해외 패션 브랜드들의 중국 진출이 본격화 되던 당시 중국 최대 패션업체인 '야거얼그룹'(雅戈尔集团)이 설립됐다. 처음에는 주로 와이셔츠를 생산·판매하다가 지금은 정장, 캐주얼, 액세서리 등 토털 패션업체로 자리매김하고 있다. 야거

얼은 2000년 이후 지금까지 12년 연속 시장점유율 10%로 1위를 이어가고 있다. 연평균 3,000만 벌의 의류를 생산하고 있으며 우수품질업체로 선정되면서 소비자들의 선호도가 계속 커지고 있는 것이다.

야거얼은 2004년 이후 면화 재배 및 방직 사업을 시작하면서 패션업계에서 업스트림기업으로서의 지위를 확보해 나가고 있다. 또한 2008년에는 미국의 KELLWOOD 자회사인 '홍콩신마그룹'(新马集团)을 인수하면서 글로벌 브랜드로서의 포문을 열었다.

야거얼은 패션에 머물지 않고 부동산과 금융시장까지 활동 무대를 넓혀 중국 재계의 관심을 한 몸에 받고 있다. 1992년 닝보(宁波), 쑤저우(苏州)를 시작으로 중국 전역에 사무실, 별장, 주택 등 지금까지 300만 평방미터에 이르는 부동산을 개발해 왔다. 1993년부터 시작한 금융사업에서도 이익을 내고 있다. 광보우그룹(广博集团), 이커과학기술(宜科科技), 중신증권(中信证券), 닝보은행(宁波银行), 하이통증권(海通证券) 등 투자 대상 기업도 여럿이다. 2011년 기준 야거얼의 순이익 17억 위안 가운데 70%가 금융사업에서 이룬 것이다.

'주걸륜'(Jay Chou)은 한국에서도 많이 알려진 중화권 가수 겸 배우이다. 중국 젊은이들에게 주걸륜과 마찬가지로 유명한 패션 브랜드가 바로 '메이터스방웨이'이다. 메이터스방웨이는 중국의 대표적인 캐주얼 브랜드로 1995년 설립되었다. 당시 메이터스방웨이는 중국의 부자 도시로 유명한 원저우(溫州)시의 지에팡극장(解放剧院)에 첫 매장을 오픈했다. 메이터스방웨이의 역사는 비교적 짧지만 이미 5개의 브랜드를 론칭해 중국 전역 의류시장을 확보하고 있다.

메이터스방웨이의 CEO인 저우청지엔(周成建)은 가난한 농민 출신으로 방직공으로 잠깐 일했던 인연을 계기로 의류 도매업자의 길로 들어서, 지금은 중국 패션업계 브레인이 되었다. 그는 패션 관련 정규 교육을 받지는 못했지만 패션에 대한 남다른 감각과 열정을 지녔다. 20살이 채 되지 않았을 무렵 원저우시에 의류 박물관을 설립하는 상상할 수 없는 일을 해낸 그는, 메이터스방웨이를 설립하면서 패션시장에 본격적으로 뛰어들었다. 저우청지엔은 현재 중국의 명문대학인 저장대학(浙江大学)에서 EMBA를 공부하고 있다. 그는 항상 그래왔듯이 공부하는 CEO로도 정평이 나 있다. 메이터스방웨이의 성장은 CEO인 저우청지엔의 겸손과 열정에서 비롯했음에 이의를 제기할 중국인은 아마도 없을 것이다.

메이터스방웨이의 특징은 직영점과 함께 가맹점 방식으로도 매장을 운영한다는 점이다. 메이터스방웨이의 수익 가운데 25%는 가맹점들에게 환원되는 바, 이는 다시 전체 영업을 활성화시키는 촉매제로 작용하고 있다.

전 세계 명품 소비 2위 국민

2012년 기준 중국인의 명품 소비 규모는 450억 달러였다. 이는 2010년의 345억 달러에 비해 30% 증가한 수치이다. 중국은 일본에 이어 세계 명품 소비량 2위에 랭크돼 있는 바, 전 세계 명품 소비의 25%를 점하고 있다. 국제명품협회 그레그 푸어만(Greg Furman) 회장은 2025년에 이르면 중국인의 명품 소비 규모가 글로벌 대비 50%를 차지하게 될 것이라고 예측했다. 이에 대해 중국 정부에서는 사치품 근절을 위한 캠페인과 높은 관세 부과 등 규제 조치에 나서고 있지만 얼마나 실효성을 거둘지는 의문이다. 한때 패션에 대한 개념조차 몰랐던 중국인들이 지금은 전 세계 명품시장을 호령하고 있는 것을 보면 격세지감을 느끼지 않을 수 없다. ★

❶ 중국 생활용품시장 규모 2,000억 위안.
❷ 치약, 샴푸, 린스, 기저귀는 P&G와 유니레버 등 해외 브랜드가 우세. 세탁세제, 주방세제, 화장지는 중국 브랜드가 우세.
❸ 한국 유한킴벌리, 전체 매출액 중 중국 수출 비중 12%, 중국 프리미엄 기저귀 시장 50% 이상 점유.

▼ 중국 생활용품 카테고리별 중국과 해외 브랜드 시장점유율 (%)

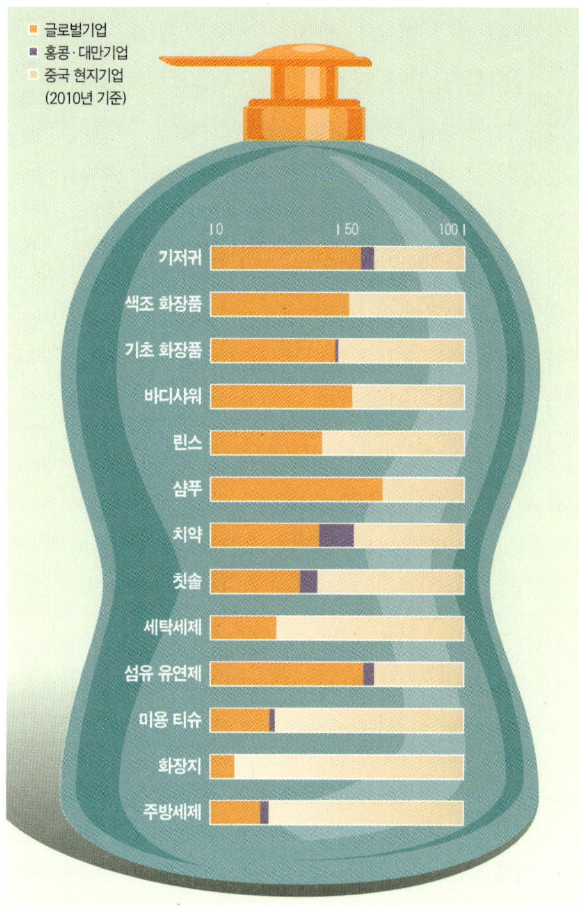

- 중국 생활용품시장에는 글로벌 브랜드가 깊숙이 침투해 있다.
- 하지만 세탁세제나 주방세제, 화장지 등의 가정용품 부문은 중국 브랜드의 시장점유율이 70% 이상이다. *자료: Kantar Worldpanel, Bain & Company*

▼ 중국의 생활화학제품 매출 구성 (%)

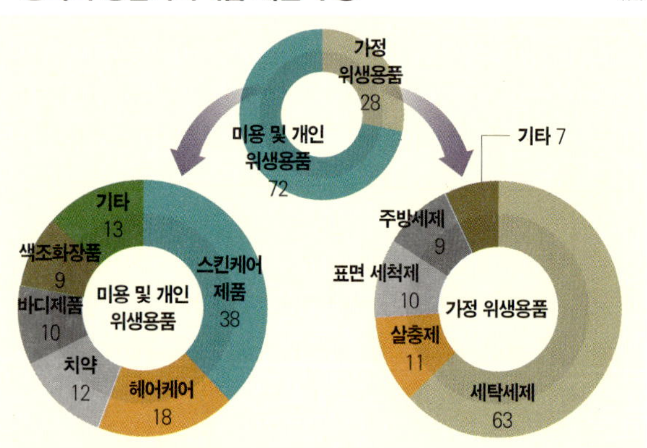

- 중국 생활화학제품 시장은 매출 기준으로 미용 및 개인 위생용품 72%, 가정 위생용품 28%이다.
- 미용 및 개인 위생용품시장에서 헤어케어, 치약, 바디용품 등 생활용품 비중이 40% 가량이다. *자료: Euromonitor, CICC*

▼ 중국 생활화학제품 시장 규모 (매출액 기준)

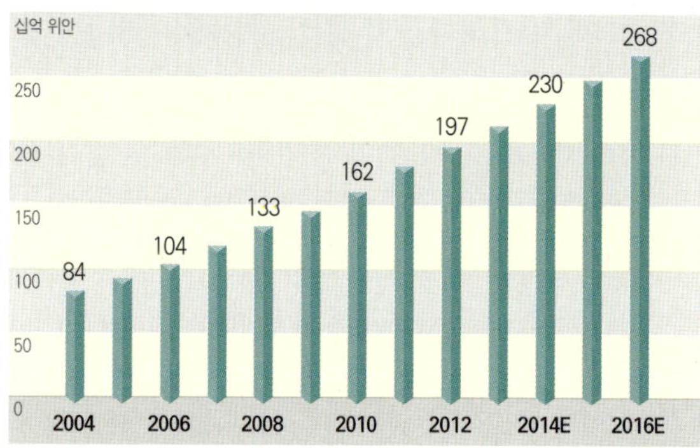

- 중국 생활화학제품 시장은 2004~2011년까지 11.6%, 2012~2016년까지는 8.1% 성장이 예상된다. *자료: Euromonitor, B&Q China*

▼ 1인당 생활용품 소비 금액

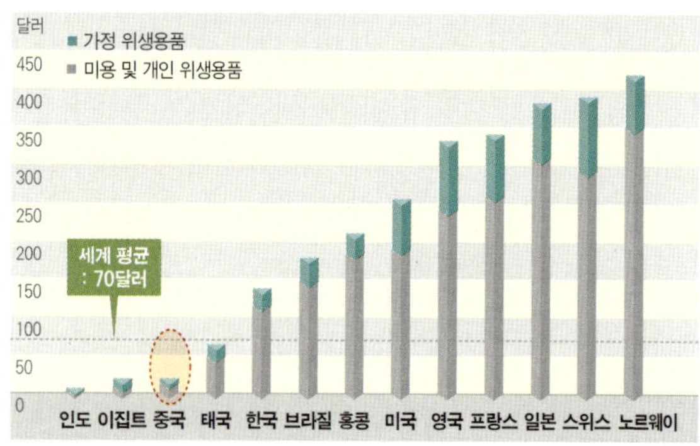

- 중국의 생활용품시장은 연평균 10%씩 빠르게 성장하고 있지만, 1인당 생활용품 소비 금액은 세계 평균보다도 한참 낮은 수준이다. *자료: Euromonitor, CICC*

▼ 중국 1인당 생활용품 소비액의 세계 평균과 격차 (%)

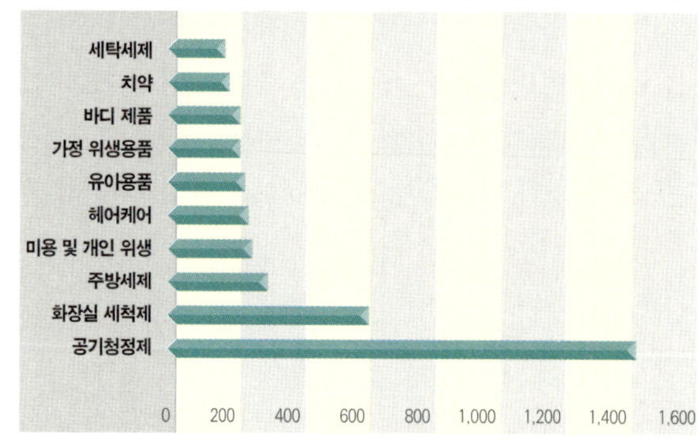

- 중국인의 생활용품 소비 수준을 세계 평균과 비교하면 모든 제품의 소비액이 세계 평균에 미치지 못한다.
- 이 중에서도 화장실 세척제와 공기청정제는 격차가 가장 크다. *자료: Euromonitor, CICC*

▼ 1인당 생활용지* 소비량

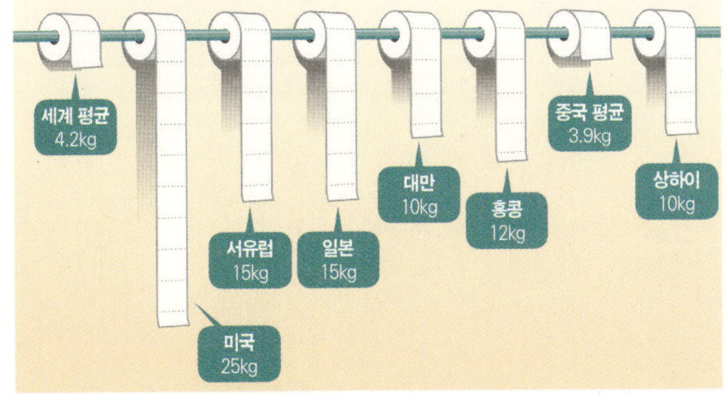

- 생활용지 소비량은 국민소득과 위생 의식에 따라 결정된다.
- 중국의 1인당 생활용지 소비량은 세계 평균보다 낮다.

* 생활용지: 롤화장지, 각티슈, 휴대용 티슈, 키친타월, 핸드타월, 물티슈 등

자료: WIND

▼ 중국 헤어케어 시장 규모

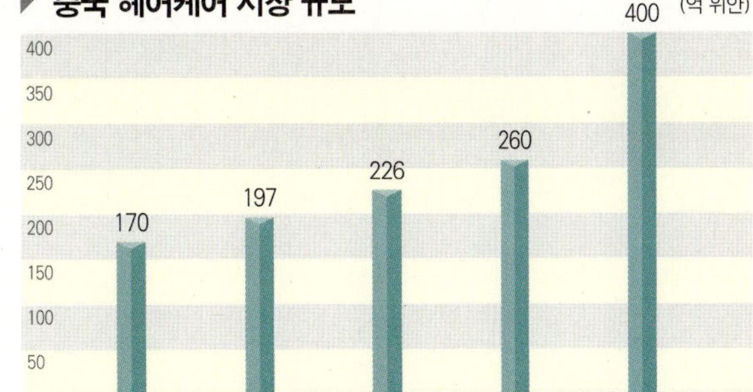

- 2012년 중국의 샴푸, 린스, 트리트먼트 등 헤어케어 제품의 시장 규모는 약 260억 위안으로, 최근 3년간 연평균 15% 성장했다.
- 중국 헤어케어 시장은 P&G(미국), 유니레버(영국), 리조이스(미국) 등의 해외 브랜드가 차지하는 비중이 60%가 넘는다.

자료: 데이터모니터

▼ 중국 생활용품 카테고리별 글로벌 vs 로컬 제품

자료: 중국순위왕

▼ 중국의 생활용품 사용 통계

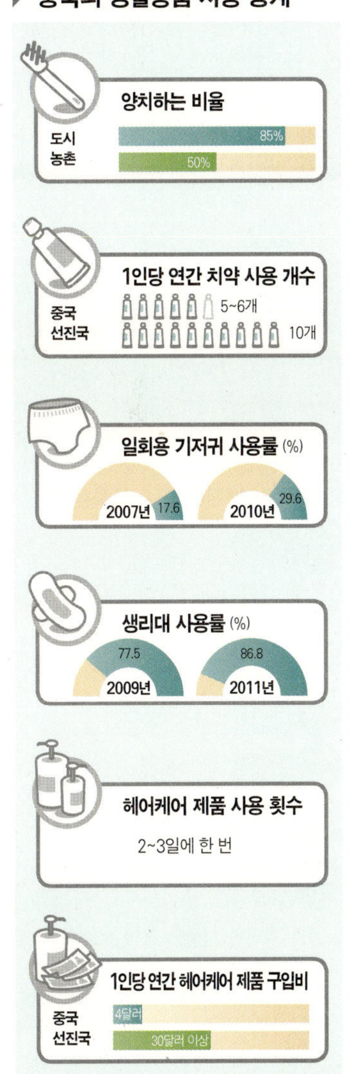

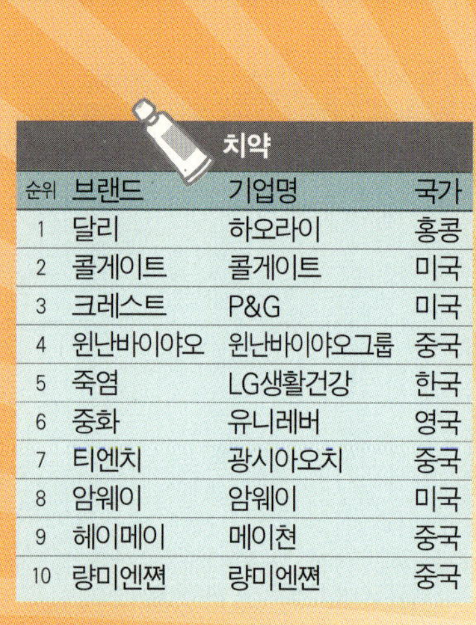

치약

순위	브랜드	기업명	국가
1	달리	하오라이	홍콩
2	콜게이트	콜게이트	미국
3	크레스트	P&G	미국
4	윈난바이야오	윈난바이야오그룹	중국
5	죽염	LG생활건강	한국
6	중화	유니레버	영국
7	티엔치	광시아오치	중국
8	암웨이	암웨이	미국
9	헤이메이	메이천	중국
10	량미엔쪈	량미엔쪈	중국

샴푸

순위	브랜드	기업명	국가
1	헤드앤숄더	P&G	미국
2	클리어	유니레버	영국
3	헤이즐라인	유니레버	영국
4	팬틴	P&G	미국
5	럭스	유니레버	영국
6	리조이스	P&G	미국
7	사순	P&G	미국
8	SLEK	바이어스도르프	독일
9	빠왕	빠왕국제그룹	중국
10	라팡	라팡국제그룹	합자

비누

순위	브랜드	기업명	국가
1	세이브가드	P&G	미국
2	럭스	유니레버	영국
3	헤이즐라인	유니레버	영국
4	올레이	P&G	미국
5	암웨이	암웨이	미국
6	리우션	상하이자화	중국
7	나이스	저장나이스	중국
8	카오	일본카오	일본
9	소프트	소프트	중국
10	라팡	라팡국제그룹	합자

세탁세제

순위	브랜드	기업명	국가
1	댜오파이	저장나이스	중국
2	OMO	유니레버	영국
3	타이드	P&G	미국
4	치창	남풍화공	중국
5	백묘	상하이백묘	중국
6	삐랑	P&G	미국
7	지에파이	일본화왕	일본
8	쫜화	광저우시량기	중국
9	리바이	광저우리바이	중국
10	쳰리	쳰리그룹	중국

주방세제

순위	브랜드	기업명	국가
1	백묘	상하이백묘	중국
2	리바이	광저우리바이	중국
3	암웨이	암웨이	미국
4	차오닝	저장나이스	중국
5	챠오쇼우	레킷벤키저	영국
6	댜오파이	저장나이스	중국
7	랑치	광저우우랑치	중국
8	치창	남풍화공	중국
9	아오치리	아오치리그룹	중국
10	쫜화	광저우시량기	중국

섬유 유연제

순위	브랜드	기업명	국가
1	란위에량	광저우란위에량	중국
2	OMO	유니레버	영국
3	웨이신	웨이차이	중국
4	타이드	P&G	미국
5	암웨이요우성훠	암웨이	미국
6	카이미	시안카이미	중국
7	지에파이	일본카오	일본
8	리바이	광저우리바이	중국
9	컴포트	유니레버	영국
10	뤼산	베이징뤼산	중국

자료: 중국순위왕

▼ 중국이 기저귀를 수입하는 주요 국가

- 중국 기저귀 시장은 해외 브랜드가 60% 이상을 점유하고 있다.
- 중국 브랜드 중에는 고급 제품이 없을 뿐만 아니라, 대도시나 1선 도시에서는 중국 제품을 찾기 힘든 수준이다. 기간: 2012년 1~9월 / 자료: KITA

▼ 유한킴벌리 매출 구성 (%)

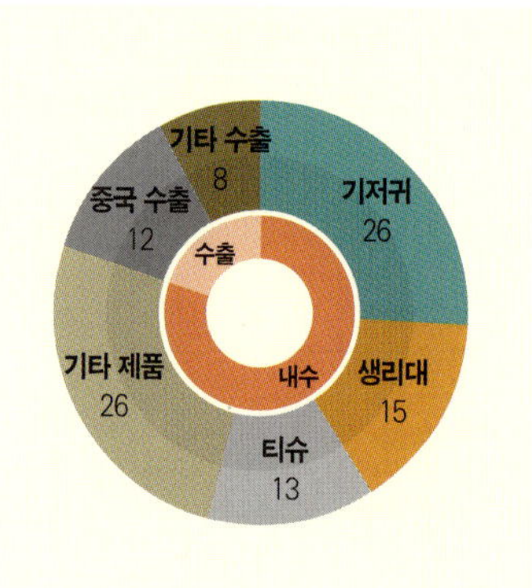

- 유한킴벌리는 대 중국 기저귀 수출이 늘어나면서, 중국 수출이 전체 매출에서 차지하는 비중이 커지고 있다.

자료: 유한양행

▼ 유한킴벌리 중국 매출 추이 (십억 원)

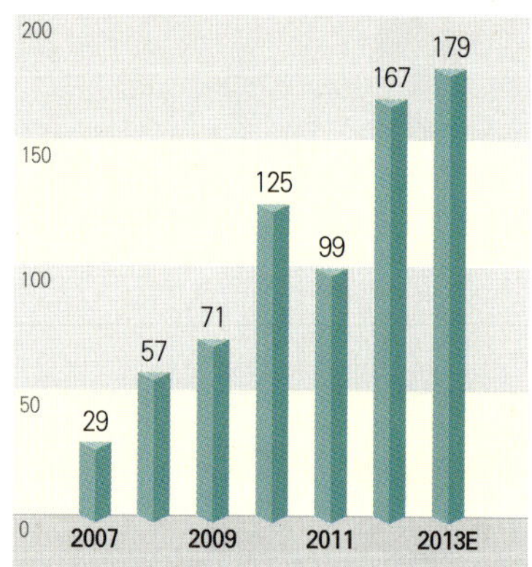

- 유한킴벌리의 중국 기저귀 시장점유율은 4%에 불과하지만, 프리미엄 기저귀 시장 점유율은 50% 이상이다.
- 최근 킴벌리클라크가 중국에서 초고가 프리미엄 기저귀를 생산하기 시작하면서 향후 유한킴벌리의 중국 매출 감소가 예상된다.

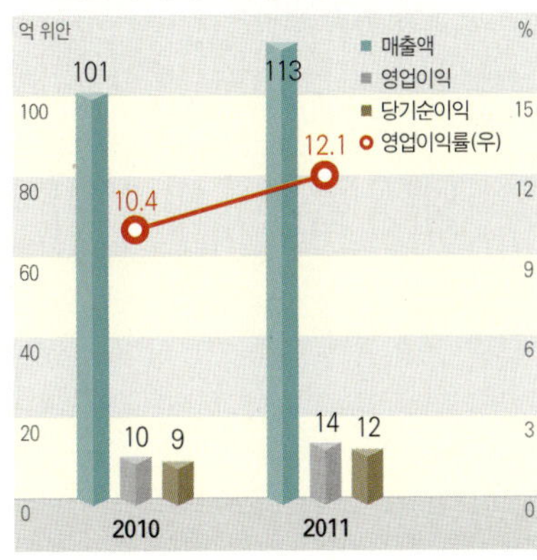

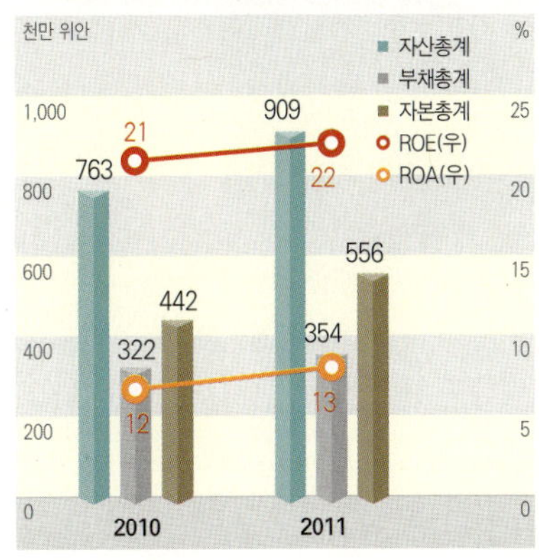

윈난바이야오그룹
云南白药集团股份

매출액	113억 위안
영업이익	14억 위안
당기순이익	12억 위안

国
SZ

- 중국 가정의 상비약인 '취환장'(曲煥章)을 만든 100년 전통의 중국 의약품 전문기업.
- 윈난바이야오 치약은 일본 닛케이BP가 조사한 '2011년 중국 인기 상품 톱 25'에서 5위에 오름.

- 천연 재료에 대한 중국인들의 선호도가 커지면서 한방 성분으로 치약을 만드는 윈난바이야오는 매출이 꾸준히 상승하고 있다.

- 윈난바이야오는 자산이 지속적으로 증가하고 있으며, 부채 비율이 점점 낮아져 경영 안정성이 높아지고 있다.

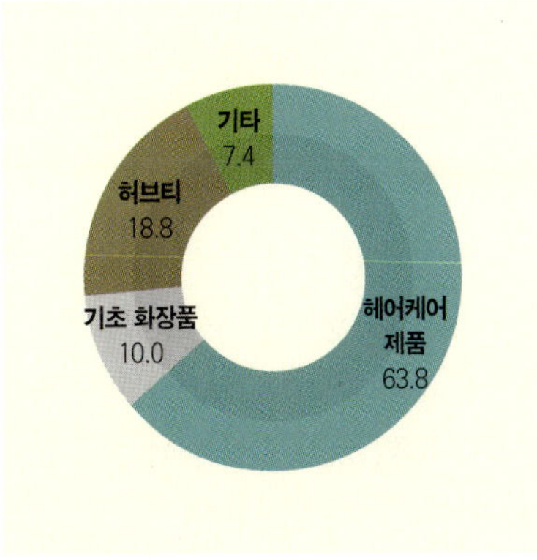

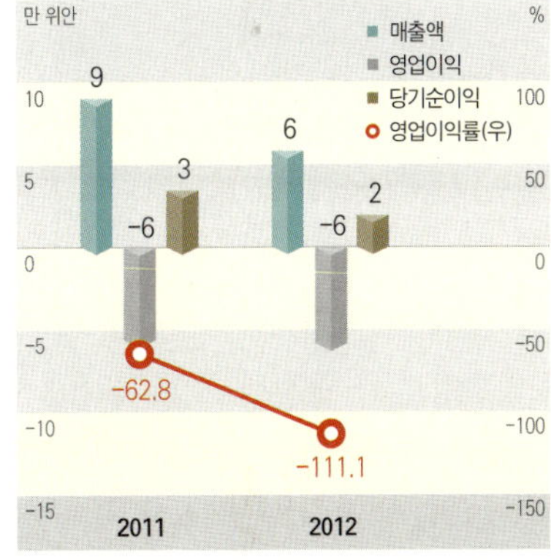

빠왕국제그룹
霸王国际(集团)控股

매출액	6억 위안
영업이익	-6억 위안
당기순이익	2억 위안

HK

- '빠왕'은 중국의 '댕기머리'라고 할 수 있는 한방 샴푸 브랜드로, 2009년 중의약제 샴푸군 내 시장점유율 52.9%.

- 주력 제품인 헤어케어 제품의 매출이 60% 이상이다.

- 음료(허브티) 사업이 부진을 겪으며 2012년 빠왕국제그룹 매출은 35% 하락했다.
- 빠왕국제그룹은 음료 판매를 줄여가고 있다.

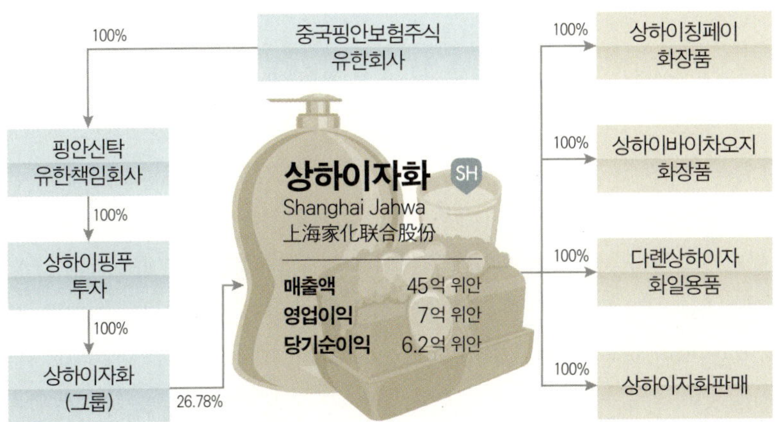

- 중국기업 중 화장품업계 2위 기업.
- 2006~2011년까지 순이익 성장률 43%대.

상하이자화 브랜드별 매출 (%)

- 리우션(목욕 용품 브랜드) 매출은 13.8억 위안으로, 전체 매출의 39%를 차지한다.

안 씻는 중국인은 옛말,
세제시장 성장률 세계 1위

중국의 생활용품시장은 2009년 이후 매년 10% 넘게 고성장을 이어가는 유망 업종이다. 중국의 다른 산업들과 마찬가지로 생활용품 역시 성장 속도가 매우 빠르다. 영국의 유명 시장조사기관인 유로모니터에 따르면, 2015년 중국 생활용품시장 규모는 최대 2,500억 위안에 이를 것으로 전망되며, 시장 성장률도 7.15% 수준으로 예상된다.

다른 나라와 마찬가지로 중국의 생활용품 종류도 매우 다양하다. 업계에서는 주방세제와 세탁세제 및 비누, 샴푸, 치약 등 욕실용품 등으로 생활용품을 구분한다. 화장품은 한국과 마찬가지로 별도로 특화해서 업종을 분리하는 것이 일반적이다. 중국의 생활용품 관련 기업 수는 4,000여 개 이상이 있으며, 출시된 제품 수만 해도 2011년 기준으로 2만여 종에 달한다.

경기 불황에도 꾸준히 성장해온 산업

2008년 글로벌 금융 위기와 2010년 유럽 재정위기 등으로 글로벌 경제가 심각한 타격을 받으면서 대부분의 모든 산업이 침체기를 경험해야 했다. 그런데 다른 산업에 비해 시장 규모가 줄어들지 않고 유지해 나갔던 산업이 바로 생활용품이다. 2008년 금융 위기 속에서도 유럽의 생활용품시장은 오히려 3%대의 성장을 이어갔다. 이는 대부분의 생활용품이 저가의 생활필수품이라 경기 침체로 인한 소비 둔화에 민감하지 않기 때문이다. 예컨대 아무리 불경기라 하더라도 양치질과 세수는 해야 하고 속옷도 빨아 입어야 하기 때문이다. 바꿔 말하면 생활용품은 금융, 자동차, 부동산 등과 달리 수요 탄력성이 비교적 작다는 뜻이다.

중국 역시 글로벌 경기 둔화의 영향을 적지 않게 받았지만, 생활용품산업만은 유럽보다도 훨씬 높은 10%대의 성장을 이어갔다. 2009년 중국 생활용품업계의 매출 총액은 2008년보다 약 130억 위안 정도 증가한 것으로 알려졌다.

중국 경제가 빠르게 성장함에 따라 중국 소비자들의 소비 패턴이 다양하게 변한 것도 중국 생활용품시장 발전에 큰 영향을 미친 요인으로 꼽힌다. 사실 중국 생활용품시장이 처음부터 높은 성장률을 보였던 것은 아니다. 중국의 생활용품시장은 2001년 WTO 가입 직후 본격적으로 활기를 띠기 시작했다. 이때를 기점으로 제품군이 다양해졌으며, 가격까지 하락하면서 소비층이 두터워진 것이다.

중국시장에서 1위부터 4위까지가 모두 글로벌 브랜드들

2011년 이후 중국의 생활용품산업은 새로운 국면을 맞게 되었다. 빠른 경제 성장으로 중국 소비자들의 생활수준이 높아지면서 소비 성향이 다양해진 것이다. 기업들이 이러한 소비 패턴을 고려해 새로운 제품 개발에 주력하면서 중국 생활용품시장에 다채로운 상품들이 등장하기 시작했다.

특히 기존 여성 위주 소비 구조가 남성 소비자층으로 확대되면서 남성제품 전용 매장이 인기를 끌기도 했다. 과거 개인 위생용품이나 세탁세제 등에 머물러 있던 소비 패턴이 피부용품, 모발용품, 남성용품, 유아용품 그리고 건강을 고려한 천연제품 등으로 확대된 것이다. 이에 따라 중국시장에 글로벌 생활용품 브랜드들도 앞 다투어 진출하기 시작했다.

현재 중국의 생활용품시장에서는 글로벌 브랜드들이 거의 독식하고 있다. 2011년 기준 중국 생활용품 시장점유율 1위부터 4위까지는 P&G, 로레알, 시세이도 그리고 유니레버이다. 중국 토종기업으로는 '상하이자화'(上海家化)가 유일하게 10위 안에 이름을 올렸을 정도이다. 이처럼 중국 생활용품시장에서 글로벌 브랜드들이 상위권을 유지하는 데에는 그만한 이유가 있다. 글로벌 브랜드들은 중국 생활용품시장의 성장가능성을 예측하고 일찌감치 시장에 진출했고, 꾸준한 연구개발과 우수 인력 확보 및 현지화에 게을리 하지 않았기 때문이다. 이로 인해 품질 면에서 중국산 제품에 비해 월등한 수준을 이어갈 수 있었고, 소비자의 신뢰도를 더욱 두텁게 쌓을 수 있었다.

중국의 생활용품업체들은 대부분 광둥성(广东省) 주강삼각주(珠三角) 및 상하이(上海)와 장쑤성(江苏省), 저장성(浙江省) 주변 도시로 이루어진 장강삼각주(长江三角洲)지역에 분포되어 있다. 광둥성 주강삼각주는 중국 현지 생활용품업체 공장들이 밀집해 있는 곳이며, 상하이 장강삼각주는 글로벌 브랜드들이 가장 많이 진출한 지역이다.

지역별 생산량 비중을 보면, 광둥성이 위치한 화남지역에서 중국 생활용품의 70% 정도가 생산되고 있으며, 상하이 중심의 화동지역에서 20% 정도가 생산되고 있다. 광둥성에 입주한 생활용품업체 가운데 70%가 경제특구인 산터우(汕头)에 밀집해 있다.

중국 생활용품시장을 지키는 유일한 토종 브랜드

중국을 대표하는 토종 생활용품업체로는 상하이자화가 꼽힌다. 상하이자화는 중국 생활용품업계에서 가장 먼저 ISO9000 인증을 획득하고 주식시장에 상장한 기업으로 유명하다. 뛰어난 마케팅 전략을 바탕으로 중국 전역에 걸쳐 200여 곳에 판매법인을 설립해 영업 중이다.

상하이자화의 기원은 1898년경 홍콩에서 설립한 '광성항유한회사'(广生行有限公司, 이하 '광성항')로부터 거슬러 올라간다. 광성항은 1903년 상하이의 중심지인 난징루(南京路)에 본사를 설립한 데 이어, 1904년부터 1910년까지 6년 동안 광저우(广州), 푸저우(福州), 산둥(山东), 베이징(北京), 쑤저우(苏州), 우한(武汉), 셔양(沈阳), 다롄(大连) 등지에 지사를 세우면서 무서운 속도로 사세를 확장해나갔다. 이후 숱한 우여곡절 속에서도 회사의 명맥을 꾸준히 이어오다가 1999년에 지금의 '상하이자화연합주식유한회사'를 정식으로 출범시켜 업계 부동의 1위 업체가 된 것이다.

상하이자화는 중국 내 생활용품업체들 뿐 아니라 해외 유명 브랜드들과도 활발히 제휴하고 있다. 1985년에 프랑스 로레알과 '파리의 꿈, 칭페이'(清妃)라는 향수를 공동으로 개발해 론칭했고, 다국적 기업인 LION사와 ADIDAS 목욕용품을 생산·판매하기도 하였다. 2004년에는 LVMH그룹 산하의 SEPHORA와 합자 형태로 'SHPHORA 상하이 화장품 판매유한회사'를 설립하기도 했다. 해외 유명 브랜드에 맞서기 위한 초석을 다진 것이다.

상하이자화는 생활용품 및 화장품 이외에도 화학약품, 포장 용기, 향수, 향료, 소독약, 살충제 등을 생산하는 등 사업영역이 매우 다양하다. 이로 인해 글로벌 생활용품 브랜드들에 비해서 사업 집중도가 떨어진다는 지적도 있다. 이는 중국 생활용품업계를 대표하는 상하이자화가 앞으로 풀어가야 할 당면과제가 아닐 수 없다. ★

① 2012년 중국 화장품시장 규모 1,300억 위안, 해외 브랜드 점유율 80%.
② 2008년 이후 중국 화장품시장, 매년 10% 이상 성장률 유지.
③ 남성화장품 매출 연평균 24.4% 성장하며 화장품 제품군 중 가장 빠르게 성장.
④ 아모레퍼시픽, 2012년 중국 매출 2,593억 원으로 전년 대비 37% 성장.

▼ 화장품기업 세계 톱 10 (억 달러, 2012년 기준)

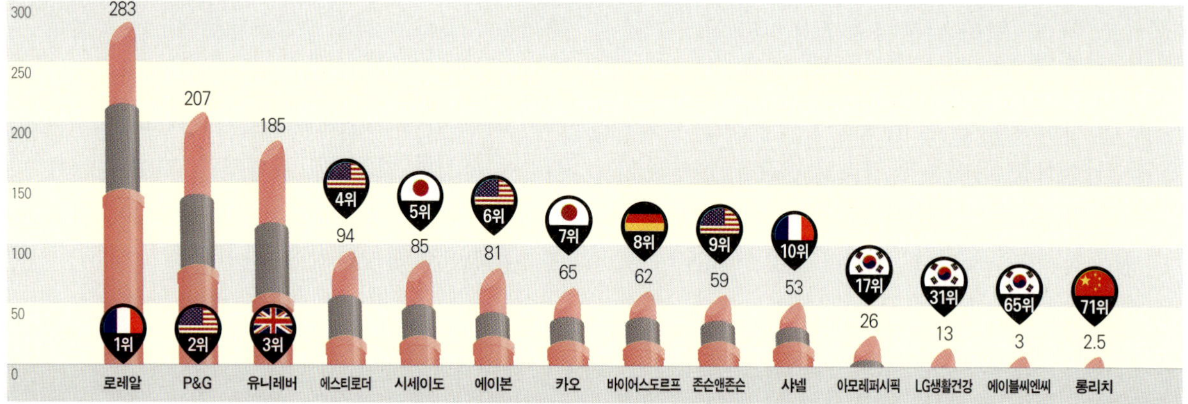

• 미국의 미용전문지 〈WWD〉가 2년에 한 번 발표하는 '세계 화장품기업 순위 톱 100'에서 랑콤, 비오템, 키엘, 메이블린, 슈에무라, 바디샵 등의 브랜드를 보유하고 있는 프랑스의 로레알이 1위를 차지했다.

자료: 〈WWD〉

▼ 중국 화장품시장 규모

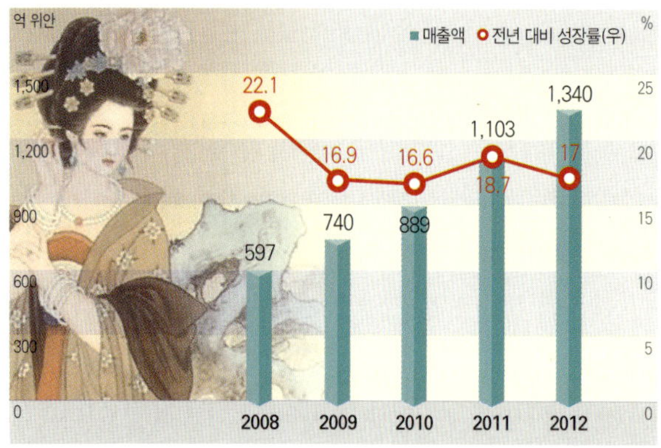

• 중국 화장품시장은 10년간 연평균 10% 이상 빠르게 성장하고 있다.
• 미용·화장품산업은 부동산, 통신, 자동차, 관광 산업과 함께 중국 내수 시장의 5대 소비산업으로 부상했다.

자료: 국가통계국

▼ 세계 화장품시장 규모

(억 달러, 2012년 기준)

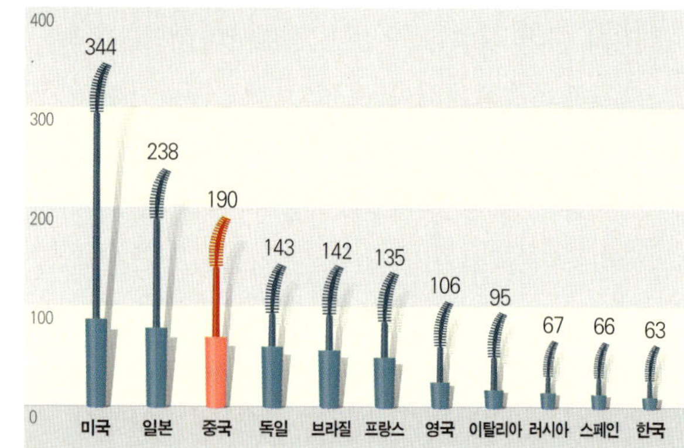

• 중국 화장품시장은 미국과 일본에 이어 세계 3위 규모이다.

자료: 데이터모니터

▼ 국가별 1인당 화장품 소비 규모

(달러)

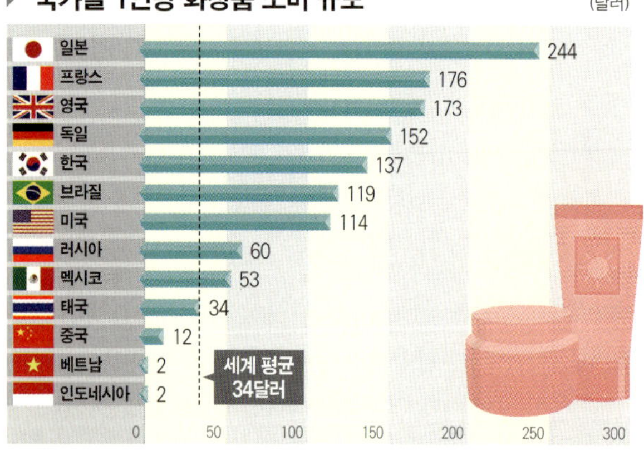

• 중국의 1인당 화장품 소비 금액은 12달러로 세계 평균의 1/3 수준이다.
• 중국의 1인당 화장품 소비 규모는 GDP 대비 0.4%로 한국(0.8%)보다 낮아 성장 잠재력이 높다.

자료: APCO world wide analysis

▼ 국가별 1인당 화장품 소비 금액 성장률

(%)

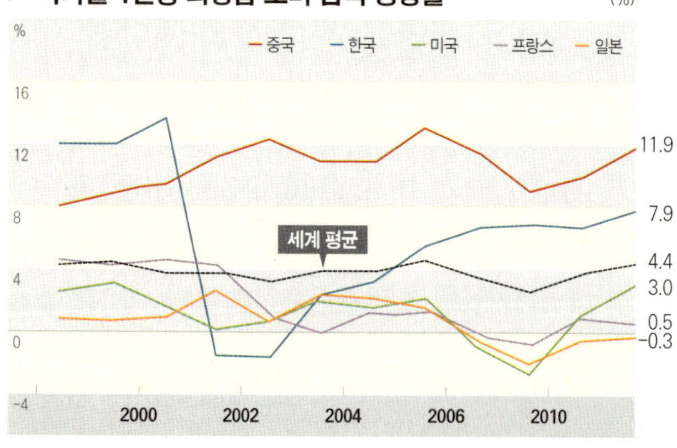

• 2012년 중국의 1인당 화장품 소비 금액 성장률은 11.9%로 세계 평균(4.4%)보다 현저히 높다.

자료: Euromonitor

▶ 중국 화장품 시장점유율

스킨케어

순위	기업명	국가	시장점유율 (%)
1	로레알	프랑스	16.8
2	시세이도	일본	10.3
3	P&G	미국	9.8
4	메리케이	미국	7.0
5	암웨이	미국	5.2
6	에스티로더	미국	4.3
7	자란(JALA)그룹	중국	3.6
8	바이어스도르프	독일	2.6
9	아모레퍼시픽	한국	2.6
10	상하이자화	중국	2.5
11	롱리치	중국	2.4
12	상하이이노허브	중국	2.4
13	유니레버	영국	1.8
14	고세	일본	1.4
15	메이지	일본	1.3

색조

순위	기업명	국가	시장점유율 (%)
1	로레알	프랑스	33.5
2	시세이도	일본	6
3	에스티로더	미국	3.8
4	메리케이	미국	3
5	디올	프랑스	2.5
6	샤넬	프랑스	2.2
7	Carlsan 그룹	홍콩	2.1
8	암웨이	미국	2
9	레블론	미국	1.7
10	아모레퍼시픽	한국	1.7
11	자란(JALA) 그룹	중국	1.6
12	루이비통	프랑스	1.4
13	P&G	미국	1.1
14	가네보	일본	1
15	누스킨	미국	0.9

- 중국 화장품시장은 로레알, 시세이도, P&G 등 해외 브랜드의 점유율이 80%가 넘는다.
- 스킨케어와 색조 제품 모두 로레알이 16.8%와 33.5%로 1위를 차지했다.

자료: Euromonitor

▶ 중국 화장품 브랜드 가격 피라미드

- 스킨케어 제품에서 고급 브랜드와 대중 브랜드의 매출 비중은 '26:74'이다.
- 고급 브랜드의 매출은 192억 위안으로 2006~2011년 사이에 22% 성장했다.

자료: 궈신증권

▶ 중국 화장품 유통 채널

(%)

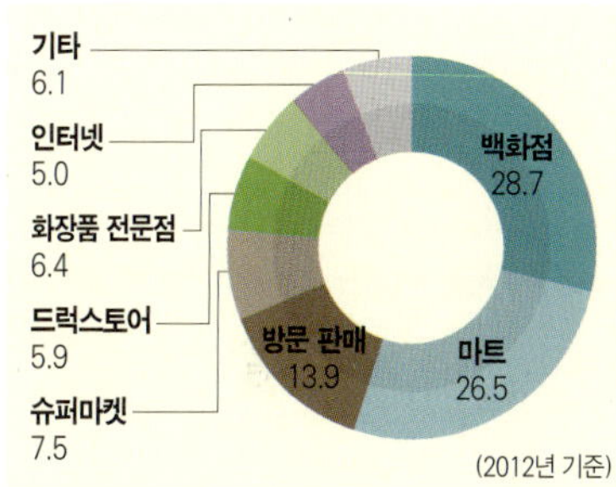

(2012년 기준)

- 2000년대에는 화장품 유통이 주로 백화점(60%)에서 이루어졌지만 마트, 전문점, 드럭스토어, 인터넷 등으로 유통망이 점차 다변화되고 있다.

자료: Euromonitor

▶ 국가별 스킨케어와 색조 제품 매출 비중

(2010년 기준, %)

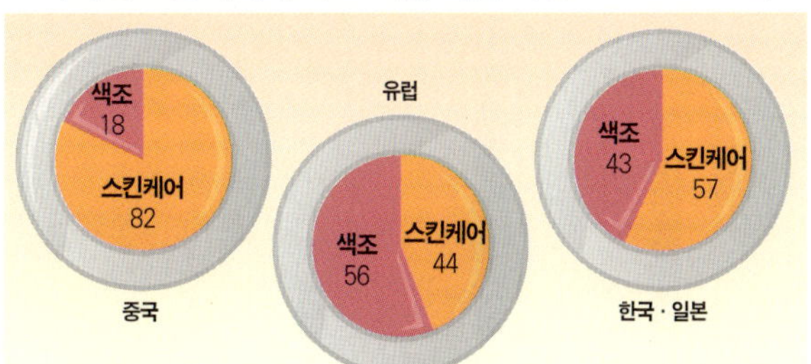

- 유럽, 한국, 일본은 스킨케어와 색조 제품의 매출이 비교적 균등하게 이루어지고 있지만, 중국의 경우 스킨케어 제품의 매출 비중이 압도적으로 높다.

자료: ICARLUS 중국시장보고서

▶ 중국 소비자의 화장품 선택 기준

(%)

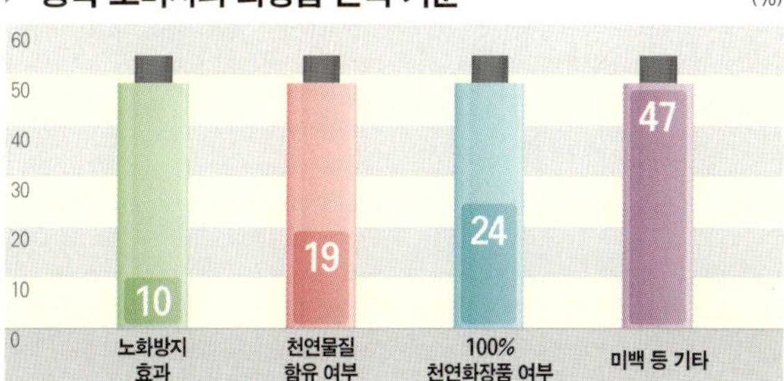

- 중국 내 환경 오염 문제와 더불어 건강에 대한 관심이 커지면서 중국 소비자들이 화장품을 고르는 기준이 변하고 있다.
- 과거에는 가격과 미백, 보습 등의 기능을 먼저 고려했다면, 최근에는 화장품의 성분을 따지기 시작했다.

자료: 중국화장품산업망

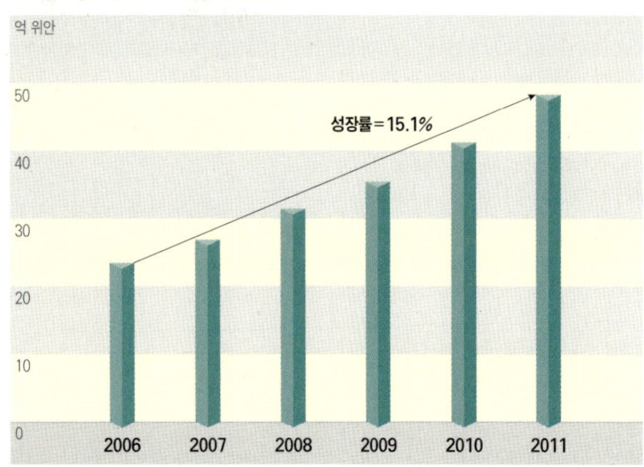

◤ 중국 아동화장품 매출 추이

- 아동화장품 매출은 연평균 15.1% 성장해, 성인 스킨케어 제품 (11.7%)보다 성장이 빠르다.
- 중국 제품의 품질을 신뢰하지 못하는 부모들의 외국 제품 선호율이 높아, 아동화장품시장 1위인 존슨앤존슨의 시장점유율은 50%가 넘는다.

자료: Euromonitor

◤ 한국 화장품기업의 중국 진출 현황

1994년 진출 — **LG생활건강**

위치	상하이
매장	오휘, 후, 수려한 등 매장 377개 더 페이스샵 매장 328개(홍콩 64개 포함)
판매 브랜드	수려한, 오휘, 후, 더 페이스샵
매출	643억 원
기타	더 페이스샵을 통한 저가 시장에 더욱 집중.

2002년 진출 — **아모레퍼시픽**

위치	상하이
매장	총 4,015개
판매 브랜드	마몽드, 라네즈, 설화수, 이니스프리
매출	2,593억 원
기타	중국 매출의 60%가 마몽드, 40%가 라네즈 매출. 중국 연간 매출의 30%를 마케팅 비용으로 사용하며 브랜드 인지도를 높이기 위해 노력.

2004년 진출 — **코스맥스**

위치	상하이, 광저우
매출	586억 원
기타	주요 수주처가 쯔란탕, 올레바 등 중국기업들로 이들 의 매출 비중이 80%.

2006년 진출 — **에이블씨엔씨**

위치	상하이
매장	539개
매출	180억 원
기타	온라인 쇼핑몰에서도 판매 중. 2012년 10월 '동방신기'로 모델을 교체하면서 중국 매출 확대.

2007년 진출 — **한국콜마**

위치	베이징
매출	70억 원
기타	주요 수주처가 프로야, 쯔란탕 등 중국기업들로 이들의 매출 비중이 80% 이상. 시세이도, 아모레퍼시픽, LG생활건강 제품도 생산.

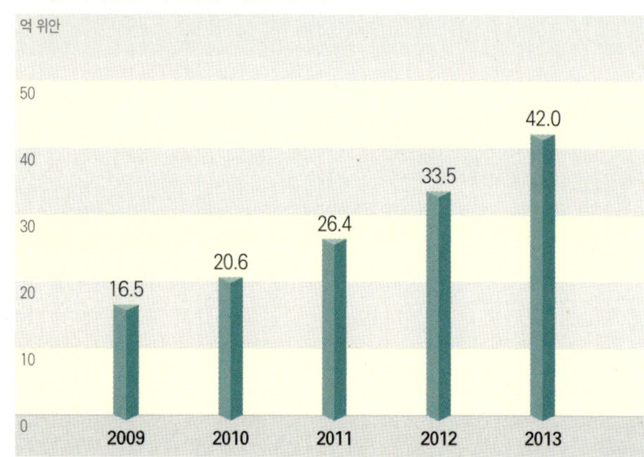

◤ 중국 남성화장품 매출 추이

- 남성화장품은 매출이 연평균 24.4% 성장하며, 성인 제품 중 가장 빠른 성장률을 보이고 있다.

자료: Euromonitor

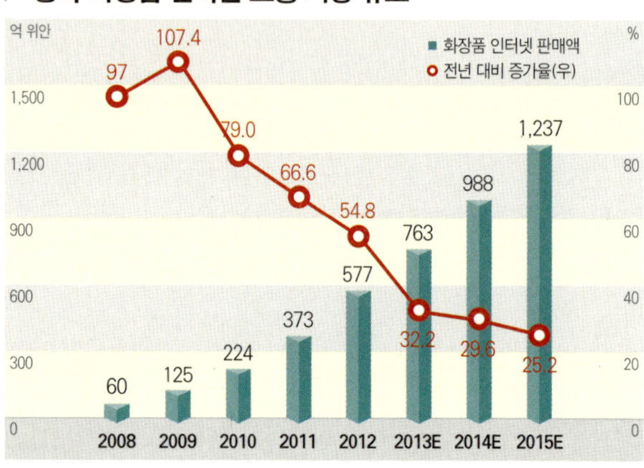

◤ 중국 화장품 온라인 쇼핑 시장 규모

- 2008년 60억 위안에 불과했던 중국 화장품의 온라인 판매액은 2012년 577억 위안으로, 4년 만에 비약적으로 성장했다.
- 그러나 화장품 유통 경로의 다변화로 화장품 온라인 쇼핑 성장률은 둔화하는 추세이다.

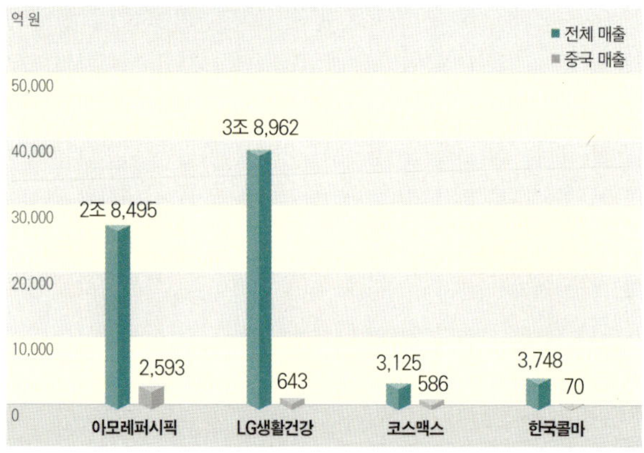

◤ 한국 화장품기업의 중국 실적 (2012년 기준)

- 한류 문화 확산은 한국 화장품에 대한 선호도 상승으로 이어지고 있으며, 중국의 한국 화장품 수입은 매년 30% 이상 증가하고 있다.
- 코스맥스, 한국콜마의 중국기업 수주량도 상승하는 추세이다.

자료: 각사 IR 보고서 참조

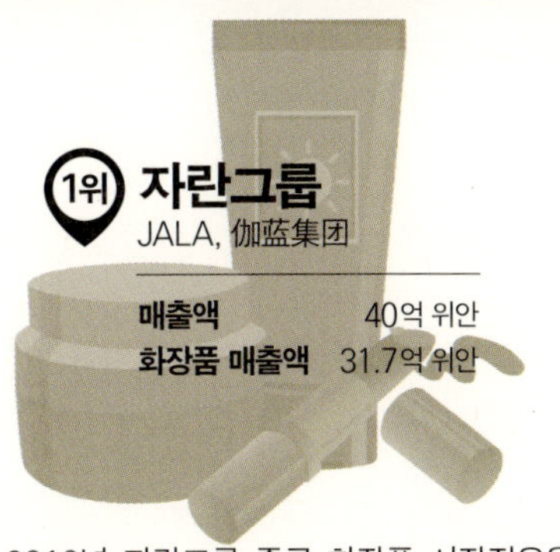

- 2012년 자란그룹 중국 화장품 시장점유율 3.2%.
- 쯔란탕, 메이쑤, 야거리바이, 이팅 등의 브랜드 보유. 쯔란탕 브랜드는 연 매출이 10억 위안이 넘을 정도로 젊은 소비자들에게 인기.
- 전문 매장 23,000개, 백화점과 할인점 코너 1,300개 보유.

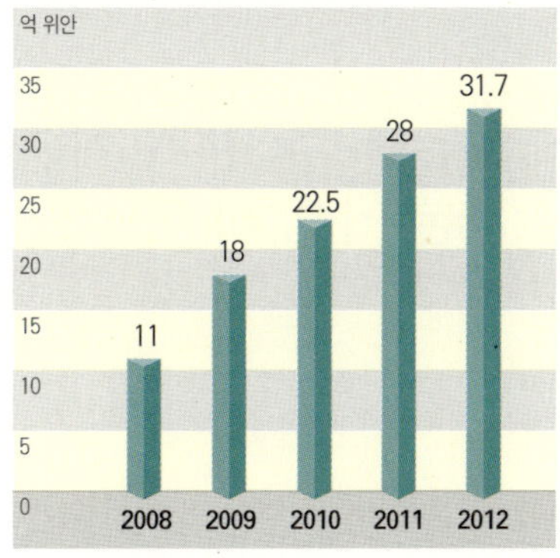

▶ 자란그룹 매출 추이(화장품 부문)

- 쯔란탕 브랜드가 매출에서 차지하는 비중이 25%가 넘는다.
- 현재 자란그룹은 상장을 준비 중이다.

자료: Euromonitor

▶ 자란그룹 보유 브랜드

- 쯔란탕(18~30세 여성 타깃)과 메이쑤(25~40세 타깃의 고가 브랜드) 두 브랜드가 매출을 이끌고 있으며, 두 브랜드의 매출 성장률(최근 5년)이 60~80%에 이른다.

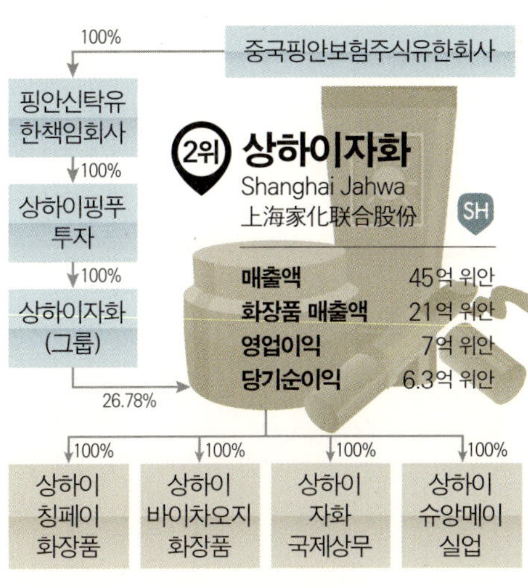

- 중국 화장품기업 중 가장 먼저 상장.
- 동종 업계 중 가장 먼저 ISO9000 획득.

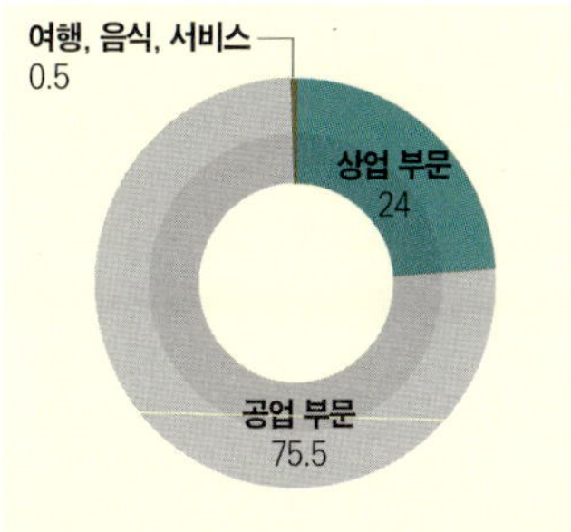

▶ 상하이자화 매출 구성

- 화장품 판매에 해당하는 상업 부문 매출보다는 화장품 원료와 포장 용기, OEM 판매에 해당하는 공업 부문의 매출 비중이 더 높다.

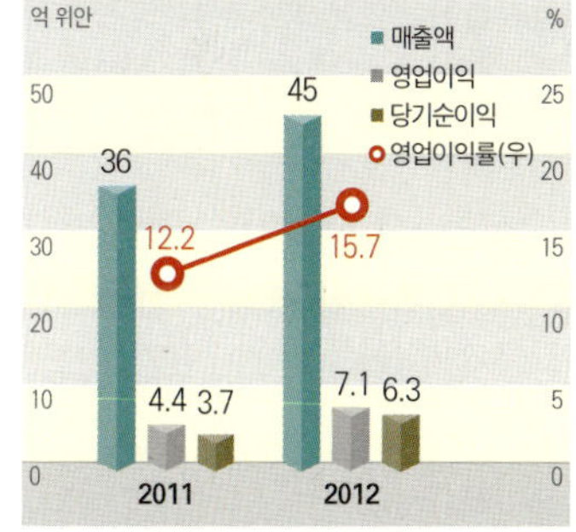

▶ 상하이자화 매출 추이

- 2012년에는 상업 부문 매출이 전년 대비 34.1% 상승했다.
- 2010년 유통망 개선과 제품 개발로 하락했던 영업이익률은 매출이 개선되며 상승세로 돌아섰다.

▶ 상하이자화 베스트셀러 브랜드 (매출액: 백만 위안)

브랜드명	2011년		2012년	
	매출액	판매 비중	매출액	판매 비중
저가 브랜드				
리우선	1,395	39.0%	1,562	35.2%
메이자징	350	9.8%	389	8.7%
중가 브랜드				
바이차오지	111	31.1%	1,400	31.5%
가오푸	170	4.8%	240	5.4%
칭페이	60	1.7%	65	1.5%

- 상하이자화는 다양한 가격대의 브랜드를 보유하고 있다.
- 가오푸는 중국 토종 브랜드 중 유일한 남성 전문 브랜드이다.

자료: 상하이자화 연간 보고서

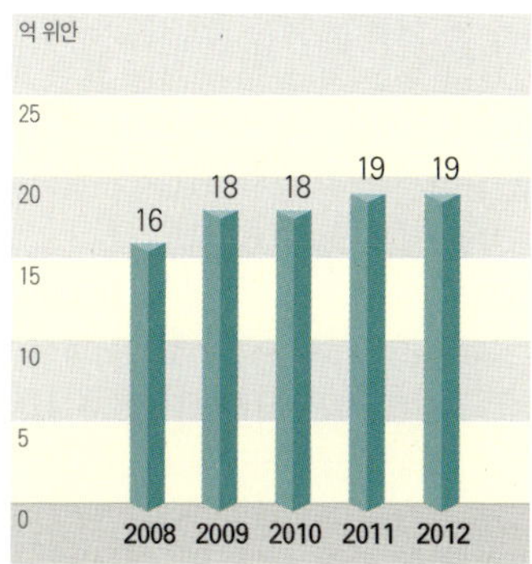

- 중국 스킨케어 제품 시장점유율 2.4%.
- 주요 브랜드는 아얜(雅妍), 에버그린 등이 있으며, 치약과 비누 등도 판매.
- 스킨케어 제품은 2012년 중국 스킨케어 브랜드별 시장점유율 11위에 오름.

▶ 롱리치그룹 화장품 매출 추이

- 롱리치는 2, 3선 도시 위주로 소비자를 확보하고 있으며, 고가 브랜드인 야얜과 에버그린 브랜드를 수출하고 있다.

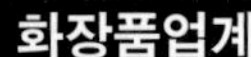

해외 브랜드들이 점령한
중국 화장품시장의 미래는?

1980년대 초 만해도 중국의 화장품산업은 불모지나 다름없었다. 당시 중국에서는 몇 가지 기초로션과 세안제품이 생산되는 게 고작이었다. 그 시절 중국에서 유통되었던 제품으로는 상하이자화(上海家化)에서 출시한 '청춘'(青春)과 '유메이징'(郁美净) 그리고 베이징일화(北京日化)에서 출시한 '따바오'(大宝)와 '중화'(中华) 등이 주를 이뤘다.

중국의 화장품산업이 성장을 시작한 것은 1980년대 후반부터 1990년대 중반 무렵이다. 당시 중국 경제가 비약적으로 발전하면서 국민들의 생활수준도 크게 올라감에 따라 화장품 수요가 급증하기 시작했다. 그러나 늘어나는 수요에 비해 중국 화장품업체들의 상황은 매우 열악했다. 이에 따라 중국인들의 화장품에 대한 욕구는 자연스럽게 해외 브랜드들이 대신 충족시킬 수밖에 없었다. 글로벌 브랜드인 P&G, 유니레버, 존슨&존슨 등이 중국시장에서 크게 도약한 것도 바로 이 시기이다.

글로벌 3위, 연평균 30% 성장률을 이어가는 시장

1990년대 들어 언론 매체에 화장품 광고가 등장하기 시작하면서 중국 여성들의 화장품 소비도 큰 폭으로 늘기 시작했다. 이에 따라 과거 유명 백화점에서만 볼 수 있었던 미용 화장품이 방문 판매상과 일반 마트 등 다양한 유통 경로를 통해 소비층으로 스며들었다.

1990년대 후반에 들어서면서 중국에 시장경제가 자리 잡으면서 소득 수준도 천차만별로 바뀌었다. 다양해진 소득 수준은 소비 성향과 제품의 가격에도 영향을 미쳤다. 화장품의 경우, 고급제품과 중저가제품이 나뉘어 출시되는가 하면, 기능별로 제품의 성격도 다양해지기 시작했다. 당시 화장품은 중저가화장품보다는 고급화장품들이 훨씬 인기를 끌었다. 갑자기 들어선 시장경제 질서가 중국인들의 사치 풍조를 조장하고 나섰고, 이를 놓칠세라 글로벌 화장품 브랜드들은 고급화장품 위주로 마케팅 전략을 펼쳐 나갔던 것이다. 이때를 기점으로 중국 화장품시장은 규모 면에서 크게 성장하게 된다.

현재 중국 화장품시장은 글로벌 3위 규모이며 연평균 15% 이상의 높은 성장률을 이어가고 있다. 중국인 1인당 화장품 소비 규모는 21달러로 GDP 대비 0.4%의 금액을 소비하고 있는 것으로 나타났다. 한국의 화장품 소비 규모가 GDP 대비 0.8%임을 고려할 때, 중국의 화장품시장잠재력은 여전히 크다는 것을 알 수 있다.

글로벌 브랜드들과 고군분투 중인 '상하이자화'

1898년경 당시 청나라 황실에서는 '중국 고대 귀족 얼굴 관리 밀책'(中国古代贵族养颜秘方)과 '중·서 미용 융합 방책'(中西美妆方略)의 일환으로 '슈앙메이'(双妹)라는 화장품 브랜드를 창립했다. 당시 청나라는 슈앙메이를 생산하기 위해 '광성항'(广生行)이라는 생산공장을 세우기도 했다. 광성항은 1930년까지 명맥을 유지하다가 상하이 탕산루(唐山路)에 '광성항 상하이 공장'을 개설하기에 이른다. 그리고 중화인민공화국이 들어선 뒤인 1956년경에 상하이에서 공-사기업 합병이 전면적으로 추진되면서, 당시 24개의 사기업이 광생항으로 합병되었는데 이것이 지금의 상하이자화의 전신이다. 상하이자화의 '자화'(家化)는 '가용화학품'(家用化学品)의 준말이다. 즉, 가정에서 쓰는 화학용품이라는 뜻이다. 이처럼 사명에서 알 수 있듯이 상하이자화는 가정에서 쓰는 생활용품을 생산하는 중국의 대표적인 기업이다.

상하이자화는 다양한 화장품 브랜드들을 두고 있는 바, 그 가운데 특히 '바이차오지'(佰草集) 브랜드의 성장세가 눈에 띈다. 바이차오지의 매출액은 2011년 기준 이미 10억 위안을 넘어섰고, 앞으로도 신규 점포 수가 꾸준히 증가하는 추세라 성장세가 지속될 전망이다. 이 밖에 '메이자징'(美加净), '까오푸'(高夫), '커차이'(可采) 등 다양한 브랜드들이 수익을 내면서 상하이자화의 실적 안정세에 기여하고 있다.

한국 브랜드들의 식지 않는 인기

중국에는 현재 3,000개 이상의 화장품업체가 있다. 그 가운데 시장점유율 10위 안에는 대부분 해외 브랜드들이 랭크돼 있다. 한국에서 진출한 기업 가운데 가장 높은 매출을 올리고 있는 곳은 '아모레퍼시픽'과 'LG생활건강'이다.

아모레퍼시픽은 2012년 기준 중국 스킨케어 시장점유율 2.6%로 9위를 차지하며 두각을 나타내기 시작했다. 아모레퍼시픽의 중국 매출은 2,593억 원으로, 아모레퍼시픽 전체 매출의 10%에 해당하는 규모이다. 중국에서 판매되는 아모레퍼시픽의 제품으로는 마몽드, 설화수, 라네즈 등 비교적 국내에서도 인기를 끌고 있는 것들이다. 특히 마몽드의 경우 중국 전체 매출의 60%를 차지할 정도로 인기가 높다.

한국기업 중에서 중국에 가장 먼저 진출한 LG생활건강의 행보도 주목을 끌기에 충분하다. 특히 중저가 기능성 제품이 주를 이루는 더페이스샵은 2011년 350억 원의 매출을 달성하면서 시장에 안착했다.

중국에서 한국산 화장품이 글로벌 브랜드 못지않게 인기를 끌 수 있는 것은 한류 열풍에 힘입은 바가 크다. 한류 열풍을 주도하는 소녀시대, 이영애 등 한국 연예인들의 희고 고운 피부에 중국 여성들의 관심이 쏠리기 시작하면서 한국산 화장품의 인기가 급상승한 것이다. 아울러 한국 화장품이 글로벌 브랜드에 비해 가격이 저렴한 것도 인기를 끌 수 있었던 요인으로 꼽힌다.

토종제품을 향한 애국심 vs 해외 브랜드를 향한 충성심

중국 화장품시장에서 토종 브랜드들은 여전히 고전을 면치 못하고 있다. 1위에서 10위 가운데 자란그룹, 상하이자화, 롱리치만을 제외하고는 전부 해외 브랜드들이 독점하고 있는 실정이다.

최근 중국의 일부 젊은 여성들 사이에서 "중국산 화장품을 애용하자"는 캠페인이 회자되고 있지만 그 영향력은 미미한 수준이다. 화장품은 소비자들의 브랜드에 대한 충성도가 매우 강한 제품군이다. 오랜 세월 전 세계에 걸쳐 인기를 누려온 해외 화장품 브랜드들을 향한 충성도는 중국인들도 예외는 아닐 것이다. 중국 화장품시장에서 '토종제품을 향한 애국심'이 '해외 브랜드를 향한 충성심'을 극복하는 것은 당분간 어려울 전망이다. ★

Chapter

8

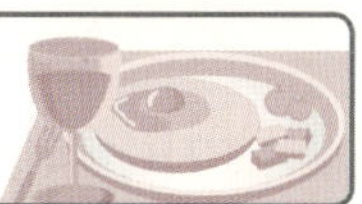

38

홈쇼핑·인터넷쇼핑몰 업계

❶ 2012년 중국 전자상거래 규모 1조 위안 돌파, 2015년에는 미국 추월할 것으로 예상.
❷ 알리바바, 2013년 11월 11일 '광꾼제'(솔로데이) 하루 매출 350억 위안(약 6조 1,500억 원) 달성.
❸ 알리바바, 시나닷컴 웨이보 지분 18% 인수하며 모바일커머스 시장 강화.
❹ 중국 정부, 2014년 1월 1일부터 18~24시 사이에 홈쇼핑 방영 금지.

▼ 전 세계 인터넷쇼핑 이용자 가처분 소득 대비 온라인 구매 비중 (%)

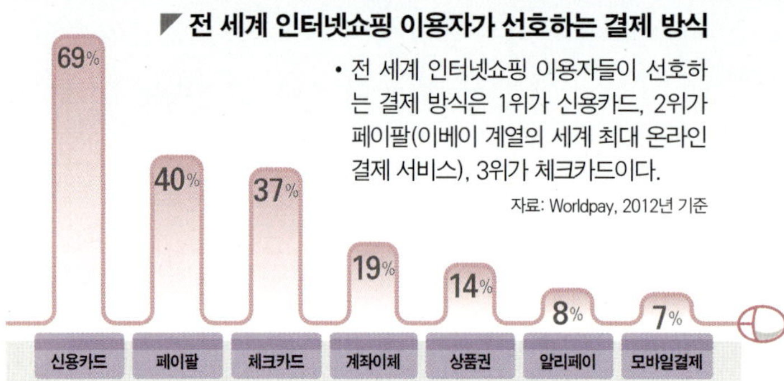

• 중국, 인도, 브라질 등 개발도상국 인터넷쇼핑 이용자의 가처분 소득 대비 인터넷 구매 비중은 비교적 높은 수준으로, 전 세계 평균인 22%를 상회한다.

자료: Worldpay, 2012년 기준

▼ 전 세계 인터넷쇼핑 이용자가 선호하는 결제 방식

• 전 세계 인터넷쇼핑 이용자들이 선호하는 결제 방식은 1위가 신용카드, 2위가 페이팔(이베이 계열의 세계 최대 온라인 결제 서비스), 3위가 체크카드이다.

자료: Worldpay, 2012년 기준

▼ 소매업에서 인터넷쇼핑이 차지하는 비중 (%)

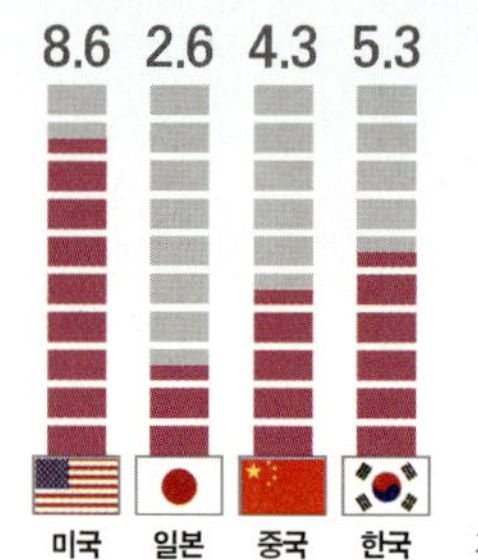

2011년 기준
자료: KOTRA, 일본경제산업성

▼ 중국 전자상거래 규모

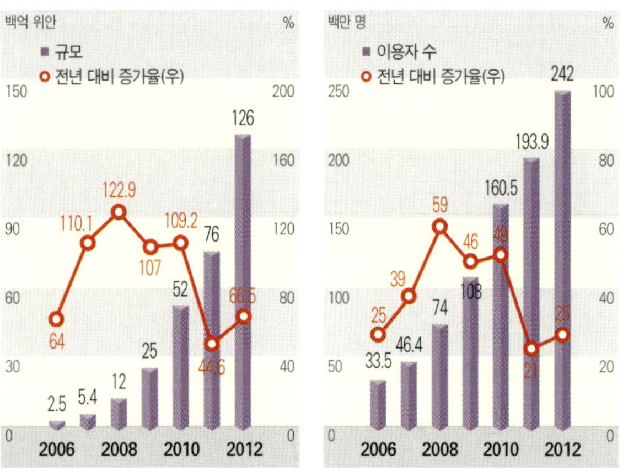

▼ 중국 인터넷쇼핑 이용자 수

• 2012년 중국의 전자상거래 규모는 1조 2,600억 위안, 인터넷쇼핑 이용자 수는 2억 4,200만 명이다.

• 전자상거래가 소매업에서 차지하는 비중은 4.3%로 아직 낮은 수준이지만, 거래 규모와 이용자가 빠른 속도로 증가하고 있다. 자료: CNNIC

▼ 중국 인터넷쇼핑 주요 구매 품목 (%)

참고: 중복 선택 가능
자료: CNNIC

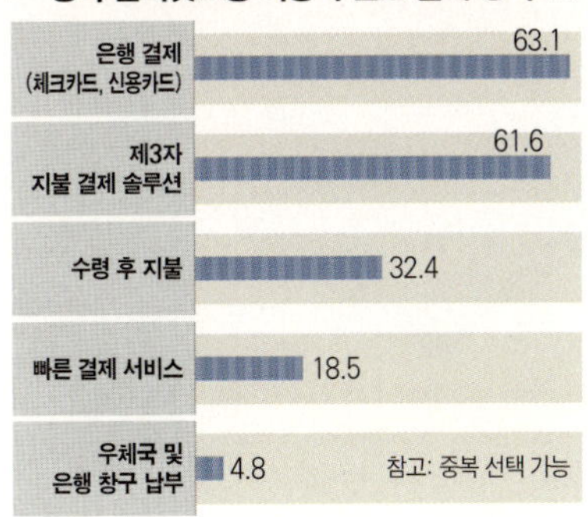

▶ 중국 인터넷쇼핑 이용자 선호 결제 방식 (%)

- 중국 인터넷쇼핑 이용자들은 신용카드와 체크카드 등의 은행 결제 외에 제3자 지불 결제 솔루션을 보편적으로 사용하고 있다.

자료: CNNIC

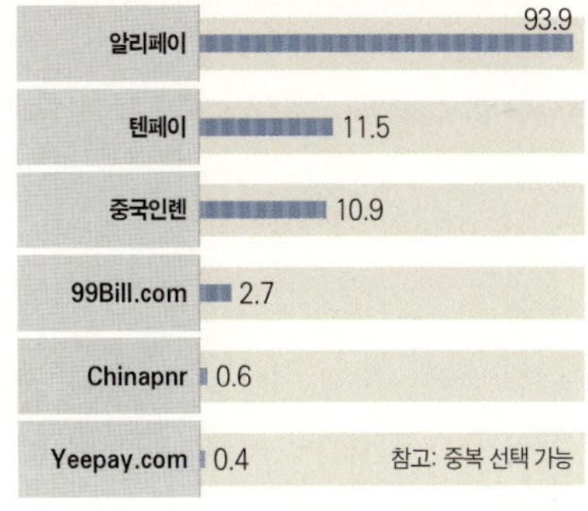

▶ 중국 제3자 지불 결제 솔루션 이용률 (%)

- 중국의 제3자 지불 결제 솔루션 이용률을 보면 알리바바의 알리페이가 93.9%로 독보적인 1위를 차지하고 있으며, 텐센트의 텐페이와 중국 국영 카드사인 중국인렌이 그 뒤를 잇고 있다.

자료: CNNIC

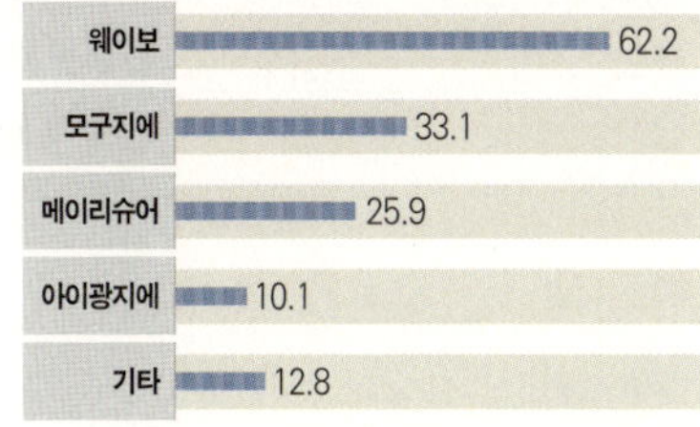

▶ 중국 인터넷쇼핑 이용자 간 정보 공유 SNS (%)

- 최근 중국에서는 상품 이미지를 검색하고 클릭 한 번으로 해당 쇼핑몰에 연결, 최종 구매로 이어지는 모구지에와 메이리슈어 등 중국판 핀터레스트*라 할 수 있는 SNS 사이트가 유행하고 있다.

자료: CNNIC

* 핀터레스트(pinterest): 특정 주제의 사진을 수집·공유하는 SNS로 이용자들은 핀터레스트를 통해 자신이 사고 싶은 물건의 목록을 만들고, 이 목록을 통해 판매도 이루어진다.

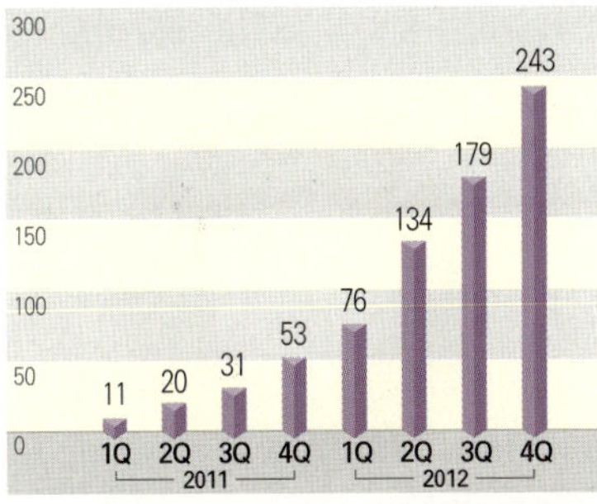

▶ 중국 모바일커머스 시장 규모 (억 위안)

- 중국 2012년 스마트폰, 태블릿PC를 이용한 전자상거래 규모가 600억 위안을 돌파하며 전년 대비 6배 가까이 증가했다.

자료: Analysys International

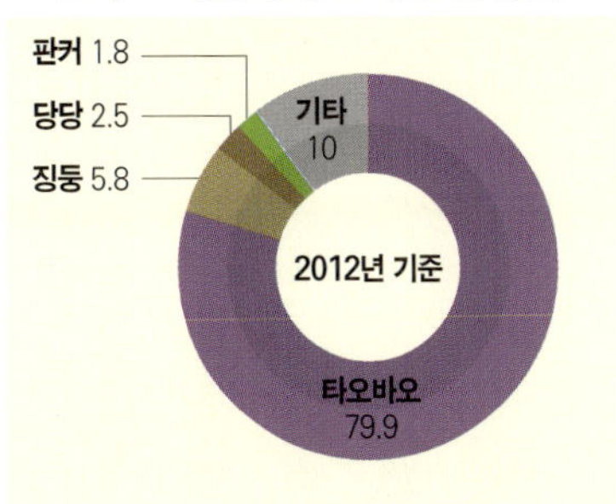

▶ 중국 모바일커머스 매출 점유율 (%)

- 중국 최대 온라인쇼핑몰 타오바오가 모바일 쇼핑 시장에서도 1위 자리를 굳건히 지키고 있다.

자료: Analysys International

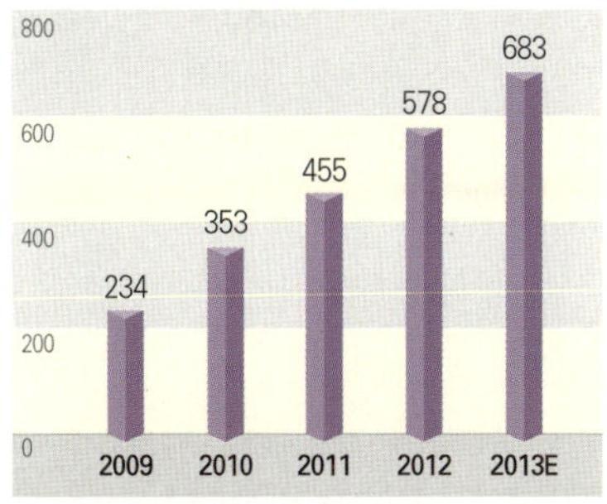

▶ 중국 홈쇼핑 시장 거래 규모 (억 위안)

- 중국의 홈쇼핑 시장은 2009년부터 연평균 30% 이상씩 성장하고 있다.
- 2020년 중국 홈쇼핑 거래 규모는 5,000억 위안에 달할 것으로 전망된다.

자료: CNNIC

▶ 중국 홈쇼핑의 특징

제품	인포머셜	전통 홈쇼핑
제품	가전제품, 아이디어 상품	다양한 상품군
채널	위성채널 위주	공중파, 케이블 채널
방송 시간대	불특정 시간대, 늦은 밤 혹은 오후	일정한 시간대를 확보해 방송
제품별 방송 시간	5분 내외	30분 내외
대표기업	Acom, Seven Star	둥팡CJ, 후난콰이러쇼핑

- 중국의 기본적인 방송 구조는 공중파 및 위성TV를 지역방송국에서 유선TV로 재전송하는 형태이다.
- 중국의 홈쇼핑 시장은 인포머셜과 전통 홈쇼핑 방식으로 양분되어 있다.
- 한국처럼 전국 방송을 하는 곳은 거의 없으며, 특정 지역을 근거지로 방송 지역을 확대하고 있다.

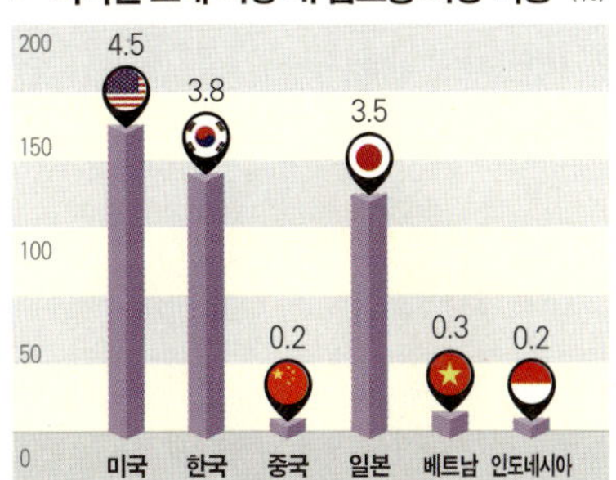

▶ 국가별 소매 시장 내 홈쇼핑 시장 비중 (%)

- 중국은 전체 소매 시장 내 홈쇼핑 시장 비중이 0.2%로 다른 나라보다 낮다.
- 하지만 앞으로 10년간 중국 중산층 가구가 두 배 가까이 증가할 것으로 예상되면서 중국도 소매 시장 내 홈쇼핑 시장 비중이 증가할 것으로 보인다. (2010년 기준)

자료: KOTRA

▶ 한국기업의 중국 홈쇼핑 시장 진출기

2003	현대홈쇼핑 중국 진출
2004	CJ오쇼핑 중국 진출
2005	GS샵 중국 진출
2007	현대홈쇼핑 광저우 홈쇼핑 사업 중단
2009	중국 정부가 인포머셜 홈쇼핑 영업을 금지하면서 GS샵 철수
2010	롯데홈쇼핑 중국 진출
2011	현대홈쇼핑, 중국 전역 홈쇼핑 라이선스를 보유한 쟈요우 쇼핑과 합자 법인을 설립하며 중국시장 재진출
2012	GS샵, 차이나홈쇼핑그룹 지분 인수하며 중국시장 재진출

- 《외국인 투자 전신기업 관리법》에 따라 외국기업은 합자·합작 형태로만 중국에서 홈쇼핑 사업을 할 수 있다.
- 한국기업들은 중국 정부의 인포머셜 방식 홈쇼핑 송출 금지 등의 정책으로 영업이 정지되면서 중국시장에서 철수했다가, 최근 재진출을 선언했다.

홈쇼핑업체	관련 시/성	비고
둥팡CJ	상하이	상하이원광신문미디어그룹과 한국 CJ오쇼핑이 합자로 설립
후난콰이러 쇼핑	후난	후난 위성TV가 운영하는 홈쇼핑
하오샹 쇼핑	장쑤	장쑤성 방송총국 계열 홈쇼핑
쭝스 쇼핑	베이징	중국 국영 TV 방송국(CCTV)에서 운영
양광 쇼핑	베이징	중국 국영 라디오 방송국(CNR)에서 운영
여우 쇼핑	샨시	한국 GS쇼핑이 투자
상하이 현대 쟈요우 쇼핑	구이저우	구이저우 쟈요우 쇼핑, 둥팡 이푸, 한국 현대홈쇼핑의 합자로 설립
쟈쟈 쇼핑	안후이	

- 중국 홈쇼핑 운영 라이선스는 중국 전역과, 특정 시와 성에만 방송 가능한 홈쇼핑으로 분류된다.
- 현재 중국 전역에 방송 가능한 홈쇼핑 라이선스를 보유한 업체는 약 100여 곳에 이른다.

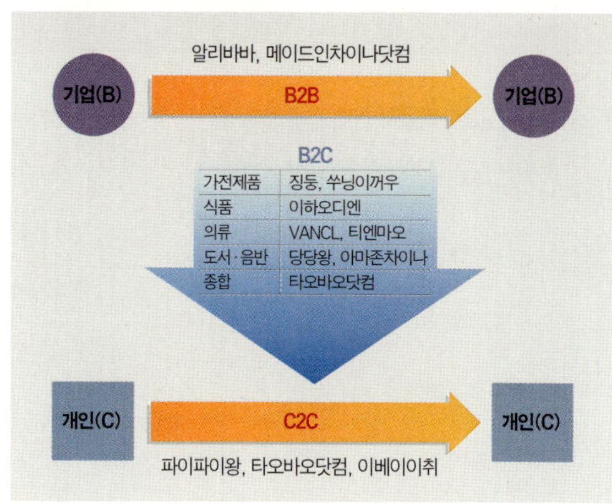

- 중국의 C2C시장은 일찍이 경쟁력을 잃은 반면, B2C시장은 고속 성장을 거듭하면서 징둥, 쑤닝이꺼우, VANCL 등 주요 B2C업체가 우후죽순 생겨났다.

인터넷쇼핑

- 알리바바가 운영하는 B2C, C2C 인터넷 종합 쇼핑몰.
- 타오바오닷컴은 2013년 9월 자가용 비행기와 핼리콥터를 판매하기도 함.

- 타오바오는 출범 9년째인 2012년에 거래액 1조 위안을 기록하며 이베이, 아마존을 넘어서 세계 최대 온라인 쇼핑몰로 성장했다.

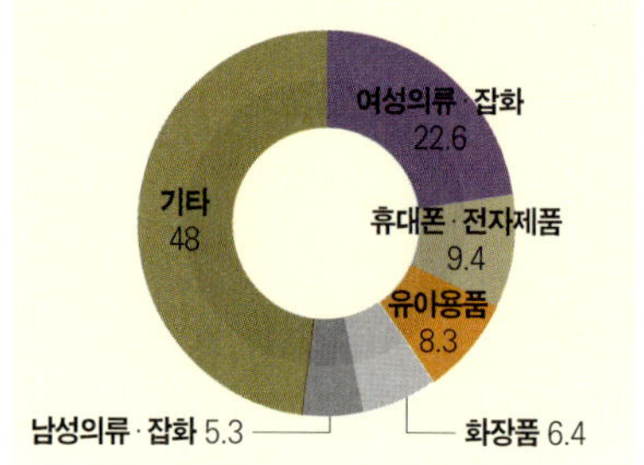

- 모바일커머스 시장에서 여성 고객이 주력 소비층으로 떠오르고 있다.

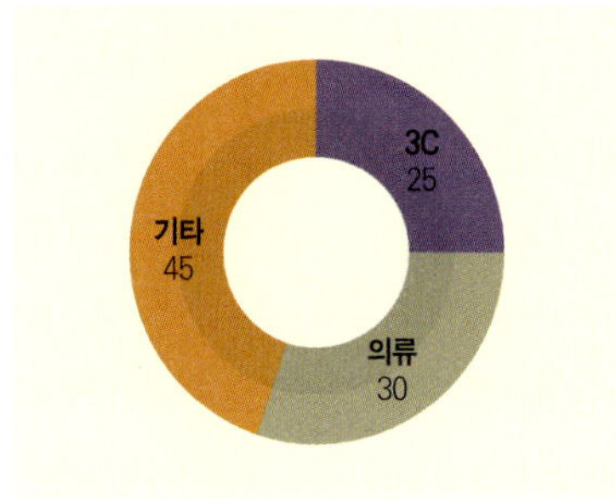

- 알리바바가 운영하는 티엔마오는 품질이 보장된 업체의 상품만을 취급하는 B2C 온라인 쇼핑몰로, 누구나 쉽게 판매상이 될 수 있는 C2C 형태의 타오바오닷컴과 차이를 둠.

- 의류와 3C(컴퓨터, 통신기기, 전자제품) 제품이 매출에서 차지하는 비중이 50% 이상이다.

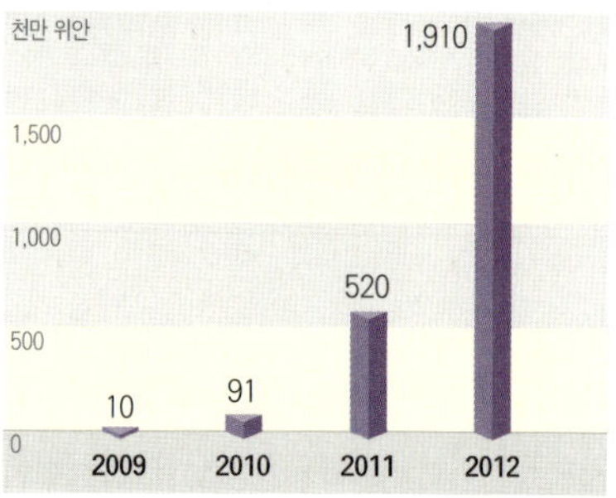

- 2012년 11월 티엔마오는 광꾼제(솔로데이) 기념 할인 행사로 하루 동안 191억 위안의 매출을 올렸다.
- 이는 같은 해 국경절 연휴 기간에 530개 오프라인 유통업체가 달성한 매출액(137억 위안)을 크게 상회하는 규모이다.

- 티엔마오와 마찬가지로 B2C 쇼핑몰로, DST, 세쿼이아 캐피털 등 해외 벤처 캐피털의 투자를 기반으로 거침없이 성장.

징둥 거래액 추이

(억 위안)

- 빠른 물류 시스템을 자랑하는 징둥은 9년 동안 연평균 200% 이상의 성장률을 기록하며 빠른 속도로 성장하고 있다.

중국 인터넷쇼핑몰 시장점유율

(%)

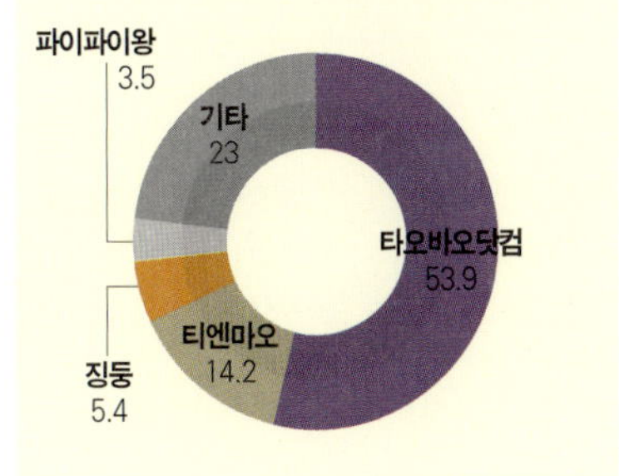

- 중국 인터넷쇼핑몰 시장은 알리바바의 타오바오닷컴과 티엔마오가 68.1%라는 높은 점유율로 압도적인 1위 차지하고 있다.

파이파이왕은 텐센트 총 매출의 10%를 차지하고 있음.

- 파이파이왕은 세계 3위 인터넷기업 텐센트의 C2C 전자상거래업체로, 타오바오 등 선두 기업과의 격차를 조금씩 줄여나가고 있음.

텐센트 매출 구성

(억 위안)

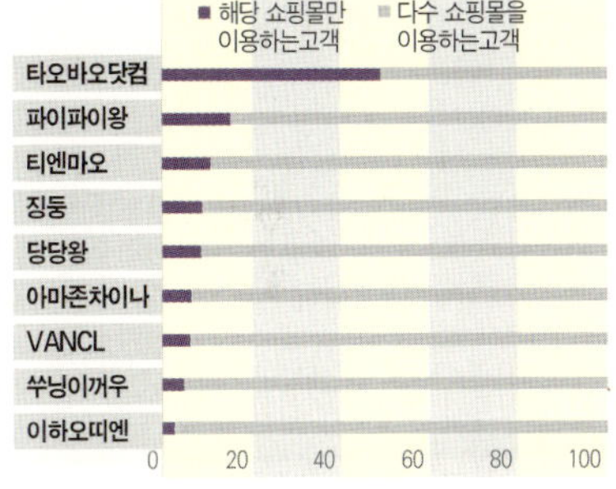

- 텐센트는 게임이 포함된 인터넷 부가 서비스가 주 매출을 구성하고 있으며, 전자상거래 분야는 아직 사업 초기 단계로 전체 매출에서 차지하는 비중이 10% 정도로 크지 않다.

중국 인터넷쇼핑몰 충성도 현황

(%)

- 타오바오는 소비자 보증제도 실시 및 알리페이(Alipay: 알리바바그룹의 온라인 지불 결제 서비스)를 통한 신뢰 제고에 힘쓴 결과 고객 충성도를 높일 수 있었다.

홈쇼핑

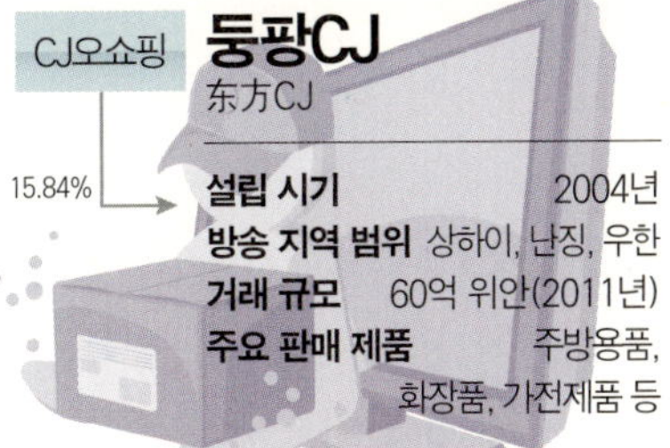

후난콰이러 쇼핑
Happigo, 快乐购物

설립 시기	2006년
방송 지역 범위	베이징, 텐진, 충칭 등 3개 직할시 및 18개 성시
거래 규모	40억 위안(2011년)
주요 판매 제품	주방용품, 미용용품, 디지털 가전 제품 등

하오샹 쇼핑
hao24.cn, 好享购物

설립 시기	2008년
방송 지역 범위	장쑤, 저장, 안후이, 산둥, 후베이, 후난, 푸젠
거래 규모	25억 위안(2011년)
주요 판매 제품	건강제품, 화장품, 가구, 주방용품, 가전제품, 이유식 등

판매 톱 3 제품

(위안)

순위	제품명	가격
1	도깨비 방망이 V2000	298
2	하기스 골드 M	369
3	아모레퍼시픽 라네즈 스노우 비비 수딩 쿠션 15G	368

- 한국의 CJ오쇼핑과 상하이원광신문미디어그룹이 합자로 설립한 중국 최대 홈쇼핑.
- 상하이 전체 가정 중 1/3 이상을 고객으로 두고 있음.

판매 톱 3 제품

(위안)

순위	제품명	가격
1	KAN'S 1+1 화장품 세트	298
2	Xiaoya 살균 미니 탈수 세탁기	298
3	KAN'S BB 스킨 케어 세트	398

- 중국 위성 채널 시청률 1위 후난TV가 방영하는 후난콰이러쇼핑은 6,500만 가구를 고객으로 둔 중국의 대표적인 홈쇼핑.

판매 톱 3 제품

(위안)

순위	제품명	가격
1	기능성 스포츠 속옷	99
2	스탠드형 스팀 다리미	299
3	KAN'S BB크림 및 수분크림 세트	298

- 장쑤성 방송총국 계열 TV 채널로 200만 여명의 회원을 보유.
- TV 외에도 인터넷, 휴대폰 등 여러 판매 채널을 운영하고 있는 뉴미디어 쇼핑몰.

중국인들에게 팔지 못하면
글로벌시장을 떠나라!

중국 전자상거래시장의 역사는 겨우 10여 년에 불과하지만 단 기간 내 폭발적인 성장을 이루면서 이제는 글로벌 전자상거래시장의 중심으로 발돋움 했다. 1999년 '알리바바'를 필두로 주요 온라인쇼핑몰업체들이 잇달아 설립하면서 중국 전자상거래시장은 본격적인 성장 가도를 달리기 시작했다.

2003년 '타오바오닷컴'(淘宝网)의 설립은 중국 전자상거래시장에서 하나의 이정표가 되는 사건이었다. 타오바오닷컴이 출범하기 전까지만 해도 중국 전자상거래시장에 대한 전망은 부정적이었다. 의심이 많은 중국인들이 직접 현금을 주고받는 것이 아니라 온라인을 통한 거래를 수용할 리 만무했기 때문이다.

하지만 타오바오닷컴은 설립 초기부터 담보 플랫폼 서비스인 '알리페이'(支付宝, Alipay)를 도입하면서 부정적인 시각을 한 방에 날려버렸다. 타오바오닷컴 설립 이후 10여 년간 중국의 전자상거래시장은 소비자들이 믿고 구입할 수 있는 환경을 조성한 동시에 '징둥'(京东商城, 옛 360buy), '이하오디엔'(一号店) 등 주요 쇼핑몰들이 우후죽순 생겨나며 폭발적인 성장세를 이어갔다.

이제 중국 전자상거래시장은 글로벌 소비시장의 '큰손'으로 부상한 탄탄한 내수시장을 기반으로 앞으로 5년 동안 20%가 넘는 고성장을 이어갈 것으로 업계는 내다보고 있다.

판매 단위부터가 다른 중국의 인터넷쇼핑몰업체들

타오바오닷컴은 세계 최대 전자상거래업체인 알리바바그룹 산하의 C2C, B2C 기업으로, 특히 C2C시장에서 90% 가까운 시장점유율을 차지하며 독점적 위치를 점하고 있다. 회원 수 5억 명, 거래액 1조 위안을 자랑하는 타오바오닷컴은 세계 1위 e-커머스기업인 '이베이'의 아성을 무너뜨린 장본인이기도 하다. 타오바오닷컴은 출범 때부터 수수료 무료 정책을 과감히 시행하면서 의심 많은 중국인들을 전자상거래시장으로 끌어 들였다. 소비자 보증제도 및 인터넷 결제 시스템 '알리페이'로 온라인 구매에 대한 중국인들의 신뢰도를 높이는 데 성공한 것이다.

알리바바의 또 다른 자회사인 '티엔마오'(天猫)는 C2C 형태의 타오바오닷컴과 차별화를 두고자 분사시킨 B2C 온라인쇼핑몰이다. C2C 비즈니스 모델 특성상 타오바오닷컴의 상품 신뢰도가 다소 떨어진다는 약점이 있는 데 반해, 티엔마오는 상대적으로 브랜드 이미지가 높다.

2012년 11월 11일에 티엔마오는 경이적인 단일 판매액을 기록하며 세간의 주목을 받았다. 한국에서 '빼빼로데이'로 통하는 11월 11일은 중국에서는 '솔로데이'(光棍节)라고 불리는데, 이 날이면 해마다 소비자를 유혹하는 각종 무한 세일 판촉 행사가 온·오프라인 할 것 없이 성황을 이룬다. 이 날 티엔마오는 하루 판매액 132억 위안을 달성하며 신기록을 세웠다. 여기에 형제회사인 타오바오닷컴의 단일 판매액 59억 위안까지 합치면 이들 두 업체의 하루 판매액은 무려 191억 위안에 육박한다. 이는 같은 해 국경절 연휴 기간 중국 주요 도시 530개 오프라인 유통업체가 기록한 판매액 137억 위안을 크게 앞서는 수치이다.

C2C시장에 타오바오닷컴이 있다면 B2C시장에는 징둥(옛 360BUY)이 있다. 세계 최대 유통업체인 월마트를 위협할 만한 성장잠재력을 갖고 있다는 평을 받는 징둥은, 페이스북과 그루폰 등에 투자해 재미를 본 러시아의 '디지털 스카이 테크놀로지스'(DST)로부터 5억 달러 투자를 유치해 화제가 되기도 했다. 징둥의 성공 요인은 뭐니 뭐니 해도 가격경쟁력이다. 징둥은 낮은 가격으로 제품을 공급받아 다른 소매업체보다 저렴한 가격으로 판매해 소비자들로부터 큰 호응을 얻고 있다. 2012년 8월, 징둥은 오프라인 대표 소매업체 쑤닝과 가격 전쟁을 선포하며 업계 내 할인 경쟁을 주도하기도 했다. 전형적인 '만만디' 중국기업들과는 달리 빠르고 신속한 물류 시스템도 징둥의 성공 요인 가운데 하나로 꼽힌다.

최근 중국의 모바일커머스시장은 스마트폰 보급 확대에 힘입어 빠른 속도로 성장하고 있다. 2011년 중국의 모바일커머스시장은 609%라는 엄청난 성장률을 기록하며 시장 규모 156억 위안을 달성하기도 했다. 모바일인터넷시장에서 모바일커머스가 차지하는 비중도 2011년 10.9%에서 2012년 23.7%로 1년 사이 두 배 이상 증가했으며, 2016년에는 48.5%까지 확대될 전망이다.

최근 중국에서는 중국판 트위터인 웨이보 등 SNS를 통한 쇼핑 문화가 발전하면서 중국 전자상거래시장에서 SNS의 중요성이 날로 커지고 있다. 중국 인터넷 거물 기업인 알리바바그룹이 중국 최대 SNS업체 시나 웨이보의 지분을 인수해 이목을 끌기도 했다.

매년 30% 이상씩 성장하는 중국 TV홈쇼핑업계

중국의 TV홈쇼핑은 아직 발전 초기 단계에 머무르고 있지만 2009년 이래 연평균 50% 이상씩 성장하며 전망을 밝게 하고 있다. 현재 중국 TV홈쇼핑이 전체 유통시장에서 차지하는 비중은 0.2%로 한국과 미국에 비하면 지극히 미미한 수준이다. 그러나 향후 10년간 중국 중산층 가구가 2배 가까이 증가할 것으로 예상됨에 따라 중국 TV홈쇼핑시장도 가파르게 성장할 것으로 전문가들은 내다보고 있다.

중국 TV홈쇼핑업계의 대표 주자로는 한국의 'CJ오쇼핑'과 '상하이원광신문미디어그룹'(上海文广新闻传播集团)이 합자로 설립한 '둥팡CJ'(东方CJ)가 꼽힌다. 둥팡CJ는 상하이지역 전체 가정 중 3분의 1 이상을 고객으로 두고 있는 중국 최대 TV홈쇼핑업체이다. 이 밖에 '후난콰이러쇼핑'(快乐购物)과 '하오샹쇼핑'(好享购物) 등도 성장성이 높은 TV홈쇼핑업체들이다.

중국 TV홈쇼핑시장에서 한국산 제품은 단연 최고의 효자 상품이다. 한국산 주방용품, 가전제품 등은 가격 대비 뛰어난 품질로 중국 소비자들로부터 뜨거운 반응을 얻고 있으며, 특히 화장품 등 미용 관련 용품은 한류 열풍에 힘입어 불티나게 팔리고 있다.

"어떤 물건이건 중국인들에게 팔지 못하면 글로벌시장에서 살아남을 수 없다!" 이는 글로벌 유통업계가 주장하는 신종 구호이기도 하다. 한때 세계의 공장이었던 중국이 이제는 세계의 소비시장으로 탈바꿈한 것이다. 물론 그 중심에 인터넷쇼핑몰시장이 있는 것이다. ★

39

백화점·대형마트 업계

❶ 중국 정부의 적극적인 내수 확대 노력에도 불구하고 경기 둔화로 유통업계 성장률 하락.

❷ 온라인 유통시장 급성장, 백화점과 마트 등 전통 유통 채널 쇠퇴.

❸ 월마트, 까르푸 등 외자업체 중국시장에서 고전. 까르푸는 중국과 대만에서 사업 철수 검토 중.

▶ 중국 유통업체 톱 10 (2012년 판매액 기준)

* 전자제품 유통업체는 제외.

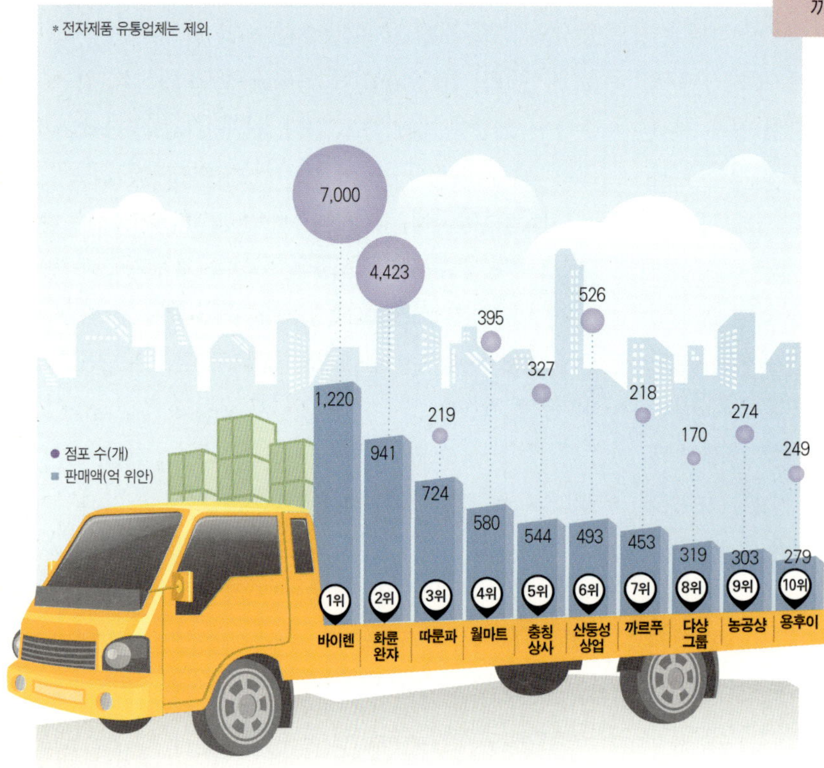

- 중국 유통업체 순위를 보면 중국의 대표적인 유통 그룹 바이렌이 1위, 그 뒤를 화룬완쟈(쑤궈마켓 포함), 따룬파, 월마트, 까르푸 등 대형마트가 잇고 있다.
- 충칭상사(충칭백화점 포함), 산둥성상업(인쭈오백화점 포함)과 다샹그룹 등 백화점기업은 중하위권을 형성하고 있다.

자료: CCFA(China Chain Store & Franchise Association)

▶ 중국 구매력 추이

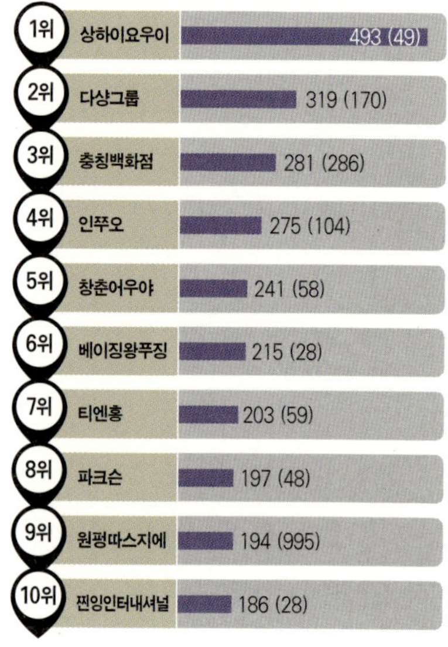

- '사회소비품 소매'(social retail goods)란 기업, 가계, 사회 집단에 판매한 소비재 매출액과 요식업 서비스의 매출 총액으로 국민의 생활 수준과 구매력을 가늠할 수 있는 척도이다.
- 2008년 금융 위기 이후 중국의 사회소비품 증가율은 경제 성장률 둔화, 소비 위축 현상 등으로 하락세를 보였다.

▶ 중국 백화점 톱 10 (판매액 기준)

(판매액: 억 위안, 점포 수: 개)

순위	업체	판매액 (점포 수)
1위	상하이요우이	493 (49)
2위	다샹그룹	319 (170)
3위	충칭백화점	281 (286)
4위	인쭈오	275 (104)
5위	창춘어우야	241 (58)
6위	베이징왕푸징	215 (28)
7위	티엔홍	203 (59)
8위	파크슨	197 (48)
9위	원펑따스지에	194 (995)
10위	핀잉인터내셔널	186 (28)

- 중국 백화점업계 1위 상하이요우이는 중국 최대 종합 유통업체 바이렌의 자회사로 상하이 지역을 중심으로 분포해 있다.

자료: CCFA(China Chain Store & Franchise Association)

▶ 중국 대형마트 톱 10 (판매액 기준)

(판매액: 억 위안, 점포 수: 개)

순위	업체	판매액 (점포 수)
1위	화룬완쟈	941 (4,423)
2위	따룬파	724 (219)
3위	월마트	580 (395)
4위	까르푸	453 (218)
5위	롄화	316 (4,762)
6위	농공상	303 (2,734)
7위	용후이	279 (249)
8위	테스코	200 (111)
9위	산둥쟈쟈위에	182 (595)
10위	신이쟈	180 (116)

- 경기 침체의 영향으로 유통업계가 전반적으로 부진을 면치 못한 가운데, 화룬완쟈는 브랜드 세분화 및 공격적 점포 확충을 통해 대형마트업계 1위를 차지했다.

자료: CCFA(China Chain Store & Franchise Association)

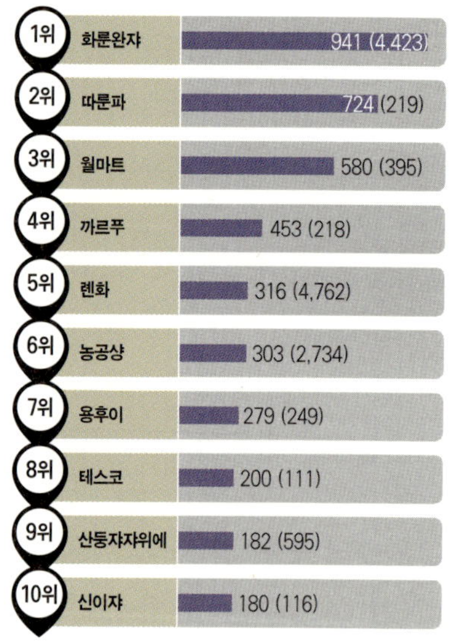

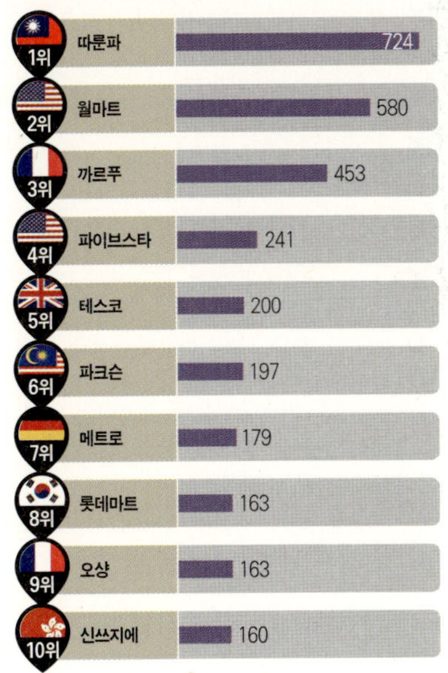

- 쟁쟁한 글로벌 유통업체들을 제치고 중국 외자 대형마트 1위에 오른 대만의 따룬파는 철저한 현지화 전략을 통해 경쟁 업체들과의 격차를 벌렸다.

자료: CCFA(China Chain Store & Franchise Association)

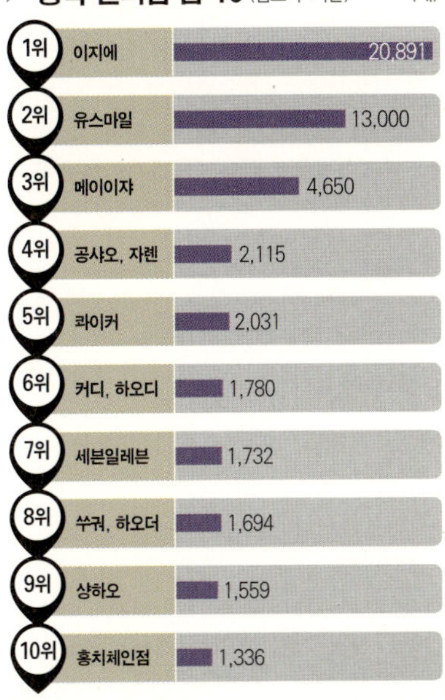

- 2012년 편의점 점포 수 증가율은 12%로 중국 100대 유통기업 점포 수 증가율 8%를 상회했다.
- 특히 업계 1,2위의 주유소 연계 편의점 이지에와 유스마일은 모회사의 방대한 주유소에 거점을 두며 빠르게 성장했다.

자료: CCFA(China Chain Store & Franchise Association)

▶ 중국 100대 유통기업의 소비재 판매 현황

- 전자상거래 등 유통 채널이 다변화되면서 중국 100대 유통기업이 소비재 판매에서 차지하는 비중이 감소하고 있다.

자료: iResearch

▶ 중국 도시 규모별 유통업체 사업 실적

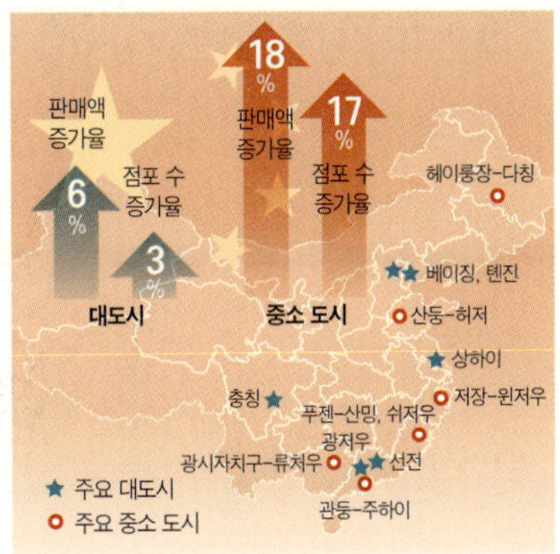

(2012년 기준, 판매액 증가율은 전년 대비 증가율)

- 중국 대도시 상권은 이미 포화 상태로, 유통업체들은 과거 대도시 위주의 성장에서 벗어나 중소 도시로 사업 범위를 확장하고 있다.

자료: CCFA(China Chain Store & Franchise Association)

▶ 중국 유통업 분야별 매출 추이

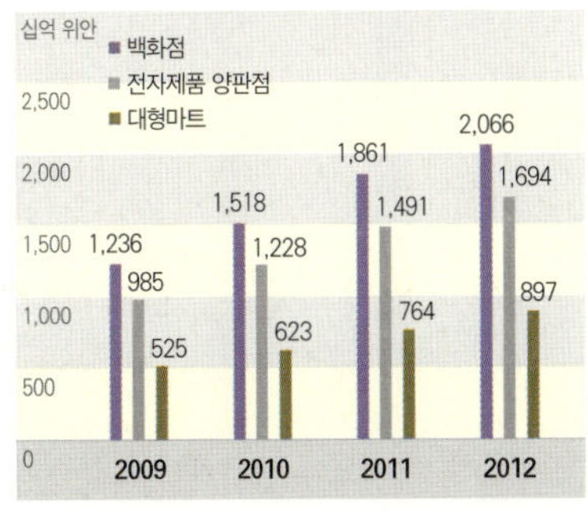

- 전자상거래시장이 빠르게 발전하는 것과는 대조적으로 백화점, 전자제품 양판점, 대형마트 등의 오프라인 유통 채널은 매출 증가율이 감소하고 있다.
- 이는 오프라인 유통 채널들이 임대료, 물류비, 인건비 등의 비용 증가로 경쟁력이 떨어졌기 때문이다.

자료: WIND

▶ 중국 소비재 판매액 중 전자상거래 비중

- 2007년 0.6%에 불과하던 전자상거래 비중은 2011년 4.3%까지 증가했으며, 2015년에는 8%대까지 확대될 것으로 전망된다.

자료: iResearch

▶ 롯데마트 중국법인 점포 수 추이

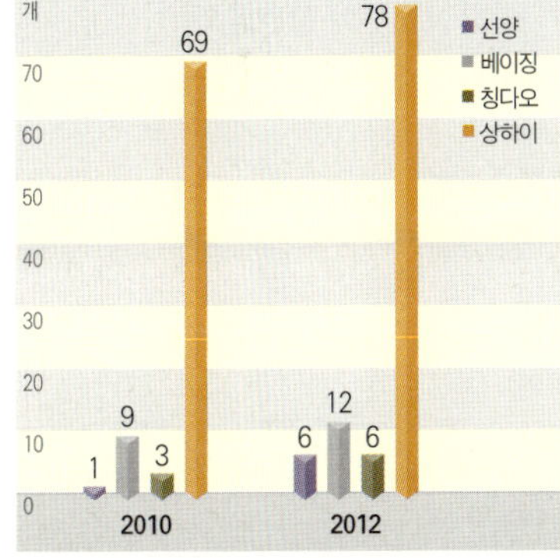

- 롯데마트는 중국시장에서 점포 수를 공격적으로 늘리면서 덩치를 키워나가고 있다.
- 하지만 신규 점포 설립으로 많은 비용이 들어가면서 수익성이 개선되지 않고 있는 상황이다.

자료: 롯데쇼핑 연결감사보고서

바이렌그룹 (国)

1위 상하이이요우이
Shanghai Friendship, 上海友谊集团
(SH)

매출액	493억 위안
영업이익	20억 위안
점포 수	49개
주요 브랜드	둥팡쇼핑센터(东方商厦)
	제일백화점(第一百货)
	용안백화점(永安百货)

- 중국의 대표적인 소매 유통 브랜드 바이렌그룹 산하 기업으로, 백화점과 쇼핑몰, 대형마트, 편의점 등 다양한 유통 채널에 진출.

▼ 중국 최대 유통기업 바이렌

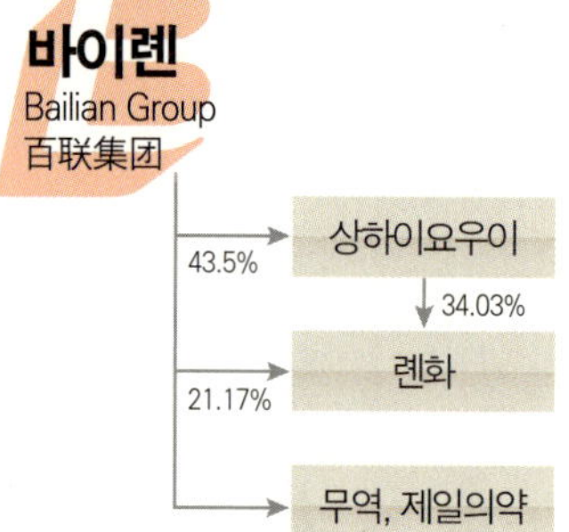

바이렌 주요 브랜드

가구·인테리어	하오메이쟈
백화점	상하이이요우이, 둥팡쇼핑센터, 제일백화점, 용안백화점
대형마트	화롄수퍼, 세기롄화
아울렛	상하이아울렛
편의점	롄화콰이커

- 바이렌그룹은 상하이제일백화점, 화롄그룹, 요우이그룹, 우쯔그룹이 합병해 탄생한 대형 국유 유통그룹.
- 중국 백화점업계 1위인 상하이이요우이와 대형마트업계 3위(대만계 포함, 외자기업 제외) 롄화의 모회사이며, 중국 내 백화점, 대형마트, 아울렛, 편의점 등 각종 유통 브랜드를 보유하고 있다.
- 상하이를 중심으로 전국 25개 성시에 7,000여개 점포를 운영하고 있으며 직원이 25만 명에 달한다.

▼ 상하이이요우이 경영 실적

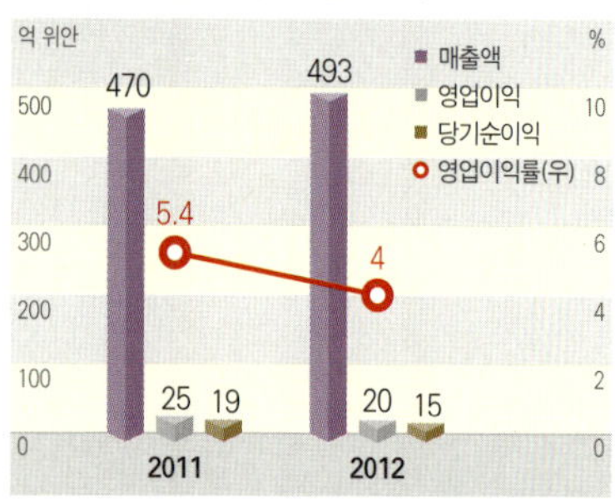

- 2012년 상하이이요우이 백화점은 인건비 상승 등 비용이 증가하며 영업이익률이 감소했다.

▼ 상하이이요우이 주가 추이 (%)

- 2012년 상하이이요우이 산하의 제일백화점이 19년 역사를 뒤로하고 매출 부진으로 문을 닫으며 주가 하락을 부추겼다.

▼ 중국 백화점 도시별 신규 점포 개점 추이 (개)

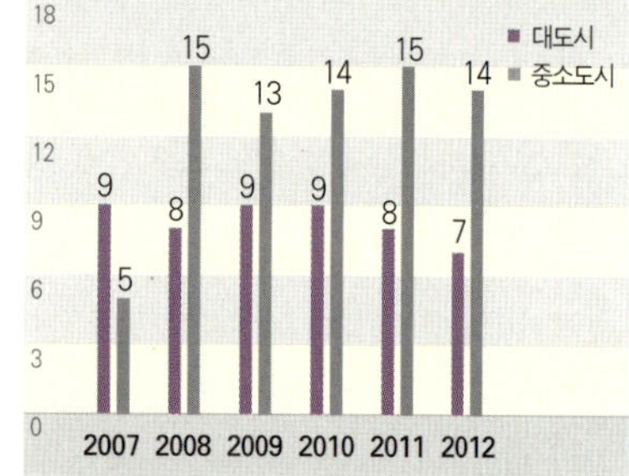

- 최근 몇 년간 중국 백화점은 중소도시를 중심으로 확장했으나, 백화점 산업이 쇠퇴기에 접어들면서 이마저도 증가세가 둔화되고 있다.

자료: Euromonitor, 상장 백화점 기준

2위 다샹그룹
Dashang Group
大商股份有限公司
(SH)

매출액	319억 위안
영업이익	13억 위안
점포 수	170개
주요 브랜드	MYKAL
	치엔셩 백화점
	NEW-MART

- 중국 동북 지역 경제 성장의 중추적 역할을 하고 있는 다샹그룹은 백화점, 슈퍼마켓, 전자상가 등을 운영.

▼ 다샹그룹 경영 실적

- 2012년 다샹그룹은 광고비 등 비용을 절감하며 영업이익률이 크게 상승했다.

▼ 다샹그룹 주가 추이 (%)

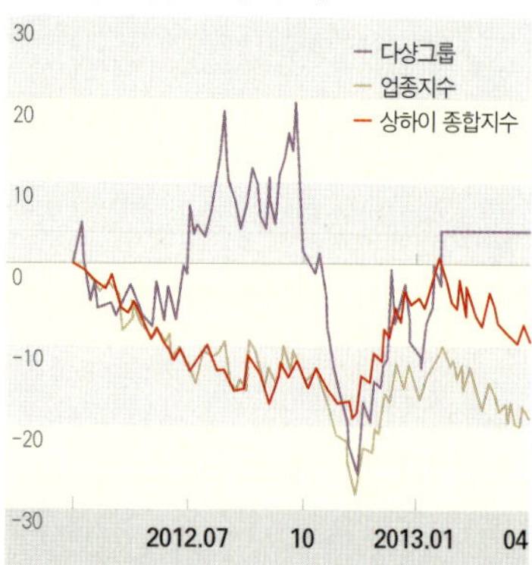

- 다샹그룹의 1대 주주인 다샹인터내셔널(지분 8.8%)은 3대 주주인 마오예상사가 지분을 늘릴 움직임을 보이자 2013년 2월 주식 거래를 잠시 중단했다.

- 충칭백화점은 중국 서남부 지역 최초의 대형 국유 유통기업으로, 충칭상사의 자회사.
- 백화점, 대형마트, 전자상가가 주력 사업군.

▼ 충칭백화점 경영 실적

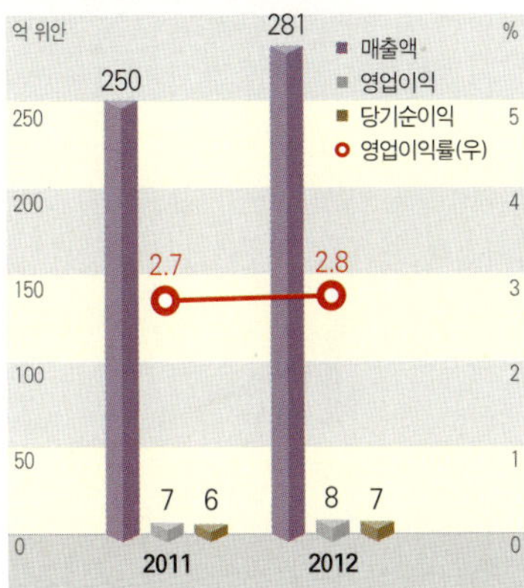

- 2010년 신세기백화점을 인수한 충칭백화점은 매출이 2009년 73억 위안에서 2010년 212억 위안으로 세 배 가까이 증가했다.

▼ 충칭백화점 주가 추이 (%)

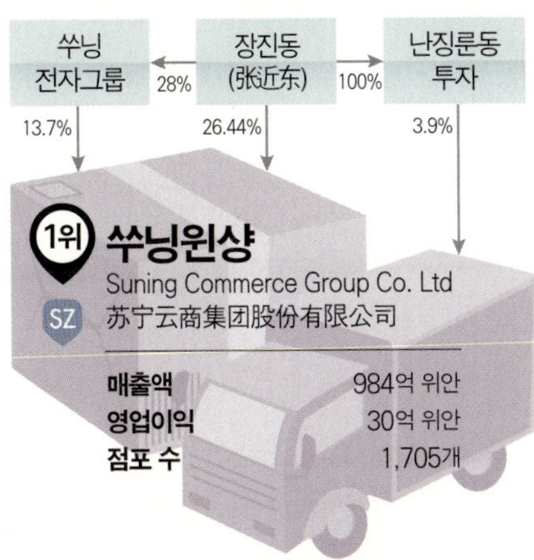

- 중국에서 백화점의 입지가 좁아지고 전자상거래가 빠른 속도로 발전하면서 충칭백화점 주가도 하락세를 면치 못하고 있다.

가전 유통

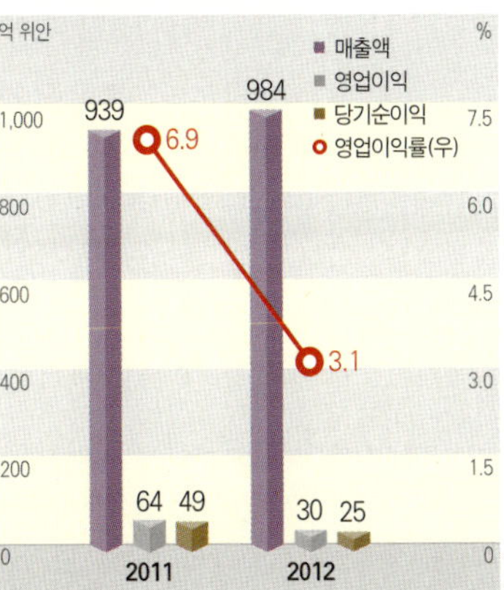

- 최근 '쑤닝전기'에서 '쑤닝윈상'으로 사명을 변경한 중국 최대 전자제품 양판점 쑤닝윈상은 전자상거래시장 진출과 가전 외 품목 확장을 선언하며 온·오프라인 종합 유통업체로의 변신을 시도 중.

▼ 쑤닝윈상 경영 실적

- 쑤닝윈상의 전자상거래 사업은 아직 초기 단계로 수익보다 투자 비용이 높아 손익 측면에서 볼 때 단기적으로 경영 실적에 부정적인 영향을 미치고 있다.

▼ 쑤닝윈상 점포수 변화 (개)

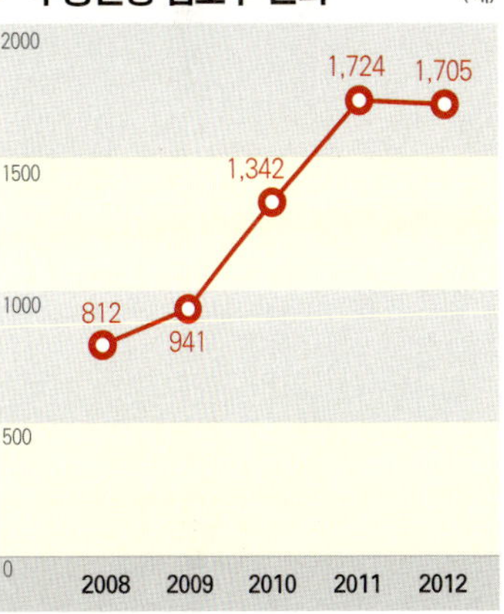

- 2012년 중국 내수시장 침체 영향으로 쑤닝윈상의 오프라인 매장은 동북, 화북, 화동 등 도시 밀집 지역을 중심으로 감소세를 보였다.

▼ 쑤닝윈상 지역별 점포 분포 (2011년 말 기준)

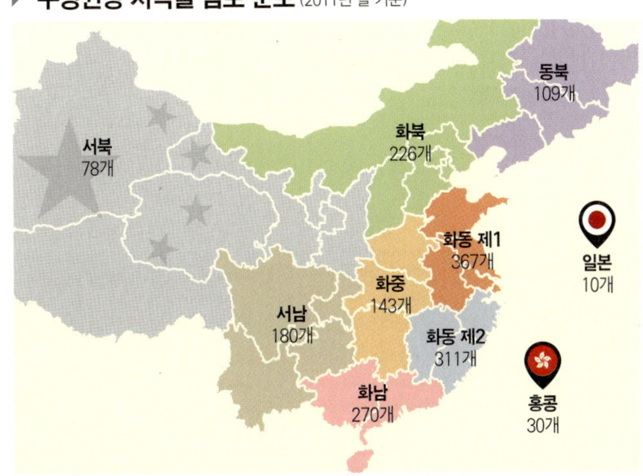

▼ 쑤닝윈상 주가 추이 (%)

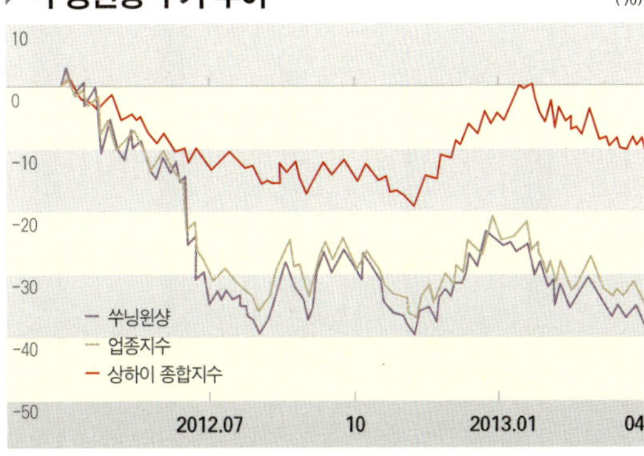

- 2012년 정부의 가전제품 구매 지원 정책들이 연이어 종료되면서 지난 몇 년간 호황을 누리던 가전제품 유통업은 실적 부진을 겪고 있다.

- 과거 중국 가전제품 양판점 1위 업체였지만, 황광위(黃光裕) 회장의 비리 사건 이후 쑤닝윈상에 업계 1위 자리를 내주며 부진 지속.
- 온라인쇼핑몰 궈메이온라인과 쿠바왕 운영.

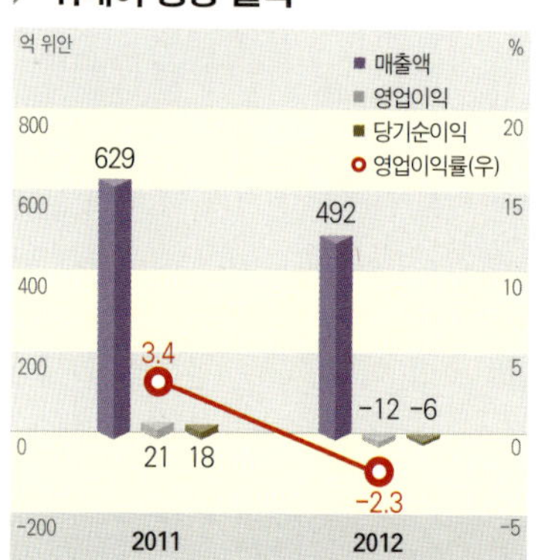

- 내수시장 위축과 빠른 속도로 가전 유통 시장을 잠식한 전자상거래의 발전으로 2012년 궈메이는 마이너스 성장을 했다.

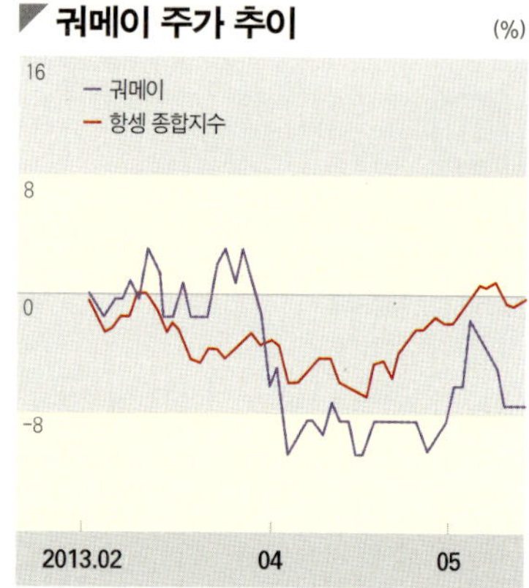

- 2012년 최악의 적자를 기록한 궈메이는 2013년 들어서도 업종지수를 하회하고 있다.

🛒 대형마트

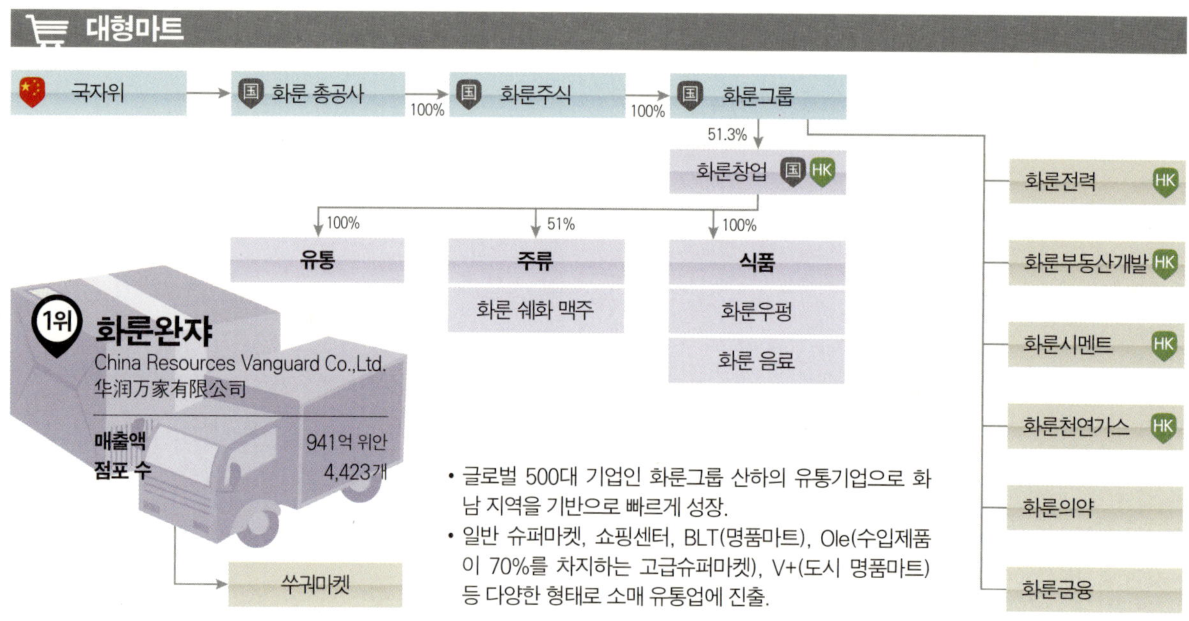

- 글로벌 500대 기업인 화룬그룹 산하의 유통기업으로 화남 지역을 기반으로 빠르게 성장.
- 일반 슈퍼마켓, 쇼핑센터, BLT(명품마트), Ole(수입제품이 70%를 차지하는 고급슈퍼마켓), V+(도시 명품마트) 등 다양한 형태로 소매 유통업에 진출.

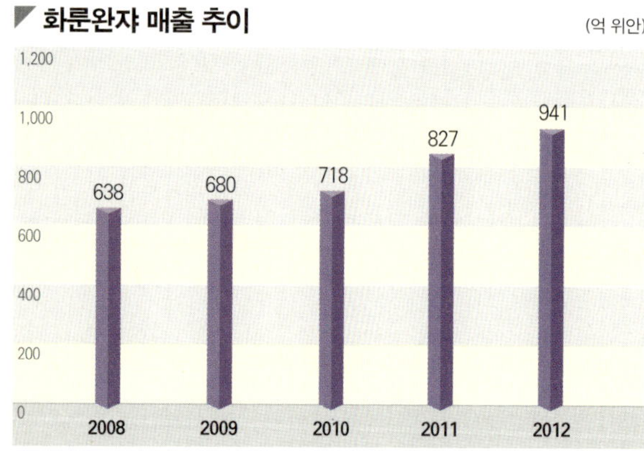

- 화룬완쟈는 대형마트, 쇼핑몰, 편의점 등 여러 영역에 걸쳐 소비자들의 다양한 수요를 만족시키며 빠르게 성장하고 있다.

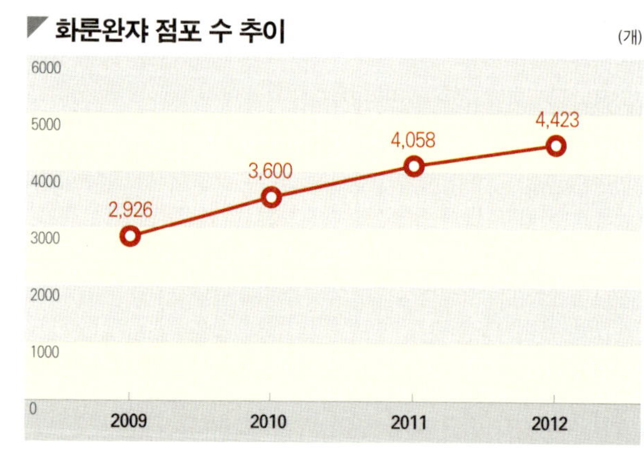

- 중국 유통업계가 전반적으로 정체기를 겪고 있는 가운데 화룬완쟈는 쑤궈마켓, VIVO, Ole 등 기업 내 다수 브랜드의 점포 수를 확장하고 있다.

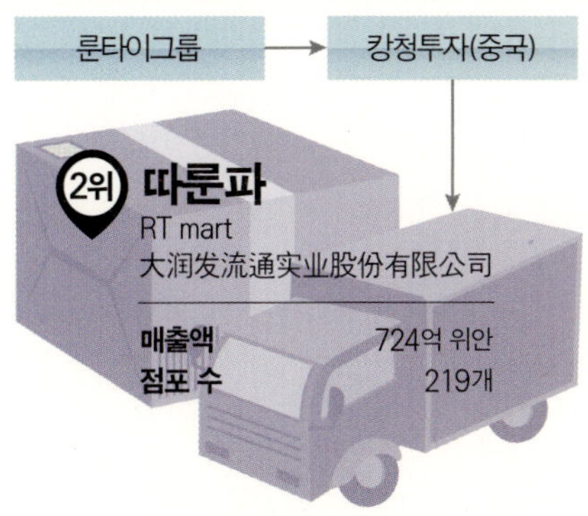

따룬파 매출 추이 (억 위안)

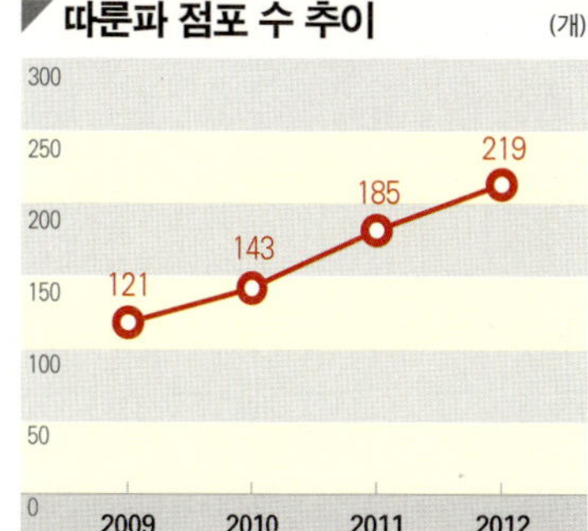

따룬파 점포 수 추이 (개)

- 중국 대형마트업계 후발주자로 나선 대만계 따룬파는 10년 만에 월마트, 까르푸 등 글로벌 유통기업을 제치고 중국 외자 대형마트 1위에 등극.

- 따룬파는 상품을 싼값에 조달하며 월마트, 까르푸 등 글로벌기업과의 경쟁에서 단연 앞서가고 있다.

- 인건비, 임대료 상승 등으로 외자 유통기업들이 매장 폐점을 단행하며 고전을 면치 못하는 가운데, 따룬파는 중소 도시를 중심으로 규모를 확장하고 있다.

렌화 경영 실적

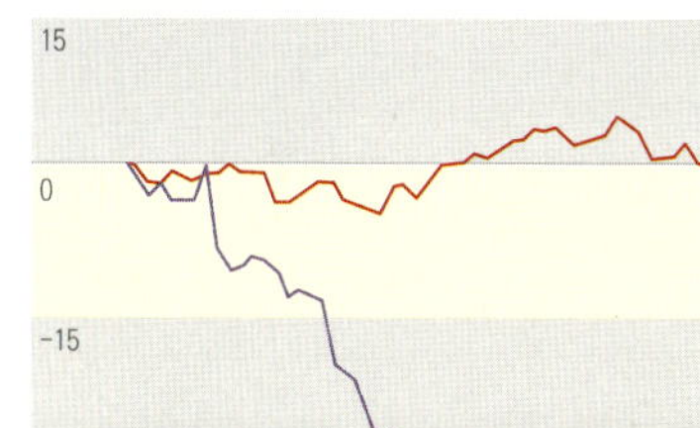

렌화 주가 추이 (%)

- 장쑤, 안후이, 산둥, 상하이, 푸젠, 저장, 장시 등 화동 지역에서의 절대적 우위를 기반으로 중국 내 가장 많은 슈퍼마켓 체인점을 가진 토종 기업.

- 업계 경쟁이 나날이 치열해지는 가운데 고객 유치를 위해 대규모 판촉 행사를 했던 렌화는 비용 상승으로 2012년 영업이익률이 감소했다.

- 내수 침체, 전자상거래 발전, 중국 정부의 식품 안전 관리 강화 등의 영향으로 렌화의 주가는 하락세를 보였다.

편의점

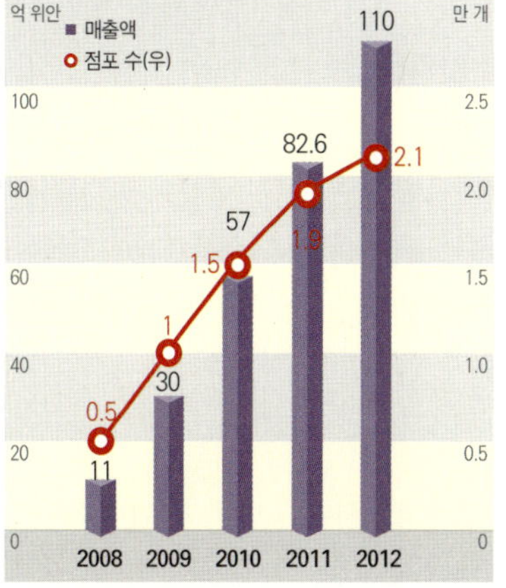

이지에 매출과 점포 수 추이

- 중국 최대 정유기업 시노펙 산하의 주유소와 연계된 편의점으로, 중국 전역에 3만 여개의 주유소를 보유한 시노펙을 기반으로 빠르게 성장.

시노펙 주유소 내 이지에 개설 현황

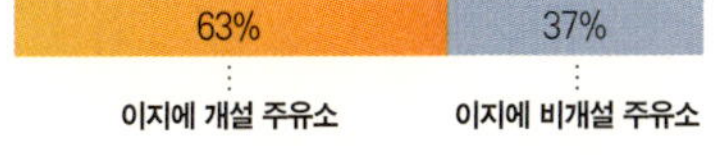

- 이지에는 시노펙이라는 든든한 뒷배경을 기반으로 급성장하고 있으며, 2015년에는 매출이 500억 위안에 달할 것으로 예상된다.

- 상하이 증시 시가총액 1위 기업인 중국 최대 국영 석유 기업 페트로차이나 산하의 주유소 연계 편의점.

페트로차이나 주유소 내 유스마일 개설 현황

대륙에서 살아남으려면
중국인들의 소비 심리를 꿰뚫어라!

최근 몇 년간 지속된 글로벌 경기 침체와 소비시장 위축의 가장 큰 피해자는 소비와 직결된 유통업계였다. 백화점과 대형마트로 대표되는 중국의 유통업계도 꽁꽁 얼어붙은 소비 심리에 몸살을 앓았다. 반면, 전자상거래와 복합쇼핑몰 시장은 급변하는 소비 트렌드에 발 빠르게 대처하며 새로운 유통 채널로 급부상했다. 특히 전자상거래 시장의 경우 최근 몇 년간 폭발적인 성장을 거듭하며 2012년 거래 규모 1조 위안을 돌파했고, 앞으로 몇 년 안에 미국을 추월할 것으로 전망되고 있다. 아울러 최근 중국 유통시장의 중심이 대도시에서 중소도시로 옮겨가고 있다. 상하이와 베이징 등 대도시의 경우 이미 성장기를 지나 안정기에 접어들었는데 비해, 중소도시 소비 증가율은 성장세를 이어가고 있다.

희비가 엇갈린 백화점과 대형마트 그리고 편의점

백화점과 대형마트 등 상품 판매를 주 목적으로 하는 단일화된 유통 채널은 글로벌 경기 침체 및 중국 소비 행태 변화의 가장 큰 피해자였다. 특히 2000년대 이후에도 안정적인 성장세를 이어가던 중국 대형마트의 성장세가 최근 들어 주춤하고 있다. 2012년 매출액 증가율을 보면 전년 22.65%보다 5% 낮은 17.31%을 기록하며 하락세로 전환했다. 중국 대형마트가 부진한 가장 큰 원인은 역시 급성장한 전자상거래시장 때문이다. 대형마트가 점포 유지비와 인건비 등으로 가격

우위를 확보하기 어려운데 비해 온라인쇼핑몰업체들은 가격경쟁력을 앞세워 빠른 속도로 유통시장을 잠식해나가고 있다.

백화점업계의 부진도 대형마트 못지않다. 2012년 중국의 백화점업계 매출액 증가율은 11%를 기록해, 2011년 22.65%에 비해 절반 수준으로 급감했다. 도시별 신규 점포 현황을 보면 상황은 더욱 안 좋다. 대도시 신규 점포 수는 2008년 금융 위기 이후 줄곧 하락세를 보여 왔고, 새로운 돌파구라 생각되었던 중소도시에서조차도 지지부진하긴 마찬가지였다.

백화점과 대형마트업계가 부진한 모습을 보였다면 편의점업계는 비교적 순조로운 성장세를 이어갔다. 일반적으로 한 국가의 1인당 국내총생산(GDP)이 3,000달러를 넘어서게 되면 편의점시장이 빠르게 발전한다. 중국은 이미 1인당 GDP 6,000달러 시대에 진입했으며 베이징이나 상하이의 1인당 GDP는 1만 3,000달러에 달한다. 향후 중국의 도시화가 전국적으로 확산되면 편의점시장의 성장 여력도 한층 높아질 전망이다.

이처럼 중국 편의점시장의 성장이 이어지면서 해외 편의점 브랜드들이 앞 다퉈 중국 내 점포 수를 확장하고 있다. 이들은 수적으로 점포를 확장하는 한편 기존에 없던 새로운 서비스를 선보이며 사업영역까지 확대하고 있다. 실제로 패밀리마트(CU)의 경우 전자상거래를 통해 구입한 상품을 가까운 편의점에서 수령할 수 있도록 하는 서비스를 선보이며 고객 끌기에 나섰다.

최근 주유소와 연계된 편의점인 '이지에'(易捷)
와 '유스마일'(昆仑好客)이 혜성처럼 나타나 중국
편의점시장을 석권하고 있다. 이들은 2011년까
지만 해도 순위권 밖에 있었으나 중국 양대 정유
회사인 시노펙과 페트로차이나라는 모기업의 전
폭적인 지지를 받으며 승승장구하고 있다. 시노
펙과 페트로차이나는 국제유가에 휘둘리는 수익
구조의 다각화를 위해 수익사업 모색에 심혈을
기울이고 있는 바, 주유소 연계 편의점 개설은 그
일환이라 하겠다.

한편, 쇼핑·음식·영화·공연 등을 한 곳에서 해
결할 수 있는 신개념 '복합쇼핑몰'(购物中心)은 중
국 젊은 층의 뜨거운 호응을 얻으며 이른 바 '핫
플레이스'로 자리를 잡아가고 있다. 몰링(Malling)
문화의 첨병 역할을 해온 복합쇼핑몰은 혼자서도
충분히 즐길 수 있는 단순 쇼핑 문화와는 달리 문
화시설을 즐기기 위해 보통 2명 이상이 방문하기
때문에 고객 유입률이 높은 장점을 지니고 있다.

글로벌 유통업체들의 몰락, 대만 따룬파의 급성장

한때 중국에서 무서운 기세로 점포 수를 늘려갔
던 월마트, 까르푸, 테스코 등 글로벌 3대 유통업
체들이 임대료와 인건비 상승을 감당하지 못하고
하나 둘 문을 닫는 처지에 놓였다. 특히 월마트의
경우 신규 매장 수가 2010년 50개에서 2012년
30개로 가파르게 하락하고 있다. 이 가운데 대만
유통업체 '따룬파'(大润发)의 활약은 괄목할 만하
다. 대만계 '룬타이'(润泰)그룹'이 설립한 따룬파는
중국 대형마트시장에 후발주자로 나섰으나 10년
만에 월마트와 까르푸 등 글로벌 경쟁업체들을
제치고 업계 1위 자리에 올랐다. 따룬파는 저가로
물건을 조달해 가격경쟁력을 확보하는 한편, 성
장가능성이 무한한 중소도시를 중심으로 출점을
이어가며 시장점유율을 높이고 있다. 따룬파가

중국에서 성공할 수 있었던 가장 큰 이유는 뭐니
뭐니 해도 철저한 현지화 전략이다. 신선식품 수
요가 큰 중국인들의 소비 습관에 맞춰 대부분의
신선식품을 1층에 진열한다거나 과거 중국이 외
자기업 진출을 제한했을 당시 로컬기업과의 합자
방식을 통해 시장 진출을 추진했던 사례 등은 방
대한 소비인구만 믿고 무작정 중국시장에 뛰어든
글로벌 유통업체들에게 좋은 교훈이 되고 있다.
한국 유통업체로는 유일하게 롯데마트가 중국 유
통시장 외자업계 순위 8위에 올라 눈길을 끈다.
하지만 롯데마트의 중국사업은 매년 적자폭이 증
가하고 있다.

중국 유통시장에서 가장 흥미로운 판도 변화
가 일어났던 곳은 바로 가전 유통시장이다. 중국
가전업계 1인자인 '쑤닝전기'(苏宁电器)는 '쑤닝
윈상'(苏宁云商)으로 기업명을 바꾸고 전자상거래
시장에 본격 진출했다. 그리고 쑤닝은 가전 이외
의 물건까지 판매하며 온·오프라인 종합 유통업
체로서의 변신을 꾀하고 있다. 쑤닝의 이 같은 변
신은 오프라인 매장을 위협하고 있는 전자상거래
시장에 대한 대응책으로, 유통 채널 및 판매 품목
확장을 통한 경쟁력 확보가 시급하다고 판단했기
때문이다.

온라인 가전 유통업체 '징둥'(京东商城)은 파격
적인 가격할인으로 이슈 몰이를 하며 단숨에 중
국 가전 유통시장 '톱 3'로 올라섰다. 2012년 8월,
징둥이 경쟁업체보다 무조건 10% 이상 싸게 팔
겠다고 선전포고를 하면서 시작된 가격 전쟁은
쑤닝이 맞불을 놓으며 점입가경으로 치달았다.
이후 규제당국이 조사에 나서며 이들의 가격 전
쟁은 허무하게 막을 내렸지만 이를 계기로 징둥
은 소비자들에게 강한 인상을 남기며 중국 3대
가전 유통업체로 부상했으니 사실상 최후의 승자
가 된 셈이다. ★

① 중국 외식시장 규모, 2002년 5,000억 위안에서 2012년 2.4조 위안으로 급성장.
② 인건비와 임대료 급상승으로 중국 외식업계 비상.
③ 중국 외식업계 1위 얌브랜즈, 2위 기업 샤오페이양 인수.
④ KFC, 2012년 말 성장촉진제와 항생제 투여한 닭을 사용한 것이 공개되며 매출 급감.

▼ 중국 외식업 규모 추이

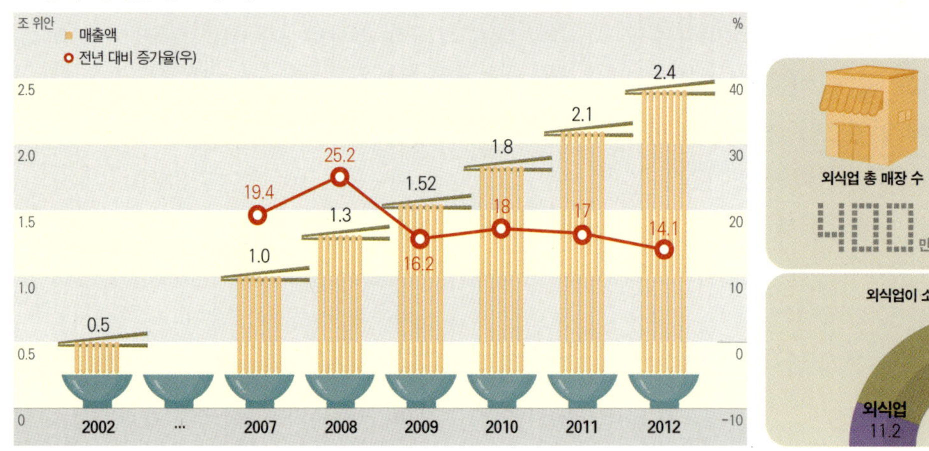

- 중국 외식시장 규모는 2002년 5,000억 위안 수준에서 9년 만에 2조 억 위안을 돌파하며 빠른 성장세를 보이고 있다.
- 2012년 외식업 매출액 증가율은 22년 만에('사스' 발생 해인 2003년 제외) 가장 낮은 14.1%를 기록하며, 향후 외식시장 성장이 다소 둔화될 것을 암시하고 있다.

자료: CCAS

▼ 중국 외식업 음식 종류별 시장점유율

(2012년 기준, %)

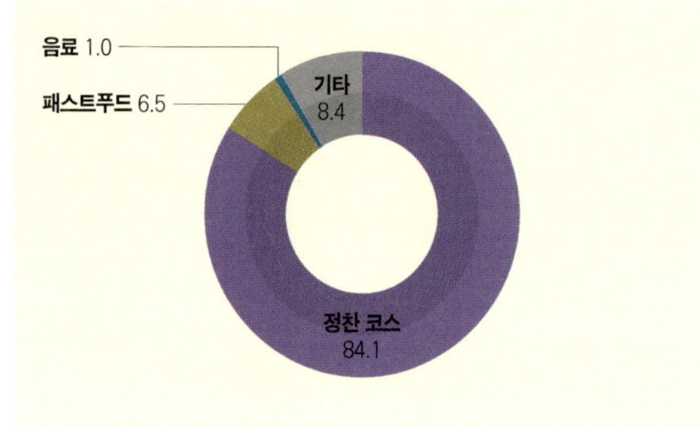

▼ 중국 지역별 외식시장 규모

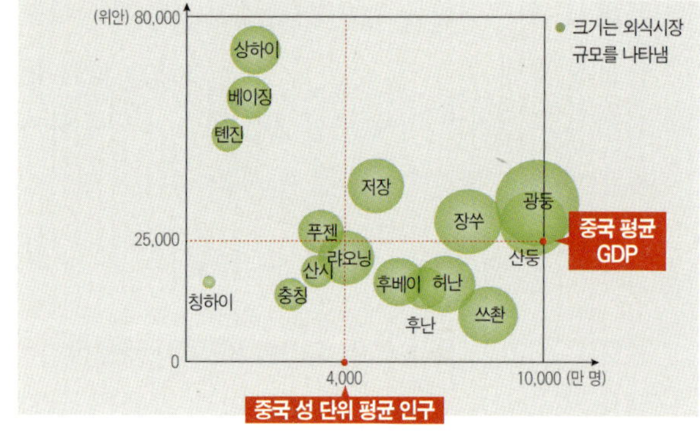

- 중국 외식업은 정찬 코스가 84%로 대부분을 차지하고 있고, 패스트푸드는 6.5%, 음료는 1%에 불과하다.

자료: 중국 상무부

- 광둥, 산둥, 장쑤, 저장 지역은 인구와 소득 수준이 모두 높아 외식시장의 규모와 성장 지속성 면에서 가장 매력적인 시장이다.

자료: Accenture Analysis

▼ 중국의 외국 음식 전문 식당 비중 (%)

일본	34.5	인도	1.0
미국	20.1	베트남	0.8
한국	16.6	싱가포르 말레이시아	0.7
이탈리아	15.0	지중해	0.6
프랑스	7.1	스페인	0.5
태국	2.7	러시아	0.4

▼ 중국 100대 외식업체 매출 추이

▼ 중국 100대 외식업체 매출 비중

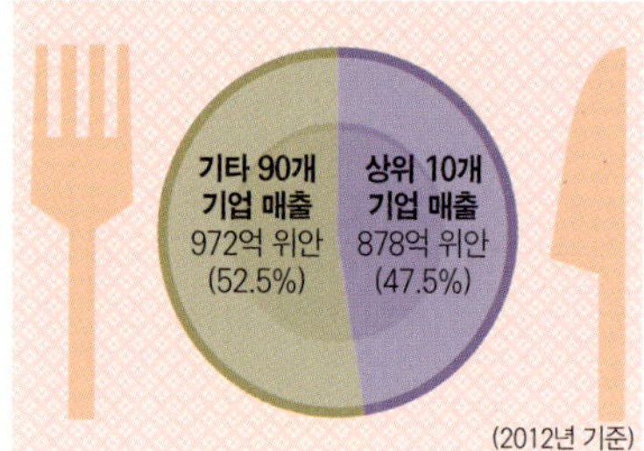

- 중국의 외국 음식 전문 식당은 일식당이 35%로 가장 큰 비중을 차지하고 있다. 반면 베트남, 인도, 태국 등의 동남아 음식들은 시장점유율이 1% 미만이다.

자료: Accenture Analysis

- 중국 100대 외식업체의 매출 증가율은 2010년 유럽 재정 위기 당시 11.7%까지 하락했지만, 이후 완만한 회복세를 이어가고 있다.
- 그러나 과거와 같은 빠른 성장세는 보이지 않는다.

자료: CCAS

- 중국 100대 외식업체 매출 총계에서 상위 10개 기업이 차지하는 비중이 47%가 넘어, 매출 쏠림 현상이 심하다.

자료: CCAS

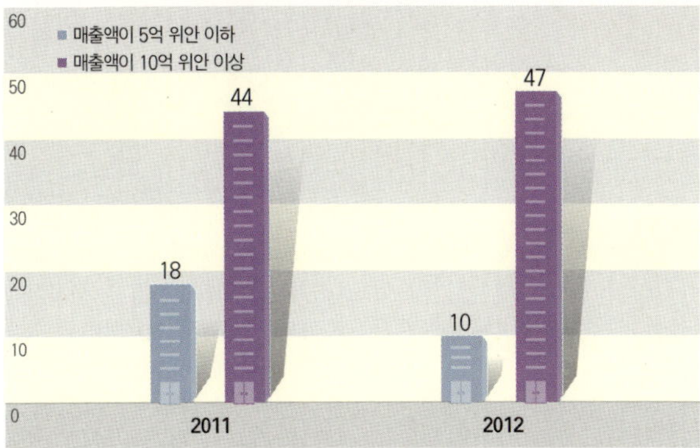

- 2012년 중국 100대 외식업체 가운데 매출액이 10억 위안이 넘는 업체는 전년 대비 증가한 반면 5억 위안 미만인 업체는 급감했다.

자료: CCAS

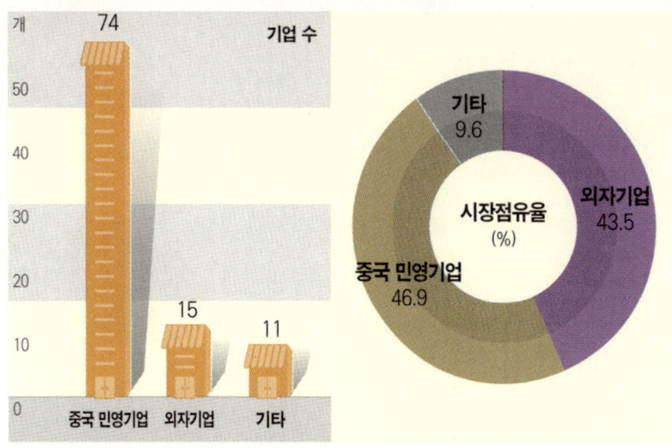

- 중국 100대 외식업체 중 외자(대만,홍콩 포함) 기업은 총 15개로 중국 민영기업(74개)보다 훨씬 적지만, 매출액 기준 시장점유율에서는 외자기업과 중국 민영기업 간에 큰 차이가 없다.

자료: CCAS

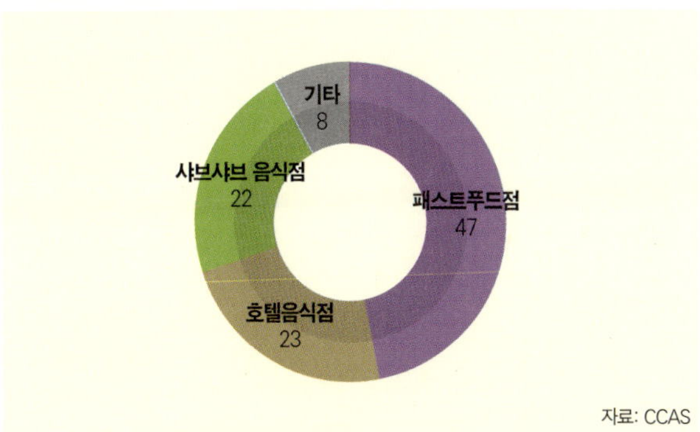

자료: CCAS

- 중국 100대 외식업체 음식 종류별 시장점유율을 보면 패스트푸드점이 47%로 가장 큰 비중을 차지하고 있다.
- 2012년 판매액은 패스트푸드점이 859억 위안, 호텔음식점이 416억 위안, 중국식 샤브샤브인 훠궈(火锅) 음식점이 430억 위안에 달한다.

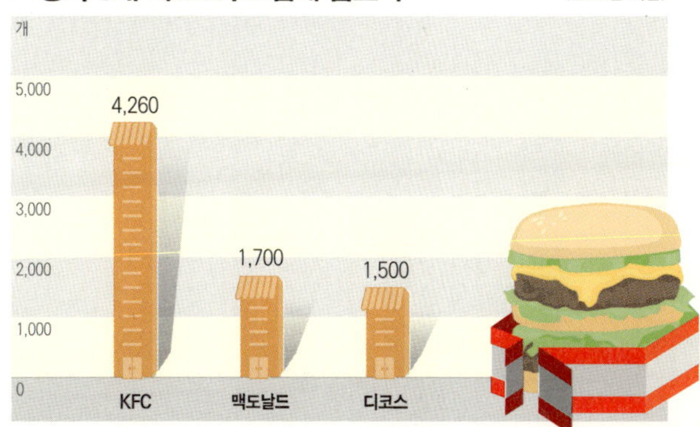

- 맥도날드는 전 세계적으로 독보적인 우위를 점하고 있지만, 중국시장에서는 KFC에 업계 1위 자리를 내주며 힘을 쓰지 못하고 있다.

자료: 각 사 애뉴얼 리포트

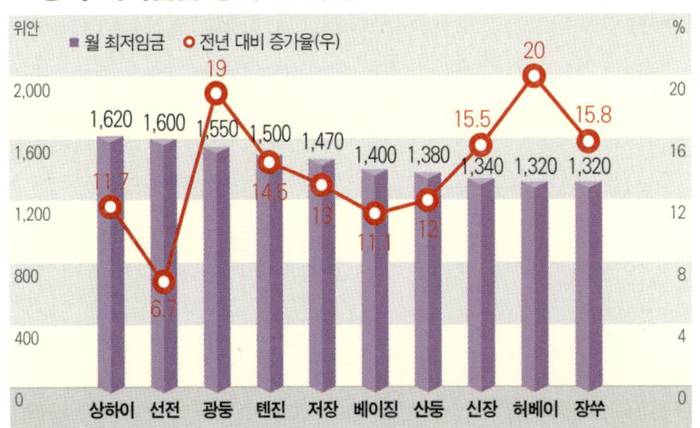

- 최근 중국 경제는 인력난과 인건비 증가로 비용이 크게 상승하고 있다.
- 이러한 현상은 인건비 비중이 상대적으로 높은 외식업에 악재로 작용하고 있다.

자료: 노동사회보장국

* 베이징과 상하이는 개인부담사회보험 및 주방공적금이 최저임금에 포함되지 않음.

중국 대도시의 연간 임대료 비교

(2011년 기준)

	주요 상권	연간 임대료 (달러/m²)	전년 대비 증가율 (%)
베이징	왕푸징	379	109.5
	시단	310	47.5
	중심상업지구	250	55.9
상하이	동난징루	348	1.8
	시난징루	342	5.8
	쉬자후이	318	4.8

- 가파른 물가 상승 여파로 부동산 가격이 계속 폭등해 외식업계는 임대료 상승, 인건비 상승, 재료비 상승의 삼중고를 겪고 있다.

자료: Cushman & Wakefield, Main Streets Across The World

얌브랜즈(글로벌)		얌브랜즈(중국)	
매출액	136억 달러	매출액	68억 달러
영업이익	23억 달러	영업이익	10.2억 달러
점포 수	39,014개	점포 수	5,726개

- 얌브랜즈는 KFC, 피자헛, 타코벨 등의 외식 브랜드를 보유한 미국기업.
- 1987년 베이징 톈안먼광장에 1호점을 개점하며 진출한 이래 1997년 100호점, 2004년 1,000호점, 2012년 4,000호점을 개점하며 빠르게 성장.

▼ 얌브랜즈 보유 브랜드

- 얌브랜즈는 KFC, 피자헛 등 미국 브랜드 외에도 동방지바이(중식 패스트푸드점), 샤오페이양(샤브샤브 음식점) 등의 중국 음식 브랜드를 보유하고 있다.

▼ KFC와 맥도날드 중국 매장 수(개)

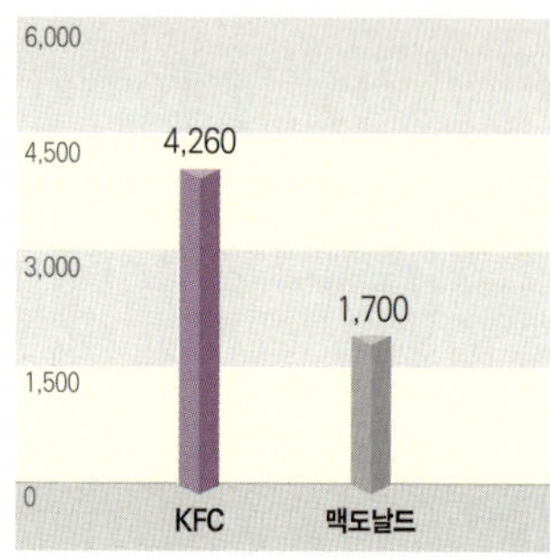

- KFC는 중국 진출 초기부터 현지에 아시아본사를 만들고, 중국인을 CEO와 임원으로 고용하면서 중국 환경에 맞는 현지화 전략을 펼쳤다.
- KFC는 중국시장에서 만큼은 맥도날드를 제치고 중국인이 가장 선호하는 패스트푸드점이 되었다.

▼ 얌브랜즈 매출 추이

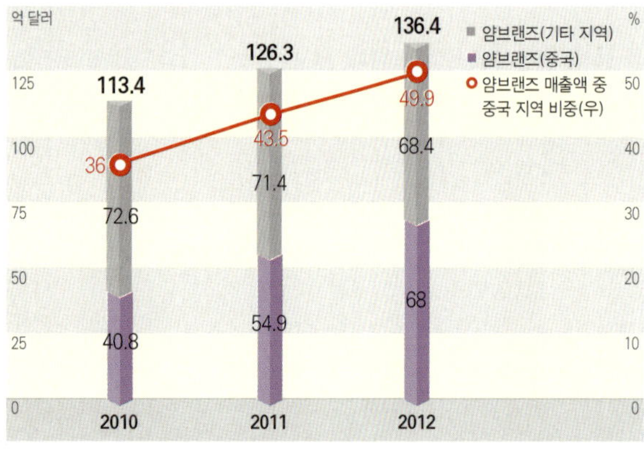

- 얌브랜즈 전체 매출 가운데 중국이 차지하는 비중이 50%에 달한다.
- 현재 중국은 얌브랜즈의 최대 수익 창출 지역이다.

자료: 얌브랜즈 애뉴얼 리포트

▼ 얌브랜즈 영업이익 추이

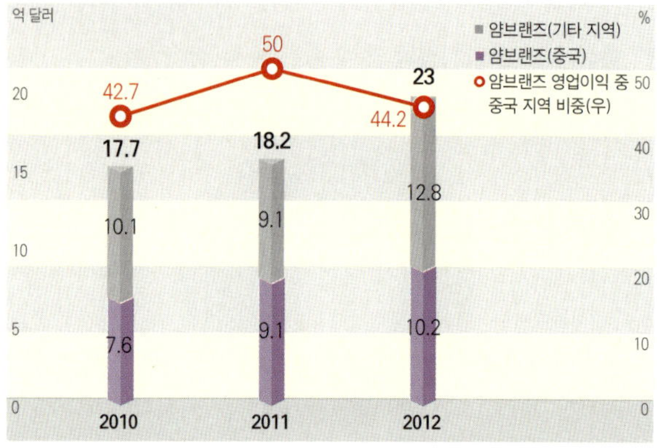

- 2012년 얌브랜즈는 중국에서 공격적으로 점포를 확장하면서 비용이 급상승해 영업이익 상승률이 2011년 20%에서 2012년 11.7%로 감소했다.

자료: 얌브랜즈 애뉴얼 리포트

▼ 얌브랜즈 매장 분포

(개)

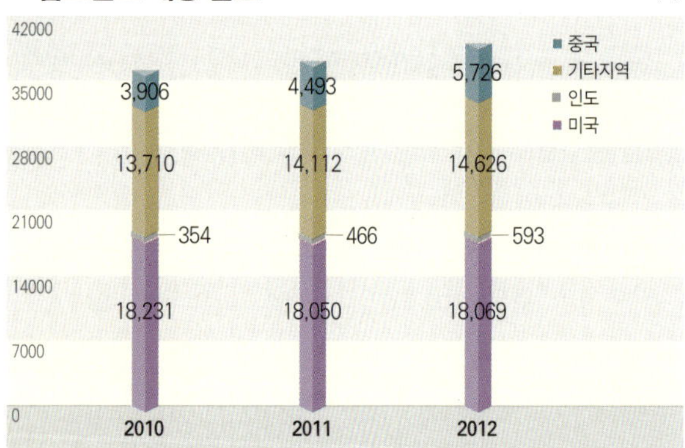

- 미국은 웰빙붐과 다이어트 등을 이유로 패스트푸드를 기피하는 추세인 반면, 중국에서는 패스트푸드가 다양한 연령층에게 큰 인기를 끌어 매장 수 대비 매출이 높다.

자료: 얌브랜즈 애뉴얼 리포트

▼ 얌브랜즈 중국 내 매장 수 현황

(개)

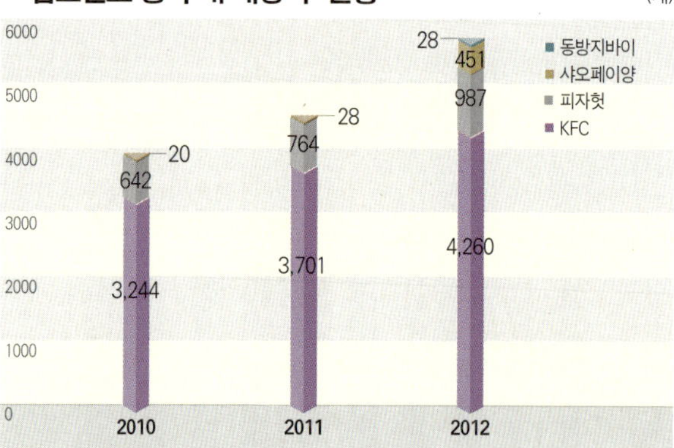

- 얌브랜즈에서 KFC가 매장 수 4,260개로 가장 많은 매장을 가지고 있다.

자료: 얌브랜즈 애뉴얼 리포트

* 샤오페이양은 2011년 얌브랜즈에 인수·합병되었기 때문에 2012년부터 집계.

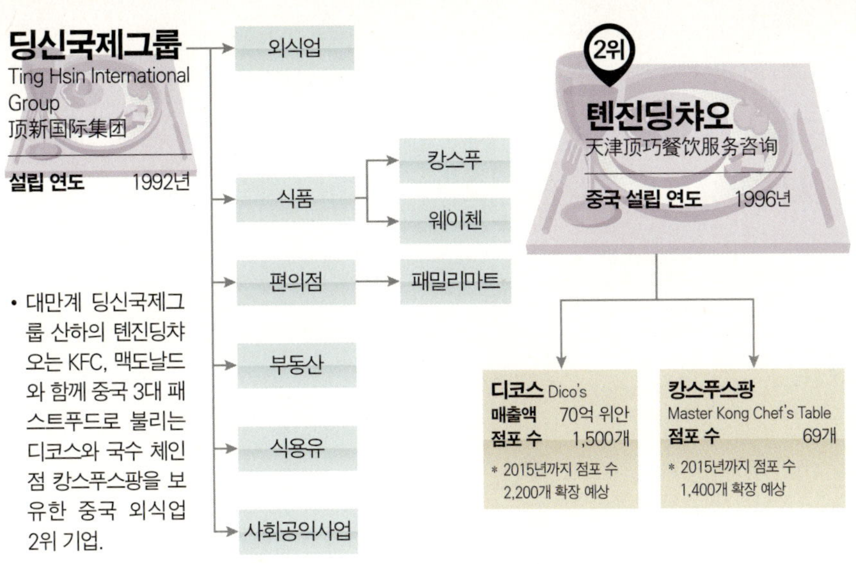

• 대만계 딩신국제그룹 산하의 텐진딩챠오는 KFC, 맥도날드와 함께 중국 3대 패스트푸드로 불리는 디코스와 국수 체인점 캉스푸스팡을 보유한 중국 외식업 2위 기업.

• 샤브샤브 음식점 샤오웨이양은 중국 뿐만 아니라 일본, 호주, 영국, 미국 등지에 체인점을 보유하고 있는 중국 3위 외식업체.

• 샤브샤브, 딤섬 및 고급 중식 요리 등 총 14개 브랜드를 보유하고 있는 중국 4위 홍콩계 외식업체.

• 인건비와 임대료, 재료비 상승 등 비용이 증가하면서 영업이익이 크게 증가하지 못하고 있다.

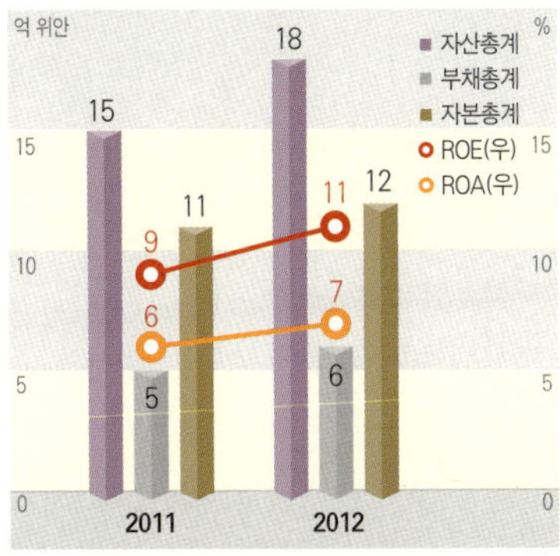

• 다오샹의 자산 규모는 한화 3,200억 원 정도이며 부채 비율은 50% 수준이다.

▶ **중국 4대 요리**

산해진미의 나라에서
가장 사랑 받는 음식점은?

외식업은 지난 수 년 동안 중국 서비스산업 중에서 가장 빠른 성장세를 보이며 중국 소비시장의 효자 노릇을 해왔다. 2002년까지만 해도 중국의 외식시장 규모는 5,000억 위안에 불과했으나 이후 4년 만에 1조 위안을 돌파한 데 이어 2011년 2조 위안을 기록하는 등 10여 년 만에 괄목할만한 성장을 이루었다. 현재 중국의 외식시장 규모는 2조 4,000억 위안에 달하며 총매장 수는 400만 개, 외식업 종사자 수는 한국 인구의 절반 수준인 2,200만 명에 이른다.

하지만 이렇듯 승승장구하던 중국 외식산업도 2012년 여러 가지 악재가 중첩되며 기세가 한풀 꺾인 모습이다. 글로벌 경기 침체의 영향으로 전반적인 중국 소비시장이 위축된 가운데 인건비 및 임대료 등은 오히려 상승해 중국 외식업체들은 손님은 줄고 비용은 상승하는 '이중고'에 시달려야 했다.

고급 식당들의 상황은 더욱 심각했다. 중국 정부가 공직자 부패 척결 및 과소비 퇴치를 위한 '중앙 8항 규정'을 시행하면서 매출이 급감했고 심지어 적자에 허덕이는 업체들도 생겨나기 시작했다. 설상가상으로 2013년 조류독감까지 유행하면서 닭 전문 외식업체들은 그야말로 엄청난 경제적 손실을 맛봐야했다. 닭요리 중식 체인인 '전딩지'(振鼎鸡)의 경우 매출액이 80% 가량 감소한 것으로 알려졌으며 베이징 카오야를 주 메뉴로 다루는 '취안쥐더'(全聚德)의 상하이 매장은 착석률

이 이전의 70% 수준에도 미치지 못하는 것으로 알려졌다.

대형 프랜차이즈 브랜드를 중심으로
양극화가 심한 중국 외식업계

최근 중국 외식업계의 특징은 크게 세 가지로 구분할 수 있다.

첫째, 소수 유명 외식 브랜드들의 독주가 눈에 띄게 나타났다. 2012년 중국 100대 외식업체 순위를 보면 상위 10개 업체의 매출 총계는 무려 878억 위안에 달한다. 이는 중국 100대 외식업 전체 매출액의 48%에 해당하는 수준이다. 중국 외식업계는 덩치 큰 소수 유명 브랜드들의 시장 과점 현상이 두드러졌다.

둘째, 업계 내 해외 브랜드들의 활약이 뚜렷했다. 2012년 중국 100대 외식업체 가운데 대만과 홍콩을 포함한 외자기업의 수는 총 15개에 불과했지만 시장점유율은 (매출액 기준) 중국 민영업체와 외자업체 모두 40% 중반대의 비등한 수치를 보여 이 같은 사실을 뒷받침 했다.

셋째, 패스트푸드와 호텔 음식 및 중국판 샤브샤브 훠궈(火锅)의 업계 내 삼파전 대립 양상이 짙었다. 2012년 음식별 중국 100대 외식업계 시장 점유율 현황을 보면, 패스트푸드업체가 47%로 선두권을 지켰고, 호텔 음식점이 23%, 샤브샤브 음식점이 22%로 그 뒤를 이었다.

중국 패스트푸드시장을 석권한 얌브레즈의 명과 암

중국 패스트푸드시장은 미국기업인 얌브랜즈가 거의 독식하고 있다. 얌브랜즈는 중국시장에서 KFC와 피자헛 등 글로벌 패스트푸드뿐 아니라 '동방지바이'(东方即白)와 '샤오페이양'(小肥羊) 등 중식시장에도 진출해 있다. 이 가운데 KFC는 중국 진출 초기부터 닭을 즐겨 먹는 중국인들에게 절대적인 사랑을 받아왔다. 하지만 KFC는 이에 만족하지 않고 보다 적극적이고 철저한 현지화 전략으로 13억 중국 소비자 잡기에 총력을 기울이고 있다. KFC는 베이징 닭고기버거, 기름에 튀긴 꽈배기인 요우티아오(油条), 버섯닭고기 죽 등 패스트푸드라고 하기 어려운 중국식 메뉴를 잇달아 선보였고, 이 같은 현지화 전략은 중국인들의 열렬한 호응을 이끌어 냈다.

하지만 최근 얌브랜즈는 중국시장 진출 이후 전례 없는 위기에 봉착했다. 2012년 12월경 중국의 한 매체가 KFC가 항생제 닭고기를 사용한 사실을 집중 보도한 이후 KFC 매출은 곧바로 하향 곡선을 그리기 시작했다. 항생제 닭고기 파문이 일파만파로 커진 12월에 중국 KFC 판매량은 전년 동기 대비 40% 이상 급감해 당시 KFC의 이미지 실추 정도가 얼마나 심각했는지를 예상케 했다. 얌브랜즈의 악몽은 새해에도 계속되었다. 2013년 중국 내 발생한 신종 조류 인플루엔자의 영향으로 KFC를 비롯한 닭고기 판매 외식업체들의 매출액은 급격한 하락세를 보였다. 2013년 1분기 KFC의 매출은 전년 동기 대비 24%나 감소한 것으로 알려졌다.

중국 외식업계 2위인 '텐진딩챠오'(天津顶巧)는 대만계 딩신국제그룹 산하 업체로 패스트푸드 브랜드인 디코스와 국수 체인점 캉스푸스팡 등을 보유하고 있다. KFC, 맥도날드와 함께 중국 3대 패스트푸드로 손꼽히는 디코스는 1994년 처음으로 중국시장에 진출했다. 이후 1996년 딩신국제그룹에 인수되면서 본격적으로 성장 가도를 달리기 시작했다. 디코스의 주 메뉴는 닭튀김으로, KFC와 주 소비층이 겹치지만 튀김 고유의 바삭한 맛과 입 안에 퍼지는 육즙의 향은 훨씬 뛰어나다는 평가를 받고 있다. 2009년 중국 내 점포 수 1,000개를 돌파한 디코스는 불과 3년 만에 점포 수 1,500개를 기록하였고, 2015년에는 2,200개까지 확장할 계획이다.

중식을 주 메뉴로 하는 외식업계 3,4위 업체들의 선전

중국 외식업계 1,2위 브랜드가 한국인에게 친근한 패스트푸드업체였다면 3,4위는 중국 특유의 맛과 풍미가 느껴지는 음식을 선보인 업체들이다.

중국 외식업계 3위는 훠궈(火锅)업체인 샤오웨이양이다. 우리에게는 중국식 샤브샤브로 알려진 훠궈는 조조의 아들인 조비가 즐겨먹었다는 기록이 있을 정도로 역사가 유구하다. 중국인들이 특히 겨울에 즐겨먹는 훠궈는 예전부터 맛과 건강 모두를 책임지는 최고의 영양만점 음식으로 여겨졌다. 고기, 야채, 만두, 해산물 등 다양한 음식을 살짝 익힌 뒤 갖은 양념에 찍어 먹는 맛은 그야말로 일품이라 할 수 있으며 누구나 거부감 없이 즐길 수 있는 음식이기 때문에 외국인들 사이에서도 인기가 높다. 현재 샤오웨이양은 중국 뿐 아니라 일본, 호주, 영국, 미국 등 해외에도 다수의 체인점을 보유하고 있다.

4위 기업인 다오샹은 샤브샤브, 딤섬, 고급 중식요리 등에 모두 14개 브랜드를 보유하고 있는 홍콩계 외식그룹이다. 14개에 이르는 다오샹의 브랜드는 음식 종류나 실내 인테리어 등에서 서로 다른 포지셔닝을 채택하며 중국 소비자들의 다양한 입맛을 충족시키고 있다. 현재 다오샹은 선전(深圳), 광저우(广州) 등 서남부지역을 중심으로 활발하게 사업영역을 넓혀 나가고 있다. ★

APPENDIX

- 중국 상하이와 선전 증권거래소 상장기업 2,467개 중, 이 책에서 분석한 업종의 상위 10개 기업(시가총액 기준)을 소개함.

- 반도체, 자산운용, 게임, 교육, 인터넷서비스, 홈쇼핑 · 인터넷쇼핑몰, 외식업계는 중국 내 상장 기업이 없어 수록하지 않음.

- 홍콩과 해외 상장 기업은 제외함.

- 업종 구분은 중국증권관리감독위원회(CSRC) 분류 기준을 따름.

- 시가총액을 기준으로 한 순위로, 매출액을 기준으로 삼은 순위와는 차이가 있을 수 있음.

- ST주식은 '특별 관리 종목'(ST: Special Treatment)으로 2년 연속 적자를 기록하거나 경영상에 중요한 문제가 발생한 기업을 의미함. 2년 연속 적자 후 3년차 분기 또는 반기 실적도 적자를 기록하면 *ST로 변경되며, 3년 연간 실적 역시 적자를 기록하면 거래가 중지됨.

- 백색가전업계에 메이디 시가총액 관련: 메이디는 2012년 8월 경영 개편을 이유로 상장 폐지함. 2013년 4월에 재 상장했으나, 2014년 1월에 중국 민영은행 설립 신청 건과 관련해 재 폐지를 결정해 시가총액 자료가 없음.

기준일: 2012년 12월 31일 / 자료: WIND

- 2013년 중국의 경제 전문지 〈후룬(胡润)〉에서 중국 브랜드를 대상으로 조사.

자료: 〈후룬〉

중국 주요 상장사

(단위: 억 위안)

순위	회사명	기업 속성	시가총액	자산총계	부채총계	매출액	영업이익	순이익
은행								
1	공상은행(工商银行)	중앙국유기업	14,509	175,422	164,138	5,369	3,075	2,387
2	건설은행(建设银行)	중앙국유기업	11,501	139,728	130,232	4,607	2,503	1,936
3	농업은행(农业银行)	기타	9,094	132,443	124,930	4,220	1,870	1,451
4	중국은행(中国银行)	중앙국유기업	8,151	126,806	118,191	3,661	1,873	1,455
5	교통은행(交通银行)	중앙국유기업	3,669	52,734	48,919	1,473	744	585
6	초상은행(招商银行)	중앙국유기업	2,967	34,082	32,077	1,134	591	453
7	민생은행(民生银行)	기타	2,230	32,120	30,435	1,031	507	383
8	중신은행(中信银行)	중앙국유기업	2,007	29,599	27,569	894	415	314
9	푸파은행(浦发银行)	기타	1,850	31,457	29,660	830	444	343
10	흥업은행(兴业银行)	기타	1,800	32,510	30,803	876	461	349
증권								
1	중신증권(中信证券)	중앙국유기업	1,472	1,685	818	117	54	43
2	하이통증권(海通证券)	기타	982	1,263	659	91	40	32
3	광파증권(广发证券)	기타	913	900	569	70	27	22
4	화타이증권(华泰证券)	지방국유기업	549	793	446	59	21	17
5	초상증권(招商证券)	중앙국유기업	492	755	498	47	19	16
6	홍위엔증권(宏源证券)	중앙국유기업	374	319	171	33	12	9
7	흥업증권(兴业证券)	지방국유기업	270	227	136	25	7	6
8	궈진증권(国金证券)	민영기업	231	126	63	15	4	3
9	장강증권(长江证券)	기타	223	313	192	23	8	7
10	궈위안증권(国元证券)	지방국유기업	219	229	79	15	5	4
보험								
1	중국인수(中国人寿)	중앙국유기업	6,049	18,989	16,758	4,054	110	113
2	중국평안(中国平安)	기타	3,585	28,443	26,346	2,994	324	268
3	중국태평양(中国太保)	기타	2,039	6,815	5,839	1,715	60	51
4	신화보험(新华保险)	기타	899	4,937	4,578	1,169	26	29
TV · 디스플레이								
1	TCL그룹(TCL集团)	기타	186	797	595	694	2	13
2	하이센스(海信电器)	지방국유기업	132	183	93	253	18	16
3	쓰촨창훙(四川长虹)	지방국유기업	95	545	364	523	−1	3
4	짜오츠(兆驰股份)	민영기업	92	54	20	65	6	5
5	따리엔홀딩스(大连控股)	민영기업	49	15	8	3	−1	−1

순위	회사명	기업 속성	시가총액	자산총계	부채총계	매출액	영업이익	순이익
6	차이홍(ST彩虹)	중앙국유기업	41	80	61	2	−22	−22
7	콘카(康佳集团股份A)	중앙국유기업	38	166	123	183	−1	0.5
8	만뿌저(漫步者)	민영기업	25	17	1	8	1	1
9	승리정밀(胜利精密)	민영기업	25	20	7	17	1	1
10	위엔화전자(厦华电子)	외자기업	21	11	10	29	−0.5	0.1

휴대폰 및 통신 설비

순위	회사명	기업 속성	시가총액	자산총계	부채총계	매출액	영업이익	순이익
1	ZTE(中兴通讯)	기타	335	1,074	848	842	−50	−26
2	중국위성(中国卫星)	중앙국유기업	112	56	28	43	3	3
3	펑훠통신(烽火通信)	중앙국유기업	110	125	65	82	4	6
4	하이거통신(海格通信)	지방국유기업	96	48	4	12	2	3
5	따탕전신(大唐电信)	중앙국유기업	60	85	61	62	−0.0	2
6	중티엔과기(中天科技)	민영기업	56	79	31	58	5	4
7	슈마스쉰(数码视讯)	민영기업	55	27	1	5	2	3
8	동방통신(东方通信)	중앙국유기업	55	34	6	33	2	2
9	싱왕뢰이지에(星网锐捷)	지방국유기업	53	31	9	28	2	3
10	위엔왕구(远望谷)	민영기업	45	18	3	5	1	1

백색가전

순위	회사명	기업 속성	시가총액	자산총계	부채총계	매출액	영업이익	순이익
1	거리전기(格力电器)	지방국유기업	767	1,076	800	993	80	74
2	상하이전기(上海电气)	지방국유기업	522	1,187	780	771	51	45
3	칭다오하이얼(青岛海尔)	기타	360	497	343	799	53	44
4	동방전기(东方电气)	중앙국유기업	278	783	618	381	25	23
5	정타이전기(正泰电器)	민영기업	185	99	49	107	17	14
6	터비엔띠엔공(特变电工)	민영기업	170	420	271	203	8	9
7	산구동력(陕鼓动力)	지방국유기업	148	148	90	60	11	10
8	진펑과기(金风科技)	기타	145	319	187	113	1	2
9	쉬지전기(许继电气)	중앙국유기업	93	69	37	66	5	6
10	회이촨기술(汇川技术)	민영기업	93	30	3	12	3	3
	메이디그룹(美的集团)	민영기업		877	546	1,026	70	61

통신

순위	회사명	기업 속성	시가총액	자산총계	부채총계	매출액	영업이익	순이익
1	차이나유니콤(中国联通)	중앙국유기업	742	5,184	3,061	2,563	80	70
2	펑보스(鹏博士)	민영기업	80	87	49	26	2	2
3	하오바이홀딩스(号百控股)	중앙국유기업	41	35	7	19	2	2
4	장취과기(掌趣科技)	민영기업	37	9	0	2	1	1
5	귀마이과기(国脉科技)	민영기업	36	21	8	7	1	1

(단위: 억 위안)

순위	회사명	기업 속성	시가총액	자산총계	부채총계	매출액	영업이익	순이익
6	화핑(华平股份)	민영기업	26	10	0.5	2	1	1
7	왕수과기(网宿科技())	민영기업	26	10	1	8	1	1
8	263(二六三)	민영기업	25	16	3	4	3	3
9	지엔차오통신(键桥通讯)	민영기업	24	16	7	5	1	1
10	투어웨이정보(拓维信息)	민영기업	23	10	1	4	0.3	0.4

에너지

순위	회사명	기업 속성	시가총액	자산총계	부채총계	매출액	영업이익	순이익
1	중국선화에너지(中国神华)	중앙국유기업	5,042	4,533	1,505	2,503	671	557
2	중국석탄에너지(中煤能源)	중앙국유기업	1,037	1,839	832	873	133	100
3	옌저우석탄(兖州煤业)	지방국유기업	897	1,213	733	597	42	56
4	루안화넝(潞安环能)	지방국유기업	504	396	230	201	30	20
5	서산석탄발전(西山煤电)	지방국유기업	438	451	275	312	28	20
6	양첸석탄(阳泉煤业)	지방국유기업	349	315	169	715	31	22
7	지종자원(冀中能源)	지방국유기업	320	401	219	301	30	23
8	판장(盘江股份)	지방국유기업	282	140	57	79	18	15
9	대유자원(大有能源)	지방국유기업	246	165	62	128	24	19
10	란화커촹(兰花科创)	지방국유기업	232	204	101	76	23	17

석유화학 · 화장품 · 생활용품

순위	회사명	기업 속성	시가총액	자산총계	부채총계	매출액	영업이익	순이익
1	상하이시노펙(上海石化)	중앙국유기업	381	368	203	931	−23	−15
2	랴오닝통다(辽通化工)	중앙국유기업	82	328	254	360	2	0.2
3	산시자오화(山西焦化)	지방국유기업	48	89	76	57	0.2	0.3
4	바오타이롱(宝泰隆)	민영기업	42	51	22	23	1	1
5	안타이그룹(安泰集团)	민영기업	40	73	41	52	−0.2	0.3
6	헤이화(黑化股份)	중앙국유기업	28	17	14	16	−1	0.2
7	선양화공(沈阳化工)	중앙국유기업	28	70	40	103	−3	−2
8	톈리가오신(天利高新)	지방국유기업	27	42	29	32	−3	−2
9	따위엔(大元股份)	민영기업	25	5	1	0.4	−0.2	0.1
10	위에양싱창(岳阳兴长)	중앙국유기업	25	7	1	20	1	1

석유 시추 및 정유

순위	회사명	기업 속성	시가총액	자산총계	부채총계	매출액	영업이익	순이익
1	페트로차이나(中国石油)	중앙국유기업	16,545	21,688	9,881	21,953	1,654	1,306
2	시노펙(中国石化)	중앙국유기업	6,008	12,473	6,967	27,860	879	664

화학섬유

순위	회사명	기업 속성	시가총액	자산총계	부채총계	매출액	영업이익	순이익
1	의정화섬(仪征化纤)	중앙국유기업	244	111	26	170	−6	−4
2	항이석화(恒逸石化)	민영기업	129	212	143	327	3	5

(단위: 억 위안)

순위	회사명	기업 속성	시가총액	자산총계	부채총계	매출액	영업이익	순이익
3	롱성석화(荣盛石化)	민영기업	121	237	148	239	2	4
4	완웨이가오신(皖维高新)	지방국유기업	40	60	35	29	-2	-2
5	동차이과기(东材科技)	민영기업	40	24	2	10	1	1
6	장난가오시엔(江南高纤)	민영기업	37	17	1	15	2	2
7	타이허신차이(泰和新材)	지방국유기업	36	22	5	15	0.3	0.5
8	화펑안룬(华峰氨纶)	민영기업	35	24	8	17	-0.2	0.2
9	화시(华西股份)	기타	30	30	10	27	2	2
10	헝톈톈허(恒天天鹅)	중앙국유기업	29	29	13	9	0.1	0.1

제약

순위	회사명	기업 속성	시가총액	자산총계	부채총계	매출액	영업이익	순이익
1	윈난바이야오(云南白药)	지방국유기업	472	107	36	137	18	16
2	헝뤄이의약(恒瑞医药)	민영기업	372	59	5	54	13	12
3	상하이의약(上海医药)	지방국유기업	299	511	234	681	28	25
4	캉메이약업(康美药业)	민영기업	289	180	74	112	17	14
5	톈스리(天士力)	민영기업	285	75	33	93	9	8
6	커룬약업(科伦药业)	민영기업	269	149	59	59	11	11
7	동어어쟈오(东阿阿胶)	중앙국유기업	264	53	10	31	12	11
8	푸싱의약(复星医药)	민영기업	235	255	102	73	20	18
9	동인당(同仁堂)	지방국유기업	232	97	41	75	10	9
10	화룬산지우(华润三九)	중앙국유기업	232	86	30	69	13	11

자동차 · 차부품 · 타이어

순위	회사명	기업 속성	시가총액	자산총계	부채총계	매출액	영업이익	순이익
1	상하이자동차그룹(上汽集团)	지방국유기업	1,945	3,172	1,722	4,784	393	335
2	창청자동차(长城汽车)	민영기업	721	426	209	432	67	57
3	중국난처(中国南车)	중앙국유기업	685	1,052	657	905	50	49
4	웨이차이동력(潍柴动力)	지방국유기업	506	663	349	482	37	32
5	중국베이처(中国北车)	중앙국유기업	465	1,064	700	924	36	35
6	광치그룹(广汽集团)	지방국유기업	393	494	174	129	10	11
7	창안자동차(长安汽车)	중앙국유기업	310	461	307	295	9	14
8	화위자동차(华域汽车)	지방국유기업	289	482	216	579	61	55
9	펑션(风神股份)	중앙국유기업	33	70	47	90	3	3
10	사이룬(赛轮股份)	민영기업	29	72	53	71	2	2

항공

순위	회사명	기업 속성	시가총액	자산총계	부채총계	매출액	영업이익	순이익
1	중국국제항공(中国国航)	중앙국유기업	774	1,857	1,318	998	57	54
2	동방항공(东方航空)	중앙국유기업	396	1,210	959	856	8	33
3	남방항공(南方航空)	중앙국유기업	384	1,425	1,029	1,015	28	38

순위	회사명	기업 속성	시가총액	자산총계	부채총계	매출액	영업이익	순이익
4	하이난항공(海南航空)	지방국유기업	258	927	688	289	20	19
5	와이윈발전(外运发展)	중앙국유기업	64	60	7	39	6	6
6	중신하이즈(中信海直)	중앙국유기업	39	35	15	11	2	1

해운·물류·택배

순위	회사명	기업 속성	시가총액	자산총계	부채총계	매출액	영업이익	순이익
1	중국코스코(*ST远洋)	중앙국유기업	451	1,652	1,235	721	-60	-81
2	중국해운컨테이너(中海集运)	중앙국유기업	285	512	237	326	-14	6
3	중하이발전(中海发展)	중앙국유기업	158	579	335	112	-5	1
4	초상룬보(招商轮船)	중앙국유기업	121	197	73	29	1	1
5	COSCO항윈(中远航运)	중앙국유기업	66	145	79	63	1	0.4
6	창요우(*ST长油)	중앙국유기업	48	197	159	66	-13	-12
7	보하이룬두(渤海轮渡)	지방국유기업	44	27	3	11	2	2
8	하이난해협(海峡股份)	지방국유기업	41	20	1	6	2	1
9	톈진해운(天津海运)	기타	37	6	5	1	3	3
10	닝보해운(宁波海运)	지방국유기업	30	68	44	10	-2	-2
11	샹위유한공사(象屿股份)	지방국유기업	39	68	51	294	1	1

건설

순위	회사명	기업 속성	시가총액	자산총계	부채총계	매출액	영업이익	순이익
1	중국건설(中国建筑)	중앙국유기업	1,170	6,517	5,121	5,715	294	228
2	중국교통건설(中国交建)	중앙국유기업	857	4,340	3,368	2,962	149	114
3	중국철도건설(中国铁建)	중앙국유기업	724	4,807	4,073	4,843	107	85
4	중국철도그룹(中国中铁)	중앙국유기업	648	5,507	4,622	4,827	97	80
5	중국종즈(中国中冶)	중앙국유기업	432	3,262	2,734	2,211	-84	-105
6	중국수력(中国水电)	중앙국유기업	367	1,815	1,467	1,270	53	44
7	거저우바(葛洲坝)	중앙국유기업	191	764	600	535	21	19
8	동방위엔린(东方园林)	민영기업	189	67	41	39	8	7
9	중공국제(中工国际)	중앙국유기업	187	172	125	102	9	7
10	상하이건설(上海建工)	지방국유기업	181	827	699	932	15	17

건자재 및 비철광물

순위	회사명	기업 속성	시가총액	자산총계	부채총계	매출액	영업이익	순이익
1	하이뤄시멘트(海螺水泥)	지방국유기업	978	875	363	458	70	65
2	진위(金隅股份)	지방국유기업	347	832	581	341	31	32
3	지동시멘트(冀东水泥)	지방국유기업	186	415	281	146	-2	1
4	푸야오유리(福耀玻璃)	외자기업	176	130	61	102	18	15
5	난보A(南玻A)	기타	171	143	71	70	3	4
6	화신시멘트(华新水泥)	외자기업	142	233	148	125	7	7
7	동따탄쑤(方大炭素)	민영기업	114	76	34	40	5	5

순위	회사명	기업 속성	시가총액	자산총계	부채총계	매출액	영업이익	순이익
8	베이신건재(北新建材)	중앙국유기업	101	94	50	67	10	9
9	중국보시엔(中国玻纤)	중앙국유기업	89	185	147	51	3	3
10	톈샨(天山股份)	중앙국유기업	83	192	116	77	1	5

조선 및 기계

순위	회사명	기업 속성	시가총액	자산총계	부채총계	매출액	영업이익	순이익
1	샨이중공(三一重工)	민영기업	804	645	398	468	61	60
2	중롄중커(中联重科)	지방국유기업	710	890	478	481	89	75
3	중국중공업(中国重工)	중앙국유기업	700	1,792	1,347	585	32	36
4	중국조선(中国船舶)	중앙국유기업	320	454	257	243	0.2	0.2
5	쉬공기계(徐工机械0	지방국유기업	238	454	278	321	25	25
6	화뢰이풍력(华锐风电)	기타	211	287	164	40	−8	−6
7	중국제일중공업(中国一重)	중앙국유기업	184	362	193	83	−2	0.3
8	쩐화중공업(振华重工)	중앙국유기업	149	468	324	183	−13	−11
9	천지과기(天地科技)	중앙국유기업	138	175	85	145	21	18
10	중국제이중공업(*ST二重)	중앙국유기업	116	216	166	40	−28	−29

부동산

순위	회사명	기업 속성	시가총액	자산총계	부채총계	매출액	영업이익	순이익
1	완커A(万科A)	기타	1,113	3,788	2,967	1,031	210	157
2	바오리부동산(保利地产)	중앙국유기업	971	2,512	1,964	689	134	100
3	광회이에너지(广汇能源)	민영기업	574	232	145	37	11	10
4	초상부동산(招商地产)	중앙국유기업	513	1,092	798	253	62	43
5	진띠그룹(金地集团)	기타	314	1,025	715	329	54	43
6	신후중바오(新湖中宝)	민영기업	270	465	325	99	30	23
7	롱성발전(荣盛发展)	민영기업	262	405	310	134	28	22
8	화샤행복(华夏幸福)	민영기업	249	432	382	121	25	19
9	판하이건설(泛海建设)	민영기업	246	309	220	44	10	8
10	루자주이(陆家嘴)	지방국유기업	222	308	176	35	14	11

철강

순위	회사명	기업 속성	시가총액	자산총계	부채총계	매출액	영업이익	순이익
1	바오스틸(宝钢股份)	중앙국유기업	837	2,144	970	1,911	36	104
2	빠오강(包钢股份)	지방국유기업	347	638	506	369	4	3
3	허베이철강(河北钢铁)	지방국유기업	285	1,548	1,102	1,116	2	1
4	안강철강(*ST鞍钢)	중앙국유기업	281	1,012	530	777	−56	−44
5	우한철강(武钢股份)	중앙국유기업	280	987	620	916	−4	0.4
6	타이강(太钢不锈)	지방국유기업	206	695	436	1,035	10	10
7	마강(马钢股份)	지방국유기업	160	760	505	744	−39	−38
8	산둥철강(山东钢铁)	지방국유기업	141	532	403	733	−37	−38

(단위: 억 위안)

순위	회사명	기업 속성	시가총액	자산총계	부채총계	매출액	영업이익	순이익
9	지우강(酒钢宏兴)	지방국유기업	134	461	339	637	5	5
10	번강(本钢板材)	지방국유기업	107	383	230	446	-0.5	1

영화·엔터테인먼트·미디어

순위	회사명	기업 속성	시가총액	자산총계	부채총계	매출액	영업이익	순이익
1	지스미디어(吉视传媒)	지방국유기업	102	55	14	18	4	4
2	디엔광미디어(电广传媒)	지방국유기업	101	134	91	41	7	6
3	화이브라더스(华谊兄弟)	민영기업	86	41	20	14	3	2
4	광시엔미디어(光线传媒)	민영기업	84	22	2	10	4	3
5	화처필름(华策影视)	민영기업	65	18	2	7	3	2
6	광디엔네트워크(广电网络)	지방국유기업	37	40	24	17	1	1
7	화루바이나(华录百纳)	중앙국유기업	36	11	1	4	1	1
8	톈웨이(天威视讯)	지방국유기업	34	20	5	9	1	1
9	중스미디어(中视传媒)	중앙국유기업	31	19	8	12	1	0.5
10	신문화(新文化)	민영기업	25	10	2	4	1	1

여행 · 호텔

순위	회사명	기업 속성	시가총액	자산총계	부채총계	매출액	영업이익	순이익
1	화교성(华侨城A)	중앙국유기업	545	730	511	223	53	41
2	중국국제여행사(中国国旅)	중앙국유기업	241	89	27	161	14	12
3	항저우송청(宋城股份)	민영기업	71	32	3	6	3	3
4	중국청년여행사(中青旅)	중앙국유기업	66	78	34	103	7	5
5	황산(黄山旅游)	지방국유기업	59	34	15	18	4	3
6	진장(锦江股份)	지방국유기업	85	54	11	23	4	4
7	링치(零七股份)	민영기업	33	8	5	3	0.1	0.04
8	화톈호텔(华天酒店)	지방국유기업	30	67	49	16	1	1
9	쇼루호텔(首旅酒店)	지방국유기업	26	23	10	30	2	1
10	진링호텔(金陵饭店)	지방국유기업	21	25	6	6	1	1

식료품 · 제과

순위	회사명	기업 속성	시가총액	자산총계	부채총계	매출액	영업이익	순이익
1	쌍회이발전(双汇发展)	기타	637	167	41	397	36	31
2	이리(伊利股份)	기타	351	198	123	420	16	17
3	신시왕(新希望)	민영기업	217	247	102	732	24	22
4	따베이농(大北农)	민영기업	173	57	14	106	8	7
5	메이화그룹(梅花集团)	민영기업	147	171	116	75	7	6
6	하이따그룹(海大集团)	민영기업	130	61	31	155	5	5
7	탕천베이진엔(汤臣倍健)	민영기업	127	21	2	11	3	3
8	광밍유업(光明乳业)	지방국유기업	120	93	49	138	4	3
9	베이인메이(贝因美)	민영기업	94	46	12	54	7	5

순위	회사명	기업 속성	시가총액	자산총계	부채총계	매출액	영업이익	순이익
10	차차식품(洽洽食品)	민영기업	63	33	6	27	4	3

주류

순위	회사명	기업 속성	시가총액	자산총계	부채총계	매출액	영업이익	순이익
1	마오타이(贵州茅台)	지방국유기업	2,170	450	95	265	188	140
2	우량예(五粮液)	지방국유기업	1,072	452	137	272	137	103
3	양허(洋河股份)	지방국유기업	1,008	237	89	173	82	62
4	루저우라오쟈오(泸州老窖)	지방국유기업	495	156	58	116	61	45
5	칭다오맥주(青岛啤酒)	지방국유기업	447	237	109	258	21	18
6	산시펀지우(山西汾酒)	지방국유기업	361	61	25	65	20	14
7	장위(张裕A)	기타	322	81	21	56	22	17
8	구징공지우(古井贡酒)	지방국유기업	173	53	19	42	10	7
9	옌징맥주(燕京啤酒)	지방국유기업	142	182	72	130	7	7
10	웨이웨이(维维股份)	민영기업	115	81	47	58	1	2

패션

순위	회사명	기업 속성	시가총액	자산총계	부채총계	매출액	영업이익	순이익
1	야거얼(雅戈尔)	민영기업	176	499	356	107	21	17
2	치피랑(七匹狼)	민영기업	95	55	12	35	8	6
3	지우무왕(九牧王)	외자기업	94	51	7	26	8	7
4	얼두어쓰(鄂尔多斯)	민영기업	92	333	222	135	9	9
5	시엔청(*ST贤成)	민영기업	68	41	19	5	−2	−2
6	바오시냐오(报喜鸟)	기타	60	48	21	23	5	5
7	랑시(朗姿股份)	민영기업	55	26	4	11	3	2
8	샨샨(杉杉股份)	민영기업	42	76	40	38	2	1
9	메이얼야(美尔雅)	중앙국유기업	27	26	19	5	1	0.4
10	시누얼(希努尔)	민영기업	26	26	6	12	1	1

백화점 · 대형마트 · 전자제품양판점

순위	회사명	기업 속성	시가총액	자산총계	부채총계	매출액	영업이익	순이익
1	쑤닝윈샹(苏宁云商)	민영기업	491	762	471	984	30	25
2	용후이수퍼(永辉超市)	민영기업	194	109	65	247	6	5
3	하이닝피혁(海宁皮城)	지방국유기업	149	62	32	23	9	7
4	요우이(友谊股份)	지방국유기업	148	390	239	493	20	15
5	썬마패션(森马服饰)	민영기업	146	93	14	71	10	8
6	메이방패션(美邦服饰)	민영기업	131	70	29	95	9	8
7	왕푸징(王府井)	지방국유기업	111	145	84	183	9	7
8	따샹(大商股份)	기타	104	142	96	319	13	11
9	위웬(豫园商城)	민영기업	103	112	48	203	11	10
10	충칭백화(重庆百货)	지방국유기업	95	106	73	281	8	7

중국을 대표하는 100대 브랜드

(단위: 억 위안)

순위	회사명	브랜드가치	성질	업종	본사
1	차이나모바일(中国移动)	2,510	국유	통신업	베이징(北京)
2	공상은행(中国工商银行)	2,460	국유	은행	베이징(北京)
3	건설은행(中国建设银行)	1,900	국유	은행	베이징(北京)
4	중국은행(中国银行)	1,620	국유	은행	베이징(北京)
5	바이두(百度)	1,060	민영	인터넷	베이징(北京)
6	텐센트(通讯QQ)	880	민영	인터넷	광둥(广东)
6	농업은행(中国农业银行)	880	국유	은행	베이징(北京)
8	중국인수보험(中国人寿)	760	국유	보험	베이징(北京)
9	중화(中华)	740	국유	담배	상하이(上海)
10	중국핑안(中国平安)	690	민영	보험, 은행	광둥(广东)
11	페트로차이나(中石油)	630	국유	석유, 가스	베이징(北京)
12	마오타이(贵州茅台)	580	국유	주류(백주)	꾸이저우(贵州)
13	초상은행(招商银行)	490	국유	은행	광둥(广东)
14	타오바오(淘宝)	440	민영	인터넷	저장(浙江)
15	차이나텔레콤(中国电信)	405	국유	통신업	베이징(北京)
16	시노펙(中石化)	330	국유	석유, 가스	베이징(北京)
17	황허로우(黄鹤楼)	320	국유	담배	후베이(湖北)
18	후룽왕(芙蓉王)	310	국유	담배	후난(湖南)
19	우량예(五粮液)	290	국유	담배(백주)	쓰촨(四川)
20	태평양보험(太平洋保险)	280	국유	보험	상하이(上海)
20	완커(万科)	280	국유	부동산	광둥(广东)
20	교통은행(中国交通银行)	280	국유	은행	상하이(上海)
23	차이나유니콤(中国联通)	270	국유	통신업	베이징(北京)
24	리췬(利群)	250	국유	담배	저장(浙江)
24	중하이(中海)	250	국유	부동산	베이징(北京)
26	위시(玉溪)	240	국유	담배	윈난(云南)
27	윈옌(云烟)	230	국유	담배	윈난(云南)
28	슈앙훼이(双汇)	220	외자기업	육가공식품	허난(河南)
28	와하하(娃哈哈)	220	민영	음료	저장(浙江)
30	이리(伊利)	180	국유	유제품	네이멍구(内蒙古)
31	바오리(保利)	170	국유	부동산	광둥(广东)
31	거리(格力)	170	국유	가전제품	광둥(广东)
31	리엔샹(联想)	170	민영	컴퓨터	베이징(北京)
31	CNOOC(中海油)	170	국유	석유, 가스	베이징(北京)
35	훙타산(红塔山)	160	국유	담배	윈난(云南)

(단위: 억 위안)

순위	회사명	브랜드가치	성질	업종	본사
35	뤼디(绿地)	160	국유	부동산	상하이(上海)
35	민생은행(民生银行)	160	민영	은행	베이징(北京)
35	슈앙시훙슈앙시(双喜红双喜)	160	국유	담배	광둥(广东)
35	양허(洋河)	160	국유	주류(백주)	장쑤(江苏)
40	흥업은행(兴业银行)	150	국유	은행	푸젠(福建)
41	칭다오맥주(青岛啤酒)	140	국유	주류(백주)	칭다오(青岛)
42	완다(万达)	140	민영	부동산	베이징(北京)
43	쑤닝윈샹(苏宁云商)	130	민영	가전제품	장쑤(江苏)
44	징둥(京东)	120	민영	인터넷쇼핑몰	베이징(北京)
44	중신은행(中信银行)	120	국유	은행	베이징(北京)
46	난징(南京)	110	국유	담배	장쑤(江苏)
47	윈난바이야오(云南白药)	110	국유	의약, 보건품	윈난(云南)
48	바이샤(白沙)	100	국유	담배	후난(湖南)
48	비구이위엔(碧桂园)	100	민영	부동산	광둥(广东)
48	루저우라오자오(泸州老窖)	100	국유	주류(백주)	쓰촨(四川)
48	신둥팡(新东方)	100	민영	교육	베이징(北京)
48	중국인민재산보험(中国人保)	100	국유	보험	베이징(北京)
53	메이디(美的)	99	민영	가전제품	광둥(广东)
54	티엔마오(天猫)	95	민영	인터넷쇼핑몰	저장(浙江)
54	중신증권(中信证券)	95	국유	증권	광둥(广东)
56	하이얼(海尔)	94	민영	가전제품	산둥(山东)
56	푸동발전은행(浦东发展银行)	94	국유	은행	상하이(上海)
58	멍니우(蒙牛)	93	국유	유제품	네이멍구(内蒙古)
59	광다은행(光大银行)	90	국유	은행	베이징(北京)
59	시나닷컴(新浪)	90	외자기업	검색포털사이트	베이징(北京)
61	황산(黄山)	89	국유	담배	안후이(安徽)
61	롱후(龙湖)	89	민영	부동산	베이징(北京)
63	스마오(世茂)	85	민영	부동산	상하이(上海)
64	헝다(恒大)	84	민영	부동산	광둥(广东)
65	둥아아지아오(东阿阿胶)	78	국유	의약, 보건품	산둥(山东)
66	타이캉생명보험(泰康人寿)	76	국유	보험	베이징(北京)
67	퉁런탕(同仁堂)	71	국유	의약, 보건품	베이징(北京)
68	창청자동차(长城汽车)	68	민영	자동차	허베이(河北)
69	스지진위엔(世纪金源)	64	민영	부동산	베이징(北京)
70	광파증권(广发证券)	62	국유	증권	광둥(广东)
71	동펑(东风)	60	국유	자동차	후베이(湖北)
71	하이통증권(海通证券)	60	국유	증권	상하이(上海)

순위	회사명	브랜드가치	성질	업종	본사
71	티엔스(天狮)	60	민영	의약, 보건품	베이징(北京)
74	펀지우(汾酒)	59	국유	주류(백주)	산시(山西)
74	홍허(红河)	59	국유	담배	윈난(云南)
76	산지우(三九)	57	국유	의약, 보건품	광둥(广东)
76	초상증권(招商证券)	57	국유	증권	베이징(北京)
76	중국국제항공(中国国际航空)	57	국유	항공	베이징(北京)
79	동방항공(东方航空)	55	국유	항공	상하이(上海)
80	TCL	53	국유	가전제품	광둥(广东)
81	베이인메이(贝因美)	50	민영	유제품	저장(浙江)
81	푸리(富力)	50	민영	부동산	광둥(广东)
81	거란스(格兰仕)	50	민영	가전제품	광둥(广东)
81	남방항공(南方航空)	50	국유	항공	광둥(广东)
85	CCTV	49	국유	매체	베이징(北京)
86	신화생명보험(新华人寿)	48	국유	보험	베이징(北京)
87	VANCL(凡客诚品)	46	민영	인터넷쇼핑몰	베이징(北京)
88	광밍(光明)	44	국유	유제품	상하이(上海)
88	진디(金地)	44	국유	부동산	광둥(广东)
88	장위(张裕)	44	민영	주류(백주)	산둥(山东)
91	궈타이쥔안(国泰君安)	42	국유	증권	상하이(上海)
91	창안(长安)	42	국유	자동차	충칭(重庆)
91	비야디(比亚迪)	42	민영	자동차	광둥(广东)
94	소우팡(搜房)	41	민영	검색포털사이트	베이징(北京)
94	야쥐러(雅居乐)	41	민영	부동산	광둥(广东)
96	안타(安踏)	40	민영	스포츠의류	푸젠(福建)
97	SOHO중국(SOHO中国)	39	민영	부동산	베이징(北京)
97	탕천베이지엔(汤臣倍健)	39	민영	의약, 보건품	광둥(广东)
99	베이징은행(北京银行)	38	국유	은행	베이징(北京)
99	보시덩(波司登)	38	민영	정장, 캐쥬얼 의류	장쑤(江苏)
99	화타이증권(华泰证券)	38	국유	증권	장쑤(江苏)
99	메이터스방웨이(美特斯邦威)	38	민영	정장, 캐쥬얼 의류	상하이(上海)